20世纪儒学研究大系

主编：傅永聚　韩钟文

儒家美学思想研究

本卷主编　李孝弟

中　华　书　局

20世纪儒学研究大系
编辑委员会

中国文化的基本精神(代序)

在现今时代,做一个中国人,最重要的是具有爱国意识。爱国意识有一定的思想基础。必须感到祖国的可爱,才能具有爱国意识。而要感到祖国的可爱,又必须对于中国文化的优秀传统有正确的理解。中国文化,从传说中的羲、农、黄帝以来,延续发展了四五千年,在 15 世纪以前一直居于世界文化的前列。15 世纪,中国的四大发明传入欧洲,促进了西方近代文明的发展,于是西方文化突飞猛进,中国落后了。19 世纪 40 年代之后,中国受到资本主义列强的侵略凌辱,中国各阶层的志士仁人,奋起抗争,努力寻求救国的道路,经过一百多年的艰苦斗争,终于取得了胜利,于 1949 年建立了新中国,"中国人民站起来了!"中国文化虽然一度落后,但又能奋发图强,大步前进。这不是偶然的,必有其内在的思想基础。中国文化长期延续发展,虽曾经走过曲折的道路,但仍能自我更新,继续前进。这种发展更新的思想基础,就是中国文化的基本精神。

何谓精神? 精神即是思维运动发展的精微的内在动力。中国文化中的基本精神,在中国历史上确实起到了推动社会发展的作用,成为历史发展的内在思想源泉。当然,社会发展的基本原因在于生产力的发展,但是思想意识在一定条件下也有一定的积极作用。文化的基本精神必须具有两个特点:一是具有广泛的影响,为大多数人民所接受领会,对于广大人民起了熏陶作用;二是具有激励进步、促进发展的积极作用。必须具有这两方面的表现,才可以称为文化的基本精神。

我认为,中国几千年来文化传统的基本精神的主要内涵有四项基本观念,即(1)天人合一;(2)以人为本;(3)刚健有为;(4)以和为贵。

一　天人合一

天人合一即肯定人与自然的统一,亦即认为人与自然界不是敌对的,而具有不可割裂的关系。所谓合一指对立的统一,即两方面相互依存的关系。天人合一思想在春秋时即已有之。《左传·昭公二十五年》记载郑大夫子大叔述子产之言说:"夫礼,天之经也,地之义也,民之行也。天地之经,而民实则之。"又记子大叔之言说:"礼,上下之纪,天地之经纬也,民之所以生也,是以先王尚之。"这是认为礼是天经地义,即自然界的必然准则,"天经"与"民行"是统一的。应注意,这里天是对地而言,天地相连并称,显然是指自然之天。子产将天经地义与民则统一起来,但也重视天与人的区别,他曾断言:"天道远,人道迩,非所及也,何以知之?"(《左传·昭公十八年》)当时占星术利用所谓天道传播迷信,讲天象与人事祸福的联系,子产是予以否定的。孟子将天道与人性联系起来,他说:"尽其心者,知其性也。知其性,则知天矣。"(《孟子·尽心上》)孟子认为人性是天赋的,所以知性便能知天。但孟子没有做出明确的论证。《周易大传》提出"裁成辅相"之说,《象传》云:"天地交,泰。后以裁成天地之道,辅相天地之宜,以左右民。"《系辞》云:"范围天地之化而不过,曲成万物而不遗。"《文言》提出"与天地合德"的思想:"夫'大人'者,与天地合其德,与日月合其明,与四时合其

序,与鬼神合其吉凶。先天而天弗违,后天而奉天时。"这里所谓先
天指为天之前导,后天即从天而动。与天地合德即与自然界相互
适应,相互调谐。

汉代董仲舒讲天人合一,宣扬"天副人数",陷于牵强附会。宋
代张载明确提出"天人合一"的四字成语,在所著《西铭》中以形象语
言宣示天人合一的原则。《西铭》云:"乾称父,坤称母,予兹藐焉,乃
混然中处。故天地之塞,吾其体;天地之帅,吾其性。民吾同胞,物
吾与也。"所谓天地之塞指气,所谓天地之帅指气之本性,就是说:
"天地犹如父母,人与万物都是天地所生,人与万物都是气构成的,
气的本性也就是人与万物的本性,人民都是我的兄弟,万物都是我
的朋友。这充分肯定了人与自然界的统一。但张载也承认天与人
的区别,他在《易说》中讲:"鼓万物而不与圣人同忧者,此直谓天也,
天则无心……圣人所以有忧者,圣人之仁也。不可以忧言者天也。"
天是没有思虑的,圣人则不能无忧,这是天人之别。所谓天人合一
是指人与自然界既有区别,而又有统一的关系,人是自然界所产生
的,是自然界的一部分,人可以认识自然并加以改变调整,但不应破
坏自然。这"天人合一"的观念与西方所谓"克服自然"、"战胜自然"
有很大区别。在历史上,中西不同的观点各有短长,西方近代的科
学技术取得了改造自然的辉煌成绩,但也破坏了自然界的生态平
衡。时至今日,重新认识人与自然的统一,确实是必要的了。

二　以人为本

以人为本是相对于宗教家以神为本而言的,可以称为人本思
想。孔子虽然承认天命,却又怀疑鬼神。他说:"务民之义,敬鬼神
而远之,可谓知矣。"(《论语·雍也》)认为人生最重要的是提高道德
觉悟,而不必求助于鬼神。孔子更认为应重视生的问题,而不必考

虑死后的问题。《论语》记载:"季路问事鬼神,子曰:'未能事人,焉能事鬼?'曰:'敢问死!'曰:'未知生,焉知死?'"(《先进》)孔子更不赞成祈祷,《论语》载:"子疾病,子路请祷。子曰:'有诸?'子路对曰:有之,诔曰:'祷尔于上下神祇。'子曰:'丘之祷久矣。'"(《述而》)孔子对于鬼神采取存疑的态度,既不否定,亦不肯定,但认为应该努力解决现实生活中的问题,而不必向鬼神祈祷。孔子这种思想观点可以说是非常深刻的。

这种以人为本的思想,后汉思想家仲长统讲得最为鲜明。仲长统说:"所贵乎用天之道者,则指星辰以授民事,顺四时而兴功业,其大略也,吉凶之祥,又何取焉? ……所取于天道者,谓四时之宜也;所壹于人事者,谓治乱之实也。……从此言之,人事为本,天道为末,不其然与?"(《全后汉文》卷八十九)这里提出"人事为本",可以说是儒家"人本"思想最明确的表述。所谓以人为本,不是说人是宇宙之本,而是说人是社会生活之本。

佛教东来,宣传灵魂不灭、三世轮回的观念,一般群众颇受其影响,但是儒家学者起而予以反驳。南北朝时何承天著《达性论》,宣扬人本观念。何承天说:"人非天地不生,天地非人不灵……安得与夫飞沈蠕蠉,并为众生哉? ……至于生必有死,形毙神散,犹春荣秋落,四时代换,奚有于更受形哉!"这完全否定了灵魂不灭、三世轮回的迷信。范缜著《神灭论》,提出形为质而神为用的学说,更彻底批驳了神不灭论。

宋明理学中,不论是气本论,或理本论,或心本论,都不承认灵魂不灭,不承认鬼神存在,而都高度肯定精神生活的价值。气本论以天地之间"气"的统一性来论证道德的根据,理本论断言道德原于宇宙本原之"理",心本论则认为道德伦理出于"本心"的要求。这些道德起源论未必正确,但是都摆脱了宗教信仰。受儒家影响的中国知识分子,宗教意识都比较淡薄,在中国文化中,有一个以道德教育代替宗教的传统。虽然道德也是有时代性的,但是这一道德传统仍有其积极的意义。

三　刚健自强

先秦儒家曾提出"刚健"、"自强"的人生准则。孔子重视"刚"的品德,他说:"刚毅木讷近仁。"(《论语·子路》)刚毅即是具有坚定性。孔子弟子曾子说:"可以托六尺之孤,可以寄百里之命,临大节而不可夺也。君子人与? 君子人也。"(《论语·泰伯》)临大节而不可夺,即是刚毅的表现。《周易大传》提出"刚健"、"自强不息"的生活准则。《大有·象传》云:"大有,柔得尊位大中,而上下应之,曰大有。其德刚健而文明,应乎天而时行,是以元亨。"《乾·文言传》云:"大哉乾乎! 刚健中正,纯粹精也。"《乾·象传》云:"天行健,君子以自强不息。"乾指天而言,天行即日月星辰的运行。日月星辰运行不已,从不间断,称之曰健,亦曰刚健。人应效法天之运行不已,而自强不息。自强即是努力向上、积极进取。《系辞下传》又论健云:"夫乾,天下之至健也,德行恒易以知险。"这是说,天下之至健在于能知险而克服之以达到恒易(险指艰险,易指平易)。所谓自强,含有克服艰险而不断前进之意。儒家重视"不息",《中庸》云:"故至诚无息。不息则久,久则征;征则悠远,悠远则博厚,博厚则高明。……《诗》云:'维天之命,於穆不已。'盖曰天之所以为天也。'於乎不显,文王之德之纯!'盖曰文王之所以为文也,纯亦不已。"儒家强调不懈的努力,这是有积极意义的。

在古代哲学中,与刚健自强有密切联系的是关于独立意志、独立人格和为坚持原则可以牺牲个人生命的思想。孔子肯定人人都有独立的意志,他说:"三军可夺帅也,匹夫不可夺志也。"(《论语·子罕》)又赞扬伯夷叔齐"不降其志,不辱其身"(《论语·微子》),即赞扬坚持独立的人格。孔子更认为,为了实行仁德可以牺牲个人的生命,他说:"志士仁人,无求生以害仁,有杀身以成仁。"(《论语·卫灵公》)孟子进而提出:"生亦我所欲也,义亦我所欲也,二者不可得兼,舍生而取义者也。生亦我所欲,所欲有甚于生者,故不为苟得也;死亦我所恶,所恶有甚于死者,故患有所不辟也。"(《孟子·告子上》)这里所谓"所欲有甚于生者"即义,其中包括人格的尊严。他举例说:"一箪食、一豆羹,得之则生,弗得则死。呼尔而与之,行道之人弗受;蹴尔而与之,乞人不屑也。"不受嗟来之食,即为了保持人格的尊严。坚持自己的人格尊严,这是则健自强的最基本的要求。

先秦时代,儒道两家曾有关于刚柔的论争。与儒家重刚相反,老子"贵柔"。老子提出"柔弱胜刚强"(《老子》三十六章),认为"天下之至柔,驰骋天下之至坚"(《老子》四十三章)。他以水为喻来证明柔能胜强:"天下柔弱莫过于水,而攻坚强,莫之能先,其无以易之。故弱胜强,柔胜刚,天下莫能知,莫能行。"(《老子》七十八章)老子贵柔,意在以柔克刚,柔只是一种手段,胜刚才是目的,贵柔乃是求胜之道。孔子重刚,老子贵柔,其实是相反相成的。

在中国古代哲学中,儒家宣扬"刚健自强",道家则崇尚"以柔克刚",这构成中国文化思想的两个方面。儒家学说的影响还是大于道家的,在文化思想中长期占有主导的地位。刚健自强的思想可以说是中国文化思想的主旋律。《周易大传》"天行健,君子以自强不息"的名言,在历史上,对于知识分子和广大人民,确实起了激励鼓舞的积极作用。

四　以和为贵

中国古代以"和"为最高的价值。孔子弟子有若说:"礼之用,和为贵。先王之道斯为美，小大由之。"(《论语·学而》)孔子亦说：
"君子和而不同，小人同而不和。"(《论语·子路》)区别了"和"与
"同"。按：和同之辨始见于西周末年周太史史伯的言论中。《国
语》记述史伯之言说："夫和实生物，同则不继。以他平他谓之和，
故能丰长而物归之。若以同裨同，尽乃弃矣。"(《郑语》)这里解释
和的意义最为明确。不同的事物相互为"他"，"以他平他"即聚集
不同的事物而达到平衡，这叫做"和"，这样才能产生新事物。如果
以相同的事物相加，这是"同"，是不能产生新事物的。春秋时齐晏
子也强调"和"与"同"的区别，他以君臣关系为例说："君所谓可而
有否焉，臣献其否，以成其可。君所谓否而有可焉，臣献其可，以去
其否。"这称为"和"。如果"君所谓可"，臣亦曰可；"君所谓否"，臣
亦曰否，那就是"同"，而不是"和"了。晏子说："若以水济水，谁能
食之？若琴瑟之专一，谁能听之？同之不可也如是。"(《左传·昭公
二十年》)这是说，必须能容纳不同的意见，兼容不同的观点，才能
使原来的思想"成其可"、"去其否"，达到正确的结论。孔子所谓
"和而不同"也就是能保留自己的意见而不人云亦云。"和"的观
念，肯定多样性的统一，主张容纳不同的意见，对于文化的发展确
有积极的促进作用。

老子亦讲"和"，《老子》四十二章："万物负阴而抱阳，冲气以为
和。"又五十五章："知和曰常，知常曰明。"这都肯定了"和"的重要。
但是老子冲淡了"和"与"同"的区别，既重视"和"，也肯定"同"。五
十六章："塞其兑，闭其门，挫其锐，解其忿，和其光，同其尘，是谓玄
同。"这"和光同尘"之教把西周以来的和同之辨消除了。

墨子反对儒家，不承认和同之辨，而提出"尚同"之说。墨家有
许多进步思想，但是尚同之说却是比和同之辨后退一步了。

儒家仍然宣扬和的观念，《周易大传》提出"大和"观念，《乾·象
传》说："乾道变化，各正性命，保合大和，乃利贞。"这里所谓大和指

自然界万物并存共育的景况。儒家认为,包含人类在内的自然界基本上是和谐的。《中庸》云:"万物并育而不相害,道并行而不相悖。"这正是儒家所构想的"大和"景象。

孟子提出"人和",他说:"天时不如地利,地利不如人和。三里之城,七里之郭,环而攻之而不胜。夫环而攻之,必有得天时者矣;然而不胜者,是天时不如地利也。城非不高也,池非不深也,兵革非不坚利也,米粟非不多也,委而去之,是地利不如人和也。故曰:域民不以封疆之界,固国不以山溪之险,威天下不以兵革之利。得道者多助,失道者寡助。寡助之至,亲戚畔之;多助之至,天下顺之。"(《孟子·公孙丑下》)这里所谓人和是指人民的团结,人民的团结是胜利的决定性条件。"得道多助,失道寡助",这是今天仍然必须承认的真理。

儒家以和为贵的思想在历史上曾经起了促进民族团结、加强民族凝聚力,促进民族融合、加强民族文化同化力的积极作用。在历史上,得民心者得天下,失民心者失天下,已成为长期起作用的客观规律。在历史上,汉族本是由许多民族融合而成的;在近代,汉族又和五十几个少数民族融合而成中华民族。中华民族内部密切团结而成为一个统一的整体。中华民族是多元的统一体,中国文化也是多元的统一体。多元的统一,正是中国古代哲学家所谓"和"的体现。所谓"和",不是不承认矛盾对立,而是认为应该解决矛盾而达到更高的统一。

以上所谓"天人合一"、"以人为本"、"刚健自强"、"以和为贵",都是用的旧有名词。如果采用新的术语,"天人合一"应云"人与自然的统一",或者如恩格斯所说"人与自然的一致"(《自然辩证法》,人民出版社1971年版第159页)、"自然界与精神的统一"(同上第200页)。"以人为本",应云人本主义无神论。"刚健自强",应云发扬主体能动性。"以和为贵",即肯定多样性的统一。这些都是中国古代哲学中的精湛思想,亦即中国文化基本精神之所在。

以上,我们肯定"天人合一"、"以人为本"、"刚健自强"、"以和为贵"等思想观念在历史上曾经起了促进文化发展的积极作用。但是,历史的实际情况是非常复杂的,许多思想观念的含义也不是单纯的。正确的观念与荒谬的观念、进步的现象与反动的落后的现象,往往纠缠在一起。所谓天人合一,在历史上不同的思想家用来表示不同的含义。例如董仲舒所谓天人合一主要是指"人副天数"、"天人感应",那完全是穿凿附会之谈。程颐强调"天道人道只是一道",认为仁义礼智即是天道的基本内容,也是主观的偏见。在董仲舒以前,有一种天象人事相应的神学思想。认为天上星辰与人间官职是相互应合的,所以《史记》的天文卷称为"天官书",但这不是后来哲学家所谓的"天人合一"。如果将上古时代天象与人事相应的神学思想称为天人合一,那就把问题搞乱了。这是应该分别清楚的。儒家肯定"人事为本",表现了无神论的倾向,但是这并不意味着宗教迷信在中国社会并无较大的影响。事实上,中国旧社会中,多数人民是信仰佛教、道教以及原始的多神教的。但是这种情况也不降低儒家人本思想的价值。"以和为贵"是儒家所宣扬的,但是阶级斗争、集团之间的斗争、个人与个人的斗争也往往是很激烈的。我们肯定"和"和观念的价值,并不是宣扬调和论。

中国文化具有优秀传统。同时也具有陈陋传统。简单说来,中国文化的缺陷主要表现于四点:(1)等级观念;(2)浑沦思维;(3)近效取向;(4)家族本位。从殷周以来,区分上下贵贱的等级,是传统文化的一个最严重的痼疾,辛亥革命推翻了君主专制,但等级观念至今仍有待于彻底消除。中国哲学长于辩证思维,却不善于分析思维。事实上,科学的发展是离不开分析思维的。如何在发扬辩证思维的同时学会西方实验科学的分析方法,是一个严肃的课题。中国学术向来注重人伦日用,注重切近的效益,没有"为真理而求真理"的态度，表现为一种实用主义倾向，这也是中国没有产生自己近代实验科学的原因之一。中国近代以前的社会可以说是以家族为本位。西方近代社会可以说是"自我中心、个人本位"，而中国近代以前则不重视个人的权益，这是一个严重的缺陷。五四运动以来，传统的家族本位已经打破了。在社会主义时代，应该是社会本位、兼顾个人权益。

我们现在的历史任务是创建社会主义的新文化，正确认识中国传统文化的长短得失，是完全必要的。

傅永聚、韩钟文同志主编的《20世纪儒学研究大系》，循百年思想学术发展的脉络，以现代学术分类的原则，择选有学术价值、文献价值的代表文章，以"大系"的形式编纂而成，共有21卷，每卷附有专题研究的"导言"一篇。这部《20世纪儒学研究大系》是由曲阜师范大学、孔子研究院、山东大学、复旦大学等单位的中青年学者合力编纂而成，说明了儒学研究事业后继有人。《大系》被列入国家社会科学基金规划项目，又由中华书局出版，这是在弘扬和培育中华民族精神方面做出了一件非常有意义的事情，我感到十分欣慰。编者征求我的意见，于是略陈关于中国文化的基本精神和儒家文化传统的一些感想，以之为序。

张岱年

前　言

傅永聚　韩钟文

　　儒学犹如一条源远流长的大河,导源于洙泗,经过二千五百多年生生不息的奔腾,从曲阜、邹城一带流向中原,形成波澜壮阔的江河,涉及整个中国,辐射东亚,流向全球,泽惠万方。儒学曾经是中华文化的主流,东亚文明的精神内核。但是进入 20 世纪后的儒学,遭遇到空前严峻的挑战,也面临着再生与复兴的历史机遇。一百多年来,儒学几经曲折,备受挫折,又有贞下起元、一阳来复之象,至 20、21 世纪之交成为参与"文明对话"的重要角色。

　　牟宗三先生说:"察业识莫若佛,观事变莫若道,而知性尽性,开价值之源,树价值之主体,莫若儒。"(《生命的学问》)儒、道、释及西方的哲学、耶教等都指示人的生命意义的方向,但就中国人特别是中国古代知识分子而言,儒学是安身立命之道。孔子、儒家追求的"内圣外王之道",一直是中国人的人格修养与经世事业的价值理想。"士不可以不弘毅,任重而道远。仁以为己任,不亦重乎?死而后已,不亦远乎?"(《论语·泰伯》)从孔子、曾子、子思、孟子至康有为、梁启超、梁漱溟、熊十力、牟宗三,中国的儒学代表人物就是怀抱志仁弘道的精神去实践自己的生命价值,开拓教化天下的事业与创建文化中国的理想的。中华文化历尽艰难,几经跌宕,却如黄河、长江一样流淌不息,且代有高潮,蔚成奇观,与孔子及其所创建的儒家学派所做的贡献是分不开的。

儒学一直对中华文化各个层面产生着巨大而又深远的影响。儒学统摄宗教、哲学、伦理、政治、教育、艺术等人文社会科学的学术品格及关怀现世人生的精神,使它成为一套全面安排人间秩序的思想体系,从一个人的生存方式,到家、国、天下的构成,都在儒学关怀与实践的范围之内。经过二千多年的传播、积淀,儒学一直影响着中华民族的民族性格、心理结构的形成。然而,进入20世纪,又出现类似唐宋之际"儒门淡泊,收拾不住"的危机,陷入困境之中。唐君毅以"花果飘零"、余英时以"游魂"形容儒学危机之严峻,张灏则称这是现代中国之"意义危机"、"思想危机"。

从19世纪中后期开始,中国社会、文化进入从传统农业社会向现代工业社会、从传统文化向现代文化转型的时代。1905年废除科举制度,1911年辛亥革命推翻了帝制,"五四"新文化运动的兴起,西方各种思潮、主义潮水般地涌入,风起云涌的政治革命、文化革命、社会转型、文化转型,导致了传统士阶层的解体与分化,新型知识分子的诞生与在文化思想领域倡导"新思潮"、"新学说",激进的反传统思潮的勃兴,现代化进程的启动和在动荡不安中急遽推进,使20世纪中国处于"三千年未有之大变局"的境遇之中,儒学的危机也由此而生。

一个世纪以来,儒学的命运与中国现代化的历史进程相消长,也与学术界、思想界及政治界对儒学与现代化的关系、儒学与西方文化的关系、儒学与全球的"文明对话"的关系所形成的认识有关。从19世纪末至21世纪初,一百多年来,中国的学术界、思想界与政治界围绕着孔子、儒家及儒学的命运、前景问题展开了广泛的、持久的争鸣,而这类争鸣又直接或间接地同传统文化与现代化、中学与西学、新学与旧学、科学主义与人文主义、全球化与中国化、文明冲突与文明对话、西方智慧与东方智慧等等论题交织在一起,使有关儒学的思想争鸣远远超出中国儒学史的范围,而成为20世纪中国思想史、学术史的有机组成部分。

百年儒学的历史大致沿着两个方向演进:一、儒学精神的新开展,使儒学于危机中、困境中得以延续、再生或创造性转化;二、儒家学术思想的研究,包括批判性研究、诠释性研究、创造性研究在内。由于20世纪中国是以"革命"为主潮的世纪,学术研究与政治革命的关系特别密切,故批判性研究常常烙上激进的政治革命的烙印,超出学术研究的范围,并形成批判儒学、否定儒学的思潮,酿成批判论者、诠释论者与复兴论者的百年大论争,并一直延续到21世纪。

回顾百年儒学精神新开展与儒学研究的历程,有一奇特现象值得重视。活跃于20世纪中国思想界、学术界、政治界、教育界的精英或代表人物,都不同程度地介入或参与了有关孔子、儒家思想的争鸣。如:早期马克思主义者陈独秀、李大钊、瞿秋白、李达、郭沫若、范文澜、侯外庐等,三民主义者蔡元培、陶希圣、戴季陶等,自由主义的代表人物严复、胡适、殷海光、林毓生等,无政府主义者吴稚晖、朱谦之等,现代新儒学的代表人物梁漱溟、熊十力、唐君毅、牟宗三、徐复观等,学衡派的代表人物梅光迪、吴宓、陈寅恪、汤用彤等,东方文化派的杜亚泉、钱智修等,新士林学派的罗光等,以及张申府、张岱年等,都参与了有关儒学的争鸣,并在争鸣中形成思想的分野,蔚成中国近代思想文化史上最壮观的一幕。

20世纪中国思想史的复杂性、丰富性远远超出了唐宋之际和明清之际,其思想争鸣具有现代性或现代精神的特色。美国学者列文森在《儒教中国及其现代命运》中以"博物馆化"象征儒学生命的终结,有些中国学者也说儒学已到"寿终正寝的时节"。但从百年儒学的精神开展与儒学研究的种种迹象看,儒学的生命仍然如古老的大树一样延续着。儒学曾经创造性地回应了印度佛教文化的挑战，儒学也正在忧患之中奋然挺立，回应西方文化的挑战。这是儒学传统现代创造性转换的契机。人们在展望"儒学第三期"或"儒学第四期"的来临。百年儒学的经历虽曲折艰难，时兴时衰，但仍是薪火相传，慧命接续，间有高潮，巨星璀璨，跨出本土，落根东亚，走向世界，成为一种国际性的思潮，在全球性的"文明对话"中扮演着重要角色，为人类重建文明秩序提供了可资汲取的智慧。儒学并没有"博物馆化"，儒学的新生命正在开始。因此，对百年儒学作系统的全面的反思与总结，是一项具有历史意义与现实意义的学术课题。

纵观百年儒学的历程，大致经历了五个阶段，在这五个阶段中，儒学的命运、所遭遇的景况不尽相同，分述如下：

19 世纪末至 1911 年辛亥革命为第一阶段　洋务运动、戊戌变法导致儒家经世思想的重新崛起，晚清今文经学的复兴，特别是康有为《新学伪经考》、《孔子改制考》的出版，托古改制，以复古为解放，既开导儒学的新方向，又开启"西潮"的闸门，如思想"飓风"，如"火山火喷"。章太炎标举古文经学的旗帜，与以康有为为代表的今文经学派展开经学论争，而这场思想学术争鸣又与政治上的革命与改良、反清与保皇、君主立宪与民主共和等论争交错在一起，显得格外严峻与深沉。诸子学的复兴，西学输入高潮的到来，政治革命的风暴席卷神州，社会解体与重建进程加速发展，传统士阶层的分化与新型知识分子的诞生，预示后经学时代的降临。思想界、学术界先觉之士以"诸子学"、"西学"为参照系，批判儒学或重新诠释儒学，传统儒学向现代儒学转型已初见端倪。

以辛亥革命至 1928 年南京政府成立为第二阶段　康有为、陈焕章等仿效董仲舒的"崇儒更化"运动创建孔教会，"五四"新文化运动兴起，吴虞、胡适等提倡"打孔家店"，《新青年》派陈独秀、胡适与文化保守主义者梁启超、梁漱溟、杜亚泉等，学衡派梅光迪、吴宓等展开思想文化争鸣，以张君劢、梁启超等为代表的人文主义与以丁文江、胡适、王星拱等为代表的科学主义的论辩，马克思主义者李大钊、瞿秋白等也积极参与思想争鸣，各大思潮的冲突与互动，不论是批判儒学，还是重释儒学及复兴儒学，都有一个共同的特点，就是将儒学的研究纳入现代思想学术的领域之中，使思想争鸣具有了现代性，从而导致儒学向现代思想学术转型。20世纪中国人文社会科学的学科建制、研究方法深受"西学"的影响，有关孔子、儒学的论争已不同于经学时代，且与国际上各种思潮的论争息息相通。以现代西方哲学、科学、政治等学科的范畴、概念、方法去解读、分析、批判或重新诠释儒学，成为一时的学术风气，并出现了"援西学入儒学"的现象。有些思想家、哲学家试图摄纳西学、诸子学及佛学中有价值的东西重建儒学，如梁启超的《儒家哲学》及《欧游心影录》，梁漱溟的《东西文化及其哲学》，冯友兰的《人生哲学》，已透露出现代新儒学即将崛起的消息。

1928年至1949年中华人民共和国建立为第三阶段　30年代后，中国思想界、学术界出现"后五四建设性心态"。吸取西学的思想、方法，以反哺儒学传统，创造性地重建传统儒学，如张君劢、冯友兰、贺麟等；或者回归儒学传统，谋求儒学的重建，如熊十力、钱穆、马一浮等；即使是"五四"时期反传统的学者，在胡适提倡"研究问题，输入学理，整理国故，再造文明"之后，也将儒学作为"国故"的重要组成部分，作为学术史、思想史、文化史的思想资料加以系统的研究。胡适的《说儒》就是一篇以科学方法研究孔子、儒学的示范之作。"后五四建设性心态"的形成，对中国现代学术的建构起了积极的作用。一大批专家、学者参照西方人文社会科学学科建制的原则与方法，分哲学、宗教学、政治学、经济学、伦理学、社会学、法学、史学、美学、文学艺术、教育学、心理学等等，对儒学进行系统的研究,还对不同学科的发展史作深入的探讨。如中国哲学史、中国教育思想史、中国政治思想史、中国学术史、中国伦理学史、中国文化史、中国通史等等,儒学研究也纳入分门别类的学科及学科发展史的研究之中。钱穆在《现代中国学术论衡》中说:"民国以来,中国学术界分门别类,务为专家,与中国传统通人通儒之学大相违异。"将数千年经学、儒学作为学术思想的资源或资料,分门别类地纳入学科专题研究之中,虽然使儒家"内圣外王之道"的"道"变为"学术",由"专门之学"代替"通儒之学",但恰恰是这种转变,才促使了儒学由传统形态向现代形态转型。这一阶段是中国社会动荡不安的年代,令人惊异的是,在动荡的岁月中出现了一个学术繁荣期,学术研究的深度与广度并不亚于乾嘉时代,儒学研究也是如此。"专门之学"代替"通儒之学"乃大势所趋,是现代学术的进步。

　　抗日战争的爆发、救亡运动的高涨,把民族文化复兴运动推向高潮,为儒学精神的新开展或创造性重建提供了历史机缘。儒学在民族文化复兴的大潮中获得再生并走向现代。1937年沈有鼎在《中国哲学今后的开展》,1941年贺麟在《儒家思想之开展》,1948年牟宗三在《鹅湖书院缘起》中,都强调中国进入一个"民族复兴的时代"。民族复兴应该由民族文化复兴为先导,儒家文化是中华文化的主流,儒家文化的命运与民族文化的命运血脉相连、息息相关。他们认为,如果中华民族不能以儒家思想或民族精神为主体去儒化或汉化西洋文化,则中国将失掉文化上的自主权,而陷于文化上的殖民地。他们期望"儒学第三期"的出现,上接宋明儒学的血脉,对儒学作创造性的诠释,或者会通儒学与西学,使古典儒学向现代思想学术形态转换。以熊十力、贺麟、牟宗三等为代表的新心学,以冯友兰、金岳霖等为代表的新理学,是儒学获得现代性并走向成熟的重要标志。此外,王新命、何炳松等十教授发表

《中国本位的文化建设宣言》(1935 年 1 月 10 日),新启蒙运动倡导者张申府、张岱年等提出"打倒孔家店,救出孔夫子"的口号及综合创造论,都体现了"后五四建设性心态",都有利于儒学的学术研究之开展。

1949 年至 1976 年"文革"结束为第四阶段　余英时在《现代儒学论》序言中指出:20 世纪中国以 1949 年为分水岭,在前半个世纪与后半个世纪,中国的文化传统特别是儒家命运截然不同。1949 年以前,无论是反对或同情儒家的知识分子大部分曾是儒家文化的参与者,他们的生活经验中渗透了儒家价值。即使是激进的反传统者,他们并没有权力可以禁止不同的或相反的观点,故批判儒学或复兴儒学之争可以并存甚至互相影响。1949 年以后,儒家的中心价值在中国人的生活方式中已退居边缘,知识分子无论对儒学抱着肯定或否定的态度,已失去作为参与者的机会了,儒学和制度之间的联系中断,成为陷于困境的"游魂"。

就实际状况而言,这一阶段的儒学研究或者儒家思想之开展,比余英时分析的还要复杂。其中值得注意的是分化现象:大陆出现批判儒学的新趋向,50 年代至 60 年代中期,以批判性研究为主,除梁漱溟、熊十力、陈寅恪等少数学人外,像冯友兰、贺麟、金岳霖等新理学与新心学的代表人物,都在思想改造、脱胎换骨之后批判自己的学说,即使写研究孔子、儒学的文章,也离不开批判的框框。当时思想界、学术界的儒学研究,多以"苏联哲学"为范式,进行"唯心"或"唯物"二分式排列,批判与解构儒学成为当时的风潮。70 年代中期出现群众性的批孔批儒运动,真正的学术研究根本无法进行。儒学已经边缘化了。在港台地区和海外华人社群中,儒学却得到不同程度的认同,移居港台、海外的学者,如张君劢、钱穆、陈荣捷、唐君毅、牟宗三、徐复观、方东美等,继续以弘扬儒家人文精神为己任,立足于学术界、教育界,开拓儒学精神的新方向,成就了不少持之有据、言之成理的"一家之言"。

70年代后期至21世纪初为第五阶段　中国大陆的改革开放,思想解放运动,传统文化与现代化的论争,"文化热"的出现,以及日本、韩国、新加坡等国与香港、台湾地区经济腾飞所产生的影响,东亚现代化模式的兴起,全球化进程中形成的文化多元格局,文明对话,全球伦理,生态平衡,以及"文化中国"等等课题的讨论,使人们对孔子、儒学的研究逐渐复苏,重评孔子、儒学的论文、论著陆续出版,有关孔子、儒学、中国文化的学术会议频繁举行,中国孔子基金会、国际儒学联合会、中华孔子学会、中国文化书院、孔子研究院等学术团体和研究机构的建立,历代儒家著作及其注解、白话文翻译、解读本的大量出版,有关儒家的人物评传、思想研究、专题研究以及儒学与道、释、西方哲学及宗教的比较研究,成为学术界关注的课题。还有分门别类的人文社会科学及自然科学,也将儒学纳入其中作专门研究,如儒家哲学思想、儒家伦理思想、儒家美学思想、儒家史学思想、儒家政治思想、儒家教育思想、儒家宗教思想、儒家科学思想、儒家管理思想等等。专门史的研究也涉及儒学,如中国哲学史、中国经济思想史、中国教育思想史、中国伦理思想史等等,一旦抽掉孔子、儒家与儒学,就会显得十分单薄。此外,原来处于边缘化的港台、海外新儒家,乘改革开放的机遇,或者进入大陆进行学术交流,或者将其思想、学说传入大陆。至90年代,出现当代新儒家、自由主义与马克思主义重新论辩、对话与互动的格局,有关"儒学第三期"、"儒学第四期"的展望,儒学在国际思想界再度引起重视,说明儒学的确在展示着其"一阳来复"的态势。

　　纵观百年儒学的历程,不论在哪一个阶段,不论是儒家思想之新开展,或者是有关儒学的学术研究,都积有丰富的思想资源或文献资料,已经到了对百年儒学进行系统研究、全面总结的时候了。站在世纪之交的高度,我们组织编纂《20世纪儒学研究大系》,就是为了完成这一学术使命。

《20世纪儒学研究大系》是孔子研究院成立后确定的一项浩大的学术工程,现已列入2002年国家社会科学基金项目。《大系》的编纂与出版,实为孔子、儒学研究的一大盛事,必将对21世纪的儒学研究产生积极而又深远的影响。

编选原则及体例

《20世纪儒学研究大系》是一部大型的相对成套的专题分卷的儒学研究丛书,力求通过选编20世纪学术界研究儒学的代表性论文、论著,全面反映一百年来专家、学者研究儒学的学术成果及水平,为进一步研究儒学提供一部比较系统的学术文献。

一、将20世纪海内外专家、学者研究儒学的代表性论文、论著按研究专题汇集成册,共分21卷。所选以名家、名篇及具有代表性的观点为原则,不在多而在精,力求反映20世纪儒学研究的全貌。

二、所选以学术性讨论材料、思想流派性材料为主,兼收一些具有代表性并产生过重大影响的批判性文章。

三、每一卷包括导言、正文、论著目录索引三个主干部分。

四、每卷之始,撰写导言,综论20世纪该专题研究的大势及得失,阐发本专题研究的学术价值和意义,为阅读利用本卷提示门径。

五、一般作者原则上只入选一篇具有代表性的成果,重要代表人物可选2—3篇。

六、所收文章均加简要按语,介绍作者学术生平及本文内容。合作创作的论著,只介绍第一作者。

七、每卷所收文章,原则上按公开发表或正式出版的时间先后为序。

八、所收文章,尽量使用最初发表的版本,并详细注释文章出处、发表或写作时间。

九、入选文章、论著篇幅过长者,适当予以删节,并予以注明。

十、为统一体例,入选文章一律改用标准简化字,一律使用新式标点。

十一、所选文章的注释一律改为文中注和页末注,以保持丛书的整体风格。材料出处为文中注(楷体),解释性文字为页末注。

十二、每卷后均列论著目录索引,将未能入选但又有学术价值与参考价值的论著列出。论文和著作分门别类,并按公开发表和正式出版的时间先后为序。

目　　录

20世纪儒学研究大系

导　　言

李孝弟

　　儒家美学思想丰富多彩,源远流长,对儒家美学思想的研究起源于何时,还没有一个明确的界限,如果仅从对儒家经典作出解读与评论这样一个角度来看,那么从汉代对于《毛诗序》的不同阐述就已经开始了对于儒家经典的诗学研究,这样的研究经历了两千多年,当然,这还不是真正意义上的儒家美学研究。直到20世纪初,美学的概念由日本传到中国来之后,中国的学界才开始了真正意义上的美学时代,对儒家有关文学艺术思想的研究也才称得上为美学思想的研究。王国维的一篇佚文《孔子之美育主义》是真正意义上的孔子美学思想研究的开端,也是儒家美学思想研究的开始。而真正从理论的角度提出"儒家美学"这一概念,并对之进行阐述的时间却很短。首先提出并使用儒家美学这一概念范畴的当属李泽厚。李泽厚于1983年为其主编的《中国美学史》所写的后记中曾这样写到:"本书中好些基本观念,如天人合一、味觉美感,四大主干(儒、道、骚、禅),孔子仁学、庄子反异化和对人生的审美式态度,原始社会传统是儒道两家思想的历史根源等等,确乎由我提出。"在此,李泽厚将中国美学思想史划分为儒、道、骚、禅四大主干,而其中儒、道两家美学思想则贯穿了中国美学思想史的全部,李泽厚的这一思想在其《关于中国美学史的几个问题》一文中也有所表露:"我认为,中国美学最精彩的是孔子的积极的进取精神,庄子对人生的审美态度……除这两个人之外,就要算屈原了。如果说儒家学说的美是人道的东西,道家以庄子为代表的美是自然的话,那么屈原的美就是道德的象征……还有就是中国的禅宗……儒、道、骚、禅是中国美学传统的四大支柱。"李泽厚不仅明确地提出了儒家美学这一概念,还将之赋予在中国美学传统中以重要的地位。

20世纪儒家美学研究特点

儒家美学思想是儒家思想体系重要而有机的组成部分。儒家思想自身的内容及思考问题的方法直接影响并形成了儒家美学思想发现问题、解决问题的思维特征。同样,儒家美学思想研究的深入对于儒家思想研究整体的发展也会起到推动作用,两者处于互生互动的关系之中。就20世纪特定的历史而言,儒家思想本身的性质、内容及特点深刻地影响并决定了儒家美学思想研究的特点和历程。

从历史的角度来审视儒家思想,它是一个不断发展变化的思想体系,从周、孔、孟、荀到董仲舒的天人之学、魏晋玄学以至宋明理学,儒家思想在不同时期经历了不同的理论形态。在各个不同时期的理论形态中,儒家思想突出了不同的理论倾向,从而表现出不同的理论观点,但无论如何,儒家不同的理论形态中却有着相同或相似的主要内容和根本性质。儒家思想是中国传统思想和文化中的主体部分,就儒家思想本身而言,它是一个以伦理道德思想为核心,且有多层理论层面的观念体系。在中国历史上,由于多种因素的制约,儒家并不是以一个单纯的伦理道德思想体系的学术面貌出现和显示功能的,而是显示出功能的多重性与复杂性,首先儒家思想提出的君臣、父子、夫妇、长幼、朋友五伦之序的伦理思想及其仁义忠孝等道德规范能充分满足以家庭为单位的农业社会和君主专制制度的社会生活需要,被历代国家政权自觉地用来作为整合社会人际关系、稳定社会秩序的基本工具。也就是说,儒家的理论学说与规范要求使其本身转变为中国封建社会国家意识形态性质的观念体系。这种性质的转变相应地扩展了儒家思想的功能,使其具有了某种法律的、宗教性的社会功能。这种性质的转变和功能的扩展在宋明理学之后得到了加强。儒家思想自身的性质功能以及具体的社会历史条件决定了儒家思想在 20 世纪的艰难历程,这也相应地奠定了儒家美学思想在 20 世纪尤其是前半期的多舛命运。基于此,我们就能理解 20 世纪儒家美学思想研究的特点。

首先,20 世纪儒家美学思想研究受到了西方社会哲学、美学思潮的影响。我国现代学术思想的开端便是以西方哲学思想的引入为契机,从而将中国学术在发展中引入了一种比较的、世界性的眼光,从而使我们的学术思想自身内部呈现出平等、民主、自由的对话机制。中国学术的规范性对话机制影响到儒家美学的研究,是全面的、深刻的,表现为两个层次:一是为中国儒家美学甚至中国美学的研究提供了丰富的理论资源,这是浅层次的。二是儒家美学思想研究甚至中国美学研究在接受西方哲学、美学理论资源的同时,也在慢慢地、潜移默化地改变着自己的思维方式方法或理论话语,这是深层次的。

其次,儒家美学思想研究与政治同步,这是由儒家美学思想的特点及 20 世纪中国社会的特点所决定。

中国古代基本上以儒家美学为正宗。受儒家哲学思想的影响,儒家美学始终把美与善、文艺与政治紧密结合在一起,推行礼乐相济的教育路线,把道德教育与审美教育融合为一,强调文艺与审美的社会意义,为社会功利目的服务,把个体的情趣和审美价值完全放在从属的地位,甚至甘愿将之作某种政治宣传、政治说教的形式,而彻底否定个体情趣和审美的深层价值意义,这就是儒家这种功利主义美学受封建统治者的欢迎并在诸多哲学思想中独树一帜而取得正宗地位的重要原因。日本学者铃木修次在其《中国文学与日本文学》(海峡文艺出版社,1989年版)中对此有所认识:"在中国从传统上来说,理想的文学态度和文学观,具有一种强烈的倾向,那就是即使政治问题也不回避,而要积极地干预。"由于儒家美学的这种特殊的依附于善的审美特质而使20世纪每一个时期的儒家美学研究都同政治形势的变化密切联系在一起,尤其是在政治斗争激烈时,儒家美学研究往往直接受到政治的冲击和影响,从而具有并表现出明确的社会政治的功利性质。且不说20世纪美学的建构与开展就是以对传统美的批判解构为发端,单是那些美学家如王国维、鲁迅、蔡元培等人具有的自觉美学观念的美学思想,也是建立在批判传统儒家美学思想基础之上的。1949年之前中国人抵御外敌入侵、追求民族独立、建立新的社会制度的特殊历史使命就决定了儒家美学思想研究的命运多舛。建国之后,缘于1942年毛泽东《在延安文艺座谈会上的讲话》所确立的"政治标准第一,艺术标准第二"的原则,作为封建文化的代表的儒家美学思想依然被看作反动思想。实际上只有到了20世纪80年代中期以后,思想观念改变,政治氛围淡化,儒家美学才作为一门学科而不是作为封建社会意识形态的代表而得到公正科学的研发态度。

　　这两个方面的特点不是一成不变的,而是一个动态的发展过程,儒家美学思想研究则经过了由消化不良到为我所用,逐渐摆脱其他外在的因素干扰而走向独立与成熟的过程。

20世纪儒家美学思想研究述评

一、王国维——超功利观点审视下的儒家美学研究

　　王国维对儒家美学的分析与批判是从对美的分析与界定开始的。

　　综观中国古典美学的发展历史,强调美与善的统一,将美赋予以功利性的内容是儒家美学主要内容,也是中国古典美学的主要特征,而这一主要内容涉及到儒家对艺术的评价、对诗的审美要求、对音乐的本质性规定、对自然美的建构。针对如此功利性的审美思想,王国维在对美的界定中,首要的内容就是将美的功利性完全剔除,赋予美以独立存在的本质特征与价值,否定了"文以载道"、"劝善惩恶"的批评传统,明确提出美要超道德政治功利性而独立,就从根本上否定了孔孟及后儒所倡导几千年的传统诗教。那么这种不作为政治教育手段的独立价值是指什么呢?"咏史,怀古,感事,赠人之题目,弥漫充塞于诗界,而抒情叙事之作,什而不能得一,其有美术上之价值者,仅为写自然之美之一方面耳。甚至戏剧、小说之纯文学,亦往往以惩劝为旨,其有纯美术上之目的者,世非唯不知贵,且加贬焉。"(《论哲学家及美术家之天职》)从这段话与上段话对证我们可以看出,王国维追求的文学这种不具有功利性的独立之价值也就是美学之价值。由此,王国维便得出了美之性质:"美之性质,一言以蔽之曰:可爱玩而不可利用者是已。……其性质如此,其价值亦存在美之自身,而不存乎其外。"(《古雅之在美学上之位置》)"天下最神圣、最尊贵而无与当世之用者,哲学与美术是已。天下之人嚣然谓之曰"无用",无损于哲学、美术之价值也。至为此学者忘其神圣之位置,而求以合当世之用,于是二

者之价值失。"(《论哲学家与美术家之天职》)这就是文学、哲学与美的独立性,无功利法,它不再为政治、为伦理、为实用、为其自身之外的其他任何事物所牵累。

《孔子之美育主义》刊于 1904 年 2 月 69 号《教育世界》上,佛雏曾撰文论证此文为王国维之佚文,王国维正是以上述理论为背景在此文中全面阐述了孔子的美育思想。

关于美育,王国维早在 1903 年 8 月第 56 号《教育世界》之《论教育之宗旨》一文中专门做过论述。在此文中王国维认为教育的宗旨在于使人为"完全之人物"而已,所谓"完全之人物"也就是指人的"身体之能力"与"精神之能力"无不发达且调和是也。而就精神之能力而言,完全人物必须具备真善美三德的理想境界,针对此,教育就分为三部分,即智育、德育、美育,智育侧重培养人的"知力之理想状态",德育着重培养人的意志之理想状态,美育则是在感情上使人达到理想状态,也即"使人之感情发达,以完美之域",并且又是实现德育智育的手段。那么美育的理想境界是什么呢?"就是使人忘一己之利害而入高尚纯洁之域,此最纯粹之快乐也",《孔子之美育主义》一文的理论阐述就是在关于"美"、"美育"的理论基础上展开的,主要观点如下:

首先,王国维分析了美所产生的根源。他认为人生活的本质是"欲",人只要有生命存在,就必然有"欲",而欲的本性是贪得无厌,美就是消除人的这种利己之观念,将人从这种因欲望得不到满足而产生的痛苦中解脱出来,"美术之务,在描写人生之苦痛与其解脱之道,而使吾侪冯生之徒于此桎梏之世界中离此生活之欲之争斗,而得其暂时之平和,此一切美术之目的。"(《红楼梦评论》)因为"唯美之为物,不与吾人之利害者相关系。而吾人观美时,亦不知有一己之利害"。就美的本身之性质及美术之目的而言,王国维此处的论述完全将两者从孔子所讲的政治道德的功利性中解脱出

来,而赋予了两者以一种超然解脱的特点,"美的本质,一言以蔽之
曰:可爱玩而不可利用者是已"。"虽物之美者,有时亦足以供吾人
之利用,但人视之为美时,决不计及其可利用之点。其性质如是,
故其价值亦存于美之自身,而不存乎其外。"(《古雅之在美学上之
位置》)以孔孟之道为主要内容的儒家美学思想处理美与善的关系
时,强调善为美的最高理想价值是共通的,将美定位于通向善之理
想境界的主要手段,"养成完全之道德政治家为目的",而王国维引
用康德、叔本华的理论则完全从另外一个角度来论述孔子的美育
思想,将美赋予无功利、无任何道德内容的独立特性。

　　之后,王国维借用康德、叔本华之理论来分析审美主体与审美
客体在审美关系中各处于什么样的境界。"德意志之大哲人汗德,
以美之快乐为不关利害之快乐,至叔本华而分析观美之状态为二
原质:(一)被观之对象,非特别之物,而此物之种类之形式;(二)观
者之意识,非特别之我,而纯粹无欲之我也。"(《孔子之美育主义》,
以下同,不注。)以无欲之审美主体审视观照表现为纯形式的审美
客体,此时的审美主体表现为"无欲故无空乏,无希望,无恐怖;其
视外物也,不以为与我有利害之关系,而但视为纯粹之外物"。只
有以无欲之我观纯粹之外物,此时人与外物就会处于一种无功利
的审美关系之中,审美主客体的这种规定性是实现美之境界的前
提。

　　其三,道德与审美的关系。道德与审美一直是悬挂在历代美
学家理论上的达摩克利斯之剑,也正是根据在处理这两者之间关
系上的观点才能真正区分功利主义美学与超功利主义美学的本
质。在这里,关键又是对道德内涵的界定,传统儒家是讲"道"的,
儒家之道与道德同意,它赋予了道以外显为礼、内涵为仁的内容,
也就是说道在孔子那里被赋予了丰富的社会道德内容,而这些内
容完全符合孔子所确立的修身齐家治国平天下的实用目的,所以

是一种实用道德,而非纯粹之道德。王国维并没有回避美与道德的关系,而是详细论述了两者之间的关系,但应该引起我们注意的是王国维此处道德的含义是什么? 只有明于此,我们才能完全理解这一看似与王国维其他观点相矛盾的理论,并进而理解他后面对孔子之美育所作的全新解释。

王国维认为,不仅仅是天然的美能使人达完美无欲之境界,人工之美也能使人达到一种无欲之境,也就是审美之境,之后王国维援引西方诸美学家的理论而认为人工之美之如此之境也是他们将美育看作"道德之助"的主要原因,由此王国维得出结论:"故审美之境界乃物质之境界与道德之境界之津梁也。"就王国维的这些结论而言,他把审美境界看作是将人从物质之境界也即欲望之境界升华到道德之境界的理论与孔子的将美看作是通向善的手段的观点相同,从而看似与他自己的审美无功利性宗旨相矛盾,实则不然,理解王国维理论的关键是要确切明了王国维这里所说道德的含义为何? 王国维在《孔子之学说》一文中曾就孔子教育目的有所论述,他说:"孔子教育之目的,可从二方面观察:一,修己之德以锻成意志,而为完全之人物,以达高尚之仁;一,锻炼意志修德而治平天下,故前为纯粹之道德家,后为道德的政事家。"就此段论述来看,王国维把道德分为两种:一为纯粹道德家所为之道德,也即纯粹之道德,这一类道德也就是王国维在《论教育之宗旨》一文中所论述的,使人为"完全之人物"之教育之德育所达到的道德境界,它是纯超越性的,没有丝毫的外在功利性。而后一种则是一种功利性的道德,也即政治家的道德,这一道德的目的是治国、平天下。前述道德境界是孔子之第一目的,"能修得以上一切完全之德,即所谓仁者亦可以之治平天下国家,是为孔子之第二目的。至此,道德与政治遂合,而非完全之道德家矣"。在孔子道德之第二目的中,由于掺和进了政治,所以完全纯粹之道德也就改变了原来的性质而变得世俗功利了,不纯粹了。正是以此道德论为出发点,本文认为从审美的角度而言,王国维所言审美之境界是就此第一意义而言的,也就是说,王国维所言道德与审美境界有相似的性质:超功利的性质,纯粹性的无欲境界,而不是孔子的第二目的,政事的道德家所推荐的功利性的道德,"故泰西自雅里大德勒以后,皆以美育为德育之助"。

　　基于以上两点论述,王国维认为孔子之美育思想"则始于美育,终于美育"。王国维之所以得出美育为孔子教育之目的的结论,是因为王国维将孔子之德育视为两种境界,其一是一种纯粹的无功利的道德境界,其道德主体是个体的人,关注的是个人的道德修养,其二则是一种功利性的道德境界,也即治国平天下的道德理想,这种境界是就个人的社会性而言的。这是王国维对孔子之境界所做的不同阐释,所以王国维认为孔子所说的兴、观、群、怨以及"兴于诗,立于礼,成于乐"等都是以人的审美境界的获得为目的的。最后,王国维论述了天然之美在美育中的地位与作用。在王国维看来,孔子在审美教育中特别强调诗乐等人工之美的同时,天然之美尤其为孔子所青睐,在人与自然的关系之中,以无欲无望纯粹之人与自然造化融为一体,这种人与自然融会贯通的境界,不是审美的境界又是什么呢? 个体人的心境完全处于"随心所欲不逾矩"的自由状态之中,王氏对孔子自然美观的解释,完全抛弃了比德说所存在的局限及不足,从而赋予自然以真正美的含义。

二、社会意识形态的政治功利性视界中的儒家美学批判

　　这时是指社会主义意识形态视域中儒家美学的研究,这条线索以五四新文化运动为发端,以毛泽东《在延安文艺座谈会上的讲

话》为成熟标志,以 20 世纪六七十年代极端左倾错误的失败而告终。

强调儒家美学研究的政治功利性是 20 世纪美学研究(包括儒家美学研究)的重要特点,20 世纪每一个时期儒家美学研究都同政治形势的变化密切地联系在一起,尤其是在政治斗争激烈时期,儒家美学研究往往直接受到政治的冲击和影响,而这也就使儒家美学研究表现出明确的社会政治的功利性质。

五四运动既是一场政治运动,谋求推翻中华民族所面临的半封建、半殖民地统治,建立新的国家政权,同时又是一场文化运动,以期建立新的社会文化意识形态,以响应轰轰烈烈的政治运动。五四时期在古与今、中与西的矛盾中,五四先驱们表现出鲜明而激烈决然的态度,那就是以今完全否认古,以西方完全替代中国传统文化。而这种对中国古代传统文化的完全否定态度之激烈也同时暴露出了其偏激中的失误,因为五四在对传统作出严厉批判甚至彻底否定的时候,并没有把传统中的合理因子剥离出来予以承认,并赋以其在新文化建设中应有的地位。"五四人物打出的口号是'打倒孔家店',孔子思想是中国传统文化的核心,因反对传统文化而使浸润统治传统文化的以孔子为代表的儒家思想,陷入了四面受敌的境地,遭到了彻底的否定。"(《中国新文学大系·文学论争集》),马克思主义在批判传统文化的思潮中居于重要地位。五四先驱李大钊在《孔子与宪法》中写道孔子乃"历代帝王专制之护符也","孔子者,数千年前之残骸枯骨也"(《李大钊选集》第 77 页)。这种腐朽的思想学说影响到中国文化而呈现出死气沉沉的局面,因此,"儒教不革命,儒学不转轮,吾国遂无新思想,新学说"(吴虞《儒家主张阶级制度之害》,见《新青年》3 卷 4 号),儒家思想成为新思想新学说发展的桎梏。鉴于此,陈独秀则提出了更为激进的观点:"吾人倘论学术,一曰勿尊圣,二曰勿尊后,三曰勿尊国。"

(《随感录》(一)，见《新青年》4卷4号)从20世纪20年代中期至30年代中期，鲁迅、周扬、瞿秋白等人开始着手引进翻译马克思主义的美学与艺术理论，为加强对传统思想的研究并做出客观的评价提供了理论武器，但同时他们公开宣布文艺应同现实斗争相结合，为民族革命战争服务，这也就确定了儒家美学研究的基调，即一切为现实服务。

20世纪20、30年代引进的马克思主义美学同中国革命实践相结合对中国思想文化产生了深远的影响，并在40年代初形成了中国式的马克思主义美学原则，也即毛泽东《在延安文艺座谈会上的讲话》中以政治家的敏感性和警觉性，根据当时社会发展和现实情况的需要所明确提出的"政治标准第一，艺术标准第二"的基本原则，从而将一切的文学艺术和思想研究都纳入了政治的轨道，儒家美学也是作为反面典型，而在研究中承担起阶级的、社会功利的历史责任。

建国之后，由于在特定的社会历史环境下对马克思主义思想作出了简单的理解，革命战争年代所确立的政治对文艺和美学的凌驾地位并没有发生相应的改变，从而把美学研究政治化、简单化、庸俗化，主要表现为以政治对学术研究加以干涉，以政治性来作为学术问题争鸣中的评判标准，把美学上提出的不同的学术见解和理论观点看作是反党反社会主义，以唯心主义和唯物主义来判断理论的进步与反动，理论研究中上纲上线。所有这一切在很大程度上阻碍了儒家美学研究的正常进展，而将儒家美学同样地视为封建主义的典型加以否定，并且给研究制造了强大的思想压力。这种状况发展到"文革"时期，儒家美学研究完全停止，儒家美学与封建反动残余思想这两个毫无相干的概念几乎被看作是同义词而加以对待。

三、其他儒家美学思想研究

（一）新儒家学派对儒家美学思想的深入探讨

1. 徐复观对孔子"为人生而艺术"的艺术精神的论述

在徐复观的诸多著述中与儒家美学思想有关的主要是其《中国艺术精神》（台北中央书局1966年初版）、《中国文学论集》（台北台湾学生书局1974年初版）、《中国文学论集续编》（台北台湾学生书局1982年初版）以及《中国人性论史（先秦篇）》中的有关内容。在此主要以《中国艺术精神》之《由音乐探索孔子的艺术精神》来管窥徐复观对原始儒家创始人孔子的艺术精神的论述。

任何美学思想的阐发必定以一定的哲学思想为其理论基础，徐复观对中国艺术精神论述的出发点是其先于《中国艺术精神》而写就的《中国人性论史（先秦篇）》，他对孔子艺术精神的阐发就是以孔子的人性论观点的诠释为前提的。

在孔子的思想中，对传统文化的发展主要表现在孔子思想中"仁"的观念的创造，这也就是孔子所开辟的内在的人格世界。那么，孔子发现这一人格的内在世界有什么意义呢？首先，人只有发现人自身有这一人格的内在世界，才能够把自己从动物中提升出来，自己塑造自己，因而使自己的生命力作无限的扩张与延展，而成为一切行为价值的无限源泉，并对客观世界加以融合或赋予以秩序。但这并不能使人在改造客观世界时避免与客观世界的矛盾与冲突。因此，其次，孔子所开辟的内在人格世界可以将人所面临的客观世界以及在客观世界中的创造、在创造中所遇到的矛盾消融于其中，赋予以意味和价值，此时人不要求对客观世界的主宰性、自由性，而有其人格世界自身的主宰性与自由性，从而达到主观世界与客观世界的统一融合。这是徐复观阐述孔子艺术精神的根本前提。

之所以以音乐作为探究孔子艺术精神的切入点,不外乎这样几点原因。首先,从艺术起源的角度来看,音乐是最早的艺术形态。其次,从中国传统文化的视角而言,尽管中国古代礼乐并重,但音乐比礼出现得要早,并且我国古代是以音乐为教育的中心,常常将音乐与祭祀关连在一起。只是到了后来"礼"才逐渐取代了音乐主导地位。再次,孔子礼乐并重,并把乐放在礼的上位,认定音乐才是一个人格完成的境界。这是孔子立教的宗旨。最后,只有到了孔子才有对音乐最高艺术价值的自觉,也就是在这最高艺术价值的自觉中建立了其"为人生而艺术"的典型。

《论语》中对音乐的论述,最为重要的则是孔子对音乐的艺术精神的发现和对音乐作出的特殊的规定:(1)在音乐中必须实现美与善的统一;(2)必须实现仁与乐的统一。

"美"与"善"的统一是孔子由自己对音乐的体验而得出的对音乐艺术的基本规定和要求。并且,孔子进而对音乐的这种美提出了自己的审美标准,即"中"与"和"。"乐合同"的境界与仁的境界有自然而然大会通统一之点。乐是仁的表现、流露,仁是乐的内在充实之内容。道德充实了艺术的内容,艺术助长、安定了道德的内容。艺术与道德在最深的根底中,也是在起步最高的境界中实现了统一。也正是由于美与善、乐与仁的融合统一,使得孔子继承古代传统而将乐作为对人民实行政治教化的具体内容。另一方面,对知识分子而言,音乐则成为人格修养的重要艺术手段。

那么,音乐实现这种超快乐的艺术、人格境界的价值根源是什么?

孔子从音乐产生的根基处来界定音乐的本性。"乐由中出,故静。"从音乐的产生来看,它起因于人的情的萌动,但这种情的萌动并不是由于受外物所感而动,是"湛寂之中,自然而然",而由这种情的自然而感的处所所流出的音乐自然是静的,人在这种艺术中将自己的生命升华,"向纯净而无丝毫人欲烦扰夹杂的人生境界上升起",直至达到一种无声之乐的境界。无声之乐是音乐本性"静"的完美实现,也是人格境界达到极致的所在。就人的精神境界而言,本来是一种无限的存在,而"无声之乐,在仁的最高境界中突破了一般艺术的有限性,而将人的生命沉浸到美与仁得到统一的无限艺术境界之中,从而在对于被限定的艺术形式的否定中肯定了最高而完整的艺术精神"。在这里,生理的欲动与道德的理性已经得到彻底和谐的统一充实,而这种精神状态的本身已经音乐艺术化了。人生就是艺术,于是"为人生而艺术"的外在艺术对于人生而言,反而成为可有可无之物。这就是孔子主张乐教,进而由音乐而实现人格修养,最后而实现"为人生而艺术"的艺术精神的根源。

2. 艺术境界——藏修息游的精神之所:唐君毅对中国文学艺术境界的追求

唐君毅认为在中国社会文化生活中建构人类生存与心灵境界的诸多形式中,由于文学艺术精神乃人之内心之情调直接客观化于自然与感觉性之声色及文字之符号中,因此由中国文学艺术见中国文化之精神尤其容易。

"吾人之精神自我、超越自我为体,则一切精神或文化活动皆为其用。"也就是说,人类一切文化活动均统属于道德自我、精神自我或超越自我,而成为其特殊的表现,那么作为人类文化活动主要形式的文学艺术在这一道德自我、精神自我或超越自我的精神境界中扮演了什么角色呢? 唐君毅对这一问题并没有专门的论著,而是散见于他的《中国文化之精神价值》(台北正中书局印行,1953年)、《中西哲学思想之比较研究集》(重庆正中书局1943年初版)以及《文化意识与道德理性》(香港友联出版社1958年初版)等著作当中。本文以《中国文化之精神价值》中有关中国文学艺术精神的论述为切入点,介绍他的基本观点。

　　唐君毅首先阐述了中国艺术精神下之自然观。

　　所谓的中国艺术精神下之自然观也就是中国艺术精神观照下的自然美观，与中国哲学中的自然观密切相关。在中国哲学思想中，人与自然处于一种和谐的状态中，也即是我们常说的"天人合一"。那么在中国文学艺术中，不注重表现由自然力、自然生命力等所蕴涵的天地大美，而是"期其物质材料最少者"，"见更多之美，表现更丰富之精神活动或心之活动"。唐君毅认为，中国的文学艺术精神注重表现的是人的精神世界，而不是表现自然，即使是在以描写自然为主的艺术作品中，自然万物也只是为表现主体而存在。

　　唐君毅在中西比较中进一步阐明了中国艺术境界的特质。

　　西方文化所蕴涵的是一种宗教精神，就人与自然的关系而言，在西方的宗教或文艺精神中，人的精神得到升华的同时，人由于意识到自己的渺小所产生的与自然的冲突依然是存在的，因此，西方文学艺术精神中所表现出的是一种英雄豪杰式的伟大，人对于此惟有崇敬与膜拜。与之不同，中国哲学以及文学艺术精神所表现则是一种圣贤式、仙佛式的伟大，这种伟大"乃可使人敬而亲之"。因此，中国文学艺术精神所蕴涵的是一种"物我绝对之境界"，这种精神境界最明显的特质就在"中国文学艺术之可供人之遊"，"凡可遊者，皆必待人精神真入乎其内，而藏焉，息焉，休焉，遊焉，乃真知其美之所在。既知其美之所在，即与之合一，而忘其美之所在，非只供人之在外欣赏，于其美加以赞叹崇拜而止者"。这一可以使人的精神境界藏修息游的艺术境界的特质蕴涵于中国的建筑、书画、音乐、雕刻之中。

　　在中国文学中也蕴涵着那种虚实相涵回环悠扬的美学特质，在此美学特质的涵摄之下，形成了中国文学特有的品质。唐君毅尤其论述了中国文学中的悲剧意识，他认为中国文学中有自己的悲剧意识，这种悲剧意识不同于西方那种直接关涉个体人物或人格的悲剧,而是一种人间文化的悲剧意识。基于此,中国小说戏剧中,《水浒传》的境界最高,它并不是简单的悲剧,而是一种悲剧而超悲剧。

3.钱穆儒家文艺思想研究

煌煌百万言的巨著《朱子新学案》是钱穆研究儒家思想的集大成。《中国文学论集》以及《中国文化史大纲》中的有关内容则涉及到了中国文学艺术思想的研究。

在对儒学的研究中,钱穆强调了朱子在中国文化思想史上的地位:"在中国历史上,前古有孔子,近古有朱子,此两人,皆在中国学术思想史及中国文化史上发出莫大声光,留下莫大影响。旷观全史,恐无第三人堪与伦比。"这对于我们重新认识朱子思想在中国美学思想上的意义有重要的启发。

在我们的研究中有一个想当然的看法,即认为理学家轻视文学,其实不然,作为理学集大成的朱子对文学颇有研究,他生平有三大文学研究著作:《诗集传》、《韩文考异》以及《楚辞集注》。并且朱子对文学中的一些问题有着自己独特的见解。朱子论文,文道并重,并且能为载道之文。基于此,朱子以文学通之于经学和史学。既然文道一致,那么文章又可通于世运,"有治世之文,有衰世之文,有乱世之文",而朱子重视乱世之文尤过于衰世之文,他认为战国时期的乱世之文有英伟气,并不是《国语》这种衰世之文可比的。在对辞赋家的论述中,朱子认为司马相如、扬雄等人不能与屈原、孟子并列,不能否认贾谊、董仲舒所具有的文学成就。钱穆认为这样的真知灼见"非深于文者不能知,尤非深于史者不能知,更非深于道者不能知"。作为一代理学大师,对文学的论述与理学主张有着密切的联系。理学注重人格修养,因此论文主张文章宁拙毋巧,宁重毋薄,强调文章的神理气味,因为这种神理气味即是文章的文格之表现,也是作者心智修养的表现。以此为出发点,"而于仲舒匡刘杜谷儒者之文皆致不满。又论仲舒文尚在司马相如扬雄之上"。朱子对诗也有别具一格的观点。他认为自远古至宋诗有三变:"自虞夏以来下及魏晋为一等。晋宋间颜谢以后,下及唐初为一等。沈宋以后,定著律诗,下及今日,又为一等。"另外,他论诗主张平淡,"古人之诗,本岂有意于平淡"。论学诗,则认为不变可学,而变则不可学,"尝以为天下万事皆有一定之法,学之者须循序而渐进。如学诗,则且当以此等为法"。"故自其变者而学之,不若自其不变者而学之。"钱穆所揭示的朱子的这些论文论诗主张,丰富了朱子的思想,对于我们进一步挖掘朱子的美学思想有非常重要的意义。

(二) 宗白华的魏晋美学思想研究

宗白华的中国美学思想研究呈现两个特点:首先,在比较中见出中国美学的特点,这也是宗白华美学研究的特点,主要有两个方面的表现,即中外比较研究和各种艺术门类的比较研究。前者如《中西画法所表现的空间意识》、《论中西画法的渊源与基础》、《中西戏剧比较及其他》等文章。后者如《中国诗画中所表现的空间意识》、《中国艺术表现里的虚和实》等。其次,在融通中阐述中国人美感发展史的研究。比较的目的是融通,是寻求比较对象的共通点,来寻求中国人美感的发展规律。宗白华认为研究中国美学不能只谈诗文,还应注意到中国艺术的其他如音乐、建筑、舞蹈、戏剧、书法、绘画、雕塑以及工艺美术中的陶瓷,这主要是因为"美学的内容不一定在于哲学的分析、逻辑的考察,也可以在于人物的趣谈、风度和行动,可以在于艺术家的实践所启示的美的体会与体验"。

在宗白华的中国美学思想研究中,魏晋南北朝时期的美学思想占有重要的地位,并且这一主线贯穿于他的书法、绘画以及艺术意境的探讨中。《论〈世说新语〉和晋人的美》则集中分析了魏晋六朝的美学思想。

时代的特点。魏晋六朝是我国历史中最为复杂最为特殊的一个时期，"是中国政治上最混乱、社会上最痛苦的时代，然而却是精神史上极自由、极解放，最富于智慧、最浓于热情的一个时代。因此也就是说最富有艺术精神的一个时代"。这一时代以前的汉代，在艺术上过于质朴，在思想上定于一尊，统治于儒教，这一时代之后的唐代则在艺术上过于成熟，在思想上有入于儒、佛、道三教的支配。只有这几百年的时间里是精神上的大解放，人格上思想上的大自由。这是一个富于强烈、矛盾、热情、浓于生命彩色的时代。

思想文化特点。宗白华将魏晋六朝时期比作欧洲16世纪的文艺复兴，主要是指这一时期所呈现的"旧礼教的总崩溃、思想和信仰的自由、艺术创造精神的勃发"等特点。作为中国二千年礼法社会和道德体系的建设者，孔子真正懂得自己所创建的这个社会以及维系这一社会的道德的意义，他赋予了历经三代而承传下来的礼以新的内容，他认为道德的精神在于诚，在于真性情真血性，也就是仁，而礼只不过是它所托寄的外表。这种富涵真精神真意义的道德礼法观在汉代营营利禄之徒的曲解下变成了孔子所痛恨的"乡原"。魏晋六朝人所反对的就是先儒孔子所深恶痛绝的"小人之儒"，所提倡的恰恰是孔子所追求的那种超然于礼法之表的真实的丰富的人生。"魏晋人以狂狷来反抗这乡原的社会，反抗这桎梏性灵的礼教和士大夫阶层的庸俗，向自己的真性情、真血性里掘发人生的真意义、真道德。"

美学思想特点。魏晋人在生活上人格上崇尚自然主义和个性主义，摆脱了汉代的礼法束缚，在政治上表现出一种超道德的惟才是用的用人标准，尊重个性价值。这种超道德的评价标准使当时人寄情于山水，由实入虚，超入玄境，从而建立一种晶莹的美的意境、艺术的心灵。书法中的行草是表达这种最自由的心灵的最恰当的艺术。不仅如此,魏晋人对于任何事情都"一往情深"。这种最解放、最自由的精神表现为哲学的性质,表现为一种神韵。"总而言之,这是中国历史上最有生气、活泼可爱、美的成就极高的一个时代。"

(三) 郭绍虞文学批评研究对儒家美学思想研究的启示

早在20世纪初,郭绍虞就从文学批评的角度对儒家的文学艺术思想进行了深刻的研究,在20世纪二三十年代,《中国文学批评史上的"文""气"说》(《小说月报》19卷1期,1928年)、《儒道二家论神与文学批评之关系》(《燕京学报》1928年4期)、《文气的问题》(《小说月报》20卷1期,1929年)、《先秦儒家之文学观》(《睿湖月刊》1929年1期)、《中国文学批评史上的文与道的问题》(《武汉大学文哲季刊》1卷1期,1930年)等文章以及1934年由商务印书馆出版的《中国文学批评史》从不同角度对儒家文学艺术思想中涉及到的文、道、气、神等重要问题加以阐述。如郭绍虞对文与道的论述,他认为道是中国文学批评史上一个非常丰富重要的问题。对于道,就性质而言,有儒家之道,有道家之道;就程度言,则有载道与贯道之分。到了北宋时期,由于文统与道统的建立和贯道说、载道说的完成,文与道的问题变得派系林立,壁垒森严。如果说"道"的问题论述的是文的内容,那么,神与气则阐述的是文的风格意境。

(四)朱自清:《诗言志辨》

朱自清除了散文创作之外,对中国古典文学及文学批评也有一定的研究,主要集中在《诗言志辨》和《经典常谈》中。

我国的文学批评大概开始于春秋战国时期的诗论与辞论。论诗是论外交赋诗,赋诗是歌唱入乐的诗。论辞是论外交辞令或行政法令。两者的作用都在政教。开山纲领"诗言志"和汉代提出的"诗教"是论诗的纲领,主要告诉人们如何理解诗,如何受用诗歌。

根据前者,毛公释"兴诗",后来称为"比兴";根据后者,郑玄作《诗谱》,论"正变"。这两者是前面两个纲领的方法,是细目。这四条诗论构成了中国文学观念发展的主流。但对之的解释却并没有统一的说法,《诗言志辨》即是由四篇分别论述上述四条诗论的史的发展的文章组成。每篇文章根据每条诗论在各个时代的重要用例来解释"诗言志"、"比兴"、"诗教"、"正变"这四个词的本义,并追踪它们的变义、源头和流派。

(五)朱光潜:《诗论》

在欧洲,从古希腊一直到现代欧洲,一般研究文学理论的著作都叫做诗学,而在中国向来只有诗话而没有诗学,但是诗话大半是偶感随笔,片言中肯,简练亲切,缺点是零乱琐碎没有系统,缺乏科学的精神和方法。20世纪初,随着西方文化在中国的传播,西方的文学作品与诗理论也逐渐被国人所接受,由此而产生的价值判断是通过比较而得来,因此在比较中分析中国传统文化遗产有哪些可以沿袭,西方的成就有哪些可以借鉴是那个时代的当务之急。这便是朱光潜《诗论》产生的社会背景。

《诗论》吸收借鉴了西方诗学特有的谨严的分析与逻辑的归纳的治学方法,在比较的视野中,从诗的起源、性质、特征等角度,具体分析中西诗歌的内在规律,既用西方诗论来解释中国古典诗歌,也用中国诗歌来印证西方诗论。从声、顿、韵的分析着重探讨了中国诗歌节奏与声韵特点,并在此基础上进一步探究诗歌走上"律"的规律。

(六)刘大杰:"魏晋文艺思想论"

魏晋一直中国文艺思想与美学思想研究的重要时期,它以自身的魅力吸引了诸多研究者的目光:在中国的政治史上,魏晋时代无疑是黑暗的,但在思想史上,却有它特殊的意义和价值。魏晋人无不充满着热烈的个人的浪漫主义的精神,他们在那种动荡不安的社会政治环境里,从过去那种伦理道德和传统思想里解放出来,无论对于宇宙、政治、人生或是艺术,都持有大胆的独立的见解。基于对魏晋的这种认识,刘大杰认为:"至于文学思想的发展,魏晋时代是带着革命的意义的,必得经过这个时代,才可走到南朝的唯美主义的道路上去。"

儒家对文学艺术的评价是以伦理道德为基准的,道家则以艺术批评为基础。在魏晋文艺理论的建设过程中,王逸为了发掘《离骚》的价值,不得不利用诗序解《诗经》的办法,把儒学的理论装进到《离骚》里面去,于是,《离骚》被关进儒家思想的铁笼子里。曹丕是将文学解脱于儒家铁笼的重要人物,他论文学讲究内容形式的统一,讲究文学的情感、想象力和独创的个性。沿袭下去,经过陆机,到葛洪,在文学观念上便击破了儒家的传统观念,发出清新自由的理论了。在反映社会生活的基础之上,那个时代的文学基本上表现出一种个人的浪漫主义的风格。这种风气在书法绘画中也有所显现,逐渐脱离了实用性、装饰性的作用,走向独立的艺术地位。总之,魏晋时代无论哲学、宗教、文艺等各方面,都脱离了旧时代的桎梏,活跃而又自由地发展着新的生命。

四、新时期(1978年以后)多元视野中的儒家美学研究

尽管早在20世纪50年代中期,毛泽东就提出了文学、艺术、思想领域中"百花齐放、百家争鸣"的方针,但这种理想局面的真正到来则是在文革结束之后,在确立了"实践是检验真理的惟一标准"以及"解放思想,实事求是"的原则之后,"百花齐放、百家争鸣"的局面才获得了新生的土壤。在这些如甘露般原则确立的前提下,学术思想研究及文学、艺术领域恰如初春解冻的河道,慢慢恢复了其应有的喧嚣与热闹,古典美学研究,尤其是一直作为封建思想代表的儒家美学思想才得以被当作一个学术研究问题而不再被

附带有政治有色眼镜来对待。随着整个学术研究气氛的活跃与松动,学术研究本身不断得以发展与深化,儒家美学研究也才得以随着古典美学研究的深入而不断有所创新。

　　建国后 50 年代掀起美学大讨论,是百年美学研究的第二次高潮,但对中国古典美学却缺少应有的重视,只是褚斌杰撰文《重视我国古代美学著作的研究工作》(《文艺报》1956 年 7 月)、朱光潜撰文《整理我们的文学遗产应该做些什么》(《文艺报》1961 年 7 月)、詹铭新于《光明日报》1961 年 8 月 19 日撰文《漫话中国美学——访宗白华、汤用彤教授》提出应当重视中国古代美学研究问题,但鉴于当时的社会风气,这些文章中的提议就如空谷绝音,应者无声。

　　如何重新认识评价中国传统美学的问题于 20 世纪 80 年代在美学研究中得到关注。学者们开始做一些传统美学研究中急需的建设性工作,中华书局于 1980 年、1981 年出版了《中国美学史资料选编》(上下),为中国传统美学研究提供了基本的支持。宗白华于 1978 年第 4 期《文艺论丛》发表了《中国美学史中重要问题的初步探索》一文,探索中国美学史研究的目标、途径和方法等问题。与这些基础性、原则性工作展开的同时,出现了施昌东的《先秦诸子美学思想述评》一书(中华书局 1979 年,1981 年第 2 版)是有关中国传统美学的断代史研究。受当时社会文化环境影响,这部断代美学史还存在着这样那样的问题,但它毕竟为我们研究中国传统美学提供了新的思路。1980 年 6 月第二次全国美学会议在昆明举行,这次会议专门对中国美学史的研究工作作了具体规划,为推动中国传统美学研究吹响了号角,儒家美学研究也在这令人振奋的号角声中睁开迷茫了几十年的双眼,逐渐由稚嫩走向成熟、稳健与完善。

　　这一时期儒家美学的研究呈现如下特点:

　　首先,研究视角的转化。与以前相比,这一时期儒家美学的研究视角发生根本性的转化,这主要表现在两个方面:首先,儒家传统美学由被批判改造到被认同整合、阐发的转换,也就是说这一时期将一直作为批判对象的儒家美学作为建构对象来加以研究;其次,把研究的视角由原来的西方美学转移到中国本身美学建构上来。这一时期作出评判的标准不再是西方美学的观念和方法,而是儒家美学本身。

　　其二,研究视角的多元化发展。从 20 世纪 70 年代末至今 20 多年是中国改革开放的时代,这一时期在思想界确立了"解放思想,实事求是"以及"实践是检验真理的惟一标准"两个基本原则,为思想解放确立了强力的理论基础,各种各样的理论应运而生,西方现代主义美学、后现代主义美学以及西方当代美学陆续被译介过来,为我国新时期美学研究和建设,尤其是儒家美学的研究提供了丰富的理论资源和方法,从而拓展了儒家美学研究的视野。

　　其三,对西方美学思想及美学方法的引进译介经历了一个逐渐成熟的过程,与王国维、蔡元培近代相比,新时期儒家美学研究中借鉴西方美学理论的方法时表现出了成熟与稳健的特点。这一时期在理论研究中将传统儒家美学思想与西方现当代美学理论及方法置于同等重要的地位,利用对话的方式,将两者加以沟通、交流、借鉴,这主要表现为在世界意义下的比较美学的建立。

　　(一)孔子美学思想研究:

　　孔子是儒家学派的创始人,孔子的美学思想是其博大思想体系的有机组成部分。孔子的美学思想,受其哲学思想、政治思想的影响,同时在某种程度上又印证了其哲学、政治等思想,因此深入了解进而把握新时期对孔子美学思想的研究有助于推动我们对孔子其他思想的研究工作。

1. 孔子美学思想的历史地位

中国古代传统美学思想源远流长,按照李泽厚的说法,早在山顶洞人已经具备了隐藏着的审美意识了。那么中国传统审美意识的理论形态源自何时、起自何人呢?这是传统美学研究中一个极为抢眼的话题。对此,基本分歧有两点:一种观点认为道家的主要代表人物庄子是中国美学思想的源头,以叶朗为代表;另一种观点认为孔子才真正代表了中国传统美学理论的觉醒,以陈望衡论述得较为周详,他认为在孔子之前,没有任何人如此自觉地创立美学理论,更注意从客观上把握审美的规律,更自觉地建构美学体系,孔子的美学从本质上来看是一种以伦理为本位的人事主义美学观。叶朗在其《中国美学史大纲》中从考证与逻辑思辨的角度认为庄子的思想蕴涵了真正意义上的美学思想,而孔子却不然。实际上,就整个中国美学史而言,关于孔子美学思想的意义与历史地位这一问题,韩林德与赵庆麟对孔子所作出的评价极为妥帖。韩林德认为在中国美学史上,孔子是个承前启后的重要的人物,标志着艺术审美开始摆脱宗教神学的束缚,逐渐走向同现实人生相通的道路(韩林德《孔子美学观浅探》,见《兰州大学学报》1982 年 4 期)。赵庆麟则将孔子定位于"中国儒家美学的奠基者"(《试论孔子审美的价值取向》,见《复旦学报》社科版 1994 年 4 期)。笔者认为将上述两人的论断合一,则是对孔子历史地位所做出的最恰当评价。因为无论是将孔子定位为中国美学史的开端,还是将庄子定位于此,都有失偏颇,这主要是由于思想的延连性所决定的,因为无论是孔子还是庄子,他们的思想都是对前人的继承与发展,并不是其思想长河的开端。

2. 孔子美学思想体系研究

学科体系的建立源自西方,取决于西方那种抽象的逻辑思维方式,受西方美学研究的影响,体系的建构也成为我国古典美学研究中的热门话题。主要表现为中国美学体系以及中国美学范畴体系的建构两个方面。如皮朝纲认为"味"是"中国美学的逻辑起点，又是它的归宿或落角点"，"联系审美主体和审美客体的重要纽带"，可以"作为构造中国古典美学体系的核心范畴"(《中国美学体系论》，语文出版社1995年)。彭修艮认为"意境体现了中国美学的本质居于中心范畴的地位"，古代美学范畴体系的建构应当以之为起点(彭修艮《关于中国古典美学范畴系统化的几个问题》，《人文杂志》1992年第4期)。詹杭伦则主张以"气"为元范畴建构起美学体系的大厦(《当代中国美学研究的回顾与展望》，《中国古典文学论集》第10辑，四川大学学报编辑部刊印)。有论者以道为基点(安港《中国传统美学的核心——道》，《北京大学研究生学刊》1990年第1期)。有的论者进而区别不同的哲学体系，提出"象"和"兴"这两个范畴及其相互关系，构成了中国美学范畴体系研究历史与逻辑统一的起点，是构成中国美学独特体系的基本线索(成立《中国美学元范畴》、《学术月刊》1991年第3期)。以上是就中国传统美学整体而言。而具体到个别美学家，其美学思想是否存在着体系的特征，回答当然是肯定的，如刘勰的《文心雕龙》。那么孔子的美学思想有无体系或潜体系呢？邓承奇在其《孔子与中国美学》(齐鲁书社，1995年)中初步提出了建构孔子美学思想体系的方案，并继而在《孔子美学的潜体系》(《孔子研究》2000年第1期)进一步加以论证。邓文认为：判断一种学说是否构成了体系，不能拘泥于它的表现形式，只要具备一以贯之的中心思想，性质明确独特，有一定的研究对象，构成一个整体，母系统与子系统各个系统之间既相互联系、又互相制约，不让任何组成要素游离出去，就应该承认它是一个体系。据此，可以认为孔子建构了自己的美学思想体系。因为孔子研究了美的本质、社会美、自然美、艺术美、审美教育、审美欣赏、审美标准等，并且用仁贯穿起来。但又由于它缺乏系统的文字体系,故可称之为潜体系,并且,孔子的这种体系经过孟子、荀子及后儒的发展构成了儒家美学思想的显体系。

3. 孔子的审美研究

有关审美标准的研究。关于孔子的审美标准,历来有两种观点:一是认为孔子以"思无邪"为审美标准;一种认为"中和"是其评判审美的标准,也是其所追求的最高审美理想。第一种观点是孔子评价《诗经》时说的一句话:"诗三百,一言以蔽之,曰'思无邪'。"很明显"思无邪"是孔子评价《诗经》时就《诗经》的内容而言的。它并不能适应于孔子美学思想中关于其他的自然美、社会美、艺术美、人格美的评论。另一种观点将"中和"视为孔子的审美标准,这逐渐成为学界的共识,这一审美标准确立的主要理论根据是孔子的中庸思想,中庸不仅是孔子最高道德标准,也是他认识问题处理问题的方法,同理也是影响其"中和"的审美标准的理论渊源,中和思想影响孔子对自然美、艺术美、社会美、人格美的界定与论述。

有关审美的价值取向研究。赵庆麟认为孔子的审美,以仁义为出发点,以功利为目的,因此其审美价值取向表现为三个方面:一是伦理价值取向。二是政治价值取向,即孔子要求美要合乎礼,礼乐相结合。其三,审美的认识功能,通过审美达到穷神知化(《试论孔子的审美价值取向》,《复旦学报》1994 年第 4 期)。

审美实践与审美教育研究。从孔子的审美实践活动出发去探讨其审美态度、审美经验以及审美教育思想,更能体会出其美学的实践理性特色。韩钟文撰文专门探讨孔子的审美教育思想。"兴于诗,立于礼,成于乐"是孔子审美教育的实质。在孔子的审美教育思想体系中,有突出的两点特征:一是重视审美教育与社会改革的关系;二是重视艺术教育的社会功能。因此艺术教育的目的也就有两个:一是成人,二是为邦。同时也注重乐的审美价值,乐既是手段,又是目的,所以孔子的乐教是手段与目的的统一。礼教是孔子审美教育的又一重要内容,主要指德化或德育,而孔子以仁来充实礼的内容,则是其政治理想与审美理想在礼教中的体现。除此之外,孔子还注重美的社会环境、自然环境对受教育者的影响。孔子还提出了启发式、因材施教、循序渐进、巩固性等教学原则在审美教育中的运用,力求达到思想与实践的完美统一(韩钟文《孔子审美教育思想初探》,见《上饶师专学报》1982年第2期)。

4.孔子(儒家)的自然美观研究

在儒家自然美思想研究中,将"比德说"视为儒家自然美思想的概括似乎已经达成了学界的共识,但仔细研读有关文章,却发现有以下问题尚存有争论之处:第一,比德说到底是否是儒家的专利;第二,比德的发展线索是什么,其内涵有什么变化?

研究儒家的比德说,首先得弄清楚什么是比德。钟子翱认为比德的含义是:自然美之所以为美,在于作为审美客体的自然物象可以与人比德,即从中体会到审美主体的某些品德美(《论先秦美学中的比德说》,见《北京师大学报》1982年第2期),也就是说,这种观点更多地是将自然界的审美对象作为人的品德美或精神美的一种象征。张伯良也将比德说解释为自然美是在于自然物象可以与人的某些品德的美相比拟,从而成为人的品德美、精神美的一种象征(《由比德到畅神》,见《南京师大学报》1988年第4期)。比德说的这一内涵基本得到学界的认可。但在比德说到底是否儒家的专利这一问题上却有了分歧,钟子翱在文章中爬梳了比德说的历史渊源,认为:(1)《诗经》中的已有大量自然美的描写,很多已直接或间接地以物比德;(2)先秦最早对比德论述的应推管仲;(3)晏婴也曾从政治的角度以水比德;(4)老庄"上善若水"、"上德若谷"等说法也受到比德说的影响,比德说在儒家的美学论述里体现得更为充分,更为多样,包括孔子的"智者乐水,仁者乐山",孟子、荀子等人的丰富、发展。由钟文可以看出比德并非儒家所独有,只是儒家这里阐释得更加充分罢了。仔细想想,这种说法倒也符合现实,因为(1)一种学说或思想并不会被某个学派所把持,(2)一种学说的产生必有一定的思想渊源和发展过程,不会是儒家凭空提出。比德说自然美学观经过先秦时期儒家代表人物孔、孟、荀的阐释后,在两汉由于经学的盛行,政治教化思想的增强,董仲舒、刘向等人只是对孔、孟、荀的理论作了更多的继承。到了魏晋时期,社会文化的发展,在自然美理论中出现畅神与比德并重的局面。

5. 孔子的音乐美学思想研究

在孔子的美学思想中音乐美学思想是重要的组成部分,对孔子音乐美学思想的研究也日益引起学界的关注。

蒋孔阳在其《先秦音乐美学思想》一书中曾专列一章对孔子的音乐美学思想作了自己的研究。蒋文认为"对儒家来说,礼乐是一个完整的概念,儒家的美学思想应当说就是礼乐思想",孔子正乐的目的有两个,一是用礼统帅乐,二是用礼反对其他非礼之乐。为了达到这一目的,孔子提出的礼乐具有鲜明的政治倾向性,又为之增加了新的内容"仁"。同时,孔子的正乐思想也与其没落的奴隶贵族的立场密切相关,基于这样的政治倾向性和阶级立场,孔子便把"礼"作为正乐和一切意识形态工作的最高标准。孔子正乐的政治目的,就是要恢复礼乐的传统,使在春秋战国之际已经走向"礼废乐崩"的局面能够重新稳定下来。当然这时候的礼乐已经是孔丘自己理解的意义了:首先他按自己的需要,把奴隶主贵族的礼乐、雅乐加以美化作为正乐的最高理想。其次,孔子排斥当时新兴的音乐郑卫之音。第三,孔子反对新兴的俗乐。第四,孔子正乐除了政治上的目的之外,更注重道德教育上的目的,而为了实现这一目的,就要强调音乐"和"的作用(《先秦音乐美学思想论稿》之《评孔丘的"正乐"思想》,人民文学出版社)。

6. 孔子美学方法论、思维方式研究

审美思维方式是美学观点得以形成的内在机制,并且是美学观点的重要组成部分,尽管孔子没有关于审美思维方式的论述,但其审美思维方式的观点却已显露在乐论、诗论、画论之中。孔子的审美思维方式偏重于理性,但不完全是理性,也就是说不完全是抽象思维与逻辑思维性质,而是理性思维与感性思维的结合。从本质上来说,孔子的审美思维是形象思维,但它是理性因素很强的形象思维。由于上述性质,影响并形成了孔子审美思维方式的特征:(1)趋向性。(2)稳固性。(3)辩证性。(4)主体性。(张利群、黄小明《试论孔子审美思维方式的特征》,见《学术论坛》1994 年第 3期)。就方法论而言,孔子是先秦美学社会学方法论的奠基者,他提出了伦理道德之美,并以功利主义作为审美的标准(刘伟林《先秦美学的方法论意义》,见《学术研究》1987 年 1 期)。

(二)孟子、荀子美学思想研究

由于孟子的继承位置,因此在孟子美学研究中便侧重于探讨其美学思想的两个方面:一是其继承孔子思想的地位也即其传承的地方,二是研究孟子美学思想中独创的地方,也即创新的理论。

美善两个范畴是儒家美学研究中不可回避的两个重要范畴,孟子认为:(1)美与善是一致的,如果美离开善,甚至违背了善,美就不成其为美了。(2)美对于善来说,要高出一个层次。孟子美善统一和美高于善的审美观是对孔子审美观的发展,孔子虽然也主张美善统一,但他认为善高于美。孔子对艺术的评价,是政治道德标准第一,艺术标准第二,孟子在审美观上同孔子略有不同,并且,孟子进一步强调了审美在培养理想人格过程中的重要作用。

孟子美学研究中最受论者关注的是孟子有关"阳刚美"的论述。李泽厚给予了孟子阳刚美较高的评价:"孔子给礼乐传统以仁学的自觉意识,孟子则最早树立起中国审美范畴中的崇高、阳刚之美。这是一种道德主体的生命力量。"(李泽厚《华夏美学》,见《李泽厚十年集》第一卷,安徽文艺出版社1994年,第264页)孟子对善、信、美等层次的区分,都是针对人格美而言的,他极大地宣扬了伦理和超伦理的主体力量,一切外在的功业成就,不过是个体人格完成的表现或展示而已。这就是中国式的阳刚,这种阳刚中所蕴含的崇高,也就是道德力量在生命中的显示,个体人格的道德自身作为内在理性的凝聚,可以显现为一种感性的生命力量,这也就是"气",这种物质的气(生命感性是由精神性的义(道德理性)的集结凝聚而产生)。"浩然之气"身兼感性与超感性生命与道德的双重性质,这是阳刚之美的关键(李泽厚《华夏美学》之《孔子仁学》,李泽厚、刘纲纪《中国美学史》第一卷有关孟子的论述与此相同,可互为参照)。

活动于战国末期的荀子是儒家的传人,其实,荀子与孔、孟的一脉相承处是更为基本和主要的。荀子可说上承孔、孟,下接易、庸,旁收诸子,开启汉儒,是中国思想史从先秦到汉代的一个关键(李泽厚《中国古代思想史论》第107页),这一评价也适合荀子的美学思想。

荀子的特点在于强调用伦理、政治的礼义去克制约束、管辖、控制人的感性欲望和自然本能,要求在外在的礼的约束下去满足内在的欲,在欲的满足中去推行"礼"。"欲"因"礼"的实行而得到合理的满足,"礼"因欲的合理满足而得到遵循(同上)。张节末从比较的角度认为,与孟子相比,荀子为中国古代的转化美学奠定了基础,他是封建文化早期的意识形态专家,是儒家从道德转向政治的意识形态理论的先锋,他提出的性恶与冶情、礼与乐等概念,鲜明地区分了理性群体与感性群体的差别,移风易俗理论则又鲜明地体现了他的美学的意识形态性(张节末《从道德转向政治的意识形态理论——荀子美学再检讨》,见《文史哲》1998 年 4 期)。

(三)《周易》美学思想研究

《周易》包括《易经》、《易传》两个部分。《周易》在内容上明显具有综合儒学各派和老子、法家学说的特色,并与阴阳家也有关系,但从理论体系的发展历程来看,《易经》与儒家,尤其是荀学有着极其相似的地方,郭沫若曾指出两者的相似之处:"两者(指《荀子·大略篇》与《彖下传》)之相类似是很明显的……《易传》明显地是把荀子的话更展开了。它把他的见解由君臣父子的人伦问题扩展到天地万物的宇宙观上去了","《系辞传》至少其中的一部分也明明受了荀子的影响,从思想系统上可以见到它们的关系。"(《青铜时代·周易之制作时代》第 78 页,群益出版社 1946 年)。李泽厚沿用了郭沫若的观点,并进而分析说:"《易经》的最大特点……更是沿袭了荀学中刚健奋斗的基本精神,舍弃了'天人之分'、'制天命而用之'的具体提法或具体命题,把它们改造为'天行健,君子以自强不息',赋予自然以人的品德色彩,提到'阴阳谓之道'的形而上学的明确高度,创造性地建构了一个完整的世界观。《易经》终于成为整个儒家最基本和最高的哲学典籍。"(《李泽厚十年集》第一卷,安徽文艺出版社 1994 年版,第 123 页),李泽厚从思想发展的角度论证了《周易》同儒家的关系。这一观点同样也适用于《周易》美学思想的性质。因此将《周易》美学思想研究置于此,作为儒家美学研究的重要组成部分。

李泽厚不仅从思想体系的发展中认识到了《周易》同荀子思想的演变关系,并且在《美的历程》、《华夏美学》、《中国美学史》中对《周易》的美学思想作了论述。他认为《周易》中的一些美学理论、美学思想对中国美学的发展产生了巨大影响。

(四)董仲舒美学思想研究

从思想渊源上来看,董仲舒不是纯粹的儒家传人,就《春秋繁露》中所蕴含的董仲舒的思想来看,他是以儒家思想为主,融合道法等思想内容,从而建构起庞大的社会哲学政治学思想体系。他的贡献在于明确地把儒家的基本理论(孔孟讲的仁义等等)与战国以来风行不衰的阴阳家的五行宇宙论具体地配置安排起来,从而使儒家的伦常政治纲领有了一个系统论的宇宙图式作为基石,使《易经》、《中庸》以来儒家所向往的"人与天地参"的世界观得到了具体的落实,完成了《吕氏春秋》起始的、以儒为主融合各家以建构体系的时代要求(李泽厚《中国古代思想史论》第 145—147 页)。基于这样一种角度,学界更多是侧重于董仲舒的伦理学意义,而忽视了对他的美学思想的研究。但是从实际来看,董仲舒的思想作为在一定历史时期形成又跨时代的主导性、综合性的社会思潮,不同于简单化、公式化的政治伦理教条,而是一种包含着丰富的、多方面内容的综合性的政治伦理哲学,这就必然包含着一定程度上的美学思想,至少包括以下两层意义:其一,董仲舒对天人关系、人性完善、社会秩序等问题的研究,在对自然人生及其前代不同形态的学术文化的思索和解释的同时,包含着对美和艺术的理解。其二,董仲舒的伦理哲学本身蕴含着丰富的美学意蕴。首先,董仲舒发现了"天之美",天之美表现在覆育万物、事功无己的仁的品格上;表现为庄严的秩序和生化不息的运行;表现在"中和"的特征。其次,美善统一,董仲舒继承了儒家美学美善统一的思想,对人性的完善、艺术的教化作用、服饰美所表现的社会伦理内容作了研究(贺志朴《董仲舒的美学思想》,见《河北大学学报》1998 年 3 月 23日第 1 期)。而李泽厚则对董仲舒的美学思想提出了批评,认为其美学思想的严重缺陷是片面和极端地把美与艺术从属于"王者"的教化,视之为施行"教化"的一种工具手段,完全忽视了美与艺术对形成和发展个体人格的作用……它失去了先秦儒家那种尊重个体人格的精神,个体处在那由天意所决定的三纲五常的威压之下,仁道的实行再也不是个体的人性的表现,而成了外来的、强制的森严的法规(李泽厚、刘纲纪主编《中国美学史》第一卷,中国社会科学出版社 1984 年第 495 页)。

(五)《礼记·乐记》美学思想研究

对《乐记》美学思想的研究主要表现在对其音乐理论或音乐美学的研究。

周来祥在其《论中国古典美学》(齐鲁书社 1987 年)中,有一篇《〈礼记·乐记〉音乐美学思想》,对《乐记》的音乐美学思想的意义和价值作了相当高的评价,称《乐记》为"我国古典美学的奠基石",其影响之大,概及整个文化艺术思想,成为中国古典美学史和文艺理论史的脊柱和主干。音乐的作用,周来祥论述了《礼记》关于音乐的社会作用的内容,乐是偏重于治心,以情感人,以德化人,潜移默化地使人承听和顺,心悦诚服地安于被统治的地位,是儒家修身齐家治国平天下的重要手段。

周来祥就《乐记》对音乐的内容与形式有重要论述,《乐记》认为音乐是表现人的感情或人性的,而人性中最根本的便是德,德是音乐表现的最重要的内容。在形式方面,音乐特别强调"声"和"饰"。《乐记》认为"声"是传达情感的物质材料,声音依据相异相和、多样统一的规律而运动发展,形成一定的旋律和节奏,谓之饰。在内容与形式的关系上,《乐记》更注重内容,它认为内容是首要的是根本,音乐形式是次要的是末节。另外,《乐记》还提出"和"作为音乐的审美本质,以"和"为特征的音乐才是音乐的最理想状态。

(六)玄学美学思想研究

进入主题之前应明确玄学、儒学的关系,或者说玄学能否作为或在什么意义上作为儒学的一种理论成分或形态来考察,需要加以界定。

以何晏、王弼、阮籍、嵇康、向秀、郭象等人为代表的魏晋玄学,其学术内涵或理论性质,可以界定为(1)就理论思潮言,玄学是提倡老庄之学而有别于儒学的,甚至可以说是和儒家相对立的一种新思潮。(2)就学术科目言,玄学是由诠释三玄(《老子》、《庄子》、《周易》)为主,而与诠释传统儒学经典(《诗》、《书》、《礼》、《春秋》)之经学有所区别。但就魏晋玄学产生的背景及其理论内容中我们可以看出:(1)玄学思潮崇尚老庄思想,并不是适应道家思想发展的内在需要,而是回应儒学摆脱危机的需求。(2)在玄学中,儒家的基本范畴、命题、思想都获得了一种新的援引道家的思想。因此就这个意义而言,可以将玄学作为儒学的特殊形态来看待(崔大华《儒学引论》,人民出版社2001年9月,第322—323页),本文所言玄学美学思想也在这个意义上才得以成立。

以王弼为代表的玄学性理对中国中古及至中国美学发生的影响,最深层、最根本的莫过于思维方式、思维结构的转变,改变了以往传统中重象尚实的直观美学,而奠定了中国写意美学的基础。同时,审美理想也发生了变化:从王弼开始,真正的大美不是感性的,以形为用的无才是“至健,大美者”。最后,在处理情理关系时,王弼玄学建立起一种新的范式:一方面他重情,承认情的存在是无条件的、永恒的。另一方面又以“性其情”的理论取代了儒家以理节情的观念,将情从有限的伦理世界引向无限的心性世界,所以情理关系是本末体用的一体化关系,而不再彼此对立。王弼玄学还提出一种新的人格美理想,是力图以自然为基础点和本体去协调名教,或者说将社会伦常、必然统一到个体人性、自由上来。因此他改变了人与对象关系的主从结构,使人成为对象的本体,成为既绝对超越客体又无限占有客体的自由人。这种以个性主体为本位,将对象统一于人的思想,是中国古代哲学和美学观念的一次重大变革(仪平策《王弼玄学与中国美学》,载《学术月刊》1992年第3期)。

(七)理学美学研究

过去,由于理学自身理论的特点以及我们认识、分析问题的偏见,否定了理学中存在的美学问题。实际上,我们只是看到了事物的一个方面,如果从更深层的内容而言,理学与美学除却在思辨对象、观念内容、理论导向等外在差异外,它们在精神结构、思维形式、研究方法上所表现出来的更深层、更内在的特征,则又是亲缘的、共相的、互渗的,主要体现在审美理想的变化上:宽和娴静、温柔、纤媚的阴柔之美成为时人的最高审美境界,发展了重神轻形、重意轻象、重韵轻物的审美倾向,美学也发生了由审美功利性向审美无功利的转化,审美方式上由直观型向品味型的转化(仪平策《宋明之际的理学与美学》,见《理论学刊》1989年第5期)。

将理学与其所处时代的美学相比较,可以清楚地看到两者内在的相通性,单就理学理论本身的内容而言,理学所追求的那种道德精神境界在某种程度上来说,就是一种审美的境界。在宋明理学中,感性的自然界与理性伦常的本体界彼此渗透融合一致。"天"和"人"在这里都不只具有理性的一面,而且具有情感的一面。它们经常讲孔颜乐处,把它看作人生最高境界,其实也就是指这种不怕艰苦而充满诗意、属伦理又超伦理、准审美又超审美的目的论的精神境界,宋明理学以天人合一万物同体的主观目的论来标志人所能达到的超伦理的本体境界,这被看作是人的最高存在,这一本体境界确实与物我两忘非功利的审美快乐和美学心境接近(李泽厚《中国古代思想史论》,人民出版社1985年版,第235—236页)。

潘立勇在梳理"理学"、"美学"两个概念的内涵和外延之后,认为理学范畴中包含着深刻的美学内容,主要表现在三个方面:(1)理学本体论与美学本体论:理学范畴中"理气"部分包含着理学家对美的本体及其现象的解释。(2)理学主体论与审美主体论:理学范畴中的"心性"和"知行"涉及到了审美主体之审美心理、审美情感、态度、修养等方面思想。(3)理学境界论与审美境界论:理学家"天人合一"的理想境界更多地充满了美学境界的特征。不仅如此,从理学家自身的艺术实践及有关艺术哲学的见解中也客观地存在着大量的美学因素。所以,理学与美学并不是相互类比的关系而是相互统一(潘立勇《朱子理学美学》,东方出版社,1999 年 12 月)。

1. 朱熹美学思想研究

对朱熹的研究,国内包括港台学者主要集中在其哲学、伦理、政治、经济、法律、历史、教育等思想的研究上,且已相当深入。对朱熹的文学活动和文学思想虽有很多误解与成见,但已作了不少研究。朱熹美学思想的基本特征之一是把美这个范畴与作为道德伦理精神的善联系起来,以善为美的内容。因此朱熹所谓美一是指审美对象的外在形式,二是指精神心态的内在状态,美就是这种外在形式和内在状态的统一。由此出发,朱熹对美作了具体的规定:首先,朱熹认为,所当然之美,其本质和根源是所以然之理;其次,美与善又是统一的,美不再是单纯的外在形式,而是在感性形式中得到完满实现的内在之美。美善合一具体到文,便是文道合一,具体到诗,便是诗理合一。这些都是详细地分析了思想内容与形式的关系问题。内容与形式的最佳状态便是"和":从理(道、善)出发,通过美(文、诗),把伦理道德原则、规范或自然界合乎规律的现象和能给个体以精神愉悦的感性形式、艺术表现结合起来,达到美与善、诗与理、文与道的和谐统一。就是"和"的境界,也是朱熹审美的完满境界、理想境界(张立文《朱熹美学思想探析》,见《哲学研究》,1988 年第 4 期)。

2. 陆王心学美学研究

宋明理学按照其思想发展的内在逻辑及规定性,大致可以分为以二程、朱熹为代表的理本论,陆(九渊)王(阳明)为代表的心本论,张载、王夫之为代表的气本论三部分。其中陆王心学对审美艺术有极其重要的作用。

王阳明处在中国传统社会向近代转换的时期,使他的哲学表现出维护传统和解放思想的矛盾。王阳明心学的目的便是通过本心的复明,以达到人与天地一体的存在境界,从而实现群体与个体、普遍与特殊的统一,影响到其美学,就表现为对传统美学的深化和对近代美学的预见。"意"是关键,是其哲学与美学的核心。因此在其体用不二、知行合一的哲学基础之上,王阳明致力于以意为中心统一情志,一方面它直接冲击了代表僵化的传统精神的以"志"为本的理学美学,另一方面他先期肯定并提供形而上学根据,给具有近代人文主义精神和现实主义精神的情的观念以哲学基础(肖鹰《意统情志的王阳明美学》,载《文史哲》2000 年第 6 期)。

3. 王夫之的美学思想

王夫之是中国古典美学发展到明末清初时期标志性的美学家,他建立了一个以诗歌审美意象为中心的美学体系。

王夫之继承了王廷相有关"意象"概念的内容,明确指出诗的本体是审美意象,不是"志"、"意"。而诗歌意象是"情"与"景"的内在统一,情景的统一是诗歌意象的基本结构,情与景是诗歌审美意象不可分离的因素。情与景的统一并不是指情与景的简单机械的拼凑相加,而是一种内在的统一,这种统一是在直接审美感兴中实现的。在审美感兴中,情与景自然相契合而升华,从而构成审美意象。王夫之进而分析了诗歌意象的特点:第一,诗歌意象的整体性。第二是诗歌意象的真实性。其三是诗歌意象的多义性,这是由现量的性质所决定的。其四是诗歌意象的独创性。这主要取决于审美感兴的具体性、独特性、不可重复性。

王夫之美学体系的更一个重要内容更是对诗歌意境的分析。

尽管他未提出这一范畴,但他的很多论述其实都涉及到了意境,意境也是在直接的审美感兴中自然产生的。但意境不同于意象,意境的内涵比意象丰富,意象的外延比意境阔大,只有取之于象外才能创造意境(叶朗《王夫之美学体系》,载《北京大学学报》1985 年第 2 期)。

(八)人学视野中的儒家美学研究

从人学的角度对美学作出研究与阐述的理论起源于人本主义美学思潮。从人学角度对儒家美学作出界定与详细阐释的应首推成复旺的《中国古代的人学与美学》(中国人民大学出版社 1992 年版)中的有关论述。

以儒家人学(人本论与人格论)为内涵的儒家美学认为:美的根据在于人,在于人的伦理人格。当这种伦理人格具有了一定的感性形式,给人一定的情感体验的时候,就成了美,儒家之美就是这种伦理人格的感性体现。

首先,就美的本质而言,儒家从比德与悦心两个角度规定美的本质是"理义"。另一方面,由孔子对仁与乐的论述到孟子的"理义悦我心"则直接确定了"理义"作为审美对象所规定的以理义为美之本质的结论。但作为美之本质存在的"理义"也有一定的感性形式。因此儒家并没有否定审美中的形式的含义,从而提出文质彬彬。所以儒家的美就是善及形式,由儒家这种美的实质所决定的美的形态就是中和,这种中和只在于宗法社会之"和",而关于美的功能,儒家却将其界定为成德,即成就宗法社会的伦理人格。

以理义为美的本质,以中和为美的形态,以成德为美的功能,从而构成了儒家美学体系的主体结构。

(九)比较研究

20 世纪中国文化的发展演变是在与西方文化的碰撞中实现的,每次文化的碰撞都会给传统文化的研究带来强大的冲击力,促使研究者以更宽阔的学术视野来审视中国文化、审视中国文化与西方文化的异同以及中国文化在世界文化中的地位及影响。这一学术背景影响到理论研究便是比较理论的兴起,从而在儒家美学研究中也渗透进比较的营养,将儒家美学思想置于中国及西方审美文化的大范围内来加以探讨。这一时期与儒家美学思想有关的比较美学研究主要以下列问题展开:

1. 儒道美学思想比较研究;

2. 儒家内部美学思想之比较研究;

3. 中(儒)西美学思想比较研究。

下面分述之:

1. 儒道美学思想比较研究:

无论是思想领域还是文艺、美学领域,关于儒、道思想在中国文化思想史中的关系,李泽厚在其《美的历程》中作了极为精辟的阐述,就两家的美学思想而言,李泽厚认为"就思想文艺领域,这主要表现为以孔子为代表的儒家学说;以庄子为代表的道家,则作了它的对立和补充。儒道互补是两千多年来中国思想一条基本线索"。这也就是时下所认可的儒道互补说。儒道互补,阐明了两层意思:一是指出儒道美学思想在具体问题的论述上有所不同;二是指就汉民族的文化——心理结构而言,两者的内容恰恰又构成了同一事物的两个不可分割的不同方面。因此,就比较美学思想而言,也就分为两个方面:一是指两者的差别所在,另一则指两者的互补之处。

真、善、美关系问题。真善美是美学研究中必不可少的三个要素,对此三要素之间关系的不同认识是决定不同美学派别美学观点的关键。而这也是决定儒道美学倾向的决定因素。汤一介对儒道两家的代表人物孔子、庄子、老子在对真善美的不同追求上作了分析:"照我看,中国传统哲学在真善美问题上,大体可以分为三大系统,这就是孔子、老子和庄子的思想在真善美问题上有如下的不同:孔子:善←美←真;老子:真←善←美;庄子:美←善←真。"(汤一介《再论中国传统哲学的真善美问题》,见《中国社会科学》1990年第3期)

　　审美境界比较研究是儒道比较的另一个主要方面。聂振斌从儒、道的哲学追求来分析其审美境界的不同追求:儒家要求艺术美善统一,要求审美既要满足个性的情感欲求,又要维护社会的秩序统一,个体与社会必须和谐起来。因此儒家强调美与善作为精神境界处在不同的层次上,美比善高尚或深刻而完备,善是起点,是对人性的普遍要求,善而达到美的程度,乃是一种高尚的道德。因此美善相乐、礼乐相济是儒家的审美境界。道家则强调"真",将美与真联系,追求一种超越现实社会而与自然化一的审美境界。总括起来看,儒道所追求的审美境界是相同的,都是一种追求超越利害关系、超越现实的艺术审美境界,只不过方法途径有所区别。儒家主要靠教育,即通过实现礼乐教化来实现美善相乐的境界。道家则主张心斋坐忘,抛弃利害观念,摒弃偏执,从而达到忘我境地,实现与道合一,也即审美境界得以完成(聂振斌《儒道的审美境界》,见《哲学研究》1998年第4期)。

　　儒道美学思想的区别是儒道美学思想比较研究的一个方面,另一个方面则是儒道互补,李泽厚对这一问题的论述可谓深刻,他从思想文化的角度分析儒、道思想相融的渊源所在,"还要从孔子开始,孔子世界观中的怀疑论因素和积极的人生态度,"敬鬼神而远之,可谓知矣","知其不可而为之";一方面终于发展为荀子、《易传》的乐观进取的无神论(制天命而用云,天行健,君子以自强不息),另方面则强化为庄周的神论。孔子对民族成员个体人格的尊重("三军可以夺帅,匹夫不可夺志也"),一方面发展成为孟子的伟大人格(富贵不能淫,贫贱不能移,威武不能屈),另一方面也演化为庄子的遗世绝后的独立人格理想(彷徨乎尘垢之外,逍遥乎无为之业)。表面看来,儒道是离异而对立的,一个入世、一个出世、一个乐观进取、一个消极退避,但实际上它们刚好相互补充而协调。不但"兼济天下"与"独善其身"经常是后世的互补人生路途,而且悲歌慷慨与愤世嫉俗,身在江湖而"心存魏阙",也成为中国历史知识分子的常规心理以及其艺术意念。但是儒道又毕竟是离异的,如果前者由于以其狭隘实用的功利框架,经常造成对艺术和审美的束缚、损害和破坏,那后者恰恰给予这种框架和束缚以强有力的冲击、解脱和否定。"所以说,老庄道家是孔学儒家的对立的补充者。"(见《李泽厚十年集》第一卷第58页)

2.儒家内部比较研究

孟子和荀子是继孔子之后儒家思想发展的两个主要代表人物,与孔子相比,孟荀两人对儒家的思想作了重大发展。冯友兰早在其《中国哲学史》中从哲学思想的角度对两个人的思想作过比较。他认为"孟子代表儒家的理想主义一翼,稍晚的荀子代表儒家的现实主义一翼"(《中国哲学史》,北京大学出版社1985年,第83—84页)。孟子侧重于从人的主体意识修养(心和性)发展儒家的学说,故称之为唯心主义,而荀子则侧重于从礼法的强制与人的实践行为发展儒家学说,故称之为唯物主义。张文勋认为冯友兰的看法基本符合实际,并且这一看法也同样适合孟荀美学思想的特征。张文勋认为就审美主体人格修养而言,孟荀是一致的,两者都主张审美主体首先应具有高尚的人格,才可能在健康的审美活动中实现教育人、感化人、塑造人的目的。但两者就如何进行人格修养,在什么基础上用什么方法去完成人格修养却产生了分歧。孟子从性善论出发,在方式上主张内省。荀子则从性恶论出发,在方式上强调后天的教育。其次两个人对审美情感的社会属性方面,都承认美感的属性来源于生理的欲求,是一种自然的本能,但对美感的形成方式上有所不同,孟子认为审美情感的获得是靠审美主体的心去唤起。而荀子则认为美感的获得需要经过后天的培养。再次,审美判断的主客观标准方面,两者都以道德为评价文学艺术的标准,但孟子更强调尽心,即强调主观的作用,荀子更强调证知,即强调客观实践的知识。实际上,无论孟荀的美学思想有多大的分歧,它们都是儒家学派的传人,都是儒家美学思想的发展和继承。因此,又都有相通且互补的方面(张文勋《孟子和荀子美学思想之比较》,《社会科学战线》1995 年第 5 期)。

3. 中(儒)西美学思想比较研究

孔子与柏拉图美学思想比较研究。彭立勋认为孔子和柏拉图美学思想的基础和出发点以及对美认识探究的途径有所不同:孔子美学思想的出发点是仁学,柏拉图美学思想的基础和出发点是理念。其次,在对美感的认识上,孔子和柏拉图都注意到情感因素的突出地位,但对情感的作用及其与理性的关系却有不同的分析:柏拉图强调美感和艺术的非理性作用,排斥理性不受理性控制;而孔子则把艺术欣赏和审美活动中的情感和认识感性和理性统一起来考察美感心理特点。第三,孔子和柏拉图对文艺本质和社会作用的论述也存在着很大的差别:柏拉图把艺术看成是一种模仿。孔子则着重考察文艺与主体世界的情感关系,探求文艺在将个人心理欲求导向社会伦理规范以塑造完美人格中起到的影响作用。孔子和柏拉图美学思想的区别和各自特点的形成,是与其各自的社会历史条件、思想文化状况乃至哲学思维方式的不同特点相联系的(彭立勋《孔子与柏拉图美学思想比较研究》,见《广东社会科学》1997 年第 2 期)。

《易经》与毕达哥拉斯数学美学之比较。从数的角度探求中西方不同的审美心理定势和文艺美学风格,是一个尝试性的新课题。从审美角度看,体现出一种变化与流动的艺术精神,才是《易经》数学美学体系的总体特征,主要表现为整齐中求参差,对称中求错综,稳定中求变化,直接导致了中国文艺寓变化于整齐的美学原则的形成。毕达哥拉斯学派从音乐入手研究数学美学,其基本观点是保持自身不变,以整数对等划分为美。毕氏与《易经》美学的分歧在于:一个是于参差错综中求整齐一律(即寓整齐于变化),一个是于整齐一律要求参差错综(即寓变化于整齐),这一分歧在数的追求上表现为两大差异:毕氏数学美学体系追求数的圆满,以"十"为最美,并且追求数的稳定性,即不变性。而《易经》则追求不稳定性即变化性。《易经》和毕达哥拉斯数学美学特点分别对中西美学观念的形成产生了巨大影响(周行易《〈易经〉与毕达哥拉斯数学美学比较》,见《文艺研究》1990 年第 5 期)。

六、海外有关研究概况

海外有关中国古典美学以及古代文论的研究分为两部分:一是以现代新儒家第三代传人为中心的研究群体,他们基本上沿着新儒家的思路,力图在反思前辈研究成果的基础之上来开创传统儒学研究的新局面,其中以移居美国的杜维明、余英时为代表。他们更多注重的是儒家传统思想在现代社会中面临新的社会问题应当具有什么作用。其中涉及到儒家美学思想的有关问题;二是与中国有着一衣带水密切关系的日本对我国古代文学、文论的研究。

日本对我国古代文学理论以及古典美学的研究以 1927 年铃木虎雄《支那诗论史》(东京弘文堂版)、1943 年青木正儿《支那文学思想史》(东京岩波书店版)、《气的思想》、《中国人的美意识》、《文镜秘府论》等著作颇有影响。二次世界大战以后,日本对中国的古典美学研究主要集中在《文心雕龙》以及《诗品》的研究上,例如日本广岛大学已故的波斯六郎的《文心雕龙范注补正》、《文心雕龙札记》以及他的学生冈村繁《文心雕龙索引》,京都大学已故的高

桥和已《刘勰文心雕龙文学论的基本概念研究》等论著受到研究界
的重视。

另外,对《诗经》的研究,有白静川的《关于诗的"兴"》(1949 年
《说林》第 1 号)、松本雅明《诗经的兴里面的象征性与印象性——
论在诗中看到的思维的展开》(1953 年《东方古代研究》第 2 号)、
《〈诗经〉恋爱诗中兴的研究——论〈周南·关雎〉篇、白川静《"兴"
的思想表达的起源及其展开》(1961 年《立命馆文学》第 187、188
号)等文章。

六朝美学研究主要有目加田诚的《六朝文论中的"神""气"问
题》、高桥和已《刘勰〈文心雕龙〉文学论基本概念之研究》以及后来
的林田慎之助《汉魏六朝文论中情与志的问题》等文章。对朱熹的
研究则以林田慎之助 1974 年《朱子的文艺论》为代表。

日本的汉学研究无论是在从事研究的人员、研究所涉及到的
问题、涉及问题所达到的深度都已经取得了相当大的成就,对促
进、推动我国古典美学研究具有重要的作用。

20 世纪儒家美学思想研究的思考

20 世纪是中国社会历史急剧变革的百年,在百年社会政治历
史的风风雨雨中,儒家美学思想研究如同风雨飘摇中的一叶扁舟,
有时被抛向浪尖,有时被沉入水底,静夜揽卷沉思,不觉感慨万千。

首先,就社会文化背景而言,20 世纪儒家美学思想研究伴随
着中国学术传统的独立与自由而渐趋成熟。如果说王国维的《孔
子之美育主义》是将延续了两千多年的政教中的孔子的文学艺术
思想从政治的王国中抽解出来,而赋予了纯洁的美学的意义,那
么,这只是一个良好的开端与愿望。在接下来的大半个世纪中,儒
家美学思想研究甚至儒家思想研究由于其本身的特殊性而偏离了

正常的学术轨迹而陷入了浑沌状态。夏中义强调了学人的学术人格是建立独立自由的学术传统的重要因素,但"单凭人格,可以造成学术史上的隔代绝唱,却不能造成学术史上的连绵灿烂",因此,还需要宽松的外在环境,因为"外在制约的强大破坏力会使学术传统遭遇毁灭"。如若仅仅强调前者,"那时带着镣铐跳舞,虽然热烈却难奔放"。以20世纪儒家美学思想研究来管窥20世纪中国学术传统建立所需的学术环境与学术人格不失为一个典型案例。

其次,就儒家美学思想研究的整体而言,要确切处理"我注六经"与"六经注我"的关系。也就是说,在对儒家美学思想的研究中,要恰当把握我们研究者本身已经存有的先入之见与研究对象之间的关系,这是能否对研究对象作出客观而科学的解释与评价的关键。笔者以为,在对儒家美学思想研究的过程中,研究者应当充分占有与研究对象有关的材料,在此基础之上,利用有关的理论与方法对之作出最合理的解释。切忌以已有的先入之见准则,去框架取舍研究对象,从而破坏了其本身的完整性。"一部好的哲学史必然是既能揭示哲学思想发展的动因,又能揭示出哲学思想这样一种理论思维发展的内在逻辑"(汤一介《郭象与魏晋玄学》,湖北人民出版社1983年)。这也同样适用于儒家美学思想研究。如有关对孔子美学思想体系的研究。体系研究是近几年来中国古典美学研究、古典美学范畴研究、儒家美学思想研究、孔子美学思想研究等中的一个引人注目的研究课题,从而也就出现了美学研究中的体系热。德国人是最热衷于创造理论体系的,无论是在哲学还是在美学。恩格斯在《反杜林论》三版序言中就曾嘲讽说:"'创造体系'的杜林先生,在当代德国并不是个别现象。近来在德国,天体演化学、自然哲学、政治学、经济学等等体系,雨后春笋般地生长起来。最蹩脚的哲学博士,甚至大学生,不动则已,一动就要创造一个完整的'体系'。"我国古典美学以及美学家们有没有去创建一个"体系"并不重要,因为这并不能妨碍他们在某些问题上面的真知灼见。倒是力图为我国古典美学以及美学家们去创建"体系"的后人们其研究行为本身触犯了游戏规则:以先入之见去对待研究对象。因为在这种"体系"研究中,研究者已经预先赋予了研究对象以体系。这样一来,倒把研究对象本身所具有的理论创见忽略了。这应该值得我们反省。

再次,在对待西方美学理论、美学方法态度上,我们不能本末倒置。20 世纪儒家美学以及美学的研究是在西方哲学美学思想理论、方法的推动下展开的,诚然,西方哲学美学理论方法在儒家美学研究的过程中拓宽了我们的理论视野,增强了理论深度,当然,也不乏研究中所存在的牵强附会、生搬硬套。这一方面,宗白华、朱光潜可以作为我们的典范。与中西问题密切相关的是古今问题,也就是说古典美学研究在当代美学理论建设中扮演什么角色。在近几年来的学术研究中,尤其是在古代文论的研究中如何实现古代文论的现代转换曾一度成为学界的中心话题,这一问题也适用于古典美学。笔者以为古典美学在当代美学理论研究与学科建设的过程中可以具有一种参照作用。作为文化遗产,它产生的社会文化背景、本身的思维方式以及性质特点与受西方思维方式滋养的现当代美学大相径庭,因此,古典美学并不能作为一个有机的部分融入到现当代美学研究中去,如何实现它的转换将是个难以企及的问题。如近几年所讨论的"古代文论的现代转换"无果而终就能说明一定的问题。

最后,就 20 世纪儒家美学思想研究本身而言,所关注的研究对象有所偏重。从研究的时间段来看,先秦儒家的美学思想、魏晋时期的美学思想研究的人比较多,研究的成果比较丰富,理论认识比较深刻。而连接先秦与魏晋的汉代儒家美学、宋明理学所蕴涵的美学问题则较少有人涉猎,留下的空白比较多。从研究的方式来看,我们更多注重的是具体的问题研究,而忽略了问题之间的关系。因此在今后的儒家美学思想研究中,我们大概应在以下几个方面做深入探讨:注重挖掘汉代儒家美学思想及其与先秦儒家美学的发展脉络;着重研究宋明理学所蕴涵的美学思想以及理学内部比较;可以将专题研究作为主要的研究方向,因为专题研究可以为我们的研究提供更多的理论视角和层面,加强理论研究的深度,有利于进一步寻求其中所蕴涵的逻辑性规律。

孔子之美育主义

王国维

诗云:"世短意常多,斯人乐久生。"(陶渊明《九日闲居》)岂不悲哉! 人之所以朝夕营营者,安归乎? 归于一己之利害而已。人有生矣,则不能无欲;有欲矣,则不能无求;有求矣,不能无生得失;得则淫,失则戚:此人人之所同也。世之所谓道德者,有不为此嗜欲之羽翼者乎? 所谓聪明者,有不为嗜欲之耳目者乎? 避苦而就乐,喜得而恶丧。怯让而勇争:此又人人之所同也,于是,内之发于人心也,则为苦痛;外之见于社会也,则为罪恶。然世终无可以除此利害之念,而泯人己之别者欤? 将社会之罪恶固不可以稍减,而人心之苦痛遂长此终古欤? 曰:有,所谓"美"者是已。

美之为物,不关于吾人之利害者也。吾人观美时,亦不知有一己之利害。德意志之大哲人汗德①,以美之快乐为不关利害之快乐(Disinteresed Pleasure)。至叔本华而分析观美之状态为二原质:(一)被观之对象,非特别之物,而此物之种类之形式;(二)观者之意识,非特别之我,而纯粹无欲之我也(《意志及观念之世界》第一册二百五十三页②)。何则? 由叔氏之说,人之根本在生活之欲,而欲常起于空乏。既偿此欲,则此欲以终;然欲之被偿者一,而

---

① 汗德,通译康德。
② 指英译本。

不偿者十百;一欲既终,他欲随之:故究竟之慰借终不可得。苟吾人之意识而充以嗜欲乎?吾人而为嗜欲之我乎?则亦长此辗转于空乏、希望与恐怖之中而已,欲求福祉与宁静,岂可得哉!然吾人一旦因他故而脱此嗜欲之网,则吾人之知识已不为嗜欲之奴隶,于是得所谓无欲之我。无欲故无空乏,无希望,无恐怖;其视外物也,不以为与我有利害之关系,而但视为纯粹之外物。此境界唯观美时有之。苏子瞻所谓"寓意于物"(《宝绘堂记》);邵子曰:"圣人所以能一万物之情者,谓其能反观也。所以谓之反观者,不以我观物也。不以我观物者,以物观物之谓也。既能以物观物,又安有我于其间哉?"(《皇极经世·观物内篇》七)此之谓也。其咏之于诗者,则如陶渊明云:"采菊东篱下,悠然见南山。山气日夕佳,飞鸟相与还。此中有真意,欲辨已忘言。"谢灵运云:"昏旦变气候,山水含清晖。清晖能娱人,游子憺忘归。"或如白伊龙① 云:"I live not in myslef, but I become Portion of that around me; and to me High mountains are a feeling."皆善咏此者也。

夫岂独天然之美而已,人工之美亦有之。宫观之瑰杰,雕刻之优美雄丽,图画之简淡冲远,诗歌音乐之直诉人之肺腑,皆使人达于无欲之境界。故泰西自雅里大德勒② 以后,皆以美育为德育之助。至近世,谴夫志培利③、赫启孙④ 等皆从之。及德意志之大诗人希尔列尔⑤ 出,而大成其说,谓人日与美相接,则其感情日益

---

① 白伊龙,通译拜伦。
② 雅里大德勒,通译亚里士多德。
③ 谴夫志培利,疑即夏夫兹伯里(shaftesbury,1670—1713),英国美学家。
④ 赫启孙,通译哈奇森。
⑤ 希尔列尔,通译席勒。

高,而暴慢鄙倍之心自益远。故美术者科学与道德之生产地也。
又谓审美之境界乃不关利害之境界,故气质之欲灭,而道德之欲得
由之以生。故审美之境界乃物质之境界与道德之境界之津梁也。
于物质之境界中,人受制于天然之势力;于审美之境界则远离之;
于道德之境界则统御之(希氏《论人类美育之书简》)。由上所说,
则审美之位置犹居于道德之次。然希氏后日更进而说美之无上之
价值,曰:"如人必以道德之欲克制气质之欲,则人性之两部犹未能
调和也,于物质之境界及道德之境界中人性之一部,必克制之以扩
充其他部。然人之所以为人,在息此内界之争斗,而使卑劣之感跻
于高尚之感觉。如汗德之严肃论中气质与义务对立,犹非道德上
最高之理想也。最高之理想存于美丽之心(Beautiful Soul),其为
性质也,高尚纯结,不知有内界之争斗,而唯乐于守道德之法则,此
性质唯可由美育得之。"(芬特尔朋《哲学史》第六百页)此希氏最后
之说也①。顾无论美之与善,其位置孰为高下,而美育与德育之不
可离,昭昭然矣。

今转而观我孔子之学说。其审美学上之理论虽不可得而知,
然其教人也,则始于美育,终于美育。《论语》曰:"小子何莫学夫
诗。诗可以兴,可以观,可以群,可以怨。迩之事父,远之事君。多
识于鸟兽草木之名。"又曰:"兴于诗,立于礼,成于乐。"其在古昔,
则胄子之教,典于后夔;大学之事,董于乐正。然则以音乐为教育
之一科,不自孔子始矣。荀子说其效曰:"乐者,圣人之所乐也,而
可以善民心。其感人深,其移风易俗。……故乐行而志清,礼修而
行成,耳目聪明,血气和平,移风易俗,天下皆宁。"(《乐论》)此之谓
也。故"子在齐闻《韶》",则"三月不知肉味"。而《韶》乐之作,虽絜

---

①　实指《美育书简》的最后一封书简。

壶之童子,其视精,其行端。音乐之感人,其效有如此者。

　　且孔子之教人,于诗乐外,尤使人玩天然之美。故习礼于树下,言志于农山,游于舞雩,叹于川上,使门弟子言志,独与曾点。点之言曰:"莫春者,春服既成,冠者五六人,童子六七人,浴乎沂,风乎舞雩,咏而归。"由此观之,则平日所以涵养其审美之情者可知矣。之人也,之境也,固将磅礴万物以为一,我即宇宙,宇宙即我也。光风霁月不足以喻其明,泰山华岳不足以诰其高,南溟渤澥不足以比其大。邵子所谓"反观"者非欤?叔本华所谓"无欲之我"、希尔列尔所谓"美丽之心"者非欤?此时之境界:无希望,无恐怖,无内界之争斗,无利无害,无人无我,不随绳墨而自合于道德之法则。一人如此,则优入圣域;社会如此,则成华胥之国。孔子所谓"安而行之",与希尔列尔所谓"乐于守道德之法则"者,舍美育无由矣。

　　　　　　　　　(选自《教育世界》,1904年第1期,总第69期)

附：

介绍王国维的美学佚文
——《孔子之美育主义》

佛　维

《孔子之美育主义》一文载于《教育世界》杂志 1904 年第 1 期，总第 69 期，未署名。笔者初步考定，此文当为王国维所作。理由如次：

1.《教育世界》杂志创刊于 1901 年 4 月，约讫于 1907 年底（农历）。此刊为罗振玉主办，王国维主编，初为旬刊，后改半月刊。在 68 期前，所有译稿统称"译篇"，"文篇"甚少。自 1904 年农历正月起，"始改体例为分类，除选译东西各书外，增入本社所自编撰者"（见该刊第 68 期《本报改章广告》）。所谓"分类"，大抵分"肖像"、"论说"（或"代论"）、"学理"、"教授训练"、"学制"、"管理"、"传记"、"小说"、"杂纂"、"文牍"诸栏目。仍以翻译介绍为主，其中"自编撰者"大都放在"论说"栏内（少数入"学理"栏）。就迄今所能看到的《教育世界》言，"论说"栏作者只有王国维、罗振玉、罗振常三人，而以王为主。罗氏兄弟所写，多属有关教育行政方面的建议，如振常的《论考试留学生之应注意》，振玉的《学部设立后之教育管见》等，为数不多。王氏当时正研究西方哲学、美学，他的一系列哲学、美学以及教育论文，见于《静安文集》及其《续编》者，几乎全在该杂志上刊出。《孔子之美育主义》正载入"论说"栏，且属美学性质论文，引用不少西方古典美学原理。这在当时"教育世界社",舍王氏外,殆无人能执笔。(当时该刊任翻译者,除王氏外,还有樊炳清,另,沈纮亦曾参加。樊、沈均为王氏在上海"东方学社"时的同学,至今尚未看到他们在该刊上自己写过哲学、美学文字。)

2. 文中谈"美"与"观美"(审美静观),多采叔本华美学观点。而研究并系统介绍叔氏美学者,在当日,国内只有王氏一人。如云:"由叔氏之说,人之根本在生活之欲,而欲常起于空乏。既偿此欲,则此欲以终;然欲之被偿者一,而不偿者十百,一欲既终,他欲随之,故究竟之慰借,终不可得。"此段文字从"既偿此欲"到"终不可得",跟王氏《红楼梦评论》(作于1904)第一章中,"生活之本质何? 欲而已矣"那一段比,两者一字不差。倘非出自一人之手,何能如此?

3. 文中谈"美育德育之不可离",两引德国诗人希尔列尔(席勒)之说,自注其出处为"芬特尔朋《哲学史》第六百页"。按,王氏写于1907年的《三十自序》,曾提到:"次岁(按,1902)春,始读翻尔彭之《社会学》、及文之《名学》、海甫定《心理学》之半,而所购哲学之书亦至,于是暂辍《心理学》,而读巴尔善之《哲学概论》、文特尔彭(按:芬特尔朋)之《哲学史》。"据此,芬特尔朋的《哲学史》一书正是当日王氏所诵习、所熟悉者,故能多所引用,席勒的美育理论亦得以最早地与国人相见。

4. 文中又引邵雍《皇极经世·观物内篇》中"以我观物"与"以物观物"之说,及陶诗"采菊东篱下,悠然见南山"等句。按,后此王氏在《人间词话》中,分辨"有我之境"与"无我之境",其基本观点与主要例句,均自此已开其端。

5. 文中所引白伊龙(拜伦)英文诗句,亦显从叔氏美学书中转引而来(按,见《意志和表象的世界》英译本第一卷,第324页)。

6. 文中谈孔子教人"始于美育,终于美育",引《论语》"兴于诗,……成于乐"之句及曾点"言志"之语。按,王氏写于 1903 年 6 月(按,在此文发表前半年)的《论教育之宗旨》中,最早提出美育,亦讲"孔子言志,独与曾点",又引"兴于诗","成于乐",又提及"希尔列尔等之重美育学"。这些跟此文论点先后紧密相承。

综上六证,此文虽未署名,但可断定其必出王氏之手无疑。

在我国近代教育史与美学史上,第一个提倡美育的是王国维,其时为 1903—1904 年。他在《论教育之宗旨》中开其端,至本篇《孔子之美育主义》则稍稍畅其绪。本篇篇幅不长,但已涉及美的性质及社会功用;"美之快乐"(美感)的特征;审美观照中主客体双方的各自特性;审美境界;自然美;艺术美;美育与德育的不可分割的关系,等等:此为原理部分。据此原理而就孔子的美育观,撷取精要,加以论述、比较、赞叹:此为本题论证部分。

运用西方美学原理来整理我国古典文学遗产,此文大约也要算最早的一篇。其中关于美、美感、审美观照与审美境界的一般原理,大抵吸收康德与叔本华的美学;关于美育为德育之助甚至高出德育之上的论点,则以希尔列尔即席勒之说为主。

值得注意的是,王氏在本篇中已开始致力于中西学术"互相推助"与"化合"的工作。譬如谈审美静观境界中的主体("无欲之我")与客体("纯粹之外物"),则举我国古代苏轼"寓意于物",特别是邵雍"不以我观物"而"以物观物"之说,来与之印证;又以陶诗"采菊东篱下"一首,与拜伦的"对于我,高高的山峰乃是一种感情"的诗句,两相比较:遂使审美静观主客特性之说,俨然落到了实处。附带提一下,王氏后此标举的"境界"说,就王氏本身而论,并不始于 1908 年的《人间词话》,而实应从本篇(1904 年 2 月)算起。

王氏认定我国传统美育并不从孔子始。三代及其以前,"胄子之教,典于后夔"(按,见《书·舜典》),"大学之事,董于乐正"(按,见《周礼·大司乐》、《礼记·王制》),就已经将音乐作为教育的一科了。

孔子美育主义的特点是:1."其教人也,始于美育,终于美育。"("兴于诗""成于乐")按,明确揭示此点,当亦本篇之一种发现。此处美育以艺术教育为主。2.孔子自身具有很高深的艺术鉴赏力,如"在齐闻《韶》",竟至"三月不知肉味"。3.孔子开始教人欣赏自然美以及由此产生审美境界与道德境界的合一。《论语》中曾点"言志"一节最能体现。

以上三点虽较简约,然孔子美育的基本精神已粗具于此。王氏盛赞孔子的审美境界,就本体论言,已达到"固将磅礴万物以为一,我即宇宙,宇宙即我"的高度;就道德论言,则已"不随绳墨,而自合于道德之法则"。于是荀子的"乐行而志清"、邵子的"反观"、叔氏的"无欲之我"等等,皆可于孔子的美育思想与审美实践中获得最早的印证。这里,王氏高度评价席勒的作为人生最高理想的"美丽之心"。按,此"心"的高尚纯洁之性质实已超乎一般道德之上。席勒云:一种形状美的国度"存在于每一个优美的心灵(按,即'美丽之心')中"。在那里,指导行动的"是人们自己美的本性";"在那里,人以勇敢的单纯和宁静的天真走过最复杂的关系网,既无须以损害别人的自由来保持自己的自由,也无需牺牲自己的尊严来表现优美"(见《美育书简》第二十七封信)。如其持此"美丽之心"跟孔子的"从心所欲,不逾矩"的心灵境界相比,二者也是颇相契合的。

诚然,在孔子心目中,美育总是从属于德育,作为德育的手段而出现,例如"游于艺"总为了更深挚、更亲和地"志于道,据于德,依于仁"等等(《论语·述而》)。而"兴、观、群、怨"之类,总也在根本上依附于"迩之事父,远之事君"(《论语·阳货》)。并且,复古主义的倾向极其浓重,这从他极端崇拜《韶》乐,又极力排斥新兴的"郑声",可以鲜明见出。尽管如此,在王氏看,孔子仍不愧为我国美育之最早也最有力的倡导者。

　　王国维(1877—1927),字静安,号观堂,浙江海宁人,近代著名学者,中国现代美学的奠基者,中西美学关系的开拓者。曾赴日留学,曾任学部图书局编辑,圣仓明智大学教授、北京大学研究所国学门通讯导师、清华研究院导师等。一生涉及哲学、美学、小说、戏曲、甲骨文、金石之学,著作有《曲录》、《宋元戏曲考》、《人间词话》、《观堂集林》、《古史新政》等六十余种,大部分收入《海宁王静安先生遗书》等。

　　《孔子之美育主义》是王国维研究孔子美学思想的文章。该文受叔本华、尼采的哲学观点的影响,将几乎成为定论的孔子实用主义美学思想从政教伦理的维度中解脱出来,赋予了一种纯粹的超功利的意义,阐发了孔子的美学思想追求的是"始于美育,终于美育"的纯粹的道德境界。

中国文学批评史上文与道的问题

郭绍虞

一

　　"中国文学批评中的主要问题,不是乌烟瘴气闹什么'文以载道'的说法,便是玄之又玄玩一些论神论气的把戏。"

　　这是我在《中国文学批评史上之神气说》一文中所说的话。这二种问题,实是中国文学批评史上最重要的问题:由文的内容言,总不离一道字;由文的风格意境言,又总不外神与气。关于神与气之说,已曾论过;本文所述则专就文学批评中之"道"的问题言之。

　　粗粗看来,从前一般人的文学观似乎都以道为中心,在中国全部文学批评史上彻头彻尾,都不外文与道的关系之讨论。但是细细察去,则知同样的文道论中,自有其性质上的分别与程度上的差异。

　　我曾说过:"唐人主文以贯通,宋人主文以载道;……贯道是道必藉文而显,载道是文须因道而成:轻重之间,区别显然。"(《文学观念与其含义之变迁》)这即是所谓程度上的差异。后来贯道说成为古文家的文论,而载道说则成为道学家的文论,所以这不仅是唐人和宋人文学观之不同,实也是古文家与道学家论点之互异。盖所谓贯道与载道云者,由一方面言,由贯与载的分量上言,固似乎只是程度上轻重的分别;但在另一方面言,道何以能贯,道又何以能载,贯应有可贯之点,载也应有能载之理,则知所贯者与所载者其意义不尽相同,而更有性质上的分别了。朱子说得好:"这文皆是从道中流出,岂有文反能贯道之理!文是文,道是道,文只如吃饭时下饭耳,若以文贯道,却是把本为末。以末为本,可乎?"(《朱子语类》)这段话便说明贯道与载道的分别。不过他所说的只能使吾人明了贯道说与载道说之异,却不能使吾人信仰他的话,因为他犹不足以折服贯道说的主张。盖朱子所言,是先戴上了载道的眼镜,所以说以文贯道是把本为末,若使吾人以贯道说为立脚点而言,则正未见其有先后本末之分。吾人须知文学批评中之道的观念,其大部分固是受儒家思想之影响;实则道的含义至不一致,有儒家所言之道,也有释老所言之道,各人道其所道,故昔人之文学观,其于道的问题,虽以儒家思想为中心,而也未尝不受释老言道之影响。此则所谓性质上的分别。

在此贯道说与载道说之主张最明而纠纷最甚的一幕,即在于北宋的古文家与道学家。后世文人欲"学行继程、朱之后,文章在韩、欧之间"(方苞语),欲合义理考据词章而为一(姚鼐说),于是壁垒不复森严而此种分别遂不复明显了。所以本文所论,又只重在北宋的古文家与道学家之文论。

二

北宋文论之于道德问题何以能如此壁垒森严,而成为文学批评史上最有精彩的一幕呢?则以(一)文统与道统之建立,(二)贯道说与载道说之完成。

宋人风气好立门户以为党争,所以即于文论之纷歧亦俨有党派的色彩。当时有洛、蜀二党互相攻讦,洛党以程颐为首,蜀党奉苏轼为魁,而洛党正可为道学家的代表,蜀党亦正可为古文家的代表。盖在于此时,道学家建立他们的道统而古文家亦建立他们的文统。道统之说,人所习知,实则北宋古文家的心目中似乎都有一个文统的观念。欧阳修《苏氏文集序》云:"自古治时少而乱时多;幸时治矣,文章或不能纯粹,或迟久而不相及,何其难之若是欤!岂非难得其人欤?"曾巩与《王介甫第三书》云:"是道也,过千载以来,至于吾徒,其智始能及之,欲相与守之,然今天下同志者,不过三数人尔。"这些话皆有文坛寂寞之感,皆有欲人主盟文坛,而隐隐又以斯文自任之意。此意在苏氏父子说得更明显。苏洵上《欧阳内翰第二书》云:

> 自孔子没百有余年而孟子生。孟子之后数十年而至荀卿子。荀卿子后乃稍阔远,二百余年而扬雄称于世,扬雄之死不得其继,千有余年而后属之韩愈氏。韩愈氏没三百年矣,不知天下之将谁与也。

下文再有"洵一穷布衣,于四子者之文章,不敢冀其万一"云云,则可知其所言,是专指文统言者。李廌《师友谈记》中也有一则记东坡谈话云:

> 东坡尝言文章之任,亦在名世之士相与主盟,则其道不坠。方今太平之盛,文士辈出,要使一时之文有所宗主。昔欧阳文忠常以是任付与某,故不敢不勉。异时文章盟主,责在诸君,亦如文忠之付授也。

此又述当时之传授,也俨有"吾道南矣"的口吻。在此节中,所谓"异时文章盟主,责在诸君"云云,或不免李廌伪托东坡之言以自重,但所谓"欧阳文忠常以是任付与某",则欧阳修固早已说过:"当放此人出一头地",又曾说过:"更数十年后,世无有诵吾文者。"则知北宋古文家文统的观念,固不仅在继往,而也重在开来,正与道学家的道统说同一面目了。《孟子·尽心篇》谓由尧舜至于汤,由汤至于文王,由文王至于孔子,由孔子而来至于今云云,这已是道统说之滥觞;《论衡·超奇篇》云:"孔子曰:'文王既没,文不在兹乎?'"

文王之文在孔子,孔子之文在仲舒,仲舒既死岂在长生(周)之徒
与?"这又是文统说之滥觞。但宋人文统道统之说,其渊源似不出
于此,其关键盖全在于韩愈。韩愈《原道》篇云:"尧以是传之舜,舜
以是传之禹,禹以是传之汤,汤以是传之文、武、周公,文、武、周公
传之孔子,孔子传之孟轲,孟轲之死不得其传焉。"这固是道统说之
所本,而也是文统说之所出。盖韩公一生,学道好文,二者兼营(曾
国藩《求阙斋读书录》语),所以斯文斯道一脉之传,便全集在韩愈
身上。后来宋代的古文家与道学家则各得其一端,而复建立文统
与道统以相互角胜,此所以壁垒森严,而各不相下也。

不仅如此,韩愈论文虽亦重在明道,但是他所谓道(一)泥于儒
家之说,(二)即于儒家之道,亦仅得其粗迹而未阐其精义,所以他
于学道好文二者兼营之结果,在道学家看来,不免讥之为倒学(《二
程遗书》卷十八:"退之晚年为文,所得处甚多。学本是修德,有德
然后有言。退之却倒学了,因学文日求所未至,遂有所得。"),而在
古文家说来也不免觉得儒家所言之道无当于行文,遂转变其所谓
道的含义了。盖在韩愈以前,其阐明文与道的关系者有两种主张:
其一则偏主于道者,如荀卿、扬雄便是。荀之言曰:'凡言不合先
王,不顺礼义,谓之奸言。"(《非相篇》)扬之言曰:"委大圣而好乎诸
子者,恶睹其识道也。"(《法言·吾子篇》)又云:"或问:'君子言则成
文,动则成德,何以也?'曰:'以其弸中而彪外也。'"(《君子篇》)这
些话都是偏重在道的方面,而所谓道又是只局于儒家之说者。其
又一,则较偏于文,如刘勰便是。《文心雕龙·原道篇》云:"文之为
德也大矣,与天地并生者何哉!夫玄黄色杂,方圆体分,日月叠璧,
以垂丽天之象,山川焕绮,以铺理地之形,此盖道之文也。"又云:
"故知道沿圣以垂文,圣因文而明道,旁通而无滞,日用而不匮。
《易》曰:'鼓天下之动者存乎辞。'辞之所以能鼓天下者,乃道之文
也。"这些话又较重在文的方面,而所谓道又似不囿于儒家之见者。

（黄季刚先生《文心雕龙札记》解此篇最妙，其言云："物理无穷，非言不显，非文不传，故所传之道即万物之情也。"又云："《序志篇》云：'文心之作也本乎道。'案彦和之意，以文章本由自然而生，故篇中数言自然。一则曰：'心生而言立，言立而文明，自然之道也。'再则曰：'夫岂外饰盖自然耳。'三则曰：'谁其尸之亦神理而已。'寻绎其旨甚为平易。盖人有思想即有言语，既有言语即有文章。言语以表思心，文章以代言语，惟圣惟能尽文之妙。所谓道者如此而已。此与后世言'文以载道'截然不同。"）论文而局于儒家之道，以为非此不可作，所以可以云"载"。论文而不囿于儒家之道，则所谓道者，"万物之所然也，万理之所稽也"，"圣人得之以成文章"（并《韩非子·解老篇》语）。此所以文与天地并生，而亦可以云"贯"。朱子局于儒家所言之道，所以说"岂有文反能贯道之理"。实则假使以所传之道为万物之情，则知所谓贯道云者，正即刘勰所言"心生而言立，言立而文明，自然之道也"。是故言文以明道，则可以包括贯道载道二者：言载道，则只成为道学家的文论；言贯道，也只成为古文家的文论。只可惜贯道之说虽始于唐人（李汉《韩昌黎文集序》云："文者贯道之器也。"），而唐人之论道，总是泥于儒家之说，所以觉得模糊影响，似乎只以道为幌子，而不能与文打成一概。至于苏轼，则在道学家看来，本以异端视之者，故其于文与道的观念，转很受庄与释的影响，于是文与道遂相得益彰，不复是离之则双美了。此所以载道说固始于北宋，而贯道说亦完成于北宋。载道说与贯道说同时建立而完成，此又所以壁垒森严而各不相下也。

三

　　不过，北宋之所谓古文家，亦多矣；然真能为当时古文家文论确立明显之主张者，则在于三苏。三苏之中，尤其以苏轼为中心。

至于此外一般古文家，其见地都未能到此。早一些的，如柳开与穆修。柳开《应责》云：“古文者，非在辞涩言苦，使人难读诵之，在于古其理，高其意，随言短长，应变作制，同古人之行事，是谓古文也。”穆修《答乔适书》云：“学乎古者，所以为道，学乎今者，所以为名。”这些都是模糊影响之谈。其后欧阳修、曾巩、王安石则进乎此矣。然而欧、曾所言，论道而局于儒；王安石所言又论文而偏于用；都不是像三苏这样就文以论文者。

论道而局于儒，故欧、曾之论文转与道学家为近。欧阳修《答吴充秀才书》云：“夫学者，未始不为道，而至者鲜焉。非道之于人远也，学者有所溺焉尔。盖文之为言，难工而可喜，易悦而自足。世之学者，往往溺之，一有工焉，则曰：‘吾学足矣。’甚者至弃百事不关于心，曰：‘吾文士也，职于文而已。’此其所以至之鲜也。”又《送徐无党南归序》云：“今之学者，莫不慕古圣贤之不朽，而勤一世以尽心于文字间者，皆可悲也。”这些话俨然是道学家所谓玩物丧志的意思。其《答吴充秀才书》又谓：“圣人之文虽不可及，然大抵道胜者，文不难而自至也，……后之惑者，徒见前世之文传，以为学者文而已，故愈力愈勤而愈不至。”则又近于道学家所常称引的“有德者必有言”了。我们如果欲说明欧、曾所言文与道的关系与道学家不同之处，至多只能说：道学家于道是视为终身的学问，古文家于道只作为一时的工夫。视为终身的学问，故重道而轻文；作为一时的工夫，故充道以为文。盖前者是道学家之修养，而后者只是文人之修养。易言之，即是道学家以文为工具，而古文家则以道为手段而已。欧阳修《与乐秀才第一书》云：

　　古人之于学也，讲之深而信之笃。其充于中者足，而后发乎外者大以光。……今之学者或不然：不务深讲而笃信之徒，巧其词以为华，张其言以为大。夫强为则用力艰，用力艰则有限，有限则易竭；又其为辞，不规模于前人，则必屈曲变态，以随时俗之所好,鲜克自立。此其充于中者不足,而莫自知其所守也。(其《答祖择之书》亦云:"学者当师经,师经必先求其意,意得则心定,心定则道纯,道纯则充于中者实,中充实则发为文者辉光。")

曾巩《南齐书目录序》云:

> 将以是非得失,兴坏理乱之故,而为法戒,则必得其所托,而后能传于久,此史之所以作也。然而所托不得其人,则或失其意,或乱其实,或析理之不通,或设辞之不善,故虽有殊功盛德非常之迹,将暗而不章,郁而不发,而梼杌嵬琐,奸回凶慝之形,可幸而掩也。尝试论之:古之所谓良史者,其明必足以周万事之理,其道必足以适天下之用,其智必足以通难知之意,其文必足以发难显之情,然后其任可得而称也。

下文再举二例:一是称其任者,以为二典所载,不独是唐虞治天下之迹,并与其深微之意而传之;一是不称其任者,以为司马迁虽是隽伟拔出之材,而其书蔽害天下之圣法,颇多是非颠倒,采摭谬乱之处,则由于圣贤之高致,迁固有不能达其情而见之于后者。这样说来,所以古文家之于道:不过是使充实于中有以卓然自立,不随时俗之所好;不过是重在明圣贤之高致而达其情,而传其深微之意;至其归宿所在则固重在发为文者辉光,固重在发难显之情,此所以仅仅以道为手段也。

论文而偏于用,故王安石之所言又转与当时政治家为近。政治家之文学观,其论旨本与道学家相似,惟以政治家之所谓道,是要见之于事功,不重在体之于身心,是要验之于当今,不重在修之于一己,所以政治家的主张,不过是道学家之重在致用者而已。王安石《与祖择之书》云:

> 治教政令,圣人之所谓文也,书之策,引而被之天下之民,一也。圣人之于道也,盖心得之;作而为治教政令也,则有本

末先后,权势制义,而一之于极。其书之策也,则道其然而已矣。彼陋者不然,一适焉,一否焉,非流焉则泥,非过焉则不至。甚者置其本,求之末,当后者反先之,无一焉不悖于极。彼其于道也,非心得之也;其书之策也,独能不悖耶? 故书之策而善,引而被之天下之民,反不善焉,无矣。二帝、三王,引而被之天下之民而善者也;孔子、孟子,书之策而善者也;皆圣人也,易地则皆然。

他以治教政令为文,正如司马光所谓:"古之所谓文者,乃礼乐之文,升降进退之容,弦歌雅颂之声,非今之所谓文也。"(见其《答孔文仲司户书》。又李觏《上李舍人书》亦云:"贤人之业,莫先乎文,文者岂徒笔札章句而已,诚治物之器焉。"与此意同,大抵政治家之论文,殆无不主此说者。)因此,故其论文又不主修辞,与古文家异趣。王氏《上人书》云:

　　尝谓文者,礼教治政云尔! 其书诸策而传之人,大体归然而已;而曰"言之不文,行之不远"云者,徒谓辞之不可以已也,非圣人作文之本意也。……且所谓文者,务为有补于世而已矣。所谓辞者,犹器之有刻镂绘画也。诚使巧且华,不必适用;诚使适用,亦不必巧且华。要之,以适用为本,以刻镂绘画为之容而已。不适用,非所以为器也;不为之容,其亦若是乎否也! 然容亦未可以已也,勿先之其可也。

这又与司马光所谓"今之所谓文者,古之辞也。孔子曰:'辞达而已矣',明其足以通意斯止矣,无事于华藻弘辩也"云云相同(《答孔文仲司户书》)。盖他以为韩、柳虽尝语人以文,只是语人以辞,并不曾论作文之本意。(王氏《上人书》云:"韩子尝语人以文矣,曰云云,子厚亦曰云云。疑二子者徒语人以其辞耳,作文之本意,不如是其已也。孟子曰:'君子欲其自得之也。自得之,则居之安;居之安,则资之深;资之深,则取诸左右逢其原。'孟子独谓之云尔,非直施于文而已,然亦可托以为作文之本意。")古文家之论文,本只须语人以辞足矣;道学家与政治家则更要论作文之本意。欧、曾所论,近于道学家,王氏所论近于政治家,此所以足为古文家文论之代表者,惟在三苏也。

四

三苏论文,何以与欧阳、曾、王诸人不同呢？盖其不同之点,即在其对文学之态度。苏洵《上欧阳内翰第一书》自述其学文经历谓:

> 洵少年不学,生二十五岁,始知读书,从士君子游;年既已晚,而又不遂刻意厉行,以古人自期,而视与己同列者,皆不胜己,则遂以为可矣。其后困益甚,然后取古人之文而读之,始觉其出言用意与己大别。时复内顾,自思其才,则又似夫不遂止于是而已者。由是尽烧曩时所为文数百篇,取《论语》、《孟子》、《韩子》及其他圣人贤人之文,而兀然端坐终日以读之者七八年矣。方其始也,入其中而惶然,博观于其外而骇然以惊;及其久也,读之益精,而其胸中豁然以明,若人之言固当然者;然犹未敢自出其言也。时既久,胸中之言日益多,不能自制,试出而书之。已而再三读之,浑浑乎觉其来之易矣,然犹未敢以为是也。

此便与柳、穆、欧、曾诸人所持之态度不同。柳、穆、欧、曾诸人其所以学古人之文者乃所以求其道;即使于道无所得,表面上总不敢像苏洵这样大胆地宣言为文而学文。盖自韩愈说过:"愈之所志于文者,不惟其辞之好,好其道焉尔。"(《寄李秀才书》)所以后来古文家之言志于文者,总不敢直捷明白地说只是好其辞。但是苏洵则所取于《论语》、《孟子》、《韩子》及其他圣人贤人之文者,不是重其文而已,不过好其辞而已。他只是学其文而不是学其道,所以孔、孟、荀、扬、韩诸人在道学家以之建立道统者,在他却以之建立文统。又此文中更有评论昔人和时人的闻章之处,谓:

> 孟子之文,语约而意尽,不为巉刻斩绝之言,而其锋不可犯。韩子之文,如长江大河,浑浩流转,鱼鼋蛟龙,万怪惶惑,而抑遏蔽掩,不使自露,而人自见其渊然之光,苍然之色,亦自畏避不敢迫视。执事之文,纤徐委备,往复百折,而条达疏畅,无所间断,气尽语竭,急言竭论,而容与闲易,无艰难劳苦之态。此三者皆断然自为一家之文也。惟李翱之文,其味黯然而长,其光油然而幽,俯仰揖让有执事之态;陆贽之文,遣言措意,切近的当,有执事之实:而执事之才又自有过人者。盖执事之文,非孟子、韩子之文,而欧阳子之文也。

此亦就文论文,只是论文的风格,不复论及文的内容。他只从作风品格上衡量文的价值,而不复拖泥带水牵及道的问题。这便是三苏文论重要的地方。

其在道学家则异是。道学家之所志于古者,只好其道而不好其辞。《二程语录》谓:"读《论语》、《孟子》而不知道,所谓虽多,亦奚以为!"(《二程遗书》卷六)正与苏洵所言持相反的态度。所以程颐说:

> 古之学者一,今之学者三,异端不与焉。一曰文章之学,二曰训诂之学,三曰儒者之学。欲趋道,舍儒者之学不可。
> (《二程遗书》卷十八)

又云:

> 今之学者有三弊:一溺于文章,二牵于训诂,三惑于异端。苟无此三者,则将何归,必趋于道矣。(同上)

盖他只以知道者为儒学,故摈文章于道学之外。于是,所志于古者,不必好其辞,而欲趋于道者,也不必求其工于文了。由是再进

一步,遂有作文害道之说。程颐《答朱长文书》云:

> 向之云无多为文与诗者,非止为伤心气也,直以不当轻作尔。圣贤之言不得已也。盖有是言则是理明,无是言则天下之理有阙焉。如彼未耜陶冶之器,一不制,则生人之道有不足矣。圣人之言,虽欲已,得乎?……后之人始执卷则以文章为先,平生所为,动多于圣人,然有之无所补,无之靡所阙,乃无用之赘言也。不止赘而已,既不得其要,则离真失正,反害于道,必矣。(或云明道先生之文)

又语录中云:

> 问作文害道否?曰:"害也。凡为文不专意则不工,若专意则志局于此,又安能与天地同其大也。书云:'玩物丧志',为文亦玩物也。吕与叔有诗云:'学如元凯方成癖,文似相如始类俳。独立孔门无一事,只输颜氏得心斋。'此诗甚好。古之学者惟务养情性,其他则不学;今为文者专务章句悦人耳目,既务悦人,非俳优而何!"曰:"古者学为文否?"曰:"人见六经便以为圣人亦作文,不知圣人亦撼发胸中所蕴自成文耳;所谓有德者必有言也。"曰:"游、夏称文学,何也?"曰:"游、夏亦何尝秉笔学为词章也?且如观乎天文以察时变,观乎人文以化成天下,此岂词章之文也?"(《二程遗书》卷十八)

以作文为玩物丧志,这才是道学家的偏见。濂溪论文犹不废饰,(《通书·文辞》:"文所以载道也,轮辕饰而人弗庸,徒饰也。况虚车乎?文辞,艺也;道德,实也。笃其实而艺者书之;美则爱,爱则传焉。")至二程始以为"有德者必有言",始主张无事于学文。一方面歧文与道为二,而以为学文则害道;一方面又合文与道为一,而以为明道则能文:于是才主张文不可学,亦不必学。所以当时古文家之论文,至三苏而趋于极端;而道学家之论文亦至二程而趋于极端。

五

　　明此,才可知三苏论文本不重在道,即偶有言及道者,但其所谓道,是道其所道,非惟不是道学家之所谓道,抑且不是柳、穆、欧、曾诸人之所谓道。同一道的观念,在道学家说来觉得朽腐者,在古文家说来便化为神奇。

　　《朱子语类》中有一节攻击苏氏所论文与道的关系,谓:

　　　　道者文之根本,文者道之枝叶,惟其根本乎道,所以发之于文皆道也。三代圣贤文章皆从此心写出,文便是道。今东坡之言曰,吾所谓文必与道俱,则是文自文而道自道,待作文时旋去讨个道来入放里面,此是他大病处。只是他每常文字华妙,包笼将去,到此不觉漏逗说出他根本病痛所以然处。缘他都是因作文却渐渐说上道理来,不是先理会得道理了方作文,所以大本都差。

实则此语丝毫不曾道着苏氏痒处。盖这一节的争论,仍是关于贯道说与载道说的一重公案。朱子所谓“惟其根本乎道,所以发之于文皆道也”,仍即是上文所引朱子语:“这文皆是从道中流出,岂有文反能贯道之理”的意思。这些话语,正是“文所以载道也”一语之绝妙注脚。至于东坡所谓文必与道俱云者则又是“文者贯道之器也”一语的转变。朱子处处在载道一方面说话,东坡处处在贯道一方面说话,所以东坡之所谓道,与道学家之所谓道,本不是指同一对象。东坡之所谓道,其性质盖通于艺,故较之道学家之所谓道,实更为通脱透达而微妙。其《日喻赠吴彦律》云:

　　　　世之言道者,或即其所能见而名之,或莫之见而意之,皆求道之过也。然则道卒不可求欤? 苏子曰:“道可致而不可求。”何谓致? 孙武曰:“善战者致人,不致于人。”孔子曰:“百工居肆以成其事,君子学以致其道。"莫之求而自至,斯以为致也欤！南方多没人,日与水居也。——七岁而能涉,十岁而能浮,十五而能没矣。夫没者岂苟然哉！必将有得于水之道者。日与水居,则十五而得其道;生不识水,则虽壮见舟而畏之。故北方之勇者,问于没人,而求其所以没,以其言试之河,未有不溺者也。故凡不学而务求道,皆北方之学没者也。

东坡之所谓道者如此,所以可以因文以求道,所以可以"文必与道俱"。彼之于道,实则是"莫之求而自至",实在因于"日与水居则十五而得其道",正与老泉所谓"浑浑乎觉其来之易矣",是同样意思。彼又何尝临文时才去讨个道来入放里面呢？彼不过与世之言道者——或即其所见而名之,或莫之见而意之者,其方法不同而已。其即其所见而名之者,论道每泥于迹象;其莫之见而意之者,论道又入于虚玄。这才与扪烛扣槃无异。所以他主张学。学文可以得文中之道,学文又可以得行文之道。得文中之道,犹是昔人的糟粕,不足以言求道;得行文之道,才可以达其所明之道:这才是所谓致道。但此岂生不识水的北方勇者所能明其故哉！固宜朱子之讥为大本都差矣。我们且再看东坡《与谢民师推官书》。他谓:

　　孔子曰:"言之不文,行而不远。"又曰:"辞达而已矣。"夫言止于达意,疑若不文,是大不然。求物之妙,如系风捕影,能使是物了然于心者,盖千万人而不一遇也,而况能使了然于口与手者乎？是之谓辞达。辞至于能达,则文不可胜用矣。

东坡屡言为文主于辞达。其《答王庠书》亦谓:"孔子曰:'辞达而已矣。'辞至于达,止矣,不可以有加矣。"但是他的所谓辞达,决不是道学家政治家之所谓辞达;盖达是欲使了然于心者,再能得了然于口与手。所以他之所谓辞达,也是"莫之求而自至"的辞达。道学家因主辞达而无须于文,政治家因主辞达而所须于文者只求其适于功利的用。故其所谓达,均不过是质言之的达,而不是文言之的达。质言之的达,只能达其表面,达其糟粕,而不能达其精微。至古文家则异于此者,必须先能体物之妙,了然于心,攫住其要点,捉到其灵魂,然后随笔抒写,自然姿态横生,常行于所当行,常止于所不可不止,而道也亦自然莫之求而自至的以寓于其间。这才尽文家之能事。这才是文言之的达。是又岂泥于格物致知者所能达其仿佛哉?要能得这样达了以后,才能使了然于一己者,更以之了然于人人。这才是所谓明道。这才尽文辞之用。所以说"辞至于能达,则文不可胜用矣"。但此所谓不可胜用者,又是无用之用,是自然的用,而不是功利的用,有目的的用。

这种意思,当时释惠洪庶几知之矣!《石门题跋》中有《跋东坡忧池录》云:

> 欧阳文忠公以文章宗一世,读其书,其病在理不通;以理不通,故心多不能平,以是后世之卓绝颖脱而出者,皆目笑之。东坡盖五祖戒禅师之后身,以其理通,故其文涣然如水之质,漫衍浩荡,则其波亦自然而成文。盖非语言文字也,皆理故也。自非从般若中来,其何以臻此!其文,自孟轲、左丘明、太史公而来,一人而已。

这种意思,后来李绪亦庶几知之矣!程洵《尊德性斋小集·钟山先生行状》中云:

> (李氏)尝曰:"文者所以载道。言之不文,行之不远,而世儒或以为不足学,非也;顾其言于道何如耳!"每为学者诵眉山之言曰:"物固有是理,患不能知之,知之患不能达之于口与手,辞者,达是理而已矣。"以为此最论文之妙。

辞所以达是理,何尝"文是文而道自道"?不过古文家之文,说理而不为理障;文学家之文,说理而堕于理窟:高下精粗,区别显然。此所以道学家只知求道而不明致道,而于论文,只知推崇欧、曾,而不能了解三苏也。张耒《答李推官书》云:"夫文何为而设也?知理者不能言;世之能言者多矣,而文者独传。岂独传哉! 因其能文也而言益工,因其言工也而理益明。"玩味此语,则苏门论文之旨昭然矣。

说理而堕于理窟,所以道学家以为"有德者必有言",而欧阳修亦以为"道胜则文自至",以为"道纯则充于中者实,中充实则发为文者辉光"。说理而不为理障,所以必须"胸中之言日益多,不能自制,试出而书之"(苏洵《上欧阳内翰书》)。此虽同样谓充于中以发于外,但其意义小微有不同。观苏轼《江行唱和集叙》,即可知其异点所在。苏氏谓:

> 夫昔之为文者,非能为之为工,乃不能不为之为工也。山川之有云雾,草木之有华实,充满勃郁而见于外,夫虽欲无有,其可得耶? 自闻家君之论文,以为古之圣人有所不能自已而作者,故轼与弟辙为文至多,而未尝敢有作文之意。

则知其所谓充满勃郁云者,已指一种兴会淋漓不可遏制的状态。此种兴会淋漓不可遏制的状态,未尝不因于道,也未尝不因于学;而道与学均所以积之于平时,至一时临文之顷,仍不得不有待于兴到而神来。此意入微,便非道学家之所能窥见了;而其意亦仍出于苏洵。苏洵《仲兄文甫说》云:

> 且兄尝见夫水与风乎? 油然而行,渊然而留,浡泗汪洋,满而上浮者,是水也。而风实起之。蓬蓬然而发乎太空,不终日而行乎四方,荡乎其无形,飘乎其远来,既往而不知其迹之所存者,是风也。而水实行之。今夫风水之相遭乎大泽之陂也,纡徐委蛇,蜿蜒沦涟,安而相推,怒而相凌,舒而如云,蹙而如鳞,疾而如驰,徐而如徊,揖让旋辟,相顾而不前,其系如毂,其乱如雾,纷纭郁扰,百里若一。汩乎顺流,至乎沧海之滨,滂薄汹涌,号怒相轧,交横绸缪,放乎空虚,掉乎无垠,横流逆折,溃旋倾侧,宛转胶戾,回者如轮,萦者如带,直者如燧,奔者如焰,跳者如鹭,投者如鲤,殊然异态,而风水之极观仆矣。故

曰:"风行水上涣。"此亦天下之至文也。然而此二物者,岂有
求乎文哉! 无意乎相求,不期而相遭,而文生焉。是其为文
也,非水之文也,非风之文也。二物者非能为文,而不能不为
文也;物之相使而文出于其间也。故此天下之至文也。今夫
玉非不温然美矣,而不得以为文;刻镂组绣,非不文矣,而不可
与论乎自然。故夫天下之无营而文生之者,惟水与风而已。
昔者,君子之处于世,不求有功,不得已而功成,则天下以为
贤;不求有言,不得已而言出,则天下以为口实。呜乎! 此不
可与他人道之,唯吾兄可也。

平常所了然于心者,是水;一时所动荡激发不得不使之了然于口与
手者,是风。"是水也,而风实起之","是风也而水实行之",这样风
水相遭以备风水之极观者,这才成为天下之至文。而此天下之至
文,却正是所谓不能自已而作者。

这种意思,其二子轼、辙本之以作文,本之以论文,各有所得,
亦各有所成。《东坡题跋》中《书子由超然台赋后》云:"子由之文词
理精确有不及吾,而体气高妙吾所不及;虽各欲以此自勉,而天资
所短,终莫能脱。"此言说得颇有分寸。词理精确与体气高妙云云,
确能道着各人长处,并未溢美,也并非标榜。盖子瞻长于理,故论
文妙处近于神;子由长于气,故论文精处重在气。

子瞻之文词理精确而能不堕理窟,盖以得于庄与释者为多。
(钱谦益《读苏长公文》云:"吾读子瞻《司马温公行状》、《富郑公神
道碑》之类,平铺直序,如万斛水银随地涌出,以为古今未有此体,
茫然莫得其涯涘也。晚读《华严经》称性而谈,浩如烟海,无所
有,无所不尽,乃喟然而叹曰:'子瞻之文其有得于此乎。'文而有得
于《华严》,则事理法界开遮涌现,无门庭,无墙壁,无差择,无拟议,
世谛文字固已荡无纤尘,又何自而窥其浅深,议其工拙乎。……苏
黄门言少年习制举与先兄相后先,自黄州已后,乃步步赶不上。其

为子瞻行状曰:'公读《庄子》,喟然叹息曰:"吾昔有见于中,口未能言。今见《庄子》得吾心矣。"后读释氏书,深悟实相,参之孔、老,博辩无碍。'然则子瞻之文黄州已前得之于庄,黄州已后得之于释,吾所谓有得于《华严》者信也。")惟其所得于庄与释者,并非如一般担心玄学禅学者流,说得迷离恍惚,不可捉摸。他所得于庄与释者,不过能于道的观念,不局于儒家之见,看作万物自然之理而已。庄子言道在蝼蚁,在稊稗,在瓦甓,在屎溺,而佛家亦言佛法在行住坐卧处,着衣吃饭处,屙屎撒溺处,没理没会处,死活不得处。这般说法,即东坡所谓"物固有是理患不能知之者。"道学家所言格物,本也是想格万物之理,但是后来只局于儒家的经籍中间,于是所谓道者便不是"万物之所然"了。物固有是理而能知之,即所谓体物之妙而使之了然于心;日与水居则十五而得其道,则所谓行文之妙,而复使之了然于口与手。了然于心,所谓"深悟实相"了,然于口与手,又所谓"博辩无碍"也。能如是,横说竖说,虽是文的工夫而莫非道也,而莫非理也,此之谓辞达。能得这样辞达,即所谓神化的境界。子瞻有《文说》一篇自评其文,谓:

> 吾文如万斛泉源,不择地而出,在平地滔滔汩汩,虽一日千里无难。及其与山石曲折,随物赋形而不可知也。所可知者,常行于所当行,常止于不可不止,如是而已矣。其他,虽吾亦不能知也。

此即状神化妙境。所谓随物赋形云者,也即是风与水相遭而成为天下之至文。子瞻《琴诗》云:"若言琴上有琴声,放在匣中何不鸣?若言声在指头上,何不于君指上听?"妙语解颐。若以理言,则陈继儒所谓一卷《楞严经》也(见其所著《偃曝谈馀》);若就论文见解言,则又即风水相遭之说也。

子由不能如子瞻之妙悟,所以只能在气字上致力。老泉论孟子之文谓其语约意尽而锋不可犯,论韩子之文谓浑浩流转而掩抑蔽掩,欧阳子之文纡馀委备而条达疏畅,并自为一家之文,于是子由本之遂以拈出气字。

论气,亦未尝不关于理。张耒《答李推官书》云:"理胜者文不期工而工,理诎者巧为粉泽而隙间百出:此犹两人持牒而讼,直者操笔,不待累累,读之如破竹,横斜反覆,自中节因;曲者虽使假词于子贡,问字于扬雄,如列五味而不能调和,食之于口,无一可惬,况可使人玩味之乎?"此即理直气壮之说。理直气壮则言之短长与声之高下皆宜。所以下文云:"江河淮海之水,理达之文也,不求奇而奇至矣;激沟渎而求水之奇,此无见于理,而欲以言语句读为奇之文也。"此文虽不言"气",但颇能说明理与气的关系。子由既不能像子瞻这样天生妙悟,所以不能得之于理,只能求之于气。求之于理,重在体物而更须有了然如口与手的本领;求之于气,重在修养,而比较的易使言之短长与声之高下者皆宜。所以子由《上枢密韩太尉书》云:"辙生好为文,思之至深,以为文者气之所形,然文不可以学而能,气可以养而致。"一般人只晓得文可以学而能,至于气则"虽在父兄不能以移子弟"者(曹丕《典论·论文》语),而他却偏说"文不可以学而能,气可以养而致",则又何也? 盖子瞻、子由并用力于文字,而同时又均不敢有作文之意。其用力于文字,即老泉所谓"兀然端坐终日以读之者七八年"之意;其不敢有作文之意,又即老泉所谓"不求有言,不得已而言著"之意。盖此本苏门家学并得之于父教者。子瞻才高,能由文以致道,更能因道以成文。用力于文字,则所了然于心者,得以了然于口与手矣;不敢有作文之意,则所了然于口与手者,又莫非了然于心之流露矣。由理言,则不是语言文字而都是理;由文言,则如万斛泉源不择地而出,随物赋形而不可知。这是妙悟神化的境界,子由所不能到者。子由上不能如子瞻之入化境,而下又不敢有作文之意,不欲求工于言语句读以为奇,此所以谓"文不可以学而能"也。但神化妙境虽不可学,言语句读虽不屑学,而"生好为文",癖性所嗜,未能忘情,于是不得不求之于气。盖理直则气壮,气盛则言宜,气是理与言中间的关键,于是想由气以进乎言语之域。言宜则庶几亦可以合乎理而近乎神。此又所以谓文是气之所形,而养气则文自工也。(辙孙籀所记《栾城遗言》谓:"公解《孟子》二十馀章,读至浩然之气一段,顾籀曰:'五百年无此作矣!'"可知他着眼所在。)

这样讲理与气,便非道学家之所谓理与气。后来洛学至南宋而极盛,蜀学则并无传人,所以后世文论以道学家为中心,而所谓传统的文学观遂于焉确定。后来古文家又以慑于道学之权威,也主载道而不言贯道,其论文宗旨,又傅会韩、欧而不出三苏,于是此古文家与道学家之一重公案,遂不复为人注意了。此后惟袁中郎等学宗东坡,其论文见解间有相似之处,然而其所阐发者亦仅矣。文学批评史上文与道的问题,其最精采的一幕,不谓其竟中止于北宋也!

(选自《武汉大学文哲季刊》,1930 年第 1 卷第 1 期)

郭绍虞(1893—1984),原名希汾,字绍虞,江苏苏州人,文学批评家、书法家。早年曾创办文学刊物《嘤鸣》,1921 年与茅盾、郑振铎等共同组织发起了"文学研究会",新文化运动中发挥了积极作用。解放后主要从事教学与研究工作,曾任复旦大学一级教授。主要以中国文学以及文学批评为研究对象,著有《中国文学批评史》、《沧浪诗话校注》、《宋诗话考》和论文集《照隅室古典文学论集》(上下),主编《中国历代文论选》。

文与道是中国文学批评史及美学思想史上一对重要的范

畴,"道"所涉及的是"文"的内容问题。单就"道"的性质而言,有儒家之道、道家之道;就"文"与"道"的关系的程度而言,则有载道与贯道之别。到了北宋,由于文统与道统的建立,以及"载道说"与"贯道说"的完成,"文"与"道"的关系变得壁垒林立、派系森严。

论《世说新语》和晋人的美

宗白华

汉末魏晋六朝是中国政治上最混乱、社会上最苦痛的时代,然而却是精神史上极自由、极解放,最富于智慧、最浓于热情的一个时代。因此也就是最富有艺术精神的一个时代。王羲之父子的字,顾恺之和陆探微的画,戴逵和戴颙的雕塑,嵇康的广陵散(琴曲),曹植、阮籍、陶潜、谢灵运、鲍照、谢朓的诗,郦道元、杨衒之的写景文,云冈、龙门壮伟的造像,洛阳和南朝的闳丽的寺院,无不是光芒万丈,前无古人,奠定了后代文学艺术的根基与趋向。

这时代以前——汉代——在艺术上过于质朴,在思想上定于一尊,统治于儒教;这时代以后——唐代——在艺术上过于成熟,在思想上又入于儒、佛、道三教的支配。只有这几百年间是精神上的大解放,人格上思想上的大自由。人心里面的美与丑、高贵与残忍、圣洁与恶魔,同样发挥到了极致。这也是中国周秦诸子以后第二度的哲学时代,一些卓超的哲学天才——佛教的大师,也是生在这个时代。

这是中国人生活史里点缀着最多的悲剧,富于命运的罗曼司的一个时期,八王之乱、五胡乱华、南北朝分裂,酿成社会秩序的大解体,旧礼教的总崩溃、思想和信仰的自由、艺术创造精神的勃发,使我们联想到西欧 16 世纪的"文艺复兴"。这是强烈、矛盾、热情、浓于生命彩色的一个时代。

但是西洋"文艺复兴"的艺术(建筑、绘画、雕刻)所表现的美是秾郁的、华贵的、壮硕的;魏晋人则倾向简约玄澹,超然绝俗的哲学的美,晋人的书法是这美的最具体的表现。

这晋人的美,是这全时代的最高峰。《世说新语》一书记述得挺生动,能以简劲的笔墨画出它的精神面貌、若干人物的性格、时代的色彩和空气。文笔的简约玄澹尤能传神。撰述人刘义庆生于晋末,注释者刘孝标也是梁人;当时晋人的流风余韵犹未泯灭,所述的内容,至少在精神的传模方面,离真相不远(唐修晋书也多取材于它)。

要研究中国人的美感和艺术精神的特性,《世说新语》一书里有不少重要的资料和启示,是不可忽略的。今就个人读书札记粗略举出数点,以供读者参考,详细而有系统的发挥,则有待于将来。

(一)魏晋人生活上人格上的自然主义和个性主义,解脱了汉代儒教统治下的礼法束缚,在政治上先已表现于曹操那种超道德观念的用人标准。一般知识分子多半超脱礼法观点直接欣赏人格个性之美,尊重个性价值。桓温问殷浩曰:"卿何如我?"殷答曰:"我与我周旋久,宁作我!"这种自我价值的发现和肯定;在西洋是文艺复兴以来的事。而《世说新语》上第六篇《雅量》、第七篇《识鉴》、第八篇《赏誉》、第九篇《品藻》、第十篇《容止》,都系鉴赏和形容"人格个性之美"的。而美学上的评赏,所谓"品藻"的对象乃在"人物"。中国美学竟是出发于"人物品藻"之美学。美的概念、范畴、形容词,发源于人格美的评赏。"君子比德于玉",中国人对于人格美的爱赏渊源极早,而品藻人物的空气,已盛行于汉末。到"世说新语时代"则登峰造极了(《世说》载"温太真是过江第二流之高者。时名辈共说人物,第一将尽之间,温常失色"。即此可见当时人物品藻在社会上的势力)。

中国艺术和文学批评的名著,谢赫的《画品》,袁昂、庾肩吾的

《画品》、钟嵘的《诗品》、刘勰的《文心雕龙》，都产生在这热闹的品藻人物的空气中。后来唐代司空图的《二十四品》，乃集我国美感范畴之大成。

（二）山水美的发现和晋人的艺术心灵。《世说》载东晋画家顾恺之从会稽还，人问山水之美，顾云："千岩竞秀，万壑争流，草木蒙笼其上，若云兴霞蔚。"这几句话不是后来五代北宋荆（浩）、关（同）、董（源）、巨（然）等山水画境界的绝妙写照么？中国伟大的山水画的意境，已包具于晋人对自然美的发现中了！而《世说》载简文帝入华林园，顾谓左右曰："会心处不必在远，翳然林水，便自有濠濮间想也。觉鸟兽禽鱼自来亲人。"这不又是元人山水花鸟小幅，黄大痴、倪云林、钱舜举、王若水的画境吗？（中国南宗画派的精意在于表现一种潇洒胸襟，这也是晋人的流风余韵。）

晋宋人欣赏山水，由实入虚，即实即虚，超入玄境。当时画家宗炳云："山水质有而趣灵。"诗人陶渊明的"采菊东篱下，悠然见南山"，"此中有真意，欲辨已忘言"；谢灵运的"溟涨无端倪，虚舟有超越"；以及袁彦伯的"江山辽落，居然有万里之势"。王右军与谢太傅共登冶城，谢悠然远想，有高世之志。荀中郎登北固望海云："虽未睹三山，便自使人有凌云意。"晋宋人欣赏自然，有"目送归鸿，手挥五弦"，超然玄远的意趣。这使中国山水画自始即是一种"意境中的山水"。宗炳画所游山水悬于室中，对之云："抚琴动操，欲令众山皆响！"郭景纯有诗句曰："林无静树，川无停流"，阮孚评之云："泓峥萧瑟，实不可言，每读此文，辄觉神超形越。"这玄远幽深的哲学意味深透在当时人的美感和自然欣赏中。

晋人以虚灵的胸襟、玄学的意味体会自然，乃能表里澄澈，一片空明，建立最高的晶莹的美的意境！司空图《诗品》里曾形容艺术心灵为"空潭写春，古镜照神"，此境晋人有之：

　　　　王羲之曰："从山阴道上行，如在镜中游！"

心情的朗澄,使山川影映在光明净体中!

> 王司州(修龄)至吴兴印渚中看,叹曰:"非唯使人情开涤,亦觉日月清朗!"

> 司马太傅(道子)斋中夜坐,于时天月明净,都无纤翳,太傅叹以为佳。谢景重在坐,答曰:"意谓乃不如微云点缀。"太傅因戏谢曰:"卿居心不净,乃复强欲滓秽太清邪?"

这样高洁爱赏自然的胸襟,才能够在中国山水画的演进中产生元人倪云林那样"洗尽尘滓,独存孤迥","潜移造化而与天游","乘云御风,以游于尘壒之表"(皆恽南田评倪画语),创立一个玉洁冰清,宇宙般幽深的山水灵境。晋人的美的理想,很可以注意的,是显著的追慕着光明鲜洁,晶莹发亮的意象。他们赞赏人格美的形容词像:"濯濯如春月柳","轩轩如朝霞举","清风朗月","玉山","玉树","磊砢而英多","爽朗清举",都是一片光亮意象。甚至于殷仲堪死后,殷仲文称他"虽不能休明一世,足以映彻九泉"。形容自然界的如:"清露晨流,新桐初引"。形容建筑的如:"遥望层城,丹楼如霞"。庄子的理想人格"藐姑射仙人,绰约若处子,肌肤若冰雪",不是这晋人的美的意象的源泉么?桓温谓谢尚"企脚北窗下,弹琵琶,故自有天际真人想"。天际真人是晋人理想的人格,也是理想的美。

晋人风神潇洒,不滞于物,这优美的自由的心灵找到一种最适宜于表现他自己的艺术,这就是书法中的行草。行草艺术纯系一片神机,无法而有法,全在于下笔时点画自如,一点一拂皆有情趣,从头至尾,一气呵成,如天马行空,游行自在。又如庖丁之中肯綮,神行于虚。这种超妙的艺术,只有晋人萧散超脱的心灵,才能心手相应,登峰造极。魏晋书法的特色,是能尽各字的真态。"钟繇每点多异,羲之万字不同"。"晋人结字用理,用理则从心所欲不逾矩"。唐张怀瓘《书议》评王献之书云:"子敬之法,非草非行,流便于行草;又处于其中间,无藉因循,宁拘制则,挺然秀出,务于简易。情驰神纵,超逸优游,临事制宜,从意适便。有若风行雨散,润色开花,笔法体势之中,最为风流者也! 逸少秉真行之要,子敬执行草之权,父之灵和,子之神俊,皆古今之独绝也。"他这一段话不但传出行草艺术的真精神,且将晋人这自由潇洒的艺术人格形容尽致。中国独有的美术书法——这书法也是中国绘画艺术的灵魂——是从晋人的风韵中产生的。魏晋的玄学使晋人得到空前绝后的精神解放,晋人的书法是这自由的精神人格最具体最适当的艺术表现。这抽象的音乐似的艺术才能表达出晋人的空灵的玄学精神和个性主义的自我价值。欧阳修云:"余尝喜览魏晋以来笔墨遗迹,而想前人之高致也! 所谓法帖者,其事率皆吊哀候病,叙睽离,通讯问,施于家人朋友之间,不过数行而已。盖其初非用意,而逸笔余兴,淋漓挥洒,或妍或丑,百态横生,披卷发函,烂然在目,使骤见惊绝,徐而视之,其意态如无穷尽,使后世得之,以为奇玩,而想见其为人也!"个性价值之发现,是"世说新语时代"的最大贡献,而晋人的书法是这个性主义的代表艺术。到了隋唐,晋人书艺中的"神理"凝成了"法",于是"智永精熟过人,惜无奇态矣"。

(三)晋人艺术境界造诣的高,不仅是基于他们的意趣超越,深入玄境,尊重个性,生机活泼,更主要的还是他们的"一往情深"! 无论对于自然,对探求哲理,对于友谊,都有可述:

　　　　王子敬云:"从山阴道上行,山川自相映发,使人应接不暇。若秋冬之际,尤难为怀!"
　　好一个"秋冬之际尤难为怀!"
　　　　卫玠总角时问乐令"梦"。乐云:"是想。"卫曰:"形神所不接而梦,岂是想邪?"乐云:"因也。未尝梦乘车入鼠穴,持齑啖铁杵,皆无想无因故也。"卫思因经日不得,遂成病。乐闻,故命驾为剖析之。卫即小差。乐叹曰:"此儿胸中,当必无膏肓之疾！"

卫玠姿容极美，风度翩翩，而因思索玄理不得，竟至成病，这不是柏拉图所说的富有"爱智的热情"么？

晋人虽超，未能忘情，所谓"情之所钟，正在我辈"（王戎语）！是哀乐过人，不同流俗。尤以对于朋友之爱，里面富有人格美的倾慕。《世说》中《伤逝》一篇记述颇为动人。庾亮死，何扬州临葬云："埋玉树著土中，使人情何能已已！"伤逝中犹具悼惜美之幻灭的意思。

顾恺之拜桓温墓，作诗云："山崩溟海竭，鱼鸟将何依？"人问之曰："卿凭重桓乃尔，哭之状其可见乎？"顾曰："鼻如广莫长风，眼如悬河决溜！"

顾彦先平生好琴，及丧，家人常以琴置灵床上，张季鹰往哭之，不胜其恸，遂径上床，鼓琴，作数曲竟，抚琴曰："顾彦先颇复赏此否？"因又大恸，遂不执孝子手而出。

桓子野每闻清歌，辄唤奈何，谢公闻之，曰："子野可谓一往有深情。"

王长史登茅山，大恸哭曰："琅琊王伯舆，终当为情死！"

阮籍时率意独驾，不由路径，车迹所穷，辄痛哭而返。

深于情者，不仅对宇宙人生体会到至深的无名的哀感，扩而充之，可以成为耶稣、释迦的悲天悯人；就是快乐的体验也是深入肺腑，惊心动魄；浅俗薄情的人，不仅不能深哀，且不知所谓真乐：

王右军既去官，与东土人士营山水弋钓之乐。游名山，泛沧海，叹曰，"我卒当以乐死！"

晋人富于这种宇宙的深情，所以在艺术文学上有那样不可企及的成就。顾恺之有三绝：画绝、才绝、痴绝。其痴尤不可及！陶渊明的纯厚天真与侠情，也是后人不能到处。

晋人向外发现了自然，向内发现了自己的深情。山水虚灵化了，也情致化了。陶渊明、谢灵运这般人的山水诗那样的好，是由于他们对于自然有那一股新鲜发现时身入化境浓醑忘我的趣味；他们随手写来，都成妙谛，境与神会，真气扑人。谢灵运的"池塘生春草"也只是新鲜自然而已。然而扩而大之，体而深之，就能构成一种泛神论宇宙观，作为艺术文学的基础。孙绰《天台山赋》云："恣语乐以终日，等寂默于不言，浑万象以冥观，兀同体于自然。"又云："游览既周，体静心闲，害马已去，世事都捐，投刃皆虚，目牛无全，凝想幽岩，朗咏长川。"在这种深厚的自然体验下，产生了王羲之的《兰亭序》，鲍照《登大雷岸寄妹书》，陶宏景、吴均的《叙景短札》，郦道元的《水经注》；这些都是最优美的写景文学。

（四）我说魏晋时代人的精神是最哲学的，因为是最解放的、最自由的。支道林好鹤，往郯东岇山，有人遗其双鹤。少时翅长欲飞。支意惜之，乃铩其翮。鹤轩翥不复能飞，乃反顾翅垂头，视之如有懊丧之意。林曰："既有凌霄之姿，何肯为人作耳目近玩！"养令翮成，置使飞去。晋人酷爱自己精神的自由，才能推己及物，有这意义伟大的动作。这种精神上的真自由、真解放，才能把我们的胸襟像一朵花似地展开，接受宇宙和人生的全景，了解它的意义，体会它的深沉的境地。近代哲学上所谓"生命情调"、"宇宙意识"，遂在晋人这超脱的胸襟里萌芽起来（使这时代容易接受和了解佛教大乘思想）。卫玠初欲过江，形神惨悴，语左右曰："见此茫茫，不觉百端交集，苟未免有情，亦复谁能遣此？"后来初唐陈子昂《登幽州台歌》："前不见古人，后不见来者。念天地之悠悠，独怆然而涕下！"不是从这里脱化出来？而卫玠的一往情深，更令人心恸神伤，寄慨无穷。（然而孔子在川上，曰："逝者如斯夫，不舍昼夜！"则觉更哲学，更超然，气象更大。）

谢太傅与王右军曰："中年伤于哀乐，与亲友别，辄作数日恶。"人到中年才能深切地体会到人生的意义、责任和问题，反省到人生的究竟,所以哀乐之感得以深沉。但丁的《神曲》起始于中年的徘徊歧路,是具有深意的。

> 桓温北征,经金城,见前为琅玡时种柳皆已十围,慨然曰:"木犹如此,人何以堪?"攀条执枝,泫然流泪。

桓温武人,情致如此!庾子山著《枯树赋》,末尾引桓大司马曰:"昔年种柳,依依汉南;今逢摇落,凄怆江潭,树犹如此,人何以堪?"他深感到桓温这话的凄美,把它敷演成一首四言的抒情小诗了。

然而王羲之的《兰亭》诗:"仰视碧天际,俯瞰渌水滨。寥阒无涯观,寓目理自陈。大哉造化工,万殊莫不均。群籁虽参差,适我无非新。"真能代表晋人这纯净的胸襟和深厚的感觉所启示的宇宙观。"群籁虽参差,适我无非新"两句尤能写出晋人以新鲜活泼自由自在的心灵领悟这世界,使触着的一切呈露新的灵魂、新的生命。于是"寓目理自陈",这理不是机械的陈腐的理,乃是活泼泼的宇宙生机中所含至深的理。王羲之另有两句诗云:"争先非吾事,静照在忘求。""静照"是一切艺术及审美生活的起点。这里,哲学彻悟的生活和审美生活,源头上是一致的。晋人的文学艺术都浸润着这新鲜活泼的"静照在忘求"和"适我无非新"的哲学精神。大诗人陶渊明的"日暮天无云,春风扇微和","即事多所欣","良辰入奇怀",写出这丰厚的心灵"触着每秒光阴都成了黄金"。

(五)晋人的"人格的唯美主义"和友谊的重视,培养成为一种高级社交文化如"竹林之游,兰亭禊集"等。玄理的辩论和人物的品藻是这社交的主要内容。因此谈吐措词的隽妙,空前绝后。晋人书札和小品文中隽句天成,俯拾即是。陶渊明的诗句和文句的隽妙,也是这"世说新语时代"的产物。陶渊明散文化的诗句又遥遥地影响着宋代散文化的诗派。苏、黄、米、蔡等人们的书法也力追晋人萧散的风致。但总嫌做作夸张,没有晋人的自然。

(六)晋人之美,美在神韵(人称王羲之的字韵高千古)。神韵可说是"事外有远致",不沾滞于物的自由精神(目送归鸿,手挥五弦)。这是一种心灵的美,或哲学的美。这种事外有远致的力量,扩而大之可以使人超然于死生祸福之外,发挥出一种镇定的大无畏的精神来:

> 谢太傅盘桓东山,时与孙兴公诸人汎海戏。风起浪涌,孙(绰)王(羲之)诸人色并遽,便唱使还。太傅神情方王,吟啸不言。舟人以公貌闲意说,犹去不止。既风转急浪猛,诸人皆諠动不坐。公徐曰:"如此,将无归。"众人皆承响而回。于是审其量足以镇安朝野。

美之极,即雄强之极。王羲之书法人称其字势雄逸,如龙跳天门,虎卧凤阙。淝水的大捷植根于谢安这美的人格和风度中。谢灵运泛海诗"溟涨无端倪,虚舟有超越",可以借来体会谢公此时的境界和胸襟。

枕戈待旦的刘琨,横江击楫的祖逖,雄武的桓温,勇于自新的周处、戴渊,都是千载下懔懔有生气的人物。桓温过王敦墓,叹曰:"可儿!可儿!"心焉向往那豪迈雄强的个性,不拘泥于世俗观念,而赞赏"力",力就是美。

庾道季说:"廉颇,蔺相如虽千载上死人,懔懔如有生气。曹蜍,李志虽见在,厌厌如九泉下人。人皆如此,便可结绳而治。但恐狐狸猫狢啖尽!"这话何其豪迈、沉痛。晋人崇尚活泼生气,蔑视世俗社会中的伪君子、乡原、战国以后二千年来中国的"社会栋梁"。

(七)晋人的美学是"人物的品藻",引例如下:

> 王武子、孙子荆各言其土地之美。王云:"其地坦而平,其水淡而清,其人廉且贞。"孙云:"其山崔巍以嵯峨,其水㳉渫而扬波,其人磊砢而英多。"

> 桓大司马(温)病,谢公往省病,从东门入,桓公遥望叹曰:

"吾门中久不见如此人!"

　　嵇康身长七尺八寸,风姿特秀,见者叹曰:"萧萧肃肃,爽朗清举。"或云:"萧萧如松下风,高而徐引。"山公云:"嵇叔夜之为人也,岩岩如孤松之独立,其醉也,傀俄若玉山之将崩!"

　　海西时,诸公每朝,朝堂犹暗,唯会稽王来,轩轩如朝霞举。

　　谢太傅问诸子侄:"子弟亦何预人事,而正欲其佳?"诸人莫有言者。车骑(谢玄)答曰:"譬如芝兰玉树,欲使其生于阶庭耳。"

　　人有叹王恭形茂者,曰:"濯濯如春月柳。"

　　刘尹云:"清风朗月,辄思玄度。"

　　拿自然界的美来形容人物品格的美,例子举不胜举。这两方面的美——自然美和人格美——同时被魏晋人发现。人格美的推重已滥觞于汉末,上溯至孔子及儒家的重视人格及其气象。"世说新语时代"尤沉醉于人物的容貌、器识、肉体与精神的美。所以"看杀卫玠",而王羲之——他自己被时人目为"飘如游云,矫如惊龙"——见杜弘治叹曰:"面如凝脂,眼如点漆,此神仙中人也!"

　　而女子谢道韫亦神情散朗,奕奕有林下风。根本《世说》里面的女性多能矫矫脱俗,无脂粉气。

　　总而言之,这是中国历史上最有生气,活泼爱美,美的成就极高的一个时代。美的力量是不可抵抗的,见下一段故事:

　　桓宣武平蜀,以李势妹为妾,甚有宠,尝著斋后。主(温尚明帝女南康长公主)始不知,既闻,与数十婢拔白刃袭之。正值李梳头,发委藉地,肤色玉曜,不为动容,徐徐结发,敛手向主,神色闲正,辞甚凄惋,曰:"国破家亡,无心至此,今日若能见杀,乃是本怀!"主于是掷刀前抱之:"阿子,我见汝亦怜,何况老奴!"遂善之。

　　话虽如此，晋人的美感和艺术观，就大体而言，是以老庄哲学的宇宙观为基础，富于简淡、玄远的意味，因而奠定了一千五百年来中国美感——尤以表现于山水画、山水诗的基本趋向。

　　中国山水画的独立，起源于晋末。晋宋山水画的创作，自始即具有"澄怀观道"的意趣。画家宗炳好山水，凡所游历，皆图之于壁，坐卧向之，曰："老病俱至，名山恐难遍游，惟当澄怀观道，卧以游之。"他又说："圣人含道应物，贤者澄怀味像；人以神法道而贤者通，山水以形媚道而仁者乐。"他这所谓"道"，就是这宇宙里最幽深最玄远却又弥论万物的生命本体。东晋大画家顾恺之也说绘画的手段和目的是"迁想妙得"。这"妙得"的对象也即是那深远的生命，那"道"。

　　中国绘画艺术的重心——山水画，开端就富于这玄学意味（晋人的书法也是这玄学精神的艺术），它影响着一千五百年，使中国绘画在世界上成一独立的体系。

　　他们的艺术的理想的美的条件是一味绝俗。庚道季见戴安道所画行像，谓之曰："神明太俗，由卿世情未尽！"以戴安道之高，还说是世情未尽，无怪他气得回答说："唯务光当免卿此语耳！"

　　然而也足见当时美的标准树立得很严格，这标准也就一直是后来中国文艺批评的标准："雅"、"绝俗"。

　　这唯美的人生态度还表现于两点，一是把玩"现在"，在刹那的现量的生活里求极量的丰富和充实，不为着将来或过去而放弃现在价值的体味和创造：

　　　　王子猷尝暂寄人空宅住，便令种竹。或问："暂住何烦尔？"王啸咏良久，直指竹曰："何可一日无此君！"

　　二则美的价值是寄于过程的本身，不在于外在的目的，所谓"无所为而为"的态度。

　　　　王子猷居山阴，夜大雪，眠觉开室命酌酒，四望皎然，因起彷徨，咏左思《招隐》诗。忽忆戴安道；时戴在剡，即便乘小船就之。经宿方至，造门不前而返。人问其故，王曰："吾本乘兴而来，兴尽而返，何必见戴？"

这截然地寄兴趣于生活过程的本身价值而不拘泥于目的，显示了晋人唯美生活的典型。

（八）晋人的道德观与礼法观。孔子是中国二千年礼法社会和道德体系的建设者。创造一个道德体系的人，也就是真正能了解这道德的意义的人。孔子知道道德的精神在于诚，在于真性情，真血性，所谓赤子之心。扩而充之，就是所谓"仁"。一切的礼法，只是它托寄的外表。舍本执末，丧失了道德和礼法的真精神真意义，甚至于假借名义以便其私，那就是"乡原"，那就是"小人之儒"。这是孔子所深恶痛绝的。孔子曰："乡原，德之贼也。"又曰："女为君子儒，无为小人儒！"他更时常警告人们不要忘掉礼法的真精神真意义。他说："人而不仁如礼何？人而不仁如乐何？"子于是日哭，则不歌。食于丧者之侧，未尝饱也。这伟大的真挚的同情心是他的道德的基础。他痛恶虚伪。他骂"巧言令色鲜矣仁！"他骂"礼云、礼云、玉帛云乎哉！"然而孔子死后，汉代以来，孔子所深恶痛绝的"乡原"支配着中国社会，成为"社会栋梁"，把孔子至大至刚、极高明的中庸之道化成弥漫社会的庸俗主义、妥协主义、折衷主义、苟安主义，孔子好像预感到这一点，他所以极力赞美狂狷而排斥乡原。他自己也能超然于礼法之表追寻活泼的真实的丰富的人生。他的生活不但"依于仁"，还要"游于艺"。他对于音乐有最深的了解并有过最美妙、最简洁而真切的形容。他说：

乐，其可知也！始作，翕如也。从之，纯如也。皦如也。绎如也。以成。

他欣赏自然的美，他说："仁者乐山，智者乐水。"

他有一天问他几个弟子的志趣。子路、冉有、公西华都说过

了,轮到曾点,他问道:

> "点,尔何如?"鼓瑟希,铿尔,舍瑟而作,对曰:"异乎三子者之撰!"子曰:"何伤乎? 亦各言其志也。"曰:"莫春者,春服既成,冠者五六人,童子六七人,浴乎沂,风乎舞雩,咏而归!"

> 夫子喟然叹曰:"吾与点也!"

孔子这超然的、蔼然的、爱美爱自然的生活态度,我们在晋人王羲之的《兰亭序》和陶渊明的田园诗里见到遥遥嗣响的人,汉代的俗儒钻进利禄之途,乡原满天下。魏晋人以狂狷来反抗这乡原的社会,反抗这桎梏性灵的礼教和士大夫阶层的庸俗,向自己的真性情、真血性里掘发人生的真意义、真道德。他们不惜拿自己的生命、地位、名誉来冒犯统治阶级的奸雄假借礼教以维持权位的恶势力。曹操拿"败伦乱俗,讪谤惑众,大逆不道"的罪名杀孔融。司马昭拿"无益于今,有败于俗,乱群惑众"的罪名杀嵇康。阮籍佯狂了,刘伶纵酒了,他们内心的痛苦可想而知。这是真性情、真血性和这虚伪的礼法社会不肯妥协的悲壮剧。这是一班在文化衰堕时期替人类冒险争取真实人生真实道德的殉道者。他们殉道时何等的勇敢,从容而美丽:

> 嵇康临刑东市,神气不变,索琴弹之,奏广陵散,曲终曰:"袁孝尼尝请学此散,吾靳固不与,广陵散于今绝矣!"

以维护伦理自命的曹操枉杀孔融,屠杀到孔融七岁的小女、九岁的小儿,谁是真的"大逆不道"者?

道德的真精神在于"仁",在于"恕",在于人格的优美。《世说》载:

> 阮光禄(裕)在剡,曾有好车,借者无不皆给。有人葬亲,意欲借而不敢言。阮后闻之,叹曰:"吾有车而使人不敢借,何以车为?"遂焚之。

这是何等严肃的责己精神! 然而不是由于畏人言,畏于礼法的责备,而是由于对自己人格美的重视和伟大同情心的流露。

> 谢奕作剡令,有一老翁犯法,谢以醇酒罚之,乃至过醉,而犹未已。太傅(谢安)时年七八岁,著青布绔,在兄膝边坐,谏曰:"阿兄,老翁可念,何可作此!"奕于是改容,曰:"阿奴欲放去耶?"遂遣之。

谢安是东晋风流的主脑人物,然而这天真仁爱的赤子之心实是他伟大人格的根基。这使他忠诚谨慎地支持东晋的危局至于数十年。淝水之役,苻坚发戎卒六十余万、骑二十七万,大举入寇,东晋危在旦夕。谢安指挥若定,遣谢玄等以八万兵一举破之。苻坚风声鹤唳,草木皆兵,仅以身免。这是军事史上空前的战绩,诸葛亮在蜀没有过这样的胜利!

一代枭雄,不怕遗臭万年的桓温也不缺乏这英雄的博大的同情心:

> 桓公入蜀,至三峡中,部伍中有得猨子者,其母缘岸哀号,行百余里不去,遂跳上船,至便即绝。破视其腹中,肠皆寸寸断。公闻之,怒,命黜其人。

晋人既从性情的真率和胸襟的宽仁建立他的新生命,摆脱礼法的空虚和顽固,他们的道德教育遂以人格的感化为主。我们看谢安这段动人的故事:

> 谢虎子尝上屋薰鼠。胡儿(虎子之子)既无由知父为此事,闻人道痴人有作此者,戏笑之。时道此非复一过。太傅既了己(指胡儿自己)之不知,因其言次语胡儿曰:"世人以此谤中郎(虎子),亦言我共作此。"胡儿懊热,一月,日闭斋不出。太傅虚托引己之过,必相开悟,可谓德教。

我们现代有这样精神伟大的教育家吗? 所以:

> 谢公夫人教儿,问太傅:"那得初不见公教儿?"答曰:"我常自教儿!"

20世纪儒学研究大系

这正是像谢公称赞褚季野的话:"褚季野虽不言,而四时之气亦备!"

他确实在教,并不姑息,但他着重在体贴入微的潜移默化,不欲伤害小儿的羞耻心和自尊心:

> 谢玄少时好著紫罗香囊垂覆手。太傅患之,而不欲伤其意;乃谲与睹,得即烧之。

这态度多么慈祥,而用意又何其严格!谢玄为东晋立大功,救国家于垂危,足见这教育精神和方法的成绩。

当时文俗之士所最仇疾的阮籍,行动最为任诞,蔑视礼法也最为彻底。然而正在他身上我们看出这新道德运动的意义和目标。这目标就是要把道德的灵魂重新建筑在热情和率真之上,摆脱陈腐礼法的外形。因为这礼法已经丧失了它的真精神,变成阻碍生机的桎梏,被奸雄利用作政权工具,借以锄杀异己。(曹操杀孔融)

> 阮籍当葬母,蒸一肥豚,饮酒二斗,然后临诀。直言"穷矣!"举声一号,吐血数升,废顿良久。

他拿鲜血来灌溉道德的新生命!他是一个壮伟的丈夫。容貌瑰杰,志气宏放,傲然独得,任性不羁,当其得意,忽忘形骸,"时人多谓之痴"。这样的人,无怪他的诗"旨趣遥深,反覆零乱,兴寄无端,和愉哀怨,杂集于中"。他的咏怀诗是古诗十九首以后第一流的杰作。他的人格坦荡谆至,虽见嫉于士大夫,却能见谅于酒保:

> 阮公邻家妇有美色,当垆沽酒。阮与王安丰常从妇饮酒。阮醉便眠其妇侧。夫始殊疑之,伺察终无他意。

这样解放的自由的人格是洋溢着生命,神情超迈,举止历落,态度恢廓,胸襟潇洒:

> 王司州(修龄)在谢公坐,咏"入不言兮出不辞、乘回风兮载云旗!"(九歌句)语人云:"'当尔时'觉一坐无人!"

> 桓温读高士传,至于陵仲子,便掷去曰:"谁能作此溪刻自处!"

这不是善恶之彼岸的超然的美和超然的道德吗?

"振衣千仞冈,濯足万里流!"晋人用这两句诗写下他的千古风流和不朽的豪情!

(选自《时事新报》副刊《学灯》,1940年)

附:

清谈与析理

　　拙稿《论〈世说新语〉与晋人的美》第五段中关于晋人的清谈，未及详论，现拟以此段补足之。

　　被后世诟病的魏晋人的清谈，本是产生于探求玄理的动机。王导称之为"共谈析理"。嵇康《琴赋》里说："非至精者不能与之析理。""析理"须有逻辑的头脑，理智的良心和探求真理的热忱。青年夭折的大思想家王弼就是这样一个人物①。何晏注老子始成，诣王辅嗣（弼），见王注精奇，乃神伏曰："若斯人，可与论天人际矣。""论天人之际"，当是魏晋人"共谈析理"的最后目标。《世说》又载：

　　　　殷浩、谢安诸人共集，谢因问殷："眼往万属形，万形来人眼否？"

　　是则由"论天人之际"的形而上学的探讨注意到知识论了。

　　当时一般哲学空气极为浓厚，热中功名的钟会也急急地要把他的哲学著作求嵇康的鉴赏，情形可笑：

---

　　①　何晏以为圣人无喜怒哀乐，其论甚精，钟会等述之。弼与不同。以为"圣人茂于人者，神明也。同于人者五情也。神明茂，故能体冲和以通'无'；五情同，故不能无哀乐以应物。然则圣人之情，应物而无累于物者也。今以其无累便谓不复应物，失之多矣。"（《三国志·钟会传》裴松之注）按：王弼此言极精，他是老、庄学派中富有积极精神的人。一个积极的文化价值与人生价值的境界可以由此建立。

> 钟会撰《四本论》始毕,甚欲使嵇公一见。置怀中,既定,畏其难,怀不敢出。于户外遥掷,便回急走。

但是古代哲理探讨的进步,多由于座谈辩难。柏拉图的全部哲学思想用座谈对话的体裁写出来。苏格拉底把哲学带到街头,他的街头论道是西洋哲学史中最有生气的一页。印度古代哲学的辩争尤非常激烈。孔子的真正人格和思想也只表现在《论语》里。魏晋的思想家在清谈辩难中显出他们活泼飞跃的析理的兴趣和思辨的精神。《世说》载:

> 何晏为吏部尚书,有威望。时谈客盈座。王弼未弱冠,往见之。晏闻弼名,因条向者胜理,语弼曰:"此理仆以为极,可得复难不?"弼便作难,一座人便以为屈。于是弼自为客主数番,皆一座所不及。

当时人辩论名理,不仅是"理致甚微",兼"辞条丰蔚,甚足以动心骇听"。可惜当时没有一位文学天才把重要的清谈辩难详细记录下来,否则中国哲学史里将会有可以比美柏拉图对话集的作品。

我们读《世说》下面这段记载,可以想象当时谈理时的风度和内容的精彩。

> 支道林、许(询)、谢(安)、盛德,共集王(濛)家。谢顾谓诸人:"今日可谓彦会。既时不可留,此集固亦难常,当共言咏,以写其怀!"许便问主人:"有庄子不?"正得渔父一篇。谢看题,便使四座通。支道林先通作七百许语。叙致精丽,才藻奇拔,众咸称善。于是四座各言怀毕。谢问曰:"卿等尽不?"皆曰:"今日之言,少不自竭。"谢复粗难,因自叙其意,作万余语,才峰秀逸,既自难干,加意气拟托,萧然自得,四座莫不厌心。支谓谢曰:"君一往奔诣,故复自佳耳!"

谢安在清谈上也表现出他领袖人群的气度。晋人的艺术气质使"共谈析理"也成了一种艺术创作。

支道林、许询诸人共在会稽王(简文)斋头。支为法师,许为都讲。支通一义,四座莫不厌心,许送一难,众人莫不抃舞。但共嗟咏二家之美,不辩其理之所在。

但支道林并不忘这种辩论应该是"求理中之谈"。《世说》载:

许询少时,人以比王苟子。许大不平。时诸人士及于法师,并在会稽西寺讲,王亦在焉。许意甚忿,便往西寺与王论理,共决优劣。苦相折挫,王遂大屈。许复执王理,更相复疏,王复屈。许谓支法师曰:"弟子向语何如?"支从容曰:"君语佳则佳矣,何至相苦邪?岂是求理中之谈哉?"

可见"共谈析理"才是清谈真正目的,我们最后再欣赏这求真爱美的时代里一个"共谈析理"的艺术杰作:

客问乐令"旨不至"者,乐亦不复剖析文句,直以麈尾柄确几曰:"至不?"客曰:"至。"乐因又举麈尾曰:"若至者,那得去?"于是客乃悟,服乐辞约而旨达,皆此类。

大化流衍,一息不停,方以为"至",倏焉已"去",云"至"云"去",都是名言所执。故飞鸟之影,莫见其移,而逝者如斯,不舍昼夜。孔子川上之叹,桓温摇落之悲,卫玠的"对此茫茫不觉百端交集",王孝伯叹赏于古诗"所遇无故物,焉得不速老"。晋人这种宇宙意识和生命情调,已由乐广把它概括在辞约而旨达的"析理"中了。

(1940 年,写于重庆)

宗白华(1897—1986),原名之櫆,字伯华,江苏常熟人。著名哲学家、美学家、诗人。早年曾任《少年中国》月刊编辑。后应邀负责编辑《时事新报》副刊《学灯》。1920 年留学德国,在法兰克福大学和柏林大学学习哲学、美学。回国后,曾任中央大学哲学系教授,南京大学教授,之后一直任北京大学哲学系教授,后兼任中华美学学会顾问。一生致力于中西哲学美学的研究,力求将西方的美学精神融注到中国古典美学研究中去,涉及到绘画、音乐、书法、舞蹈、诗词、建筑、雕刻、工艺等各个方面,尤其注重对意境的研究和探索。是我国现代美学的先行者和开拓者,被誉为"融贯中西艺术理论的一代美学大师"。著有《流云小诗》、《美学散步》、《艺境》等。

宗白华对魏晋美学情有独钟,他认为魏晋时期旧的礼教崩溃、思想和信仰自由、艺术创造精神勃发,是一个精神极度解放、人格极度自由、最富有艺术精神的时代。在美学倾向上则表现为简约玄澹、超然绝俗的哲学的美。《世说新语》以及晋人的书法是最具体的表现。

赋比兴通释

朱自清

《周礼·大师》"教六诗……"郑玄注云：

> 赋之言"铺"，直铺陈今之政教善恶。

《诗大序》孔颖达《正义》引此，云：

> 诗文直陈其事不譬喻者，皆赋辞也。

这"赋"字似乎该出于《左传》的赋诗。《左传》赋诗是自唱或使乐工唱古诗，前文已详。但还有别一义。隐公元年传记郑武公与母姜氏"隧而相见"云：

> 公入而赋："大隧之中，其乐也融融。"姜出而赋："大隧之外，其乐也泄泄。"

孔颖达《正义》云："赋诗，谓自作诗也。"又僖公五年传云：

> （士蒍）退而赋曰："狐裘尨茸。一国三公，吾谁适从！"

杜注："士蒍自作诗也。"前者是直铺陈其事，后者却以譬喻发端。这许是赋诗的较早一义，也未可知①。又《小雅·常棣·正义》引《郑志》答赵商云：

> 凡赋诗者或造篇，或诵古。

"造篇"除上举二例外，还有卫人赋《硕人篇》，许穆夫人赋《载驰

---

① 《左传》聘问赋诗的记载，始于僖二十三年。

篇》,郑人赋《清人篇》,秦人赋《黄鸟篇》等,却似乎是献诗一类(详见《诗言志》篇)。就中只《黄鸟篇》各章皆用譬喻发端,其余三篇多是直铺陈其事。至于"诵古",凡聘问赋诗都是的。"诵"也有"歌"意,《诗经·节南山》"家父作诵",可证。

郑玄注《周礼》"六诗",是重义时代的解释。风、赋、比、兴、雅、颂似乎原来都是乐歌的名称,合言"六诗",正是以声为用。《诗大序》改为"六义",便是以义为用了。但郑氏训"赋"为"铺",假借为"铺陈"字,还可见出乐歌的痕迹。《大雅·卷阿篇》有"矢诗不多"一语,据上文"以矢其音"《传》:"矢,陈也。"《楚辞·九歌·东君》"展诗兮会舞",王逸训"展"为"舒",洪兴祖《补注》:"展诗犹陈诗也。""矢诗""展诗"也就是"赋诗",大概"赋"原来就是合唱。古代多合唱,春秋赋诗才多独唱,但乐工赋的时候似乎还是合唱的①。不过《大雅·烝民篇》有云:

> 仲山甫之德,柔嘉维则。……天子是若,明命使赋。
>
> 王命仲山甫,……出纳王命,王之喉舌。赋政于外,四方
> 爰发。

前章《传》云:"赋,布也。"下章"赋"字,义当相同。春秋列国大夫聘问,也有"赋命""赋政"之义,歌诗而称为"赋",或与此义有相关处,可以说是借诗"赋命",也就是借诗言志。果然如此,赋比兴的"赋"多少也带上了政治意味,郑氏所注"直铺陈今之政教善恶",便不是全然凿空立说了。

荀子《赋篇》称"赋",当也是"自作诗"之义。凡《礼》、《知》、《云》、《蚕》、《箴》五篇及《佹诗》一篇。前五篇像譬喻,又像谜语,只有《佹诗》多"直陈其事"之语。班固《两都赋序》云:"赋者,古诗之

---

① 北京大学文科研究所逯钦立君有《六义参释》一稿。本章试测赋比兴的初义,都根据他所搜集的材料,特此致谢。

流也。"王芑孙《读赋卮言导源篇》合解荀、班云：

> 曰"俶"，旁出之辞，曰"流"，每下之说。夫既与诗分体，则
> 义兼比兴，用长箴颂矣。

这里说赋是诗的别体或变体，与赋比兴的"赋"义便无干了。《汉书》三十《艺文志》云：

> 春秋之后，周道寖坏。聘问歌咏，不行于列国，学诗之士，逸在布衣，而贤人失志之赋作矣。大儒孙卿及楚臣屈原离谗忧国，皆作赋以风，咸有恻隐古诗之义。其后宋玉、唐勒，汉兴枚乘、司马相如下及扬子云，竞为侈丽闳衍之词，没其风谕之义。是以扬子悔之曰："诗人之赋丽以则，辞人之赋丽以淫。"

赋的演变成为两派。《两都赋序》又说汉兴以来，言语侍从之臣及公卿大臣作赋，"或以抒下情而通讽谕，或以宣上德而尽忠孝"，是"雅颂之亚"。"孝成之世论而录之，盖奏御者千有余赋"。赋虽从《诗》出，这时受了《楚辞》的影响，声势大盛①，它已离《诗》而自成韵文之一体了。锺嵘《诗品序》以"寓言写物"为赋，便指这种赋体而言。但赋的"自作诗"一义还保存着，后世所谓"赋诗""赋得"都指此。《艺文志》分赋为四类。刘师培说"杂赋十二家"是总集，余三类都是别集。三类之中，"屈平以下二十家，均缘情托兴之作"，"陆贾以下二十一家，均骋辞之作"，"荀卿以下二十五家，均指物类情之作"（《左盦集》卷八《汉书艺文志书后》）。汉以后变而又变，又有齐、梁、唐初"俳体"的赋和唐末及宋"文体"的赋。前者"以铺张为靡而专于词"，后者"以议论为便而专于理"。这是所谓"古赋"（《四库提要·总集类》三元祝尧编《古赋辨体》条）。唐、宋取士，更有律赋，调平仄，讲对仗，限于八韵。这些又是赋体的分化了。

①　《文心雕龙·诠赋篇》："赋也者，受命于诗人，拓宇于《楚辞》〔者〕也。"

　　"比"原来大概也是乐歌名,是变旧调唱新辞。《周礼·大师》郑注云:

　　　　比见今之失,不敢斥言,取比类以言之。兴见今之美,嫌于媚谀,取善事以喻劝之①。

释"比"是演述《诗大序》"主文而谲谏"之意。朱子释《大序》此语,以为"主于文词而托之以谏"(见《吕氏家塾读诗记》三);"主文"疑即指比兴。郑氏释兴当也是根据《论语》"兴于诗""诗可以兴"二语。他又引郑司农(众)云:

　　　　比者,比方于物也。兴者,托事于物。

《毛诗正义》解"司农"语云:

　　　　"比者,比方于物",诸言"如"者皆比辞也。

　　　　"兴者,托事于物",则兴者,起也。取譬引类,起发己心,《诗》文诸举草木鸟兽以见意者,皆兴辞也。

郑玄以美刺分释兴比,但他笺兴诗,仍多是刺意。他自己先不能一致,自难教人相信。《毛诗正义》说:"其实作文之体,理自当然,非有所'嫌''惧'也",也是不信的意思。这一说可以不论。郑众说太简,难以详考;孔颖达所解,可供参考而已。他以"兴"为"取譬引类",甚是,但没有确定"发端"一义,还是缠夹不清的。以"诸言'如'者"为"比",当本于六朝经说,《文心雕龙·比兴篇》所举"比"的例可见。如此释"比",界划井然,可是又太狭了。按《诗经》"诸言'如'者"约一百四十多句,不言"如",又非兴句,而可知为譬喻者,约一百四十多联(间有单句)——小雅中为多。照孔《疏》,这一百四十多联便成了比兴间的瓯脱地,两边都管不着了。这些到底是什么呢? 也许孔氏的意见和陈奂一样,将这些联的譬喻都算作

―――――――――――

　　①　《周礼·大司乐》"兴道讽诵言语"注:"兴者,以善物喻善事也。"

"兴"。陈氏曾立了三条例。一是"实兴而《传》不言兴者"(《邶风·燕燕·传疏》),这是根据《郑志》答张逸的话,前已引。许多在篇首的喻联,便这样被算作兴了。二是诸章"各自为兴"。如《齐风·南山篇》,《小雅·白华篇》,除首章为兴外,他说其余诸章"各自为兴"。这样,许多在章首的喻联也就被算作兴了。三是一章之中,"多用兴体",如《秦风·蒹葭篇》以及《邶风·匏有苦叶篇》,《小雅·伐木篇》,都是的。至如《小雅·鹤鸣篇》,是"全诗皆兴"。那么,许多在章中的喻联又被算作兴了。

他这三条例也有相当的根据。第一例根据《笺》言兴而《传》不言兴的诗,前已论及。但这是《传》疏而《笺》密,后来居上之故。郑氏不愿公然改《传》,所以答张逸说"文义自解,〔《传》〕故不言之",那是饰词,实不足凭。陈氏却因郑氏说相信那些诗"实兴",恐怕不是毛氏本意。第二条根据"首章言兴以晐下章"的通例。但那通例实在通不过去。因为好些兴诗都夹着几章赋,而雅中兴诗尤多如此,这是没法赅括的。第三例没有明显的根据,也许只因为《传》、《笺》说解这些喻联,与说解兴句的方法和态度是一样的。那确是一样的。这些喻联不常有《传》,但如《桑柔》五章中"谁能执热,逝不以濯?"《传》解为体以救乱,见前引。又《鹤鸣》首章末"它山之石,可以为错"《传》云:

> 错,石也,可以琢玉。举贤用滞,则可以治国。(《序》,诲宣王也。)

又《匏有苦叶篇》次章之首"有弥济盈,有鷕雉鸣"《传》云:

> 弥,深水也。盈,满也。深水,人之所难也。鷕,雌鸣声也。卫夫人有淫泆之志,授人以色,假人以辞,不顾礼义之难至,使宣公有淫昏之行。(《序》,刺卫宣公也。公与夫人并为淫乱。)

又《伐柯篇》首章《传》云:

> 伐柯如何？匪斧弗克。（柯，斧柄也。礼义者，亦治国之柄。）取妻如何？匪媒不得。（媒所以用礼也。治国不能用礼则不安。）（《序》，美周公也。周大夫刺朝廷之不知也。）

前两例是隐喻，末一例是显喻。《笺》例太多，从略。这样"以意逆志"，这样穿凿傅会，确与说兴诗一样。可是孔《疏》所谓"比"，《传》《笺》也还是用这种方法与态度说解。现在且还是只引《传》。如《简兮篇》次章之首"有力如虎，执辔如组"《传》云：

> 组，织组也。武力比于虎，可以御乱御众。有文章，言能治众，动于近，成于远也。（《序》，刺不用贤也。卫之贤者仕于伶官，皆可以承事王者也。）

又《大明篇》七章之首"殷商之旅，其会如林。矢于牧野，维予侯兴。"《传》云：

> 旅，众也。如林，言众而不为用也。矢，陈；兴，起也。言天下之望周也。（《序》，文王有明德，故天复命武王也。）

这不也是一样的"以意逆志"，穿凿傅会吗？与陈氏（和孔氏？）所谓"兴"有什么区别呢？他那三条例看来还是白费的。那一百四十多联譬喻，和那一百四十多"如"字句，实在是《大序》所谓"比"。那些喻联实在太像兴了，后世总将"比""兴"连称，也并非全无道理的。"比"，类也，例也①。但这个"比"义也当从《左传》来；前引文公七年《传》"君子以'葛藟'为比"，便是它的老家。"比"字有乐歌背景、经典根据和政教意味，便跟只是"取也（他）物而以明之"（《墨子·小取》）的"譬"不同。

"兴"似乎也本是乐歌名，疑是合乐开始的新歌。王逸《楚辞章句》说：

---

① 伪《鬼谷子·反应篇》："事有比"注："比，谓比例。"又："比者，比其辞也"注："比谓比类也。"

> 《离骚》之文,依《诗》取兴,引类譬谕。故善鸟香草以配忠
> 贞,恶禽臭物以比谗佞,"灵修""美人"以媲于君,"宓妃""佚
> 女"以譬贤臣,虬龙鸾凤以托君子,飘风云霓以为小人。其词
> 温而雅,其义皎而朗。

所谓"依《诗》取兴",当是依"思无邪"之旨而取喻;《楚辞》体制与
《诗经》不同,不分章,不能有"兴也"的"兴"。朱子《楚辞集注》说:
"《诗》之兴多而比赋少,《骚》则兴少而比赋多(《离骚序》附注)。"他
所举的兴句如《九歌·湘夫人》中的:

> 沅有茝兮澧有兰,思公子兮未敢言。

朱子的"兴"是"托物兴词,初不敢义"的,与《毛传》不一样。王氏也
说茝兰异于众草,"以兴湘夫人美好亦异于众人"。这里虽用了《毛
传》的"兴"字,其实倒是不远人情的譬喻。《楚辞》其实无所谓
"兴"。王氏注可也受了"思无邪"一义的影响,自然也不免傅会之
处①,但与《史记·屈原传》尚合,大体不至于支离太甚。所以直到
现在,一般还可接受他的解释。

《楚辞》的"引类譬喻"实际上形成了后世"比"的意念。后世的
比体诗可以说有四大类。咏史,游仙,艳情,咏物②。咏史之作以
古比今,左思是创始的人。《诗品》上说他"得讽谕之致"。何焯《义
门读书记·文选第二卷》评张景阳《咏史》云:

> 咏史不过美其事而咏叹之,檃括本传,不加藻饰,此正体
> 也。太冲多自据胸臆,乃又其变。

游仙之作以仙比俗,郭璞是创始的人。《诗品》中说他"辞多慷慨,

---

① 朱子《楚辞集注序》论王书有云:"或以迂滞而远于性情,或以迫切而
害于义理。"

② 六朝吴歌、西曲的谐声词格,也是比的一种,但通常认为俳谐,今不
论。

乖远玄宗。……乃是坎壈咏怀,非《列仙》之趣也"。李善《文选注》二十一也说:

> 凡游仙之篇,皆所以滓秽尘网,锱铢缨绂,餐霞倒景,饵玉玄都。而璞之制,文多自叙。虽志狭中区,而辞无(兼)俗累。见非前识,良有以哉。

艳情之作以男女比主臣,所谓遇不遇之感。中唐如张籍《节妇吟》,王建《新嫁娘》,朱庆余《近试上张水部》,都是众口传诵的。而晚唐李商隐"无题"诸篇,更为煊赫,只可惜喻义不尽可明罢了。咏物之作以物比人,起于六朝。如鲍照《赠傅都曹别》述惜别之怀,全篇以雁为比。又韩愈《鸣雁》述贫苦之情,全篇也以雁为比。这四体的源头都在王注《楚辞》里。只就《离骚》看罢:

> 汤、禹严而求合兮,挚、咎繇而能调。苟中情其好修兮,又何必用夫行媒!

这不是以古比今么?

> 前望舒使先驱兮,后飞廉使奔属。鸾皇为余先戒兮,雷师告余以未具。吾令凤鸟飞腾兮,继之以日夜。飘风屯其相离兮,帅云霓而来御。

这不是以仙比俗么?

> 惟草木之零落兮,恐美人之迟暮。

这不是以男女比君臣么?

> 余以兰为可恃兮,羌无实而容长。委厥美以从俗兮,苟得列乎众芳。椒专佞以慢慆兮,樧又欲充夫佩帏。既干进而务入兮,又何芳之能祗!

这不是以物比人么?《九章》的《橘颂》更是全篇以物比人的好例。《诗经》中虽也有比体,如《硕鼠》、《鸱鸮》、《鹤鸣》等篇,但是太少,影响不显著。后世所谓"比",通义是譬喻,别义就是比体诗,却并不指《诗大序》中的"比"。不过谈到《诗经》,以及一些用毛、郑的方法说诗的人，却当别论。说比体诗只是"比"的别义，因为这四类诗，无寓意的固然只能算是别体，有寓意而作得太工了就免不了小气，尤其是后两类，所以也还只能算是别体；而且数量究竟不多。

后世多连称"比兴"，"兴"往往就是"譬喻"或"比体"的"比"，用毛、郑义的绝无仅有。不过"兴"也有两个变义。《刘禹锡集》二十三《董武陵集序》云：

> 诗者，其文章之蕴邪！义得而言丧，故微而难能；境生于象外，故精而寡和。

这可以代表唐人的一种诗论。大约是庄子"得意忘言"和禅家"离言"的影响。所谓言外之义，象外之境，刘氏却没有解释。宋儒提倡道学，也受着道家禅家的影响。他们也说读书只晓得文义是不行的，"必优游涵咏，默识心通，然后能造其微"①。《近思录》十四《圣贤气象门》论曾子云：

> 曾子传圣人学。……如言"吾得正而毙"，且休理会文字，只看他气象极好。被他所见处大。后人虽有好言语，只被气象卑，终不类道。

"只看气象"当也是"造微"的一个意思。又朱子论韦应物诗"直是自在，气象近道"（《语类》一四〇）。气象是道的表现，也是修养工夫的表现。这意念可见是从"兴于诗""诗可以兴"来，不过加以扩充罢了。读诗而只看气象，结果便有两种情形。如黄鲁直《登快阁诗》云："落木千山天远大，澄江一道月分明"。明周季凤作《山谷先

---

① 程颐《春秋传序》（《二程全书·伊川经说（四）》）。又《诗人玉屑》六引朱子论"说诗"，"晓得文义是一重，识得意思好处是一重。"又《象山全集》三十五："读书固不可不晓文义，然只以晓文义为是，只是儿童之学，须看意旨所在。"

生别传》说："木落江澄,本根独在,有颜子克复之功。"①这不是断章取义吗? 又如沈德潜《唐诗别裁集·凡例》云:

> 古人之言包含无尽。后人读之,随其性情浅深高下,各有会心。如好《晨风》而慈父感悟(魏文侯事,见《韩诗外传》八),讲《鹿鸣》而兄弟同食(裴安祖事,见《魏书》四十五《裴骏传》),斯为得之。董子曰:"诗无达诂",此物此志也。

照沈氏说,诗爱怎么理会就可怎么理会,这不是无中生有吗? 又如周济《宋四家词选序》云:

> 夫词非寄托不入,专寄托不出。一物一事,引而伸之,触类多通。驱心若游丝之罥飞英,含毫如郢斤之斲蝇翼。以无厚入有间,既习已,意感偶生,假类毕达,阅载千百,馨欬弗违,斯入矣。赋情独深,逐境必寤,酝酿日久,冥发妄中。虽铺叙平淡,墓缋浅近,而万感横集,五中无主。读其篇者临渊窥鱼,意为鲂鲤,中宵惊电,罔识东西。赤子随母笑啼,乡人缘剧喜怒,可谓能出矣。

"能入"是能为人所感,"能出"是能感人。他说善于触类引伸的人,读古人词,久而久之,便领会得其中喻义,无所往而不通,而皆合古人之意。这种人自己作词,也能因物喻志,教读者惝怳迷离,只跟着他笑啼喜怒。他说的是词中的情理,悲者读之而亦悲,喜者读之而亦喜,所谓合于古人者在此。至于悲喜的对象,则读者见仁见智,不妨各有会心。这较沈氏说为密,而大旨略同。后来谭献在《周氏词辩》中评语有"作者未必然,读者何必不然?"的话,那却是就悲喜的对象说了。但这里的断章取义,无中生有,究竟和《毛诗》

---

① 　首二语本于赵景伟《黄庭坚谥议》,见《山谷全书》首卷二。宋张戒《岁寒堂诗话》云:"此但以'远大''分明'之语为新奇。而究其实,乃小儿语也。"

不大一样。触类引伸的结果还不至于离开人情太远了。而且《近思录》和沈、周两家差不多明说所注重的是读者的受用而不是诗篇的了解，这也就没什么毛病了。以上种种都说的是"言外之义"，我们可以叫作"兴象"①。

汉末至晋代，常以形似语"题目"人，如《世说》一郭林宗（泰）曰："叔度（黄宪）汪汪如万顷之陂，澄之不清，扰之不浊。"后来又用以论诗文，如《诗品》上引李充《翰林论》，论潘岳"翩翩然如翔禽之有羽毛，衣服之有绡縠"。到了唐末，司空图以味喻诗，以为所贵者当在咸酸之外，所谓味外味。又作《二十四诗品》，集形似语之大成。南宋敖陶孙《诗评》，也专用形似语评历代诗家（《诗人玉屑》卷二）。到了借禅喻诗的严羽又提出"兴趣"一义。《沧浪诗话·诗辩》云：

> 夫诗有别材，非关书也。诗有别趣，非关理也。……诗者，吟咏情性也。盛唐诸人惟在兴趣。羚羊挂角，无迹可求。故其妙处透彻玲珑，不可凑泊，如空中之音，相中之色，水中之月，镜中之象，言有尽而意无穷。

其《诗评》中又云：

> 诗有辞、理、意兴。南朝人尚辞而病于理。本朝人尚理而病于意兴。唐人尚意兴而理在其中。汉、魏之诗，辞、理、意兴，无迹可求。

所谓"别趣""意兴""兴趣"，都可以说是象外之境。这种象外之境，读者也可触类引伸，各有所得，所得的是感觉的境界，和前一义之

---

① 《周礼·天官·司裘》"大丧，廞裘，饰皮车"，《正义》："兴象生时裘而为之"，"兴象"即"象似"之意。殷璠《河岳英灵集序》："挈瓶庸受之流……攻异端，妄穿凿，理则不足，言常有余，都无兴象，但贵轻艳。""兴象"即"比兴"。今借用此名，义略异。

为气象情理者不同。但也当以"人情不远"为标准。清代金圣叹的批评颇用"兴趣"这一义。但如他评《西厢记》第一本《张君瑞闹道场第四折》一节话(金本题为《闹斋》),却是极端的例子。这一折第一曲《双调新水令》,张生唱云:

> 梵王宫殿月轮高,碧琉璃瑞烟笼罩。香烟云盖结,讽咒海波潮,幡影飘飖,诸檀越尽来到。

金氏在曲前评云:

> 吾友斫山先生尝谓吾言:"匡庐真天下之奇也。江行连日,初不在意。忽然于晴空中劈插翠嶂,平分其中,倒挂匹练。舟人惊告,此即所谓庐山也者。而殊未得至庐山也。更行两日而渐乃不见,则反已至庐山矣!"吾闻而甚乐之,便欲往观之,而迁延未得也。……然中心则殊无一日曾置不念,以至夜必形诸梦寐。常不一日二日必梦见江行如驶,仰睹青芙蓉上插空中,一一如斫山言。寤而自觉,遍身皆畅然焉。

> 后适有人自东江来,把袖急叩之。则曰:"无有是也"。吾怒曰:"彼伧固不解也!"后又有人自西江来,又把袖急叩之。又曰"无有是也"。吾怒曰:"此又一伧也!"既而人苟自西江来,皆叩之。则言"然""不然"各半焉。吾疑,复问斫山。斫山哑然失笑,言:"吾亦未尝亲见。昔者多有人自西江来,或言如是云,或亦言不如是云。然吾于言如是者即信之;言不如是者,置不足道焉。何则?夫使庐山而诚如是,则是吾之信其人之言为真不虚也。设苟庐山而不如是,则天地之过也。诚以天地之大力,天地之大慧,天地之大学问,天地之大游戏,即亦何难设此一奇以乐我后人,而顾吝不出此乎哉!"

> 吾闻而又乐之。中心忻忻,直至于今。不惟必梦之,盖日亦往往遇之。吾于读《左传》往往遇之,吾于读《孟子》往往遇之,吾于读《史记》、《汉书》往往遇之,吾今于读《西厢》亦往往

遇之。何谓于读《西厢》亦往往遇之？如此篇之初，《新水令》之第一句云："梵王宫殿月轮高"，不过七字也。然吾以为真乃"江行初不在意"也，真乃"晴空劈插奇翠"也，真乃"殊未至于庐山"也，真乃"至庐山即反不见"也！真"大力"也，真"大慧"也，真"大游戏"也，真"大学问"也！盖吾友斫山之所教也。吾此生亦已不必真至西江也，吾此生虽然终亦不到西江，而吾之熟睹庐山，亦未厌也！庐山真天下之奇也！

他在曲后又评，说这一句是写张生原定次早借上殿拈香看莺莺，但他心急如火，头一晚就去殿边等着了。不过原文张生唱前有白云："今日二月十五日，和尚请拈香，须索走一遭"，明是早上。曲文下句"碧琉璃瑞烟笼罩"，明说有了香烟。再下语意更明。"月轮高"只是月还未落，以见其早，并非晚上。金氏说的真可算得"以文害辞""以辞害志"了。

四、比兴论诗

最初怀疑比兴的作用的是锺嵘。《诗品序》云：

> 若专用比兴，则患在意深；意深则词踬。若但用赋体，则患在意浮；意浮则文散。嬉成流移，文无止泊，有芜漫之累矣。[①]

他说的是专用比兴或专用赋的毛病，但也是第一个人指出"意深""词踬"是比兴的毛病。同时刘勰论兴，也说是"明而未融，故发注而后见"（《文心雕龙·比兴篇》）。清陈沆作《诗比兴笺》，魏源序有云：

---

①　《诗品序》云："文有尽而意有余，兴也。因物喻志，比也。"与旧解略异。

　　由汉以降,变为五言。古诗十九章,多枚叔之词。乐府鼓吹曲十余章,皆《骚》《雅》之旨。张衡《四愁》,陈思《七哀》;曹公苍莽,"对酒当歌",有风云之气。嗣后阮籍、傅玄、鲍明远、陶渊明、江文通、陈子昂、李太白、韩昌黎皆以比兴为乐府琴操,上规正始。视中唐以下纯乎赋体者,固古今升降之殊哉!

他将"比兴"的价值看得高于赋。这是陈子昂、李白、白居易、朱子等人的影响。又说诗到中唐以后,纯乎赋体,以前是还用着"比兴"的。但汉乐府赋体就很多,陶、谢也以赋体为主,杜、韩更是如此。看魏氏只能选出少数的例子,不能作概括的断语,便知是作序体例,不得不说几句切题的话,事实并不然的。而他所谓"比兴"也绝非毛、郑义,只是后世所称"比兴"罢了。

　　黄侃《文心雕龙札记·比兴》有论"兴义罕用"的话,最为明通。他说:

　　夫其取义差在毫厘,会情在乎幽隐,自非受之师说,焉得以意推寻!彦和谓"明而未融,发注后见",冲远(孔颖达)谓"毛公特言,为其理隐",诚谛论也。孟子云,学诗者"以意逆志"。此说施之说解已具之后,诚为谠言。若乃兴义深婉,不明诗人本所以作,而辄事探求,则穿凿之弊固将滋多于此矣。

　　自汉以来,词人鲜用兴义。固缘诗道下衰,亦由文词之作,趣以喻人。苟览者恍惚难明,则感动之功不显。用比忘兴,势使之然。虽相如、子云,未如之何也!然自昔名篇,亦或兼存"比兴"。及时世迁贸,而解者祇益纷纭。一卷之诗,不胜异说。九原不作,烟墨无言。是以解嗣宗之诗,则首首致讥禅代,笺少陵之作,则篇篇系念朝廷。虽当时未必不托物以发端,而后世则不能离言而求象。由此以观,用比者历久而不伤晦昧,用兴者说绝而立致辨争。当其览古,知兴义之难明。及其自为,亦遂疏兴义而希用。此兴之所以浸微浸灭也。

从黄氏的话推论,我们可以说《诗经》兴句虽然大部分是譬喻而《传》、《笺》兴义却未必是"作诗人之意",因为那样作诗,是会教"览者恍惚难明"的。《传》、《笺》所说若不是"作诗人之意",是否也不免"穿凿之弊",也不免"离言而求象"呢?黄氏大约不这样想。他跟一般好古的人一样,总以为毛、郑去古未远,"受之师说",当然可信;所谓"说解已具",正指《传》、《笺》而言。后世学无专家,"师说"不存,再用《传》、《笺》中"以意逆志"的方法去说诗,那当然是不成的。不过黄氏所谓"比"也还是后世的"比"。《传》、《笺》里那样的"比",其实也是教"览者恍惚难明"的。

可是后世用"比兴"说诗的还有不少。开端的是宋人。这可分为两类。一类可以说是毛、郑的影响,不过破碎支离,变本加厉①。如《诗人玉屑》九"托物"条引梅尧臣(?)《续金针诗格》解杜甫《早朝》诗句云:

> 如"旌旗日暖龙蛇动,宫殿风微燕雀高",旌旗喻号令,日暖喻明时,龙蛇喻君臣。言号令当明时,君所出,臣奉行也。宫殿喻朝廷,风微喻政教,燕雀喻小人。言朝廷政教才出而小人向化,各得其所也。

这不是无中生有吗!《玉屑》所谓"托物"有时指后世所谓"比",有时兼包后世所谓"比兴"而言。世传唐、宋人诗格一类书里,像这样无中生有的解说诗句或诗中物象的很多,似乎是一时风气②。但这种解说显然"穿凿",显然"离言而求象",而诗格一类书,既多伪

---

① 顾龙振《诗学指南》中收此类书甚多。

② 王士禛《香祖笔记》卷六:"宋时为王氏之学者务为穿凿。有称杜子美《禹庙》诗'空庭垂橘柚',谓'厥包橘柚锡贡'也,'古屋画龙蛇'谓'驱龙蛇而放之菹'也。予童时见此说,即知笑之。"

作,又托体太卑,所以不为人重视①。谢枋得注解章泉(赵蕃)、涧泉(韩淲)二先生《选唐诗》,也偶然用这样方法,但很少,当也是诗格一类书的影响。另一类是系统的用赋比兴或"比兴"说诗,朱子《楚辞集注》是第一部书;他用《诗集传》的办法将《楚辞》各篇分章注明赋比兴。不过他所谓"比""兴"与毛、郑不尽同。他答巩仲至(丰)书(《集》六十四)中又说:

> 古今之诗凡有三变。盖书传所记虞、夏以来下及魏、晋,自为一等。自晋、宋间颜、谢以后下及唐初,自为一等。自沈、宋以后定著律诗下及今日,又为一等。……故尝妄欲抄取经史诸书所载韵语,下及《文选》、汉、魏古词,以尽乎郭景纯、陶渊明之所作,自为一编而附于《三百篇》、《楚辞》之后,以为诗之根本准则。又于其下二等之中择其近于古者,各为一编,以为之羽翼舆卫;其不合者,则悉去之。

但他只作了《诗集传》、《楚辞集注》,以下三编都未成书。元代有个刘履,继承朱子的志愿,编了一套《风雅翼》。这里面包括《选诗补注》,以昭明所选为主,加以删补;"至其注释,则以〔朱子〕传《诗》、注《楚辞》者为成法(元戴良《风雅翼》序)。"但四言有时还分章说,五言却以篇为单位。又有《选诗补遗》,选拔"唐、虞而降以至于晋,凡古歌辞之散见于传记诸子集者"。又有《选诗续编》,"乃李唐、赵宋诸作"。《四库提要·总集类》三论此书云:

> 至于以汉、魏篇章强分"比兴",尤未免刻舟求剑,附合支离。朱子以是注《楚辞》,尚有异议,况又效西子之矉乎?以其大旨不失于正而亦不至全流于胶固,又所笺释评论亦颇详赡,

① 黄鲁直《大雅堂记》论杜诗云:"彼喜穿凿者弃其大旨,取其发兴,于所遇林泉人物草木鱼虫,以为物物皆有所托,如世间商度隐语者,则子美之诗委地矣!"(《山谷全书正集》十六)

尚非枵腹之空谈,……固不妨存备参考焉。

这里所谓"未免刻舟求剑,附合支离","而亦不至全流于胶固,又所笺释评论亦颇详赡",我们现在也不妨移作《楚辞集注》的评语。这一类价值自然比前一类高得多。

还有前面提过的陈沆《诗比兴笺》,专说"比兴"的诗,与朱子等又略有不同。魏源序说他"以笺古诗三百篇之法,笺汉、魏、唐之诗,使读者知'比兴'之所起,即知志之所之也"。他的书叫作"笺",当是上希《郑笺》的意思。各诗并不分别注明比兴,只注重在以史证诗。看来他所谓"比兴"是分不开的,其实只是《诗大序》的"比"。他的取喻倒真是毛、郑的系统,非诗格诸书模糊影响者所可并论。毛、郑的权威既然很大,他这部书就也得着不少的尊重。在陈沆以前,张惠言《词选》也以毛、郑的方法说词。《词选》序云:

> 传曰:"意内而言外谓之词。"其缘情造端,"兴"于微言,以相感动。极命风谣里巷男女哀乐,以道贤人君子幽约怨悱不能自言之情。低徊要眇,以喻其致。盖《诗》之"比兴"变风之义。骚人之歌则近之矣。

书中解释也屡用"兴"字。如温庭筠《更漏子》第一首下云:"'惊塞雁'三句言欢戚不同,'兴'下'梦长君不知'也。"又晏殊《踏莎行》下云:"此词亦有所'兴',其欧公《蝶恋花》之流乎?"按宋罗大经《鹤林玉露(四)》论辛弃疾《菩萨蛮·书江西造口壁》云:"南渡之初,虏人追隆祐太后御舟至造口,不及而还。幼安自此起兴。"又陈鹄《耆旧续闻(二)》论苏轼黄州所作《卜算子词》,以为"拣尽寒枝不肯栖"是"取兴鸟择木之意",是宋人已有以"比兴"论词的。到了张氏,才更发挥光大，词体于是乎也"尊"起来了①。

至于论诗，从唐以来，"比兴"一直是最重要的观念之一。后世所谓"比兴"虽与毛、郑不尽同，可是论诗的人所重的不是"比""兴"本身，而是诗的作用。白居易是这种诗论最重要的代表。他在与元九（稹）书中说从周衰秦兴，六义渐微，到了六朝，大家"嘲风雪，弄花草"，六义尽去。唐兴二百年，诗人不可胜数，"索其风雅比兴，十无一焉"。就是杜甫，"撮其《新安》、《石壕》、《潼关吏》、《芦子关》、《花门》之章，'朱门酒肉臭，路有冻死骨'之句，亦不过十三四首"。这是"诗道崩坏"。他说诗歌应该上以"补察时政"，下以"泄导人情"，又说："歌诗合为事而作"。又说他作谏官时，"月请谏纸。启奏之外，有可以救济人病，裨补时阙，而难于指言者，辄咏歌之，欲稍稍进闻于上。"他将自己的诗分为四类，第一类便是"讽谕诗"。他说：

> 自拾遗来，凡所遇所感关于美刺比兴者，又自武德讫元和，因事立题，题为"新乐府"者，共一百五十首，谓之讽谕诗。

第二类是"闲适诗"。他接着说：

> 又或退公独处，或移病闲居，知足保和，吟玩性情者，一百首，谓之闲适诗。

他又说：

> 故仆志在兼济，行在独善，奉而始终之则为道，言而发明之则为诗。谓之"讽谕诗"，兼济之志也。谓之"闲适诗"，独善之义也。故览仆诗，知仆之道焉。

这简直可以说是诗以明道了。"兼济"和"独善"都是道，所以上以

---

① 谭献《箧中词》卷三说："倚声之学，由二张而始尊。"二张即惠言与弟琦。又说周济"推明张氏之旨而广大之，此道遂兴于著作之林，与诗赋文笔同其正变"。

"补察时政",下以"泄导人情",都是诗歌的作用。但可以注意的是,他的"讽谕诗"里只有一部分是后世所谓"比兴",大多数还是赋体,《新乐府》是的,"所遇所感"诸篇中一部分也是的。而《长恨歌》、《琵琶行》等赋体诗,为当时及后世所传诵的,却并不在"讽谕诗"而在"感伤诗"里。更可以注意的是,他说"风雅比兴",又说"美刺比兴","风雅"和"美刺"可不都包括赋体诗在内吗!原来《毛传》、《郑笺》虽为经学家所尊奉,文士作诗,却从不敢如法炮制,照他们的标准去用譬喻。因为那么一来,除非自己加注,恐怕就没人懂。建安以来的作家,可以说没有一个用过《传》、《笺》式的"比兴"作诗的。用《楚辞》式的譬喻作诗的倒有的是,阮籍是创始的人。不过这一种,连后来的比体在内,也还是不多。赋体究竟是大宗。赋体诗中间却不短譬喻,后世的"比"就以这种譬喻为多。就这种"比"及比体诗加以触类引申,便是后世的"兴"了。这样,后世论诗所说的"比兴"并不是《诗大序》的"比""兴"了。可是《大序》的主旨,诗以"经夫妇,成孝敬,厚人伦,美教化,移风俗","发乎情,止乎礼义",却始终牢固的保存着。这可以说是"诗教",也可以说是"诗言志"或诗以明道。代表这意念的便是白氏所举"风雅""比兴""美刺"三个名称。不过"风雅"和"美刺"既然都兼包赋比兴而言,而赋是"直陈其事",不及"比兴""主文而谲谏,言之无罪,闻之者足以戒",所以白氏以后,"比兴"这名称用得最多。那么,论诗尊"比兴",所尊的并不全在"比""兴"本身价值,而是在"诗以言志",诗以明道的作用上了。明白了这一层,像谭献《箧中词(五)》评蒋春霖《扬州慢》词①,竟说"赋体至此,转高于比兴",就毫不足怪了。

---

　　①　题为"癸丑十一月二十七日赋趋京口,报官军收扬州",后半阕云:"劫灰到处,便遗民见惯都惊。问障扇遮尘,围棋赌野,可奈苍生!月黑流萤何处?西风黯鬼火星星。更伤心南望,隔江无数峰青。"

（选自《诗言志辨》，开明书店 1947 年版）

朱自清（1898—1948），原名自华，字佩弦，号秋实，江苏扬州人，原籍浙江绍兴。现代著名诗人、散文家、学者。1920 年毕业于北京大学哲学系，1931 年留学欧洲。曾任清华大学中文系教授、系主任。以散文创作为主，对中国古典文学颇有研究，著有诗文集《踪迹》，散文集《背影》、《欧游杂记》、《伦敦杂记》，及《诗言志辨》（诗论）、《记雅俗共赏》（杂文集）、《经典常谈》（论文集）等。

在中国文学批评中以诗论为主，在诗论中，"诗言志"、汉代提出的"诗教"以及两者的方法论"比兴"、"正变"构成中国文学观念中主流的诗论。在经典文献中，这四条诗论在各个时代有着不同的用例，朱自清便是根据这些重要的例子，解释四条诗论的本义、原义和流派。

屈原的艺术与思想

郭沫若

屈原是一个伟大的民族诗人。我们讲屈原的艺术,就是讲屈原的诗。讲屈原的诗,首先须要考证屈原的诗。现在世间流行的屈原的作品,有好多成了问题。我们要把这些有问题的,加以考核,然后才能更进一步作艺术的研究。

屈原的作品在《汗书·艺文志》上有"屈原赋二十五篇"的话。现在我们能看到的王逸章句的《楚辞》里面,关于屈原的作品,的确有二十五篇,即《离骚》,《九歌》十一篇——《东皇太一》、《云中君》、《湘君》、《湘夫人》、《大司命》、《少司命》、《东君》、《河伯》、《山鬼》、《国殇》、《礼魂》,《九章》九篇——《惜诵》、《涉江》、《哀郢》、《抽思》、《怀沙》、《思美人》、《惜往日》、《橘颂》、《悲回风》,加上《天问》、《远游》、《卜居》、《渔父》共为二十五篇。但根据《史记·屈原列传》,《楚辞》里面《招魂》一篇是被认为屈原的作品。《列传》后赞语云"余读《离骚》、《天问》、《招魂》、《哀郢》,悲其志",和王逸的见解稍有不同。王逸以《招魂》为屈原学生宋玉的作品,作来招屈原之魂的。但据我的研究,应以司马迁的赞语为准。《招魂》是屈原作来招楚怀王之魂的,前次讲过,楚怀王被秦国骗去,迫求割地,怀王不允,遂被幽囚三年,竟死于秦。当怀王被骗去幽囚的时候,楚国朝野发生悲奋的情绪,乃必然的事实。怀王因在秦国以后,屈原作《招魂》,表明他期君归来的怀念。《招魂》的内容,叫他楚怀王,不要上天去,不要到地下去,也不要到东方去,南方去,西方去,北方去。天上地下以及东南西北都有许多不好的东西,最好是回来。回来,则吃的怎样好,住的怎样好,也有好看的美人,好听的音乐。他把好坏形容得非常微妙,是中国有数的好文章。

《招魂》是屈原做来招怀王的,在《招魂》里面有没有内证呢?有的。便是全篇落尾的那首"亂曰"。——讲到这个"亂"字,事实上本就是辭字,是汉朝的人读错了的。古金文中凡司徒、司马、司空的司字都作"嗣",从文字的构成上看来,即是治丝之意,故而为司,训为治,并引申为辭。被汉朝的人弄错了,"嗣"字失传,"亂"字弄反,古书中每每有训亂为治的地方,后人莫明其妙,竟生出"相反为训"之例,其实是以讹传讹罢了。《楚辞》各篇,落尾处多有"亂曰"(即"辭曰"),正是《楚辞》的命名之所由来。又贾谊的《吊屈原赋》的落尾作"讯曰",其实也是"词曰"的错误。

《招魂》的"辞曰"里面明明说"献岁发春兮汩吾南征",接着又说:"与王趋梦兮课后先,君王亲发兮弹青兕……魂兮归来哀江南",可见被招的是"王"而与招者的"吾"是完全两个人。这决不会是宋玉招屈原之魂,也不会是如一部分人所说是屈原做来招自己之魂的。

再研究其他各篇吧!《远游》是有问题的,《远游》和司马相如的《大人赋》语句相同的地方太多,而且结构亦大抵相同。我想这应该就是《大人赋》的初稿。《史记·司马相如传》载相如献《大人赋》时语曰:"臣尝为《大人赋》未就,请具而奏之。"可见《大人赋》有"未就"的稿本,与"具奏"的定本两种。稿本后被发现,被人误认为屈原的东西,便窜入了《楚辞》。其实屈原的思想,简单的说,可以分而为:一,唯美的艺术,二,儒家的精神。站在艺术的立场有时描写超现实的境地,但在精神方面,却是极端的忠君爱国的伦常思想。屈原的文章里面,没有老子、庄子那样离开现社会沉醉于乌托邦的虚无飘渺的气息。但是《远游》则与老庄的气脉相通,合乎老庄的思想。《远游》和《大人赋》在文格上当然有些不同,《远游》更近于《离骚》,且多用《离骚》中的成句,《大人赋》则句调曼衍,铺张扬厉,与《子虚》《上林》诸赋格调相近。但这也正是"未就"与既具之不同,未就稿未脱《离骚》的窠臼,既具者则特备司马相如自己的风格而已。要之《远游》这一篇文章,无论从哪一方面看,都不是屈原的作品,应该剔除。

加入《招魂》,剔除《远游》,则屈原赋仍旧是二十五篇。

我们研究屈原的作品,过细的说,每一篇都应该加以讨论,这是首先的工作,即基础工作。这步工作没有做好,更进的研究便成为空中楼阁。但以时间关系,只好再选出重要的几篇来谈谈。二十五篇当中的《卜居》、《渔父》两篇也有问题,恐怕是屈原的后辈宋玉、唐勒、景差之徒做的。这两篇文章虽然并不甚重要,但适足以证明屈原这个人的确是存在。又胡适认为《天问》一篇也不是屈原的。胡适说:"《天问》文理不通,见解卑陋,无文学价值,我们可断定为后人杂凑起来的。"假设大家承认胡适的话,《天问》也要剔除。不过关于这一点,我同胡适的见解恰恰相反。《天问》是中国二千多年来最奇特、最有价值的好文章。《天问》全篇提出一百七十二个问题,从天地开辟问到自己身边。它的体裁本是四字一句。在这样限定的格式中,提出那么多问题,或两句一问,或四句一问;问得参差历落,丝毫也不板滞,真是极大的本领。这一种奇妙的文章,不仅是在中国,就在别的国度里面也还没有见到第二篇。那内容是有些难懂,待你一懂得之后,不独文理很通,见解高明,在文章上有很大的价值,而且对于研究中国古代史上,有很可宝贵的资料。中国古代的史料,有很多失掉了,就是神话传说,也大都失掉了。《天问》的问题当中,替我们保存了许多古代的神话传说。以文章过于简单,又本身表示怀疑的态度,没有充分叙述,不容易明了，因此从前就有人认为有脱误的。例如"该秉季德，厥父是臧，胡终弊于有扈，牧夫牛羊？""恒秉季德，焉得夫朴牛？"我们如不懂得此中的故事，当然与看天书一样，说他不通了。对国学很有贡献、在民国十六年六月二日跳水淹死了的王国维发现了这个故事。"该"是人，"恒"也是人，"季"也是人。即是《卜辞》里面的王亥，王亘和季。王亥、王亘是兄弟，季当即勤水而死的冥了。王亥的故事见《山海经》和《竹书纪年》。《山海经》上说："王亥托于有易，河伯仆牛，有易杀王亥取仆牛。"郭璞注引《竹书纪年》云："殷王子亥宾于有易而淫焉。有易之君绵臣杀而放之。是故殷王甲微假师于河伯以伐有易，克之，遂杀其君绵臣也。"明了这一个故事，才把《天问》上"该秉季德"、"恒秉季德"讲得通。《天问》上面说的当然还有许多东西我们不知道，将来地下发掘出来的新东西如再多得一些，能够印证，我相信必然还可以有更多的阐明。

《九歌》十一篇，在胡适也认为不是屈原的作品，并认为是楚国古代的民间歌谣。但其实《九歌》的结构音调，虽与《离骚》有所不同，也并非全相悬异。《离骚》大体上以六字为读，两读为一句，在第一读的尾上加一兮字，如"帝高阳之苗裔兮，朕皇考曰伯庸，摄提贞于孟陬兮，惟庚寅吾以降"，句调来得舒缓沉着。《九歌》是一读当中加一兮字，如"吉日兮辰良，穆将愉兮上皇"，语调来得轻灵愉快。我看这只是作者的年龄和心境上的不同。《九歌》应该是屈原年青得意时的文章。还有《九歌》这十一篇是一个体裁，无论怎样研究都要认为是一个人做的东西，一个时代做出来的东西。

其次《九歌》中有《河伯》一篇。黄河的神，称为河伯。《九歌》中的《河伯》，是祭河神的歌词。大家知道楚国的疆土，过去没有到黄河流域，迨楚惠王十年灭陈以后，疆土才达到黄河流域。楚惠王十年，即孔子死的一年。从这个年代以后，楚国才有可能祭河伯，才能有《河伯》的文章。或者有人说疆土没有到黄河流域，也可以祭河神。但我们知道《左传》哀公六年有云:"楚昭王有疾,卜曰河为祟。王弗祭。大夫请祭诸郊。王曰,三代命祀,祭不越望。江汉睢章,楚之望也,祸福之至,不是过也。不谷虽不德,河非所以获罪也。遂弗祭。"从此知道楚国向来不祭河神。楚惠王灭陈以后,疆土到了黄河流域,才有可能祭河神,这时间并不久远。胡适没有注意到这一点,把《九歌》看得很古,这是疏忽。从昭王不祭河神的事实看来,就足以证明《九歌》是战国时代的东西。假若在屈原以前不久,楚国就出了一位美妙的诗人作出了《河伯》、《九歌》这样的文章,他的姓名还不保存下来,还不被汉朝人称为辞赋的开山祖师吗?要怀疑《九歌》不是屈原的作品,我看证据是很薄弱的。《九章》在近年来也生了一些问题,我不想多去牵涉。《九章》除《橘颂》外,与《离骚》的结构情调,大抵相同。《橘颂》稍为特别,主要是四字句,如把第二句尾的兮字除去,更差不多是七言诗。句法上和《招魂》相同。据我看来,《橘颂》、《招魂》、《九歌》、《天问》大抵是屈原比较年轻时的作品。我考证屈原死时,年六十二岁,是为爱国而死的。作楚怀王左徒官在三十岁左右,在得意时代的文章,尽可以充分表现些乐观情绪。晚年所作的几篇,如《哀郢》、《离骚》,写于国破家亡的时代,郁郁之情,便溢于言外了。

现在进一步研究屈原诗歌的成就,就是屈原艺术的成就。我们向来认定屈原有特创性。自从屈原把《离骚》做出了以后,中国文学便创出一个特殊的体裁,所谓"骚体"。历来学者区别南北文学,南方以《楚辞》为代表,北方以《雅》《颂》为代表。《离骚》与《雅》《颂》的体裁,的确各不相同。从形式上说,大家都知道《诗经》是四个字一句,而《楚辞》有六字一句的,也有四字、五字、七字一句的,不等。从内容上说:北方的诗,是现实的,《楚辞》是超现实的成分多。后人因此以《楚辞》为中国南方文学代表,《雅》《颂》为北方文学代表。这样区分我们并不反对,不过这样看法,还仅是皮相,并没有认识到屈原真正的伟大处。

　　我们研究中国历史,在春秋战国时代,有一个很伟大的文学革命,与近代"五四"运动一个样子的文学革命。大家都知道"五四"运动以前,做文章必须文言,无论信札宣言,以及一切应用文字,莫不是文言,白话是在所反对,弃而不用的。"五四"运动以后,产生了白话文。现在白话文的力量站在主流。检查社会上一切的文字,文言文虽然还存在着,不过白话文的势力是蓬蓬勃勃的。怎么会发生这种变革? 社会使然。中国社会到近代来,已由封建制度逐渐蜕变。封建时代表示生活情形的文言文不适用于现在了。文言文不能用来作为表示现在生活上的工具了。其原因是固定的文言文,不能把活鲜鲜的生活描写出来。生活与文学是不能分开的。"五四"运动的主因,就在这个地方。春秋战国时代也是由于这个原因,起了一次文学革命。我们晓得,凡是在文章里面,用呀哪吗啊等字作语助词的为白话文,用之乎也者矣焉欤等作语助词的为文言文。但在春秋战国以前的文章,没有用过之乎也者矣焉欤等字作语助词,这种文体是春秋战国时代才有的。我们拿古书来看。单以《书经》来说吧。《书经》里面有几篇是周朝初年的文章,有一部分是殷朝末年的文章,还有更古的虞、夏时代的文章,却是后人拟作的,大抵是在战国初年。所以抛开最古的文章,而拿周朝初年的《召诰》、《洛诰》等来看,其里面找不出之乎也者矣焉欤等字。拿这些文章的结构,来与周秦诸子比较,显然不同。从这一点我们就知道中国文学在春秋战国时代有了个很大的变革,就是使文学与活鲜鲜的生活接近了起来。换一句话说,使文学同生活配合了。

　　大家也许要问,文学改革的目的在接近生活,为什么要使用非口语的之乎也者矣焉欤作改革以后的语助词呢? 这是后来语音稍为发生了变化的关系。其实之乎也者矣焉欤,是当时的口语词。譬如者字从前读如渣,也字从前读如呀。例如"孔子者圣人也",就是"孔子啊圣人呀!"完全是白话。唯以文字固定下去,读音变更,就失掉了口语气态,文字与口语遂亦渐次的分开了。

春秋战国以前的文字,其结构的不同,刚才已举出了《书经》的《召诰》、《洛诰》,我们再举出殷代的《卜辞》也可以证明。用地下发掘出的青铜器上面铸成的铭文,同样也可以证明。我们看四五百字长的《毛公鼎》,那铭文中,那有之乎也者矣焉欤的字? 古代文字所以形成这样的原因:一是字少,力求简单;二是为贵族的专有品,即适合于做官的需要,把文字弄成为不易接近的东西。当时文字同生活越隔得远越好。由这种主观的需要加上客观的条件便形成那种贵族式的神秘性的木乃伊。客观环境不改变,就是说社会上没有发生天翻地覆的革命,文字是不会改变的。要社会革命以后,新起来的社会领导者,求文字同生活配合,文字于是发生改革,现在的中国就是这样的。

近几十年来,我们中国起了天翻地覆的变革,无论社会上,政治上,经济上,都不是从前的形态了。起了这样大的变革,形成了文学革命的客观环境,所以产生"五四"运动。春秋战国以前,是一个奴隶社会,到之春秋战国时代,奴隶开始解放,社会乃由奴隶生产制度,变成庄园生产制度。社会起了一个划时代的变革,文学当然要随着发生变革。我们明白了这一点,才能知道屈原的真正的伟大处。《楚辞》的特创性,也必须要知道这一点,才能晓然于心。

《楚辞》是怎样形成的? 现在将我研究的所得贡献大家。起先不是说过,一些人把中国文学区分为南北两种吗?《雅》《颂》为北方文学的代表,《楚辞》为南方文学的代表。实际上四个字一句的调子——《雅》《颂》并不限于黄河流域的北方。《雅》《颂》是贵族文学。长江流域的南方,其贵族文学,同北方文学一样是四个字一句。拿屈原的作品,就可获得证明。《招魂》、《天问》、《橘颂》几篇,与四个字一句的调子是很相近的。在南方文学里面找不到更多的四个字调子的东西，我想与秦始皇烧书有点关系。四字句的东西，在秦始皇烧书以后，北方还保存得一部分，南方便没有了。不过不是绝对没有，在地下还保存得一些。近年来不断的在长江流域挖出铜器，譬如在安徽一带——屈原祖国的领土，江西——徐国的领土，挖出不少的铜器，江苏——吴国的领土，浙江——越国的领土，也挖出不少的铜器。这些地方——安徽、江西，江苏、浙江，都是长江流域的系统，我们在徐楚吴越领土内挖出来的铜器上面得了好些有韵的文字，查其结构，大都是四个字一句，隔一句押韵。今天以时间关系，不能多所举例，而且背诵原文，大家也听不清楚，只好留待大家去看。拿地下的东西来做证明，就晓得四个字一句的文字，并不是北方专有的，南方也是一样。

南北文字何以会一样？其原因在哪里？这须得加以说明。中国文化，发源于殷朝，即是由殷人创始的，《书经》上说"惟殷先人有册有典"，便是说文化乃自殷朝始。殷朝以前有没有文化？有是有的，但不会是怎样高度的文化。殷人集中于黄河流域中部，即山西一部分，河北一部分，河南一部分，山东一部分。殷人的疆土在这一带，中国的文化也起源于这一带。后来周人从西边陕西崛起出来，殷人乃被压迫而离开疆土，由黄河流域到淮河流域，再由淮河流域到长江流域，就是由北方到南方。春秋时代南方的宋国、楚国、徐国都是由黄河流域被压迫南来的。南方的文化，就是这些国家来开创的，所谓"筚路蓝缕以处草莽，以启山林"。中国北部是殷人开辟的，周人继承殷人的文化，再发展下去。中国的南部事实上也是殷人开辟的。周人以武力赶走殷人，占据了殷人开辟出的北方，仍不断的仇视殷人；而殷民族也不断的仇视周民族，于是形成南北对立的局势。古书谓宋、楚、徐、吴、越为周封的诸侯，近来经研究的结果，已证明周封诸侯一语并不确实。不过政治上，南北虽然是分开的，而文化上则系一根两枝。"车同轨，书同文，行同伦"

几句话是经过了西周几百年间,南北文化统一的说明。因此我们知道北方固有文学——四字调,与南方固有文学——四字调,同是一个源头。传到春秋战国时代,社会起了大的变革,文字上也同样起了大的变革。当时的白话文有周秦诸子的散文为代表,当时的白话诗便是屈原的《楚辞》了。

屈原的"骚体"有来源么?研究起来,是由民间歌谣发展成功的。《诗经》是四个字句,但《国风》的体裁,多少有点不同。《国风》采集成功于民间歌谣,采集的时间,在春秋末年和战国初年。民间的歌谣,未被《国风》采集的也有,如《沧浪歌》:"沧浪之水清兮,可以濯我缨;沧浪之水浊兮,可以濯我足。"拿这些歌谣来看,和《楚辞》相差不远。歌谣的体裁,不但不像贵族文学限于四个字一句,同时字句中间每每夹着个兮字。这些是值得我们注意的。研究《国风》所采的民间歌谣,便可知兮字调不限于南方,北方也是有的;更可以认识屈原的《离骚》,是民间文学的集大成。《离骚》体裁宏大,与古古板板四个字一句的,贵族的形式文学全然不同。它有革命性,特创性。

讲到这里,须得要把古时对兮字的读音加以说明。清朝大音韵学家孔广森证明了古时读兮字如啊。以孔广森的证明,懂得了几千年来不可思议的东西。我们读《离骚》觉得很奇妙,并对兮字调的作品,目为词人的风雅气。但把兮字读成啊却完全是白话。如《离骚》"帝高阳之苗裔兮,朕皇考曰伯庸",把兮字读成啊,不完全是白话诗吗?明了了古时对兮字的读法,可知《垓下歌》《大风歌》也是白话诗了。大家都知道楚霸王"读书不成",是没有学问的人,怎能做出"力拔山兮气盖世,时不利兮骓不逝,骓不逝兮可奈何?虞兮虞兮奈若何"这样幽雅的歌?汉高祖是一个流氓,怎能做出"大风起兮云飞扬,威加海内兮归故乡,安得猛士兮守四方"这样幽雅的歌?今天把兮字读成啊,即变为"力拔山啊气盖世,时不利

啊雎不逝,雎不逝啊可奈何? 虞啊虞啊奈若何"的口头语,楚霸王
当然可以做。汉高祖也当然能说出"大风起啊云飞扬,威加海内啊
归故乡,安得猛士啊守四方"的感慨话了。

屈原的高明在什么地方? 就是他在文学史上,成就了一大革
命。他在文学史上,对诗歌有最大的成就,是一个文学革命、诗歌
革命者。他把民间文学扩大起来,成为与生活配合的新文学,以活
鲜鲜的新文学来代替了古板的贵族文学。中国古代文学异常简
短,而《离骚》是洋洋洒洒的长篇大作。而且自屈原以来,还没有见
过《离骚》这样好的长诗,似乎不仅空前而且近于绝后了。

"骚体"是民间文学的扩大,是白话诗,而《楚辞》也爱用当时的
白话。现在举一个证明。"阊阖"这两个字,我们现在看来,是一个
难解的文言,但在楚国当时,只是白话,楚国称天堂的门为"阊阖",
见于《说文》。屈原的诗,多运用这种白话。他解放了中国的诗歌,
利用了民间歌谣,创造并完成了中国的一种诗体。这种功绩在历
史上真是千古不朽。《离骚》出来到现在二千多年了,文学方面,莫
有不受它的影响的。后代的各种诗体,如五言、七言、长短句等,都
可以在《楚辞》中找出胚胎的。这正是屈原伟大的地方。总括一句
话,屈原不仅是我们中国文学史上的民族诗人,而且的的确确是很
有革命性的革命诗人。他的艺术是富有革命性的艺术。

（1941年12月21日讲于重庆,选自《中
苏文化》1942年第11卷第2、3期合刊）

郭沫若（1892—1978）,原名开贞,号尚武,四川乐山人。
著名作家、诗人、历史学家、古文字学家、考古学家和社会活动
家。1914年留学日本学医,后弃医从文,从事文艺运动。

1921 年出版第一部诗集《女神》。1930 年参加中国左翼作家联盟。建国后曾任全国文联主席、中国科学院院长、全国人大常委会副委员长、全国政协副主席等职。著有《屈原》、《虎符》、《青铜时代》、《十批判书》、《奴隶制时代》、《中国古代社会研究》等历史剧、论著和大量诗文。有《郭沫若全集》行世。

　　历来对屈原作品所包括的篇数、篇名以及每一篇所蕴涵的解释争议颇多。郭沫若认为,司马迁的评价与论述基本正确。屈原的创造性是"骚体"形式的出现。不仅如此,郭沫若从文言词及句式的变化认为,屈原更大的贡献在于他使文学与生活真正接近了,也就是说,文学与鲜活的生活配合了。

诗 可 以 怨

钱锺书

到日本来讲学,是很大胆的举动。就算一个中国学者来讲他的本国学问,他虽然不必通身是胆,也得有斗大的胆。理由很明白简单。日本对中国文化各个方面的卓越研究,是世界公认的;通晓日语的中国学者也满心钦佩和虚心采用你们的成果,深知道要讲一些值得向各位请教的新鲜东西,实在不是轻易的事。我是日语的文盲,面对着贵国"汉学"或"支那学"的丰富宝库,就像一个既不懂号码锁、又没有开撬工具的穷光棍,瞧着大保险箱,只好眼睁睁地发愣。但是,盲目无知往往是勇气的源泉。意大利有一句嘲笑人的惯语,说"他发明了雨伞"(ha inventato l'ombrello)。据说有那么一个穷乡僻壤的土包子,一天在路上走,忽然下起小雨来了,他凑巧拿着一根棒和一方布,人急智生,把棒撑了布,遮住头顶,居然到家没有淋得像落汤鸡。他自我欣赏之余,也觉得对人类作出了贡献,应该公诸于世。他风闻城里有一个"发明品专利局",就兴冲冲拿棍连布,赶进城去,到那局里报告和表演他的新发明。局里的职员听他说明来意,哈哈大笑,拿出一把雨伞来,让他看个仔细。我今天就仿佛那个上注册局的乡下佬,孤陋寡闻,没见识过雨伞。不过,在找不到屋檐下去借躲雨点的时候,棒撑着布也还不失为自力应急的一种有效办法。

尼采曾把母鸡下蛋的啼叫和诗人的歌唱相提并论,说都是"痛苦使然"(Der Schmerz macht Huhner und Dichter gackern)(《扎拉图斯脱拉如是说》(*Also Sprach Zarathustra*)第 4 部 13 章,许来许太(K. Schlechta)编《尼采集》(1955)第 2 册 527 页)。这个家常而生动的比拟也恰恰符合中国文艺传统里一个流行的意见:苦痛比快乐更能产生诗歌,好诗主要是不愉快、烦恼或"穷愁"的表现和发泄。这个意见在中国古代不但是诗文理论里的常谈,而且成为写作实践里的套板。因此,我们惯见熟闻,习而相忘,没有把它当作中国文评里的一个重要概念而提示出来。我下面也只举一些最平常的例来说明。

《论语·阳货》讲:"诗可以兴,可以观,可以群,可以怨。""怨"只是四个作用里的一个,而且是末了一个。《诗·大序》并举"治世之音安以乐"、"乱世之音怨以怒"、"亡国之音哀以思",没有侧重或倾向那一种"音"。《汉书·艺文志》申说"诗言志",也不偏不倚:"故哀乐之心感,而歌咏之声发。"司马迁也许是最早两面不兼顾的人,仿佛只注意到《诗经·园有桃》的:"心之忧矣,我歌且谣。"《报任少卿书》和《史记·自序》历数古来的大著作,指出有的是坐了牢写的,有的是贬了官写的,有的是落了难写的,有的是身体残废后写的:一句话,都是遭贫困、疾病以至刑罚磨折的倒霉人的产物。他把《周易》打头,《诗三百篇》收梢,总结说:"大抵圣贤发愤之所为作也",还补充一句:"此人皆意有所郁结。"那就是撇开了"乐",只强调《诗》的"怨"或"哀"了;作《诗》者都是"有所郁结"的伤心人或不得志之士,诗歌也"大抵"是"发愤"的叹息或呼喊了。东汉人所撰《越绝书·越绝外传本事第一》说得更露骨:"夫人情泰而不作,窃则怨恨,怨恨则作,犹诗人失职,怨恨忧嗟作诗也。"陈子龙曾引用"皆圣贤发愤之所为作"那句话,为它阐明了一下:"我观于《诗》,虽颂皆刺也——时衰而思古之盛王。"(《陈忠裕全集》卷二一《诗论》)那恰像《小雅·甫田》毛《序》的说法:"刺幽王也,君子伤今而思古焉"(参观《楚茨》、《大田》、《瞻彼洛矣》、《鸳鸯》、《鱼藻》、《采菽》、《都人士》、《瓠叶》等篇毛《序》)。颂扬过去正表示对现在不满,因此,《三百篇》里有些表面上的赞歌只是骨子里的怨诗了。附带可以一提,拥护"经义"而反对"文华"的郑覃,苦劝唐文宗不要溺爱"章句小道",说:"夫《诗》之雅、颂,皆上刺上所为,非上化下而作"(《旧唐书·郑覃传》),虽然是别有用心的谗言,而早已是"虽颂皆刺"的主张了。《公羊传》宣公十五年"初税亩"节里"什一行而颂声作矣"一句下,何休的《解诂》也很耐寻味。"太平歌颂之声,帝王之高致也。……独言'颂声作'者,民以食为本也。……男女有所怨恨,相从而歌:饥者歌其食,劳者歌其事。"《传》文明明只讲"颂声",《解诂》补上"怨恨而歌",已近似横生枝节了;不仅如此,它还说一切"歌"都出于"有所怨恨",把发端的"太平歌颂之声"冷搁在脑后。陈子龙认为"颂"是转弯抹角的"刺";何休仿佛先遵照《传》文,交代了高谈空论,然后根据经验,补充了真况实话:"太平歌颂之声"那种"高致"只是史书上的理想或空想,而"饥者"、"劳者"的"怨恨而歌"才是生活里的事实。何、陈两说相辅相成。中国成语似乎也反映了这一点。乐府古辞《悲歌行》:"悲歌可以当泣,远望可以当归",从此"长歌当哭"是常用的词句;但是相应的"长歌当笑"那类说法却不经见,尽管有人冒李白的大牌子,作了《笑歌行》。笑吟吟的"吟"字不等同于"新诗改罢自长吟"的"吟"字。

　　司马迁的那种意见,刘勰曾涉及一下,还用了一个巧妙的譬喻。《文心雕龙·才略》讲到冯衍:"敬通雅好辞说,而坎壈盛世;《显志》、《自序》亦蚌病成珠矣。"就是说他那两篇文章是"郁结"、"发愤"的结果。刘勰淡淡带过,语气不像司马迁那样强烈,而且专说一个人,并未扩大化。"病"是苦痛或烦恼的泛指,不限于司马迁所说"左丘失明"那种肉体上的害病,也兼及"坎壈"之类精神上的受罪,《楚辞·九辩》所说:"坎壈兮贫士失职而志不平。"北朝有个姓刘的人也认为困苦能够激发才华,一口气用了四个比喻,其中一个恰好和南朝这个姓刘人所用的相同。刘昼《刘子·激通》:"楩楠郁蹙以成缛锦之瘤,蚌蛤结疴而衔明月之珠,鸟激则能翔青云之际,矢惊则能逾白雪之岭,斯皆仍瘁以成明文之珍,因激以致高远之势。"(参看《玉台新咏》卷一〇许瑶之《咏楠榴枕》:"端木生河侧,因病遂成妍";"榴"通"瘤"。《太平御览》卷三五〇引《韩子》:"水激则悍,矢激则远";《史记·范雎、蔡泽列传》:"太史公曰:'然二子不困厄,恶能激乎'";又《后汉书·冯衍传》上章怀注引衍与阴就书:"鄙语曰:'水不激不能破舟,矢不激不能饮羽。'")后世像苏轼《答李端叔书》:"木有瘿,石有晕,犀有通,以取妍于人,皆物之病",无非讲"仍瘁以成明文",虽不把"蚌蛤衔珠"来比,而"木有瘿"正是"楩楠成瘤"①。西洋人谈起文学创作,取譬巧合得很。格里巴尔泽(Franz Grillparzer)说诗好比害病不作声的贝壳动物所产生的珠子(die Perle, das Erzeugnis des kranken stillen Muscheltieres);福楼拜以为珠子是牡蛎生病所结成(la perle est une maladie de l'huitre),作者的文笔(le style)却是更深沉的痛苦的流露(l'écoulement d'une douleur plus profonde)(墨希格(Walter Muschg)《悲剧观的文学史》(*Tragische Literatur geschichte*) 3 版(1957)415 页引了这两个例)。海涅发问:诗之于人,是否像珠子之于可怜的牡蛎,是使它苦痛的病料(wie die Perle, die Krankheitsstoff, woran das arme

---

① 参看赵翼《瓯北诗钞》七言律三《闻心余京邸病风却寄》之二:"木有文章原是病,石能言语果为灾";龚自珍《破戒草》卷下《释言》:"木有彣彰曾是病,虫多言语不能天。"普鲁斯脱的小说里谈起创作,说:"想像和思想都可能是良好的机器,但也可能静止不转,痛苦才推动了它们"(L'imagination, la pensée peuvent être des machines admirables, mais elles peuvent être inertes. La souffrance alors les met en marche …… *La Temps retrouvé*, lll. "La Pléiade", vol. lll, p. 908);这也许是用现代机械化语言为"激通"所作的好比喻。

Austertier leidet)(《论浪漫派》(*Die Romantische Schule*)2 卷 4 节,
《海涅诗文书信合集》(东柏林,1961)第 5 册 98 页)。豪斯门(A.
E. Housman)说诗是一种分泌(a secretion),不管是自然的(natu-
ral)分泌,像松杉的树脂(like the turpentine in the fir),还是病态的
(morbid)分泌,像牡蛎的珠子(like the pearl in the oyster)①。看来
这个比喻很通行。大家不约而同地采用它,正因为它非常贴切"诗
可以怨"、"发愤所为作"。可是,《文心雕龙》里那句话似乎历来没
有博得应得的欣赏。

　　司马迁举了一系列"发愤"的著作,有的说理,有的记事,最后
把《诗三百篇》笼统都归于"怨",也作为一个例子。钟嵘单就诗歌
而论,对这个意思加以具体发挥。《诗品·序》里有一节话,我们一
向没有好好留心。"嘉会寄诗以亲,离群托诗以怨。至于楚臣去
境,汉妾辞宫;或骨横朔野,魂逐飞蓬;或负戈外戍,杀气雄边,塞客
衣单,孀闺泪尽;或士有解佩出朝,一去忘反,女有扬蛾入宠,再盼
倾国。凡斯种种,感荡心灵,非陈诗何以展其义?非长歌何以骋其
情?故曰:'诗可以群,可以怨。'使穷贱易安,幽居靡闷,莫尚于诗
矣!"说也奇怪,这一节差不多是钟嵘同时人江淹那两篇名文——
《别赋》和《恨赋》——的提纲。钟嵘不讲"兴"和"观",虽讲起"群",
而所举压倒多数的事例是"怨",只有"嘉会"和"入宠"两者无可争
辩地属于愉快或欢乐的范围。也许"无可争辩"四个字用得过分

　　① 《诗的名称和性质》(*The Name and Nature of Poetry*),卡特(J.
Carter)编《豪斯门散文选》(1961)194 页。豪斯门紧接说自己的诗都是"健康
欠佳"时写的;他所谓"自然的"就等于"健康的,非病态的"。加尔杜齐(Ciosuē
Carducci)痛骂浪漫派把诗说成情感上"自然的分泌"(secrezione naturale),见
布赛托(N.Busetto)《乔稣埃·加尔杜齐》(1958)492 页引;他所谓"自然的"等
于"信手写成的,不经艺术琢磨的"。前一意义上"不自然的(病态的)分泌"也
可能是后一意义上"自然的(未加工的)分泌"。

了。"扬蛾入宠"很可能有苦恼或"怨"的一面。譬如《全晋文》卷一三左九嫔《离思赋》就怨恨自己"入紫庐"以后,"骨肉至亲,永长辞兮!"因而"歔欷涕流"(参看《文馆词林》卷一五二她哥哥左思《悼离赠妹》:"永去骨肉,内充紫庭。……悲其生离,泣下交颈")。《红楼梦》第一八回里的贾妃不也感叹"今虽富贵,骨肉分离,终无意趣"么?同时,按照当代名剧《王昭君》的主题思想,"汉妾辞宫"绝不是"怨",少说也算得是"群",简直竟是良缘"嘉会",欢欢喜喜,到胡人那里去"扬蛾入宠"了。但是,看《诗品》里这几句平常话时,似乎用不着那样深刻的眼光,正像在日常社交生活里,看人看物都无须荧光检查式的透视。《序》结尾又举了一连串的范作,除掉失传的篇章和泛指的题材,过半数都可以说是"怨"诗。至于《上品》里对李陵的评语:"生命不谐,声颓身丧,使陵不遭辛苦,其文亦何能至此!"更明白指出了刘勰所谓"蚌病成珠",也就是后世常说的"诗必穷而后工"(参看《管锥编》第935—937页)。还有一点不容忽略。同一件东西,司马迁当作死人的防腐溶液,钟嵘却认为是活人的止痛药和安神剂。司马迁《报任少卿书》只说"舒愤"而著书作诗,目的是避免姓"名磨灭"、"文彩不表于后世",着眼于作品在作者身后起的功用,能使他死而不朽。钟嵘说:"使穷贱易安,幽居靡闷,莫尚于诗",强调了作品在作者生时起的功用,能使他和艰辛冷落的生涯妥协相安;换句话说,一个人潦倒愁闷,全靠"诗可以怨",获得了排遣、慰藉或补偿。随着后世文学体裁的孳生,这个对创作的动机和效果的解释也从诗歌而蔓延到小说和戏剧。例如周楫《西湖二集》卷一《吴越王再世索江山》讲起瞿佑写《剪灯新话》和徐渭写《四声猿》:"真个哭不得,笑不得,叫不得,跳不得,你道可怜也不可怜!所以只得逢场作戏,没紧没要,做部小说。……发抒生平之气,把胸中欲歌欲哭欲叫欲跳之意,尽数写将出来。满腹不平之气,郁郁无聊,借以消遣。"李渔《笠翁偶寄》卷二《宾白》讲自己写剧本,说来更淋漓尽致:"予生忧患之中,处落魄之境,自幼至长,自长至老,总无一刻舒眉。惟于制曲填词之顷,非但郁藉以舒,愠为之解,且尝僭作两间最乐之人。……未有真境之所为,能出幻境纵横之上者。我欲做官,则顷刻之间便臻荣贵。……我欲作人间才子,即为杜甫、李白之后身。我欲娶绝代佳人,即作王嫱、西施之原配。"正像陈子龙以为《三百篇》里"虽颂皆刺",李渔承认他剧本里欢天喜地的"幻境"正是他生活里踢天蹐地的"真境"的"反"映——剧本照映了生活的反面。大家都熟知弗洛伊德的有名理论:在实际生活里不能满足欲望的人,死了心作退一步想,创造出文艺来,起一种替代品的功用(Ersatz für den Triebverzicht),借幻想来过瘾(Phantasiebefriedgungen)[①]。假如说,弗洛伊德这个理论早在钟嵘的三句话里稍露端倪,更在周楫和李渔的两段话里粗见眉目,那也许不是牵强拉拢,而只是请大家注意他们似曾相识罢了。

　　在某一点上,钟嵘和弗洛伊德可以对话,而有时候韩愈和司马迁也会说不到一处去。《送孟东野序》是收入旧日古文选本里给学僮们读熟读烂的文章。韩愈一开头就宣称:"大凡物不得其平则鸣。……人声之精者为言,文辞之于言,又其精也";历举庄周、屈原、司马迁、相如等大作家作为"善鸣"的例子,然后隆重地请出主角:"孟郊东野始以其诗鸣。"一般人认为"不平则鸣"和"发愤所为作"涵义相同;事实上,韩愈和司马迁讲的是两码事。司马迁的"愤"就是"坎壈不平"或通常所谓"牢骚";韩愈的"不平"和"牢骚不

---

　　① 弗洛伊德《全集》(伦敦,1950)第 14 册 355 又 433 页。卡夫卡(Franz Kafka)日记说自己爱慕一个女演员,要称心偿愿(meine Liebe zu befriedigen),只有通过文学或者同眠共宿(Es ist durch Literatur oder durch den Beischlaf möglich.—*Tagebücher* 1910—1923. ed. M. Brod. S. Fischer. 1949. p. 146)。我不知道是否有人引过这句话作为弗洛伊德理论的最干脆的实例。

平"并不相等,它不但指愤郁,也包括欢乐在内。先秦以来的心理学一贯主张:人"性"的原始状态是平静,"情"是平静遭到了骚扰,性"不得其平"而为情。《乐记》里两句话"人生而静,感于物而动",具有代表性,道家和佛家经典都把水因风而起浪作为比喻(参看《管锥编》1211—1212 页)。这个比喻也被儒家借而不还,据为己有。《礼记·中庸》"天命之谓性"句下,孔颖达《正义》引梁五经博士贺场说:"性之与情,犹波之与水,静时是水,动则是波,静时是性,动则是情。"韩门弟子李翱《复性书》上篇就说:"情者,性之动。水汨于沙,而清者浑,性动于情,而善者恶。"甚至深怕和佛老沾边的宋儒程颐也不避嫌疑:"湛然平静如镜者,水之性也。及遇沙石或地势不平,便有湍激,或风行其上,便为波涛汹涌,此岂水之性也哉!……然无水安得波浪,无性安得情也?"(《河南二程遗书》卷一八《伊川语》)通俗小说里常用的"心血来潮"那句话,也表示这个比喻的普及。《封神榜》第三四回写太乙真人静坐,就解释道:"看官,但凡神仙,烦恼、嗔痴、爱欲三事永忘,其心如石,再不动摇。'心血来潮'者,心中忽动耳。"——"来潮"等于"动则是波"。按照古代心理学,不论什么情感都是"性"暂时失去了本来的平静,不但愤郁是"性"的骚动,欢乐也一样好比水的"波涛汹涌"、"来潮"。我们也许该把韩愈的话安置在这种"语言天地"里,才能理解它的意义。他另一篇文章《送高闲上人序》就说:"喜怒窘穷,忧悲愉快,怨恨思慕,酣醉无聊,不平有动于心,必于草书焉发之";"有动"和"不平"就是同一事态的正负两种说法,重言申明,概括"喜怒"、"悲愉"等情感。只要看《送孟东野序》的结尾:"抑不知天将和其声而使鸣国家之盛耶? 抑将穷饿其身,思愁其心肠,而使自鸣其不幸耶?"很清楚,得志而"鸣国家之盛"和失意而"自鸣不幸",两者都是"不得其平则鸣"。韩愈在这里是两面兼顾的,正像《汉书·艺文志》讲"歌咏"时,并举"哀乐",而不像司马迁那样的偏主"发愤"。有些评论家对韩愈的话加以指摘(参看沈作喆《寓简》卷四、洪迈《容斋随笔》卷四、钱大昕《潜研堂文集》卷二六《李南涧诗序》,谢章铤《藤阴客赞》),看来他们对"不得其平"理解得太狭窄了,把它和"发愤"混淆。黄庭坚有一联诗:"与世浮沉唯酒可,随人忧乐以诗鸣"(《山谷内集》卷一三《再次韵兼简履中南玉》之二);下句的"来历"正是《送孟东野序》。他很可以写"失时穷饿以诗鸣"或"违时侘傺以诗鸣"等等,却用"忧乐"二字作为"不平"的代词,真是一点儿不含糊的好读者。

韩愈确曾比前人更明白地规定了"诗可以怨"的观念,那是在他的《荆潭唱和诗序》里。这篇文章是恭维两位写诗的大官僚的,恭维他们的诗居然比得上穷书生的诗,"王公贵人"能"与韦布里闾憔悴之士较其毫厘分寸"。言外之意就是把"憔悴之士"的诗作为检验的标准,因为有一个大前提:"夫和平之音淡薄,而愁思之声要眇,欢愉之辞难工,而穷苦之言易好也。"早在六朝,已有人说出了"和平之音淡薄"的感觉,《全宋文》卷一九王微《与从弟僧绰书》:"文词不怨思抑扬,则流淡无味。"后来有人干脆归纳为七字诀:"其中妙诀无多语,只有销魂与断肠"(方文《涂山续集》卷五《梦与施愚山论诗醒而有作》)。为什么有"难工"和"易好"的差别呢?一个明末的孤臣烈士和一个清初的文学侍从尝试地作了相同的心理解答。张煌言说:"甚矣哉!'欢愉之词难工,而愁苦之音易好也'!盖诗言志,欢愉则其情散越,散越则思致不能深入;愁苦则其情沉着,沉着则舒籁发声,动与天会。故曰:'诗以穷而后工。'夫亦其境然也。"(《国粹丛书》本《张苍水集》卷一《曹云霖诗序》)陈兆仑说得更简括:"'欢娱之词难工,愁苦之词易好。'此语闻之熟矣,而莫识其所由然也。盖乐主散,一发而无余;忧主留,辗转而不尽。意味之浅深别矣。"(《紫竹山房集》卷四《消寒八咏·序》)这对诗歌"难工"和"易好"的缘故虽然不算解释透彻,而对欢乐和忧愁的情味很能体贴入微。陈继儒曾这样来区别屈原和庄周:"哀者毗于阴,故《离骚》孤沉而深往;乐者毗于阳,故《南华》奔放而飘飞"(《晚香堂小品》卷九《郭注庄子叙》)。一位意大利大诗人也记录下类似的体会:欢乐趋向于扩张,忧愁趋向于收紧(questa tendenza al dilatamento nell' allegrezza, e al ristringimento nella tristezza)(利奥巴尔迪(Leopardi)《感想杂志》(*Zibaldone di Pensieri*),弗洛拉(F. Flora)编注本 5 版(1957)第 1 册 100 页)。我们常说:"心花怒放","开心","快活得骨头都轻了",和"心里打个结","心上有了块石头","一口气憋在肚子里"等等,都表达了乐的特征是发散、轻扬,而忧的特征是凝聚、滞重①。欢乐"发而无余",要挽留它也留不住,忧愁"转而不尽",要消除它也除不掉。用歌德的比喻来说,快乐是圆球形(die Kugel),愁苦是多角物体形(das Vieleck)(歌德为孟贝尔(J. Ch. Mämpel)自传所作序文,辛尼尔(G. F. Senior)与卜克(C. V. Bock)合选《批评家歌德》(*Coethe the Critic*)(1960)60页。参看海涅《歌谣集》(*Romancero*)卷二卷头诗那一首《幸福是个浮浪女人》(Das Clück ist eine leichte Dirne)《诗文书信合集》第 2 册 79 页)。圆球一滚就过,多角体"辗转"即停,张煌言和陈兆仑都说出了这种区别。

韩愈把穷书生的诗作为样板;他推崇"王公贵人"也正是抬高"憔悴之士"。恭维而没有一味拍捧,世故而不是十足势利,应酬大官僚的文章很难这样有分寸。司马迁、钟嵘只说穷愁使人作诗、作好诗,王微只说文词不怨就不会好。韩愈把反面的话添上去了,说

①　参看拉可夫(G. lakoff)与约翰逊(M. Johnson)合著《咱们赖以生活的比喻》(*Metaphors We Live By*)(1980)15 页"快乐上向,忧愁下向"(Happy is up;sad is down)又 18 页"快乐宽阔,忧愁狭隘"(Happy is wide;sad is narrow)诸例。

快乐虽也使人作诗,但作出的不会是很好或最好的诗。有了这个
补笔,就题无剩义了。韩愈的大前提有一些事实根据。我们不妨
说,虽然在质量上"穷苦之言"的诗未必就比"欢愉之词"的诗来得
好,但是在数量上"穷苦之言"的好诗的确比"欢愉之词"的好诗来
得多。因为"穷苦之言"的好诗比较多,从而断言只有"穷苦之言"
才构成好诗,这在推理上有问题,韩愈犯了一点儿逻辑错误。不
过,他的错误不很严重,他也找得着有名的同犯,例如十九世纪西
洋的几位浪漫诗人。我们在学生时代念的通常选本里,就读到这
类名句:"最甜美的诗歌就是那些诉说最忧伤的思想的"(Our
sweetest songs are those that tell of saddest thoughts);"真正的诗歌
只出于深切苦恼所炽燃着的人心"(und es kommt das echte Lied/
Einzig aus dem Menschenherzen,/Das ein tiefes Leid durchgluht);
"最美丽的诗歌就是最绝望的,有些不朽的篇章是纯粹的眼泪"
(Les plus désésérés sont les chants les plus beaux,/Et j'en sais d'
immortels qui sont de purs sanglots)(雪莱《致云雀》(To a Sky
lark);凯尔纳(Justinus Kerner)《诗》(Poesie);缪塞(Musset)《五月
之夜》(La Nuit de mai))。有位诗人用散文写了诗论,阐明一切
"真正的美"(true Beauty)都必然染上"忧伤的色彩"(this certain
taint of sadness),"忧郁是诗歌里最合理合法的情调"(Melancholy
is thus the most legitimate of all the poetical tones)(爱伦坡(Edgar
Allan Poe)《诗的原理》(The Poetic Principle)和《写作的哲学》
(The Philosophy of Compositon),《诗歌及杂文集》(牛津,1945)
177 又 195 页)。近代一位诗人认为"牢骚"(grievances)宜于散文,
则"忧伤(griefs)宜于诗","诗是关于忧伤的奢侈"(poetry is an ex-
travagance about grief)(弗罗斯特(Robert Frost)《罗宾逊(E. A.
Robinson)诗集序》又《论奢侈》(On Extravagance),普利齐特
(William ll. Pritchanl)《近代诗人评传》(Lives of the Modern Poets)

(1980)129 又 137 页引)。上文提到尼采和弗洛伊德。称赏尼采而不赞成弗洛伊德的克罗齐也承认诗是"不如意事"的产物(La poesia, come è stato ben detto, nasce dal "desiderio insoddisfatto")(《诗论》(La Poesia)5 版(1953)158 页);佩服弗洛伊德的文笔的瑞士博学者墨希格(Walter Muschg)甚至写了一大本《悲剧观的文学史》证明诗常出于隐蔽着的苦恼(fast immer, wenn auch oft verhüllt, eine Form des Leidens)(《悲剧观的文学史》16 页),可惜他没有听到中国古人的议论。

　　没有人愿意饱尝愁苦的滋味——假如他能够避免;没有人不愿意作出美好的诗篇——即使他缺乏才情;没有人不愿意取巧省事——何况他并不损害旁人。既然"穷苦之言易好",那末,要写好诗就要说"穷苦之言"。不幸的是,"憔悴之士"才会说"穷苦之言";"妙诀"尽管说来容易,"销魂与断肠"的滋味并不好受,而且机会也其实难得。冯舒"尝诵孟襄阳诗'不才明主弃,多病故人疏',云:'一生失意之诗,千古得意之句'"(顾嗣立《寒厅诗话》)。白居易《读李、杜诗集因题卷后》:"不得高官职,仍逢苦乱离;暮年逢客恨,浮世谪仙悲。……天意君须会,人间要好诗。"作出好诗,得经历卑屈、乱离等愁事恨事,"失意"一辈子,换来"得意"诗一联,这代价可不算低,不是每个作诗的人所乐意付出的[①]。于是长期存在一个情况:诗人企图不出代价或希望减价而能写出好诗。小伙子作诗"叹老",大阔佬作诗"嗟穷",好端端过着闲适日子的人作诗"伤

---

　　①　参看济慈给莎拉·杰弗莱(Sarah Jeffrey)的信:"英国产生了世界上最好的作家(the English have produced the finest writers in the world),一个主要原因是英国社会在他们生世时虐待了他们(the English World has ill-treated them during their lives)"。见济慈《书信集》(Letters)、洛林斯(H. E. Rollins)辑注本(1958)第 2 册 115 页。

春"、"悲秋"。例如释文莹《湘山野录》卷上评论寇准的诗："然富贵之时,所作皆凄楚愁怨。……余尝谓深于诗者,尽欲慕骚人清悲怨感,以主其格。"这原不足为奇;语言文字有这种社会功能,我们常常把说话来代替行动,捏造事实,乔装改扮思想和情感。值得注意的是:在诗词里,这种无中生有(fabulation)的功能往往偏向一方面。它经常报忧而不报喜,多数表现为"愁思之声"而非"和平之音",仿佛鳄鱼的眼泪,而不是《爱丽斯梦游奇境记》里那条鳄鱼的"温和地微笑嘻开的上下颚"(gently smiling jaws)。我想起刘禹锡《三阁词》描写美人的句子:"不应有恨事,娇甚却成愁";传统里的诗人并无"恨事"而"愁",表示自己才高,正像传统里的美人并无"恨事"而"愁",表示自己"娇多"①。李贽读了司马迁"发愤所为作"那句话,感慨说:"由此观之,古人贤圣不愤则不作矣。不愤而作,譬如不寒而颤、不病而呻也。虽作何观乎!"(《焚书》卷三《〈忠义水浒传〉序》)。"古代"是招唤不回来的,成"贤"成"圣"也不是一般诗人愿意和能够的,"不病而呻"已成为文学生活里不可忽视的事实。也就是刘勰早指出来的:"心非郁陶……此为文而造情也"(《文心雕龙·情采》),或范成大嘲讽的:"诗人多事惹闲情,闭门自造愁如许"(《石湖诗集》卷一七《陆务观作〈春愁曲〉,悲甚,作此反之》)②;恰如法国古典主义大师形容一些写挽歌(élégie)的人所谓:"矫揉造作,使自己伤心"(qui s'affligent par art)(布瓦洛(Boileau)《诗法》(L'Art poétique)2 篇 47 行)。南北朝二刘不是说什么"蚌病成珠"、"蚌蛤结痾而衔珠"么? 诗人"不病而呻",和孩子生"逃学

---

①　吴曾《能改斋漫录》卷一六引王辅道《浣溪沙》:"娇多无事做凄凉",就是刘禹锡的语意。

②　范成大诗说"多事",王辅道词说"无事",字而相反,而讲的是一回事;参看《管锥编》169—172 页。

病",要人生"政治病",同样是装病、假病。不病而呻包含一个希望:有那么便宜或侥幸的事,假病会产生真珠。假病能不能装来像真,假珠子能不能造得乱真,这也许要看各人的本领或艺术。诗曾经和形而上学、政治并列为三种哄人的玩意儿(die drei Täuschungen)①,不是完全没有原因的。当然,作诗者也在哄自己。

　　我只想举四个例。第一例是一位名诗人批评另一位名诗人。张耒取笑秦观说:"世之文章多出于穷人,故后之为文者喜为穷人之辞。秦子无忧而为忧者之辞,殆出于此耶?"(《张右史文集》卷五一《送秦观从苏杭州为学序》)第二例是一位名词人的自白。辛弃疾《丑奴儿》词承认:"少年不识愁滋味,爱上层楼,爱上层楼,为赋新词强说愁。而今识尽愁滋味,欲说还休,欲说还休,却道天凉好个秋。"上半阕说"不病而呻"、"不愤而作",下半阕说出了人生和写作里另一种情况,缄默——不论是说不出来,还是不说出来——往往意味和暗示着极("尽")厉害的"病"痛,极深切的悲"愤"。第三例是陆游《后春愁曲》,他自己承认:"醉狂戏作《春愁曲》,素屏纨扇传千家。当时说愁如梦寐,眼底何曾有愁事!"(《剑南诗稿》卷一五)就是范成大笑他"闭门自造愁"。第四例是一个姓名不见经传的作家的故事。有个李廷彦,写了一首百韵排律,呈给他的上司请教,上司读到里面一联:"舍弟江南没,家兄塞北亡!"非常感动,深表同情说:"不意君家凶祸重并如此!"李廷彦忙恭恭敬敬回答:"实无此事,但图属对亲切耳。"这事传开了,成为笑柄,有人还续了两句:"只求诗对好,不怕两重丧"(陶宗仪《说郛》卷三二范正敏《遁斋

————————————————

　　①　让·保尔(Jean Paul)《美学导论》(Vorschule der Aesthetik)第 52 节引托里尔特(Thomas Thorild)的话,《让·保尔全集》(慕尼黑,1965)第 5 册 193 页。

闲览》、孔齐《至正直记》卷四)。显然,姓李的人根据"穷苦之言易好"的原理写诗,而且很懂诗要写得具体有形象,心情该在实际事物里体现(objective correlative)。假如那位上司没有关心下属、当场询问,我们这些深受实证主义(positivism)影响的后世研究者,未必想到姓李的在那里"无忧而为忧者之辞"。倒是一些普通人看腻而也看破了这种风气或习气的作品。南宋一个"蜀妓"写给她情人一首《鹊桥仙》词:"说盟说誓,说情说意,动便春愁满纸。多应念得'脱空经',是那个先生教底?"(周密《齐东野语》卷一一)"脱空"就是虚诳、撒谎①。海涅的一首情诗里有两句话,恰恰可以参考:"世上人不相信什么爱情火焰,只认为是诗里的词藻"(Diese Welt glaubt nicht an Flammen,/und sie nimmt's für Poesie)(海涅《新诗集》(Neue Gedichte)35 首,《诗文书信合集》第 1 册 230 页)。"春愁"、"情焰"之类也许是作者"姑妄言之",读者往往只消"姑妄听之",不必碰上"脱空经",也死心眼地看作纪实录。当然,"脱空经"的花样繁多,不仅是许多抒情诗文,譬如有些忏悔录、回忆录、游记甚至于国史,也可以归入这个范畴。

　　我开头说,"诗可以怨"是中国古代的一种文学主张。在信口开河的过程里,我牵上了西洋近代。这是很自然的事。我们讲西洋,进近代,也不知不觉中会远及中国,上溯古代。人文科学的各个对象彼此系连,交互映发,不但跨越国界,衔接时代,而且贯串着不同的学科。由于人类生命和智力的严峻局限,我们为方便起见,只能把研究领域圈得愈来愈窄,把专门学科分得愈来愈细。此外没有办法。所以,成为某一门学问的专家,虽在主观上是得意的事,而在客观上是不得已的事。"诗可以怨"也牵涉到更大的问题。

---

　　①　与"梢空"同意。"经"是佛所说,有"经"必有佛;《宣和遗事》卷上宋徽宗对李师师就说:"岂有浪语天子脱空佛?"

古代评论诗歌,重视"穷苦之言",古代欣赏音乐,也"以悲哀为主"(参看《管锥编》946—949页);这两个类似的传统有没有共同的心理和社会基础?悲剧已遭现代"新批评家"鄙弃为要不得的东西了①,但是历史上占优势的理论认为这个剧种比喜剧伟大②;那种传统看法和压低"欢愉之词"是否也有共同的心理和社会基础?一个谨严安分的文学研究者尽可以不理会这些问题,然而无妨认识到它们的存在。在认识过程里,不解决问题比不提出问题总还进了一步。当然,否认有问题也不失为解决问题的一种痛快方式。

(选自《文学评论》,1981年第1期)

钱锺书(1910—1998),字默存,号槐聚,江苏无锡人,著名学者、作家。1933年毕业于清华大学外文系,1935年赴牛津大学攻读,获副博士学位。后又至巴黎大学研究法国文学。曾于上海光华大学、清华大学、震旦女子文理学校、中国社科院任教和从事研究工作。主要著作有《管锥编》、《谈艺录》、《宋诗选注》、《七缀集》、《中国文学史》(唐宋部分),以及小说《围城》和作品集《人·兽·鬼》、《写在人生边上》等。

关于文学创作的原因或动力有各种不同的说法,"诗可以

---

①　例如罗勃—格理叶(Alain Robbe-Grillet)《新派小说倡议》(*Pour un nouveau roman*)(1963)55页引巴尔脱(Roland Barthes)的话,参看66—67页。

②　黑格尔也许是重要的例外,他把喜剧估价值比悲剧高;参看普罗阿(S. S. Prawer)《马克思与世界文学》(*Karl Marx and World Literature*)(1976)270页自注99提示的那两节。费歇尔(F. T. Vischer)也认为喜剧高于悲剧,是最高的文学品种,参看威律克(R. Wellek)《近代批评史》(*A History of Modern Criticism*)第3册(1965)220页。

怨"指的是好诗主要是不愉快、烦恼或穷愁的表现和发泄。这是中国文学理论和文学创作的一种主张。涉及到诗歌、小说、散文等各种文体。这种文学主张与西方的一些理论有相似的地方。

诗的境界——情趣与意象

朱光潜

　　像一般艺术一样,诗是人生世相的返照。人生世相本来是混整的,常住永在而又变动不居的。诗并不能把这漠无边际的混整体抄袭过来,或是像柏拉图所说的"模仿"过来。诗对于人生世相必有取舍,有剪裁,有取舍剪裁就必有创造,必有作者的性格和情趣的浸润渗透。诗必有所本,本于自然;亦必有所创,创为艺术。自然与艺术媾合,结果乃在实际的人生世相之上,另建立一个宇宙,正犹如织丝缕为锦绣,凿顽石为雕刻,非全是空中楼阁,亦非全是依样画葫芦。诗与实际的人生世相之关系,妙处惟在不即不离。惟其"不离",所以有真实感;惟其"不即",所以新鲜有趣。"超以象外,得其圜中",二者缺一不可,像司空图所见到的。

　　每首诗都自成一种境界。无论是作者或是读者,在心领神会一首好诗时,都必有一幅画境或是一幕戏景,很新鲜生动地突现于眼前,使他神魂为之钩摄,若惊若喜,霎时无暇旁顾,仿佛这小天地中有独立自足之乐,此外偌大乾坤宇宙,以及个人生活中一切憎爱悲喜,都像在这霎时间烟消云散去了。纯粹的诗的心境是凝神注视,纯粹的诗的心所观境是孤立绝缘。心与其所观境如鱼戏水,忻合无间。姑任举二短诗为例:

　　　　君家何处住,妾住在横塘。停船暂相问,或恐是同乡。

　　　　　　　　　　　　　　　　　　　　　　——崔颢《长干行》

空山不见人，但闻人语响。返景入深林，复照青苔上。

——王维《鹿柴》

这两首诗都俨然是戏景，是画境。它们都是从混整的悠久而流动的人生世相中摄取来的一刹那，一片段。本是一刹那，艺术灌注了生命给它，它便成为终古，诗人在一刹那中所心领神会的，便获得一种超时间性的生命，使天下后世人能不断地去心领神会。本是一片段，艺术予以完整的形象，它便成为一种独立自足的小天地，超出空间性而同时在无数心领神会者的心中显现形象。囿于时空的现象（即实际的人生世相本皆一纵即逝，于理不可复现，像古希腊哲人所说的："濯足急流，抽足再入，已非前水。"它是有限的，常变的，转瞬即化为陈腐的。诗的境界是理想境界，是从时间与空间中执著一微点而加以永恒化与普遍化。它可以在无数心灵中继续复现，虽复现而却不落于陈腐，因为它能够在每个欣赏者的当时当境的特殊性格与情趣中吸取新鲜生命。诗的境界在刹那中见终古，在微尘中显大千，在有限中寓无限。

从前诗话家常拈出一两个字来称呼诗的这种独立自足的小天地。严沧浪所说的"兴趣"，王渔洋所说的"神韵"，袁简斋所说的"性灵"，都只能得其片面。王静安标举"境界"二字，似较概括，这里就采用它。

1　诗与直觉

无论是欣赏或是创造，都必须见到一种诗的境界。这里"见"字最紧要。凡所见皆成境界，但不必全是诗的境界。一种境界是否能成为诗的境界，全靠"见"的作用如何。要产生诗的境界，"见"必须具备两个重要条件。

第一，诗的"见"必为"直觉"（intuition）。有"见"即有"觉"，觉可为"直觉",亦可为"知觉"（perception）。直觉得对于个别事物的知（knowledge of individual things），"知觉"得对于诸事物中关系的知（knowledge of the relations between things），亦称"名理的知"（参看克罗齐《美学》第一章）。例如看见一株梅花，你觉得"这是梅花"，"它是冬天开花的木本植物"，"它的花香，可以摘来插瓶或送人"等等，你所觉到的是梅花与其他事物的关系，这就是它的"意义"。意义都从关系见出，了解意义的知都是"名理的知"，都可用"A 为 B"公式表出，认识 A 为 B，便是知觉 A，便是把所觉对象 A 归纳到一个概念 B 里去。就名理的知而言，A 自身无意义，必须与 B、C 等生关系，才有意义，我们的注意不能在 A 本身停住，必须把 A 当作一块踏脚石，跳到与 A 有关系的事物 B、C 等等上去。但是所觉对象除开它的意义之外，尚有它本身形象。在凝神注视梅花时，你可以把全副精神专注在它本身形象，如像注视一幅梅花画似的，无暇思索它的意义或是它与其他事物的关系。这时你仍有所觉，就是梅花本身形象（form）在你心中所现的"意象"（image）。这种"觉"就是克罗齐所说的"直觉"。

诗的境界是用"直觉"见出来的，它是"直觉的知"的内容而不是"名理的知"的内容。比如说读上面所引的崔颢《长干行》，你必须有一顷刻中把它所写的情境看成一幅新鲜的图画，或是一幕生动的戏剧，让它笼罩住你的意识全部，使你聚精会神地观赏它，玩味它，以至于把它以外的一切事物都暂时忘去。在这一顷刻中你不能同时起"它是一首唐人五绝"，"它用平声韵"，"横塘是某处地名"，"我自己曾经被一位不相识的人认为同乡"之类的联想。这些联想一发生，你立刻就从诗的境界迁到名理世界和实际世界了。

这番话并非否认思考和联想对于诗的重要。作诗和读诗，都必用思考，都必起联想，甚至于思考愈周密，诗的境界愈深刻；联想愈丰富，诗的境界愈美备。但是在用思考起联想时，你的心思在旁驰博骛,决不能同时直觉到完整的诗的境界。思想与联想只是一种酝酿工作。直觉的知常进为名理的知,名理的知亦可酿成直觉的知,但决不能同时进行,因为心本无二用,而直觉的特色尤在凝神注视。读一首诗和作一首诗都常须经过艰苦思索,思索之后,一旦豁然贯通,全诗的境界于是像灵光一现似地突然现在眼前,使人心旷神怡,忘怀一切。这种现象通常人称为"灵感"。诗的境界的突现都起于灵感。灵感亦并无若何神秘,它就是直觉,就是"想象"(imagination,原谓意象的形成),也就是禅家所谓"悟"。

一个境界如果不能在直觉中成为一个独立自足的意象,那就还没有完整的形象,就还不成为诗的境界。一首诗如果不能令人当作一个独立自足的意象看,那还有芜杂凑塞或空虚的毛病,不能算是好诗。古典派学者向来主张艺术须有"整一"(unity),实在有一个深埋在里面,就是要使在读者心中能成为一种完整的独立自足的境界。

2 意象与情趣的契合

要产生诗的境界,"见"所须具的第二个条件是所见意象必恰能表现一种情趣,"见"为"见者"的主动,不纯粹是被动的接收。所见对象本为生糙零乱的材料,经"见"才具有它的特殊形象,所以"见"都含有创造性。比如天上的北斗星本为七个错乱的光点,和它们邻近星都是一样,但是现于见者心中的则为像斗的一个完整的形象。这形象是"见"的活动所赐予那七颗乱点的。仔细分析,凡所见物的形象都有几分是"见"所创造的。凡"见"都带有创造性,"见"为直觉时尤其是如此。凝神观照之际,心中只有一个完整的孤立的意象,无比较,无分析,无旁涉,结果常致物我由两忘而同一,我的情趣与物的意态遂往复交流,不知不觉之中人情与物理互相渗透。比如注视一座高山,我们仿佛觉得它从平地耸立起,挺着一个雄伟峭拔的身躯,在那里很镇静地庄严地俯视一切。同时,我们也不知不觉地肃然起敬,竖起头脑,挺起腰杆,仿佛在模仿山的那副雄伟峭拔的神气。前一种现象是以人情衡物理,美学家称为"移情作用"(empathy),后一种现象是以物理移人情,美学家称为"内模仿作用"(inner imitation)(参看拙著《文艺心理学》第三四章)。

移情作用是极端的凝神注视的结果,它是否发生以及发生时的深浅程度都随人随时随境而异。直觉有不发生移情作用的,下文当再论及。不过欣赏自然,即在自然中发现诗的境界时,移情作用往往是一个要素。"大地山河以及风云星斗原来都是死板的东西,我们往往觉得它们有情感,有生命,有动作,这都是移情作用的结果。比如云何尝能飞? 泉何尝能跃? 我们却常说云飞泉跃。山何尝能鸣? 谷何尝能应? 我们却常说山鸣谷应,诗文的妙处往往都从移情作用得来。例如'菊残犹有傲霜枝'句的'傲','云破月来花弄影'句的'来'和'弄','数峰清苦,商略黄昏雨'句的'清苦'和'商略','徘徊枝上月,空度可怜宵'句的'徘徊'、'空度'和'可怜','相看两不厌,惟有敬亭山'句的'相看'和'不厌',都是原文的精彩所在,也都是移情作用的实例"(《文艺心理学》第三章)。

从移情作用我们可以看出内在的情趣常和外来的意象相融合而互相影响。比如欣赏自然风景,就一方面说,心情随风景千变万化,睹鱼跃鸢飞而欣然自得,闻胡笳暮角则黯然神伤;就另一方面说,风景也随心情而变化生长,心情千变万化,风景也随之千变万化,惜别时蜡烛似乎垂泪,兴到时青山亦觉点头。这两种貌似相反而实相同的现象就是从前人所说的"即景生情,因情生景"。情景相生而且相契合无间,情恰能称景,景也恰能传情,这便是诗的境界。每个诗的境界都必有"情趣"(feeling)和"意象"(image)两个要素。"情趣"简称"情","意象"即是"景"。吾人时时在情趣里过活,却很少能将情趣化为诗,因为情趣是可比喻而不可直接描绘的实感,如果不附丽到具体的意象上去,就根本没有可见的形象。我们抬头一看,或是闭目一想,无数的意象就纷至沓来,其中也只有极少数的偶尔成为诗的意象,因为纷至沓来的意象零乱破碎,不成章法,不具生命,必须有情趣来融化它们,贯注它们,才内有生命,外有完整形象。克罗齐在《美学》里把这个道理说得很清楚:

> 艺术把一种情趣寄托在一个意象里,情趣离意象,或是意象离情趣,都不能独立。史诗和抒情诗的分别,戏剧和抒情诗的分别,都是繁琐派学者强为之说,分其所不可分。凡是艺术都是抒情的,都是情感的史诗或剧诗。

这就是说,抒情诗虽以主观的情趣为主,亦不能离意象;史诗和戏剧虽以客观的事迹所生的意象为主,亦不能离情趣。

诗的境界是情景的契合。宇宙中事事物物常在变动生展中,无绝对相同的情趣,亦无绝对相同的景象。情景相生,所以诗的境界是由创造来的,生生不息。以"景"为天生自在,俯拾即得,对于人人都是一成不变的,这是常识的错误。阿米尔(Amiel)说得好:"一片自然风景就是一种心情。"景是各人性格和情趣的返照。情趣不同则景象虽似同而实不同。比如陶潜在"悠然见南山"时,杜甫在见到"造化钟神秀,阴阳割昏晓"时,李白在觉得"相看两不厌,惟有敬亭山"时,辛弃疾在想到"我见青山多妩媚,青山见我应如是"时,姜夔在见到"数峰清苦,商略黄昏雨"时,都见到山的美。在表面上意象(景)虽似都是山,在实际上却因所贯注的情趣不同,各是一种境界。我们可以说,每人所见到的世界都是他自己所创造的。物的意蕴深浅与人的性分情趣深浅成正比例,深人所见于物者亦深,浅人所见于物者亦浅。诗人与常人的分别就在此。同是一个世界,对于诗人常呈现新鲜有趣的境界,对于常人则永远是那么一个平凡乏味的混乱体。

这个道理也可以适用于诗的欣赏。就见到情景契合境界来说,欣赏与创造并无分别。比如说姜夔的"数峰清苦,商略黄昏雨"一句词含有一个情景契合的境界,他在写这句词时,须先从自然中见到这种意境,感到这种情趣,然后拿这九个字把它传达出来。在见到那种境界时,他必觉得它有趣,在创造也是在欣赏。这九个字本不能算是诗,只是一种符号。如果我不认识这九个字,这句词对于我便无意义,就失其诗的功效。如果它对于我能产生诗的功效,我必须能从这九个字符号中,领略出姜夔原来所见到的境界。在读他的这句词而见到他所见到的境界时,我必须使用心灵综合作用,在欣赏也是在创造。

因为有创造作用,我所见到的意象和所感到的情趣和姜夔所见到和感到的便不能绝对相同,也不能和任何其他读者所见到和感到的绝对相同。每人所能领略到的境界都是性格、情趣和经验的返照,而性格、情趣和经验是彼此不同的,所以无论是欣赏自然风景或是读诗,各人在对象(object)中取得(take)多少,就看他在自我(subject-ego)中能够付与(give)多少,无所付与便不能有所取得。不但如此,同是一首诗,你今天读它所得的和你明天读它所得的也不能完全相同,因为性格、情趣和经验是生生不息的。欣赏一首诗就是再造(recreate)一首诗;每次再造时,都要凭当时当境的整个的情趣和经验作基础,所以每时每境所再造的都必定是一首新鲜的诗。诗与其他艺术都各有物质的和精神的两方面。物质的方面如印成的诗集,它除着受天时和人力的损害以外,大体是固定的。精神的方面就是情景契合的意境,时时刻刻都在"创化"中。创造永不会是复演(repetition),欣赏也永不会是复演。真正的诗的境界是无限的,永远新鲜的。

3　关于诗的境界的几种分别

明白情趣和意象契合的关系，我们就可以讨论关于诗境的几种重要的分别了。

第一个分别就是王国维在《人间词话》里所提出的"隔"与"不隔"的分别，依他说：

> 陶谢之诗不隔，延年则稍隔矣；东坡之诗不隔，山谷则稍隔矣。"池塘生春草"，"空梁落燕泥"等二句妙处惟在不隔。词亦如是。即以一人一词论，如欧阳公《少年游》咏春草上半阕云："阑干十二独凭春，晴碧远连云，二月三月，千里万里，行色苦愁人"，语语都在目前，便是不隔；至云"谢家池上，江淹浦畔"，则隔矣。白石《翠楼吟》"此地宜有词仙，拥素云黄鹤，与君游戏。玉梯凝望久，叹芳草，萋萋千里"，便是不隔，至"酒祓清愁，花销英气"，则隔矣。

他不满意于姜白石，说他"格韵虽高，然如雾里看花，终隔一层"。在这些实例中，他只指出一个前人未曾道破的分别，却没有详细说明理由。依我们看，隔与不隔的分别就从情趣和意象的关系上面见出。情趣与意象恰相熨帖，使人见到意象，便感到情趣；便是不隔。意象模糊零乱或空洞，情趣浅薄或粗疏，不能在读者心中现出明了深刻的境界，便是隔。比如"谢家池上"是用"池塘生春草"的典，"江淹浦畔"是用《别赋》"春草碧色，春水绿波，送君南浦，伤如之何"的典。谢诗江赋原来都不隔，何以入欧词便隔呢？因为"池塘生春草"和"春草碧色"数句都是很具体的意象，都有很新颖的情趣。欧词因春草的联想，就把这些名句硬拉来凑成典故，"谢家池上，江淹浦畔"二句，意象既不明晰，情趣又不真切，所以隔。

王氏论隔与不隔的分别，说隔如"雾里看花"，不隔为"语语都在目前",似有可商酌处。诗原有偏重"显"与偏重"隐"的两种。法国 19 世纪巴腊司派与象征派的争执就在此。巴腊司派力求"显",如王氏所说的"语语都在目前",如图画、雕刻。象征派则以过于明显为忌,他们的诗有时正如王氏所谓"隔雾看花",迷离恍惚,如瓦格纳的音乐。这两派诗虽不同,仍各有隔与不隔之别,仍各有好诗和坏诗。王氏的"语语都在目前"的标准似太偏重"显"。近年来新诗作者与论者,曾经有几度很剧烈地争辩诗是否应一律明显的问题。"显"易流于粗浅,"隐"易流于晦涩,这是大家都看得见的毛病。但是"显"也有不粗浅的,"隐"也有不晦涩的,持门户之见者似乎没有认清这个事实。我们不能希望一切诗都"显",也不能希望一切诗都"隐",因为在生理和心理方面,人原来有种种"类型"上的差异。有人接收诗偏重视觉器官,一切要能用眼睛看得见,所以要求诗须"显",须如造形艺术。也有人接受诗偏重听觉与筋肉感觉,最易受音乐节奏的感动,所以要求诗须"隐",须如音乐,才富于暗示性。所谓意象,原不必全由视觉产生,各种感觉器官都可以产生意象。不过多数人形成意象,以来自视觉者为最丰富,在欣赏诗或创造诗时,视觉意象也最为重要。因为这个缘故,要求诗须明显的人数占多数。

显则轮廓分明,隐则含蓄深永,功用原来不同。说概括一点,写景诗宜于显,言情诗所托之景虽仍宜于显,而所寓之情则宜于隐。梅圣俞说诗须"状难写之景,如在目前;含不尽之意,见于言外",就是看到写景宜显,写情宜隐的道理。写景不宜隐,隐易流于晦;写情不宜显,显易流于浅。谢朓的"余霞散成绮,澄江静如练",杜甫的"细雨鱼儿出,微风燕子斜",以及林逋的"疏影横斜水清浅,暗香浮动月黄昏"诸句,在写景中为绝作,妙处正在能显,如梅圣俞所说的"状难写之景,如在目前"。秦少游的《水龙吟》入首两句"小楼连苑横空,下窥绣毂雕鞍骤",苏东坡讥他"十三个字只说得一个人骑马楼前过",它的毛病也就在不显。言情的杰作如古诗"步出城东门,遥望江南路,前日风雪中,故人从此去",李白的"玉阶生白露,夜久侵罗袜,却下水晶帘,玲珑望秋月",王昌龄的"奉帚平明金殿开,且将团扇共徘徊。玉颜不及寒鸦色,犹带昭阳日影来",诸诗妙处亦正在隐,如梅圣俞所说的"含不尽之意,见于言外"。

王氏在《人间词话》里,于隔与不隔之外,又提出"有我之境"与"无我之境"的分别:

> 有有我之境,有无我之境。"泪眼问花花不语,乱红飞过秋千去","可堪孤馆闭春寒,杜鹃声里斜阳暮",有我之境也;"采菊东篱下,悠然见南山","寒波澹澹起,白鸟悠悠下",无我之境也。有我之境,以我观物,故物皆著我之色彩;无我之境,以物观物,故不知何者为我,何者为物。……无我之境,人惟于静中得之;有我之境,于由动之静时得之,故一优美,一宏壮也。

这里所指出的分别实在是一个很精微的分别。不过从近代美学观点看,王氏所用名词似待商酌。他所谓"以我观物,故物皆著我之色彩",就是"移情作用","泪眼问花花不语"一例可证。移情作用是凝神注视,物我两忘的结果,叔本华所谓"消失自我"。所以王氏所谓"有我之境"其实是"无我之境"(即忘我之境)。他的"无我之境"的实例为"采菊东篱下,悠然见南山","寒波澹澹起,白鸟悠悠下",都是诗人在冷静中所回味出来的妙境(所谓"于静中得之"),没有经过移情作用,所以实是"有我之境"。与其说"有我之境"与"无我之境",似不如说"超物之境"和"同物之境",因为严格地说,诗在任何境界中都必须有我,都必须为自我性格、情趣和经验的返照。"泪眼问花花不语","徘徊枝上月,虚度可怜宵","数峰清苦,商略黄昏雨",都是同物之境。"鸢飞戾天,鱼跃于渊","微雨从东来,好风与之俱","兴阑啼鸟散,坐久落花多",都是超物之境。

王氏以为"有我之境"（其实是"无我之境"或"同物之境"），比"无我之境"（其实是"有我之境"或"超物之境"）品格较低，他说："古人为词，写有我之境者为多，然未始不能写无我之境，此在豪杰之士能自树立耳。"他没有说明此优于彼的理由。英国文艺批评家罗斯金（Ruskin）主张相同。他诋毁起于移情作用的诗，说它是"情感的错觉"（pathetic fallacy），以为第一流诗人都必能以理智控制情感，只有第二流诗人才为情感所摇动，失去静观的理智，于是以在我的情感误置于外物，使外物呈现一种错误的面目。他说：

> 我们有三种人：一种人见识真确，因为他不生情感，对于他樱草花只是十足的樱草花，因为他不爱它。第二种人见识错误，因为他生情感，对于他樱草花就不是樱草花而是一颗星，一个太阳，一个仙人的护身盾，或是一位被遗弃的少女。第三种人见识真确，虽然他也生情感，对于他樱草花永远是它本身那么一件东西，一枝小花，从它的简明的连茎带叶的事实认识出来，不管有多少联想和情绪纷纷围着它。这三种人的身分高低大概可以这样定下：第一种完全不是诗人，第二种是第二流诗人，第三种是第一流诗人。

这番话着重理智控制情感，也只有片面的真理。情感本身自有它的真实性，事物隔着情感的屏障去窥透，自另现一种面目。诗的存在就根据这个基本事实。如依罗斯金说诗的真理（poetic truth）必须同时是科学的真理。这显然是与事实不符的。

依我们看，抽象地定衡量诗的标准总不免有武断的毛病。"同物之境"和"超物之境"各有胜场，不易以一概论优劣。比如陶潜诗"采菊东篱下，悠然见南山"为"超物之境"，"平畴交远风，良苗亦怀新"则为"同物之境"。王维诗"渡头余落日，墟里上孤烟"为"超物之境"，"落日鸟边下，秋原人外闲"则为"同物之境"。它们各有妙处，实不易品定高下。

"超物之境"与"同物之境"亦各有深浅雅俗。同为"超物之境",谢灵运的"林壑敛秋色,云霞收夕霏",似不如陶潜的"山气日夕佳,飞鸟相与还",或是王绩的"树树皆秋色,山山尽落晖"。同是"同物之境",杜甫的"感时花溅泪,恨别鸟惊心",似不如陶潜的"平畴交远风,良苗亦怀新",或是姜夔的"数峰清苦,商略黄昏雨"。两种不同的境界都可以有天机,也都可以有人巧。

"同物之境"起于移情作用。移情作用为原始民族与婴儿的心理特色,神话、宗教都是它的产品。论理,古代诗应多"同物之境",而事实适得其反。在欧洲从 19 世纪起,诗中才多移情实例。中国诗在魏晋以前,移情实例极不易寻,到魏晋以后,它才逐渐多起来,尤其是词和律诗中。我们可以说,"同物之境"不是古诗的特色。"同物之境"日多,诗便从浑厚日趋尖新。这似乎是证明"同物之境"品格较低,但是古今各有特长,不必古人都是对的,后人都是错的。"同物之境"在古代所以不多见者,主要原因在古人不很注意自然本身,自然只是作"比"、"兴"用的,不是值得单独描绘的。"同物之境"是和歌咏自然的诗一齐起来的。诗到以自然本身为吟咏对象,到有"同物之境",实是一种大解放,我们正不必因其"不古"而轻视它。

4　诗的主观与客观

诗的境界是情趣与意象的融合。情趣是感受来的,起于自我的,可经历而不可描绘的;意象是观照得来的,起于外物的,有形象可描绘的。情趣是基层的生活经验,意象则起于对基层经验的反省。情趣如自我容貌,意象则为对镜自照。二者之中不但有差异而且有天然难跨越的鸿沟。由主观的情趣如何能跳这鸿沟而达到客观的意象,是诗和其他艺术所必征服的困难,如略加思索,这困难终于被征服,真是一大奇迹!

　　尼采的《悲剧的诞生》可以说是这种困难的征服史。宇宙与人类生命,像叔本华所分析的,含有意志(will)与意象(idea)两个要素。有意志即有需求,有情感,需求与情感即为一切苦恼悲哀之源。人永远不能由自我与其所带意志中拔出,所以生命永远是一种苦痛。生命苦痛的救星即为意象。意象是意志的外射或对象化(objectification),有意象则人取得超然地位,凭高俯视意志的挣扎,恍然彻悟这幅光怪陆离的形象大可以娱目赏心。尼采根据叔本华的这种悲观哲学,发挥为"由形象得解脱"(redemption through appearance)之说,他用两个希腊神名来象征意志与意象的冲突。意志为酒神狄奥尼索斯(Dionysus),赋有时时刻刻都在蠢蠢欲动的活力与狂热,同时又感到变化(becoming)无常的痛苦,于是沉一切痛苦于醺醉,醺醉于醇酒妇人,醺醉于狂歌曼舞。苦痛是狄奥尼索斯的基本精神,歌舞是狄奥尼索斯精神所表现的艺术。意象如日神阿波罗(Apollo),凭高普照,世界一切事物借他的光辉而显现形象,他怡然泰然地像做甜蜜梦似地在那里静观自得,一切"变化"在取得形象之中就注定成了"真如"(being)。静穆是阿波罗的基本精神,造形的图画与雕刻是阿波罗精神所表现的艺术。这两种精神本是绝对相反相冲突的,而希腊人的智慧却成就了打破这冲突的奇迹。他们转移阿波罗的明镜来照临狄奥尼索斯的痛苦挣扎,于是意志外射于意象,痛苦赋形为庄严优美,结果乃有希腊悲剧的产生。悲剧是希腊人"由形象得解脱"的一条路径。人生世相充满着缺陷、灾祸、罪孽;从道德观点看,它是恶的;从艺术观点看,它可以是美的,悲剧是希腊人从艺术观点在缺陷、灾祸、罪孽中所看到的美的形象。

　　尼采虽然专指悲剧,其实他的话可适用于诗和一般艺术。他很明显地指示出主观的情趣与客观的意象之隔阂与冲突,同时也很具体地说明这种冲突的调和。诗是情趣的流露,或者说,狄奥尼索斯精神的焕发。但是情趣每不能流露于诗,因为诗的情趣并不是生糙自然的情趣,它必定经过一番冷静的观照和熔化洗炼的功夫,它须受过阿波罗的洗礼。一般人和诗人都感受情趣,但是有一个重要分别。一般人感受情趣时便为情趣所羁縻,当其忧喜,若不自胜,忧喜既过,便不复在想象中留一种余波返照。诗人感受情趣之后,却能跳到旁边来,很冷静地把它当作意象来观照玩索。英国诗人华滋华斯(Wordsworth)尝自道经验说:"诗起于经过在沉静中回味来的情绪"(emotions recollected in tranquility),这是一句至理名言,尼采用一部书所说的道理,他用一句话就说完了。感受情趣而能在沉静中回味,就是诗人的特殊本领。一般人的情绪有如雨后行潦,夹杂污泥朽木奔泻,来势浩荡,去无踪影。诗人的情绪好比冬潭积水,渣滓沉淀净尽,清莹澄澈,天光云影,灿然耀目。"沉静中的回味"是它的渗沥手续,灵心妙悟是它的渗沥器。

在感受时,悲欢怨爱,两两相反;在回味时,欢爱固然可欣,悲怨亦复有趣。从感受到回味,是从现实世界跳到诗的境界,从实用态度变为美感态度。在现实世界中处处都是牵绊冲突,可喜者引起营求,可悲者引起畏避;在诗的境界中尘忧俗虑都洗濯净尽,可喜与可悲者一样看待,所以相冲突者各得其所,相安无碍。

诗的情趣都从沉静中回味得来。感受情感是能入,回味情感是能出。诗人于情趣都要能入能出。单就能入说,它是主观的;单就能出说,它是客观的。能入而不能出,或是能出而不能入,都不能成为大诗人,所以严格地说,"主观的"和"客观的"分别在诗中是不存在的。比如班婕妤的《怨歌行》,蔡琰的《悲愤诗》,杜甫的《奉先咏怀》和《北征》,李后主的《相见欢》之类作品,都是"痛定思痛",入而能出,是主观的也是客观的。陶渊明的《闲情赋》,李白的《长干行》,杜甫的《新婚别》、《石壕吏》和《无家别》,韦庄的《秦妇吟》之类作品,都是"体物入微",出而能入,是客观的也是主观的。

一般人以为文学上"古典的"与"浪漫的"一个分别是基本的,因为古典派偏重意象的完整优美,浪漫派则偏重情感的自然流露,一重形式,一重实质。依克罗齐看,这种分别就起于意象与情趣可分离一个误解。他说:"在第一流作品中,古典的和浪漫的冲突是不存在的;它同时是'古典的'与'浪漫的',因为它是情感的也是意象的,是健旺的情感所化生的庄严的意象。"在诸艺术中情感与意象不能分开的以音乐为最显著。英国批评家佩特(W. Pater)说:"一切艺术都以逼近音乐为指归。"克罗齐引这句话而加以补充说:"其实说得更精确一点,一切艺术都是音乐,因为这样说才可以见出艺术的意象都生于情感。"克罗齐否认"古典的"与"浪漫的"分别,其实就是否认"客观的"与"主观的"分别。

19 世纪中叶法国诗坛上曾经发生一次很热烈的争执,就是"巴腊司派"(Parnasse)对于浪漫主义的反动。浪漫派诗的特点在着重情感的自然流露,所谓"想象"也是受情趣决定。离开"自我"便无情趣可言,所以浪漫派诗大半可看成诗人的自供。巴腊司派受写实主义的影响,嫌浪漫派偏重唯我主义,不免使诗变成个人怪癖的暴露。他们要换过花样来,提倡"不动情感主义",把自我个性丢开,专站在客观地位描写恬静幽美的意象,使诗和雕刻一样冷静明晰(浪漫派要和音乐一样热烈生动,与此恰相反)。从这种争执发生之后,德国哲学家所常提起的"主观的"和"客观的"一个分别便被批评家拉到文学上面来,于是一般人以为文学原有两种:"主观的"偏重情感的"表现","客观的"偏重人生自然的"再现"。其实这两种虽各有偏向,并没有很严格的逻辑的分别。没有诗能完全是主观的,因为情感的直率流露仅为啼笑嗟叹,如表现为诗,必外射为观照的对象(object)。也没有诗完全是客观的,因为艺术对于自然必有取舍剪裁,就必受作者的情趣影响,像我们在上文已经说过的。左拉（Zola）本是倾向写实主义的，也说："艺术作品只是隔着情感的屏障所窥透的自然一隅。"巴腊司派在实际上也并未能彻底实现"不动情感主义"，而且他们的运动只是昙花一现，也足证明纯粹的"客观的"诗不易成立。

5　情趣与意象契合的分量

诗的理想是情趣与意象的忻合无间，所以必定是"主观的"与"客观的"。但这究竟是理想。在实际上"主观的"与"客观的"虽不是绝对的分别，却常有程度上的等差。情趣与意象之中有尼采所指出的隔阂与冲突。打破这种隔阂与冲突是艺术的主要使命，把它们完全打破，使情趣与意象融化得恰到好处，这是达到最高理想的艺术。完全没有把它们打破，从情趣出发者止于啼笑嗟叹，从意象出发者止于零乱空洞的幻想，就不成其为艺术。这两极端之中有意象富于情趣的，也有情趣富于意象的，虽非完美的艺术，究仍不失其为艺术。

克罗齐否认"古典的"与"浪漫的"分别，在理论上自有特见，但是在实际上，古典艺术与浪漫艺术确各有偏重，也无庸讳言。意象具有完整形式，为古典艺术的主要信条，拿这个标准来衡量浪漫艺术则大半作品都不免有缺陷，例如19世纪初期诗人，柯勒律治和济慈诸人，有许多好诗都是未完成的断简零编。情感生动为浪漫派作品的特色，但是后来写实派作者却极力排除主观的情感而侧重冷静的忠实的叙述。"表现"与"再现"不仅是理论上的冲突，历史事实也很明显地证明作品方面原有这两种偏向。

姑就中国诗说，魏晋以前，古风以浑厚见长，情致深挚而见于文字的意象则如叶燮在《原诗》里所说的"土簋击壤穴居俪皮"，仍保持原始时代的简朴。有时诗人直吐心曲，几仅如嗟叹啼笑，有所

感触即脱口而出,不但没有在意象上做功夫,而且好像没有经过反省与回味。我们试玩味下列诸诗:

> 彼黍离离,彼稷之苗。行迈靡靡,中心摇摇。知我者谓我心忧,不知我者谓我何求。悠悠苍天,此何人哉!
>
> ——《诗经·王风》
>
> 中谷有蓷,暵其乾矣。有女仳离,慨其叹矣;慨其叹矣,遇人之艰难矣!
>
> ——《诗经·王风》
>
> 骄人好好,劳人草草。苍天苍天,视彼骄人,矜此劳人!
>
> ——《诗经·小雅》
>
> 陟彼北芒兮,噫! 顾瞻帝京兮,噫! 宫阙崔巍兮,噫! 民之劬劳兮,噫! 辽辽未央兮,噫!
>
> ——梁鸿《五噫歌》
>
> 公无渡河,公竟渡河。渡河而死,当奈公何!
>
> ——《箜篌引》

这些诗固然如上文所说的"痛定思痛",在创作时悲痛情绪自成意象,但与寻常取意象来象征情绪的诗自有分别。《诗经》中比兴两类就是有意要拿意象来象征情趣,但是通常很少完全做到象征的地步,因为比兴只是一种引子,而本来要说的话终须直率说出。例如"关关雎鸠,在河之洲",只是引起"窈窕淑女,君子好逑",而不能代替或完全表现这两句话的意思。像"昔我往矣,杨柳依依;今我来思,雨雪霏霏",情趣恰隐寓于意象,可谓达到象征妙境,但在《诗经》中并不多见。汉魏作风较《诗经》已大变,但运用意象的技巧仍未脱比兴旧规。就大概说,比多于兴,例如:

> 薤上露,何易晞! 露晞明朝更复落,人死一去何时归!
>
> ——《薤露歌》
>
> 皑如山上雪,皎如云间月。闻君有两意,故来相决

绝。……

　　　　　　　　　　　　　　　　——卓文君《白头吟》

翩翩堂前燕,冬藏夏来见。兄弟两三人,流宕在异县。

　　　　　　　　　　　　　　　　——《艳歌行》

朝云浮四海,日暮归故山。行役怀旧土,悲思不能
言。……

　　　　　　　　　　　　　　　　——应玚《别诗》

以上都仅是"比"。"兴"例亦偶尔遇见,但大半仅取目前气象,即景
生情,不如《诗经》中"兴"类诗之微妙多变化。例如:

大风起兮云飞扬,威加海内兮归故乡,安得猛士兮守四
方!

　　　　　　　　　　　　　　　　——汉高帝《大风歌》

青青河畔草,郁郁园中柳。盈盈楼上女,皎皎当窗牖……

　　　　　　　　　　　　　　　　——《古诗十九首》

明月照高楼,流光正徘徊。上有愁思妇,悲叹有余哀……

　　　　　　　　　　　　　　　　——曹植《七哀诗》

开秋兆凉气,蟋蟀鸣床帷。感物怀殷忧,悄悄令心悲……

　　　　　　　　　　　　　　　　——阮籍《咏怀》

这些诗的起句,微有"兴"的意味,但如果把它们看作"直陈其事"的
"赋"亦无不可。在汉魏时,诗用似相关而又不尽相关的意象引起
本文正意,似已成为一种传统的技巧。有时这种意象成为一种附
赘悬瘤,非本文正意所绝对必需,例如:

鸡鸣高树巅,犬吠深宫中。荡子何所之,天下方太平……

　　　　　　　　　　　　　　　　——古乐府《鸡鸣》

月没参横,北斗阑干,亲交在门,饥不及餐。……

　　　　　　　　　　　　　　　　——古乐府《善哉行》

孔雀东南飞,五里一徘徊。十三能织素,十四学裁

衣。……

——《孔雀东南飞》

蒲生我池中,其叶何离离! 傍能行仁义,莫若妾自知……

——古乐府《塘上行》

起首两句引子,都与正文毫不相干,它们的起源,与其说是"套"现成的民歌的起头,如胡适所说的,不如说是沿用《国风》以来的传统的技巧。《国风》的意象引子原有比兴之用,到后来数典忘祖,就不问它是否有比兴之用,只戴上那么一个礼帽应付场面,不合头也不管了。

汉魏诗中像这样漫用空洞意象的例子不甚多。从另一方面看,这时期的诗应用意象的技巧却比《诗经》有进步。《诗经》只用意象作引子,汉魏诗则常在篇中或篇末插入意象来烘托情趣,姑举李陵《与苏武诗》为例:

> 良时不再至,离别在须臾,屏营衢路侧,执手野踟蹰。仰视浮云驰,奄忽互相逾。风波一失所,各在天一隅。长当从此别,且复立斯须。欲因晨风发,送子以贱躯。

中间"仰视浮云驰"四句,有兴兼比之用,意象与情趣偶然相遇,遇即忻合无间。此外如魏文帝《燕歌行》在描写怨女援琴写哀之后,忽接上"明月皎皎照我床,星汉西流夜未央,牵牛织女遥相望,尔独何辜限河梁"四句,也有情景吻合之妙。这种随时随境用意象比兴的写法打破固定地在起头几句用比兴的机械,实在是一种进步。此外汉魏诗渐有全章以意象寓情趣,不言正意而正意自见的,班婕妤的《怨歌行》以秋风弃扇隐寓自己的怨情是著例。这种写法也是《国风》里所少有的。

中国古诗大半是情趣富于意象。诗艺的演讲可以从多方面看,如果从情趣与意象的配合看,中国古诗的演进可以分为三个步骤:首先是情趣逐渐征服意象,中间是征服的完成,后来意象蔚起,几成一种独立自足的境界,自引起一种情趣。第一步是因情生景或因情生文;第二步是情景吻合,情文并茂;第三步是即景生情或因文生情。这种演进阶段自然也不可概以时代分,就大略说,汉魏以前是第一步,在自然界所取之意象仅如人物故事画以山水为背景,只是一种陪衬;汉魏时代是第二步,《古诗十九首》,苏李赠答及曹氏父子兄弟的作品中意象与情趣常达到混化无迹之妙,到陶渊明手里,情景的吻合可算登峰造极;六朝是第三步,从大小谢滋情山水起,自然景物的描绘从陪衬地位抬到主要地位,如山水画在图画中自成一大宗派一样,后来便渐趋于艳丽一途了。如论情趣,中国诗最艳丽的似无过于《国风》,乃"艳丽"二字不加诸《国风》而加诸齐梁人作品者,正以其特好雕词饰藻,为意象而意象。

转变的关键是赋。赋偏重铺陈景物,把诗人的注意渐从内心变化引到自然界变化方面去。从赋的兴起,中国才有大规模的描写诗;也从赋的兴起,中国诗才渐由情趣富于意象的《国风》转到六朝人意象富于情趣的艳丽之作。汉魏时代赋最盛,诗受赋的影响也逐渐在铺陈词藻上做功夫,有时运用意象,并非因为表现情趣所必需而是因为它自身的美丽,《陌上桑》、《羽林郎》、曹植《美女篇》都极力铺张明眸皓齿艳装盛服,可以为证。六朝人只是推演这种风气。

一般批评家对于六朝人及唐朝温、李一派作品常存歧视。其实诗的好坏决难拿一个绝对的标准去衡量。我们说,诗的最高理想在情景吻合,这也只能就大体说。古诗有许多专从"情"出发而不十分注意于"景"的,魏晋以后诗有许多专从"景"出发,除流连于"景"的本身外,别无其他情趣借"景"表现的。这两种诗都不能算是达到情景忻合无间的标准,也还可以成为上品诗。我们姑举几首短诗为例:

（一）公无渡河,公竟渡河,渡河而死,将奈公何!

——《箜篌引》

（二）奈何许！天下人何限，慊慊只为汝！

——《华山畿》

（三）昔我往矣，杨柳依依；今我来思，雨雪霏霏。

——《诗经》

（四）结庐在人境，而无车马喧。问君何能尔，心远地自偏。采菊东篱下，悠然见南山。山气日夕佳，飞鸟相与还，此中有真意，欲辩已忘言。

——陶潜《饮酒》

（五）江南可采莲，莲叶何田田！鱼戏莲叶间，鱼戏莲叶东，鱼戏莲叶西，鱼戏莲叶南，鱼戏莲叶北。

——《江南》

（六）敕勒川，阴山下，天似穹庐，笼盖四野。天苍苍，野茫茫，风吹草低见牛羊。

——《敕勒歌》

这六首诗之中，只有三四两首可算情景吻合，景恰足以传情。一二两首纯从情感出发，情感直率流露于语言。自然中节，不必寄托于景。五六两首纯为景的描绘，作者并非有意以意象象征情趣，而意象优美自成一种情趣。六首都可以说是诗的胜境，虽然情景配合的方法与分量绝不同。不过它们各自成一种新鲜的完整的境界，作者心中有值得说的话（情趣或意象）而说得恰到好处，它们在价值上可以互相抗衡，正是因为这个缘故。

我们的着重点在原理不在历史的发展，所以只就六朝以前古诗略择数例说明情趣与意象配合的关系。其实各时代的诗都可用这个方法去分析。唐人的诗和五代及宋人的词尤其宜于从情趣意象配合的观点去研究。

附:

中西诗在情趣上的比较

诗的情趣随时随地而异,各民族各时代的诗都各有它的特色。拿它们来参观互较是一种很有趣味的研究。我们姑且拿中国诗和西方诗来说,它们在情趣上就有许多的有趣的同点和异点。西方诗和中国诗的情趣都集中于几种普泛的题材,其中最重要者有(一)人伦(二)自然(三)宗教和哲学几种。我们现在就依着这个层次来说:

(一)先说人伦　西方关于人伦的诗大半以恋爱为中心。中国诗言爱情的虽然很多,但是没有让爱情把其他人伦抹煞。朋友的交情和君臣的恩谊在西方诗中不甚重要,而在中国诗中则几与爱情占同等位置。把屈原、杜甫、陆游诸人的忠君爱国爱民的情感拿去,他们诗的精华便已剥丧大半。从前注诗注词的人往往在爱情诗上贴上忠君爱国的徽帜,例如毛苌注《诗经》把许多男女相悦的诗看成讽刺时事的。张惠言说温飞卿的《菩萨蛮》十四章为"感士不遇之作"。这种办法固然有些牵强附会。近来人却又另走极端把真正忠君爱国的诗也贴上爱情的徽帜,例如《离骚》、《远游》一类的著作竟有人认为爱情诗。我以为这也未免失之牵强附会。看过西方诗的学者见到爱情在西方诗中那样重要,以为它在中国诗中也应该很重要。他们不知道中西社会情形和伦理思想本来不同,恋爱在从前的中国实在没有现代中国人所想的那样重要。中国叙人伦的诗,通盘计算,关于友朋交谊的比关于男女恋爱的还要多,在许多诗人的集中,赠答酬唱的作品,往往占其大半。苏李、建安七子、李杜、韩孟、苏黄、纳兰成德与顾贞观诸人的交谊古今传为美谈,在西方诗人中为歌德和席勒,华滋华斯与柯勒律治,济慈和雪莱,魏尔伦与兰波诸人虽亦以交谊著,而他们的集中叙友朋乐趣的诗却极少。

恋爱在中国诗中不如在西方诗中重要,有几层原因。第一,西方社会表面上虽以国家为基础,骨子里却侧重个人主义。爱情在个人生命中最关痛痒,所以尽量发展,以致掩盖其他人与人的关系。说尽一个诗人的恋爱史往往就已说尽他的生命史,在近代尤其如此。中国社会表面上虽以家庭为基础,骨子里却侧重兼善主义。文人往往费大半生的光阴于仕宦羁旅,"老妻寄异县"是常事。他们朝夕所接触的不是妇女而是同僚与文字友。

第二,西方受中世纪骑士风的影响,女子地位较高,教育也比较完善,在学问和情趣上往往可以与男子忻合,在中国得于友朋的乐趣,在西方往往可以得之于妇人女子。中国受儒家思想的影响,女子的地位较低。夫妇恩爱常起于伦理观念,在实际上志同道合的乐趣颇不易得。加以中国社会理想侧重功名事业,"随着四婆裙"在儒家看是一件耻事。

第三,东西恋爱观相差也甚远。西方人重视恋爱,有"恋爱最上"的标语。中国人重视婚姻而轻视恋爱,真正的恋爱往往见于"桑间濮上"。潦倒无聊、悲观厌世的人才肯公然寄情于声色,像隋炀帝、李后主几位风流天子都为世所诟病。我们可以说,西方诗人要在恋爱中实现人生,中国诗人往往只求在恋爱中消遣人生。中国诗人脚踏实地,爱情只是爱情;西方诗人比较能高瞻远瞩,爱情之中都有几分人生哲学和宗教情操。

这并非说中国诗人不能深于情。西方爱情诗大半写于婚媾之前,所以称赞容貌诉申爱慕者最多;中国爱情诗大半写于婚媾之后,所以最佳者往往是惜别悼亡。西方爱情诗最长于"慕",莎士比亚的十四行体诗,雪莱和白朗宁诸人的短诗是"慕"的胜境;中国爱情诗最善于"怨",《卷耳》、《柏舟》、《迢迢牵牛星》,曹丕的《燕歌行》,梁玄帝的《荡妇秋思赋》以及李白的《长相思》、《怨情》、《春思》诸作是"怨"的胜境。总观全体,我们可以说,西诗以直率胜,中诗以委婉胜;西诗以深刻胜,中诗以微妙胜;西诗以铺陈胜,中诗以简隽胜。

(二)次说自然　在中国和在西方一样,诗人对于自然的爱好都比较晚起。最初的诗都偏重人事,纵使偶尔涉及自然,也不过如最初的画家用山水为人物画的背景,兴趣中心却不在自然本身。《诗经》是最好的例子。"关关雎鸠,在河之洲"只是作"窈窕淑女,君子好逑"的陪衬;"蒹葭苍苍,白露为霜"只是作"所谓伊人,在水一方"的陪衬。自然比较人事广大,兴趣由人也因之得到较深广的义蕴。所以自然情趣的兴起是诗的发达史中一件大事。这件大事在中国起于晋宋之交约当公历纪元后 5 世纪左右;在西方则起于浪漫运动的初期,在公历纪元后 18 世纪左右。所以中国自然诗的发生比西方的要早一千三百年的光景。一般说诗的人颇鄙视六朝,我以为这是一个最大的误解。六朝是中国自然诗发轫的时期,也是中国诗脱离音乐而在文字本身求音乐的时期。从六朝起,中国诗才有音律的专门研究,才创新形式,才寻新情趣,才有较精妍的意象,才吸哲理来扩大诗的内容。就这几层说,六朝可以说是中国诗的浪漫时期,它对于中国诗的重要亦正不让于浪漫运动之于西方诗。

中国自然诗和西方自然诗相比,也像爱情诗一样,一个以委婉、微妙简隽胜,一个以直率、深刻铺陈胜。本来自然美有两种,一种是刚性美,一种是柔性美。刚性美如高山、大海、狂风、暴雨、沉寂的夜和无垠的沙漠;柔性美如清风皓月、暗香、疏影、青螺似的山光和媚眼似的湖水。昔人诗有"骏马秋风冀北,杏花春雨江南"两句可以包括这两种美的胜境。艺术美也有刚柔的分别,姚鼐"子鲁絜非"书已详论过。诗如李杜,词如苏辛,是刚性美的代表;诗如王孟,词如温李,是柔性美的代表。中国诗自身已有刚柔的分别,但是如果拿它来比较西方诗,则又西诗偏于刚,而中诗偏于柔。西方诗人所爱好的自然是大海,是狂风暴雨,是峭崖荒谷,是日景;中国诗人所爱好的自然是明溪疏柳,是微风细雨,是湖光山色,是月景。这当然只就其大概说。西方未尝没有柔性美的诗,中国也未尝没有刚性美的诗,但西方诗的柔和中国诗的刚都不是它们的本色特长。

诗人对于自然的爱好可分三种。最粗浅的是"感官主义",爱微风以其凉爽,爱花以其气香色美,爱鸟声泉水声以其对于听官愉快,爱青天碧水以其对于视官愉快。这是健全人所本有的倾向,凡是诗人都不免带有几分"感官主义"。近代西方有一派诗人,叫作"颓废派"的,专重这种感官主义,在诗中尽量铺陈声色臭味。这种嗜好往往出于个人的怪癖,不能算诗的上乘。诗人对于自然爱好的第二种起于情趣的默契忻合。"相看两不厌,惟有敬亭山","平畴交远风,良苗亦怀新","万物静观皆自得,四时佳兴与人同"诸诗所表现的态度都属于这一类。这是多数中国诗人对于自然的态度。第三种是泛神主义,把大自然全体看作神灵的表现,在其中看出不可思议的妙谛,觉到超于人而时时在支配人的力量。自然的崇拜于是成为一种宗教,它含有极原始的迷信和极神秘的哲学。这是多数西方诗人对于自然的态度,中国诗人很少有达到这种境界的。陶潜和华滋华斯都是著名的自然诗人,他们的诗有许多相类似。我们拿他们两人来比较,就可以见出中西诗人对于自然的态度大有分别。我们姑拿陶诗《归田园居》为例:

采菊东篱下,悠然见南山。

山气日夕佳,飞鸟相与还。

此中有真意,欲辩已忘言。

从此可知他对于自然，还是取"好读书不求甚解"的态度。他不喜"火在樊笼里"，喜"园林无俗情"，所以居在"方宅十余亩，草屋八九间"的宇宙里，也觉得"称心而言，人亦易足"。他的胸襟这样豁达闲适，所以在"缅然睇曾邱"之际常"欣然有会意"。但是他不"欲辩"，这就是他和华滋华斯及一般西方诗人的最大异点。华滋华斯也讨厌"俗情""爱邱山"，也能乐天知足，但是他是一个沉思者，是一个富于宗教情感者。他自述经验说："一朵极平凡的随风荡漾的花，对于我可以引起不能用泪表现得出来的那么深的思想。"他在《听滩寺》诗里又说他觉到有"一种精灵在驱遣一切深思者和一切思想对象，并且在一切事物中运旋。"这种彻悟和这种神秘主义和中国诗人与自然默契相安的态度显然不同。中国诗人在自然中只能见到自然，西方诗人在自然中往往能见出一种神秘的巨大的力量。

（三）哲学和宗教　中国诗人何以在爱情中只能见到爱情，在自然中只能见到自然，而不能有深一层的彻悟呢？这就不能不归咎于哲学思想的平易和宗教情操的淡薄了。诗虽不是讨论哲学和宣传宗教的工具，但是它的后面如果没有哲学和宗教，就不易达到深广的境界。诗好比一株花，哲学和宗教好比土壤，土壤不肥沃，根就不能深，花就不能茂。西方诗比中国诗深广，就因为它有较深广的哲学和宗教在培养它的根干。没有柏拉图和斯宾诺莎就没有歌德、华滋华斯和雪莱诸人所表现的理想主义和泛神主义；没有宗教就没有希腊的悲剧，没有但丁的《神曲》和弥尔顿的《失乐园》。中国诗在荒瘦的土壤中居然现出奇葩异彩，固然是一种可惊喜的成绩，但是比较西方诗，终嫌美中有不足。我爱中国诗，我觉得在神韵微妙格调高雅方面往往非西诗所能及，但是说到深广伟大，我终无法为它护短。

就民族性说，中国人颇类似古罗马人，处处都脚踏实地走，偏重实际而不务玄想,所以就哲学说,伦理的信条最发达,而有系统的玄学则寂然无闻;就文学说,关于人事及社会问题的作品最发达,而凭虚结构的作品则寥若晨星。中国民族性是最"实用的",最"人道的"。它的长处在此,它的短处也在此。它的长处在此,因为以人为本位说,人与人的关系最重要,中国儒家思想偏重人事,涣散的社会居然能享到二千余年的稳定,未始不是它的功劳。它的短处也在此,因为它过重人本主义和现世主义,不能向较高远的地方发空想,所以不能向高远处有所企求。社会既稳定之后,始则不能前进,继则因其不能前进而失其固有的稳定。

我说中国哲学思想平易,也未尝忘记老庄一派的哲学。但是老庄比较儒家固较玄邃,比较西方哲学家,仍是偏重人事。他们很少离开人事而穷究思想的本质和宇宙的来源。他们对于中国诗的影响虽很大,但是因为两层原因,这种影响不完全是可满意的。第一,在哲学上有方法和系统的分析易传授,而主观的妙悟不易传授。老庄哲学都全凭主观的妙悟,未尝如西方哲学家用明了有系统的分析为浅人说法,所以他们的思想传给后人的只是糟粕。老学流为道家言,中国诗与其说是受老庄的影响,不如说是受道家的影响。第二,老庄哲学尚虚无而轻视努力,但是无论是诗或是哲学,如果没有西方人所重视的"坚持的努力"(sustained effort)都不能鞭辟入里。老庄两人自己所造虽深而承其教者却有安于浅的倾向。

我们只要把老庄影响的诗研究一番,就可以见出这个道理。中国诗人大半是儒家出身,陶潜和杜甫是著例。但是有四位大诗人受老庄的影响最深,替儒教化的中国诗特辟一种异境。这就是《离骚》、《远游》中的屈原(假定作者是屈原),《咏怀诗》中的阮籍,《游仙诗》中的郭璞,以及《日出入行》、《古有所思》和《古风》五十九首中的李白。我们可以把他们统称为"游仙派诗人"。他们所表现的思想如何呢? 屈原说:

惟天地之无穷兮，哀人生之长勤。往者余弗及兮，来者吾不闻。……漠虚静以恬愉兮，澹无为而自得。闻赤松之清尘兮，愿承风乎遗则。(《远游》)

阮籍在《咏怀诗》里说：

去者余不及，来者吾不留。愿登太华山，上与松子游。

郭璞在《游仙诗》里说：

时变感人思，已秋复愿夏。淮海变微禽，吾生独不化！虽欲腾丹谿，云螭非我驾。

李白在《古风》里说：

黄河走东溟，白日落西海，逝川与流光，飘忽不相待。……吾当乘云螭，吸景驻光彩。

这几节诗所表现的态度是一致的，都是想由厌世主义走到超世主义。他们厌世的原因都不外看待世相的无常和人寿的短促。他们超世的方法都是揣摩道家炼丹延年驾鹤升仙的传说。但是这只是一种想望，他们都没有实现仙境，没有享受到他们所想望的极乐。所以屈原说：

高阳邈以远兮，余将焉兮所程？

阮籍说：

采药无旋返，神仙志不符，逼此良可感，令我久踌躇。

郭璞说：

虽欲腾丹谿，云螭非我驾。

李白说：

我思仙人，乃在碧海之东隅。海寒多天风，白波连山倒蓬壶，长鲸喷涌不可涉，抚心茫茫泪如珠。

他们都是不满意于现世而有所渴求于另一世界。这种渴求颇类西方的宗教情操，照理应该能产生一个很华严灿烂的理想世界来，但是他们的理想都终于"流产"。他们对于现世的悲苦虽然都看得极清楚,而对于另一世界的想象却很模糊。他们的仙境有时在"碧云里",有时在"碧海之东隅",有时又在西王母所住的瑶池,据李白的计算,它"去天三百里"。仙境有"上皇",服侍他的有吹笙的玉童,和持芙蓉的灵妃。王乔、安期生、赤松子诸人是仙界的"使徒"。仙境也很珍贵人世所珍贵的繁华,只看"玉杯赐琼浆","但见金银台",就可以想象仙人的阔绰。仙人也不忘情于云山林泉的美景,所以"青溪千余仞","云生梁栋间","翡翠戏兰苕"都值得流连玩赏。仙人最大的幸福是长寿;郭璞说"千岁方婴孩",还是太短,李白的仙人却"一餐历万岁"。仙人都有极大的本领,能"囊括大块","吸景驻光彩","挥手折荒木","拂此西日光"。升仙的方法是乘云驾鹤,但有时要采药炼丹,向"真人""长跪问宝诀"。

这种仙界的意象都从老庄虚无主义出发,兼采道家高举遗世的思想。他们不知道后世道家虽托老学以自重,而道家思想和老子哲学实有根本不能相容处。老子以为"人之大患在于有身",所以持"无欲以观其妙"为处世金针,而道家却拼命求长寿,不能忘怀于琼楼玉宇和玉怀灵液的繁华。超世而不能超欲,这是游仙派诗人的矛盾。他们的矛盾还不仅此,他们表面虽想望超世,而骨子里却仍带有很浓厚的儒家淑世主义的色彩,他们到底还没有丢开中国民族所特具的人道。屈原、阮籍、李白诸人都本有济世忧民的大抱负。阮籍号称猖狂,而在"咏怀诗"中仍有"生命几何时,慷慨各努力"的劝告。李白在"古风"里言志,也说"我志在删述,垂辉映千春"。他们本来都有淑世的志愿,看到世事的艰难和人寿的短促,于是逃到老庄的虚无清静主义,学道家作高举遗世的企图。他们所想望的仙境又渺不可追,"虽欲腾丹谿,云螭非我驾",仍不免"抚心茫茫泪如珠",于是又回到人境,尽量求一时的欢乐而寄情于醇酒妇人。"欲远集而无所止兮,聊浮游以逍遥",在屈原为愤慨之谈,在阮籍和李白便成了涉世的策略。这一派诗人都有日暮途穷无可如何的痛苦。从淑世到厌世,因厌世而求超世,超世不可能,于是又落到玩世,而玩世亦终不能无忧苦。他们一生都在这种矛盾和冲突中徘徊。真正大诗人必从这种矛盾和冲突中徘徊过来,但是也必能战胜这种矛盾和冲突而得到安顿。但丁、莎士比亚和歌德都未尝没有徘徊过,他们所以超过阮籍、李白一派诗人者就在他们得到最后的安顿,而阮李诸人则终止于徘徊。

中国游仙派诗人何以止于徘徊呢? 这要归咎于我们在上文所说过的哲学思想的平易和宗教情操的淡薄。哲学思想平易,所以无法在冲突中寻出调和,不能造成一个可以寄托心灵的理想世界。宗教情操淡薄,所以缺乏"坚持的努力",苟安于现世而无心在理想世界求寄托,求安慰。屈原、阮籍、李白诸人在中国诗人中是比较能抬头向高远处张望的,他们都曾经向中国诗人所不常去的境界去探险,但是民族性的累太重,他们刚飞到半天空就落下地。所以在西方诗人心中的另一世界的渴求能产生《天国》、《失乐园》、《浮士德》诸杰作,而在中国诗人心中的另一世界的渴求只能产生《远游》、《咏怀诗》、《游仙诗》和《古风》一些简单零碎的短诗。

老庄和道家学说之外,佛学对于中国诗的影响也很深。可惜这种影响未曾有人仔细研究过。我们首先应注意的一点就是,受佛教影响的中国诗大半只有"禅趣"而无"佛理"。"佛理"是真正的佛家哲学,"禅趣"是和尚们静坐山寺参悟佛理的趣味。佛教从汉朝传入中国,到魏晋以后才见诸吟咏,孙绰《游天台山赋》是其滥觞。晋人中以天分论,陶潜最宜于学佛,所以远公竭力想结交他,邀他入"白莲社",他以许饮酒为条件,后来又"攒眉而去",似乎有不屑于佛的神气。但是他听到远公的议论,告诉人说它"令人颇发深省"。当时佛学已盛行,陶潜在无意之中不免受有几分影响。他的《与子俨等疏》中:

少学琴书,偶爱闲静,开卷有得,便欣然忘食。见树木交

荫,时鸟变声,亦复欢然有喜。尝言五六月中,北窗下卧,遇凉
风暂至,自谓是羲皇上人。

一段是参透禅机的话。他的诗描写这种境界的也极多。陶潜以
后,中国诗人受佛教影响最深而成就最大的要推谢灵运、王维和苏
轼三人。他们的诗专说佛理的极少,但处处都流露一种禅趣。我
们细玩他们的全集,才可以得到这么一个总印象。如摘句为例,则
谢灵运的"白云抱幽石,绿筱媚清涟","虚馆绝诤讼,空庭来鸟鹊",
王维的"兴阑啼鸟散,坐久落花多","倚杖柴门外,临风听暮蝉",和
苏轼的"舟行无人岸自移,我卧读书牛不知","敲门都不应,倚杖听
江声"诸句的境界都是我所谓"禅趣"。

他们所以有"禅趣"而无"佛理"者固然由于诗本来不宜说理,
同时也由于他们所羡慕的不是佛教而是佛教徒。晋以后中国诗人
大半都有"方外交",谢灵运有远公,王维有瑗公和操禅师,苏轼有
佛印。他们很羡慕这班高僧的言论风采,常偷"浮生半日闲"到寺
里去领略"参禅"的滋味,或是同禅师交换几句趣语。诗境与禅境
本来相通,所以诗人和禅师常能默然相契。中国诗人对于自然的
嗜好比西方诗要早一千几百年,究其原因,也和佛教有关系。魏晋
的僧侣已有择山水胜境筑寺观的风气,最早见到自然美的是僧侣
(中国僧侣对于自然的嗜好或受印度僧侣的影响,印度古婆罗门教
徒便有隐居山水胜境的风气,《沙恭达罗》剧可以为证)。僧侣首先
见到自然美,诗人则从他们的"方外交"学得这种新趣味。"禅趣"
中最大的成分便是静中所得于自然的妙悟,中国诗人所最得力于
佛教者就在此一点。但是他们虽有意"参禅",欲无心"证佛",要在
佛理中求消遣,并不要信奉佛教求彻底了悟,彻底解脱;入山参禅,
出山仍然做他们的官,吃他们的酒肉,眷恋他们的妻子。本来佛教
的妙义在"不立文字,见性成佛",诗歌到底仍不免是一种尘障。

佛教只扩大了中国诗的情趣的根底,并没有扩大它的哲理的

根柢。中国诗的哲理的根柢始终不外儒道两家。佛学为外来哲学,所以能合中国诗人口胃者正因其与道家言在表面上有若干类似。晋以后一般人尝把释道并为一事,以为升仙就是成佛。孙绰的《天台山赋》和李白的《赠僧崖公诗》都以为佛老原来可以相通,韩愈辟"异端邪说",也把佛老并为一说。老子虽尚虚无而却未明言寂灭。他是一个彻底的个人主义者,《道德经》中大部分是老于世故者的经验之谈,所以后来流为申韩刑名法律的学问,佛则以普济众生为旨。老子主张人类回到原始时代的愚昧,佛教人明心见性,衡以老子的"绝圣弃知"的主旨,则佛亦当在绝弃之列。从此可知老与佛根本不能相容。晋唐人合佛于老,也犹如他们合道于老一样,绝对没有想到这种凑合的矛盾。尤其奇怪的是儒家诗人也往往同时信佛。白居易和元稹本来都是彻底的儒者,而白有"吾学空门不学仙,归则须归兜率天"的话,元在《遣病》诗里也说"况我早师佛,屋宅此身形"。中国人原来有"好信教不求甚解"的习惯,这种马虎妥协的精神本也有它的优点,但是与深邃的哲理和有宗教性的热烈的企求都不相容。中国诗达到幽美的境界而没有达到伟大的境界,也正由于此。

（选自《诗论》,三联书店,1998 年版）

朱光潜（1897—1986）,安徽桐城人,现代著名美学家、文艺理论家、翻译家。1922 年毕业于香港大学文科教育系,1930 年获英国爱丁堡大学文科硕士学位,1933 年获法国斯特拉斯堡大学文科博士学位。回国后曾任教于北京大学教授、四川大学、武汉大学。解放后曾任北京大学教授、文学院代院长,中国美学学会会长、社科院学部委员、民盟中央委员、全国政协委员、常委等职。我国现代美学的开拓者和奠基者之一,

20世纪儒学研究大系

毕生从事美学教学和研究,在西方美学思想和中西方文化研究方面造诣较深。翻译黑格尔《美学》,著述有《悲剧心理学》、《文艺心理学》、《诗论》、《西方美学史》、《谈美书简》等。

《诗论》是朱光潜的代表作,是20世纪40年代四大诗论之一,比较诗学的经典之作。作者在研究中摒弃了中国诗歌品评中不成系统、过于主观有失科学的方法,吸取了西方诗学中谨严的分析与逻辑的归纳方法,从诗的起源、性质、特征等角度,具体分析中西诗歌的内在规律,探讨中国诗歌的节奏、声韵、格律等特征的历史源流,既用西方诗论来解释中国古典诗歌,又用中国诗论来印证西方诗论。

礼 乐 新 解

周谷城

一、祖国美学原理有最突出的一条,曰由礼到乐。用现在的话来说,就是由劳到逸,由紧张到轻松,由纪律严明到心情舒畅,由矛盾对立到矛盾统一,由对立斗争到问题解决,由差别境界到绝对境界,由科学境界到艺术境界。这条原理可以贯通于一切美术品的创造过程,而得到体现。尤其在礼与乐的实践中,体现了不少。但古人于此,未必完全意识到了,我们在这里最好用现代话表而出之。

二、礼是什么? 就字面说,礼即豊。豊是什么? 即玨、凵、豆之合。玨据说是一条一条的玉石,凵即盛玉石的盆子;以一条一条的玉石放在盆子里,即成曲的样子,即盛了玉石的盆子的样子。豆可能就是盛盆子的架子。盛了玉石的盆子放在架上,即成豊;拿这样的东西去供神即成礼,即是礼品。这解释未必对,但颇连贯自然,拿与孔子的话对照看,更像合乎实际情况。孔子曾说:"礼云礼云,玉帛云乎哉!"意即谓:经常把礼挂在嘴上,难道礼就只是玉帛而已吗? 从这话看,礼的最早的意义,就是供神的礼品。供神的礼品为什么要用玉石呢? 这可能出于希望死不速朽的意思。活着的人,总希望不死;就是死了也希望慢一点腐朽,或完全不朽。以玉供神的习惯,可能出于不欲速朽的希望。礼为礼品,是第一意义。《说文》示部礼下"所以事神致福也"云云,正是这个意思。由此引申出来的意义,还有较明确的两个,即客观事物的规律,和人类行为的纪律是也。《礼记·乐记》所谓"礼也者,理之不可易者也";《荀子·礼论篇》所谓"天地以合,日月以明,四时以序,星辰以行";都是指的事物的客观规律,或规律的体现。《左传》昭公廿五年传所谓"夫礼,……民之行也";《国语·晋语》所谓"夫礼,国之纪也";都是指的行为的纪律或纪律的遵行。行为的纪律又以客观的规律为基础。人类根据客观的规律,遵循行为的纪律,而努力奋斗,获得成果,一定快乐,进入乐的境界,或艺术境界。

什么叫乐? 就字面说,甲骨文作♦,作♦;金文作♦,作♦,作♦,作♦,作♦。有人说,这字从丝附木上,是琴瑟之象;或增白以象调弦之器,如今日弹琵琶者用拨以代指甲一样。这说颇有理,但于形不甚似,我颇倾向于另一种说法。《说文诂林》引《系传通论》曰:"♦小言之曰喜,大言之曰乐,独言之曰喜,众言之曰乐。乐者出于人心,布之于管弦也。乐弥广则备鼓鼙,故于文木♦为乐。白象鼓形,♦左右之应棘也。应,和也;棘,引也。小鼓挂在大鼓之旁,为引为和也。"中间的大鼓,和左右两边的小鼓或应与棘,一并悬在木架上,这木架子叫做虡。就大小鼓来说,乐是乐器。孔子曾说:"乐云乐云,钟鼓云乎哉!"意即谓:经常把乐挂在嘴上,难道乐就只是钟鼓而已吗? 乐当然不止乐器,但乐器确是乐的基本意义。除此之外,也有两个引申的意义,即快乐与音乐是也。上面所谓小言之曰喜,独言之曰喜云云,即快乐的意思。所谓乐者出于人心,布之于管弦云云,即音乐的意思。人类的社会斗争,或生产斗争,获得了胜利,自然快乐;把快乐用乐器表现出来,即成音乐。快乐、音乐、乐器三种意义,都是乐字所具有的;正如规律、纪律、礼品三种意义,都是礼字所具有的一样。

三、礼与乐两者,性质完全不同。就纪律这个意义而言,礼完全属于斗争过程;就快乐这个意义而言,乐完全属于斗争成果。换句话说,前者是偏于客观方面的,后者是偏于主观方面的;前者是偏于先行的,后者是偏于继起的;前者是偏于独立的,后者是偏于依附的。然在古籍中,礼与乐总是相连、并举,好像结了不解之缘。这于经典的排列次序,可以看出一个大概。古代经典,有诗、书、易、礼、乐、春秋等六种。这六种经典,经学家中的古文派谓是六种历史,应按它们产生时代的早晚来排列,因而排成易→书→诗→礼→乐→春秋的次序。经学家中的今文派则谓是六种教典,应按它们内容程度的深浅来排列,因而排成诗→书→礼→乐→易→春秋的次序。详见周予同教授的《经今古文学》和《群经概论》。事也真巧,六种经典的排列次序,在古文、今文两派学者中尽管不同,但礼与乐的相连、并举,在两派的排列中,却是不变的;无论易、书、诗、礼、乐、春秋,或诗、书、礼、乐、易、春秋,尽管排法不同,而礼乐总是相连并举。相反的东西,俨然是相成的,至少是相连的。

　　不独止此。在《礼记·乐记》中,两者始终是相连并举的。书名既曰乐记,顾名思义,应该是单讲乐的。然而不然,自始至终,拿礼与乐相连并举。如"乐由中出,礼自外作",如"大乐与天地同和,大礼与天地同节",如"乐统同,礼辨异",如"乐者为同,礼者为异",如"礼节民心,乐和民声",如"乐胜则流,礼胜则离",如"礼乐不可斯须去身"等等,无不是礼与乐相连并举。这其中自然有一个窍。其窍为何? 曰:由矛盾对立到矛盾统一的原则是也。人类总是先有劳然后才有逸,总是先有紧张然后才有轻松,总是先有纪律严明后才有心情舒畅,总是先有矛盾对立然后才有矛盾统一,总是先有对立斗争然后才有问题解决,总是先有差别境界然后才有绝对境界,总是先有科学境界然后才有艺术境界。因此先有礼然后才有乐,有礼也一定有乐。礼与乐是相反而相成的,因此必然是相连并举的。

　　四、礼与乐是怎样产生的?《乐记》中说:"乐由中出,礼自外作。"这里的中与外,我们用现代话加以新解,即主观与客观。"乐由中出,礼自外作"云云,应解为乐出于主观,礼出于客观。我们的生活就是斗争;斗争或是对自然的,或是对社会的,都属客观存在。如克服自然灾害,打倒帝国主义,克服者与被克服者,都是客观存在的;打倒者与被打倒者都是客观存在的;克服的斗争过程,打倒的斗争过程,更是客观存在的活动。离开了客观存在及存在的活动,便没有斗争可言。正如发矢射的,举矛攻盾,矢与矛,的与盾,都是客观存在的;执矢与矛的人,当目标之的与执盾的人,都是客观存在的;发矢射击的斗争过程,举矛进攻的斗争过程,更是客观存在的活动。离开了客观的存在及存在的活动,便没有斗争可言。这客观的斗争是礼所涉的范围。

斗争必有成功或失败;成功或失败必然引起喜、怒、哀、乐、爱、恶等感情。感情虽是客观的斗争过程所引出,然其自身却是主观的。这主观的感情则是乐所涉的范围;扩大一点说,也是一切艺术所涉的范围。感情一被引出,又必寻找物质,以表现其自身。在走路上表现,则成舞蹈艺术;在作文、写字、画图上表现,则成诗、书、画等艺术;在制用具或造房子上表现,则成雕刻、建筑等艺术。至于在发声上表现的,则成音乐。为求把情感表现得真切,音乐与舞蹈又常相伴随。《乐记》云:"凡音之起,由人心生也;人心之动,物使之然也。感于物而动,故形于声;声相应,故生变;变成方(方疑是文之误。原注云,方犹文章也,其实方并没有文章的意味。但下文'凡音者生人心者也;情动于中,故形于声;声成文,谓之音'。可证方或为文之误。)谓之音。比音而乐之,及干戚羽旄,谓之乐。"正义云:干是盾,戚是斧。是举行武舞时舞者所执的东西;羽是翟羽,旄是旄牛尾,是举行文舞时舞者所执的东西。这所说是否正确,固不敢说;但有一点却可断言,即为着把情感表现得真切,音乐与舞蹈常相伴随。

五、出于主观的乐与出于客观的礼,又以整个天地或宇宙或自然的存在与发展为依据;故《乐记》曰:"大乐与天地同和,大礼与天地同节。"天地或宇宙或自然的存在与发展是由矛盾对立到矛盾统一的。就太阳系统来说吧,许多行星围绕着太阳旋转,各走自己的轨道,彼此不相逾越,构成一个大的和谐,即矛盾的统一。但这大的和谐或矛盾的统一是由不和谐或矛盾的对立发展过来的。即在今日,太阳系的和谐仍是与不和谐同在的,它的统一仍是与对立同在的。两相反对的力量,彼此互相牵引,互相干扰,是对立,是不和谐。然而这个对立,这个不和,竟矛盾到或冲突到使运行的星体形成自己的轨道,不越自己的轨道,遵循自己的轨道而进行;便成和谐,便成统一。由此看来,有对立然后有统一,有不和然后有和谐。

行星围绕太阳运行,是空间的活动;"然后"云云,不是进入时间的历史了吗? 是的,不仅进入,而且自始就是与历史分不开的。一个行星的运行,倘不占时间,是它自己的寿命等于零,根本不存在,何来旋转运行? 没有时间的运行之不合理,正如没有空间的存在之不合理一样。一个行星,倘不占空间,是它活动的范围等于零,也是根本不存在的。推广一点说,凡存在的东西,其存在,其运动,都是与时空分不开的。一个东西的存在,不仅只有前后、左右、上下,而且有过去、现在、未来。运动的展开,就是历史的发展。例如地球围绕太阳旋转,完成一个圆周,自转凡 365 又 1/4 圈。这是就空间说的;若就时间说,则为 365 又 1/4 日。地球所过的方位,即我们所历的时间。把 365 又 1/4 日以 4 分之,则得春、夏、秋、冬等 4 个季节;以 24 分之,则得立春、雨水等 24 个节气。季节、节气前后不乱,构成和谐,也是由对立而得到的统一,正如我们生活的由礼到乐一样。我们不违季节和节气,与自然作斗争,发展生产,获得满足,产生感情,即是由礼到乐。《荀子·礼论篇》云:"天地以合,日月以明,四时以序,星辰以行,江河以流,万物以昌,好、恶以节,喜、怒以当,……万物变而不乱,贰之则丧。"这里"天地以合,……万物以昌"云云,是天地由礼到乐的结果。"好、恶以节,喜、怒以当"云云,是人类由礼到乐的结果。人类是要改造自然,利用自然的;但须发现自然规律,遵守自然规律;故曰"大乐与天地同和,大礼与天地同节"。换句话说,即出于主观的乐与出于客观的礼,以整个天地或宇宙或自然的存在与发展为依据。

六、礼乐的由来及依据,大约如此。至于礼乐的功用,则可分三层讲:第一层在发现规律,统一信仰,《乐记》所谓"乐统同,礼辨异"是也。统同建筑在辨异上,由辨异可以达到统同。由分析情况,发现规律,可以达到认识一致,信仰统一。故曰"乐者为同,礼者为异"。为异即分析情况,为同即建立信仰。我们的生活是斗争过程。希望斗争获胜,必须分析情况,发现规律。例如种地,是生产斗争,也是对自然的斗争。为图斗争有效,获得丰收,则季节的气候,土壤的肥饶,播种的适时与否,人工的恰当与否,都在必须分析研究之列。分析研究,发现了规律,按照做去,才可以希望有所收获。又如打倒帝国主义,是社会斗争,也是对侵略的斗争。为图斗争有效,获得胜利,则帝国主义的由来,帝国主义的现状,帝国主义的本质等,都在必须分析研究之列。分析研究,发现它的腐朽性、寄生性等,知道它已由盛转衰,正在一天一天烂下去,我们才可树立必胜之心,与之斗争到底。《乐记》有云:"穷(穷)本知变,乐之情也;著诚去伪,礼之经也。"著诚去伪云云,就是由分析研究而发现规律;穷(穷)本知变云云,就是由认识规律而树立信心。

由分析研究可以达到树立信心,并不等于说一个从事分析研究的科学工作者可以成为一个迷信上帝的宗教徒。发现规律,树立信心,是应该的;放弃分析,迷信上帝,则不可以。现代常有一些人,自己已是科学家了,而又按时到教堂作礼拜,是不合理的。如仍合理,必是教堂的礼拜,在科学家看来,变了性质。现在许多礼拜堂里的礼拜,确实是变了性质的。礼拜日的上午,大家穿上新衣,携着儿女,到礼拜堂,听听音乐;听完之后,同朋友谈谈闲天,说说笑话;青年男女,还可乘此讲讲爱情。这样的礼拜,性质是完全变了的;科学家也去参加,自然没有什么格格不入之处。蔡元培曾主张以美育代宗教;如果所欲代的是迷信上帝的坚决信仰,则"代"为不可能。如果所欲代的,是上述这样的社交性的会聚,则其本身已在美化,根本用不着代了。

七、礼乐的第二层功用,比第一层更前进一步。第一层只在发现规律,树立信仰。第二层则在根据规律,遵守纪律;改造现实,实现信仰。遵守纪律,是礼所道的行;改造现实,消去矛盾对立,达到矛盾统一,进入艺术境界,是乐所道的和。《庄子·天下篇》谓"礼以道行,乐以道和";《荀子·儒效篇》谓"礼言是其行也,乐言是其和也"云云;正是指的礼乐的第二层功用,即比第一层进一步的功用。第一层功用分析研究,发现规律,相当于科学的阶段。规律找到了,信仰树立了,我们的斗争过程只完成了一半。必须把客观存在的规律,化为我们遵守的纪律;把树立起来了的信仰,化为新的现实,我们的斗争过程才算完成了全部。

所有的礼,一方面固然反映着客观的规律;另一方面,却又必须是行为的纪律。章太炎《礼隆杀论》谓:"礼者法度之通名,大别则官制、刑法、仪式是也。"官制、刑法、仪式,都是规定行为的,都属叫人遵守的纪律范围。坚持着纪律,投入力量,进行斗争改造现实,获得成果,则斗争过程,便趋于完成。现实改造了,战果丰收了,斗争过程全部完成了,生活便由劳转入逸,由紧张转入轻松,由纪律严明转入心情舒畅,由矛盾对立转入矛盾统一,由对立斗争转入问题解决,由差别境界转入绝对境界,由科学境界转入艺术境界。换句话说,即由礼转入乐。我们种地,获得丰收;不禁狂欢,搭台演戏,以表快乐;古人如此,今人亦莫不如此。我们打仗,获得胜利;不禁狂欢,开会庆祝,以表快乐;古人如此,今人亦莫不如此。唯有投下力量,经过斗争;改造了现实,解决了问题;才有可能进入绝对境界。希腊的新柏拉图派普罗迪纳士(Plotinus)好谈精神快乐,好谈"消魂大悦"(ecstasy)的经验;宋朝的程明道好谈"定",谓"动亦定,静亦定,无将迎,无内外。"消魂大悦,动静皆定,未尝不令人羡慕。但没有实际斗争,这等境界决不可得;即谈者自己,当亦只是谈谈而已,未必常有这等境界。我们不必高谈这等境界,只要坚持纪律,坚持斗争;解决问题,获得成果;则自然心情舒畅,随时都可进入绝对的境界。而且这样的境界,虽不是永恒存在的,却是常常出现的。因此我们的生活,不是只有礼而无乐的,亦不是只有乐而无礼的,而是由礼到乐,由乐到礼的。

八、礼乐的第三层功用,即第一层和第二层上的加工。第一层发现规律,树立信仰;第二层依规律为纪律,化信仰为现实。第三层则于此二者之上加工,使心理习惯倾向于发现规律,遵守纪律;使感情表现,固定于几种方式,自然中和。《乐记》谓"礼节民心,乐和民声",正是指此。人生虽是斗争过程,问题虽要随时解决;但指导解决问题的规律,有可以通用者,并非一切都要临时发现。至少掌握了若干基本规律的人,于解决临时发生的新问题,当较一般人为方便。这便是专科教育的效力;就其作用而言,就是节民心。民心有节,则其行动所引出的感情,可能也是有节的。《礼记·中庸》云:"喜、怒、哀、乐之未发谓之中,发而皆中节谓之和。"感情中节,是可能的。节民心的专科教育,可以称之为礼的教育;和民声的感情教育,可以称之为乐的教育。教育就是加工。我们的祖先对于礼与乐的教育,都很重视。《礼记·经解》有云:"君子审礼,不可诬以奸诈。是故隆礼由礼,谓之有方之士;不隆礼不由礼,谓之无方之民。……故礼之教化也微,其止邪也于未形;使人日徙善远罪而不自知也,是以先王隆之也。"这是重视礼的教育的。《荀子·乐论篇》云："夫乐者乐也，人情之所必不免也。故人不能无乐，乐则必发于声音，形于动静。而人之道，声音动静性术之变尽是矣。故人不能不乐，乐则不能无形；形而不为道，则不能无乱。先王恶其乱也，故制雅颂之声以道之。"这是重视乐的教育的。

　　同是礼乐的功用，就其在生活过程或斗争过程上的位置看，是相续的三层，而不是并立的三种。我们的生活，总是由矛盾对立到矛盾统一的过程。当矛盾对立之时，正问题待决之时。我们于此，如要继续生活下去，只有分析研究，发现规律，寻求问题解决之道。迨规律找到了，解决问题的关键找到了，于是信心随着树立起来。这在生活上是由异到同的阶段，即由礼辨异到乐统同的阶段。把客观存在的规律化为主观遵守的纪律，投下力量，奋勇前进；信心变为现实，紧张变为轻松。这在生活上，是由虚到实的阶段，即在严明的纪律之下，信心变而为现实。礼以道行，乐以道和，正在生活的这段。前后两段，性质不同：前者由分析研究到树立信心，是由客观到主观的；后者由遵守纪律到信心变而为现实，是由主观到客观的。无论前段或后段，都要求我们在生活上习以为常，于是教育要紧了，因而有礼节民心，乐和民声的礼乐教育。是为第三层的功用。

　　九、礼乐有功用，但礼乐的功用亦有限度。超过某种限度，则其功用便变成与原来方向相反的东西。故曰"礼甚则离，乐甚则流"。《乐记》的这两句，正是表示礼乐功用的限度的，表示礼乐超过一定限度，便变成与其自身相反的东西。礼而至于离，乐而至于流，便都与自身原来的功用相反了。凡事发展，超过限度就变成与自身相反；是最常见的。黑格尔曾举过一串的例子：如最公道，越过限度即成不公道；抽象的对，推到极端即成错，在政治生活中，极端的无政府常导致极端的专制；极端的专制也常导致极端的无政府；骄傲之来，来在失败之先；过多的智慧，转成不智；极端的痛苦转成快乐;极端的快乐转成痛苦;愉快至极常掉下泪来;忧郁至极常化为微笑。这些例子,不见得个个都正确。但其精神却可以证明凡事发展越过一定限度,即成与自身相反的东西;礼与乐即其实例。

礼的第一层功用在"辨异"。科学分析方面,为求获得最高精密度,辨异唯恐不能深入。若忘记了本质,只注意末节,有如"明足以察秋毫之末,而不见舆薪";本质看不见,末节上大用工夫,那便离开辨异的本旨了。乐的第一层功用在"统同"。发现了问题的规律,在集体方面获得了同一的信仰;在个人方面建立了专一的信心,才可以言统同。否则独乐众乐,都不可得。礼的第二层功用在遵守纪律,所谓礼以"导行"是也。为求改造现实,实现信仰,纪律在所必遵。若抛开主要目的,只注意繁文缛节,那便是离开导行的本旨了。乐的第二层功用在布快乐于音乐,所谓乐以"导和"是也。否则音乐不能表示感情,成了形式,便谈不上导和了。《乐记》云:"乐者德之华也;金、石、丝、竹,乐之器也。诗言其志也,歌咏其声也,舞动其容也;三者本于心,然后乐器从之。是故情深而文明,气盛而化神;和顺积中,而英华发外;唯乐不可以为伪。""伪为"就不能算导和。礼的第三层功用在"节民心"。节民心须先有条件。条件为何? 曰物与欲相持而长。《荀子·礼论篇》云:"礼起于何也? 曰,人生而有欲。欲而不得,则不能无求;求而无度量分界,则不能不争;争则乱,乱则穷。先王恶其乱也,故制礼义以分之,以养人之欲,给人之求;使欲必不穷乎物,物必不屈于欲,两者相持而长,是礼之所起也。"物欲相持而长,两者以礼分界,不使有所偏至,就是节民心的条件。真能节民心,便可以和民声;乐的第三层功用也可以不期然而自显。因为生活顺,品德好而发光,声音自可合乐。乐记云:"耳、目、口、鼻、心知、百体皆由顺正以行其义;然后发以声音,而文以琴瑟,动以干戚,饰以羽毛,从以箫管,奋至德之光。"礼的教育做到物欲相持而长,乐的教育做到能奋至德之光;那便是最合理想的了。

十、礼乐在文献中相连并举,由于它们在生活过程上是相继发生的。人不能一刻无生活,因之也不能一刻无礼乐,故《乐记》曰"礼乐不可斯须去身"。换句话说,就是人生不能一刻没有礼乐。生活过程就是斗争过程。在这过程中,随时有问题,随时要解决。解决问题的办法,起码就要运用理智,进行科学分析。迨客观规律找到了,解决问题的关键找到了,便提出解决问题的方案。把方案付诸实行,根据规律,定出纪律,投入力量,奋勇前进;这便是贯彻意志,进行道德的实践。在前进的过程之中,现实依方案而变更,问题终于完全解决,心情为之舒畅;是为感情的活跃,生活已进入艺术境界。由理智的思考到意志的贯彻,由意志的贯彻到感情的活跃,其过程是断而相续的。由科学的分析到道德的实践,由道德的实践到艺术的境界,其过程是断而相续的。问题时时出现,斗争时时展开,生活时时向上。由理智而意志而感情,由科学而道德而艺术,断而相续,前进未有已时。因此由礼到乐,由劳到逸,由紧张到轻松,由纪律严明到心情舒畅,由矛盾对立到矛盾统一,由对立斗争到问题解决,由差别境界到绝对境界,由科学境界到艺术境界,亦断而相续,前进未有已时。故曰礼乐不可斯须去身。

(选自《文汇报》,1962年2月9日)

周谷城(1898—1996),湖南益阳人,我国著名的历史学家、教育家、爱国民主人士和社会活动家。1921年毕业于北京高等师范学院。曾在中山大学、暨南大学、复旦大学任教,曾任全国人大常委会副委员长、中国农工民主党主席等职。著有《中国通史》、《世界通史》、《中国政治史》、《中国社会史论》、《中国近代经济史论》、《哲学与逻辑》、《史学与美学》、《周谷城史学论文选》、《周谷城教育文集》等。

　　就"礼"的内涵而言,指的是以客观规律为基础的行为的纪律,偏于客观;"乐"则意指快乐,偏于主观方面。两者以整个天地或宇宙或自然为存在和发展的依据。礼乐的功用则有三层:首先是发现规律,统一信仰;其次,根据规律,遵守纪律,改造现实,实现信仰;第三,使心理习惯倾向于发现规律,遵守纪律,使感情表现固定于几种方式,自然中和。

由音乐探索孔子的艺术精神

徐复观

一 我国古代以音乐为中心的教育

人类精神文化最早出现的形态,可能是原始宗教,更可能的是原始艺术。对于艺术起源的问题,最妥当的办法,是采取多元论的态度。在多元起源论中,以游戏说与艺术的本性最为吻合,也以游戏在原始生命中呈现得最早。因为它是直接发于人的自身,而不一定要假助于特定的工具。所以,由游戏展开的歌谣、舞蹈,不仅是文学的起源,也可能是一切艺术所由派生,因之,也可能先于其他一切艺术而出现。歌谣、舞蹈之与音乐,本是属于同一血缘系统的;所以,我们不妨推论,音乐在人类中是出现得很早的艺术。同时,《周易·豫卦》:"《象》曰:雷出地奋,豫。先王以作乐崇德,殷荐之上帝,以配祖考。"上面的"《象》曰",普通称为《大象》。《大象》大约成立于战国初期,但其言必系来自古代传承之旧;是音乐与宗教,又有不可分的关系。

中国古代的文化,常将"礼乐"并称。但甲骨文中,没有正式出现"礼"字。以"豊"为古"礼"字的说法,不一定能成立。(参阅拙著《中国人性史论·先秦篇》,第3章,42—43页)但甲骨文中,已不止一处出现了"乐"字。这已充分说明乐比礼出现得更早。同时,《周礼·春官宗伯》有下面的一段话:

　　"大司乐掌成均之法,以治建国之学政,而合国之子弟焉。凡有道者有德者使教焉;死则以为乐祖,祭于瞽宗。以乐德教国子中和祗庸孝友。以乐语教国子兴道讽诵言语。以乐舞教国子舞《云门》、《大卷》、《大咸》、《大磬》、《大夏》、《大濩》、《大武》……"

我始终认为《周礼》是战国中期前后的儒家,或散而在野的周室之史,把周初传承下来的古代政治制度,加以整理、补缀、发展而成的东西。所以里面杂有战国中期前后的名词观念。但形成此书的骨干,却是由周初所传承、建立、积累起来的资料。上面的一段话,正其一例。全段语句构成的格式,及"有道者""有德者""乐德"之类的观念,可能是出之于整理者之手。但以乐为教育的中心,且全章音乐的活动,皆与祭祀密切关连在一起;这便不可能是春秋中期以后,尤其不可能是战国中期以后的人所能悬空构想得出来的。按《国语·周语》伶州鸠曰:"律所以立均出度也。"韦《注》:"均者,均钟木,长七尺,有弦系之,以均钟者,度钟大小清浊也。""均钟"即"调钟",故"均"亦可训"调"。贾谊《惜誓》:"二子拥瑟而调均兮。"王逸《注》云:"'均'亦'调'也。"由此而孳生出魏晋间之"韵"字。是"均"字亦可指音乐之调和而言。"成均"即"成调",乃指音乐得以成立之基本条件而言;是"成均"一名之自身所指者即系音乐,此正古代以音乐为教育之铁证。后人辄以成均为我国大学之起源,虽稍嫌附会,要亦由此可知其在我国教育史上之重要地位。又《今文尚书·尧典》,舜命夔典乐,"教胄子",以乐为教育的中心,与《周官·大司乐》所记者正相符合。日人江文也在其《上代支那正乐考》中谓中国古代以音乐代表国家;音乐的发达,远较西洋为早(原书 4—5页);这种说法是可以成立的。

　　祭神当然有一种仪式。但把这种仪式称之为"礼",是周初才正式形成的。即使是礼的观念正式形成以后,通过西周的文献乃至追述西周情形的资料来看,礼在人生教育中所占的分量,决不能与乐所占的分量相比拟。同时,古代既以音乐为教育的中心,而音乐本来有种感人的力量,于是在古代典籍中,便流传着许多带有夸饰性的音乐效果,及带有神话性的音乐感动神、人、及其他动物的故事。在1965年6月9日《中央日报》陈裕清的《纽约新闻》通信中记有音乐对动物发生了若干良好反应的纪录,则"百兽率舞"这类的话,恐并非全系夸大之词。但奇怪的是,进入到春秋时代,作为当时贵族的人文教养之资的,却是礼而不是乐。在当时,礼乐也可以说在事实上常常不可分;但乐的观念,却远不及礼的观念的显著。对礼的基本规定是"敬文"或"节文"①。文是文饰,以文饰表达内心的敬意,即谓之"敬文"。把节制与文饰二者调和在一起,使能得其中,便谓之"节文"。在多元地艺术起源说中,"文饰"也正是艺术起源之一。因此,礼的最基本意义,可以说是人类行为的艺术化、规范化的统一物。春秋时代人文主义的自觉,是行为规范意识的自觉。通过《尧典》和《周礼》看,音乐当然含有规范的意义。但礼的规范性是表现为敬与节制,这是一般人所容易意识得到,也是容易实行的。乐的规范性则表现而为陶熔、陶冶,这在人类纯朴未开的时代,容易收到效果;但在知性活动已经大大地加强,社会生活已经相当地复杂化了以后,便不易为一般人所把握,也使一般人在现实行为上是无法遵行的。春秋时代,在人文教养上,礼取代了乐的传统地位,不是没有道理。但当时在朝聘会同的各种礼仪中,不仅礼与乐是合在一起;而且当时歌诗以道志的风气,实际便是一种音乐的活动。而春秋时代,一般贵族把礼的文饰这一方面,发挥

---

① 《论语·学而》:"不以礼节之,亦不可行也"。《宪问》:"文之以礼乐"。《孟子·离娄上》:"礼之实,节文斯二者是也"。《礼记·乐记》:"礼之文也"。《丧记》:"礼以节之"。《荀子·劝学篇》:"《礼》之敬文也"。

得太过,致使徒有形式而没有内容,所以孔子常思加以矫正①。但他基本的意思还是在"文质彬彬"(《论语·雍也》);他曾说"君子义以为质"(《论语·卫灵公》),所谓"质"即是"义";"文质彬彬",正说明孔子依然把规范性与艺术性的谐和统一,作为礼的基本性格。子贡答棘成子"君子质而已矣,何以文为"之问是"文犹质也,质犹文也"(《论语·颜渊》),也是这种意思。何况礼乐本是常常合在一起的。礼乐并重,并把乐安放在礼的上位,认定乐才是一个人格完成的境界,这是孔子立教的宗旨。所以他说出了"兴于《诗》,立于礼,成于乐"(《论语·泰伯》)的话。可以说,到了孔子,才有对于音乐的最高艺术价值的自觉;而在最高艺术价值的自觉中,建立了"为人生而艺术"的典型,这是我在下面所想加以讨论的。

二　孔子与音乐

从《论语》看,孔子对于音乐的重视,可以说远出于后世尊崇他的人们的想像之上;这一方面是来自他对古代乐教的传承,一方面是来自他对于乐的艺术精神的新发现。艺术,只有在人们精神的发现中才存在。可以说,就现在所能看到的材料看,孔子可能是中国历史中第一位最明显而又最伟大的艺术精神的发现者。

《史记·孔子世家》称"孔子学鼓琴于师襄";《韩诗外传》五,《淮南子·主术训》,《家语·辨乐篇》,所载皆同。由此推之,《世家》采《论语·述而篇》"子在齐闻《韶》"之文,加"学之"二字,也是可信的。由此可以想见孔子对音乐是曾下过一番工夫。又《孔子世家》在"孔子学鼓琴于师襄"下,更详细记载他学习进度的情形说:

---

① 《论语·八佾》"林放问礼之本,子曰:大哉问"一章,及《先进》"子曰:先进于礼乐,野人也"一章,皆明显有矫礼文末流之意。

　　"孔子学鼓琴于师襄,十日不进。师襄子曰:可以进矣。
孔子曰:丘已习其曲矣,未得其数也。有间曰:已习其数,可以
益矣。孔子曰:丘未得其志也。有间曰:已习其志,可以益矣。
孔子曰:丘未得其为人也。有间曰:有所穆然深思焉;有所怡
然高望而远志焉。曰:丘得其为人,黯然而黑,几然而长,眼如
望羊,心如王四国,非文王其谁能为此也。"

按:"曲"与"数",是技术上的问题;"志"是形成一个乐章的精神;
"人"是呈现某一精神的人格主体。孔子对音乐的学习,是要由技
术以深入于技术后面的精神,更进而要把握到此精神具有者的具
体人格;这正可以看出一个伟大艺术家的艺术活动的过程。对乐
章后面的人格的把握,即是孔子自己人格向音乐中的沉浸、融合。
《论语·宪问篇》:"子击磬于卫,有荷蒉而过孔氏之门者曰:有心哉,
击磬乎!"此一荷蒉的人,是从孔子的磬声中,领会到了孔子"吾非
斯人之徒与而谁与"(《论语·微子》)的悲愿。由此可知,当孔子击
磬时,他的人格是与磬声融为一体的。又《世家》载孔子被困于陈、
蔡之野的故事,而谓"孔子讲诵弦歌不衰";此故事分见于《庄子·山
木》、《让王》两篇,此两篇之作者并非一人,则此故事乃出自先秦传
承之旧,当为可信。在危难之际,以音乐为精神安息之地,则其平
时的音乐生活,可想而知。歌是音乐活动中最重要的一部分。《论
语·述而》:"子于是日哭,则不歌",由此可知其在"是日哭"以外,都
会唱歌的。《礼记·檀弓》记孔子于将死之前,犹有泰山、梁木之歌。
并且他对于歌,也如对于一般的学问一样,是随地得师,终身学习
不倦的;这由"子与人歌而善,则必反之,而后和之"(《论语·述而》)
的话,可以得到证明。歌的主要内容可能即是诗,诗在当时是与乐
不分的。孔子的诗教,亦即孔子的乐教。《史记·孔子世家》引《论
语·述而》"子所雅言,《诗》《书》执礼"之言,而稍加以变通的说"孔
子以《诗》《书》《礼》《乐》教",于是一直到战国之末,"《诗》《书》《礼》

《乐》",成为公认的儒家教典。

因为乐教对孔子个人及他的学生,都居于非常重要的地位,所以他曾和当时的乐人,不断有交往。这由《论语·八佾》"子语鲁太师乐曰"一章,及《卫灵公》"师冕见,及阶,子曰:阶也"一章,可以得到证明。《微子》"大师挚适齐,亚饭干适楚"一章,必系孔子对于鲁国这七位乐人的风流云散,发出了深重的叹息,所以他的学生才这样把它叮咛郑重地记下来。

孔子对音乐的欣赏,《论语》上有下面的记载:

"子在齐闻《韶》,三月不知肉味,曰:不图为乐之至于斯也。"(《述而》)

"子曰:《关雎》乐而不淫,哀而不伤。"(《八佾》)

"子语鲁太师乐曰:乐其可知也。始作,翕如也。从之,纯如也,皦如也,绎如也,以成。"(《八佾》)

"子曰:师挚之始,《关雎》之乱,洋洋乎盈耳哉。"(《泰伯》)

孔子不仅欣赏音乐,而且对音乐曾作了一番重要的整理工作。所以他说:"吾自卫反鲁,然后乐正,《雅》《颂》各得其所。"(《子罕》)这是使诗与乐,得到了它原有的配合、统一。《史记·孔子世家》说:"三百五篇,孔子皆弦歌之,以求合《韶》、《武》、《雅》、《颂》之音,礼乐自此可得而述。"这种陈述也是可信的。

孔子不但在个人教养上非常重视乐,并且在政治上也继承古代的传承,同样的加以重视;这只看《论语》下面的记载,便可了解:

"子之武城,闻弦歌之声。夫子莞尔而笑曰:割鸡焉用牛刀? 子游对曰:昔者偃也闻诸夫子曰:君子学道则爱人,小人学道则易使也。子曰:二三子,偃之言是也。前言戏之尔。"(《阳货》)

"弦歌之声",是以乐为中心的教育。此处的"君子"、"小人",是就社会上的地位来分的。在这一段话里暗示了三种意思:一是弦歌之声即是"学道"。二是弦歌之声下逮于"小人"，即是下逮于一般的百姓。三是弦歌之声，可以达到合理的政治要求。这是孔门把它所传承的古代政治思想，在武城这个小地方加以实验，所以孔子特别显得高兴。而孔子答"颜渊问为邦"，也特举出"乐则《韶》《舞》"；并将"放郑声"与"远佞人"并重（《卫灵公》）；这也可以反映出乐在孔门的政治理想中的重要性，亦即是艺术在政治理想中的重要性。

三　孔门乐教传承的典籍
——《乐论》与《乐记》的若干考证

　　正因为孔子这样地重视乐，乐成了孔门教化中的一大传统，所以荀子学问的性格，并不与乐相近；但他因为要继承孔门的大传统，所以写出了一篇完整的《乐论》。汉河间献王，"与毛生等共采《周官》及诸子言乐事者，以作《乐记》。……其内史丞王定传之，以授常山王禹"（《汉书·艺文志》），此即《艺文志》著录之《王禹记》二十四篇。又《艺文志》著录有《乐记》二十三篇。孔颖达《礼记正义》："按《郑目录》云，名曰《乐记》者，以其记乐之义。此于《别录》属《乐记》。……刘向校书，得《乐记》二十三篇，与禹（按：指《王禹记》）不同，其道浸以益微。故刘向所校二十三篇著于《别录》，今《乐记》所断取十一篇。余有十二篇，其名犹在。《二十四卷记》，无所录也。"又谓："案《别录》：《礼记》四十九篇，《乐记》第十九。则《乐记》十一篇入《礼记》也，在刘向前矣。至刘向为《别录》时，更载所入《乐记》十一篇，又载余十二篇，总为二十三篇也。"按《汉书·河间献王传》言其所得先秦旧书有"《周官》、《尚书》、《礼》、《礼记》"。颜师古《注》谓："《礼》者，《礼经》也。《礼记》者，诸儒记《礼》之说也。"齐召南谓："《礼经》即《仪礼》十七篇。《礼记》，七十子后学所记,《艺文志》所谓百三十一篇是也。《戴记》在后。"今《礼记》四十九篇,本在百三十一篇之内,而《乐记》又在四十九篇之内。《乐记》之十一篇,不仅和献王与毛生等所采辑之《二十四卷记》(即《王禹记》)不同;且在刘向校录之前,早已别为一书,收入于《礼记》之中,而为其四十九篇中之第十九篇。刘向乃将《乐记》之十一篇,另加入十二篇,而为二十三篇;并非礼家由二十三篇中断取十一篇。《乐记》中前引《正义》"今《乐记》所断取十一篇"之语,若非通观全文,即易使人发生误解。其有与荀子的《乐论》相同的地方,盖因其出于同一传承。而从文字看,整理《乐记》之人,尚在荀子之后,所以其中吸收了《乐论》。

《隋书·音乐志》引沈约答梁武帝之问中谓:"《乐记》取《公孙尼子》。"皇侃亦有此说。张守节《史记正义》在《乐书》里注谓:"《乐记》者,公孙尼子次撰也。"其说殆皆出自沈约。按《汉书·艺文志》儒家中录有《公孙尼子》二十八篇;杂家中录有《公孙尼》一篇;其与《六艺略》中之《乐记》二十三篇,及《王禹记》二十四篇,全无关涉,彰彰明甚。则沈约之言,在《汉志》中可谓毫无根据。写定《隋书·经籍志》时,《公孙尼子》二十八篇已亡;但儒家中仍录有《公孙尼子》一卷。若此《公孙尼子》之内容与《乐记》相同,则《隋志》应将其录入经部之乐类。《隋志》不将其录入经部之乐类,而将其录入儒家类中,可知写定《隋志》之人,固知其非言音乐之书。顾姚振宗《隋书经籍志考证》子部儒家类《公孙尼子》一卷下引有马氏《玉函山房辑本序》,并谓辑本《公孙尼子》中,"有两引尼书,即《乐记》语,可证沈约之说有据"。按:马氏《玉函山房辑佚》中之《公孙尼子》共十五条;马氏因深信沈约"《乐记》取《公孙尼子》",及刘瓛"《缁衣》,公孙尼子作"之说,故十五条中,将两条标题为《乐记》:一取自徐坚《初学记》引《公孙尼子》"乐者,审一以定和,比物以饰节";今《乐记》中有此二语而多一"故"字。一取自马总《意林》卷二《公孙尼子》第四节"乐者,先王所以饰喜也。军旅者,先王所以饰怒也";今《乐记》作"夫乐者,先王之所以饰喜也;军旅铁钺者,先王之所以饰怒也"。余十三条,马氏标题为《缁衣》,然未见于今《礼记·缁衣》。且此十三条之文意,与《缁衣》全不相类;是"《缁衣》,公孙尼子作"之语,乃刘瓛妄说,而为马氏所妄信。何况其中引董仲舒《春秋繁露》卷十六《循天之道章第七十七》中"公孙之养气曰:里藏泰实则气不通,泰虚则气不足。……凡此十者,气之害也,而皆生于不中和。故君子怒则反中而自悦以和,喜则反中而收之正。……故君子道至气,则华而上。凡气从心。心,气之君也,何为而气不随也"一段,以为董仲舒系引自《公孙尼子》。然中华书局《四部备要》中据抱经堂本校勘之《春秋繁露》,却以"公孙之养气曰里藏"八字为衍文,是董仲舒系引《公孙尼子》之说,已不能成立。《太平御览》四百六十七有"公孙尼子曰:君子怒则自悦以和,喜则收之以正"之语,马氏以此二语即上引《春秋繁露》"故君子怒则反中而自悦以和,喜则反中而收之以正"之二语。然上引《春秋繁露》之一段,其中心意义在"中和";而此段中之上引二语,正紧承"而皆生于不中和"一语而来,故陈述君子以中和养气之实。《太平御览》中所引二语,虽有一"和"字,并无"中"字,与《春秋繁露》之每句皆有"中"字者不同,与上引《春秋繁露》一段中之"中和"观念不能相应。若《春秋繁露》系引自《公孙尼子》,则《公孙尼子》之原文,在意义上不应残缺不全。因此,《太平御览》所引之《公孙尼子》,系转引自《春秋繁露》之可能性为大。

再推上去,若《乐记》系出自《公孙尼子》,而《意林》所引《公孙尼子》"军旅者,先王所以饰怒也"一语,"军旅"下原无"铁钺"二字;《乐记》中引用此文,却无端多出"铁钺"二字,这在引书的例子里也是很少见的。因此,《意林》所引之《公孙尼子》二语,大概也系转引自《乐记》。同时,马氏辑本中标题为《缁衣》之十三条,不仅为今

《缁衣》所无,与《缁衣》不相类;且其内容以养生为主,语意绝非出于先秦人士之口。由此,我可以揭穿一个秘密。《汉志》列入儒家的《公孙尼子》二十八篇的情形,我不敢断定;至于《隋志》著录的《公孙尼子》一卷,或者是《汉志》列入杂家的《公孙尼》一篇,或者是连这一篇也早亡了,全由后来的人所伪托。但不论是属于那种情况,《隋志》中的《公孙尼子》一卷必是西汉之末(《汉志》上的),或东汉之末(假定《汉志》上的已亡),由不相干的人所托名杂凑的,而以出自西汉之末的可能性为最大。因为其中杂凑了《乐记》的若干话,所以沈约便以为《乐记》出于《公孙尼子》。把这一点弄清楚了,则今人"《公孙尼子》与其音乐理论"(见郭沫若著《青铜时代》182—201页)的说法,全系粗率地臆说。把此一文献上的纠葛问题弄清楚了,便容易了解《乐记》中关于音乐的理论,正是总结了孔门有关音乐艺术的理论,恐怕也是世界上出现得最早的音乐理论。因为下面的叙述,随处都与此种文献有关,所以在这里先作一交代。

四　音乐中的美与善

然则孔子对于乐何以如此的重视?《论语》上曾有这样的几句话:"子曰:知之者,不如好之者;好之者,不如乐(读'洛')之者。"(《雍也》)"知之""好之""乐之"的"之"字,指"道"而言①。人仅知道之可贵,未必即肯去追求道;能"好之",才会积极去追求。仅好道而加以追求,自己犹与道为二,有时会因懈怠而与道相离。到了以道为乐,则道才在人身上生稳了根,此时人与道成为一体,而无一丝一毫的间隔。因为乐(读"洛")是通过感官而来的快感。通过

---

① 就《论语》而言,道乃学的内容,如"朝闻道","士志于道","吾道一以贯之","夫子之道"等皆是。

感官以道为荣,则感官的生理作用,不仅不会与心志所追求的道,发生摩擦;并且感官的生理作用,它已完全与道相融,转而成为支持道的具体力量。此时的人格世界,是安和而充实发扬的世界。所以《论语》乃至以后的孔门系统,都重视一个"乐"(读"洛")字①。《礼记·乐记》:"故曰:乐者,乐(读'洛')也。君子乐得其道,小人乐得其欲。"由此可知乐是养成乐(音"洛"),或助成乐(音"洛")的手段。前引的"成于乐",实同于"不如乐之者"的"乐之";道德理性的人格,至此始告完成。

但是,若不了解孔子对于乐,亦即是对于艺术的基本规定、要求,则由乐所得的快乐,不一定与孔子所要达到的人格世界,有什么必然的关系。甚至于这种快乐,对于孔子所要求的人格世界而言,完全是负号的,有如当时的"郑声"。《论语》上曾有"子谓《韶》,尽美矣,又尽善也"(《八佾》)一段话,由此可以了解,"美"与"善"的统一,才是孔子由他自己对音乐的体验而来的对音乐、对艺术的基本规定、要求。许氏《说文》四上"美与善同义",这是就两字俱从"羊"所得出的解释;而在古典中,两义也常是可以互通互涵的。但就孔子在此处将美与善相对举来看,是二者应分属于两个不同的范畴,而又可以统一于一个范畴之内。"美"实是属于艺术的范畴,"善"是属于道德的范畴。乐之所以能成其为乐,因为人感到它是某种意味的"美"。乐的美是通过它的音律及歌舞的形式而见。这种美,虽然还是需要通过欣赏者在特种关系的发见中而生起②,但它自身毕竟是由美的意识进而创造出一种美的形式,毕竟有其存

---

① 如《论语·述而》:"乐以忘忧。"《雍也》:"回也不改其乐。"《孟子·尽心》:"君子有三乐","乐而忘天下。"《离娄上》:"乐则生矣。"

② 圆赖三著《美的探求》第三篇第一章第一节:"花,音乐,不是作为美而存在,实作为美而生起的。"

在的客观的意味。郑、卫之声,所以能风靡当时,一定是因为它含有"美"。但孔子却说"郑声淫",此处的"淫"字,仅指的是顺着快乐的情绪,发展得太过,以至于流连① 忘返,便会鼓荡人走上淫乱之路。这样一来,若借用老子的话说,"天下皆知美之为美,斯恶矣"(二章)。合乎孔子所要求的美,是他所说的"《关雎》乐而不淫,哀而不伤"(《八佾》)。不淫不伤的乐,是合乎"中"的乐。荀子说:"《诗》者,中声之所止也"(《劝学篇》);又说:"《乐》之中和也"(同上),"故乐者,天下之大齐也,中和之纪也"(《乐论》);中与和是孔门对乐所要求的美的标准。在中与和后面,便蕴有善的意味,便"足以感动人之善心"(《荀子·乐论》)。但孔子批评《武》,尽美矣,未尽善也",将美与善分开,而又加上一个"尽"字,这便把问题更推进一层了。《韶》是舜乐,而《武》是周武王之乐。乐以"武"为名,其中当含有发扬征伐大业的意味在里面;把开国的强大生命力注入于乐舞之中,这在《乐记》"宾牟贾侍坐于孔子"的一段问答里面,说得相当详备,这当然有如朱《注》所谓"声容之盛",所以孔子可以称之为"尽美"。既是尽美,便不会有如郑声之淫;因而在这种尽美中,当然会蕴有某种善的意味在里面;若许我作推测,可能是蕴有天地之义气② 的意味在里面。但这不是孔子的所谓"尽善"。孔子的所谓"尽善",只能指仁的精神而言。因此,孔子所要求于乐的,是美与仁的统一;而孔子的所以特别重视乐,也正因为在仁中有乐,在乐中有仁的缘故。尧舜的禅让是仁。其所以会禅让,是出

---

① 《孟子·梁惠王下》:"先王无流连之乐"。

② 《欧阳文忠公文集》卷十五《秋声赋》:"是谓天地之义气,常以肃杀而为心。"此借用。

于天下为公之心,是仁。"有天下,而不与焉。"①,更是仁。"选于众,举皋陶,不仁者远矣"②,也是仁。假定我们承认一个人的人格,乃至一个时代的精神,可以融透于艺术之中;则我们不妨推测,孔子说《韶》的"又尽善",正因为尧舜的仁的精神,融透到《韶》乐中间去,以形成了与乐的形式完全融和统一的内容。

五　仁与乐的统一

仁是道德,乐是艺术。孔子把艺术的尽美,和道德的尽善(仁),融和在一起,这又如何可能呢? 这是因为乐的正常的本质,与仁的本质,本有其自然相通之处。乐的正常的本质,可以用一个"和"字作总括。

"《乐》以道和。"(《庄子·天下篇》。按:此系后人混入之附注,但亦系先秦通说)

"《礼》之敬文也,《乐》之中和也。"(《荀子·劝学篇》)

"《乐》言是其和也。"(《荀子·儒效篇》)

"故乐者,天下之大齐也,中和之纪也。"(《荀子·乐论》)

"大乐与天地同和,大礼与天地同节。……礼者,殊事合敬者也。乐者,异文合爱者也。礼乐之情同,故明王以相沿也。"(《礼记·乐记》)

"乐者,天地之和也;礼者,天地之序也。"(同上)

"乐以发和。"(《史记·滑稽列传》)

---

①　《论语·泰伯》:"巍巍乎,舜、禹之有天下也,而不与焉。"《孟子·滕文公上》:"君哉舜也,巍巍乎! 有天下而不与焉。"

②　见《论语·颜渊》"樊迟问仁"章:"……子夏曰:富哉言乎! 舜有天下,选于众,举皋陶,不仁者远矣……"

克就音乐本身而言,则所谓和,正如《今文尚书·尧典》的"八音克谐,无相夺伦",这是音乐得成为艺术的基本条件。《左传》昭公二十年晏子论和与同之异,因而论及音乐说:"声亦如味。一气、二体、三类、四物、五声、六律、七音、八风、九歌,以相成也。清浊大小,长短疾徐,哀乐刚柔,迟速高下,出入周疏,以相济也。"相成相济,即是《尧典》之所谓"克谐",即是和。把和的意义说得更具体的,则有班固编纂的《白虎通德论》卷二《礼乐篇》所引的孔子的一段话:

> "子曰:乐在宗庙之中,君臣上下同听之,则莫不和敬。族长乡里之中,长幼同听之,则莫不和顺。在闺门之内,父子兄弟同听之,则莫不和亲。故乐者所以崇和顺,比物饰节。节奏合以成文,所以和合父子君臣,附亲万民也。是先王立乐之意也。"

就和所含的意味,及其可能发生的影响言,在消极方面,是各种互相对立性质的东西的解消。在积极方面,是各种异质的东西的谐和统一。因为谐和统一,所以荀子便说"乐者,天下之大齐";"大齐",即是完全地统一。《荀子·乐论》中又说"乐合同",《礼记》中的《乐记》说"乐者为同"。"合同"即可以"合爱",所以《乐记》说"乐者,异文合爱者也",《礼记·儒行篇》便说"歌乐者,仁之和也"。仁者必和,和中可以涵有仁的意味。《论语》:"樊迟问仁,子曰:爱人。"(《颜渊》)孟子也说:"仁者爱人。"(《孟子·离娄下》)仁者的精神状态,极其量是"天下归仁"[1],"浑然与物同体"(程明道《识仁篇》);这应当可以说"乐合同"的境界,与仁的境界,有其自然而然的会通统一之点。《白虎通德论》卷八《五经篇》把《五经》分配为五常,本是一种形式配合的附会,没有什么道理。但它说"乐仁",即

---

[1] 《论语·颜渊》:"一日克己复礼,天下归仁焉。"

是认为乐是仁的表现、流露，所以把乐与五常之仁配在一起，却把握到了乐的最深刻的意义。乐与仁的会通统一，即是艺术与道德，在其最深的根底中，同时，也即是在其最高的境界中，会得到自然而然的融和统一；因而道德充实了艺术的内容，艺术助长、安定了道德的力量。说到这里，不妨对《论语》上，两千年来，争论不决的一件公案，试作一新的解释。

> "子路、曾皙、冉有、公西华侍坐。子曰：以吾一日长乎尔，毋吾以也。居则曰，不吾知也。如或知尔，则何以哉？子路率尔而对曰：千乘之国，摄乎大国之间，加之以师旅，因之以饥馑；由也为之，比及三年，可使有勇，且知方也。夫子哂之。求，尔何如（孔子问）？对曰：方六七十，如五六十，求也为之，比及三年，可使足民。如其礼乐，以俟君子。赤，尔何如（孔子问）？对曰：非曰能之，愿学焉。宗庙之事，如会同，端章甫，愿为小相焉。点，尔何如（孔子问）？鼓瑟希，铿尔。舍瑟而作。对曰：异乎三子者之撰。子曰：何伤乎？亦各言其志也。曰：莫春者，春服既成，冠者五六人，童子六七人，浴乎沂，风乎舞雩，咏而归。夫子喟然叹曰：吾与点也……"（《先进》）

"与"乃嘉许之意。孔子何以独"与点"，古今对此，异论纷纭；其中解释得最精切的，依然当推朱元晦的《集注》。兹录于下：

> "曾点之学，盖有以见夫人欲尽处，天理流行，随处充满，无稍欠缺。故其动静之际，从容如此。而其言志，则又不过即其所居之位，乐其日用之常，初无舍己为人之意。而其胸次悠然，直与天地万物，上下同流，各得其所之妙，隐然自见于言外。视三子之规规于事为之末者，其气象不侔矣，故夫子叹息而深许之。"

按朱子是以道德精神的最高境界，亦即是仁的精神状态，来解释曾点在当时所呈现的人生境界。若果如此，则孔子何以只许颜渊以

"其心三月不违仁",而未尝以此许曾点？实际,朱元晦对此作了一番最深切的体会工夫;而由其体会所到的,乃是曾点由鼓瑟所呈现出的"大乐与天地同和"的艺术境界;孔子之所以深致喟然之叹,也正是感动于这种艺术境界。此种艺术境界,与道德境界,可以相融和;所以朱元晦顺着此段文义去体认,便作最高道德境界的陈述。一个人的精神,沉浸消解于最高艺术境界之中时,也是"物我合一","物我两忘",可以用"人欲尽处,天理流行,随处充满,无稍欠缺"这类的话去加以描述。但朱元晦的态度是客观的,体认是深切的;于是在他由体认所领会到的曾点的人生意境,是"初无舍己为人之意",是不"规规于事为之末";这又分明是"不关心的满足"的艺术精神,而不是与实践不可分的道德精神。由此也可以了解,艺术与道德,在最高境界上虽然相同,但在本质上则有其同中之异。朱元晦实际已体认到了,领会到了,但他只能作道德的陈述,而不能说出这是艺术的人生,是因为孔子及孔门所重视的艺术精神,早经淹没不彰,遂使朱元晦已体认到其同中之异,却为其语言表诠之所不及。后人纷纷以为朱元晦此处是受了佛老的影响,真是痴人说梦。

六 音乐在政治教化上的意义

不过孔门的重视乐,不仅是因为乐自身的艺术境界,与仁的精神状态,有其自然而然的融和。因为这种融和,只能是极少数人在某一瞬间的感受,并不能期望之于一般人,乃至也不能期望之于经常生活之中。并且乐与仁,虽可以发生互相涵孕的作用,但究竟仁是仁,乐是乐。因之,由"克己复礼"而"天下归仁"(即万物一体)的境界,可以与乐的境界相同;但其工夫过程,亦可以与乐全不相干。且由"天下归仁"而必定涵有"吾非斯人之徒与而谁与"(《论语·微子》)的责任感,这不为艺术所排斥,但亦决不能为艺术所承当。所以朱元晦对曾点意境的体认,说他是"初无舍己为人之意"。而当一个儿童受到《韶》乐的感动,"其视精,其心端"[①] 的时候,可以说这是乐对于一个儿童纯朴心灵所能发生的感动作用。但此种感动,可以引发人的仁心,有如《诗》之"可以兴"(《论语·阳货》),但其本身并非即是仁。《论语·八佾》"子曰:人而不仁,如礼何? 人而不仁,如乐何?"这两句话,可以含有三种意味。第一是礼与乐可以与仁不相干,所以才会有不以仁为内容的礼乐。第二是礼乐到了孔子,在其精神上得到了新的转换点,这即是与仁的结合。第三是礼乐的自身,可以作仁的精神的提升、转换,所以孔子才对一般言礼乐的人,提出此种要求。但归结的说一句,我们可以推想,孔门的所以重乐,并非是把乐与仁混同起来,而是出于古代的传承,认为乐的艺术,首先是有助于政治上的教化。更进一步,则认为可以作为人格的修养、向上,乃至也可以作为达到仁的人格完成的一种工夫。关于这,在《论语》上只可以看出若干的结论。但具体地教化教养作用,在其后学中,才有比较显明的陈述。《荀子·乐论》:

　　"夫乐者,乐(洛)也,人情之所必不免也。故人不能无乐(洛),乐(洛)则必发于声音,形于动静。而人之道,声音动静,性术之变尽是矣。故人不能不乐(洛),乐则不能无形,形而不为道,则不能无乱。先王恶其乱也,故制《雅》《颂》之声以道(按:与'导'通)之,使其声足以乐(洛)而不流(按:'流'即'淫'),使其曲直繁省,廉肉节奏,足以感动人之善心。"

---

　　① 《太平御览》五百六十五引《说苑》:"孔子至齐郭门之外,遇一婴儿挈(疑当作'繫')一壶相与俱行,其视精,其心端。孔子谓御曰:趣驱之,《韶》乐方作。"此故事之真伪不可知,但为音乐在儿童心理之感应上所应有。

"夫声乐之入人也深,其化人也速,故先王谨为之文。"

"乐者,圣人之乐(洛)也,而可以善民心。其感人深,其移风易俗(按:'俗'下当有'易'字)。故先王导之以礼乐而民和睦。"

"故乐行而志清,礼修而行成。耳目聪明,血气和平。……故曰:乐者,乐(洛)也。君子乐(洛)得其道,小人乐(洛)得其欲。"

"且乐也者,和之不可变者也。礼也者,理之不可易者也。乐合同,礼别易。礼乐之统,管乎人心矣。穷本极变,乐之情也。著诚去伪,礼之经也。"

按荀子对乐的功用,当然要说到个人人格修养上的意义,但他主要的系就政治社会这一方面的意义而言。《礼记·礼运》:"本仁以聚之,播乐以安之",也主要是就这一方面说。荀子主张性恶,因此特别重视礼。并且把礼原有的半艺术性的"礼之敬文也"的文,进一步转变为严格的规范意义,而使其与法相接近。但荀子虽然认定性是恶的,因而情也是恶的;但他了解,性与情,是人生命中的一股强大力量,不能仅靠"制之于外"的礼的制约力,而须要由《雅》《颂》之声的功用,对性、情加以疏导、转化,使其能自然而然地发生与礼互相配合的作用,这便可以减轻礼的强迫性,而得与法家划定一条鸿沟。他说:"穷本极变,乐之情也。"所谓"本",指的是人的生命根源之地,即是性,情。"穷本",即是穷究到这种生命根源之地。他说:"声音动静,性术之变尽是矣。"是说生命根源之地的冲动(欲),总不外于表现为声音动静①。音乐的艺术,即是顺应着这种声音动静,而赋予以艺术性的音律,这就是他所说的"极变"。能如此,

---

①　按:此"动静"二字,系指冲动的起伏而言。

则在这种生命根源之地的冲动,好像一股泉水,能平静安舒而有情致地流了出来,把挟带的泥沙,即是把冲动中的盲目性,亦即佛家所说的"无明",自然而然地澄汰下去了。这即是荀子上面所说的"乐行而志清"。"志"即是性之动,即所谓穷本之本。"清"即是由于将其中之盲目性加以澄汰而得到感情不期然而然的节制与满足,使其与由心所知之道(理性),得到融和的状态。这即是所谓"穷本"。穷本则志清。因为志清,所以耳目聪明,血气和平,而"足以感发人的善心"。

由此再进一步了解,荀子虽然说"乐者,乐(洛)也",但这种快乐的乐,不仅是一般给情绪以满足的快乐。若仅是为了给情绪以满足,则顺着这种要求下去,情绪的自相鼓荡是无止境的,乐的本身也自然会向"淫"向"流"的方向发展。"淫"、"流"是"太过"的意思;这便更回头去助成情绪的鼓荡,使人间世成为希腊神话中酒神的世界,和今日从美国开始的摇滚舞的世界。因此,孔子便指出"乐(洛)而不淫"[①]的准绳,并因为郑声淫而主张加以废弃[②]。快乐而不太过,这才是儒家对音乐所要求的"中和"(见前引《荀子·乐论》)之道。于是雅乐、古乐,之与郑声、今乐,在儒家以音乐为中心的艺术系统中,常将其加以严格的区划。这种区划,在今日我们当然无法从乐章的形式上知道详细的情形。但若仅就音乐的内容方面而言,或者可以用"思无邪"[③]。三字作推论的根据。而在艺术的形式方面,也或者可以用"中和"二字及"《诗》者中声之所止也"(《荀子·劝学篇》)的话,作推论的根据。因为上面所引孔子、荀子的话,虽然皆就《诗》而言,但《诗》与乐在先秦本是不分的。而无邪

---

①　《论语·八佾》:"子曰:《关雎》乐而不淫,哀而不伤。"

②　《论语·卫灵公》:"放郑声,远佞人。郑声淫,佞人殆。"

③　《论语·为政》:"子曰:《诗》三百,一言以蔽之曰:思无邪。"

的内容,与中和的形式,两者可以得到自然的统一。

儒家在政治方面,都是主张先养而后教。这即是非常重视人民现实生活上的要求,当然也重视人民感情上的要求。"礼者禁于将然之前"(见《大戴礼·礼察篇》),依然是消极的。乐顺人民的感情将萌未萌之际,加以合理的鼓舞,在鼓舞中使其弃恶而向善,这是没有形迹的积极的教化;所以荀子说:"其感人深,其移风易俗易。"司马迁《史记·乐书》言先王音乐之功用是"万民咸荡涤邪秽,斟酌饱满,以饰厥性"。儒家的政治,首重教化;礼乐正是教化的具体内容。由礼乐所发生的教化作用,是要人民以自己的力量完成自己的人格,达到社会(风俗)的谐和。由此可以了解礼乐之治,何以成为儒家在政治上永恒的乡愁。更可以了解孔子何以在《论语》中说"非天子,不议礼,不作乐",及汉儒何以多主张"治定功成,礼乐乃兴"(《史记·乐书》)。因为制礼作乐而不得其人,便发生反教化的作用,把人从根本上染坏了。

七　音乐与人格修养

不过,儒家以音乐为中心的"为人生而艺术"的性格,对知识分子个人的修养而言,其功用更为明显。并且由孔子个人所上透到的艺术根源的性格,也更为明显。兹将有关的资料,简单引一点在下面:

> "凡音者,生于人心者也。乐者,通伦理者也。"(《礼记》卷三十七《乐记》)

> "德者,性之端也。乐者,德之华也。金石丝竹,乐之器也。诗言其志也。歌咏其声也。舞动其容也。三者本于心,然后乐器从之。是故情深而文明,气盛而化神;和顺积中,而

英华发外,唯乐不可以为伪。"(同上)①

　　"乐由中出,礼自外作。乐由中出故静,礼自外作故文。大乐必易,大礼必简。乐至则无怨,礼至则不争。揖让而治天下者,礼乐之谓也。"(同上)

　　"乐也者施也(按:'施'犹'布'也,向外宣发之意)。礼也者报也。乐乐(洛)其所自生;而礼反其所自始。乐章德,礼报情,反始也。"(同上)②

　　"君子曰:礼乐不可斯须去身。致乐以治心,则易直子谅之心,油然生矣。易直子谅之心生,则乐(洛)。乐(洛)则安,安则久,久则天,天则神。天则不言而信,神则不怒而威。致乐以治心者也。"(同上卷)③

　　"致礼以治躬则庄敬,庄敬则威严。心中斯须不和不乐(洛),而鄙诈之心入之矣。外貌斯须不庄不敬,而易慢之心入之矣。"(同上)

　　"故乐也者,动于内者也。礼也者,动于外者也。乐极和,礼极顺……"(同上)

　　"乐也者,动于内者也。礼也者,动于外者也。"(同上)

---

　　① "德者,性之端也。乐者,德之华也。金石丝竹,乐之器也。诗言其志也。歌咏其声也。舞动其容也。三者本于心,然后乐器从之。是故情深而文明,气盛而化神;和顺积中,而英华发外,唯乐不可以为伪。"语出《礼记》卷三十八《乐记》,非《礼记》卷三十七《乐记》。

　　② "乐也者施也。礼也者报也。乐乐其所自生;而礼反其所自始。乐章德,礼报情,反始也。"语出《礼记》卷三十八《乐记》,非《礼记》卷三十七《乐记》。

　　③ "君子曰:礼乐不可斯须去身。致乐以治心,则易直子谅之心,油然生矣。易直子谅之心生,则乐。乐则安,安则久,久则天,天则神。天则不言而信,神则不怒而威。致乐以治心者也。"至"乐也者,动于内者也。礼也者,动于外者也。"语皆出《礼记》卷三十九《乐记》,非《礼记》卷三十七《乐记》。

"……子曰:师,尔以为必铺几筵、升降、酌献、酬酢,然后谓之礼乎? 尔以为必行缀兆,兴羽龠,作钟鼓,然后谓之乐乎? 言而履之,礼也。行而乐之(洛),乐也。"(《礼记》卷五十《经解》)①

上面所引的材料,其中也有通于政治、社会的;由一人之修养而通于天下国家,这是儒家的传统。但最重要的是就一个知识分子的人格修养而言。其中"君了曰"的一段话,又见于《礼记》卷四十八《祭义》,可见这是孔门相传的通说。今就上引的材料,试略加解释。

古人常以礼、乐对举,因对举而两者在修养上所发生不同的作用及由此而来的配合,才容易明了。上面所引的资料也多是如此。在上面的资料中,首先值得注意的是"乐由中出,礼自外作"两句话。"乐由中出",即所谓"凡音者,生于人心者也",及"乐也者,动于内者也"。我们可以把一切的艺术追溯到艺术精神的冲动上去,因而也可以说一切的艺术都是"由中出",此即克罗齐在其《美学原理》中之所谓"表现"。但其他艺术,由冲动而创造出作品,总须假借外面的工具、形象、形式。现时的所谓抽象画,依然还要凭藉其"抽象之象";而这种抽象之象,本是要摆脱客观的形象束缚的。但既抽象而依然有象,则其呈现出来的,依然是客观的;画具也依然是借助于客观的;因此,毕竟不能完全算是"由中出"。从《乐记》看,构成音乐的三基本要素是"诗"、"歌"、"舞"。这三基本要素,是无假于自身以外的客观事物而即可成立,所以它便说"三者本于心"。有了这三基本要素,才假借金石丝竹的乐器以文之。乐器对音乐而言固然重要,但诗、歌、舞三者的自身,即具备了艺术的形

① "……子曰:师,尔以为必铺几筵、升降、酌献、酬酢,然后谓之礼乎? 尔以为必行缀兆,兴羽龠,作钟鼓,然后谓之乐乎? 言而履之,礼也。行而乐之,乐也。"语出《礼记》卷五十《仲尼燕居》,非《礼记》卷五十《经解》。

式;不像其他艺术,不假手于其他工具,即根本不能出现艺术的形
式。并且在中国古代,认为在演奏的时候,是"歌者在上,匏竹在
下,贵人声也"的(《礼记·郊特牲》)。由此可以了解,乐器对音乐的
本质而言,是第二义的,所以才说"三者本于心,然后乐器从之"。
因此,乐的三基本要素,是直接从心发出来,而无须客观外物的介
入,所以便说它是"情深而文明"。"情深",是指它乃直从人的生命
根源处流出。"文明",是指诗、歌、舞,从极深的生命根源,向生命
逐渐与客观接触的层次流出时,皆各具有明确的节奏形式。乐器
是配上这种人身自身上的明确的节奏形式而发生作用、意义的。
经乐的发扬而使潜伏于生命深处的"情",得以发扬出来,使生命得
到充实,这即是所谓"气盛"。潜伏于生命深处的"情",虽常为人所
不自觉,但实对一个人的生活,有决定性的力量。在儒家所提倡的
雅乐中,由情深之情,向外发出,不是像现代有的艺术家受了弗洛
特(S.Freud)精神分析学的影响,只许在以"性欲"为内容的"潜意
识"上立艺术的根基,与意识及良心层,完全隔断,而使性欲垄断突
出。儒家认定良心更是藏在生命的深处,成为对生命更有决定性
的根源。随"情"之向内沉潜,"情"便与此更根源之处的良心,于不
知不觉之中,融合在一起。此良心与"情"融合在一起,通过音乐的
形式,随同由音乐而来的"气盛"而气盛。于是此时的人生,是由音
乐而艺术化了,同时也由音乐而道德化了。这种道德化,是直接由
生命深处所透出的"艺术之情",凑泊上良心而来,化得无形无迹,
所以便可称之为"化神"。孟子以心为纯善的,这是把心与耳目之
欲("情")检别开的说法。孔门中传承礼的系统的人,则多不作检
别。由前面的解释,便可进一步了解"致乐以治心"的意义。弗洛
特把人的精神分为潜意识、意识、良心三个层次。潜意识,大抵相

当于佛教之所谓"无明",儒家自西汉以后若干儒者之所谓"情"①,宋儒之所谓"私欲"。后来张横渠说"心统性情",这是极现实的说法,所以朱元晦常常称道这句话。《乐记》之所谓"心",正指的是统性情之心而言,亦即是统摄了弗洛特所分的三个层次;但良心,则占较为重要的地位。《乐记》前面有"夫民有血气心知之性"的话,此"性"字即通于此处"治心"的"心"字。耳目等官能的情欲,亦必在心的处所呈现,而成为生活一种有决定性的力量。情欲不是罪恶,且为现实人生所必有,所应有。宗教要断灭情欲,也等于是要断灭现实的人生。如实地说,道德之心,亦须由情欲的支持而始发生力量,所以道德本来就带有一种"情绪"的性格在里面。乐本由心发,就一般而言,本多偏于情欲一方面。但情欲一面因顺着乐的中和而外发,这在消极方面,便解消了情欲与道德良心的冲突性。同时,由心所发的乐,在其所自发的根源之地,已把道德与情欲,融和在一起;情欲因此而得到了安顿,道德也因此而得到了支持;此时情欲与道德,圆融不分,于是道德便以情绪的形态而流出。"致乐以治心,则易直子② 谅之心,油然生矣。""致"是推扩乐的功用之意。郑《注》谓"犹深审也",失之。"治"是指对于心中所统的性情的矛盾性、抗拒性加以溶解疏导而言。"易"是和易,"直"谓顺畅,"子"是慈祥,"谅"是诚实。"易直子谅",不应作道德的节目去解释,而应作道德的情绪去体认。因为道德成为一种情绪,即成为生命力的自身要求。道德与生理的抗拒性完全消失了,二者合而

①　先秦的人性论,虽大体上分为性与情的两个层次,但在本质上却多认为是相同的。自董仲舒以情为阴,性为阳,于是情即是宋人所说的私欲,偏于恶的意味重。

②　按《正义》:"'子'谓子爱。"《说文通训定声》子字条下"'子'假借为'慈'"是也。

为一，所以便说"易直子谅之心生则乐（洛）"，人是以能顺其情绪的要求而活动为乐（洛）的。人安于其所乐，久于其所安，所以说"乐则安，安则久"。如此，则人生中的"血气心知之性"，由乐而得到了一个大圆融，而这种圆融，是向良心上升的"和顺积中，而英华发外"的圆融，不是今日向"意识流"的沉淀。这是儒家"为人生而艺术"的真正意义。因此，所以孔子便说："兴于《诗》，立于礼，成于乐。"（《论语·泰伯》）"成"即是圆融。在道德（仁）与生理欲望的圆融中，仁对于一个人而言，不是作为一个标准规范去追求它，而是情绪中的享受。这即是所谓快乐的乐（洛）。以仁德为乐（洛），则人的生活，自然不与仁德相离而成为孔子所要求的"仁人"。所以孔子说："知之者不如好之者，好之者不如乐之者。"（《论语·雍也》）

八　音乐艺术价值的根源

由孔子所传承、发展的"为人生而艺术"的音乐，决不曾否定作为艺术本性的美，而是要求美与善的统一；并且在其最高境界中，得到自然的统一；而在此自然的统一中，仁与乐是相得益彰的。但这并不是仅由艺术的本身，即可以达到。如前所述，艺术是人生重要修养手段之一；而艺术最高境界的达到，却又有待于人格自身不断地完成。这对孔子而言，是由"下学而上达"（《论语·宪问》）的无限向上的人生修养，透入到无限的艺术修养中，才可以做得到。而此时之乐（洛），是与一般所说的快乐，完全属于两种不同的层次，乃是精神"上下与天地同流"（《孟子·尽心章上》）的大自由、大解放的乐（洛）。这落实到音乐上面，便不能不追问，由音乐最高境界所能得到这种超快乐的快乐的价值根源，到底是什么？前面虽已稍稍提到，但还有进一步去探索的必要。假定不把这种地方厘清，则由孔子所把握到的艺术精神不显，因而易使人只停顿在"世俗之乐"上面去了解。儒家说"乐由中出"的话,表面上好像是顺着深处之情向外发,但实际则是要把深处之情向上提。这种向上提,也可以说是层层提高,层层向上突破,突破到为超艺术的真艺术,超快乐的大快乐。所以我应再回头来解释下面的几段话。

"乐由中出故静,礼由外作故文。大乐必易,大礼必简。"

"静"的第一义是纯净。纯静便自然安静。有情故有乐,情是动的。但在人性根源之地所发之情,是顺性而萌,可以说是与性几乎是一而非二。《乐记》前面有两句话说:"人生而静,天之性也。感于物而动,性之欲也。"人性一片纯真、纯善,无外物渗扰于其间,此处有什么"欲动"① 这类的东西可言? 故说它是静。"乐由中出",此"中"并非是感于物而动的"性之欲",而是"湛寂之中,自然而感;如火始然,如泉涌出"(马浮《复性书院讲录》卷四第 10 页)。孔门即在此根源之地立定乐的根基,立定艺术的根基。所以"乐由中出",即是"乐由性出"。性"自本自根"的自然而感,与"感于物"而"动"不同;其感的性格依然是静的。乐系由性的自然而感的处所流出,才可以说是静;于是此时由乐所表现的,只是"性之德"。性德是静,故乐也是静。人在这种艺术中,只是把生命在陶熔中向性德上升,即是向纯净而无丝毫人欲烦扰夹杂的人生境界上升起。这一直到阮籍的《乐论》,尚知此意,所以他说:"圣人之作乐,将以顺天地之体,成万物之性也。"顺着此种根源之地去言乐,所以"大乐必简必易"。简易是由静而来。简易之至,以至于"无声之乐"。无声之乐,即是乐得以成立的在根据之地的本性的"静"的完成。《礼记·孔子闲居第五十一》:

"孔子曰:凤夜其命宥密,无声之乐也。"

---

① 弗洛特以"性欲"为潜意识的内容。日人多译为"欲动",即性欲冲动之意。

"孔子曰:无声之乐,气志不违。……无声之乐,气志既得。……无声之乐,气志既从。……无声之乐,日闻四方。……无声之乐,气志既起……"(同上)

按《孔子闲居篇》乃就诗教而总持言之。如前所说,诗教亦即乐教。孔子就诗教而言"三无"、"五起"之义。"三无"是指"无体之礼"、"无声之乐"、"无服之丧"而言。《论语·阳货》:"子曰:礼云礼云,玉帛云乎哉? 乐云乐云,钟鼓云乎哉?"《八佾》:"子曰:……丧,与其易(治也,办理周到之义)也,宁戚。"《子张》:"子游曰:丧至乎哀而止。"则就《论语》言之,本已含有三无之义。所以《礼记》的《孔子闲居篇》,实为孔门相承的微言的阐发,此不详述。今谨就无声之乐,略加解释。

《诗·周颂》:"昊天有成命,二后(文王、武王)受之。成王不敢康,夙夜基命宥密。"郑《笺》:"早夜始顺天命,不敢解(懈)倦,行宽仁安静之政,以定天下。宽仁所以止苛刻也,安静所以息暴乱也。"盖郑《笺》以宽仁安静之政释"宥密";而孔子此处引之,即作"仁德"解释。仁德由天所命,"夙夜基命宥密",即是"无终食之间违仁"[①]。前面提到过,仁的境界,有同于乐的境界。人的精神,是无限地存在。由乐器而来之声,虽由其性格上之"和"而可以通向此无限的境界;但凡属于"有"的性质的东西,其自身毕竟是一种限制;所以在究竟义上言,和由声而见,此声对此无限境界而言,依然是一拘限。无声之乐,是在仁的最高境界中,突破了一般艺术性的有限性,而将生命沉浸于美与仁得到统一的无限艺术境界之中。这可以说是在对于被限定的艺术形式的否定中,肯定了最高而完整的艺术精神。

---

① 《论语·里仁》:"君子无终食之间违仁"。

接着孔子是以"气志不违"、"气志既得"、"气志既从"、"气志既起",再加上"日闻四方",为无声之乐。马浮先生引蓝田吕氏曰:"无声之乐,是和之至。"(马浮《复性书院讲录》卷四第14页)又引庆源辅氏曰:"气志不违,则持其志,无暴其气矣。气志既得,则志帅气,而气充乎体矣。气志既从,则养而无害。日闻四方,则塞乎天地之间矣。气志既起,则配义与道,合乎冲漠之气象矣。"(同上第20页)气是生理作用,志是道德作用。无志之气,只是一团幽暗的冲动,即今日之所谓"潜意识"或"意识流"。无气之志,乃是一种理想性的虚无,朱元晦常以"无搭挂处"加以形容。志与气二者皆具于人的现实生命之中,但二者经常发生矛盾、抗拒,这里便如前所说,须要有乐以养心、礼以制外的修养工夫。而孔子上面所说的话,总括一句,是生理的欲动,融入于道德理性之中,生理与道德,在人的现实生活中,已得到彻底的谐和统一与充实。此之谓"气志不违"、"气志既得"、"气志既从"、"气志既起"。这种精神状态的本身,已完全音乐艺术化了。人生即是艺术,于是"为人生而艺术"的外在艺术,对人生而言,反成为可有可无之物。所以站在极究之地以立言,便归于"无声之乐"。马浮先生说:"三无之中,以无声之乐为本。有无声之乐,发有无体之礼、无服之丧。"[①] 并谓:"此皆直探心术之微,以示德相之大。"(同上,第14页)所谓"心术之微",只是一个"仁"字。马氏更推广其义曰:"三月不违仁,不改其乐,无声之乐也。……发愤忘食,乐以忘忧,不知老之将至,无声之乐也。……耳顺从心,无声之乐也。……默而成之,不言而信,无声

---

① 同上。释《礼记·孔子闲居》"孔子曰:无声之乐,无体之礼,无服之丧,此之谓三无"。

之乐也。……其所存者，无非至诚恻怛；其感于物也，莫非天理之流行。故曰，无终食之间违仁。……人心无私欲障蔽时，心体炯然，此理自然显现，如是方识仁，乃诗教之所流出也。"（同上，第21—22页）我愿补充一句，此亦即"乐教"之所从出，亦即孔门"为人生而艺术"的艺术之所从出。今日要领取儒家真正的艺术精神，必须在这种根源之地领取。论中西艺术之异同得失，也必须追溯在这种根源之地来作论断。否则依附名义，装套格架，只是不相干的废话。

九　孔子对文学的启示

这里还得补充一点的是，孔子为人生而艺术的精神，不仅表现在音乐方面，对文学也有伟大的启示。孔门四科中的所谓"文学"，乃指古典之学而言。四科中的所谓"言语"，则发展而为后来的所谓文学。因为在孔子时代，表达人的思想和感情的，主要还是语言而不是后世所谓文学或文章。当时及其以前的文字纪的原因。首先，就儒家自身说，孔门的为人生而艺术，极其究竟，亦可以融艺术于人生。"寻孔、颜乐处①，此乐处是孔、颜之仁，亦即是孔、颜纯全的艺术精神的呈现。而此乐处的到达，在孔、颜，尤其是在孔子，乐固然是其工夫过程之一，但毕竟不是唯一的工夫所在，也不是一般人所轻易用得上的工夫。所以孔子便把乐安放在工夫的最后阶段，而说出"成于乐"的一句话。于是《论语》上的"孝弟为仁之

---

①　《宋元学案》卷十二《濂溪学案》引"明道曰：昔受学于周茂叔，每令寻仲尼、颜子乐处，所乐何事？"

本"①、"主忠信"②、"忠恕"③、"克己复礼"④；《中庸》的"慎独"、"诚明"；及《孟子》的"知言"、"养气"⑤；《大学》的"正心"、"诚意"；宋明儒的"主静"、"主敬"、"存天理"、"致良知"；这都是人格修养、人格完成的直接通路，而无须乎必取途于乐。这样一来，一个儒者的兴起，便不必意味着是孔门音乐艺术的复兴。

再就音乐的自身来说，担当"为人生而艺术"的雅乐，以先秦时魏文侯之好学好古，尚且说"吾端冕而听古乐，唯恐卧"（见《礼记·乐记》）。何以如此？因为雅乐是植根于人之性，而把人的感情向上提、向内收，所以它的性格，只能用一个"静"字作征表；而其形式，必归于《乐记》上所说的"大乐必易必简"。"静"的艺术作用，是把人所浮扬起来的感情，使其沉静，安静下去，这才能感发人之善心。但静的艺术性，也只有在人生修养中，得出了人欲去而天理天机活泼的时候，才能加以领受。在一般人听来，它不是普通所要求的官能的快感，而只是单纯枯淡；听了怎么不想睡着呢？这种情形由日本宫廷所保存的中国古乐（大概是唐代的），及现时我国作为"告朔之饩羊"的七弦琴，尚可以仿佛其一二。这可以说，若是不能了解孔门所传承发挥的音乐艺术中的美中之善，即不能欣赏其艺术中的善中之美。再加以在当时似乎尚没有出现有如西方之五线乐谱，对成功的乐曲，要作完全的纪录，相当的困难。于是古乐式微，由民间以感官的快感为主的俗乐，取而代之，乃必然的趋势。孔门所传承发挥的礼乐，"子夏辞而辨之，终不见纳（不为魏文侯所

---

① 见《论语·学而篇》："孝弟也者，其为仁之本与。"
② 同上："子曰：主忠信。"
③ 《论语·里仁》："夫子之道，忠恕而已矣。"
④ 《论语·颜渊》："子曰：克己复礼为仁。"
⑤ 《孟子·公孙丑章》："孟子曰：我知言，我善养吾浩然之气。"

纳），自此礼乐丧矣。"（见《汉书·礼乐志》）"汉兴，乐家有制氏，以雅乐声律，世世在大乐官；但能纪其铿锵鼓舞，而不能言其义。"（《汉书·礼乐志》）不能言其义，则只代表着失掉了生命的僵化了的传统形式，除了勉强撑支一点门面外，如何能复兴起来呢？同时，雅乐之义，是要在人性根源之地生根；虽有河间献王的提倡，汉成帝时，王禹能说其义（同上），其所说之义，恐亦不过铺陈故实，称道效能，说者听者，都等于是捕风捉影，与艺术的本质无涉。并且孔子所传承的古代的雅乐之教，我以为实际是由孔子赋与了以新的意义，而将其品质，大大地提高了。古代传记上所记载的先王乐教之效，亦可能由孔门多少作了一些夸饰。单就孔子所追溯达到的美善合一的音乐精神与其形式而言，可能也只合于少数知识分子的人生修养之用，而不一定合于大众的要求；所以孟子就政治的观点言乐，便只问是否"与民同乐"，而不论乐的今古，他干脆说："今之乐，由古之乐。"①这虽然带有一点游说时因势利导的意味，但对大众而言，这一开放，依然是有其意义，有其必要的。

　　不过在政治上过于重视俗乐，亦即所谓郑声，若不是面对人民，而仅是为了统治阶级，则必出于淫侈的动机，以助长淫纵的弊害。自《史记·乐书》、《汉书·礼乐志》起，下逮各代的有关记载，有关这一点，是指陈得确切有据的。因而俗乐始终不能得到被儒家思想所影响的人们的正面的承认，这便也影响到俗乐所应当有的发展。俗乐的内容与形式，不是不能提高，不是不能发展的。但这种责任，不可能仅在少数伶工手上完成。

　　后来儒者，因先秦儒家的传统，也有人很重视乐，而想将雅乐加以复兴，几乎历代皆有其人；明末的黄梨洲，也是一个例子。但

---

　　①　《孟子·梁惠王下》孟子告齐宣王谓："今之乐，由古之乐也。"又："今王与百姓同乐，则王矣。"

他们所努力的,只是用在律吕尺寸等方面,亦即是只用在古乐器原状的恢复方面;这或许有其考订名物上的意义,但并没有艺术上的意义,甚至可以说是与艺术的自身并不相干。我的想法,孔门"为人生而艺术"的最高意境,可以通过各种乐器,通过各种形式,而表达出来;最重要的一点,只存乎一个作曲者演奏者的德性,亦即他的艺术精神所能上透到的层次。甚至可以这样说,从"无声之乐"的意义推下来,也可以由俗乐、胡乐、今日西洋的和声音乐,提升到孔子所要求的音乐境界,即是仁美合一的境界。儒家真正的艺术精神,自战国末期,已日归湮没。但在历史中间有旷千载而一遇的有艺术天才的个人,在音乐上的成就,其见之于文人诗歌、词赋、咏叹之余者,可由其所陈述的演奏技巧之美,亦未尝不可藉以窥见其意境层次之高。"杏花疏影里,吹笛到天明"(宋《陈简斋诗集》附《无住词·临江仙·夜登小阁忆洛中旧游》),又何尝不可与曾点言志相比拟?但这也率为正统儒者视为俗乐,而不加称道,即未易进入于儒家教化系统之中。其实,乐的雅俗,在由其所透出之人生意境、精神,而绝不关系于乐器的今古与中外,亦与歌词的体制无大关系。假使能使孔子与贝多芬(Beethoven)相遇,一定会相视而笑,莫逆于心的。至于历代宫廷所征集培养的音乐,自汉武帝的乐府起,本是很有意义的工作。其无意义乃在于成为统治者荒淫之具,而使此一工具的本身变质;所以在中国正史中,虽有记载,而很少作价值上的承认。这便在政治上也限制了音乐的发展。同时,诗、词、曲的一连贯的发展,对文人而言,当然也尽到了音乐所应尽的艺术上的任务,而词曲更与音乐不可分。不过,这只限于有闲阶级中少数人的欣赏。后来的诗,虽与音乐不发生直接关连,但由其自身的韵律,使作者读者,也可以得到与音乐同质的享受,而不一定另外去追求音乐。所以诗在中国,较任何其他民族为普遍流行。另一方面,也便使知识分子对于音乐的要求减退,因而形成了音乐衰退的另一原因。

此外，则不仅"和声"的音乐，是由西欧十六七世纪寺院的许多僧侣努力所得出的成就；即世界其他各民族中集团的仪节与大规模的"多声"音乐，亦多由僧侣的组织保持于不坠；而中国自身，正缺少这种组织。于是由古代以音乐为教育的中心，及由孔子以音乐为政治教化及人格修养的重要工具，终于衰微不振，是可以找出其历史上的各种原因的。

但孔门为人生而艺术的精神，唐以前是通过《诗经》的系统而发展；自唐起，更通过韩愈们所奠基的古文运动的系谱而发展。这都有得于如前所述的，孔子对文学的启示。同时，为人生而艺术，及为艺术而艺术，只是相对地便宜性的分别。真正伟大的为艺术而艺术的作品，对人生社会，必能提供某一方面的贡献。而为人生而艺术的极究，亦必自然会归于纯艺术之上，将艺术从内容方面向前推进。所以古文文学运动，一开始便揭举"文以载道"的大旗；而其最后大师姚姬传，在其《古文辞类纂序目》中，把文之"所以为文者"，会归到"神理气味，格律声色"八种艺术性的要求之上。最后更应当指出，由孔门通过音乐所呈现出的为人生而艺术的最高境界，即是善（仁）与美的彻底谐和统一的最高境界，对于目前的艺术风气而言，诚有"犹河汉而无极也"（见《庄子·逍遥游》。此借用）之感。但就人类艺术正常发展的前途而言，它将像天体中的一颗恒星样的，永远会保持其光辉于不坠。

（选自《中国艺术精神》，华东师范大学出版社，2000 年版）

徐复观（1903—1982），原名秉长、字佛观，湖北浠水人。新儒家学派的主要代表人物，不惑之年弃军从文，接受熊十力"欲救中国必先救学术"的思想，以中国传统儒家文化为主要研究对象,认为传统思想起始于殷周之际,以人性论为其主干,提出"忧患意识"的概念,以此激发产生了中国的道德使命感动和文化精神。主要著作有《中国人性论史》、《两汉思想史》、《中国思想史论集》、《中国艺术精神》、《儒家政治思想与民主自由人权》、《中国文学论集》等。

　　以往对孔子美学精神或艺术精神的研究,大多从孔子论诗入手,但就孔子对诗歌与音乐的论述来看,因为:(1)孔子诗乐并重,但将音乐置于诗歌的上位,并把它看作是人格完善的最高境界;(2)只有到了孔子才自觉地意识到音乐的艺术价值,而且是实现"为人生而艺术"的手段,所以由音乐来探求孔子的艺术精神似乎更能把握到实质。孔子从"美善并重"、"礼仁并重"两个角度规定了音乐的本质。

中国文学精神

唐君毅

（一）中国文学重视诗歌散文及中国文字文法之特性

吾于中国艺术精神中，曾论中国艺术之精神，不重在表现强烈之生命力、精神力。中国艺术之价值，亦不重在引起人一往向上向外之企慕向往之情。中国艺术之伟大，非只顾高卓性之英雄式的伟大，而为平顺宽阔之圣贤式、仙佛式之伟大，故伟大而若平凡，并期其物质性之减少，富虚实相涵及回环悠扬之美，可使吾人精神藏修息游于其中，当下得其安顿，以陶养其性情。本文即当论此精神，亦表现于中国文学中，由此以论中国文学之特色所在。

吾所首欲论者，即在西方文学中小说与戏剧之重要性，过于诗歌与散文。在中国文学中，则诗歌与散文之地位，重于小说与戏剧。西方之文学远源于希腊、罗马，希腊之文学即以史诗与戏剧为主。亚里斯多德之诗学，亦只论此二者。希腊最初之历史家赫罗多塔、苏塞底息斯之历史，皆重叙战争。布鲁塔克（Blutach）之希腊、罗马名人传，则多叙英雄。二者皆颇近小说，而为西方后代小说之远源。希腊、罗马虽有抒情诗，而其流未畅。西方近代之抒情诗，始于文艺复兴时之辟特拉克（Petrarch）。十八、九世纪以后，抒情诗乃盛。故整个而言，西方以小说戏剧名之文学家，实远多于专以诗文名之文学家。而在中国,则汉魏丛书、唐代丛书,虽已有极佳之短篇小说,而剧本与长篇小说,皆始于宋元以后。宋元之长篇小说,亦分章回,加标题,使近于短篇。盖中国古代之历史乃《尚书》,《尚书》为史官之国家大事纪,非战史,非史诗,则小说不能直接由历史而出。中国古有颂神之舞蹈,后有优伶,而唐宋以前未闻有剧本。故以纯文学言,中国最早出现者,乃为写自然与日常生活之抒情诗,如见于《诗经》与《楚辞》中者。《尚书》、《左传》之史,则中国散文之本也。由是而中国文学之二大柱石,为诗与散文。魏晋隋唐之短篇小说,皆含有诗意之美与散文之美者。宋元以后中国之剧曲,亦诗词之流也。

中国文学之重诗与散文,与西方文学之重戏剧与小说,其本身即表现中西文艺精神之不同。夫小说之叙述故事之发展,必须穷原竟委,戏剧表人之行为动作,必须原始要终。故小说与戏剧之内容,在本质上有一紧密钩连性,读者精神一提起,即如被驱迫,非至落局,难放下而休息。戏剧表现人之行为动作,亦即表现人之意志力、生命力。而最便表现人之意志力、生命力者,亦莫善于戏剧。西方小说、戏剧,其好者,亦恒在其布局谋篇之大开大合,使人之精神振幅,随之扩大,而生激荡。然中国散文一名之本意,即取其疏散豁朗,而非紧密钩连。诗主写景言情。二者皆不注重表现意志性之行为动作,因而皆不能以表现生命力见长,而重在表现理趣、情致、神韵等。诗文之好者,其价值正在使人必须随时停下,加以玩味吟咏,因而随处可使人藏焉、修焉、息焉、游焉,而精神得一安顿归宿之所。则西方文学之重小说、戏剧,与中国文学之重诗与散文,正表现吾人前所谓中西艺术精神之不同者也。

分别而言,西方有极好之诗歌与散文,中国亦有极好之小说与戏剧。然吾人上文所言中西文学精神之差别,尚可自中国文学之文字、文法,及文体内容与风格诸方面论之。中国文字为单音,故一音一字一义,字合而成辞,辞分又为字。因其便于分合,故行文之际,易于增减诸字,以适合句之长短与音节。由是而中国之诗、词、曲、散文等皆特富音乐性,此上文已论。然复须知,由中国文字每一字每一音,皆可代表独立之意义或观念,故每一字每一音,皆可为吾人游心寄意之所。章太炎于齐物论释尝谓:"西人多音一字,故成念迟,华人一字一音,故成念速。"成念速,故念易寄于字,而凝注其中也。复次,由中国文字便于分合,以适合句之长短与音节,文字对吾人之外在性与阻碍性,因以较少。人对文字亲切感,因以增加。又诗歌骈文等字数音韵,均有一定,即使吾人更须以一定之形式,纳诸内容。此形式为吾人依对称韵律等美之原理,而内在的定立者。吾人愈以内在的定立之形式,纳诸内容,亦即愈须对内容中之诸意境情绪等,表现一融铸之功夫,以凝固之于如是内在的定立之形式中。由是而在中国诗文中,以单个文字,分别向外指示意义之事又不甚重要;而互相凝摄渗透,以向内烘托出意义之事,则极为重要。夫然,中国文学中之重形式,对创作者言,即为收敛其情绪与想像,而使之趋于含蓄蕴藉者。而对欣赏者言,则为使读者之心必须凹进于文字之中,反复涵泳吟味而藏修息游其中,乃能心知其意者。中国词类之特多助词,如矣、也、焉、哉之类,皆所以助人之涵泳吟味。助词之字,殊无意义,纯为表语气。然如将中国之唐宋散文中之助词删去,即立见质实滞碍,而不可诵读。有此类字,则韵致跃然。故知此类之字,正如中国画中之虚白。画中虚白,乃画中灵气往来之所,此类表语气之字,则文中之虚白,心之停留涵泳处,即语文中之灵气往来处也。骈文诗歌中无此类词,因其本身音节,已有抑扬高下之美,又多对仗成文,一抑一扬,一高一下,即是一阴一阳,一虚一实,已足资咏叹。成对偶之二句之义,又恒虚于此句者实于彼,虚于彼句者实于此,虚实交资,潜气内转,即诗与骈文之对偶之句之所以美也。

复次,中国之文法尚有数特色,为世所共认者。即中国词之品类不严。形容词、名词、动词常互用,而无语尾之变化。句子可无分明之主辞、动辞、宾辞三者,更多无主辞者。有主辞者亦无第一、二、三人称之别。动词亦不随人称而有语尾之变化。一代名词、名词,亦不必以居主辞或宾辞之位格而变化。此类特色,依吾人之解释,则将见其皆所以助成中国文学之特色,表现吾人上文所谓中国文艺之精神者。动词、形容词者,中国所谓虚字也,名词者,中国所谓实字也。西洋文法中,严分动词、形容词与名词。由动词、形容词变名词,恒须变语尾。则虚字是虚字,实字是实字,虚实分明,不相涵摄。而中国之字,如曾国藩谓:"虚字可实用,实字可虚用。"如"解衣衣我,推食食我。"上之"衣"、"食"是名词,下之"衣"、"食"是动词。是实字虚用也。"花落水流红"、"古之遗爱也","红"为形容词,"遗爱"为动词,今皆作名词用,是虚字实用也。中国之字,大皆可虚实两用而不须变语尾,至多略变其音而已。字可虚实两用,则实者虚,而虚者实。虚实相涵,名词、动词不须分明,则实物当下活起来,而动态本身亦当下即成审美之对象。故一句之中,可只有名词,如"星河秋一雁,砧杵夜千家。"亦可只有形容词、名词,如"枯藤老树昏鸦,小桥流水人家,古道西风瘦马"、"春风又绿江南岸"。亦可只有形容词与动词,或纯动词,如"游绿飞红"、"饮恨含悲"。西方文法,一句无名词或动词,则意不完全;他动词恒须及于一宾词。故吾人了解一句之时,吾人之心,亦必须由主词经动词至宾词,而成一外射历程。宾词动词皆所以形容主辞,则主辞所指之物,又被吾人投置于外。此在科学哲学之文章中,盖为必须,而在文学中则恒不自觉间,阴碍吾人达内外两忘、主客冥会之境,不如中国诗文句无严格主、动、宾之别者矣。故吾意中国文句之恒无主辞,有主辞者,亦无恒第一、二、三人称之别,名词不以位格不同而变语尾,其价值乃在于表示:文中所言之真理与美之境界,乃为能普遍于你我他之间者。"学而时习之，不亦悦乎？"乃普遍真理。欲显其为普遍真理，正不须说你我他中，谁学谁说也。如"曲终人不见，江上数峰青"，不须谓唱曲者为他，闻曲者为我，见此诗者为你也。东坡词"冰肌玉骨，自清凉无汗。绣帘开一点，明月窥人。人未寝，欹枕钗横云鬓乱。起来携素手，庭户无声，时见疏星渡河汉。试问夜如何，夜已三更。"其美点正在几全无主辞，无人称之别，不知是谁无汗，谁携素手，谁见疏星，谁问谁答也。一、二、三人称之别，唯在相对谈话之中必须用之，故在记谈话之戏剧小说中可重视之，在一般文学艺术境界中，此分别可不必有。动词之随主辞而变化，及名词之随主宾之位格而变语尾，皆不必有。而去此诸分别，正所以助成物我主客对待之超越，而使吾人之精神，更得藏修息游于文艺境界中者矣。

（二）中国自然文学中所表现之自然观——生德、仙境化境——虚实一如、无我之实境——忘我忘神之解脱感

吾人以上所论中国文学精神，犹只是自外表论。以下吾人即将自中国文学之关于自然及人生二方面者之内容风格，与西方文学对照，而分别论其所表现之特殊精神。西方文学之涉及自然，而能代表西方文化最高精神者，吾人以为是带浪漫主义色彩之诗人，如华兹斯、古律芮巳、雪莱、哥德、席勒等之自然诗。大体而言，此类自然诗，除状自然之美外，皆重视自然中所启示之无限的宇宙生命或神之意旨，使人不胜向往企慕之情。然中国之自然文学，则所重视者，在观天地之化机、生德、生意。夫天地之化机、生德、生意，与宇宙生命或神之意旨，在哲学道体上，亦可谓之同一物。然言其为宇宙生命或神之意旨，则偏重其力量之伟大一面，言其为天地之

生机、生德、生意，则舒徐而富情味，此吾人前所已论。宇宙生命与神之意旨，洋洋乎如在人之上，而不能真如在人之左右、如在人之下，故虽可引生向往企慕之情，使人求透过自然之形色，以与之接触，而不能使人当下与之相遇而精神有所安顿，放下一切于自然之前。盖西洋近代浪漫主义之自然诗之精神，远源于其宗教精神。中国自然诗之精神，远源于道家、儒家之精神。老子乐至德之世，鸡犬之声相闻。庄子言"山林欤，皋壤欤，使我欣欣然而乐欤"，"君其涉于江而浮于海，望之不见其崖，已往而不知所穷，送君者皆自崖而返，君自此远矣"，此正是后世诗人返于自然之先声。刘彦和《文心雕龙》谓："老庄告退而山水方滋"，后代诗人亦无不悦老庄，皆可证中国自然文学之原于道家者。至于其原于儒家者，则在儒家之素以洋洋乎发育万物，四时行百物生，为天地之心。"观天地生物气象"，自昔儒者已然。中国最早以自然诗名之陶渊明，即兼宗儒、道二家者。其诗中最普通者，如"采菊东篱下，悠然见南山，山气日夕佳，飞鸟相与还，此中有真意，欲辨已忘言"，此忘言之真意，非特庄子"吾丧我"之真意，亦中庸"鸢飞鱼跃"之真意也。又如"孟夏草木长，绕屋树扶疏，众鸟欣有托，吾亦爱吾庐。"鸟托于树，树绕吾庐。而吾居庐中，草木之长，鸟之欣，吾之爱，相孚而同情，此即宇宙生意，流通而环抱之象，即儒者之襟怀。后代自然诗人之精神，大皆非儒即道。儒家、道家之"道"与"天"，皆在上，亦在下。庄子以道在蝼蚁、在稊稗、在屎溺。老子以水喻道，水善下而流遍于万物。儒家之鸢飞鱼跃，亦上下俱察之意。儒者观"天降膏露，地出醴泉"，"天不爱道，地不爱宝"，"天道下济而光明，地道卑而上行"，天地生生之德，正在天地之间。二家皆主神运无方，帝无常处，则上帝即下帝，妙万物之生者，即神也。"乐意相关禽对语，生香不断树交花"，"野色更无山隔断，天光常与水相连"，此"对"与"交"之所在、"无隔"与"连"之所在，即天心所在也。故以中国人观西洋自然诗人之透过自然之形色,以通宇宙生命与神之意旨,皆"尽日寻春不见春,芒鞋踏破陇头云"者;而中国之自然诗人,则真"归来笑捻梅花臭",而知"春在枝头已十分",当下于自然之形色,即见宇宙生机之洋溢,生意之流行者也。故庐中之人可与草木之长,鸟之欣,相乎而同情,生意相流通而相环抱也。渊明诗"悠然见南山"一语,后人有讨论及何不用望南山者。望之不同于见者,因望是得于有意,而见乃得之无心。见则当下精神得一安顿,而放下一切于自然,望则有所企慕向往,不能相看两不厌。由此观之,则西方自然诗人欲于自然中接触宇宙生命,与神之意旨者,皆望自然而非见自然者耶。

吾人谓中国文学之精神,不求透过自然之形色,以接触宇宙生命或神之意旨,非谓中国自然文学中,无宗教情调,然此宗教情调,另是一种。中国自然文学之精神,以宇宙之生机、生意,即流行洋溢于目之所遇、耳之所闻,则自然之形色之后,可更无物之本体与神。于是当其透过自然之形色而超越之时,所得之境界,遂为一忘我、忘物,亦忘神之解脱境。此解脱亦为宗教的。唯此解脱境,乃得之于自然,故不如佛家之归于证四大皆空;乃仍返而游心于自然,此之谓仙境。黑格尔论艺术精神,必过渡至宗教精神,其言深有理趣。故西方自然文学之赞美自然,恒引人进而赞美上帝。然在中国之自然文学,则其高者,恒与游仙之文学合流。吾尝思西方有上帝、有天使。印度有梵天、有佛、菩萨,皆不尊仙。上帝天使皆有使命、有任务。印度梵天,不必如西方上帝之责任感之强,印度神话中有谓彼乃以游戏而造世界者,然梵天本身仍常住而不动。佛、菩萨悲天悯人,精进无少懈。中国之神,亦有任务、有责任。仙则无任务、无责任。在道德境界中,仙不如上帝、天使、佛、菩萨,与神。而在艺术境界及宗教境界中,则中国人之尊仙,亦表示一特殊之精神。中国人以仙之地位高于神。封神传以仙死而后成神,其尊仙可谓至矣。中国之仙无所事事,亦可谓之大解脱。其唯乘云气、骑日月、遨于四海为事,乃游心万化之艺术精神之极致。仙亦不似上帝、梵天之为纯精神之存在,彼有身而其身在虚无缥缈之间。上帝创造天地万物,全知、全能、全善、全在,而不与万物为侣,仙则可与人为侣,故仙非只表现高卓性。上帝无身不与万物为侣,亦可谓能伟大不能平凡,而有所不全。仙则能平凡矣。西方言上帝全知全能全善,而不能言其全美。希腊神话中之神能恋爱能喜怒哀乐,乃最人情化,而形状亦甚美者。希腊有美神,其神话多极美丽凄艳,然阿灵普斯山之神,情多嫉妒,常相斗争,故其神境不如中国诗人之仙境,有空灵自在之美。仙之游心万化,则可得自然之全美。中国之山水田园之诗文,与游仙诗文合流,而有仙意或仙人之化境,即中国文学艺术精神,与中国宗教精神之相通也。

　　吾所谓有仙意有化境之中国自然诗,即表虚实一如之理趣之自然诗。此实中国自然诗之所独造。吾昨问精研西方文学之任东伯先生,中国诗中何种诗为西方之所无。彼举例,谓如王维之"下马饮君酒,问君何所之,君言不得意,归卧南山陲,但去不复问,白云无尽时",此后二句即西方文学之所无。此二句之妙,人皆知其在使人悠然意远。悠远意远,即融实入虚,成虚实一如之化境。中国自然诗具虚实相涵之化境者,多不可胜数。如人所诵读之《唐诗三百首》中五言绝句之第一首,即为王维之"空山不见人,但闻人语响,返景入深林,复照青苔上",七言绝句之第一首非自然诗,第二首为"隐隐飞桥隔野烟,石矶西畔闻渔船。桃花尽日随流水,洞在清溪何处边"。此二诗,前者有空灵之致,后者有幽远之至,皆由其远离质实,而有仙意或化境。严羽《沧浪诗话》所谓诗中兴趣,"如羚羊挂角,无迹可求。空中之音、相中之色、水中之月、镜中之花、透剔玲珑,不可凑泊。"王渔洋《渔洋诗话》所谓之神韵,皆指诗文中之若虚若实,使人无以为怀处,而具仙意化境者也。今人王国维《人间词话》,拈出境界二字,论中国诗词,谓中国诗词中之境界,有有我之境,有无我之境,而无我之境为最高,有我之境,西方人所谓移情于物者也。夫移情于物,非能自情解脱者也。自情解脱而后有无我之境。无我之境中,只有境界之如是如是,情之牵累尽去,乃达空灵之致。薛道衡诗有"空梁落燕泥",王胄诗有"庭草无人随意绿"之句,隋炀帝欲盗其诗,而设罪杀之。何以因欲盗一二句诗而杀人,吾初不可解,继乃知此二句诗,真皆表达忘我而无我之最高境界,隋炀帝欲盗之而杀其人,固证明其我执未破,而亦证明有我者之最大欲望,亦唯是达无我之境也。西方宗教精神之所以欲人提起、超越其精神,以归命于神,其本意亦所以冥合于神而达无我之境。然神为大我,小我去而执大我,我执仍未必去。而真同一于神者,正可忘神忘我而大解脱,唯有当下之如是如是之一空灵境界。则"空梁落燕泥"、"庭草无人随意绿"之诗句,皆人之解脱之精神之所流露。中国凡表无我之境界之诗文,盖皆可作如是观。忆吾少时,读唐诗曾特注意中国诗句之用"无"、"空"、"自"、"不知"、"何处"、"谁家"等字处,且特感趣味,尝集之成册。如"芳树无人花自落,春山一路鸟空啼"、"雁声远过潇湘去,十二楼中月自明"、"只在此山中,云深不知处"、"春草年年绿,王孙归不归"、"落叶满空山,何处寻行迹"、"谁家今夜扁舟子,何处相思明月楼"、"借问酒家何处有,牧童遥指杏花村"等是。后习西洋美学,以为"无"、"自"诸字,皆所以表示间隔化、孤立绝缘化之作用,使人能直接观照而有移情作用。如朱光潜先生《文艺心理学》,似亦偏重以此二观念讲中国诗文之境界,今乃知其不能尽。盖观照移情,皆实不免似无我而实有我,皆域于狭义之艺术精神以为言。中国艺术文学中此类之境界,皆涵摄宗教性之解脱精神。大解脱而忘我忘神,境界直接呈现,心与天游,亦无心无物。东坡诗"人生到处知何似,应似飞鸿踏雪泥。泥上偶然留爪指,鸿飞那复计东西"。鸿飞冥冥,则所接之物,至实而亦至虚。观照静而非动,移情则动而非静,未能达动静一如之妙,亦不能表虚实一如之妙。无字以遮为表,自字以表为遮,何处、谁家,皆所以表有处而无定处,有家而无定家。中国诗文中此类之字之多,亦所以表现中国艺术文学之此精神。西文中之"虚无"即 Nothing、Void。英文此二字,空虚而无实。"自"即 Only、Itself,西文此二字,又质实而不虚。西文 Where、Who、What、How 皆要求或暗示一答案,或表惊奇赞美之意,不如中国诗中之何处、阿谁之字,则可有答可无答,而不答即答,无惊奇赞美之意,而只有亲切相依,飘逸若仙之解脱感也。西方人言宗教上之解脱精神,必由接触上帝而得。而实则人于一切当下一念,真有所超拔,皆可有一解脱感。东坡词有"夜饮东坡醒复醉,归来仿佛三更。家僮鼻息已雷鸣。敲门都不应,倚杖听江声。"忆二十余年前先父曾为我讲此词后二句,依依如在目前。敲门不应而听江声,即当下一念之解脱感。知此解脱感之无往而不在,可以论中国自然文学之真精神矣。

(三)中国文学不长于英雄之歌颂、社会
之写实,而尚豪侠以代英雄

中国之自然文学能表现中国文学之特殊精神,而非中国文学之正宗。中西文学之正宗,皆在表现人生社会之文学。西方文学在希腊、罗马时代,以荷马史诗、希腊悲剧、布鲁塔克希腊罗马名人传最有名,此前文已言。荷马史诗、布鲁塔克传,皆重述战争与英雄之性格与事业。希腊悲剧,则述个人与社会或宇宙命运之冲突。圣经之文学与宗教性之文学,如但丁之《神曲》,则以引人向往企慕之情为主。塞万提斯 Cervantes 之唐克索,则中世骑士精神下之新英雄也。近代浪漫主义之文学,根本精神是宗教的、理想主义的,

恒欲由有限以趋无限,而重灵境之追求、爱情之礼赞。写实主义、自然主义之文学,则根本精神近乎科学之观察。新写实主义则重社会之写实、社会问题之提出、心理之分析。俄国近所谓新现实主义之文学,则重社会主义之宣传。然在中国文学中,则西方式之英雄之歌颂、爱情之礼赞、社会之写实,与社会问题之提出,及心理之分析、主义之宣传,皆非其所长。西方人歌颂英雄,多述其波澜起伏之行事,予智自雄之魄力,或一往直前,死而无悔之意志,热爱理想,如醉如狂之情感。西方人素崇拜英雄,故亚力山大、拿破仑为人所膜拜,其英雄一字之意义,亦较中国为广,故卡来耳之《英雄与崇拜》一书,以耶稣亦是英雄,以其殉道无悔也。依中国人之标准观之,则亚力山大、拿破仑,皆善战者,宜服上刑。中国人所崇拜之人物,乃圣贤豪杰侠义之士,而非英雄,此吾当于另章详论。英雄向上而向外,圣贤豪杰侠义之士,则向上而向内;英雄志锐而一往希高,圣贤豪杰则皆胸襟阔大;侠义之士则宅心公正,其磊落不平之气,皆只由报不平一念而生。高而锐者,西方精神,宽阔而平顺者,中国精神,故中国文学无英雄小说之名,圣贤之行径不便入小说,于是中国小说中独重侠义小说一类。中国小说中所写英雄亦皆重其豪杰侠义之精神,而不重其热情与魄力。西方中世骑士之风,固亦涵侠义精神,然中国人之尚豪侠精神,则远始于战国。太史公《史记》游侠列传、刺客列传《中人》,如豫让、聂政、荆轲及四公子列传中之侯生、毛遂等,同有豪侠精神。读梁任公《中国之武士道》所纂集,可知此乃中国人传统道德精神极重要之一面。汉之朱家、郭解而后,侠以武犯禁,班固、荀悦等贬游侠,《后汉书》更无游侠列传。然游侠精神仍相传,今犹多少保存于江湖帮会。后人所崇敬之英雄,亦皆多少带侠义精神。《三国演义》,中国最流行之历史小说也,然刘备、关羽、诸葛亮皆以义气相感召,故为世所称,而关羽尤代表义气,故后称为武圣与孔子之文圣比。中国其他历史小说中所歌颂之武将,大皆以其平生有几段侠义之事,乃为人所称道,非只以其能战三百回合也。《儿女英雄传》中之十三妹,亦侠义女子,非只其武艺如生龙活虎也。中国圣贤豪杰侠义之士,异于西方英雄者,在西方英雄出手总是不凡。而中国之圣贤豪杰侠义之士,则虽能杀身成仁,舍身取义,然当其平日,则和气平心,与常人不异。故文天祥作《正气歌》,咏浩然之正气曰:"天地有正气⋯⋯于人曰浩然⋯⋯皇路当清夷,含和吐明庭。时穷节乃见,一一垂丹青。"当时未穷时,唯是含和,当时既穷,则为严将军头、为嵇侍中血、为张睢阳齿、为颜常山舌,惊天地,泣鬼神,或慷慨就义,或从容就义矣。知中国之圣贤豪杰侠义之士,在平时即平常人,即知《儿女英雄传》中生龙活虎之十三妹,亦可为贤妻良母。五四时代之胡适之先生,尝以此事为不可解,由其不知中国文学之精神也。《三国演义》中关羽之过五关、斩六将,至败走麦城之一生之事,与诸葛亮之鞠躬尽瘁,死而后已,不过成全一个极平常之朋友兄弟之情。此中国之豪杰侠义精神之所以为伟大,亦中国精神之所以为伟大,乃平顺宽阔之伟大,而非向上冒起而凸显如西方式英雄之伟大也。

(四)中国小说戏剧,不重烘托一主角之性格与理想,而重绘出整幅之人间

　　西方小说戏剧,盖由重视英雄人物及重视个性之伸展与表现之故,而重视一小说戏剧中之主角之地位。西方之小说戏剧,多篇幅极巨,人物极多,事迹极繁复,恒皆所以烘托出一主角之性格与理想,与其性格及理想在环境中之发展历程者。然在中国则著名之小说戏剧,殆皆不只一主角。如《三国演义》中,刘、关、张、诸葛亮,皆是主角。《水浒传》则武松、李逵、林冲、鲁智深,皆是主角。

《红楼梦》则宝玉、黛玉而外之宝钗、王熙凤,皆可谓主角。《西游记》则唐僧与其三徒弟皆主角。中国之小说除短篇者外,戏剧中《桃花扇》、《琵琶记》、《长生殿》、《牡丹亭》、《西厢记》皆非一主角。中国长篇小说戏曲,盖无只以烘托一主角之性格与理想为目的者,然亦复罕自觉以描述社会,或提示一社会问题,宣扬一主义为目的。西方小说戏剧,则多有以描述社会为目的,如莫泊桑等写实主义之小说;或以提示社会问题为目的,如易卜生之戏剧;或以宣扬一改造社会之主义为目的,如辛克来及近年之俄国小说。而凡此类之小说戏剧,必须将社会现实或社会问题客观化为一对象,亦恒有其焦点之人物或焦点之故事、焦点之目的。在中国之较长之小说戏剧,皆甚难得其焦点之人物或故事,与焦点之目的之所在。近人谓《水浒传》之目的,在反映官迫民反,反映中国社会之阶级问题,《红楼梦》之目的,在言恋爱不自由之害,此纯为近人以西洋观点看中国文学,所发之可笑之论。王国维先生以叔本华之哲学论《红楼梦》,谓其所表现者乃意志之虚幻,示人以求解脱之道,亦不尽然。因作者自言"满纸荒唐言,一把辛酸泪,都云作者痴,谁解其中味",是作者未必抱使人解脱之目的,至其书有助人解脱之效,又当别论。近人又谓中国戏剧小说,都在褒扬忠孝节义,只以文学为道德上劝善惩恶之工具,亦未必然。中国之戏剧小说,必求不违忠孝节义之道德则有之,然所谓纯以文学为道德之工具则不是。如《红楼梦》、《水浒传》、《西游记》等,吾人皆难言其道德目的何在也。严格言之,中国之小说戏剧,实最无特定之目的者。如有目的可说,则既非描述一单个人格之性格与理想之发展,亦非为描写客观对象化之社会,提示社会问题、宣扬主义、教训人生,而唯是绘出一整幅之人间。人间者,人与人之间也(其中亦可包括人与自然之间,人与其历史文化之间,唯以人与人间为主耳)。社会一名与人间一名,涵义似同而略异。社会之名涵义较紧密,而人间之名涵义显宽舒。社会恒指为一个人之上之组织,人间则可只在个人与个人间。社会之组织,必赖诸个人有一公共目的,而人与人间则可有公共目的,而亦可无有。如入山,路上逢僧,宜称人间关系,而不宜称一社会关系。故社会可客观化为一对象,而人间则因可只指人与人间各种相与关系,而甚难客观化为一对象。人间必包括一切社会,而社会不必包括人间。中国小说戏剧,诚亦多少反映社会,其中之人物亦各有个性,然非如西方写实主义者之学科学家之精神,以描述客观社会之现实为一自觉之目的,而重在抒写各种人与人之相与之间之故事。西方近代小说写人物之个性、性格,恒有一详尽之心理描写、心理分析、心理解剖〔英人约德(Joad)著《近代思想导论》,末章论西方近代小说此种倾向,谓其源于近代之科学精神与解心学。〕中国之小说戏剧,则只由人物之相互之间之行为与言语,以将各人物之性情与德性烘托出。中国小说戏剧之好者,皆在所描写之诸人物,所构成之交互之人间关系之全体中,能烘托出一情调、意味,或境界。如《红楼梦》之情调意味或境界,即由大观园中之男男女女全部性情之表现和合而成。《水浒传》之情调意味与境界,即由李逵、武松、鲁智深等之性情,全部和合而成。《红楼梦》中,花团锦簇之一群多情儿女,与《水浒》中,寂天寞地下一群惊天动地之好汉,《三国演义》中一群肝胆相照之英雄,与《桃花扇》中,一群乱离之世之美人名士,《西游记》中几个求道者,《金瓶梅》中一群市井小人,自是各表现一种人间世界。此每一人间世界如一建筑,由各人物为纵横之梁柱以撑起。无中心之焦点,而经之纬之,以成文章。如阔大之宫殿,其中自有千门万户,故可以使人藏修息游于其中。而不似西洋小说戏剧,以表现特定人格之性格理想之发展为重,抱一特定之"描述社会、提示社会问题、宣扬改造社会之主义"之目的者,有其特定之焦点,有如角锥体之西方教堂矣。

（五）中国人间文学中之爱情文学重 回环婉转之情与婚后之爱

　　吾人上谓中国之小说戏剧不重表现个人之性格理想,亦非重表现社会而重表现人间。人间者,人与人之间也。人与人间之关系,最易入文人之笔者,为男女之关系。然人与人间之关系,不限于此种。而男女之关系,非必恋爱之关系。恋爱之关系,亦不必如西方式之恋爱。西方人表现个人与个人关系者,最喜表现男女恋爱之关系。去恋爱之礼赞,则西方之抒个人与个人之情之诗,去大半矣。西方文学中,表现男女恋爱之情者,盖皆重婚前之恋爱,似只有婚前之恋爱,乃为恋爱者。西方人之所以重婚前之恋爱者,盖唯在婚前,对方乃对我为一超越境中之对象,视对方在一超越境,于是可寄托吾人无尽之理想,并加以神圣化,可引出吾人无尽之追求意志与愿力,而表现吾人之生命精神,吾人前已论之。故在西洋文学,恒喜赞女性为一人格之补足者、灵魂赖以上升者。故或状女子之眼,如苍空之星,足以传递彼岸之消息;或视女子之爱,如日如月,可以照耀人生之行程。恋爱之意义,重在生命精神之表现,亦不必与爱者有身体之结合,此亦即西方人恒恋爱而不结婚之故。如哥德之恒由恋爱以生灵感,即行逃走,最后与之结婚者,乃一最平凡之女性。但丁遇彼特斯(Beatrice)于天国是也。此可见西方文学中恋爱之礼赞,乃代表西方精神者。然在中国,则婚前之恋爱已不尚追求,不将所爱者过度理想化、神圣化,而推之高。中国人言恋爱,尤重婚后之爱。故中国诗文之表男女之情者,皆重婉约蕴藉,即在古代有自由恋爱之时,其异性之相求,亦非一往向上追求,乃宛转以起相思。《诗经·国风》之第一首,即可为证。诗曰:"关关雎鸠,在河之洲。窈窕淑女,君子好逑。参差荇菜,左右流之。窈窕淑女,寤寐求之。求之不得,寤寐思服。悠哉悠哉,辗转反侧。参差荇菜,左右采之。窈窕淑女,瑟琴友之。参差荇菜,左右芼之。窈窕淑女,钟鼓乐之。"又如《蒹葭》之诗曰:"蒹葭苍苍,白露为霜,所谓伊人,在水一方,溯洄从之,道阻且长,溯游从之,宛在水中央。"左之右之,溯洄溯游,乃回环往复之爱情,而非驰求企慕之爱情也。《国风》之诗,乃中国最早之北方民歌,《楚辞·九歌》,据云为屈原改正之民歌,乃中国最早之南方文学代表,其中之句如"沅有芷兮澧有兰,思公子兮未敢言。恍惚兮远望,观流水兮潺湲"。"美要眇兮宜修,沛吾乘兮桂舟,令沅湘兮无波,使江水兮安流,望夫君兮归来,吹参差兮谁思"。亦欲进还止之回环婉转之情也。周秦以降,吾尝谓梁武帝《西州曲》,与张若虚《春江花月夜》二诗,乃中国文学中,最能极回环婉转之致之代表作。《西州曲》纯表思妇之情,《春江花月夜》,亦归于相思,此二诗之情调,盖西方所未见,今无妨录《西州曲》中间一段,以证上之所说。"……开门郎不见,出门采红莲。采莲南塘秋,莲花过人头。低头弄莲子,莲子清如水。忆郎郎不至,仰首望飞鸿。飞鸿满西州,望郎上青楼。楼高望不见,尽日阑干头。阑干十二曲,垂手明如玉。卷帘天自高,海水摇空绿。海水梦悠悠,君愁我亦愁。……"其念郎于门、于水中、于天、于阑干、于帘下、于海,回环婉转,相思无极,真是中国式之爱情。中国人表示儿女之情者,盖多少有此类情。宋玉《神女赋》,曹子建《洛神赋》,极状彼女之艳丽与光彩,然托诸梦境,巫山之女,洛水之神,"神光凝合,乍阴乍阳",则隐约而情归蕴蓄矣。中国咏爱情之汉赋,如张衡《定情赋》、蔡邕《静情赋》,皆"始则荡以思虑,而终归闲正"。此陶渊明之《闲赋》序之所言也。渊明仿之作《闲情赋》,昭明太子谓乃渊明白璧微瑕,或谓为伪作,皆未必然。《闲情赋》中之"愿在衣而为领,承华首之余芳。悲罗襟之宵离,怨秋夜之未央。愿在裳而为带,束窈窕之纤身。嗟温凉之异气,或脱故而服新。

……"反复数十句,此诸句中,读者如只析前二句以成诗,可谓全同于西方爱情诗,一往表企慕之情者。然如连后二句及全文以观,则情皆内转,"归于闲正"只见回环委婉之中国精神矣。

抑中国爱情文学之好者,实非述男女相求之情,而是述婚后或情定后之生离死别之情者。西方文人重爱情不重结婚,而中国儒者则以君子之道,造端乎夫妇,"燕尔新婚,如兄如弟","妻子好合,如鼓琴瑟",结婚乃真爱情之开始。《西厢记》中国爱情文学之巨擘也,然其前段述张生之见莺莺而求之之事,多可笑。见彼美而"魂灵飞在半天儿外",销魂而魂无著处,又非解脱,不如西方诗人之见女性而销魂,如魂著于神,使人精神上升也。然酬简以后,已同夫妇,而西厢之最好者,则在酬简后之别宴与惊梦。其中所表现之男女间之爱情,则至深挚而可感矣。相传王实甫作别宫前数句,即昏倒于地。"碧云天,黄花地,西风紧,北雁南飞。晓来谁染霜林醉?总是离人泪。恨相见得迟,怨归去得疾。柳丝长玉骢难系,恨不得倩疏林挂住斜晖"一段,金圣叹之极致赞叹,非无故也。莺莺叮咛张生曰:"荒村雨露眠宜早,野店风霜起要迟。鞍马秋风里,无人调护,自去扶持。"此种体恤之情,唯婚后有之也。中国夫妇之相处,恒重其情之能天长地久,历万难而不变。而唯在离别患难之际,其情之深厚处乃见。如前所言之浩然之气,平日只是含和吐明庭,非时穷不见也。故中国言夫妇之情之最好者,莫如处乱离之世如杜甫、处伦常之变如陆放翁等之所作。剧曲中《琵琶记》、《长生殿》、《牡丹亭》之佳处,皆在状历离别患难而情之贞处。故中国人言男女之欢爱之最好者,名曰古欢。古欢者,历悠久之时间,于离别患难之后乃见者也。

（六）中国人间文学范围，包含人与人之
各种关系，及人与历史文化之关系

　　然自整个之中国之人间文学而言，言志之诗文，实居首位。言志之诗文，恒言自己之性情与抱负，使自己对自己之愿望表现于文学。言志之文学，其所言者，非人我间之事，而为我与我间之事。我与我间之事，亦一种人与人间之事也。至于言人与我间之事者，咏爱情之诗亦非居首位。中国诗文表面咏爱情者，多为以喻君臣与朋友，《楚辞》中美人、芳草，昔皆以为思君王、怀故国之作。《毛诗》序言关雎之义，以哀窈窕、思贤才并举。五言诗或谓始于《古诗十九首》苏李赠答。苏武赠李陵诗一首，曰："结发为夫妻，恩爱两不疑"，古人即以为喻朋友之谊也。《古诗十九首》第一首，"行行重行行，与君生别离"之情，亦在夫妇朋友间。中国表人与人间之情谊之文学，有表男女夫妇之情，有表朋友之情，有表君臣之情，有表兄弟之情，有表师弟之情，有表对一般人之同情者（可读《诗义会通》一书），有表对贤哲仰慕之情而作颂赞，有对后辈奖掖而作赠序者。而文学之范围，在中国人视之亦不限于抒情言志、说理叙事，人与人间一切相互之告语，及对典章文物之纪载，但其文可观，均可属于文学。而所谓人间之本义，实当包括人与自然之间、人与人之间，及人与其文化之间，因无人与自然、人与文化间之事亦无人与人之间之事也。中国文学之分类，唯曾国藩经史百家杂钞之分类，为晚出而最佳。其文分为三大门，著述门中包括说理文、著作之序跋、抒情之辞赋。告语门，包括一切人与人之告语，如书札、奏议、训诰。记载门，包括人类之制度文化。此范围诚太广。然除专以说理记载为目的之文，属于旧所谓子史二类（今所谓哲学、科学、历史）者外，固皆当属于文学。文学之范围，实应包括人对自然、人

对人,与人对文化之情志之三方面。由此以观,则西方之文学之分为小说、诗歌、戏剧、散文四类,犹是外形之分法。吾人依曾氏之意,以观中国文学之内容,则至少应加一种"人对于历史文化之情者"于文学之范围中,与人对自然、人对人之情,鼎足为三。中国文学多咏史怀古之作,即所以表人对其历史文化之情。颂赞亦多对古哲。而哀祭之文,或以碑叙德,或以诔陈哀,乃对死者之作,亦即对过去历史中存在之人之所作。叙记而带情味者,乃表现自己对自己所经历之事情,亦可属于此类之中。箴铭之励己示后,亦表现己当对社会道德、古圣先贤、历史文化应尽之责任。吾人以此标准衡量西方之文学之范围,则西方文学中除表男女之爱情者外,表父子之情、兄弟之情之诗文,则均极少。而中国表父子兄弟之诗,则与表夫妇之诗并列,而为诗之一门类矣。西方文学中朋友间之书札,情蕴深厚而传于后世者,亦不多,不如中国书札之特成一门类矣。至于君臣之间,则西方臣之于君,皆尊而不亲。如三国魏晋君臣之间,皆有深厚之朋友之情谊,则西洋盖未之见也。中国人之恒以男女爱情喻君臣之际,亦相亲之意也。至于颂赞赠序,在西方亦不成专类。西方颂赞,大皆赞神与英雄。以奖掖后进之名赠序,在西方文学中,不成一类也。至于表达一般平民之感情之文学,则西方在基督教,及近代人道主义、社会主义精神感召下乃多有之。而《诗经》以来中国文学,几无不表现对平民之感情。杜甫、白居易、陆放翁等,其著者耳。哀祭之诗文,表生者对死者之情,更为中国人所特重视,故人死皆有祭文或挽诗、挽联,此表示中国人之情之特重情之通于过去。怀古咏史以对历史人物文化致其情意之诗文,实皆可谓由哀祭之精神发展而出,为中国文学之所最富,而表现中国人之情感之深厚之度者。西方人对现实多存反抗批判之心,理想不投射于彼界,即多投射于未来。小说传记中,可以古人为主人翁而描述之,然未必能如中国哀祭之文、咏史怀古之文之重发思古之幽情,以融凝今古死生之感情也。

(七)中国文学之表情,重两面关系中一往
一复之情,并重超越境之内在化

　　吾人上谓以中国之人间文学与西方文学之内容相较,则知西方文学中,无论启发宗教意识之宗教文学,引人超越有限以达无限之灵境之浪漫主义文学,或崇拜英雄、礼赞爱情之文学,及刻画社会、提示社会问题,或宣传一改造社会之主义之文学,其用心多不免迫向一焦点。此即谓其用心恒为一往的,而所表之情,均可谓主要见于一面之关系中。如宗教文学只表现我对神之企慕祈求。浪漫主义文学,只表我对无限境界之向往、英雄之崇拜、婚前之爱情之追求,皆重在表现我对英雄对彼美之崇拜与追求。提示社会问题,依一理想以改造社会,为我欲实现一理想于社会。由是而言,吾人所企慕向往者,在此中只成为一对象、一动我者。在宗教文学中,表现我求上帝,而不表现上帝之求我。英雄之礼赞爱情之追求中,我崇拜英雄,追求彼美,而英雄不崇拜我,彼美亦未必追求我也。在浪漫主义文学中,表现我向往无限之灵境。在宣传主义之文学中,表现我之欲实现理想,仍不能表现灵境与理想之欲实现于我。因灵境理想本身非有情之物也。然在中国之人间文学中,则所表现之情,恒为两面关系的。故其用情、用心,皆为一往一复的,而非只一往的。婚前之恋爱追求恒为一面关系,而婚后夫妇之情谊,则为两面关系。凡确定之人与人之关系,或伦理关系,皆为必然之两面关系。两面关系与一面关系情之不同处,在此中两方皆为自动的用情者,两方皆确知对方对我有情谊。于是其间之情谊,遂如两镜交光而传辉互照。其情因以婉曲蕴藉,宜由说对方之情以说我之情。如杜甫思其妻子之诗曰:"今夜鄜州月,闺中只独看。

遥怜小儿女,未解忆长安。香雾云鬟湿,清辉玉臂寒,何时倚虚幌,双照泪痕干",全首诗只言对方之思彼耳,以此一例,可概其他。中国古人言:"温柔敦厚,诗教也。"温柔敦厚,非强为抑制其情,使归中和也,乃其用情之际,即知对方亦为一自动之用情者。充我情之量,而设身处地于对方,遂以彼我之情交渗,而使自己之情因以敦厚温柔,婉曲蕴藉。温柔敦厚,情之充实之至。此充实之情所自生,正由情之交渗,而情中有情。情若无虚处,何能与他人之情交渗。温柔敦厚为情之至实,亦即含情之至虚于其中。吾人能由温柔敦厚之情为至实而至虚,以读中国一切表夫妇、父子、兄弟、君臣之人间伦理关系之诗文,则可以思过半矣。

西方文学中,崇尚一面关系中之企慕向往、往而不返之情,其好处在使精神易于提起,而短处则在由情之坚执不舍,而强劲之气外露,此中国文学之所最忌。由中国文学中之重两面关系中之情,于是中国文学之表情,即一方重婉曲、蕴藉、温柔、敦厚,如上所述。一方即重情之平正、通达,笔法之老练、苍劲、典雅。盖凡物有两端或两面关系,自然易归平正。通其两端,即成通达。坚执不舍之情,蕴之于内,强劲之气,反而内敛,自相回荡以凝摄,即成老练苍劲。平正而练达,即成典雅。平正典雅,乃优美壮美之结合。王国维先生文集中,尝以典雅为在优美壮美以上之第二形式美,为中国文学所独有。惜彼未详其义,吾尝欲引申发挥之而力未逮也。

西方文学之所以多不胜企慕向往、往而不返之情,由于其所崇拜之上帝或英雄,所追求之美人,所寄托精神之灵境,与所欲实现之主义,皆为理想超越境中之对象。中国之人间则为现实内在境。以今人而观死者与古人及历史文化,以人观自然,宜若彼无情之自然,彼死者、古人,及过去历史文化,皆为超越境而非内在境。然在中国,如吾人上之所论,则视自然为有情,以天地之生机生德见于当下之自然,并将自然虚灵化,以减少其物质性。则人与自然间之

关系,可更近于人与人间之关系。而其对死者哀祭之文,皆重"思
其居处,思其笑语,思其志意",使人"肃然如闻其声,俛然如见其
形",于是死者亦如生。怀古咏史之作,则重在"遥遥沮溺心,千载
乃相关","其人虽已没,千载有余情"。故中国哀祭之文,常能极致
亲切之怀念,显深厚之情蕴。其中尤以怀古咏史之作,常能极老成
练达、苍劲典雅之致,为中国文学之所独造也。

(八)中国无西方式悲剧之理由

　　中国文学之缺点之一,常言为缺西方之悲剧。莎士比亚之悲
剧中,罗密欧与朱丽叶只相遇于坟墓。在中国之牡丹亭中,则必有
杜丽娘之还魂。在哥德之《浮士德》中,马甘泪被焚,即魂飞天国,
一去不还。而中国之长生殿中,则必求杨贵妃之重返人间。一般
中国小说剧曲,大皆归于大团圆。七十回本《水浒》之终于一梦,与
王实甫之《西厢》终于惊梦,《红楼梦》之终于悲剧,皆为人所不满
足。故有《后水浒》之使《水浒》中人物立功,《续西厢》之使张生、莺
莺结婚,及《续红楼梦》者之使黛玉、宝玉之恨海填平,以化似悲剧
者皆为喜剧。此皆似足证中国人之不真了解悲剧之美者也。西方
悲剧美之论者至多,今不及一一详。霍布士谓悲剧之美由于其能满
足人之幸灾乐祸心者,固为浅薄之论。而谓西洋悲剧之美,只在其
表现一极端强烈复杂之感情,或曲折之心理,遭遇之离奇,可见作者
气魄之雄伟,想像之丰富,如吾人以前说,亦为次要。唯叔本华以意
志之解脱论悲剧之说,吾尝极称道之。然亦义只一面。吾今以为论
西方悲剧,应兼采叔本华与黑格尔、克罗采之美学之说,而会通之。
吾意西洋人之欣赏悲剧,乃由西方人之生命精神,多剧烈之矛盾,
恒须由悲剧以得一客观化。西方悲剧之价值,则一面在使人对人
之善,有一直觉之观照;一面在使人得一意志之解脱。西洋悲剧中

之主角,其悲剧结果来临之原因,或为外在之自然、社会之命运,如希腊悲剧与近代哈代、易卜生之悲剧。或为内心之性格之矛盾、良心与罪恶之交战,如莎士比亚、托尔斯泰之悲剧。然凡为悲剧之主角之人物,恒必多少有某一可爱之处,亦即其人格多少表现一善。此可爱之处与善,或表现于其向慕种种之人生文化理想,如浮士德。或表现于其天真无邪,如黛丝姑娘。或表现于其不忍之性情,如哈孟雷特。或表现于其事前存心之善,如李尔王。或表现于其事后之忏悔,如托尔斯泰之《复活》之主角。或表现于其犯罪时之战栗,如麦克伯斯。或表现于本有避罪之心,如阿狄蒲斯。然此"善",终以未真被自觉地促进,或因其性格中具其他更小之一缺点,与善相夹杂,使其善不纯,兼受盲目不可知之外在的自然、社会命运之驱迫,而犯不可挽救之罪戾,遂入于一凄凉惨苦之境地,以至于死,于是形成悲剧。自中国人之心情言,人不以小眚而掩大德,则人犯小过而受巨大之惩罚为不平。若无罪之人,以外在之命运而就死地,尤非人心之所堪。然西方悲剧之使人之犯小过或无罪者,得最悲惨之结果,则一方所以显"善"之必须绝对完全,绝对纯粹,而不可少违,一方所以显人之自觉未尝有罪者,实亦有罪,以致谓人之生存意志,本身即含罪,如基督教及叔本华氏之说是也。至于西方悲剧之恒终极于死者,则以人死而后人之生存意志,与一切罪恶之根,乃皆无所依。物质之身体死于人之前,然后其心灵精神之价值,昭露于人之上。黑格尔论西方历史上之英雄,皆必登台二次,第一次以喜剧出现,第二次以悲剧出现。又尝论"不得其死"之死,为伟大人物所必须,苏格拉底之死与耶稣之死,皆为必须。"死"者,人之销毁其物质身体而自物质身体之世界解脱,以使其人格之精神价值,凸陈人前之唯一道路也。夫然,故悲剧主角之罪与生存意志,唯以死而得解脱涤洗。人在其死后,其所表现之善,无论如何微小,乃皆可净化成纯粹之善,为吾人所直觉观照之超越境理想中之善。悲剧之所以使人流泪而感乐者,亦即在悲剧之能一面使人生感解脱,一面使人生感净化,而直接观照精神世界之纯价值或纯善。二者实一事之二面,故叔本华与黑格尔、克罗采之说可会通而说之也。

　　关于西洋悲剧之价值,果如上文所论。则中国无西方式之悲剧的小说、戏剧,其为一缺点,盖无容得而否认。西方悲剧之使人有解脱感,并使人对纯粹精神价值或纯善,有一直觉的观照,乃西方文学之最能提高人类精神境界之处。至于西方悲剧恒不免过于激荡人之情志之流弊,亦不足以掩其提高人类精神境界之功。唯中国文学之未有此种悲剧,其故亦可得而言。即依中国文化精神,恒不愿纯粹精神价值之不得现实化,亦不忍纯精神世界,不得现实世界之支持是也。欲使精神世界得现实世界之支持,则人之德性,宜与福俱。百备之谓福。则人之行善而犯小过,终于悲剧,即不能使人无憾。康德尝谓善在此生,恒不与乐俱,唯在死后,乃必归于与乐俱。叔本华于其《道德之基础》一书,讥其非笃信善之绝对性,而不免于求报,如侍者之殷勤招待于前,而不免于索酒钱于后。依此观点以看,中国小说戏剧之必使善人得善报于今生,使悲剧皆归于团圆,诚又康德之不若,而至为庸俗。然自己为善而意在求乐求福,固非真纯之求善者。若对他人之为善者,皆使之终于得乐得福于现世,则亦可谓出自吾人使福乐随德行以俱往,以使现实世界隶属于精神世界之大愿与深情,所以免精神世界之寂寞虚悬于上者也。若中国文人之作小说与戏剧者,出于前一动机,以使悲剧之终于喜剧,吾人固当斥之为庸俗,若出于后一动机,以使悲剧归于喜剧,归于团圆,又可以表现百备无憾之人生要求。夫然,《西厢记》之"愿天下有情人皆成眷属",亦无私之至仁精神之表现。而续《红楼梦》、《续西厢》、《续水浒》之意,亦未可厚非者也。

（九）中国之悲剧意识

复次，中国小说戏剧中，虽少西方式悲剧，然亦非全无中国式之悲剧意识。《红楼梦》、七十回本之《水浒》之本身、王实甫之《西厢》与孔尚任之《桃花扇》等，皆表现一种中国式的悲剧之意识。中西悲剧意识之不同，吾意为西方之悲剧，皆直接关涉个体人物或人格之悲剧。中国之悲剧意识，则为"人间文化"之悲剧意识。故《红楼梦》之悲剧，非只宝玉、黛玉二人之悲剧，乃花团锦簇之整个荣、宁二国府之悲剧。七十回本《水浒传》，收束于一梦，实亦使整个《水浒》，笼罩于一中国式之悲剧情调中。吾意《水浒》乃中国文学中之悲剧而又超悲剧之一作品。人谓《水浒》只表现官迫民反，语固太粗，然宋江之望招安，则是事实。于望招安之宋江之下，乃有此一群至性至情之汉子。此即使全书表现一深厚之悲凉背景。诚然，《水浒》中人物，如李逵、武松、鲁智深诸人，皆顶天立地，直上直下，固不知人间有所谓感慨，亦绝无悲凉之感者也。然正以诸人皆顶天立地，直上直下，故上不在天，下不在地，中不在人，而在天地之滨，在水之浒，在望招安之宋江之下，即可悲也。施耐庵著《水浒》在元时，元之时代，乃中国文化精神上不能通于政治，下不能显为教化，而如梦如烟，以稀疏四散于文人、书家、画家，及僧道之心灵中之时代也。此时代中人，皆有悲凉之感焉，唯如烟云之缭绕，而归于冲淡。倪云林之画与《水浒》，乃表现同一精神境界。吾读《水浒》序，而知悲之至极，上无所蒂，下无所根，而唯有荒漠之感，再浑而化之于是寂天寞地之中，谈笑如平日，盖《水浒》著者之心也。《水浒》中，李逵往迎母，而虎杀其母，彼抵梁山泊言其事而大哭，诸人乃大笑。笑之与哭，乐之与悲，相去亦近矣。庄子曰："山林欤，皋壤欤，使我欣欣然而乐欤。乐未毕也，哀又继之。哀乐之来,吾不能御,其去不能止。悲夫。"哀乐之来若无端,而其去又不能止,无迹而不知所在,此真人间之至悲。庄子之言,深远之至也。《水浒》之悲之所在,人皆不得而见之,唯见其人物之龙腾虎跃、惊天动地,而《水浒》之悲剧境界,亦深远之至矣,非复可以西洋悲剧名之,谓之由悲深而悲乐两忘,悲乐两皆解脱,庶几近之矣。《水浒传》序言:"其事在性情之际,世人多忙",故罕能喻之者矣。

　　吾意中国之小说戏剧中,《水浒》之境界为最高,《红楼梦》次之,其他小说戏剧,如《西厢》、《桃花扇》、《三国演义》等又次之。《水浒》之境界决非喜剧,亦非悲剧,只能谓之悲剧而超悲剧。《红楼梦》则明显之悲剧。《水浒传》之高于《红楼梦》者,在其中之一切人,除宋江外,皆只有现在,不思前,不想后,生死患难,一切直下承担。然《红楼梦》中人,则多思前而想后。不思前想后,则一切现成,无聚无散,或一聚而无散。思前想后,则一切皆有聚散。七十回本《水浒》,记至梁山泊豪杰聚会,而以一梦收束百八个豪杰于天星,乃一聚而入永恒,而不知有散也。林黛玉常念一切人生之事,聚了又散,觉无意思,思前想后之所必至也。《红楼梦》中,不思前想后,只在现在者,为宝玉。宝玉之憨态,《红楼梦》之禅机也。人思前想后,必慕纯任现在者,叔本华于其论文中,尝谓人之喜动物与小孩,即因人之思前想后之心,求在"不思前想后之动物与小孩"前得休息,亦可作一浅近之注解。大率男女之中,青年男子多幻想,喜思过去未来,少女则多纯任现在。少年维特之慕绿蒂,即因维特欲于绿蒂之前,求得安住于现在也。圣母之使浮士德之得救,《浮士德》一剧之终于"永恒的女性,使吾人上升"一语,皆言女性之"停息男性之无尽追求",而使之宁息也。然《红楼梦》中,则不免思前想后者为黛玉,而真能安住现在者乃男性之宝玉。西方之男子,须待女子之宁息乃入天国,因西方男子本其生命冲动,以思前想后,向外、向上之企慕向往之情,不能自止也。中国之宝玉,则宿根中有内在之女性，故常吞胭脂而消化之，以去其色彩。彼有内在之女性，而有内在之宁息，故终能自求解脱以出家矣。吾尝谓宝玉之爱黛玉，乃以超思虑之心爱之。而黛玉之爱宝玉，则以有思虑之心爱之。爱而超思虑，则爱中蕴蓄有解脱。爱而有思虑，则宛转不能自已，不免于忧伤憔悴。《红楼梦》作者心中，有宝玉为著者之理想境，而作者之精神则是黛玉式。黛玉式之思前想后之精神，与浮士德、维特之思前想后之精神不同，在彼为男性的，而此为女性的。男性之用情，恒为意志欲望所驱率，其思前想后，必求成功。女性之用情，则恒以用情本身为目的，因而其思前想后，亦常唯出于情不自已，而不必求成功。黛玉之爱宝玉，未尝必求其成功，亦早知其不能成功，且不当求其成功。（以一般人间婚姻标准言，宝钗之健美而贤，自更为宝玉之适当配偶，黛玉非不知其蒲柳之质，不克永年也。）黛玉自知不能成功、不当求成功而爱宝玉。其情乃为超意欲、超行动之纯情，其忧伤憔悴，为纯忧伤憔悴。其可悲不在其求成功而不得，如西方之悲剧人物，其可悲，在不敢作成功想，不能有以表现其求，亦不敢以其求为应当。则西方之悲剧人物，其最后绝望之悲浅，而黛玉之悲深。悲之深也，超意欲，超行动，则转为纯粹之身世飘零感、人生之梦幻感、一切之聚散无常感。此黛玉之心情，亦《红楼梦》作者之心情，所表现于此书者也。而作者之所以表现此心情，则又非只托之于黛玉之事，或宝、黛二人之事，乃托之整个荣、宁二国府之兴衰成败，以状一切来自太虚幻境，而归于太虚幻境之历程。人生在世，热闹一场，思其前，不知所自来，思其后，则知世间无不散的筵席。荣、宁二国府之人物，乃合演此中间热闹一场，聚而复散之悲剧。故悲剧虽表现黛玉之精神，而不可只说为黛玉之悲剧，或宝、黛二人之悲剧。因而非西方式之人物悲剧，而是一"人间世界在无常宇宙中之地位"之悲剧。此悲剧中有得解脱者，如宝玉，有未得解脱者，如其余诸人。然得解脱也罢，不得解脱也罢,同在红楼一梦中,同在前后之太虚幻境所包裹之中。太虚幻境以外如何,有上帝乎?无上帝乎?有精神世界乎?无精神世界乎?悲剧之形成,由生存意志乎?由人之罪恶乎?由宇宙之盲目命运乎?由客观社会势力之胁迫乎?盖皆作者所未尝真措思,此其所以与西方悲剧之不同。王国维先生以叔本华之思想讲《红楼梦》,尚有一间未达也。夫《红楼梦》中所显示"人间一切之来自太虚而归于太虚"之情调,亦即同于《水浒》之"纳惊天动地于寂天寞地之中"之情调,而皆可使读之者,心无所住,而证即实而空,即实而虚之妙道,而得一当下之解脱,此中国悲剧之精神价值之所在。然谓《红楼梦》、《水浒》著者,皆自觉此理,而著二书以教人以此理,则又误矣,彼等只是如吾人前所谓写如是如是之人间悲剧境界耳。

(十)中国悲剧意识之虚与实、悲与壮

吾人读西洋之悲剧性之小说戏剧,恒见其悲剧之所以形成,一方由悲剧主角之沉醉于其理想或幻想,力求所以达之,而坚执其行动与事业,终以其性格缺点之暴露、客观宇宙社会之力量与内心要求之冲突,而形成悲剧。故西方式之悲剧,实即主观之力与客观之力二者相抗相争之矛盾之所成,而悲剧之结局,则归于自我意志之解脱,与精神之价值之凸显,如吾人上之所论。然在中国,则根本缺乏此种形态之悲剧意识。若《水浒》之境界为超悲剧,则吾人可谓中国之悲剧意识,主要者,殆皆如《红楼梦》式之人生无常感。人生无常感,即包含人间社会之一切人物,与其事业,及人间文化本身之无常感。中国之历史小说戏剧,常皆具有此感。如中国最有名之历史小说《三国演义》,开首之临江仙词,吾尚忆及之。其词曰:"滚滚长江东逝水,浪花淘尽英雄,是非成败转头空,青山依旧

在,几度夕阳红。白发渔樵江渚上,惯看秋月春风。一壶浊酒喜相逢,古今多少事,都付笑谈中。"此外如《桃花扇》末之《哀江南》,即可代表剧曲中之此种悲剧意识。而熊开元(世传为归元恭)之《万古愁曲》,由混沌初开,历唐、虞、夏、商、周、秦、汉、唐、宋之兴亡,直述至明之亡,感慨万端,苍凉悲壮,尤代表中国人之此种悲剧意识之最高者。文长不及录。……(略)中国之悲剧意识,唯是先依于一自儒家精神而来之爱人间世及其历史文化之深情,继依于由道家、佛教之精神而来之忘我的空灵心境、超越智慧,直下悟得一切人间之人物与事业,在广宇悠宙下之"缘生性"、"实中之虚幻性"而生。此种"虚幻性",乃直接自人间一切人物与事业所悟得。于是此"虚幻性"之悟得,亦可不碍吾人最初于人间世所具之深情。既叹其无常而生感慨,亦由此感慨而更增益深情,更肯定人间之实在,于是成一种人生虚幻感与人生实在感之交融。独立苍茫,而愤悱之情不已,是名苍凉悲壮之感。林木翁郁而不枯之谓苍,天风吹过而不寒之谓凉,生意蕴蓄,而温情内在之谓苍凉。于是悲而可不失其壮,如陈子昂《登幽州台歌》之"前不见古人,后不见来者。念天地之悠悠,独怆然而涕下",屈原之"唯天地之无穷兮,哀人生之长勤。往者吾弗及,来者吾不闻",皆为此种之苍凉悲壮之情。此苍凉悲壮之心灵,悬于霄壤,而上下无依,往者已往,而来者未来,可谓绝对之孤独空虚而至悲。然上下古今皆在吾人感念中,即又为绝对之充实。夫然而可再返虚入实,由悲至壮,即可转出更高之对人间之爱与人生责任感。如杜甫之为诗圣、诗史,即常依于一种由苍凉悲壮之感而来之对人间之爱与人生责任感者也。是知中国最高之悲剧意识即超悲剧意识,诚可称为中国文学之一最高境界矣。

(选自《中国文化精神之价值》,正中书局 1953 年版)

唐君毅（1909—1978），四川宜宾人，哲学家、中国哲学史家，新儒家学派的代表人物。曾就读于中俄大学、北京大学，毕业于中央大学哲学系。后在中央大学任教。1963 年香港中文大学成立，受聘为该校首任文学院院长和哲学讲座教授，1967 年任新亚研究所所长。主要著作有《道德自我之建立》、《人文精神之重建》、《中国文化之精神价值》、《中国哲学原论》等。

中西文化的差异是比较研究中的重要课题，唐君毅在比较中以文化精神为理论背景，从艺术精神的角度分析了中西的差异，总结中国的艺术精神为"藏修息游的精神之所"。并且这一艺术精神贯穿于建筑、雕刻、书法、绘画、文学等艺术形式中。而在中国文学中由于文化精神、艺术精神的特质，中国文学在内容、艺术风格、表现主题等多方面呈现出自己的特点。唐君毅进一步分析了中国文学中缺失悲剧的重要原因。

朱子之文学

钱　穆

　　理学家于文学,似乎最所忽视。濂溪有文以载道之论,其意重道不重文。惟朱子文道并重,并能自为载道之文。尝曰:

> 欧阳子知政事礼乐之不可不出于一,而未知道德文章之尤不可使出于二。有是实于中,则必有是文于外。盖不必托于言语,著于简册,而后谓之文。易之卦画,诗之咏歌,书之记言,春秋之述事,与夫礼之威仪,乐之节奏,皆已列为六经,而垂万世。其文之盛,后世固莫能及。

此乃言广义之文学,以经学文学贯通合一言之,而理学精神亦自包孕在内。朱子论学重博通,重一贯,故能言及于此。又曰:

> 韩愈氏慨然欲追诗书六艺之作,然略知不根无实之不足恃,而其论古人,则又以屈原孟轲司马迁相如扬雄为一等,而不及于贾董。其论当世之弊,则但以词不己出,而遂有神徂圣伏之叹。

此见朱子论文,别有一标准。司马相如扬雄辞赋家言,不得与屈原孟子并列。贾谊董仲舒,则不当摈之在文外。至于词必己出,不得悬为文章之能事。朱子论文,推而通之既欲极其广,分而别之又必极其严。凡朱子论学皆如此,论文亦其一端。

　　朱子既揭文道合一之论,以文学通之于经学。又进一步以文学通之于史学。谓:

> 有治世之文,有衰世之文,有乱世之文。六经,治世之文
> 也。如国语,委靡繁絮,真衰世之文耳。至于乱世之文,则战
> 国是也。然有英伟气,非衰世国语之文之比。楚汉间文字,真
> 是奇伟,岂易及。

既曰文道一致,则文章自可通之于世运。而朱子重视乱世之文尤
过于衰世之文,谓战国乱世之文有英伟气,非《国语》衰世文可比,
则又是一项高明特达之见,非深于文者不能知,尤非深于史者不能
知,更非深于道者不能知。又曰:

> 大率文章盛则国家却衰,如唐贞观开元都无文章,及韩昌
> 黎柳河东以文显,而唐之治已不如前。

> 国初文章,皆严重老成。尝观嘉祐以前诰词等,言语有甚
> 拙者,而其人才,皆是当世有名之士。盖其文虽拙,而其辞谨
> 重,有欲工而不能之意,所以风俗淳厚。至欧公文字,好底便
> 十分好,然犹有甚拙底,未散得他和气。到东坡文字,便已驰
> 骋恣巧了。及宣政间,则穷极华丽,都散了和气。所以圣人取
> 先进于礼乐,意思自是如此。

此更以文章觇世运,而阐入幽微。其论文,宁拙毋巧,宁重毋薄,皆
与理学相通。

> 因说科举所取文字,多是轻浮,不明白著实。因叹息云:
> 最可忧者,不是说秀才做文字不好,这事大关世变。东晋之
> 末,其文一切含胡,是非都没理会。因论某人言,曾于某处见
> 虏中赋,气脉厚。先生曰:那处是气象大了,说得出来自是如
> 此,不是那边人会。

此处从当时南北双方科举文字推论及于文风世运,更涉深微。此
间秀才文字轻薄,可见风气已坏。非是秀才做文字不好,乃是秀才
做人先不好,此大堪忧。那边人作赋气脉厚,此乃北方中原地理背
景使然。而宋金双方国运消长,亦由此可推。

朱子亦多就文论文语,所论率多着眼于文章之神理气味。理学注重人格修养,一文之神理气味,即是此文之文格表现,亦即是此文作者心智修养之表现。故曰:

> 贯串百氏及经史,乃所以辨验是非,明此义理。岂特欲使文词不陋而已。义理既明,又能力行不倦,则其存诸中者必也光明四达,何施不可。发而为言,以宣其心志,当自发越不凡,可爱可传。

其论西汉有曰:

> 董仲舒文字平正,只是困善,无精彩。匡衡刘向诸人文字皆善弱,无气焰。司马迁文雄健,意思不帖帖,有战国文气象。贾生文字雄豪可喜,只是遭快,下字时有不稳处。

> 武帝以前文雄健,武帝以后便实,到杜钦谷永,又太弱无归宿了。

朱子以理学大师,而于仲舒匡刘杜谷儒者之文皆致不满。又论仲舒文尚在司马相如扬雄之上。此等处,皆见朱子论文学之独具只眼处。其论宋文则曰:

> 东坡文字明快,老苏文雄浑,尽有好处。

从理学立场论,朱子极不喜苏氏父子。就文论文,则加赞许。又曰:

> 李泰伯文实得之经中,虽浅,然皆自大处起议论,文字气象大段好,甚使人爱之。亦可见其时节方兴。老苏父子自史中战国策得之,故皆自小处起议论,欧公喜之。李不软贴,不为所喜。又曰:以李视今日之文,如三日新妇,然某人辈文字,乃蛇鼠之见。

此节尤见朱子论文之独具只眼处。其指导人学文,则曰:

> 人要会作文章,须取一部西汉文,与韩文欧阳文与南丰文。

20世纪儒学研究大系

　　　　韩文高,欧阳文可学,曾文一字换一字,甚严,然太迫。

朱子学文自南丰入,然其评曾文,又能深中其病。即就文学一端言,亦可见其为学之博通与深至,严正而无阿。

　　朱子论诗,则谓古今有三大变。

　　　　自虞夏以来,下及魏晋为一等。晋宋间颜谢以后下及唐初为一等。沈宋以后,定著律诗,下及今日,又为一等。唐初以前,为诗固有高下,而法犹未变。至律诗出,而后诗之与法始皆大变。

此在朱子心中,其所理想之诗,亦自有一标格。而以文学史观点通论古今,衡评其于此标格之离合远近而定其高下,此其意境之远卓,亦决非仅仅模拟以为诗者之所知。尝谓:

　　　　欲抄取经史诸书所载韵语,下及文选汉魏古词,以尽乎郭景纯陶渊明之所作,自为一编,而附于三百篇楚辞之后,以为诗之根本准则。又于其下二等之中,择其近于古者各为一编,以为之羽翼舆卫。然顾为学之要有急于此者,亦复自知材力短弱,决不能追古人而与之并,遂悉弃去不能复为。

朱子之终未为此,亦当为诗学发展上一大可惜之事。

　　朱子又谓:

　　　　古人之诗,本岂有意于平淡。但对今之狂怪雕锼,神头鬼面,则见其平。对今之肥腻腥臊,酸咸苦涩,则见其淡。自有诗之初以及魏晋,作者非一,而其高者无不出此。

又曰:

　　　　尝以为天下万事皆有一定之法,学之者须循序而渐进。如学诗,则且当以此等为法。向后若能成就变化,固未易量,然变亦大是难事。李杜韩柳,初亦皆学选诗。然杜韩变多而柳李变少。变不可学,而不变可学。故自其变者而学之,不若自其不变者而学之。学者其毋惑于不烦绳削之说而轻为放肆以自欺也。

朱子论诗主平淡。论学诗，则谓不变可学，而变则不可学。此皆极可珍贵之至论。至于谓可以不烦绳削，而提倡自由抒写之说，则为朱子所反对。而朱子自为诗，则脱胎选体，于宋诗中独为突出。理学家中能诗者，北宋有康节，明代有陈宪章白沙，较之朱子诗之渊雅醇懿，殆皆不如。

朱子于文学，生平有三大著作。一在中年，为《诗集传》，已略述于经学篇。又二为《韩文考异》与《楚辞集注》，皆在晚年。《韩文考异》校勘精密，识解明通，不仅为校勘学开出无穷法门，而凡所断制，实多有仅知从事校勘者所莫能窥其高深之所在。盖自有《考异》，而韩集遂有定本可读，后人亦卒莫能超其上。《楚辞集注》亦为治《楚辞》者一必读书。此乃朱子晚年最后完成之一部著作。在其易箦前三日，改《大学·诚意》章，又修《楚辞》一段。其改《诚意》章，人人知之，而朱子一生最后绝笔，实为其修《楚辞》一段，此则后人少所述及，尤当大书特书，标而出之，以释后人群认为理学家则必轻文学之积疑。

（选自《朱子学提纲》，三联书店 2002 年版）

钱穆（1895—1990），字宾四，江苏无锡人，著名历史学家。曾任教于燕京大学、北京大学、清华大学、西南联大、齐鲁大学等校。后曾任香港新亚书院院长、马来西亚大学教授、中国文化学院历史系教授。以研究中国历史问题为主，涉及到哲学、思想文化、艺术等方面。著有《先秦诸子系年》、《中国近三百年学术史》、《国史大纲》、《中国文化史导论》、《中国历史精神》、《中国历代政治得失》、《朱子新学案》、《现代中国学术论衡》、《中国文学论丛》、《中国学术思想史论丛》等。

　　在对宋明理学的研究中,往往忽略了对其文学艺术思想的研究。而实际上,朱子从自己的哲学思想出发,对文学有着独特的见解。朱子文道并重,重视乱世之文尤过于衰世之文,主张文章宁拙毋巧、宁重毋薄,强调文章蕴涵的神理气味等。

论中国传统哲学中的真、善、美问题

汤一介

　　真、善、美历来是哲学讨论的重要范畴。中国传统哲学在这三个方面提供了独特而有价值的思想资料,从而表现了中华民族在理论思维方面的独创性。

　　中国传统哲学关于真、善、美的观点集中体现在中国古代思想家长期讨论的三个命题之中,即:"天人合一"、"知行合一"、"情景合一"。

　　关于"天"和"人"这两个概念可以因不同的哲学家而有十分不同的涵义,这里不可能详细讨论,但无论如何"天(道)"总是就宇宙的根本或宇宙的总体方面说的,"人(道)"往往是就人们的社会生活或人本身方面说的。天人关系问题从来就是中国古代思想家所研究的最重要的问题,司马迁说他的《史记》是一部"究天人之际"的书;董仲舒答汉武帝策问时说,他讲的是"天人相与之际"的学问;魏晋玄学创始者之一何晏说另一创始者王弼是"始可与言天人之际"的哲学家;中国道教茅山宗的真正创始者陶弘景说只有顾欢(另一道教领袖)了解他"心理所得"是"天人之际"的问题。在中国传统哲学中对"天人关系"虽有各种说法,如荀子提出的"明天人之分",庄子的"蔽于天而不知人",郭象的"天者,万物之总名"等等,而且"天人关系"问题在魏晋时期又常通过"自然"与"名教"的关系表现出来。但中国传统哲学的主流却大都把论证"天人合一"或以说明"天人合一"为第一要务。

孔子多言"人事",而少言"天命",然而孔子并非不讲"天命"。我们知道,他不仅说过"唯天为大",而且认为"天命"与"圣人之言"是一致的,他说:"君子有三畏:畏天命,畏大人,畏圣人之言。"最早提出完整意义的"天人合一"思想的哲学家是孟子,如他说:"尽其心者,知其性也;知其性,则知天矣";又说:"夫君子所过者化,所存者神,上下与天地同流",这表明他把"天"和"人"看成一个统一的整体。荀子虽然讲"明天人之分",而其根本要求则在"制天命而用之",即从"人"的方面来统一"天",因而他把"人"抬高到与"天"、"地"并列的地位:"天有其时,地有其财,人有其治,夫是谓之能参。""故善言古者,必有节于今;善言天者,必有征于人。凡论者,贵其有辨合,有符验。故坐而言之,起而可设,张而可施行。"道家的老子主张:"人法地,地法天,天法道,道法自然",这"天"、"地"、"人"等是一统一的系列,都统一于"道"。就是"蔽于天而不知人"的庄周也说:"天地与我并生,万物与我为一",而"至人"更可"与天地精神相往来"。董仲舒宣扬"天人感应",他说:"天亦有喜怒之气,哀乐之心,与人相副。以类合之,天人一也。"董仲舒这类言"天人合一"的理论自然是唯心主义的,且带有神秘主义色彩。

魏晋玄学讨论的中心课题是"自然"与"名教"的关系问题,而实际上也是天人关系问题。虽有嵇康阮籍提倡"越名教而任自然",但他们实际上是反对假名教而相信真名教的,正如鲁迅所说:"魏晋时代,崇奉礼教的看来似乎很不错,而实际上是毁坏礼教,不信礼教的。表面上毁坏礼教者,实则倒是承认礼教,太相信礼教。"而魏晋玄学的主流则更是以调和"自然"与"名教"为主题。王弼主张"体用如一",故有"举本统末"之言,谓了解"天道"即可了解"人事",圣人可以"体冲和以通无",体现"天道"以至于同于"天"。郭象也讲"体用如一",以为"用外无体",他认为圣人"常游外以弘内"，在现实社会中就可以实现符合"天道"的理想社会，所以"名教"不仅不和"自然"相矛盾，恰恰应在"人间世"中来实现其"逍遥游"。魏晋名士多言"放达"，但有的人是"行为之放"，仅得"放达"之皮相，如王衍、胡毋辅之流，以矜富虚浮为放达；有的人是"心胸之放"，则得"放达"之骨骸，如嵇康阮籍等人，以轻世傲时为放达；有的人是"与自然为一体之放达"，则得"放达"之精髓，如不为五斗米折腰的陶潜即是。陶潜是个大文学家，其实也是一个大思想家，他体现了魏晋时文士最高尚的一种人生境界，他在《形影神赠答诗》最后抒发他的思想境界说："纵浪大化中，不喜亦不惧，应尽便须尽，无复独多虑"；在《与子俨等疏》中说："常言五六月中，北窗下卧，遇凉风暂至，自谓是羲皇上人。"这种与自然为一体的放达，虽不同于孔子的"天人合一"的思想境界，却正是魏晋人所追求的一种"天人合一"的精神世界。

宋儒所讲的身心性命之学，更是以"天人合一"为其所要论证的基本命题。周敦颐明确地说："圣人与天地合其德"，"圣希天"。故王夫之说："自汉以后，皆涉猎故迹，而不知圣学为人道之本。然濂溪周子首为《太极图说》，以究天人合一之源。"张载的《西铭》更谓"天地之塞，吾其体；天地之帅，吾其性"；《东铭》则谓"儒者则因诚致明，故天人合一，致学而可以成圣，得天而未始遗人"。二程讲"体用一源"，其目的亦在明"天人合一"之理，故说："在天为命，在人为性，主于身为心，其实一也"；又说："天人无二，不必以合言（按：意谓天人本一体）；性无内外，不可以分语"，"圣人之心，与天为一"。朱熹也说："天即人，人即天。人之始生，得之于天也。既生此人，则天又在人矣。""人"及人类社会虽由"天"而有，但既有"人"及人类社会，"天道"将由人来体现，即"天道"通过人的行为实现于社会，而能完全实现"天道"者唯圣人。所以朱熹说："圣人……与天为一。"程朱理学如此，陆王心学也以阐明"天人合一"

之理为己任。陆九渊说:"宇宙内事是己分内事,己分内事是宇宙内事。"王守仁说:"心无体,以天地万物感应为一体","盖天地万物,与人原是一体,其发窍之最精处,是人心一点灵明,雨风露电,日月星辰,禽兽草木,山川木石,与人原只一体。故五谷禽兽之类皆可以养人,药石之类皆可以疗疾。只为同此一气,故能相通耳"。王阳明从主观唯心主义立场讲"天人合一",所以他说:"大人之能以天地万物为一体,非意之也,其心之仁本若是。"他在解释《大学》中的"亲民"与"明明德"时又用了"体用如一"的观点,他说,"明明德者,立其天地万物一体之体也;亲民者,达其天地万物一体之用也;故明明德必在于亲民,而亲民乃所以明其明德也。"明清之际的重要思想家黄宗羲和王夫之都从不同的方面论证了"天人合一"之理。黄宗羲从"盈天地皆心"的观点出发批评把"理"与"心"析分为二,他说:"夫自来儒者,未有不以理归之天地万物,以明觉归之一己,歧而二之,由是其不胜支离之病。阳明谓良知即天理,则天理明觉,只是一事,故为有功于圣学",故"心无本体,工夫所至,即其本体",这是按照中国传统哲学中"体用不二"来说明"天人合一"。王夫之以"天"与"人"之气化同运,来说明"天人合一"之理,他说:"父母载乾坤之德以生成,则天地运行之气,生物之心在是,而吾之形色天性,与父母无二,即与天地无二也。"因为"天人之蕴,一气而已",所以"道一也,在天则为天道,在人则为人道","天"与"人""惟其一本,故能合","惟其异,故必相须以成而有合"。王夫之认为,"天道"乃一刚健之气化的流行,而人受之为"仁义之心",故谓"成之者,人也;继之者,天人之际也","天人相接续之际,命之流行于人者也",盖"天人同于一原"也。

中国传统哲学中,无论唯物主义还是唯心主义都以讨论"天人合一"为中心课题,唯物主义往往是从"元气"论出发,把整个宇宙视为气化流行,而人即在其中谋求与天地气化流行成为和谐之整体。而唯心主义,或以"天"("天道"或"天理")为一超时空的至健的大秩序,而"人"("人道"或"人事")则是依此超时空之至健的大秩序而行事、"体道"以求宇宙之和谐;或以"天"为"心",认为一切道理俱于一心之中,充分发挥"本心"之作用即可"与天同体"。从中国传统哲学上看,虽然唯物主义和唯心主义论宇宙统一性问题时的立论基础并不相同;但是,在它们之间也有若干共同点。这些共同点,或者可以说表现了中国传统哲学思维方式的某些特殊性。这就是:第一、所谓"天人合一"的观念表现了从总体上观察事物的思想,不多作分析,而是直接的描述,我们可以称它为一种直观的"总体观念";第二、论证"天人合一"的基本观点是"体用如一",即"天道"与"人道"的统一是"即体即用",此可谓为绝对的"统一观念";第三、中国传统哲学,不仅没有把"人道"看成僵化的东西,而且认为"天道"也是生动活泼的,生生不息的,"天行健,君子以自强不息",人类社会之所以应发展、人们的道德之所以应提高,是因为其应适应"天道"的发展,此可谓为同步的"发展观念";第四、"天"虽是客体,"人道"要符合"天道",但"人"是天地之心(核心之心),它要为天地立心,天地如无"人"则无生意、无理性、无道德,此可谓之为道德的"人本观念"。这就是中国传统哲学中"天人合一"思想的全部内涵。

　　关于"知行"问题,一般中国哲学史著作往往从认识论角度去分析它,但在中国传统哲学中,它更是一个伦理道德问题。认识论问题如果不与道德修养问题相结合,就很难成为中国哲学的一个部分而流传下来,因此认识论问题往往与伦理道德是同一问题,故中国古代哲学家主张在社会生活中不仅应"知"(认识),而且应"行"(实践,身体力行)。

　　至于"善",虽然各个不同的阶级或阶层、集团的看法不同,所立的标准各异,但在中国传统哲学中重要的哲学家大都认为"知"

和"行"必须是统一的,否则就根本谈不上"善"。所以,从总体上看,"知行合一"思想实贯穿于中国传统哲学之始终。古代贤哲们把"知"和"行"能否统一看作是关系到做人的根本态度问题,知行统一是他们所追求的理想之一。从孔子起就把"言行一致"视为道德上划分君子与小人的一个标准,"君子耻其言过其行"。孟子讲"良知"、"良能",虽以恻隐之心、羞恶之心、辞让之心、是非之心等四端为人先天所固有的,但要成为道德的仁、义、礼、智,则必须把四端"扩而充之",这点必须在道德实践中方可达到,所以孟子说:"凡有四端于我者,知皆扩而充之矣,若火之始然,泉之始达。苟能充之,足以保四海;苟不能充之,不足以事父母。"荀子强调"行"为"知"的目的,但同时也承认"知"对"行"的指导作用,因此他说:"不闻不若闻之,闻之不若见之,见之不若知之,知之不若行之。学至于行之而止矣。行之,明也;明之,圣人也。圣人也者,本仁义,当是非,齐言行,不失毫厘,无它道焉,已乎行之矣。故闻之而不见,虽博必谬;见之而不知,虽识必妄;知之而不行,虽敦必困。不闻不见,则虽当非仁也,其道百举,而为陷也。"《大学》讲三纲领八条目,也是说的知行的统一过程。至宋儒,程颐虽主张"知先行后",但在道德修养方面则认为:"知而不能行,只是未真知",所以黄宗羲说:"伊川先生已有知行合一之言。"(《宋元学案》卷七五)朱熹虽继承了程颐"知先行后"之说,但他特别提出"知行常相须"、"知与行工夫,须着并进",其理由是:"论先后,知为先;论轻重,行为重",所以有人说程朱是"重知的知行合一说"。"知"虽是"行"的基础,而"论知之与行,曰方其知之,而行之未及也,则知尚浅","既亲历其域,则知之益明,非前日之意味。"朱熹之所以重"行",则是因为他把"知"与"行"问题从根本上视为道德修养问题,所以他说:"善在那里,自家却去行他,行之久则与自家为一,为一则得之在我。未能行,善自善,我自我。""善在那里"是"知"的问题,"自家却去行他"

是"行"的问题,是一个道德实践问题,必得"知行合一",才可以体现至善之美德。中国传统哲学中常言"体道"(或"体天道"、"体天理"),这或有二义:其一是指"以道为体",即圣人应和"道"认同,应同于"天";其二是说实践"道体",即要求依"天道"而身体力行之。至于王阳明的"知行合一"学说自然为大家所熟悉,但看来对他这一学说也有误解之处,往往抓住他的"一念发动处便是行"这句话就断定他"销行归知"、"以知为行"。其实从一定意义上说,王阳明并没有把"知"和"行"完全等同起来。所谓"一念发动处便是行",正是就人们道德修养上说的,所以在这句话的后面他进而指出:"发动处不善,就将这个不善处克倒了,须要彻根彻底,不使那一念不善潜在胸中。"他又说:"知之真切笃实处即是行,行之明觉精察处即是知。知行功夫,本不可离,只是后世学者分为两截用功,失却知行本体。"王阳明对知行的统一关系也有明确的说明,他说:"知是行的主意,行是知的功夫,知是行之始,行是知之成。"如果从认识论的角度,或者可以说王阳明某些话有"合行于知"的嫌疑,但从道德修养层面上看,强调"知行合一"是有一定的积极意义的。到明清之际,王夫之虽主张"行先知后"、"行可兼知",但他在讲道德修养问题时,仍主张"知行合一",他说:"盖本知行者,致知力行之谓也。唯其为致知力行,故功可得而分;功可得而分,则可立先后之序;可立先后之序,而先后之互相而成,则由知而知所行,由行而行则知之,亦可云并进而有功。"知行之所以是"并进而有功"的,就是因为知行问题归根结底仍是道德问题。在王夫之看来,"智者,知礼者也;礼者,履其知也。履其知而礼皆中节,知礼则精义入神,日进于高明而无穷。"故圣人之由明而诚,率性以成己之事;圣人之由诚而明,则修道以成物之教,"诚明合一,则其知焉者即行焉,行焉者咸知矣"。这正是中国传统哲学中做人的道理之所在。

目前在中国哲学史的研究中流行着一种观点,认为宋明以来的道学家谈论知行问题,总是把这个认识论问题和道德修养问题混为一谈,并认为这是中国古代哲学家的局限性和错误所在。这虽有点道理,但似有两点可以讨论:第一、宋明以来的理学家本来就不以为知行问题只是认识论问题,而认为知行问题之所以重要,正因为它关乎道德修养问题,所以从理学家本身的立论上说,不存在把认识论问题与道德修养问题混淆在一起的问题。第二、作为道德修养方面,"知行合一"的学说或知行统一的观点不能说没有一点合理之处,不能认为全无积极意义。作为道德修养上的知行从根本上说是不应割为两截的。王阳明所说的"知是行的主意,行是知的功夫;知是行之始,行是知之成"应是中国古代哲学家对这一问题的较好总结。

"情景合一"是一个美学问题,王国维在《人间词话》中写道:"词以境界为最上,有境界则自成高格,自有名句"。何谓"境界",王说:"境非独谓景物也。喜怒哀乐,亦为人心中之一境界。故能写真景物、真感情者,谓之有境界,否则谓无境界。"所以,"境界"一辞,除"景物"外,实当亦兼指"情意"。叶嘉莹在《迦陵论词丛稿》中有段对王国维"境界说"的解释颇有见地,他说:"境界之产生,全赖吾人感受之作用;境界之存在,全赖吾人感受之所及。因此,外在世界在未经吾人感受之功能予以再现时,并不得称之为境界。从此一结论看来,可见静安先生所标举之境界说,与沧浪之兴趣说及阮亭之神韵说,原来也是有着相通之处的。"布颜图在《画学心法问答》中对"境界"的解释也如静安先生,他说:"山水不出笔墨情景,情景者,境界也。"所以王国维说:"昔人论诗词,有景语、情语之别。不知一切景语,皆情语也。"可见王国维认为一切诗词等文艺创作以"情景合一"为上品。但这一"情景合一"的美学观点,并非创始于王国维。中国文学艺术理论真正独立出来成为一门学问、成为较有系统的理论体系,大体上说应该是在魏晋南北朝时期。当时已有"情景合一"的思想,这点在钟嵘的《诗品序》中反映得较为清楚,他说:"夫四言,文约意广,取效风骚,便可多得。每苦文繁而意少,故世罕习焉。五言居文词之要,是众作之有滋味者也,故云会于流俗。岂不以指事造形,穷情写物,最为详切者邪!故诗有三义焉:一曰兴,二曰比,三曰赋。文已尽而有余,兴也;因物味志,比也;直书其事,寓言于物,赋也。宏斯三义,酌而用之,干之以风力,润之以丹彩,使味之者无极,闻之者动心,是诗之最也。"这种认为"至文"、"神品"当"穷情写物"的思想,即"情景合一"。到明朝,有前后七子多言"情景合一",如后七子之谢榛《四溟诗话》中说:"作诗本乎情景,孤不自成,两不相背";又说:"诗乃模写情景之具,情融乎内而深且长,景耀乎外而远且大。"而与谢榛不同派别的公安派袁中道似乎也以"情景合一"立论,如他在《牡丹史序》中说:"天地间之景,与慧人才士之情,历千百年来,互竭其心力之所至,以呈工角巧意,其余无蕴矣。"明清之际大戏曲家李渔亦谓:"文贵高洁,诗尚清真,况于词乎?作词之料,不过情景二字。非对眼前写景,即据心上说情。说得情出,写得景明,即是好词。"而王夫之在《薑斋诗话》中说得更明白:"情景名为二,而实不可离。神于诗者,妙合无垠。巧者则有情中景,景中情","景中生情,情中生景,故曰景者情之景,情者景之情","情景一合,自得妙语"。所谓"情景一合,自得妙语",也许正是中国传统文艺理论的基本命题,因此,对"美"的看法也应当由此命题上去寻求。在中国传统思想中有一种倾向,"美"和"善"往往是联系在一起的,"充实之为美"是指得到了一种高尚享受的精神境界。孔子听《武》,说它"尽美而未尽善";而《韶》则是"尽善尽美"。"尽善尽美"的音乐才是最高的、最理想的音乐。最高、最理想的音乐如此,其他艺术当然也是一样。"尽善尽美"的艺术即要提高人的精神境界,并使之从中得到最高的美的享受;而创作艺术作品的人必须是"有境界"的,他的艺术作品必须是"情景合一"的。

　　从中国传统哲学的总体上看,可以说"知行合一"、"情景合一"是从"天人合一"派生出来的。"知行合一"无非是要求人们既要知"天道"、"人道",又要行"天道"、"人道",而"人道"本于"天道",故实知且行"天道"即可。"情景合一"无非是要求人们以其思想感情再现天地造化之工,故亦是"天人合一"之表现。中国传统哲学之所以在真、善、美的问题上追求这三个"合一",就在于中国传统哲学的基本精神乃是教人如何"做人",为此就应有一个"做人"要求,即要有一个理想的真、善、美的境界。达到了这个"天人合一"、"知行合一"、"情景合一"的真、善、美的理想境界的人就是所谓的"圣人"。人们的理想所表现的形式和内容虽然千差万别,但总应有一种理想,追求一高尚的精神境界。在中国传统思想中有一种理想主义的倾向,从孔子起就向往"天下有道"的社会,并极力想把它实现于现实社会之中,甚至并不认为它肯定能实现,但却认为人们应有这种对理想的追求,应用"知其不可而为之"的精神致力于此。所以当子贡问孔子:"如有博施于民而能济众何如? 可谓仁乎"的时候,孔子回答说:"何事于仁,必也圣乎! 尧舜其犹病诸。"可见孔子也并没有认为尧舜时代的社会就是人类最高的理想社会。因此,对中国古代思想家来说,就有一个对理想社会如何看法的问题。在中国古代的一些思想家看来,理想社会就是一种理想,它只有实现的可能性,但并不一定能把这种可能性变为现实性。尽管理想社会从来没有实现过,但要不要追求它却是一个根本性问题,是一个人生态度问题。理想社会虽不一定能在现实中实现,但对于中国古代思想家来说,却可以在他们的个人生活中实现,或者说可以在他们的心中实现。为什么张载的《西铭》那么受后来理学家以及伟大的唯物主义哲学家王夫之的重视? 我以为就在于《西铭》体现了我国古代哲人追求理想社会的精神,而且在他们的心中已建立了这种精神。张载所理想的"民,吾同胞;物,吾与也"的社会是否能实现,这对他固然很重要;但更重要的是人能不能有一种追求理想社会的人生态度,所以《西铭》以"存,吾顺事;没,吾宁也"一句作为结语。人生在世必须去尽自己的责任,这个责任就是如何为实现理想的"大同世界"而奋斗,为创造一个和谐的社会而尽力。从这里看,中国古代思想家的理想社会实际上带有很大的空想色彩,他们不可能把自己的理想建立在现实的基础上,这是时代和阶级的局限性所致。

中国传统哲学中的这种理想主义的倾向又是以人本主义为前提的。在中国古代的一些哲学家看来,"人"在天地之中是最重要的,只有"人"才能"为天地立心,为生民立命,为往世继绝学,为万世开太平",所以孔子说:"人能弘道,非道弘人"。"道"("天道")是客观存在的,但"道"要人来发扬光大它,要人在实践中体现它。人怎样才能体现"天道"?中国古代的一些哲人认为,如果懂得了"天人合一"、"知行合一"、"情景合一"的根本道理,那么,人就有了一种做人的最高境界,也就可以把其美好的理想凝聚心中,而求实现于人间世。

"天人合一"的问题虽然说的是人和整个宇宙的关系,但它把"人"视为整个宇宙的中心。《中庸》中说:"诚者,天之道;诚之者,人之道也。诚者不勉而中,不思而得,从容中道,圣人也。"因此,圣人的行为不仅应符合"天道"的要求,而且应以实现"天道"的要求为己任。人生活在天地之中,不应取消极态度,而应"自强不息","天行健,君子以自强不息",体现宇宙大化的流行。这样人就会对自己有个要求,有个做人的道理,有个高尚的精神境界。其中最重要的就是要作到"知行合一",有个道德修养上的知行统一观。《大学》的"三纲领八条目"就是说的这个道理,它说:"大学之道在明明德,在亲民,在止于至善","古之欲明明德于天下者,先治其国。欲治其国者,先齐其家,欲齐其家者,先修其身。欲修其身者,先正其心,欲正其心者,先诚其意。欲诚其意者,先致其知。致知在格物。物格而后知致,知致而后意诚,意诚而后心正,心正而后身修,身修而后家齐,家齐而后国治,国治而后天下平。"从"格物致知"到"治国平天下",这是一个认识过程,更是一个实践的过程。人应该有理想,最高的理想是"致太平",使人类社会达到"大同"境地。而"大同世界"的基本要求首先是每个人都应对自己有个做人的要求,要有个做人的道理,要能"己所不欲,勿施于人"。孔子说:"吾道一以贯之,忠恕而已矣。"理想的"大同世界"能否达到自然是个问题,但人们应有这个要求,并从中得到做人的乐趣。要"做人",也要有"做人"的乐趣,要能在生活中领略天地造化之功;要真正领略天地造化之功,就必须在再现"天地造化之功"中表现人的创造力,表现人的精神境界,表现人之所以为人,使文成"至文",画成"神品",乐成"天籁"。所以艺术的要求应是"情景合一"。当人进入这一创造的境界,将是真、善、美合一的境界,人生的意义、人类最高的理想正在于此。孔子说他自己"七十而从心所欲不踰矩",大概就是中国古代思想家们所追求的这种境界。他们以为自己的一切言行和整个宇宙、人类社会、他人和自我的身心内外都和谐了,这种境界是真、善、美合一的境界,自然也就是所谓"圣人"的境界了。中国传统哲学如果说有其一定的价值,也许就在于它提出了一种"做人"的道理。它把"人"(一个在特定关系中的"人")作为自然和社会的核心,因此加重了人的责任感。在中国古代的贤哲看来,"做人"是最不容易的,作到和自然、社会、他人以及自我的身心内外的和谐就更不容易。对这种"做人的责任感"似乎应给以充分的理解并在改造的基础上加以继承。

中国传统哲学对中华民族的民族心理曾有着深刻的影响,它凝结成中华民族的一种特殊的心理特性。这种特殊的心理特性在过去长期影响着我们这个民族的各个方面,它既表现了中华民族思想文化传统的优点,也表现了其缺点。中国传统哲学凝聚而成并长期影响着我们这个民族的或许有以下四个方面,即空想的理想主义、实践的道德观念、求统一的思维方式、直观的理性主义。

(一)中国传统哲学的主要哲学家大都对现实社会抱着一种积极的热诚的态度,企图用他们的学说、他们的理想来转化现实政治,然而他们的学说、理想不仅转化不了现实政治,而且往往被用来作为粉饰现实政治的工具。"大同"或"致太平"的思想几乎成了中国古代人们所普遍追求的一种理想。儒家思想中有,道家的思想中也有;统治阶级希望有"太平盛世",被压迫的劳动人民也期望有"太平世界"。儒家的经典《礼记·礼运》勾画出一个"大同世界"的蓝图;道家的经典《老子》第八十一章也描绘出一个理想的和谐世界。有的帝王以"太平"为年号;有的帝王自称为"太平皇帝";有些农民起义也以"太平"相号召,东汉末的黄巾起义以"太平道"为其组织形式;宋朝的起义农民以"杀尽不平,享太平"为宗旨,一直到近代洪秀全领导的农民起义军仍号"太平军",国号"太平天国"。可见,"致太平"的"大同"世界在过去的时代里多么深入人心!但真正的"太平盛世"从来就没有实现过。由此可见中国传统思想的"理想主义"带有很大的空想成分。那些先哲们虽然可能是真诚地提倡他们的"治国平天下"的理想,可是他们的那一套并没有现实的可能性。不仅如此,所谓"治国平天下"的理想归根结底不过是理想化的封建社会。

(二)中国传统哲学有着人本主义的倾向,它不仅和"神本主义"占统治地位的西方中世纪不同,而且,也和西方近世的人本主义有区别。西方的人本主义把"人"作为单个的个人,强调个性解放,有强烈的个人主义,而中国过去社会里的"人本主义"可以说是一种"道德的人本主义"。它把"人"放在一定的关系中加以考察。

因此,有所谓君臣、父子、夫妇、兄弟、朋友等五伦,讲什么"君义臣忠"、"父慈子孝"等等。不仅如此,中国传统哲学还把"人"作为核心,从"人"的方面来探讨"人"和"宇宙"(天)的关系,特别强调"天"和"人"的统一性("天人合一")。它一方面用"人事"去附会"天命"(天道),要求人去体现"天道"之流行;另一方面又往往把"人"的道德性加之于"天",使"天"成为一理性的、道德的化身,而"天理"的基本内容则是仁、义、礼、智等至善的德行。这样一来,"天"虽然作为客体与"人"对立,但又带有"人"的强烈的主体性。由于中国传统哲学讲"知行合一",即要实现"天理",而"天理"是一"至善的表德",所以人们的实践活动最根本的是道德实践。而最高的艺术作品又必须以"至善"为前提,即所谓"尽善尽美"。可见,中国传统哲学注意了伦理道德在社会生活中的重要意义,特别强调"知"和"行"必须统一,这有其可取的一面。但是,赋予"天"以道德性,把道德实践活动作为最根本的实践活动,这就很难解决社会生活中存在的种种矛盾,这是一种历史唯心主义。这种把道德实践提高到社会生活的第一位的观点,相对地说限制了实证科学的发展。在过去中国的社会里,往往把医学、天文历算、农业技术等等看成是"小技",而"身心性命之学"才是"大道"。不大重视对客观世界的研究,因此认识论方面的理论不发展,甚至可以说没有建立起完整的系统的认识论体系;对人的心理活动的分析也较为笼统;逻辑学也很不发展,缺少系统的推理理论。

(三)中国传统哲学中的重要哲学家(除个别外)大都把建立一个和谐统一的社会作为自己的责任,因此在中国传统哲学中虽有丰富的辩证法思想,但往往却以矛盾的调和为终点。中国传统哲学的理论思维方式,从一开始就注重一对概念的统一关系或诸种概念的相互关系。《易经》系统以乾、坤(后来以阴、阳)为一对对立统一的概念;而《洪范》则以五行之间的对立统一关系立论。特别是到春秋战国时期,"天"和"人"作为一对哲学概念提出后,中国传统哲学就较多地注重"天"和"人"的统一的一面。这种思想方式自有其合理性,因为强调统一,强调和谐,而反对"过"与"不及",在一定条件下有利于社会的稳定和发展,有利于人们注意研究事物之间的联系。但是,这种思维方式也有很大的缺陷。过分地强调社会的和谐和统一,是使我们的封建社会长期停滞、资本主义萌芽生长缓慢的一个原因。我们的传统哲学之所以缺乏系统的认识论和逻辑学,就在于我们传统哲学的理论思维往往是一种没有经过分化的总体观,它虽包含着相当丰富的真理颗粒,但由于缺乏必要的分析和论证,因而不容易发展成现代科学。因此,必须对中国传统哲学的思维方式加以改造,继承和发扬重视事物之间的联系,强调事物之间的统一与和谐等思维传统,并把它建立在坚实的逻辑论证和科学的认识论的基础上。同时应该注重分析,把西方现代哲学(特别是分析哲学)的某些方法吸收过来,并在马克思主义哲学的基础上取中西哲学之长,避中西哲学之短,建立中国化的马克思主义哲学体系。

(四)与上述问题相联系,中国传统哲学有一种直观的理性主义的倾向。在中国传统哲学中,有注重"经验"的,有注重"理性"的,有两者同时并重或有所偏重的。这里说的中国传统哲学有一种直观的理性主义的倾向,是就其发展的趋势说的,不是一概而论。中国古代哲学家大都很注重"心"的作用,儒家是这样,道家也是这样。儒家注重"心"的作用,是从积极方面发挥人的主观能动性方面着眼。在先秦,孟子提出:"耳目之官不思,而蔽于物,则引之而已。心之官则思,思则得之,不思则不得也。此天之所以与我者,先立乎其大,则其小者弗能夺也。此为大人而已矣",所以扩充"心"的作用则"足以保四海;苟不充之,不足以事父母"。荀子说:"心者形之君,而神明之主也,出令而无受命。"但对于为什么"心"

有这样的作用的问题则没有什么具体的说明。到宋以后，无论是唯物主义还是唯心主义也都十分重视"心"的作用，唯物主义哲学家张载的《正蒙》中有《大心》一篇专门讨论了"心"的作用，他说："大其心则能体天下之物"。唯心主义哲学家程颐说："尽己之心则能尽人尽物。"朱熹认为，"理"俱于"心"，如能充分发挥"心"的作用以穷物理，则因物理而可使"心之全体大用无不明"，所以他说："心包万理，万理具于一心，能存心而后可穷理。"至于陆王心学更强调"心"的作用，无复多论。王夫之虽然主张感性认识和理性认识不可偏废，但他也特别强调"心"的作用，如他说："目所不见之有色，耳所不闻之有声，言所不及之有意，小体之小也，至于心而无不得矣。思之而不至而有理，未思焉耳。故曰尽其心者知其理，心者天之具体也。"他还说："万物皆有固然之用，万事皆有当然之则，所谓理也。……具此理于中而知之不昧，行之不疑，则所谓心也。……故理者人心之实，而心者即天理之所著存者也。"理就是心的实在的内容，心就是天理所在之处。由此可以看出王夫之仍受朱熹的"理俱于心"的影响。从道家看，他们往往是从消极方面来对待如何发挥人的主观能动性问题。这点看来似乎是矛盾的，其实在道家的哲学体系中是可以理解的。老子主张"涤除玄览"，如何清除杂垢而深刻地从总体上认识世界，这要靠理性的作用，所以老子说："不出户，知天下，不窥牖，知天道，其出弥远，其知弥少，是以圣人不行而知，不为而成"，他要求排除耳目见闻的作用，而发挥"心"的作用。庄子虽然是不可知论者，但他实际上也是由消极方面来对待如何发挥心的作用的问题，他讲"心斋"、"坐忘"等等都是要用"心"来控制自己，使之不受外界的任何影响。魏晋玄学是以老庄思想为骨架的一种思辨性很强的哲学。王弼认为，圣人和一般人不同之处就在于他的"神明"（心的智慧）比一般人高，"圣人茂于人者，神明也"；所以他能和本体之无相通，"体冲和以通无"。至嵇康阮籍则多言"无心",要使自己不受外界干扰就要以"无措于心"来对待之。郭象发挥了这一思想,他以为圣人应"无心而应物"。"无心"并不是否定"心"的作用,恰恰是要充分发挥自己"心"的作用,使不受外界影响。郭象认为,至人无心,如山一样"萌然"不动,这样就可以"其动也天,其静也地,其行也水流,其止也渊默","诚能应不以心而理自玄符,与变化升降而以世为量,然后足为物主而顺时无极,故非相者所测耳"。中国传统哲学强调"心"(理性)的作用,自有其可取之处。强调"心"的作用,即强调人的主动性,强调人在宇宙中的核心地位,而人之所以能是宇宙的核心,正在于人有"明德"之心。人的理性又是带有道德性的,宋儒认为"仁"是心之体,可见中国传统哲学有道德理性主义的倾向。但是,对于为什么"心"有如此之作用和如此之特性的问题,则很少分析;对"心"的作用的过程(心理活动之过程)更缺乏具体分析,致使中国传统哲学的主流成为一种直观的道德理性主义。

一个民族既然能长期存在,并有其不间断的历史和思想文化传统,必有其存在的道理,其传统思想文化亦必有其特定的价值,如何把它的思想文化中的优秀方面发扬起来,如何克服和扬弃其消极方面,对这个民族的发展至关重要。而这也正是哲学工作者,尤其是从事中国哲学史研究的哲学工作者的义不容辞的任务。中国历史上有丰富的独创性的哲学思想,我们应以马克思主义为指导,继承和发扬中国传统哲学的优秀部分,从而创造出中国化的马克思主义哲学体系。这对提高我们民族的理论思维水平将是很有意义的,对我们民族在不久的将来能站在科学的最高峰至关重要。

(选自《中国社会科学》,1984 年 4 期)

附:

再论中国传统哲学
的真善美问题

汤一介

人类的精神生活的最高追求是什么？我想应该是追求"真"、"善"、"美"，并使三者在一系统中统一起来。当然，什么是"真"，什么是"善"，什么是"美"，不同的思想家的看法肯定是不相同的，而"真"、"善"、"美"如何统一在一个系统中，更可能是仁者见仁，智者见智了。这样的问题没有办法有什么共同的定论，也不需要有什么定论。但是，人们要去追求"真"、"善"、"美"，思想家们要建构"真"、"善"、"美"统一的系统，则是无可怀疑的。中国传统哲学对人生境界的追求也可以说是中国古代哲学家对真、善、美的追求。过去我写过一篇《论中国传统哲学中的真善美问题》(载于《中国社会科学》1984年第4期)，主要是讨论儒家对真、善、美问题的看法，而且是一种历史性的论述。现在这篇文章将不仅限于儒家，也不想用历史论述的写法，因为那样不易集中，而且文章将会很长。因此，本文将选有代表性的典型哲学家的思想来进行分析。

我国先秦哲学家们的思想一直影响着中国哲学的发展，其中孔子、老子、庄子的思想影响可以说是最大。如果我们把这三位大哲学家作为典型，并通过他们来讨论中国传统哲学中不同类型哲学家的人生境界问题，也许会对中国传统哲学关于人生境界的问题有一总体的了解。

40 年前,沈有鼎先生在英国牛津大学作研究时,曾给国内朋友写过一封信,他在信中说:

> 康德的价值论和黑格尔的价值论有一个重要不同点,如下所示:
>
> 康德:善←美←真
>
> 黑格尔:真←美←善

从这里可以看出康德是中国人,黑格尔是印度人(或希腊人)(见《哲学评论》第 10 卷第 6 期)。

沈先生的这个论断非常有见地,并富有启发性。从中国传统哲学的主流儒家思想来看确实如此,但如果从中国传统哲学的不同学派或不同哲学家来看就不全然如此了。照我看,中国传统哲学在真、善、美问题上大体可分为三大系统,这就是孔子、老子和庄子的思想在真、善、美问题上有如下的不同:

> 孔子:善←美←真
>
> 老子:真←善←美
>
> 庄子:美←善←真

照这个图式,如果我们作点比附,大体可以说在真、善、美问题的价值论上,孔子接近于康德,老子接近于黑格尔,庄子从一个有限的方面看则接近于谢林或者亚里士多德。当然比附总是有其局限性的,不可能照顾到各个方面,但它或者能给人们提供一个思考的方向。

一、 孔子对人生境界的追求

在《论语·为政》篇中记载着孔子的一段话,他说:"吾十有五而志于学,三十而立,四十而不惑,五十而知天命,六十而耳顺,七十而从心所欲不逾矩。"我们知道,孔子和以后的儒家都认为,人们的生死和富贵不是能靠其自身的努力而追求到的,但人们的道德和学问的高低却因其自身努力的不同而有不同。上面引的孔子那段话可以说是孔子对他一生的生活道路的描述,或者说是他一生修养的过程,也就是孔子本人对真、善、美的追求和了解的过程。从"十有五而志于学"到"四十而不惑",可以说是他成圣成贤的准备阶段,从"知天命"到"从心所欲不逾矩"可以说是他成圣人的深化过程。"知天命"可以解释为对"天"(宇宙人生的终极关切问题)有了一种认识和了解,这也许可以算是"求真"的范围,因为这一阶段孔子仍然把"天"看成认识的对象,还没有达到"同于天"的阶段,也就是说还没有达到与"天"合一的境界。郭象在《庄子序》中说:"夫庄子者,可谓知本矣……言虽无会而独应者也。夫应而非会,则虽当无用。"盖能与天地万物之本体相应者可谓"知"本。既为"知"本,则仍与天地万物之本体为二,仍把天地万物之本体视为认识的对象,尚未与天地万物之本体会合为一。此境界虽高,但还不能"从心所欲不逾矩"。

"六十而耳顺",这句话向来有不同解释,杨伯峻先生在《论语译注》中说:"'耳顺'这两个字很难讲,企图把它讲通的人也很多,但都觉牵强……",杨先生对这句话姑且作这样的解释:"六十岁,一听别人的言语,便可分别真假,判明是非。"我认为,杨先生的注解大概是符合孔子原意的。晋李充曾说"耳顺"是"心与耳相从",这也许是杨先生的解释所本。晋孙绰用玄学思想解释这句话说:"耳顺者,废听之理也,朗然自玄悟,不复役而后得,所谓不识不知顺帝之则。"这应是一种超乎经验的直观而得宇宙大全之理的境界,是一种"内在超越"的境界。照现代解释学的看法,凡是对前人思想的解释,都有解释者的意见在内;不过,解释和被解释之间总有某些联系,否则也就无所谓"解释"了。历来的思想家对孔子思想的解释大都是如此。这里，我再引用朱熹对这句话的解释，他说："声入心通，无所违逆；知之之至，不思而得。""声入心通"当和"声音"有关（"有声之音"和"无声之音"都可以包括在内）；"知之之至"应是超于"知天命"的境界，这种境界是"不思而得"的，所以是超于知识的。我想，它可以解释为一种直觉的审美境界，它所得到的是一种超乎经验的直觉意象，也可以说是一种艺术的境界、"美"的境界。这种对"六十而耳顺"的解释或许"牵强"，但照杨伯峻的看法，自古以来的"解释"大都牵强，我的这一解释无非是在诸种"牵强"的解释中再增加一种而已。但我自信这种解释不能说全无道理，特别是由哲学的观点看，它或许是有新意的。我们知道，孔子对音乐很有修养，他"在齐闻韶""三月不知肉味"，"三月不知肉味"自然是"不思而得"的一种极高的审美境界。孔子还对他所达到的这种境界有所说明，他说："不图为乐之至于斯也。"即想不到听音乐竟能达到如此境界。这种境界是一种超越的美的享受。

　　"七十而从心所欲不逾矩"，朱熹注说："矩，法度之器，所以为示者也。随其心所欲而自不过于法度，安而行之，不勉而中。"这是一种与天地万物为一体的境界，它是在"知真"、"得美"而后达到的一种圆满的"至善"的境界。孔子认为"尽美"比不过"尽善尽美"，《论语·八佾》篇中记载："子谓韶，'尽美矣，又尽善也'；谓武，'尽美矣，未尽善也'。"这里的"尽善"是说"极好"，但说事物"极好"总在一定程度上（至少在儒家那里）是和道德的价值判断联系在一起的。孟子说："充实之谓美。"此处的"美"实也含有某种道德价值判断的意义。朱熹注说："力行其善，至于充满而积实，则美在其中，而无待于外。""善"是一种内在的"美"，极高的人格美。看来，朱熹认为"善"从某方面说可以包含"美"。"尽善"之所以高于"尽美"，实因为"尽善"即是"尽善尽美"。这里我们似乎可以说，孔子的人生境界（或圣人的境界）是由"知真"、"得美"而进于"安而行之，不勉而中"的圆满至善的境界,即由"真"而达于"美"再达于"善"。

"善←美←真"正是康德哲学的特点。照康德看,实践理性优于思辨理性。他的《纯粹理性批判》所研究的是以理智行使职能的现象界为对象,它受自然的必然律支配;《实践理性批判》所研究的是以理性行使职能的本体为对象,它不受必然律支配,它是自由的。前者是自然,后者是道德。前者属于理论认知的范围,后者属于道德信仰的范围,两者之间无法直接沟通。因此就有一个问题,即如何在理论认识(认识论)与德道信仰(伦理学)之间架起一座桥梁,使之得以沟通,这就是康德哲学所必须解决的一个问题,于是他又写了《判断力批判》。在该书的开头处他写道:"在自然概念的领域,作为感觉界,和自由概念的领域,作为超感觉界之间,虽然固定存在着一不可逾越的鸿沟,以致从前者到后者(即以理性的理论运用为媒介)不可能有过渡,好像是那样分开的两个世界,前者对后者绝不能施加影响;但后者却应该对前者具有影响,这就是说,自由概念应该把它的规律所赋予的目的在感性世界里实现出来;因此,自然界必须能够这样地被思考着:它的形式的合规律性至少对于那些按照自由规律在自然界中实现目的的可能性是互相协应的——因此,我们就必须有一个作为自然界基础的超感觉界和在实践方面包含于自由概念中的那些东西的统一体的根基。虽然我们对于根基的概念既非理论地、也非实践地得到认识的,它自己没有独特的领域,但它仍使按照这一方面原理的思想形式和按照那一方面原理的思想形式过渡成为可能。"(《判断力批判》,商务印书馆 1964 年版,第 13 页)康德认为,正是判断力把理智(纯粹理性)与理性(实践理性)联合起来,而判断力既略带有理智的性质,也略带有理性的性质,又不同于二者。康德把人的心灵分为知、情、意三个部分。有关"知"的部分的认识能力是理智,这是纯粹理性;有关"意"的部分的认识能力是理性,这是超于经验之上的实践理性;

有关"情"的部分的认识能力则正是康德所说的"判断力"。由于"情"介于"知"和"意"之间,它像"知"一样地对外物的刺激有所感受,它又像"意"一样地对外物发生一定的作用,所以判断力介于理智与理性之间。一方面,判断力像理智,它所面对的是个别的局部的现象;另一方面,它又像理性一样,要求个别事物符合于一般的整体的目的。这样,面对局部现象的理解力和面对理念整体的理性,就在判断力上碰头了。判断力要求把个别纳入整体中来思考,所以判断力能够作为桥梁来沟通理智和理性(参见李泽厚《批判哲学的批判》,人民出版社1984年版,第368—370页;蒋孔阳《德国古典美学》,商务印书馆1981年版,第67—68页)。从而康德建构了他的"善←美←真"哲学的三部曲。

当然,孔子的哲学和康德的哲学从价值论上看虽然确有其相似之处,但是他们建构哲学的目标则是不相同的。孔子建构的是人生哲学的形态,而康德则要建构一个完满的哲学理论体系。这也许可以视为中西哲学的一点不同吧。如果我们把孔子这一由"知天命"到"耳顺"再到"从心所欲不逾矩"的过程和我们所概括的中国传统哲学关于真、善、美的基本命题相对照,也许可以说"五十而知天命"是追求"天人合一"的层次,"六十而耳顺"是达到"情景合一"的层次,"七十而从心所欲不逾矩"则是实践"知行合一"的层次。"天人合一"属于"智慧"(知)的方面。"情景合一"属于"欣赏"(情)的方面,"知行合一"则属于"实践"(意)的方面。照儒家看,这三者是不可分的。做人既要了解宇宙大化之流行,又要能欣赏天地造化之功,更应在生活实践中再现宇宙的完美和完善。就以上的分析看,孔子的"知天命"、"耳顺"和"从心所欲不逾矩"都是就人生境界的追求说的,这是孔子对自己追求"真"、"美"、"善"的总结。

二、 老子对人生境界的追求

对一般人(包括儒家)所追求的"真"、"善"、"美",老子似乎都持否定态度。如他说"绝圣弃知",反对追求一般的知识;"五色令人目盲",反对一般的对美的追求;"大道废,有仁义",反对一般的道德观念的"善"。是否老子就不主张追求真、善、美的人生境界呢? 我想不是的。他追求的是一种超越世俗的真、善、美,这就是所谓"同于道"的境界。看来,老子把"道"视为真、善、美的统一。

《道德经》第二十五章中说:"人法地,地法天,天法道,道法自然。"这可以说是老子对人生境界追求的叙述。他认为,人最高的理想是效法"道",而"道"是自然而然的。他所说的"道"是什么? 在《道德经》中有多种涵义,但最基本的涵义应是指超越性的最高的准则(参见拙著《魏晋南北朝时期的道教》,陕西师范大学出版社1988年版,第56—57页)。《道德经》第十四章中说:"视之不见,名曰夷;听之不闻,名曰希;搏之不得,名曰微。此三者不可致诘,故混而为一。其上不皦,其下不昧,绳绳兮不可名,复归于无物。是谓无状之状,无物之象,谓之惚恍。迎之不见其首,随之不见其后,执古之道,以御今之有。能知古始,是为道纪。"这段话分析起来有以下三层意思:

(1)"道"是超于感官经验的,"无色"(夷)、"无声"(希)、"无形"(微)都是用以说明"道"的超越性。明释德清《道德经解》:"致诘,犹言思议。""不可致诘",即不可思议。此"不可致诘"的"混而为一"者就是"道"。

(2)"道"虽是超越性的,但它却是最真实的事物存在的根据。"无状之状,无物之象"。王弼注说:"欲言无耶,而物由以成;欲言有耶,而不见其形","无形无名者,万物之宗也。""宗"者主义、根据义。"无状之状,无物之象"的"惚恍"可以作为一切"状"、"象"存在之根据。"惚恍",王弼注谓:"不可得而定也。"这就是说,"道"无规定性。凡有规定性者,均在经验之中;而无规定性者,则超越于经验之外。所以《道德经》第二十一章说:"道之为物,惟恍惟惚。惚兮恍兮,其中有象;恍兮惚兮,其中有物。窈兮冥兮,其中有精;其精甚真,其中有信。""道"虽无规定性,但可做成一切有规定性之"物",故为最真实的存在,亦即事物之本体。

(3)"道"作为一切事物存在的根据,是就其为超越性的最高准则说的。"纪者,理也。"(《白虎通·天纲五纪》)"道纪",即"道"作为从古至今天地万物的最高准则。

从以上三点可以说明,老子的哲学是要探求天地万物之本源、存在之根据,从而创造了以"道"为超越性最高准则的哲学体系。老子的这种对宇宙本体的讨论,实属"真理"探求的范围。

老子把"道"作为他的哲学体系的最高范畴,人掌握了"道"也就是掌握了"真理",而人生的目的正在于此。因此,老子把"同于道"作为人生的最高追求,他说:"从事于道者同于道。"王弼注说:"道以无形无为成济万物,故从事道者以无为为君,不言为教,绵绵若存,而物得其真,与道同体,故曰同于道。""同于道"即是"与道同体"。看来,老子认为人和道的关系不是把"道"作为一般认识的对象(因"道"无名无形),而是应"体道",即与"道"合一,所以"同于道"只是一种极高的人生境界,一种超越世俗的"得道"的境界。这正是老子所追求的最高境界。

那么老子对"善"和"美"又如何看呢? 我们知道,老子的"道"的基本特性是"自然无为",所以他也把"自然无为"作为"善"和"美"的标准。他说:"大道废,有仁义。"因为"仁义"等等都是"人为"的,不仅不合"自然无为"的原则,而且破坏了"道",只有把这些"人为"的东西去掉,人们才可以有真正的"善",所以他说:"绝仁弃义,民复孝慈。"只有抛弃掉"仁义"等一切"人为"的道德观念,人们才可以恢复自然而然的人际关系。《道德经》第八章中说:"上善若水,水利万物而不争,处众人之所恶,故几于道。"有道德的人其性如水,水对万物都有利,可是并不争说于万物有利,它能处于在下的地位(第六十六章说:"江海之所以能为百谷王者,以其善下之,故能为百谷王"),因此近于"道"。这说明有道德的人只是接近于"道"的境界,而不是"同于道"的境界。如果用冯友兰先生《新原人》中的"四种境界"的说法,"上善"的人只是"道德境界",而"同于道"者才是"天地境界"。所以,从价值论上看,"善"较"真"为低一层次的。

《道德经》第十二章中说:"五色令人目盲,五音令人耳聋,五味令人口爽,驰骋畋猎令人心发狂。"王弼注说:"耳目口心皆顺其性也,不以顺性命,反以伤自然,曰盲、聋、爽、狂也。"这就是说,"五色"、"五音"、"五味"等都是"人为"的,是失去"自然"本性的。老子把朴素看成是"美","见素抱朴"①,一切都应听其自然,按其本然,有做作则失去其本然之"美",无做作才可存其自然之"美"。因此《道德经》第四十一章中说:"大音希声,大象无形,道隐无名,夫唯道,善贷且成。"王弼注说:"听之不闻曰希,不可得闻之音也,有声则有分,有分则不宫而商矣,分则不能统众,故有声者非大音。""有形则有分,有分者不温则炎,不炎则寒,故象而形者非大象。""凡此诸善,皆是道之所成也。在象则为大象,而大象无形;在音则为大音,而大音希声。"合乎"道"的音是"大音",合乎"道"的象是"大象","大音"可以统括一切"音","大象"可以成就一切"形"。就音乐看必有声音,就绘画看必有图形,但老子认为最高超的音乐应是

---

① 《庄子·天道》:"素朴而天下莫能与之争美。"此可以为"见素抱朴"之注脚。

无声的,最绝妙的绘画应是无形的。因为"无声""无形"合乎"自然无为"的原则,所以是真正的"美"。从这里看,老子的"善"和"美"都是由"真"("道")派生的,都是"道"的特性的表现。《道德经》的最后一章即第八十一章中说:

> 信言不美,美言不信;
>
> 善者不辩,辩者不善;
>
> 知者不博,博者不知。

意思是说:信实的言词不华丽,华丽的言词不实在;善良(行为善良)的人不取巧,取巧的人不善良;真正智慧的人不追求广博,追求广博的人并非智者。我认为,这一由"美"(言词"美"的标准在于平实)而"善"(行为"善"的标准在于诚实)而"真"(智慧"知"的标准在于真实)也许是老子对"真"、"善"、"美"的一种次第的安排。"美"是就言词(可作文学的代表)说的,"善"是就行为(可作道德的代表)说的,"知"是就智慧(可作知识的代表)说的。"真知"高于"真善",又高于"真美",这样就构成了一个层次的序列。这是老子对人生境界追求的一个模式。

我们说老子哲学关于"真"、"善"、"美"的看法和黑格尔哲学有某些相似之处,这仅仅是就他们对真、善、美在价值取向上的安排有某些相似之处而言。在黑格尔哲学体系中,"道德"、"艺术"、"哲学"都是属于精神哲学的范围。精神哲学是黑格尔哲学体系的第三部分,它是对于绝对精神在其自身发展的第三大阶段——精神阶段的描述。精神阶段是逻辑阶段和自然阶段的统一,它是自在而又自为的。精神从自在到自为也有一个复杂的发展过程,这个过程包括三个阶段:(1)主观精神;(2)客观精神;(3)绝对精神。"道德"属于客观精神。所谓"客观精神"是指精神把自己体现在外在的客观世界中,但这客观世界不是指自然界,而是指具有精神性的世界,即人类社会生活和人类历史的不同领域,它包括:(1)抽象法(财产法);(2)道德;(3)伦理(家庭、市民社会、国家)三个发展阶段。客观精神在精神发展的阶段上低于绝对精神,因而低于属于绝对精神的"艺术"和"哲学"。照黑格尔看,主观精神和客观精神都各有其片面性:前者如灵魂、感觉、意识、理智、意志等等都是个人的内在的意识状态,没有实现为现实的存在;后者如财产、法律、道德、政治、家庭、社会、国家等等,虽然是客观存在的,但没有意识到自己。但是,精神的本性是无限的、绝对的、自由的,因而它就必须继续向前发展,以克服主观精神和客观精神的片面性和两者的对立,从而上升到精神的最高阶段。绝对精神是精神对它自己的完全和充分的认识,它既是主体又是客体,它除去以自身为对象和自觉地表现其本质以外,再没有别的目的,从而它是真正无限的、绝对的、自由的。而"艺术"、"宗教"、"哲学"是绝对精神发展的三个阶段,这三者在内容上是一致的,它们的不同只是在形式方面。黑格尔说:"在艺术中是直观和形象,在宗教中是感情和表象,在哲学中是纯自由思想。"(黑格尔:《法哲学原理》,商务印书馆1961年版,第351页)黑格尔如此排列绝对精神发展的三个阶段,是要表明绝对精神对它自身的认识也要遵循从感性直观经过表象(他又称之为"图象式的思维")上升到抽象思维的过程。所以"哲学"是绝对精神的最高的、最自由的和最智慧的形态。他说:"认识真理最完善的方式,就是思维的纯粹形式(引者按:指纯粹概念、逻辑范畴而言)。人采取纯思维方式时,就最为自由。"(黑格尔:《小逻辑》,商务印书馆1980年版,第87页)艺术的感性形式不能完全体现绝对精神(理念)的无限、绝对和自由,因为它毕竟要受到感性形式的限制,"用感性形式表现真理,还是不能真正适合心灵的表现方式。"(黑格尔:《美学》第1卷,商务印书馆1979年版,第133页)只有哲学才是认识"真理"的最完善的形式。从黑格尔的精神哲学看,他把"哲学"作为真理最完善的方式,看成是最高的;而把"美"

的追求("艺术")作为"理念的感性显现",视为低于"哲学"的发展阶段;"道德"作为行为主体对善与恶的内在信念,则又低于"艺术"的发展阶段了。(以上关于黑格尔哲学的论述参见陈修斋、杨祖陶《欧洲哲学史稿》,湖北人民出版社1983年版,第553—558页;蒋孔阳《德国古典美学》,商务印书馆1981年版,第219—220页;薛花《黑格尔与艺术难题》,中国社会科学出版社1986年版,第25—27页)这就是说,如果从价值论上看,黑格尔对"真"、"善"、"美"的看法应是"真←美←善"。这在层次上虽与老子哲学不完全相合,但把"真"看得高于"美"和"善",则是与老子相同的。不过,正如我们在前面讨论孔子思想时所说,中国传统哲学所注重的是追求一种达到"真"、"善"、"美"的境界,而西方哲学所注重的是建立一种论证"真"、"善"、"美"的价值的思想体系。前者可以说主要是追求一种觉悟,而后者则主要是对"知识"的探讨。

三、 庄子对人生境界的追求

　　和老子一样,庄子也把"道"作为他的哲学的最高范畴,但庄子哲学主要不在于论证"道"的无限性、绝对性和永恒性(虽然他对此也颇花费了不少笔墨),而主要论证的是得道之人(如至人、神人、圣人等)在精神上的无限性、绝对性和永恒性。

　　《庄子》书的第一篇叫《逍遥游》,这篇的主旨是讨论人如何达到精神上的绝对自由的问题。照庄子看,大鹏击水三千、扶摇九万,列子御风日行八百,看起来是够自由的,但实际上并不是完全自由。大鹏飞行九万里,需要有广大的空间;列子日行八百,也得靠风力。这些都是"有待"的,而只有"无待"才可以说达到真正的自由。所谓"无待"是说不需要任何条件,所以他说:"若夫乘天地之正,而御六气之辩,以游无穷者,彼且恶乎待哉!"这种"逍遥游"

是无所待的,从而是绝对自由的。但是如何才能达到这一无待的绝对自由的境界呢? 庄子认为,这不是一般人可以达到的,只有"至人"、"神人"、"圣人"等才可以达到,因为"至人无己,神人无功,圣人无名"。"无己"就是"丧我",《齐物论》中说:"今者吾丧我。"在《大宗师》中有一段话讲"坐忘",可以说是对"无己"这种精神绝对自由境界的描述:

> 颜回曰:"回益矣。"仲尼曰:"何谓也?"曰:"回忘仁义矣。"曰:"可矣,犹未也。"他日,复见,曰:"回益矣。"曰:"何谓也?"曰:"回忘礼乐矣。"曰:"可矣,犹未也。"他日,复见,曰:"回益矣。"曰:"何谓也?"曰:"回坐忘矣。"仲尼蹴然曰:"何谓坐忘?"颜回曰:"堕肢体,黜聪明,离形去知,同于大通,此谓坐忘。"仲尼曰:"同则无好也,化则无常也,而果其贤乎! 丘也请从而后也。"

庄子"坐忘"的境界就是他所说的"无己"或"丧我"的境界。上引文说明,颜回从否定世俗的道德开始,"忘仁义"、"忘礼乐",进而消除身体对精神的种种束缚,消除知识对精神的困扰,达到"形如槁木,心如死灰"的超脱耳目心意,超功利,超道德,超生死,不受任何内在外在的是非、好恶、美丑等等的限制,和天地融合为一、"同于道"的境界。这一境界以"去知"最为重要,"去知"即去掉分解性和概念性的认知活动,也即庄子"心斋"所谓的"徇耳目内通,而外于心知"。这种纯粹的直觉活动,我们说它是一种审美的活动。

《庄子》书中所描述的"至人"、"神人"、"圣人"等就是这样一些超越世俗,达到"坐忘"或"心斋"的精神上绝对自由的人。如《田子方》篇中说:"夫至人者,上窥青天,下潜黄泉,挥斥八极,神气不变。"而所谓"神人",如《天地》篇所说:"上神乘光,与形灭亡,此谓脱旷。放命尽情,天地乐而万事销亡,万物复性,此谓混溟。"《刻意》篇中说:"圣人之生也天行,其死也物化……去知与故,循天之理……虚无恬淡,乃合天德。""至人"、"神人"、"圣人"之所以能超越时空的限制,逍遥游放于六合之外,正因为他们能"离形去知",一切任其自然而无为,对现实世界无任何要求,从而能逍遥游于"无何有之乡"。这当然只能是精神上的逍遥游放了。这种精神上的绝对自由的境界只能是一种艺术上的审美的境界。《知北游》篇中说:

> 天地有大美而不言,四时有明法而不议,万物有成理而不说。圣人者,原天地之美而达万物之理,是故圣人无为。大圣不作,观于天地之谓也。

《田子方》篇中说:

> 夫得是,至美至乐也。得至美而游乎至乐,谓之圣人。

"夫得是"按上文是说"游心于物之初"的境界,此境界为不能言说的自然无为的境界。最高的美为"天地之大美"。"圣人"、"至人"、"神人"等"原于天地之美"(或"备于天地之美")。正是由于自然无为,"离形去知",所以可得"至美而游乎至乐"这一"至美至乐"的境界也就是极高的艺术的审美境界。

在庄子哲学中对"真"和"美"的关系也有所讨论,《秋水》篇中说:"牛马四足,是谓天;落马首,穿牛鼻,是谓人。故曰:无以人灭天,无以故灭命,无以得殉民,谨守而勿失,是谓反其真。"所谓"反其真"就是反回到自然而然的本来状态。庄子主张"法天贵真",反对一切违反自然本性的"人为"。"龁草饮水,翘足而陆"是马之真情,而"落马首,穿牛鼻"使牛马失去其自然本性(真性),这样牛马就没有自由,从而也失去其"美",失去其"真"。在庄子哲学中"真"与"美"是一致的,而"真"必须是"顺性命之情"的。《渔父》篇中说:"真者,精神之至也。不精不诚,不能动人。""能动人"在于有真情,使人得到美的享受。"成功之美,无一其迹也",最成功的美不是做作的,而是能自由自在地表现其真性情,所以庄子的"求真"也是为了"求美",无"美"也就无所谓"真"。"求真"是追求一种自由自在的精神境界。

庄子很少肯定道德,他有反道德的倾向。他认为一切道德规范都是"人为"的,它们破坏人的真性情,所以他反对"以仁义易其性"。庄子认为,个体人格的自由的实现不仅是"大美",而且是最高的"德",最高的"善"。《刻意》篇中说:"若夫不刻意而高,无仁义而修,无功名而治,无江海而闲,不导引而寿,无不忘也,无不有也,澹然无极而众美从之。此天地之道,圣人之德也。""澹然无极而众美从之",成玄英疏说:"心不滞于一方,迹冥符于五行,是以澹然虚旷而其道无穷,万德之美皆从于己也。"此谓心无所执著,自然无为,坐忘无己,自由自在,以达到至极则众美就会聚于己身。这既是天地自然而然的运行,也是圣人成就其善的路径。据此,庄子的"善"是包含在其最高的美(大美)之中的。

就上所言,在庄子哲学中"真"、"善"、"美"是统一的,它们统一于精神自由的审美境界上。庄子和老子一样都追求"同于道",但老子的"同于道"是了解"道"、体会"道",它仍属于认知的范围,是一种哲理的觉悟;而庄子的"同于道"则是对"道"的欣赏、观照,这就是审美的直觉了。从这里我们可以看出,庄子哲学在"真"、"善"、"美"问题上和老子不同,他是以"美"为最高。

西方哲学有两个哲学家从价值论上看在"真"、"善"、"美"问题上和庄子有某些相似之处,一是亚里士多德,一是谢林,也许谢林与庄子更为相近。

亚里士多德哲学追求真、善、美的统一。他说:"美即是善,其所以引起快感正因为它是善",而善的行为与美的艺术表现则需要以对事物的认识为基础。从价值论的角度看,亚里士多德并没有赋予真、善、美同样的意义。在对人类活动进行划分时,他认为在认识、实践和创造这三种活动中,认识是最高的,因为只有借助这种活动,人才能面对最高真理。但就三种活动的产物而言,在亚里士多德看来,"求真"的活动所得是理论性科学(如数学、物理学、形而上学),只是为知识而知识;"求善"与"求美"的活动所得则是实践性科学(包括政治学、伦理学)和创造性科学(包括诗学和修辞学),它们都有更高的外在目的,前者指导行动,后者指导创造。亚里士多德认为,艺术的本质就是创造。他说:"艺术就是创造能力的一种状况,其中包括真正的推理过程。"这里,创造活动成了最能体现人的本质即理性的活动(亚氏曾将人的本质界定为理性)。据此,我们似乎可以说,在亚里士多德哲学中,表现美的艺术创造从而美本身获得了最高价值,其次是有外在目的的行动(即道德实践,这属于"善"),再次才为知识而知识的"求真"的活动(参见朱光潜《西方美学史》上卷,人民文学出版社 1963 年版,第 55—56 页)。

谢林的哲学提出"绝对同一"的问题。照他看,"绝对同一"既不是主体,又不是客体,而是"主体和客体的绝对无差别的同一"。要达到这种"同一"只能在一种"理智的直观"中实现。所谓"理智的直观"就是产生直观对象的活动,二者是同一的,这实际上是一种直觉活动。通过这种直觉活动,自我就把自己和无意识地产生自然界的宇宙精神合二而一。谢林认为,这种"理智的直观"不是任何人的意识都可以有的,只有哲学上的天才才能具有。谢林甚至认为,即使"理智的直观"活动也还不算完全地达到了主体和客体的绝对同一,因为在那里还有直观者和被直观者的差别(尽管这个被直观者是直观者的自由活动产生的)。因此,谢林又提出只有在"艺术的直观"中才能真正实现主体与客体的绝对无差别的完全同一。这种"绝对无差别的完全同一"很接近于庄子的"心斋"和"坐忘"的境界。谢林认为,"艺术的直观"来自灵感,来自内心精神的一种内在力量的强烈追求。这只能说是一种直觉的神秘的精神

20世纪儒学研究大系

境界了。这样,在谢林那里艺术就成了没有差别的至高无上的理想世界。基于这种"艺术的直观"高于"理智的直观"的看法,谢林把"美"视为有最高价值。照他看,"真"是必然性的问题,"善"是自由的问题,而"美"是二者的综合。"美"把"真"的科学知识和"善"的道德行为综合实现于艺术之中。他说:"我相信,最高的理性活动是包括一切理念的审美活动。真和善只有在美中才能接近。哲学家必须像诗人一样,具有审美的能力。"因此,从价值论的方面看,在谢林那里"美"高于"真"和"善"(参见陈修斋、杨祖陶《欧洲哲学史稿》,第 481、488 页;蒋孔阳《德国古典美学》,第 140—142 页)。这与庄子对"真"、"善"、"美"问题的看法有相似处。

四、 简单结论

孔子、老子和庄子对人生境界有三种不同的追求,他们的哲学表现了三种不同的价值取向。我认为,任何有价值的哲学体系总是在追求着真、善、美的统一;但对于如何统一以及如何达到统一,不同的哲学家有不同的看法。从人类文化的发展看,我们不必求其相同。在我国的先秦时代,哲学之所以丰富多采,正是因为它有一个多元的价值取向。当时的哲人能从非常广阔的角度和领域来讨论对宇宙人生终极关切的问题,这样就使得我国的哲学在当时世界的范围内,和世界其他地区(希腊、印度)相比实无逊色。

(选自《中国社会科学》,1990 年 3 期)

汤一介(1927—),湖北黄梅人。毕业于北京大学哲学系,1990 年获加拿大麦克玛斯特大学荣誉博士。现为北京大学哲学系教授、博士生导师,中国文化书院院长、中国哲学与文化研究所所长、中华孔子学会副会长。主要研究中国哲学、中国文化。著有《郭象与魏晋玄学》、《魏晋南北朝时期的道教》、《中国传统文化中的儒道释》、《儒道释与内在超越问题》、《儒教、佛教、道教、基督教与中国文化》等。

　　中国传统哲学的三大思想家孔子、庄子和老子对真善美人生境界的追求有所不同：孔子的人生境界是由"知真"、"得美"而进于"安而行之，不勉而中"的圆满至善的境界，即由"真"而达于"美"再达于"善"，接近于西方的康德；"道"是老子的中心概念，"道"的境界是真善美的融合统一，由"美"而"善"而"真"是老子人生境界追求的层次模式，这在理论上与黑格尔接近；庄子之"道"主要论述的是得道之人在精神上的无限性、绝对性和永恒性，真善美统一于这种人生境界之中，但庄子的境界是一种审美的境界，西方的哲学家谢林与庄子相似。

孔门仁学

李泽厚

一　"人而不仁如乐何?"：人性的自觉

孔子自称"述而不作"(《论语·述而》)。

这一半是准确的,孔子一生的志向、活动和功业,全在维护和恢复周礼,也就是前述的"礼乐传统"。在传闻中,孔子是古代典籍、礼仪和传统文化的保存者、传播者和审定者。他"删诗书","定礼乐",授门徒,游列国,尽管做官未成,却在社会上特别在知识层中影响极大。无论是反对者或赞成者,无论是以后的墨、道、法……各家,总都要提到他。即使在他最倒霉的时候,无论在当时或后世,孔子作为教育家的身份或事实也从未被动摇和怀疑过。困于陈、蔡,也还有弟子(学生)追随;"批林批孔",也还承认孔是教育家。而所谓"教育",不就正是将传统的礼乐文化,作为自觉的意识,传授给年轻一代么?孔子称周公,道尧舜,"入太庙、每事问"(《论语·八佾》),"学而不厌,诲人不倦"(《论语·述而》)……,只要打开《论语》一书,孔子这种继往开来,作为礼乐传统的传授守护者的形象便相当清楚。

但这只是一半,更重要的另一半是:孔子对这种传统的承继、保存和传授,是建立在他为礼乐所找到的自我意识的新解释的基础之上的。这个自我意识或解释基础,便是"仁"。这才是孔子的主要贡献,特别是在思想史的意义上。H. Fingarette 著作的主要弱点就是对这一方面没有重视,估计不足。

《论语》一书记载孔子讲"仁"达百余次,每次讲法都不尽相同。以致有研究者倾向于认为,孔子的"仁"本身就是审美的,即它具有非概念所能确定的多义性、活泼性和不可穷尽性(参阅张亨"论语论诗",台北《文学评论》第 6 集,1980 年 5 月)。这一论点相当新颖而颇富深意,即它可暗示孔子的人生最高境界将是审美。然而,此是另一问题,当容后再论。就"仁"本身说,它毕竟又还是可以分析的。在《孔子再评价》中,我曾将"仁"分为四个方面或层次,其中,氏族血缘是孔子仁学的现实社会渊源,孝悌是这种渊源的直接表现["孝悌也者,其为人之本欤?"(《论语·学而》),"君子笃于亲,则民兴于仁"(《论语·泰伯》)]。而"孝"的可能性和必要性却在于心理情感["子曰,予之不仁也! 子生三年,然后免于父母之怀,……予也有三年之爱于其父母乎"(《论语·阳货》)]。不诉诸神而诉于人,不诉诸外在规约而诉之于内在情感,即把"仁"的最后根基归结为以亲子之爱为核心的人类学心理情感,这是一项虽朴素却重要的发现。因为,从根本上说,它是对根基于动物(亲子)而又区别于动物(孝)的人性的自觉。它是把这种人性情感本身当作最后的实在和人道的本性。这正是孔子仁学以及整个儒家的人道主义和人性论的始源基地。孔子说:"今之孝者,是谓能养。至于犬马,皆能有养,不敬,何以别乎。"(《论语·为政》)

关于"至于犬马,皆能有养",有好几种解释。一种解释为:犬马也能养父母,因之,人养父母应不同于犬马的"养"父母。另种解释为:人可以饲养犬马,因之,养父母应不同于养犬马。又有解释为:犬马也能养活人,因之,人养父母应不同于犬马的"养",等等。总之,不管哪种解释,孔子这里强调所谓"敬",指的正是表现为一定的礼节仪容的心意状态。它作为孝——仁的内在原则,在孔子看来，便是由"礼乐"所塑造培育出来以区别于犬马或区别于对待犬马的人的情感或人性、人道。虽然它必须以亲子这种自然生物性的血缘事实为基础，但重要的是这种自然生物关系经由"礼乐"而人性化了，所以才不同于"犬马"。"敬"本是"礼乐"仪式过程所必然和必需培育的某种恭谨畏惧的心理状态和感情，周初有"敬德"、"敬天"等等重要提法，它们本是由"礼乐"即"神圣的仪式"中所产生的。但到孔子这里，却把它当作比"神圣的仪式"本身还更为重要的东西了。孔子使这种内在心理情感和状态取得了首要位置，认为它才是本体的人性，即人道的自觉意识。孔子指出，即使神圣的"礼乐"传统，如果没有这种人性的自觉，那它们也只是一堆毫无价值的外壳、死物和枷锁。孔子一再说："人而不仁如礼何，人而不仁如乐何？"（《论语·八佾》）"礼云礼云，玉帛云乎哉，乐云乐云，钟鼓云乎哉。"（《论语·阳货》）"礼，与其奢也，宁俭；丧，与其易也，宁戚"（《论语·八佾》）等等。这些都是说，如果没有"仁"的内在情感，再清越热喧的钟鼓，再温润绚丽的玉帛，是并无价值的；内在情感的真实和诚恳更胜于外在仪容的讲求。从而，这里重要的是，不仅把一种自然生物的亲子关系予以社会化，而且还要求把体现这种社会化关系的具体制度（"礼乐"）予以内在的情感化、心理化，并把它当作人的最后实在和最高本体。关键就在这里。

如上章所论，就"礼"、"乐"二者说，"乐"比"礼"与这种情感心理关系（仁）要更为直接和更为密切。有如《乐记》所说："仁近乎乐，义近乎礼。""乐"既然可以直接从陶冶、塑造人的内在情感来维护人伦政教，孔子所追求的"爱人"（《论语·颜渊》）"泛爱众"（《论语·学而》）"老者安之，朋友信之，少者怀之"（《论语·公冶长》）等等仁学的诸要求、理想，也就应该由"乐"（艺术）来承担一部分：

"子之武城，闻弦歌之声。夫子莞尔而笑曰：割鸡焉用牛刀？子游对曰：昔者偃也闻诸夫子曰，君子学道则爱人，小人学道则易使也。子曰：二三子，偃之言是也。前言戏之耳。"
（《论语·阳货》）

可见，"弦歌之声"是与"道"——首先是"治道"（政治）联系在一起的。这也可以印证上章《乐记》所说的："乐者，乐也。君子乐得其道，小人乐得其欲，以道制欲，则乐而不乱；以欲忘道，则惑而不乐。是故君子反情以和其志，广乐以成其教。""乐"是用来教化百姓民众的。

不过，那个以"礼乐"治天下的远古时代毕竟已经过去了，想用"乐"来感化百姓，安邦定国，在春秋时代已经是不切实际的幻想，更不用说杀伐争夺日益剧烈化的后世了。孔子的仁学理论作为"治国平天下"的政治方略，并没有也不可能实现。它深深地影响和作用于后世的，倒是这种人性自觉的思想，这种要求人们建立起区别于动物的情感心理的哲学。并且，由于把这种自觉与安邦治国、拯救社会紧密联系了起来，这种人性自觉便具有了超越的宗教使命感和形上的历史责任感。即是说，这种"为仁由己"（《论语·颜渊》）的"爱人"精神（"仁"），这种人性自觉意识和情感心理本身，具有了一种生命动力的深刻性。因之，并非"个性解放"之类的情感，而毋宁是人际关怀的共同感情（人道），成了历代儒家士大夫知识分子生活存在的严肃动力。从而，对人际的诚恳关怀，对大众的深厚同情，对苦难的严重感受，构成了中国文艺史上许多巨匠们的创作特色。如世公认，这方面杜甫大概是表现得最为突出和典型了。

"……父老四五人，问我久远行。手中各有携，倾榼浊复清。苦辞酒味薄，黍地无人耕。兵革既未息，儿童尽东征。请为父老歌，艰难愧深情。歌罢仰天叹，四座泪纵横。"（《羌村》）

"……长戟乌休飞，哀笳曙函咽。田家最恐惧，麦倒桑枝折。沙苑临清渭，泉香草丰洁。渡河不用船，千骑常撇烈。胡尘逾太行，杂种抵京室。花门既须留，原野转萧瑟。"（《留花

门》)

"……安得广厦千万间,大庇天下寒士尽欢颜,风雨不动安如山。呜呼,何时眼前突兀见此屋,吾庐独破受冻死亦足。"(《茅屋为秋风所破歌》)

杜甫是引不胜引的,总是那样的情感深沉,那样的人道诚实。他完全执着于人间,关注于现实,不求个体解脱,不寻来世恩宠,而是把个体的心理沉浸融埋在苦难的人际关怀的情感交流中,沉浸在人对人的同情抚慰中,彼此"以沫相濡",认为这就是至高无上的人生真谛和创作使命。这不正是上起建安风骨下至许多优秀诗篇中所贯串着的华夏美学中的人道精神么?这精神不正是由孔学儒门将远古礼乐传统内在化为人性自觉、变为心理积淀的产物么?

"……出门无所见,白骨蔽平原。路有饥妇人,抱子弃草间。顾闻号泣声,挥涕独不还。未知身死处,何能两相完。驱马弃之去,不忍听此言。南登霸陵岸,回首望长安。悟彼泉下人,喟然伤心肝。"(王粲《七哀诗》)

"贫家有子贫亦娇,骨肉恩重那能抛?饥寒生死不相保,割肠卖儿为奴曹。此时一别何时见,抚遍儿身舐儿面。有命丰年来赎儿,无命九泉抱长怨。嘱儿切莫忧爹娘,忧思成疾谁汝将?抱头顿足哭声绝,悲风飒飒天茫茫。"(谢榛《四溟诗话》引《卖子叹》)

题材基本相同,一弃儿,一卖儿。前诗异常著名,后诗则异常不著名,前诗年代早,后诗相当晚(明)。但二者贯串着同一精神,非常感人。作者们本身并不是卖儿、弃子的主人翁,但描绘得如此诚恳忠实,"未知身死处,何能两相完","此时一别何时见,抚遍儿身舐儿面",……写得都是父母别子,但为人子者,读此不都会培育起深厚的亲子之情么?这不正是孔子讲的"予也有三年之爱于其父母乎"的情感自省么?谁都有父母,谁都有子女,都会因从诗里感染到那真挚的感情而悲哀、而触动。这不是概念的认识，而是情感的陶冶。这种陶冶在于把以亲子之爱为基础的人际情感塑造、扩充为"民吾同胞"的人性本体，再沉积到无意识中，成为华夏文艺所不断展现的原型主题。

所以，尽管这些创作者们主观愿望和人生理想，很可能是"唯歌生民病，愿得天子知"（白居易），或者"许身一何愚，窃比契与稷"（杜甫），但是，如果仅仅停留在这一层次，而不使上述人道感情占有更高位置和积淀在无意识中，不把这种情感自身作为独立的本体展露，那是搞不好文艺创作的。这大概也就是白居易那些讽喻诗并不成功的原因。白的《新乐府》"卒章显其志"，把主题归结为概念，固然违背了美学规律，但更重要的是，它妨害了这种人性自觉和心理情感作为本体的自身完整。这种以亲子为核心扩而充之到"泛爱众"的人性自觉和情感本体，正是自孔子仁学以来儒家留下来的重要美学遗产。这也是孔子既述且作，既维护又发展"礼乐"传统，而成为儒家的开山祖和中国文化的象征之所在。

既然集中把情感引向现实人际的方向，便不是人与神的联系、不是人与环境或自然的斗争，而是亲子、君臣、夫妇、兄弟、朋友、亲族、同胞……这种种人际关怀，以及由这种种关怀所带来的种种人生遭遇和生活层面，如各种生离死别（"送别"便是华夏抒情诗篇中的突出主题）、感新怀旧、婚丧吊贺、国难家灾、历史变故……，被经常地、大量地、细腻地、反复地咏叹着，描述着，品味着。人的各种社会性情感在这里被交流，被加深，被扩大，被延续。华夏文化之所以富有人情味的特色，美学和文艺所起的这种作用不容忽视。由孔子奠基的以心理情感为根本的儒学传统也充分地呈现在文艺——美学的领域中了。

也正因为如此，情感的人际化引向种种仁爱为怀、温情脉脉的世间留恋，各种自然放纵的情欲、性格、行为、动作，各种贪婪、残忍、凶暴、险毒的心理、情绪、观念,各种野蛮、狡狠、欺诈、淫荡、邪恶,那种种在希腊神话和史诗中虽英雄天神们也具有的恶劣品质和情操,在中国古典诗文艺术中都大体被排斥在外。甚至 Goethe 在评论已经开始描写这些情景的中国小说时还说:"在他们那里,一切都比我们这里更明朗,更纯洁,也更合乎道德。在他们那里,一切都是可以理解的,平易近人的,没有强烈的情欲和飞腾动荡的诗兴……。正是这种在一切方面保持严格的节制,使得中国维持到数千年之久,而且还会长存下去。"(《歌德与爱克曼对话录》,人民文学出版社,北京,1988 年,第 112 页)

如前章所述,这当然既是缺点,又是优点。同时,这既是华夏文艺和美学的特征,也是华人的趣味甚至性格特征。所有这些无不应追溯到儒家传统和孔门仁学。有人认为,西方传统以理性作为人兽之分,中国则是以"道德的理解"来作划分标准(参阅葛拉汉(A.C.Graham)"先秦儒家对人性问题的探讨",见刘述先编《儒家伦理研讨会》,东亚哲学研究所,新加坡,1987 年,第 152 页)。这种所谓"道德的理解",实际即是前述对人性作外在塑造和规范的非酒神型的"礼乐"传统,被孔子和儒家内在化为对人性自觉和人道情感的本体追求。通俗地说,这是强调从内心来自觉建立一种完美的主体人格。这种建立虽需通由上述世俗的现实生活和人际关系来展露,但技艺和艺术在这建立中却又有着特殊重要的地位。

二 "游于艺""成于乐":人格的完成

孔子说:"志于道,据于德,依于仁,游于艺"(《论语·述而》);又说:"兴于诗,立于礼,成于乐"(《论语·泰伯》)。在这里,"道"是意向,"德"是基础,"仁"是归依,而"艺"则是自由的游戏。孔子所说的"游于艺"的"艺",是礼、乐、射、御、书、数,即所谓"六艺"。"礼"之所以被看作"艺",是因为"礼"的实行,包含着仪式、礼器、服饰等等的安排以及左右周旋、俯仰进退等一整套琐细而又严格的规定。熟悉、掌握这些,需要有专门的训练。"乐"之被列入"艺",也与要求对物质工具(如乐器的演奏)的熟练技能的掌握有关。其他四者所要求的技术性的熟练便更明显。总之,孔子所说的"游于艺"的"艺",虽不并等于后世所说的艺术,但包含了当时和后世所说艺术在内,而主要是从熟练掌握一定物质技巧即技艺这个角度来强调的。孔子说,"君子"在"志道"、"据德"、"依仁"之外,还"游于艺",便是说"君子"对于与物质技能有关的一切训练要有熟练掌握。对物质技能的掌握,包含着对自然合规律性的了解和运用。对技能的熟练掌握,是产生自由感的基础。所谓"游于艺"的"游",正是突出了这种掌握中的自由感。这种自由感与艺术创作和其它活动中的创造性感受是直接相关的,因为这种感受就其实质说,即是合目的性与合规律性相统一的审美自由感。可见,与后世某些儒家单纯强调伦理道德不同,在"志道"等等之外提出"游于艺",表现了孔子对于人由于物质现实地掌握客观世界从而获得多面发展的要求,对于人在驾驭客观世界的进程中感受到和获取身心自由的主张,同时也说明了孔子对掌握技艺在实现人格理想中的作用的重视。因为这些技艺并非可有可无的装饰,而是直接与"治国平天下"的制度、才能、秩序有关的。这是第一点。

　　与此相关的第二点是,这种"游于艺"的活动摆在"志道"、"据德"、"依仁"之后。本书不及详论这四者的复杂关系,仅表面考察也可看出,"游于艺"既是前三者的补足,又是前三者的完成。仅有前三者,基本还是内向的、静态的,未实现的人格,有了最后一项,便成为实现了的、物态化了的、现实的人格了。为什么?因为这种人格具有一种实现了的自由和现实的自由感。它不仅标志对客观技艺、事物规律的物质实践性的熟练掌握和运用自如,而且标志着一个由于掌握了规律而获得自由从而具有实践力量的人格的完成。这其实便是孔子所谓"从心所欲不逾矩"(《论语·为政》)了。所谓"从心所欲不逾矩",便正是主观目的与客观规律的协调、符合、一致。"游于艺"和"从心所欲不逾矩",虽然似乎前者只讲技艺熟练,后者只讲心理欲求,但从合规律性与合目的性相统一的角度看,这二者是有贯串脉络和共同精神的。只有现实地能够作到"游于艺",才能在人格上完成"从心所欲不逾矩"。这个"不逾矩"便不只是道德的教条,而是一种人生的自由。前者是外在技艺的熟练,后者是内在人格的完成,但在孔学里,二者又有其深刻的关联。荀子提出"积学成伪"和"制天命而用之",便是在理论上发展这个方面。荀子"这个'学'实质上便已不限于'修身',而是与整个人类生存的特征——善于利用外物,制造事物以达到自己的目的——有了联系。……'学''为'在荀子这里也达到了本体高度"(参阅《中国古代思想史论》)。后世颜元等人也强调"六艺"的物质实践性。这些,表明在儒学中,"圣人"的人格实现与六艺的物质实践性的现实掌握是相关联的。只有宋明的正统理学家们过分强调心性,而把"游于艺"当作一种并不十分重要的补充,并且常常局限在诗文书画的所谓纯艺术的狭隘范围内,才从根本上失去了孔门六艺的原始的物质实践的丰富内容。实际上,"游于艺"——在礼、乐、射、御、书、数中的"自由游戏",决不仅仅是一个单纯掌握技艺的问题,而更是通过对客观规律性的全面掌握和运用,现实地实现了人的自由,完成了"志道""据德""依仁"的人的全面发展和人格历程。这才是要点所在。

与"游于艺"相当的,是孔子讲的"兴于诗,立于礼,成于乐"。

正如"游于艺"放在最后一项一样,"成于乐",也是在"兴于诗"、"立于礼"之后的。如果说,"游于艺"更多讲的是通过掌握客观规律的自由感受;那么,"成于乐"则更多直接讲内在心理的自由塑造。两者都是有关人格实现的描述。正如"游于艺"高于"志道""据德""依仁","成于乐"也是高于"兴于诗""立于礼"的人格完成。

"成于乐"是什么意思?孔子自己曾经作过说明。"子路问成人。子曰:若臧武仲之智,公绰之不欲,卞庄子之勇,冉有之艺,文之以礼乐,亦可以为成人矣。"孔安国注说,"文,成也"。就是说,君子的修身如果不学习礼乐,便不可能成为一个完全的人,可见,"成于乐",就是要通过"乐"的陶冶来造就一个完全的人。因为"乐"正是直接地感染、熏陶、塑造人的情性心灵的。"乐所以成性"①"乐以治性,故能成性,成性亦修身也"②。

前面引述过的子游的故事也说明这一点。子游的故事是从群体"治道"来说,这里则是从个体的人格塑造来说。"成于乐"之所以在"兴于诗"(学诗包括有关古典文献、伦理、历史、政治、言语以及各种知识的掌握,和由连类引譬而感发志意)"立于礼"(对礼仪规范的自觉训练和熟悉)之后,是由于如果"诗"主要给人以语言智慧的启迪感发("兴"),"礼"给人以外在规范的培育训练("立"),那么,"乐"便是给人以内在心灵的完成。前者是有关智力结构(理性的内化)和意志结构(理性的凝聚)的构建,后者则是审美结构(理性的(积淀)的呈现。不论是智慧、语言、"诗"(智慧通常经过语言而传留和继承),或者是道德、行为、"礼"(道德通常经过行为模式、典范而表达和承继),都还不是人格的最终完成或人生的最高实现。因为它们还有某种外在理性的标准或痕迹。最高(或最后)的人性成熟,只能在审美结构中。因为审美既纯是感性的,却积淀着理性的历史。它是自然的,却积淀着社会的成果。它是生理性的

---

① 孔安国"成于乐"注。

② 刘宝楠《论语正义》"成于乐"注。

感情和官能,却渗透了人类的智慧和道德。它不是所谓纯粹的超越①,而是超越语言、智慧、德行、礼仪的最高的存在物,这存在物却又仍然是人的感性。它是自由的感性和感性的自由,这就是从个体完成角度来说的人性本体。

相对于"游于艺"因掌握外在客观规律而获得自由的愉快感,"成于乐"所达到的自由的愉快感,是直接地与内在心灵(情、欲)规律有关。孔子描述自己所达到的人生最高地步的"从心所欲不逾矩",不即是心灵成熟的最后标志么?即:个体自然性的情、感、欲完全社会规范化了,故"不逾矩";然而又并非强迫,仍然是"从心所欲"。孔子说:"知之者不如好之者,好之者不如乐之者"(《论语·雍也》),也是这个意思,它可相当于诗——礼——乐。

可见,"礼乐传统"中的"乐者,乐也",在孔子这里获得了全人格塑造的自觉意识的含义。它不只在使人快乐,使人的情、感、欲符合社会的规范、要求而得到宣泄和满足,而且还使这快乐本身成为人生的最高理想和人格的最终实现。与其它许多宗教教主或哲人不同,孔子以世俗生活中的情感快乐为存在的本体和人生的极致。孔学的人格理想是"圣贤",这"圣贤"不是英雄,不是希腊神话、荷马史诗里的赫赫神明和勇猛武士。这"圣贤"也不是教主,不是那具有无边法力能普度众生的超人、上帝。儒家的"圣贤"是人间的,与凡人有着同样的七情六欲、饮食男女,同样有着自然性、动物性的一面。他之所以为"贤",是由于道德。他之所以为"圣",则由于不但有道德,而且还超道德,达到了与普遍客观规律性相同一。这种"圣"在外在功绩上,能"博施于民而能济众"(同上),在内在人格上,大概就是孔子"七十而从心所欲不逾矩"了。这既是"成

20世纪儒学研究大系

———————————

①　今道友信教授《东方美学》讲孔子时,强调的便是这种超越。

于乐"，也是"游于艺"。"夫子圣者与？何其多能也"（《论语·子罕》），是从后者说的，说明掌握规律性而有多方面的能力，足见合目的性与规律性的统一，始终是"圣"的一种标志。后世所谓"画圣""书圣"等等，也多半是指想画什么就是什么，达到这种"从心所欲不逾矩"的自由境界。这种自由境界又不只停留在实践技艺规律的掌握上，而更是为了达到实现自由的人生境界，这种境界是充满了快乐的。孔子便多次说到这种快乐：

"学而时习之，不亦悦乎！有朋自远方来，不亦乐乎。"（《论语·学而》）

"饭疏食饮水，曲肱而枕之，乐亦在其中矣。不义而富且贵，于我如浮云。"（《论语·述而》）

"叶公问孔子于子路，子路不对。子曰：女奚不曰，'其为人也，发愤忘食，乐以忘忧，不知老之将至'云耳。"（同上）

当然还有那著名的"浴于沂，风乎舞雩"，这要留到下章讲"儒道互补"时再说。总之，孔子讲的这种快乐，既是"学而时习之"，又是"有朋自远方来"；既是对外在世界的实践性的自由把握，又是对人道、人性和人格完成的关怀。它既是人的自然性的心理情感，同时又已远离了动物官能的快感，而成为心灵的实现和人生的自由，其中积淀、融化了人的智慧和德行，成为在智慧和道德基础上的超智慧、超道德的心理本体。达到它，便可以蔑视富贵，可以甘于贫贱，可以不畏强暴，可以自由作人。这是人生，也是审美。而这，也就是"仁"的最高层次。如果说，前节所说是从外在的人伦关系和人际关怀来发掘人性的自觉，那么这里所说便是从内在的人格培养和人性完成来同样指向那心理本体。总之，把本来是维系氏族社会的图腾歌舞、巫术礼仪（"礼乐"），转化为自觉人性和心理本体的建设，这是儒家创始人孔子的哲学——美学最深刻和最重要的特点。

三　"逝者如斯夫,不舍昼夜":人生的领悟

Hegel 嘲笑孔子思想不算哲学,因为没有对形上本体的反思和对世俗有限的超越。

今道友信教授则解说孔子"成于乐"是对时空的超越,而达到"在"(Being)(今道友信《东方美学》)。

其实,均不然。孔子有对形上的反思和对超越的追求,但它没有采取概念思辨的抽象方式,而出之以诗意的审美。孔子所追求的超越,也并不是对感性世界和时空的超越,而恰恰就在此感性时空之中。它不是"在"(Being),而勿宁是"生成"(Becoming)。

"成于乐"作为个体人格的完成,密切关乎生死和不朽,此亦即时间问题。

时间是哲学中永恒之谜。什么是时间? 它意味着什么? 离开了人有时间么? ……Parmenides 提出不动的"一"(Oneness),追求无时间的崇拜。Zeno of Elea 的著名诡论则展示时间之不可能。Kant 把时间当作人的内感觉(Inner sense)。Hegel 说长久的山不如瞬开的玫瑰,时间属于有生命者。Henri Bergson、Martin Heidegger 围绕着时间也谈了那么多。……

在中国诗文中,也有那么多关于时间的浩叹:"对酒当歌,人生几何"(曹操诗);"木犹如此,人何以堪"(《世说新语·言语》);"江畔何人初见月,江月何年初照人? 人生代代无穷已,江月年年只相似。不知江月待何人,但见长江送流水……"(张若虚《春江花月夜》)。人生无常的感叹弥漫在中国文学艺术史,一直到毛泽东诗词中的"人生易老天难老","萧瑟秋风今又是"。在中国人的意识里,时间首先是与人的生死存亡联系在一起的。事物在变迁,生命在流逝,人生极其有限,生活何其短促……。那么,有没有可能或

如何可能去超越它呢？去构造一个永恒不变的理念世界吗？去皈依上帝相信灵魂永在吗？在神的恩宠和灵魂的不朽中去超越这个有限的人生、世界和时空吗？有这种超越、无限、先验的本体吗？

中国哲人对此是怀疑的。从巫术、宗教中脱身出来的先秦儒家持守的是一种执着于现实人生的实用理性。它拒绝作抽象思辨，也没有狂热的信仰，它以直接服务于当时的政教伦常、调协人际关系和建构社会秩序为目标。孔子和儒家没有去追求超越时间的永恒，正如没有去追求脱去个性的理式（Idea）、高于血肉的上帝一样。孔门哲人把永恒和超越放在当下既得的时间中，也正如把上帝和理式溶在有血有肉的个体感性中一样。那个"不动的一"的"存在"，对儒家来说是不可理解的；一切都在流变，"不变的一"（永恒的本体）就是这个流变着的现象世界本身。从而在这种哲学背景下，个体生死之谜便被溶解在时间性的人际关系和人性情感之中。与现代存在主义将走向死亡作为生的自觉，将个体对死亡的把握作为对生的意识近似而又相反，这里是将死的意义建筑在生的价值之上，将死的个体自觉作为生的群体勉励。在儒家哲人看来，只有懂得生，才能懂得死，才能在死的自觉中感觉到存在。人之所以在走向死亡中痛切感受存在本身，正因为存在本身毕竟在于生的意义。而生的意义也就是过程，是生成，它是与群体相联系才获得的。所以这"生成"是历史性地人类学的，是与情感上的人际关怀联系在一起的。从而"死"和"存在"在这里便不是空洞的神秘共性或生物的本能恐惧，而是个体对人类学本体生成的直接感受。它是个体的感受，所以不是一般性的抽象认识；这是人类学的某种历史感受，不是生物性的恐惧。从而，人对待死亡应该不同于动物的畏死，这不但因为人有道德，而且还因为它是超道德的。

孔子说"朝闻道，夕死可矣"（《论语·里仁》），"无求生以害仁，有杀身以成仁"（《论语·卫灵公》），又说，"未知生，焉知死"，"未能事人,焉能事鬼"(《论语·先进》),这讲的既是死的自觉,更是生的自觉。正因为"生"是有价值有意义的,对死亡就可以无所谓甚至不屑一顾。所以,尽管中国人有大量的人生感叹,有"死生亦大矣,岂不痛哉"(王羲之)的深重悲哀,但"存,吾顺事;殁,吾宁也"(张载):如果生有意义和价值,就让个体生命自然终结而无需恐惧哀伤,这便是儒家哲人所追求的生死理想。从而,如果要哀伤,那哀伤的就并非死而是短促的生——时间太快,对生的价值和意义占有和了解得太少。生的意义又既然只存在于人际关怀的现实群体中,那么,追求个体灵魂的不朽或对感性时空的超越或舍弃,以投入无限实体的神的怀抱,便是不必要和不可能的。是否存在这种无限实体也是大可怀疑的。能确定的似乎只是,既然人的个体感性存在是真实的生成而并非幻影,从而如何可以赋予个体所占有的短促的生存以密集的意义,如何在这稍纵即逝的短暂人生和感性现实本身中赢得永恒和不朽,这才是应该努力追求的存在课题。所以,一方面,是沉重地慨叹着人生无常、生命短促,另方面则是严肃的历史感和强烈的使命感。自孔子起,"知其不可而为之"(《论语·宪问》),"鸟兽不可与同群,吾非斯人之徒而谁与"(《论语·微子》)的理想精神,"在陈绝粮","困于桓魋"的现实苦痛,都是在背负过去、指向未来的人事奋斗中去领悟、感受和发现存在和不朽。超越与不朽不在天堂,不在来世,不在那舍弃感性的无限实体,而即在此感性人世中。从而时间自意识便具有突出的意义,在这里,时间确乎是人的"内感觉",只是这内感觉不是认识论的(如Kant),而毋宁是美学的。因为这内感觉是一种本体性的情感的历史感受,即是说,时间在这里通过人的历史而具有积淀了的情感感受意义。这正是人的时间作为"内感觉"不同于任何公共的、客观的、空间化的时间所在。时间成了依依不舍、眷恋人生、执着现实的感性情感的纠缠物。时间情感化是华夏文艺和儒家美学的一个

根本特征,它是将世界予以内在化的最高层次。这也来源于孔子。孔子说:

"逝者如斯夫,不舍昼夜。"(《论语·子罕》)

深沉的感喟,巨大的赞叹!这不是通由理知,不是通由天启,而是通由人的情感的渗透,表达了对生的执着,对存在的领悟和对生成的感受。在这里,时间不是主观理知的概念,也不是客观事物的性质,也不是认识的先验感性直观;时间在这里是情感性的,它的绵延或顿挫,它的存在或消亡,是与情感连在一起的。如果时间没有情感,那是机械的框架和恒等的苍白;如果情感没有时间,那是动物的本能和生命的虚无。只有期待(未来)、状态(现在)、记忆(过去)集于一身的情感的时间,才是活生生的人的生命。在中国艺术中,无论是"人生不满百,常怀千岁忧,昼短苦夜长,何不秉烛游"(《古诗十九首》),及时行乐,莫负年华也好;无论是"莫等闲白了少年头,空悲切"(传岳飞词《满江红》),济世救民,建功立业也好;无论是化空间为时间的中国建筑、绘画也好;或者是完全由心理的真实来支配和构造时空的中国戏曲也好,都通由时间的情感化而加重了生死感受和人生自觉的分量。它并没有解决、也不可能解决生死问题,它只是不断地通过情感而面对着它,品味着它。所以,"语到沧桑意便工"。这样,有关存在的哲学最终便不在思辨,不在信仰,不在神宠,而就在这人类化了的具有历史积淀成果的流动着的情感本身。这种情感本身成了推动人际生成的本体力量。孔子对逝水的深沉喟叹,代表着孔门仁学开启了以审美替代宗教,把超越建立在此岸人际和感性世界中的华夏哲学——美学的大道。

与现实生活、物质生产、概念语言不同,在情感中,过去、现在和未来可以完全溶为整体,变而为独立的艺术存在。中国艺术是时间的艺术、情感的艺术。前面详细讨论过的"乐"不用再说了,诗文也常常是以情感化的时间或对时间中的情感的直接描写为特色。"线"则是时间在空间里的展开,你看那充满情感的时间之流,那纸、布、物体上的音乐和舞蹈,无论是绘画中、书法中、诗文中、雕塑中、园林中、建筑中,它总在那里回旋行动,不断进行。它组成节奏、韵律、人物、图景、故事、装饰、主题……,它们流动着、变换着,或轻盈或沉重地走向前方。它自由而有规矩,奔放而有节制。它感性而又内在,表现出冲破有限的超越,但这超越却又仍在此情感化的时间之中。你能掌握这音乐——线——情感的运动么?那就是华夏文艺的精神。这精神也就是"逝者如斯夫,不舍昼夜"那谜一样的在情感中永恒的时间或情感中时间的永恒。正因为追求的是这种情感的永恒,从而像有限现实的写实、日光阴影的具体描绘、情景的逼真模拟等等,便成为次要的甚至可以舍弃的外在假象。具体的情景、人物,也必须是具有永恒的情感意义(如伦理力量)时才被描绘和表现。

Ilya Prigozine 说,具有不可逆性质的时间在雕塑中既凝冻又流逝。由于具有不同的人生内容,时间并不同质。也正因为在艺术中直接感受着这凝冻而又流逝着的时间,而不同质,各种有限的事物的肯定价值便被积淀在艺术和人的这种种感受里。这就使人的情感心理和人性本体变得丰富、复杂、多样和深刻。情感化的时间和不同质的时间中的情感,使心理成了超认识超道德的本体存在。可见,正是艺术,直接建造着这个本体,它使人的情欲、感觉和整个心灵,经过时间的领悟具有了这种哲理的本性。

四 "我善养吾浩然之气":道德与生命

孔子给予礼乐传统以仁学的自觉意识,孟子则最早树立起中国审美范畴中的崇高:阳刚之美。这是一种道德主体的生命力量。

看来,所有民族都一样,无论从历史或逻辑说,崇高、壮美、阳刚之美总走在优美、阴柔之美的前面,古埃及的金字塔、巴比伦、印度的大石门,中国的青铜饕餮,玛雅的图腾柱……,黑格尔称之为象征艺术的种种,都以其粗犷、巨大、艰难、宏伟,而给人以强烈的刺激和崇高的感受。它们本是远古图腾巫术那种狂热的观念、情感的发展和积淀。它们同时又是奴隶们集体艰苦劳动的血汗结晶,并非任何个体的自由创作成果。从而它们以物质客体的巨大形式或尖锐冲突所展示出来的,其实乃是作为群体的人类主体力量的强大。这种强大因具有超越任何个体能量而带来的神秘性质,为以后各种宗教艺术开启了大门:硕大无朋、千眼千手的佛像,高耸入云的尖顶教堂,鲜血淋漓的惨厉壁画……,都以其震撼人心的崇高,来指向超越有限的神灵或上帝。在这些"艺术"例如在巨大建筑面前,感到的的确是个体一己的渺小和那巨大客体的压倒性的威力和胜利。

本书不准备讲崇高的种种理论,包括著名的 Kant 的理性胜利说等等(参阅拙著《美学论集·论崇高与滑稽》,上海文艺出版社1980 年版),这里要指出的只是华夏民族在这方面的特征。由于礼乐传统和孔门仁学对内在人化自然(塑造情欲,陶冶性情)的强调,不同于西方或印度,中国的原始象征艺术和审美崇高感走上了另一条道路。它直接走向了世俗人际:第一,由神的威力走向人的勋业。第二,由外在功勋走向内在德性。即由崇高走向壮美,由功业的壮美走向道德的伟大。从殷周青铜到《诗经》的《大雅》和《颂》,可以略窥前一进程,殷周铜器的饕餮等纹样所具有的神人交通的神秘观念变而为对氏族祖先和勋业的歌颂、崇拜。由《左传》、《论语》到《孟子》,则可略窥后一过程,《论语》里还大讲"大哉尧之为君也! 巍巍乎,唯天为大,唯尧则之。荡荡乎,民无能名焉。巍巍乎,其有成功也;焕乎,其有文章"(《论语·泰伯》),这是说,没有语言能描述尧那伟大的功勋业绩；"巍巍"的伟大还是与功勋业绩和地位联系在一起的。但孟子却对外在的功业地位颇不重视，"说大人则藐之，勿视其巍巍然"（《孟子·尽心下》）。外在的"巍巍"不再被强调，它从外而内，孟子把这种"巍巍"的"大"作为"壮美"，直接放在个体人格的完成层次上来讨论了：

> "浩生不害问曰：'乐正子何人也？'孟子曰：'善人也，信人也。''何谓善？何谓信？'曰：'可欲之谓善，有诸己之谓信，充实之谓美，充实而有光辉之谓大，大而化之之谓圣，圣而不可知之之谓神。乐正子，二之中，四之下也。'"（同上）

孟子把个体人格划为善、信、美、大、圣、神六个层次，明确地把"美"与纯属于伦理道德的"善"、"信"区别了开来。并"把'美'摆在'善'、'信'之上。'善'是'可欲'的意思，就是说个体在他的行动中追求'可欲'的东西，即符合于仁义的东西。……'信'是'有诸己'的意思，就是说个体在他的行动中处处都以自己本性中所固有的仁义等原则作为指导，而决不背离它。'美'则是'充实'，就是说个体不但遵循着'善人'、'信人'所履行信守的仁义等等道德原则，而且把它扩展贯注于自己的全人格之中，使自己外在的仪容风貌、应对进退等等，处处都自然而然地体现出仁义等等道德原则。所以，'美'是在个体的全人格中完满地实现了的善……，它包含着善，但又超越了善。……'大'同'美'相连，'圣'同'大'相连，'神'同'圣'相连，一个比一个更高。但又都起始于'美'（'充实'），因而它们都不是单纯的道德伦理评价的范畴，而同时是审美评价和目的论的范畴……。

"'大'是'充实而有光辉'的……壮观的美。'圣'是'大而化之'的意思，根据孟子对伯夷、柳下惠、特别是对孔子的'圣'的说明，'圣'的特点是不但有一种辉煌壮观的美，而且还集前代之大成，作出了划时代的创造，表现了一种非巧智所能达到的力量，并且成为百代的楷模,具有极大的感染化育的力量(参见《万章下》及《尽心上》)。'神'是'圣而不可知'的意思,即达到了'圣'的境界,却看不出是如何达到的。'圣'是要赖人力才能成功的,'神'却似乎非人力所作为。孟子对美、大、圣、神的区分,……包含有对美的各种不同情况和性质的观察和区分,都是针对人格美而言的。"(李泽厚、刘纲纪《中国美学史》第1卷,第183—184页)所谓"圣"、"神"是指与自然界以及宇宙本身达到"天人合一"。可见,孟子极大地宣扬了伦理和超伦理的主体力量,一切外在的功业成就(包括艺术创作的"圣"、"神")也都不过是个体人格完成的表现或展示而已。在这里,从客观形态来描绘的人格的"美"、"大"(壮美)便与主体心灵层次的描述联在一起。而这种主观心理层次的描述又仍然是前述孔子的"乐"(快乐)的哲学延续。

孟子继承了孔子,以审美快乐为最高人生理想,明确地将"事亲"(仁)"从兄"(义)的伦常秩序作为这种快乐的基础。"仁之实,事亲是也;义之实,从兄是也;智之实,知斯二者弗去是也;礼之实,节文斯二者是也;乐之实,乐斯二者。乐则生矣,生则恶可已也,恶可已,则不知足之蹈之、手之舞之。"(《孟子·离娄上》)这是把血缘基础、心理原则这两个孔门仁学要素与人的快乐和生命连接起来,以构成人生的某种根本。而且:

> "君子有三乐,而王天下不与存焉。父母俱存,兄弟无故,一乐也;仰不愧于天,俯不怍于人,二乐也;得天下英才而教育之,三乐也。"(《孟子·尽心上》)

这也仍是孔子"饭疏食饮水"的"乐"、"有朋自远方来"的"乐"的连续,即人生的"乐"仍然在普通的日常人际中,在父母、兄弟、朋友、师生的关系交往中,在我——你中。从而,在艺术上,"独乐乐"便不如"与人乐乐","少乐乐"便不如"与众乐乐"。孟子紧紧遵循着孔子,但气概是更为阔大伟壮了。因为作为核心的个体人格是更为突出了,主体的人是更加高大了,"仰不愧于天,俯不怍于人","富贵不能淫,贫贱不能移,威武不能屈"(《孟子·滕文公下》);在任何事物之前无需退缩,在天地面前无所羞惭和恐惧,从而就不必低首于任何力量,不必膜拜于任何神灵。这样的主体人格观念难道还不刚强伟大么? 而这也就是"大"、"圣"、"神"。

　　这,也就是中国的阳刚之美。由于它是作为伦理学的道德主体人格的呈现和光耀,从而任何以外在图景或物质形式展示出来的恐惧悲惨,例如那种种鲜血淋漓的受苦受难,那尸横遍地的丑恶图景,那恐怖威吓的自然力量……,便不能作为这种刚强伟大的主体道德力量的对手。这里要突出的恰恰是正面的道德力量的无可匹敌,是"自反而缩,虽千万人,吾往矣"(《孟子·公孙丑上》)的勇敢、主动和刚强。如果说,Kant 的崇高是以巨大的丑的外形式来呈现道德理性的胜利,那么孟子这里则以道德理性的直接正面呈现为特征。从而,崇高在这里不但不复再是古代集体劳动的物质成果,而且也不是自然物质的硕大外在形式,它直接成为道德力量在个体生命中的显示。这道德力量能直接与宇宙相交通,与天地相合一,从而也不再需要任何神力天威,不需要借助于巨大物质形态或狞厉的神秘象征。个体人格的道德自身作为内在理性的凝聚,可以显现为一种感性的生命力量。这就是孟子讲"气"最重要的特征。孟子说:

　　　　"我善养吾浩然之气……,其为气也,至大至刚,以直养而无害,则塞于天地之间。其为气也,配义与道,无是馁也。是集义所生者,非义袭而取之也。行有不慊于心,则馁矣。"(同上)

最值得注意的是,在这里,物质性的"气"(生命感性)是由精神性的"义"(道德理性)的集结凝聚而产生。道德的凝聚变而为生命的力量,因此这生命就不再是动物性的生存,而成为人的存在。这是孔门仁学的人性自觉的另一次重大开拓。所以，"浩然之气"不单只是一个理性的道德范畴，而且还同时具有感性的品德。这才是关键所在。从而，感性与超感性、自然生命与道德主体在这里是重叠交溶的。道德主体的理性即凝聚在自然的生理中，而成为"至大至刚"、"无比坚强"的感性力量和物质生命。这就把由"美"而"大"而"圣"、"神"的个体人格的可能性过程更加深化了。它们作为道德主体，不只是外观，不只是感受，也不只是品德，而且还是一种感性生成和感性力量。"浩然之气"身兼感性与超感性、生命与道德的双重性质。道德的理性即在此感性存在的"气"中，这正是孔、孟"内圣"不同宗教神学之所在，是儒家哲学、伦理学、美学的基本特征。

　　无怪乎，"气"在中国文化中是首屈一指、最为重要的基本范畴。中医讲"气"，至今有气功。占卜讲"气"。舆地、命数讲"气"。哲学讲"气"。文学当然也讲"气"，曹丕说，"文以气为主"（曹丕《典论·论文》）。艺术讲"气"，六朝以"气韵生动"（谢赫《古画品录》）为绘画的第一标准。但是，"气"到底是什么？至今没有清楚的界定。是物质吗？它却是一种生命力。是精神吗？它又总与物质相联系。曹丕讲的文"气"，就与身体的先天气质相关，是"父兄不能移之子弟"，"不可力强而致"（曹丕《典论·论文》）的。晚清谭嗣同说："夫浩然之气，非有异气，即鼻息出入之气，理气此气，血气亦此气，圣贤庸众皆此气"（《谭嗣同全集·石菊影庐笔识·思篇》），可见它确与生理呼吸有关。而诗文中的"气贯"、"气敛"等等，也的确与句法、声调、结构的朗读、默读从而在创作中欣赏中生理上的呼吸节奏、快慢、韵律有关。但它又不是简单的生理呼吸功能所能解释或概括的。上章曾讲到中国文艺重视形式的建立、技巧的熟练、范本的模拟，其中便不只是理性的了解，更重要的是包括有这种感性力量的训练和把握。但"气"又不只是感性物质性的，还有所谓"风气"，"气运"等等，则又与一定社会性相联系。《文心雕龙·时序》说，"风衰俗怨，梗概多气"。总之，"气"身兼道德与生命、物质与精神的双重特点；它作为一种凝聚理性而可以释放出能量来的感性生命力量，是由孟子首先提出的。

如前所述，在孟子，这种感性生命力量因为是由理性的凝聚即由道德支配感性行动的刚强意志，外界的一切都不能阻挠它，动摇它。所以，这里重点是理性的主宰和控制，表现在美学理论上，就有"主敬"、"衔勒"、"节宣"的提法，如"吐纳文艺，务在节宣；清和其心，调畅其气"（《文心雕龙·养气》），"凡为文章，犹人乘骐骥，虽有逸气，当以衔勒制之"（《颜氏家训·文章》），临文主敬，一言以蔽之矣。主敬则心平，而气有所摄，自能变化从容以合度"（《文史通义·文德》）等等。后世诗文艺术中讲求的种种"气势""骨气""运骨于气"等等，也都是从这里派生出来，都与主体的理性修养如何驾驭感性而成为由意志支配主宰的物质力量有关。例如，所谓"骨"，经常就是静止状态的"气"，即所谓"骨力"。所谓"势"，经常便是储藏着能量的"气"，是一种势能，如所谓"高屋建瓴，势如破竹"即是。总之，文艺讲究的阳刚之气，经常与这种气势、骨力相关，即它主要不在于外在面貌，而在所蕴含的内在的巨大生命——道德的潜能、气势。所以，即使没有长江大河、高山崇岳、日月光华，它也可以显露。它是在任何形态或形象中的凝聚了的主体道德——生命力量，这种力量经常通过高度概括化了的节奏、韵律等感性语言而呈现。杜甫的诗，韩愈的文，颜真卿的字，范宽的画，关汉卿的戏曲……等等，都如此。

孟子把崇高化为气势，并没停留在纯理性的主体道德上，而是要求把主体的道德人格、精神超越与大自然以及整个宇宙联系一起来，即所谓"其为气也，至大至刚，以直养而无害，则塞于天地之间"。孟子提出凭这种"集义而生"的"浩然之气"，便可以与天地宇宙相交通,而达到"天人同一"。这也就是后来文天祥《正气歌》开宗明义所解释的"天地有正气,杂然赋流行,下则为河岳,上则为日星,于人曰浩然,沛乎塞苍溟"。孟子讲了许多"存其心,养其性,所以事天也"(《孟子·尽心上》),"夫君子所过者化,所存者神,上下与天地同流"(同上)等等,都是讲的这个问题,都是要指出道德主体所具有的感性生命力量可以与天地宇宙相交流、相同一,即由人而天,由道德——生命而天人同构。这正是本章要讲的下一个命题。

五　"日新之谓盛德":天人同构

由于宋明理学的原故,人们经常只把孔、孟看作儒学正统;其实,没有荀子这根线索,儒学恐怕早已完结。"没有荀子,便没有汉儒;没有汉儒,就很难想象中国的文化是什么样子。"(参阅《中国古代思想史论》)孟、荀是儒学不可缺的双翼。

荀子的特点在于强调用伦理、政治的"礼义"去克制、约束、管辖、控制人的感性欲望和自然本能,要求在外在的"礼"的制约下去满足内在的"欲",在"欲"的满足中去推行"礼"。"欲"因"礼"的实行而得到合理的满足,"礼"因"欲"的合理满足而得到遵循。如果说,孟子是以先验的道德主宰、贯注人的感性而提出"人性(社会的理性)善"的话;那么,荀子则以现实的秩序规范改造人的感性而提出"人性(生物的自然感性)恶"。这是分道扬镳,但又同归于如何使个体的感性积淀社会的理性这一孔门仁学的共同命题。

如何使个体感性中积淀社会的理性呢? 在荀子看来,这就必须刻苦地持久地学习和修养,才能使心灵喜欢道德(理性),达到如同眼睛喜欢美色,耳朵喜欢美音,口胃喜欢美食那样。但与孟子不同,荀子认为这种对内在自然的教育塑造和人格建立并不就是目的自身,内在自然的人化是为了外在事业的建树,即"治国平天下"。所以,荀子的特点在于强调人作为主体的外在作为,即人对整个世界包括内外自然的全面征服。这种征服远远不能只是道德上、精神上的,而更必须是现实上、物质上的。这亦即是荀子著名的"制天命而用之"的伟大思想:

"性者,本始材朴也;伪者,文理隆盛也。无性,则伪之无所加;无伪,则性不能自美。"(《荀子·礼论》)"北海则有走马、吠犬焉,然而中国得而畜使之;南海则有羽翮、齿革、曾青、丹干焉,然而中国得而财之;东海则有紫绣、鱼盐焉,然而中国得而衣食之;西海则有皮革、文旄焉,然而中国得而用之……故天之所覆,地之所载,莫不尽其美,致其用,上以饰贤良,下以养百姓而安乐之,夫是谓之大神。"(《荀子·王制》)这是不同于孟子的另一种"神",是对人类主体性的现实改造力量的概括和歌颂。这种力量不表现在道德主体或内在意志结构的建立上,而表现在对内在外在自然的现实征服和改造上。它不是从个体人格着眼,而更多是从人类总体(历史与现实)着眼。在那么早的时代,便如此刚健有力地树立起对人的群体作为主体性的物质能动力量的确认,特别是其中包括对人类由于使用工具而区别于动物界的素朴观念,在世界哲学史上,也是极其少见的伟大思想。与孟子树立起人的主体性的内在人格相辉映,荀子这种外向开拓性的哲学光辉,直接反射着也照耀着自战国以至秦汉以征服世界为主题特色的伟大艺术。这一点已在别处讲过了(参阅《美的历程》第4章)。在理论上,则直接开启了"人与天地参"的儒学世界观在《易传》中的建立。

《易传》是荀子的继承和发展(参阅《中国古代思想史论·荀易庸记要》)。它的特色是保存和扩展了荀子那种向外开拓的物质性实践活动的刚健本色,同时又摒弃了"制天命而用之""天人相分"的命题而回到"天人合一"的心理情感的轨道上。但这一回归却极大地扩展和丰富了原有命题,其特点在于:《易传》系统地赋予"天"以人类情感的性质。它所强调的"人与天地参",便不再是荀子那种征服自然的抗争形态,而采取了顺应自然的同构形态。这可以与孟子的先验道德论和天命论相联系,但《易传》并不是回到孟子,相反,《易传》的"天"虽不再是荀子纯自然的"天",却也不是孟子内在主宰的"天"。它并不像孟子那样从个体人格和内在心性的道德论出发,而是仍如荀子那样,从广阔的人类物质活动和历史以及自然环境出发(参阅《中国古代思想史论》)。因之,《易传》的"天"仍是外在自然,却类比地拟人地具有着道德的品德和情感的内容。这种品格和情感又只是色调,而并非真正的人格意志。它实质上是审美的、艺术的,而不是宗教神学的或科学认识的。《易传》说"天行健(或乾),君子以自强不息"(《易·乾卦》)。"天地之大德曰生"(《易·系辞下》),"日新之谓盛德,生生之谓易"(《易·系辞上》);……都如此。

《易传》中没有人格神对人的主宰支配,相反,它强调的是人必须奋发图强,不断行进,才能与天地自然同步。天地自然在昼夜运转着、变化着、更新着,人必须采取同步的动态结构,才能达到与整个自然和宇宙相同一,这才是"与天地参",即人的身心、社会群体与天地自然的同一,亦即"天人合一"。这种"同一"或"合一",不是静态的存在,而是动态的进行,此即"日新之谓盛德"。

可见,孔门仁学由心理伦理而天地万物,由人而天,由人道而天道,由政治社会而自然、宇宙。由强调人的内在自然(情、感、欲)的陶冶塑造到追求人与自然、宇宙的动态同构,这就把原始儒学推到了顶峰。宇宙、自然的感性世界在这里既不是负性的(如在许多宗教那里),也不是中性的(在近代科学那里),而是具有肯定意义和正面价值的,并且具有一种情感性的色调和性质。这是孔、孟、荀肯定人的感性存在和生成、重视感性生命的基本观点一种世界观的升华。

这感性世界的肯定性价值,不是上帝或人格神所赋予,而是通过人的自觉意识和努力来达到。在这里,天大,地大,人亦大,天人是相通而合一的。从而,人可以以其情感、思想、气势与宇宙万物相呼应,人的身心作为的一切规律和形式(包括艺术的一切规律和形式),也正是自然界的宇宙普遍规律和形式的呼应,例如运动、流变、动态平衡、对应统一……等等。《易传》很强调"刚柔相推而生变化"(《易·系辞上》)。就自然界说,"日月相推而明生焉,……寒暑相推而岁成焉"(《易·系辞下》)。就人世说,"通变之谓事"(《易·系辞上》),"功业见乎变"(《易·系辞下》)。所以说"天地变化,圣人效之"(《易·系辞上》)。"易:穷则变,变则通,通则久,是以自天佑之,吉无不利"(《易·系辞下》)。人类应当效法自然,在变化运行中去不断建功立业,求取生成和发展。

《周易》这种认为自然与人事只有在运动变化中存在的看法,即"生成"的基本观点,也正是中国美学高度重视运动、力量、韵律的世界观基础。整个天地宇宙既然存在于它们的生生不息的运动变化中,美和艺术也必须如此。就在似乎是完全没有具体事物或现实内容的最抽象的中国书法艺术里,强调的也是这种与大自然相共有而同构的动态的气势、筋骨、运转。在绘画中也如是,东晋《笔阵图》[传卫铄作,实唐代作品(李泽厚、刘纲纪《中国美学史》第2卷第12章第2节)]有"百钧弩发""崩浪富奔"等等描容,五代《笔法记》(荆浩)也有"运转变通,不质不形"的传授。中国之所以讲究"线"的艺术,正因为这"线"是生命的运动和运动的生命。所以中国美学一向重视的不是静态的对象、实体、外貌,而是对象的内在的功能、结构、关系;而这种功能、结构和关系,归根到底又来自和被决定于动态的生命。近代著名书家沈尹默说,"不论石刻或是墨迹,表现于外的,总是静的形势;而其所以能成就这样的形势,却是动的成果、动的势,今则静静地留在静的形中。要使静者复动,就得通过耽玩者想象体会的活动,方能期望它再现在眼前。于是在既定的形中,就会看到活泼地往来不定的势。在这一瞬间,不但可以接触到五光十色的神采,而且还会感觉到音乐般轻重疾徐的节奏。凡是有生命力的字,都有这种魔力,使你越来越活。"(见《现代书法论文选》,上海书画出版社,1980年,第120页)书法如此,建筑亦然,这种物质性很强,看来是完全静止的艺术,却通过化空间为时间,而使静中有动,给它注入舒展流走的动态情感(参阅《美的历程》第3章)。缺乏内在的动态势能和主体生命,无论在诗、文、书、画、建筑中,都被中国美学看作是水平低劣的表现。这与《周易》强调运动变化的"天人同构"的世界观是有关系的。《周易》这种天人同构的运动世界观,显然把孟子强调道德生命的气势美,经过荀学的洗礼后,提到了宇宙普遍法则的高度,成为儒家美学的核心因素,它也是儒家美学的顶峰极致。

《易传》所强调功能、关系和动态,是与阴阳的观念不可分离的。一切运动、功能、关系都建立在阴阳双方的互相作用所达到的渗透、协调、推移和平衡中,这也就是《易传》所首先描述而为后世所不断发展的种种阳刚阴柔、阳动阴静、阳虚阴实、阳舒阴敛、阳施阴受、阳上阴下、阳亢阴降等等既对立又统一的具体的动态关系。它也正是上章所述"乐从和"的"相杂""相济"原理的充分展开和发展。《周易》说:"天下至动而不可乱也。"(《易·系辞上》)"至动而不可乱",即是在各种运动变化中,在种种杂乱对立中,在相摩相荡中,仍然保持着自身的秩序。华人和华夏艺术的美的理想正是如此。它不求凝固的、不变的永恒,而求动态的平衡、杂多中的和谐、自然与人的相对应而一致,把它看作是宇宙的生命、人类的极致、理想的境界、"生成"的本体。

这种天人同构、同类相感的观念本也根源于原始人的类比连想和巫术宗教(参阅 Frazer, The Golden Bough),以《周易》为最高代表的儒家丢掉了那些巫术、神话和宗教的解释,将它世俗化、实用化、理知化,形成了这样一个天人(即自然——社会)相通的哲学观。这个哲学观在汉代经阴阳家的自觉溶入,便发展丰富而成为一个完整的宇宙论系统,它以突出的形态表现在董仲舒的哲学中(详见《中国古代思想史论·秦汉思想简议》)。

本来,《乐记》中就有"万物之理,各依类而动"的观点。在董仲舒这里,人类的情感与天地自然更是非常具体地相类比而感应了。董仲舒强调自然现象的变化同人的情感的变化有一种相等同、相类似、相互感通、相互对应的关系。董仲舒说:

"天亦有喜怒之气,哀乐之心,与人相副。以类合之,天、人一也。"(《春秋繁露·阴阳义》)

"人生有喜怒哀乐之答,春秋冬夏之类也。喜,春之答也;怒,秋之答也;乐,夏之答也;哀,冬之答也。天人副在乎人,人之情性有由天者矣。"(《春秋繁露·为人者天》)

"夫喜怒哀乐之发,与清暖寒暑,其实一贯也。喜气为暖而当春,怒气为清而当秋,乐气为太阳而当夏,哀气为太阴而当冬。"(《春秋繁露·阴阳尊卑》)

"今平地注水,去燥就湿;均薪施火,去湿就燥。百物去其所与异,而从其所与同。故气同则会,声比则应,其验,皦然也。试调琴而错之,鼓其官则他官应之,鼓其商而他商应之。五官相比而自鸣,非有神,其数然也,美事召美类,恶事召恶类,类之相应而起也。"(《春秋繁露·同类相助》)

等等等等。

这种"天人感应"(自然、季候、政治、人体、社会、情感等等相比类而共感)的说法,并非董仲舒首次提出,但他对这种说法作了前所未见的全面系统化的扩展。其中,包含着对主体心理情感与外界事物的同形同构关系的素朴的观察和猜测。这种"天人感应"的阴阳五行系统论的宇宙观,在汉代逐渐成为整个社会所接受的主要的统治意识形态,并一直影响到今天。它同审美和艺术创造也有密切关系,并极大地影响了后世的美学和文艺理论。

就诗论来看,如:

"春秋代序,阴阳惨舒。物色之动,心亦摇焉。盖阳气萌而玄驹步,阴律凝而丹鸟羞,微虫犹或入感,四时之动物深矣。若夫珪璋挺其惠心,英华秀其清气,物色相召,人谁获安!是以献岁发春,悦豫之情畅;滔滔孟夏,郁陶之心凝;天高气清,阴沈之志远;霰雪无垠,矜肃之虑深。岁有其物,物有其容,情以物迁,辞以情发。"(《文心雕龙·物色》)

这里没有董仲舒的那些神秘的说法了,但仍然确认春、夏、秋、冬的季节和物容的变化同人的情感变化有一种对应关系。

历代画论也有类似的看法。

"春山烟云绵连,人欣欣。夏山嘉木繁阴,人坦坦。秋山明净摇落,人肃肃。冬山昏霾翳塞,人寂寂。"(郭熙《林泉高致》)

"山于春如庆,于夏如竞,于秋如病,于冬如定。"(沈颢《画麈》,转引自沈子丞编《历代论画名著编》,文物出版社,北京,1982年,第235页)

"春山如笑,夏山如怒,秋山如妆,冬山如睡,四山之意,山不能言,人能言之。"(恽格《画跋》)

"天人同一"、"天人相通"、"天人感应",是华夏美学和艺术创作中广泛而长久流行的观念,这正是自《周易》经董仲舒所不断发展的儒家美学的根本原理,也是几千年来中国历代艺术家所遵循的美学原则。从今天看来,这一原则却又正是"自然的人化"的思想在中国古代哲学和美学中的粗略的和扭曲的表现。

前面已讲到孟子关于大——壮美的理论，主要是道德主体的生命力量。《易经》之后，它便日益成为"天人同构"的动态进程了。《易经》关于乾坤、刚柔、男女、阴阳等等的论述中，特别着重于阳。《周易》赋予乾卦以首要和最高位置，指出"乾"是既美且大，"乾始能化美利天下，不言所利，大矣哉。"(《易·乾卦》)这个"乾"，就是董仲舒所极力崇奉的"天"。"天"("乾元")的生长本性成就了万物，却不言说自己，便是伟大。这伟大也正在于它("天""乾")是永远运动着的刚健力量。正是它推动着世界的发生、万物的成长。所以，儒家美学列以为首位的"阳刚"之美，又总是与健壮的感性力量，与生产苗壮、生动活跃……联系在一起的。就是到了以"冲淡"为美的最高标准的后期封建社会，在美学理论上，也仍然不能不承认阳刚之美的首要位置。如上章所述，司空图《诗品》仍然以"雄浑"——"寥寥长风，荒荒油云"开篇，严羽《沧浪诗话》也仍然要把李、杜奉为正宗。这一切也可以看出，即使在千年之后受到了佛教的影响，儒家和《易传》的基本精神仍难以动摇。

《易经》的刚健乾元不但与儒家孟、荀有关，而且还有其更深厚的历史根底。《易传》中在阐释乾卦时，多次提到了龙的形象，如"飞龙在天"，或"入于渊"或"见于田"，这表明《易传》有其远古原始文化的根源。本来，龙就是具有巨大神秘力量的远古华夏的图腾形象(参阅《美的历程》第 1 章)。

由"龙"的神奇伟大、不可方物的魔力，到孟子的"集义所生"的气势，到荀子、《易传》的"天行"刚健，到董仲舒的自然——社会的阳阴五行系统论，无论是图腾符号，还是伦理主体(孟)，或者是宇宙法规(荀、易、董)，都是将人的整个心理引向直接的昂扬振奋、正面的乐观进取。它不强调罪恶、恐怖、苦难、病夭、悲惨、怪厉诸因素，也很少有凸出的神秘、压抑、自虐、血腥……，突出的是对人的内在道德和外在活动的肯定性的生命赞叹和快乐，即使是灾祸、苦

难,也认为最终会得到解救:

> "家道穷必乖,故受之以睽,睽者,乖也。乖必有难,故受
> 之以蹇。蹇者,难也。物不可以终难,故受之以解。"(《易·序
> 卦》)

"物不可以终难",便从根本上排斥了不可战胜的命运观念。这大约也是中国古代何以没有产生古希腊那种动心惊魄令人震撼的伟大悲剧作品的原因。

在一切民族里,崇高总先于优美;在中国,由于一开头便排斥了罪恶、苦难、悲惨、神秘等等强烈的负性因素,从而也经常避开了现实冲突中那异常惨厉苦痛的一面,总是以大团圆的结局精神来安抚、欣慰、麻痹以至欺骗受伤的心灵。现实的和心灵的流血看不见了,只剩下一团和气,有如鲁迅所痛切深刻地揭露过的那样。宗白华从另外的角度也说:"……中国人感到宇宙全体是大生命流动,其本身就是节奏与和谐。人类社会生活里的礼和乐是反射着天地的节奏与和谐。一切艺术境界都根基于此。但西洋文艺自希腊以来所富有的悲剧精神,在中国艺术里却得不到充分的发挥,又往往被拒绝和闪躲。人性由剧烈的内心矛盾才能掘发出的深度,往往被浓挚的和谐愿望所淹没。固然中国人心灵里并不缺乏那雍穆和平大海似的幽深,然而由心灵的冒险,不怕悲剧,从窥探宇宙人生的危岩雪岭,而为莎士比亚的悲剧、贝多芬的乐曲,这却是西洋人生波澜壮阔造诣。"(宗白华《艺术与中国社会》,见《学识》杂1卷12期,南京,1947年10月)

这相当委婉地道出了中国美学的特征。这就是以非酒神型的"礼乐传统"为历史根基,以"浩然之气"和"天人同构"为基本特点的儒家美学所产生出来的长处和弱点、优点和问题。

可以看出,儒学美学是华夏美学的基础和主流,它有着深厚的传统渊源和深刻的哲学观念,它的系统论的反馈结构又使它善于

不断吸取和同化各种思潮、文化、体系而更新、发展自己(参阅《中国古代思想史论》)。

　　(选自《华夏美学》,广西师范大学出版社,2001 年版)

　　李泽厚(1930—),湖南长沙人。毕业于北京大学哲学系,现为中国社会科学院哲学研究所研究员、巴黎国际哲学院院士。李泽厚成名于 20 世纪 50 年代间的美学论战,以重实践、尚"人化"的"客观性与社会性相统一"的美学观点在中国美学界自成一家。理论著作有《美的历程》、《华夏美学》、《美学四讲》、《批判哲学的批判》、《中国古代思想史论》、《中国近代思想史论》、《中国现代思想史论》等,后收入《李泽厚十年集》(安徽文艺出版社 1994 年版)。

　　华夏美学的主流是儒家美学,儒家美学起始于孔子,后经过孟子、荀子、《易传》的发展,形成一条脉络清晰、前后相互联系的发展线索。孔子给予礼乐传统以仁学的自觉意识;孟子则最早树立起中国审美范畴中的崇高:阳刚之美;荀子则强调用现实的秩序规范去约束人的感性;《易传》则是对荀子思想的继承与发展。

评孔丘的"正乐"思想

蒋孔阳

在殷周的奴隶社会中,礼和乐是相须为用的。周公最大的政治措施之一,便是"制礼作乐"。但是,把"礼"和"乐"连接在一起,成为一个专门的名词,并形成了一套完整的哲学和美学的思想体系的,却是从孔丘开始。孔丘以六艺教,六艺的头两项就是礼和乐。他在《论语》中,也一再谈到"礼乐",如:"乐节礼乐"、"礼乐征伐"(《季氏篇》)、"先进于礼乐"、"后进于礼乐"(《先进篇》)、"文之以礼乐"(《宪问篇》)等,均是。当时其他各家,也都把礼乐当成是以孔丘为代表的儒家的重要思想之一。例如墨翟就说儒者"繁饰礼乐以淫人"(《墨子·非儒下》);庄周也说:"其在于诗书礼乐者,邹鲁之士,搢绅先生,多能明之。"(《庄子·天下篇》)因此,我们要谈孔丘的"正乐"思想,不能离开了礼,单独谈乐。对于儒家来说,"礼乐"是一个完整的概念,儒家的美学思想应当说就是礼乐思想。孔丘"正乐",主要的不外两个目的: (1)他要用"礼"来统帅"乐"。他所要正的"乐",不是其他的"乐",而是要能够为"礼"服务的"乐"。 (2)他要用"礼乐"来反对其他非礼之"乐",如像郑卫之音等。因此,他提出"礼乐"这个口号来,不仅有音乐上的美学意义,而且是具有鲜明的政治倾向性的。

这样,为了更好地理解孔丘"正乐"的思想,我们有必要先探讨一下孔丘的政治倾向性。什么是孔丘的政治倾向性呢? 对于这个问题,历来有两种相反的看法:一种认为孔丘是没落的奴隶主贵族,他周游列国,讲学和从政,都是为了复辟西周的奴隶制度,因此,他的政治倾向完全是反动的;另一种则认为孔丘袒护乱党,反对人殉,主张"爱人",主张用仁政来反对奴隶主的暴政,因此是进步的。这两种看法,我们认为都看到了问题的一面,各有其一定的道理,但却都是片面的。从阶级出身来说,孔丘的确是没落的奴隶主贵族,他的政治理想也的确是要复辟西周的奴隶制度,他所鼓吹的"礼乐",实际上是把周公"制礼作乐"的思想加以理想化和系统化,因此,从整个思想体系和政治倾向来说,孔丘无疑的是一个保守派。他一再说:"吾从周"(《八佾篇》)、"如有用我者,吾其为东周乎?"(《阳货篇》)甚至连做梦都忘记不了周公,"久矣吾不复梦见周公"(《述而篇》),就是具体的说明。但是,他这个奴隶主贵族又是没落了的,他不仅"贫且贱",而且一生不得意,"斥乎齐,逐乎宋、卫,困于陈、蔡之间。"(《史记·孔子世家》),"累累乎若丧家之犬"。正因为这样,所以他对于人民的疾苦和奴隶主的暴政,又是有比较深刻的认识和体会的。《礼记·檀弓下》中"苛政猛于虎"这句名言,就是他提出来的。他要用仁政来反对苛政,用德政来反对暴政。为了达到这个目的,一方面,他把西周的奴隶制加以美化,以作为托古改制的根据;另方面,他又适应新的阶级斗争形势的需要,对奴隶制提出了一些改革的主张。孟轲说孔丘是"圣之时者也",这个"时"字,很能说明问题。"山梁雌雉,时哉时哉!"(《乡党篇》)他看到野鸡因危而飞,因安而集,就连连发出了"时哉时哉"的感慨(参看商承祚:《"色斯举矣……"新论》,《中山大学学报》1963年第3期)。他看到流水,觉得一切都在变,于是又发出了"逝者如斯乎? 不舍昼夜!"的叹息。他尊为经典之一的《易经》,他从中所体会到的重要道理之一,也是"变通者,趣时者也"(《易·系辞下》)。这样,孔丘并不是一个顽固的保守派,而是一个革新的保守派。他

"席不暇暖","知其不可而为之"(《宪问篇》),他要把奴隶制加以改良,使之适应时代的变化,从而达到维护和巩固奴隶制的目的。他固然"述而不作,信而好古"、"好古敏以求之"(《述而篇》),但他"温故"是为了"知新"(《为政篇》),他对三代的文物制度都不是死死地抱住不放,而是要因时而有所"损益","择其善者而从之"。惟其如此,他才既有继承,又有创新,成为当时第一个"显学"。后代的封建统治阶级还没有把他神化以前,具有独立见解的历史学家司马迁,就情不自禁地赞叹说:"天下君王至于贤人众矣,当时则荣,没则已焉。孔子布衣,传十余世,学者宗之。自天子王侯,中国言六艺者折中于夫子,可谓至圣矣。"(《孔子世家》)

　　正是从这种革新的保守派的政治立场出发,孔丘提出了"正乐"的主张。所谓"正",包含得有整顿、改正和革新的意思;所谓"乐",就是为殷周奴隶主的礼制服务的乐。因此,他的"正乐",既是要恢复殷周的礼乐制度,而又加进了新的内容。这一新的内容,主要是"仁"。"人而不仁如礼何!人而不仁如乐何!"(《八佾篇》)离开了"仁",礼和乐都没有什么意思。只有充实了新的仁的内容的时候,才能够"道之以德,齐之以礼",才能够"以乐化民"。因此,孔丘"正乐",就是要用他的所谓"礼乐",来推行他所向往的仁政和德政,来使殷周的奴隶制重新恢复生命!

　　然而,孔丘栖栖惶惶,是要从政的。他每时每刻都在幻想着:"如有用我者"。他的思想和言论,多是关于政治与伦理的。他讲求实际,不爱"怪力乱神"之类的空谈。那么,对于音乐他又为什么会如此重视呢?要回答这个问题,首先我们应当知道,他是一个非常懂得音乐的人。他会唱歌:

　　　　子与人歌而善,必使反之,而后和之。(《述而篇》)
　　　　子于是日哭,则不歌。(《述而篇》)

他会击磬鼓瑟:

子击磬于卫,有荷蒉而过孔氏之门者,曰:"有心哉!击磬乎?"(《宪问篇》)

孺悲欲见孔子,孔子辞以疾,将命者出户,取瑟而歌,使之闻之。(《阳货篇》)

他对于音乐也具有很高的欣赏和评论的能力:

师挚之始,关雎之乱,洋洋乎盈耳哉!(《泰伯篇》)

乐其可知也。始作,翕如也;从之,纯如也,皦如也,绎如也;以成。(《八佾篇》)

他的弟子,也都很懂得音乐。他们讲学,经常是弦歌不断。甚至危难之时,困于陈、蔡,"不得行,绝粮。从者病,莫能兴"。他们依然"讲诵弦歌不衰"(《孔子世家》)。"孔子游于匡,宋人围之数匝,而弦歌不辍。"(《庄子·秋水篇》)他们从政,也要弦歌。例如子路为武城宰,"子之武城,闻弦歌之声"(《阳货篇》)。遗风所及,到了汉高祖诛项籍,引兵围鲁,"鲁中诸生尚讲诵习礼,弦歌之音不绝"。正因为这样,所以反对儒家的人,常用"弦歌"来骂他们。例如墨翟就说:

孔某盛容修饰以蛊世,弦歌鼓舞以聚徒,繁登降之礼以示仪,务趋翔之节以观众。(《墨子·非儒下》)

(儒者)弦歌鼓舞,习为声乐。(《墨子·公孟篇》)

后世称赞儒家的人,也用"弦歌"来代表他们。例如张孝祥的词《六州歌头》说:"洙泗上,弦歌地",即是一例。由于孔丘和儒家与音乐的关系这样密切,所以后世有不少关于孔丘和音乐的传说。刘向《说苑》就记载了这样一个故事:

孔子至齐郭门外,遇婴儿,其视精,其心正,其行端,孔子曰:"趣驱之,趣驱之,韶乐将作。"

明人朱载堉在其所著《乐律全书》中,有"先学诗乐而后经义益明"的说法。那就是说,因为孔丘经常谈到音乐和诗歌,所以只有当我们懂得了音乐和诗歌,才能更深更多地领会孔丘著作的涵义。朱载堉的讲法不一定完全正确,但从这里,我们却可以看出来,孔丘对于音乐的修养是怎样的高,音乐在他的思想中占有怎样的地位。正因为这样,所以他才把"正乐"作为他的重要活动和任务之一。

其次,孔丘的"正乐",还和他站在没落的奴隶主贵族的立场分不开。他对于西周的礼乐制度非常向往。他认为理想的政治,就是按照礼乐的方式来推行仁政和德政。然而,当时的客观形势却是一个"礼崩乐坏"的局面。因此,为了挽救这一个局面,补苴罅漏,他提出了"正乐"的思想。《汉书·礼乐志》就特别指出了这一点:

> 周道始缺,怨刺之诗起。王泽既竭,而诗不能作。王官失业,雅颂相错,孔子论而定之,故曰:"吾自卫反鲁,然后乐正,雅颂各得其所。"是时,周室大坏,诸侯恣行……自此礼乐丧矣。

《史记·太史公自序》也说:

> 周室既衰,诸侯恣行。仲尼悼礼废乐崩,追修经术,以达王道,匡乱世反之于正,见其文辞,为天下制仪法,重六艺之统纪于后世。

这就是说,由于周代奴隶社会的解体,"礼废乐崩",所以孔丘要"匡乱世反之于正"。在这"匡乱"、"反正"的当中,十分重要的一个环节,就是"正乐"。为什么呢? 这就因为当时为周礼服务的"乐",已经濒于崩溃的边缘了。乐的崩溃,象征着奴隶制的崩溃:

> 周室俱坏,乐尤微眇,以音律为节,又为郑卫所乱,故无遗法。(《汉书·艺文志》)

> 周室既衰,雅乐渐废,淫声迭起……(马端临:《文献通考·经籍考》)

孔丘因为自己对音乐有很高的修养,凭着他的音乐敏感,对于为周礼服务的音乐的衰落,感到特别忧虑。当他短期执政于鲁国,对于当时一些新兴起来的非礼之乐,已经感到很大的不快。例如他陪鲁君与齐君相会于夹谷,齐国奏"四方之乐",也就是外国的音乐,他就加以反对,说:"吾两君为好会,夷狄之乐何为于此!"齐国又奏"宫中之乐","优倡侏儒为戏而前",他更受不了,要把奏乐的人杀掉,说:"匹夫而营惑诸侯者罪当诛!请命有司!"而当鲁君接受了齐国的女乐,三日不朝,他更愤而离开了鲁国。这些,都是《孔子世家》中所记载的事实。可见他在捍卫礼乐、反对非礼之乐的上面,是怎样地坚决了。

到了晚年,他周游列国,到处失败之后,感到政治上已经无可作为,乃把全部的希望寄托在意识形态的工作上面。其中主要有二项:一是编《春秋》,想通过《春秋》来"正名",以达到"拨乱世,反诸正"(《公羊传》哀公十四年);二就是"正乐",想通过对诗和音乐的整理和删改,来维护和保存殷周的礼乐制度。他自己说:"吾自卫反鲁,然后乐正,雅颂各得其所。"(《子罕篇》)郑玄注说:

> 反鲁,鲁哀公十一年冬。是时道衰乐废,孔子来还,乃正之,故雅颂各得其所。

《雅》、《颂》是《诗经》中的两个部分。古时,诗都是合乐的。这里的《雅》、《颂》,实即指雅乐和颂乐。所谓雅乐,是古代奴隶主贵族宴饮时享用的音乐;颂乐,则是奴隶主贵族祭祀时所用的音乐。孔丘特别提出雅、颂两个部分,并以之作为他"正乐"的标准,可见他是要把古代奴隶主贵族的音乐,重新加以整理,重新用来占领意识形态的领域。对于这一点,司马迁讲得很清楚:

> 古者诗三千余篇,及至孔子,去其重,取可施于礼义,上采契后稷,中述殷周之盛,至幽厉之缺,始于衽席,故曰:"《关雎》之乱以为《风》始,《鹿鸣》为《小雅》始,《文王》为《大雅》始,《清

庙》为《颂》始。"三百五篇孔子皆弦歌之,以求合《韶》《武》《雅》《颂》之音。礼乐自此可得而述,以备王道,成六艺。(《孔子世家》)

这就很清楚了,孔丘"正乐",是要把诗中"可施于礼义"的,都加以弦歌,使之"合《韶》《武》《雅》《颂》之音",从此以后,乐才又重新从属于礼,称得上是"礼乐"了。

一切的保守派,都要维护现存的秩序和利益,孔丘也并不例外。"礼",是现存秩序的象征,所以他要把礼作为"正乐"和一切意识形态工作的最高标准:

博学于文,约之以礼,亦可以弗畔矣。

这句话,他在《雍也篇》和《颜渊篇》中,都曾讲过。在《子罕篇》中,颜渊也说:孔丘"博我以文,约我以礼"。因此,对于"约之以礼"这一点,他是反复致意,将之当成他的一个重要的指导思想的。本来,有了人类社会,就已经有礼,像《礼记·礼运篇》中所说的:"夫礼之初,始诸饮食。"但是,孔丘所特别看重的,却是周礼。他说:

夏礼,吾能言之,杞不足征也;殷礼,吾能言之,宋不足征也。文献不足故也,足则吾能征之矣。(《八佾篇》)

正因为夏、殷之礼已不足征,所以他自命为周礼或者西周文化的继承者。他对于西周的文化,真是推崇备至:

周监于二代,郁郁乎文哉,吾从周。(《八佾篇》)

周之德,其可谓至德也已矣。(《泰伯篇》)

文王既没,文不在兹乎?(《子罕篇》)

如有用我者,吾其为东周乎?(《阳货篇》)

他一方面大力称赞周代的文化和礼,另方面又要以继承这一文化和礼作为自己的责任。他"正乐",正是要以"礼"为中心,来完成他给自己所规定的这一历史任务。正因为这样,所以他谈诗谈乐,都离不开礼:

兴于诗,立于礼,成于乐。(《泰伯篇》)

这里,他把诗、礼、乐三者联系在一起,并以礼为中心,把礼看成是诗与乐的立足点。刘宝楠在其所著《论语正义》一书中,对于这句话,作了这样的解释:"学诗之后,即学礼,继乃学乐。盖诗即乐章,而乐随礼以行,礼立而后乐可用也。"那就是说,诗、礼、乐三者,孔丘是把它们看成一体的,三者当中,又以礼最为重要。诗与乐都是为礼服务的。因此,诗与乐都要以礼作为标准。《季氏篇》所说的"乐节礼乐",也是这个意思。刘宝楠注说:"礼得其体,乐得其和,动必由之,有制节也。"又说:"是言在位者,有礼乐之节也。"这都是说,乐应当以礼来节制。在阶级社会中,礼是由阶级地位来决定的,不同的阶级地位有不同的礼,因此,由礼来节制的乐,首先要符合阶级地位。孔丘"正乐",对于那些不符合阶级身分和地位的乐,都坚决反对。《八佾篇》就记载了两件孔丘反对非礼之乐的事,其一是:

孔子谓季氏,八佾舞于庭,是可忍也,孰不可忍也。

马融注说:"佾,列也。天子八佾,诸侯六,卿大夫四,士二。八人为列,八八六十四人。鲁以周公故受王者礼乐,有八佾之舞。季桓子僭于其家庙舞之,故孔子讥之。"这就是说,按照礼制,只有天子才应该有八佾之舞,可是季氏不过是一个陪臣,公然违反礼制,私自用起天子的乐舞来了,所以孔丘要加以反对。

另一件事是:

三家者以《雍》彻。子曰:"'相维辟公,天子穆穆',奚取于三家之堂?"

《雍》是《诗经·周颂》中的一篇,是天子祭祀宗庙完毕后,撤去祭品时所奏的乐章。但是,鲁国的大夫孟孙氏、叔孙氏、季孙氏三家,却违反礼制,也用《雍》乐来撤去祭品,因此,孔丘骂了起来,说:"诗里面讲得很清楚:'天子庄严肃穆的祭礼,诸侯只是陪祭而已。'

你们三家是什么东西，居然也用起天子的乐章来了。"

像这种不依礼制、乱用礼乐的做法，孔丘认为是"天下无道"的表现。他说：

> 天下有道，则礼乐征伐自天子出；天下无道，则礼乐征伐自诸侯出。(《季氏篇》)

孔丘"正乐"，就是要恢复礼乐的传统，使在春秋战国之际已经走向"礼废乐崩"的局面，能够重新稳定下来。这是孔丘"正乐"的政治目的。在这方面，他是把礼、乐、刑、政一并看待的。《子路篇》有一段对话：

> 子路曰："卫君待子而为政，子将奚先？"子曰："必也正名乎？"子路曰："有是哉！子之迂也！奚其正？"子曰："野哉由也，……名不正，则言不顺；言不顺，则事不成；事不成，则礼乐不兴；礼乐不兴，则刑罚不中；刑罚不中，则民无所措手足……"

宋代的陈旸在其所著的《乐书》中，解释这段话说："礼以道其志，乐以和其声，政以一其行，刑以防其奸，礼乐刑政，其极一也。所以同民心而出治道也。孔子为政于卫，必以正名为先。"这就很清楚了，孔丘的提倡礼乐，是与刑政一道的。刑政要正名，礼乐也要正名。所谓"正名"，就是《颜渊篇》所说的："君君、臣臣、父父、子子"。那也就是说，一切要恢复古代奴隶制社会的秩序：当君的应当要像个当君的样子，当臣的应当像个当臣的样子，当父亲的应当像个当父亲的样子，当儿子也应当像个当儿子的样子。有人说，孔丘所说的"立于礼"的"立"，本字应当是"位"。例如《卫灵公篇》："子曰：知柳下惠之贤，而不与立也。"俞樾《群经平议》就说："不与立于朝廷而曰不与立，文义未足。立当读为位。"这样，"立于礼"，就是要各安其位。"正名"，正是要恢复礼制，正是要各安其位。

然而，春秋战国之际，由于阶级斗争形势的急剧变化，要各安其位，已经是不可能的了。周礼究竟是什么样子，谁也不得而知了。现存的三礼——《周礼》、《仪礼》、《礼记》,根据学者们的考证,证明都不是周代的,而是战国和两汉的儒者所编造的。在这种情况之下,要完全恢复古代的礼乐,已经是不可能的了。作为"圣之时者也"的孔丘,顺应时代的潮流,对礼乐也就作了适当的革新:他不仅作了新的解释,而且也充实了新的内容。这样一来,表面上他讲的还是周代的礼乐,但骨子里已经是他孔丘自己的货色了。关于这个问题,我们想从下列几个方面来理解:

第一,他按照自己的需要,把古代奴隶主贵族的礼乐,尽量加以美化,用来作为他"正乐"的最高理想。当时的鲁君,对于古代的雅乐,没有听说感到什么兴趣,而对于齐国所陈的"女乐文马",却"为周道游,往观终日,怠于政事"(《孔子世家》)。魏文侯甚至"听古乐,唯恐卧,听郑卫之音,则不知倦"(《乐记》)。这一情形,孔丘不应当不知道。但是,他为了"正乐",为了抬高古代雅乐的地位,就拼命加以美化。只要有机会,他都要对古代奴隶主贵族的雅乐,特别是《韶》乐,称赞备至:

> 子谓《韶》,尽美矣,又尽善也。谓《武》,尽美矣,未尽善也。(《八佾篇》)

> 子在齐闻《韶》,三月不知肉味,曰:"不图为乐之至于斯也。"(《述而篇》)

> 行夏之时,乘殷之辂,服周之冕,乐则《韶》《舞》。(《卫灵公篇》)

另外,他对于《周南》、《召南》,也很赞赏:

> 子谓伯鱼曰:"女为《周南》、《召南》矣夫?人而不为《周南》、《召南》,其犹正墙面而立也与?"(《阳货篇》)

> 子曰:"《关雎》乐而不淫,哀而不伤。"(《八佾篇》)

《韶》传说是古代虞舜之乐,《武》是周武王之乐,《周南》和《召南》是周公和召公之乐,《关雎》则是《周南》中的一篇。他把这些古代奴隶主贵族的音乐,真是吹捧得无以复加。而且他还以《韶》作为最高的审美理想,定出了评价音乐的两大标准:善和美。最好的音乐,不仅要美,而且善。《韶》乐是尽美而又尽善,《武》乐则是尽美而未尽善。为什么呢? 孔安国注说:

> 韶,舜乐名。谓以圣德受禅,故尽善。武,武王乐也。以征伐取天下,故未尽善。

这也就是说,因为儒家把禅让看得比征伐高,所以孔丘把《韶》乐看得比《武》乐高。禅让为什么比征伐高呢? 那也无非是儒家想把古代的帝王美化,想用美化了的古代帝王,来宣扬他们的仁政和德政,宣扬他们的所谓"礼治"。因为禅让更符合于"礼",所以也就更"善"。孔丘所说的"善",其实应当就是"礼"。他是把"礼"作为标准,来评价音乐的美丑善恶的。

孔丘美化古代奴隶主贵族的音乐,还可以从他学习《文王操》的故事来看:

> 孔子学鼓琴师襄子,十日不进。师襄子曰:"可以益矣。"孔子曰:"丘已习其曲矣,未得其数也。"有间,曰:"已习其数,可以益矣。"孔子曰:"丘未得其志也。"有间,曰:"已习其志,可以益矣。"孔子曰:"丘未得其为人也。"有间,有所穆然深思焉,有所怡然高望而远志焉。曰:"丘得其为人,黯然而黑,几然而长,眼如望羊。如王四国,非文王其谁能为此也!"师襄子辟席再拜,曰:"师盖云《文王操》也。"(《史记·孔子世家》)

你看! 孔丘是怎样沉醉在古代奴隶主贵族的音乐里面! 他向师襄子学《文王操》,一直学到可以从琴声中想象出文王这个"人"的形象来。"乐云,乐云,钟鼓云乎哉?"(《阳货篇》)他学乐,的确志不在乐,而是要从音乐里面,思慕和向往古代的奴隶主贵族。他明明知道这些奴隶主贵族以及他们的音乐,在现实生活中,已经失去地位了,失去号召力了,可是,他仍然要通过"正乐",来尽量加以美化,以便恢复他们的生命力。这种美化,已经不单纯是复旧,而是托古改制,号召亡灵来为现实的斗争服务。

第二,与美化奴隶主贵族音乐的同时,孔丘"正乐"的另一个内容,是极力排斥当时新兴的音乐郑卫之音。他一再说:

> 放郑声,远佞人。郑声淫,佞人殆。(《卫灵公篇》)

> 恶紫之夺朱也,恶郑声之乱雅乐也,恶利口之覆邦家者。
> (《阳货篇》)

郑声是新声或新乐的代表。根据《礼记·乐记》的记载,当时各国都有新乐,子夏把它们贬称为"溺音",说:

> 郑音好滥淫志,宋音燕女溺志,卫音趋数烦志,齐音敖辟乔志。此四者皆淫于色而害于德,是以祭祀弗用也。

《汉书·礼乐志》,说哀帝时"郑声尤甚"。哀帝"疾之,又性不好音"。即位之后,乃下诏罢郑卫之声。根据孔光、何武的奏疏,罢的当中有:"……郑四会员六十二人,一人给事雅乐,六十一人可罢。……楚四会员十七人,巴四会员十二人,姚四会员十二人,齐四会员十九人,蔡讴员三人,齐讴员六人,竿瑟钟磬员五人,皆郑声,可罢。"这样,可见郑声并不限于郑国,而是包括了各个地方的音乐。其所以称为"郑声","盖国风雅颂,皆雅乐之所歌也;若郑卫之声,则别为当时之俗乐,虽亦必有歌曲,然其所歌,必非十五国风之诗也。"(孙希旦:《礼记集解》)这是把郑声和雅乐相对而言。雅乐是孔丘在《诗经》中所肯定了的,郑声则是各国的俗乐。其所以以郑卫为代表,根据魏源《古诗微》的讲法,是因为:

> 三河为天下之都会,卫都河内,郑都河南……据天下之中,河山之会,商旅之所走集也,商旅集则货财盛,货财盛则声色辏。

这是说,郑卫因为地处三河的中心,交通方便,商业发达,所以各国新兴的音乐,最容易集中到郑卫两国。郑卫之声便这样成了新兴的音乐的代表。它和古代的雅乐相对,自成为一种新乐,或称俗乐。孔丘出于保守的立场,对于这样的音乐是很不喜欢的。

郑卫这种新乐的特点,从孔丘和一般儒家看来,是"淫"。什么是"淫"呢?《左传》隐公三年:"骄奢淫泆,所自邪也。"孔颖达疏:"淫",谓嗜欲过度;泆,谓放恣无艺。"这是说,过度地纵欲,叫做"淫"。《书·大禹谟》:"罔淫于乐",注也说:"淫,过也。"《左传》昭公元年:"于是有烦手淫声,慆堙心耳,乃忘和平,君子弗听也。"这都是把淫声与和平中正之声相对立,凡是过分纵欲的音乐,都称之为"淫声"。《周礼·大司乐》:"凡建国禁其淫声、过声、凶声、慢声。"注说:"淫声,若郑也卫。"这又是把郑卫之声称为"淫声",并以之与过声、凶声、慢声相提并论。《礼记·乐记》对于"淫声",讲述得更为详细:"世乱则礼慝而乐淫,是故其声哀而不庄,乐而不安,慢易以犯节,流湎以忘本,广则容奸,狭则思欲,感条畅之气,而灭平和之德,是以君子贱之也。"又说:"奸声乱色,不留聪明;淫乐慝礼,不接心术。"总的来说,郑卫的淫声,就是不合礼的音乐。因此,孔丘在"正乐"的时候,要坚决地加以反对。

不仅郑卫的淫声,孔丘要反对。一切非礼之乐,他都要反对。他的得意弟子子由,有一次鼓瑟,因为"不合雅颂"(马融语),他就大加责备,说:

> 由之瑟,奚为于丘之门?(《先进篇》)

那就是说:"子由这样不合雅颂的音乐,怎么敢在我这里演奏呢?"这件事,《说苑·修文篇》有过较详细的记载:

> 子路(即子由)鼓瑟,有北鄙之声。孔子闻之曰:"信矣,由之不才也。"冉有侍,孔子曰:"求(冉有)来,尔奚不谓由?夫先王之制音也,奏中声为中节,流入于南,不归于北。南者生育之乡,北者杀伐之役。故君子执中以为本,务生以为基,故其音温和而居中,以象生育之气。忧哀悲痛之感,不加乎心;暴

臣淫荒之动,不在乎体。夫然者,乃治存之风,安乐之为也。彼小人则不然,执末以论本,务刚以为基,故其音湫厉而微末,以象杀伐之气。和节中正之感,不加乎心;温俨庄恭之功,不存乎体,夫杀者,乃乱亡之风,奔北之为也。昔舜造南风之声,其兴也勃焉,至今王公述而不释。纣为北鄙之声,其废也忽焉,至今王公以为笑……今由也匹夫之徒,布衣之醜也,既无意乎先王之制,而又有亡国之声,岂能保七尺之身哉?"冉有以告子路。子路曰:"由之罪也。小人不能耳,陷而入于斯。宜矣,夫子之言也。"遂自悔,不食七日而骨立焉。

这段话,不管是不是刘向编造的,但它基本上是符合孔丘"正乐"的宗旨的。孔丘在《易·系辞下》说:"天地之大德曰生",又说"生生之谓易"。他用"生"来解释天地万物,又用"生"来作为他的音乐美学思想的哲学基础。凡是合乎"生"的,他都认为是好的;凡是与"生"相反的,也就是"杀",他就加以反对。南方合乎"生",所以他赞成南方的音乐,认为是美的;北方"杀",不合乎"生",所以他反对北方的音乐,认为不美。这一精神,在《中庸》"子路问强"一段话中,有过类似的说法:

> 子曰:"南方之强与? 北方之强与? 抑而强与? 宽柔以教,不报无道,南方之强也,君子居之。衽金革,死而不厌,北方之强也,而强者居之。故君子和而不流,强哉矫! 中立而不倚,强哉矫! 国有道不变塞焉,强哉矫! 国无道,至死不变,强哉矫!

这是说,北方看起来,敢于斗争,不怕死,很强。但其实这不是真正的强。真正的强,应当是南方那种"和而不流"、"中立而不倚"等等中庸之道。这一看法,运用到音乐美学思想上,孔丘就把古代的雅乐当成是南方的音乐,加以肯定和赞美;而对于北方这种地方的音乐,则贬之为"北鄙之声",加以否定和谴责。子路不过因为弹奏了一下这种"北鄙"的音乐,他就认为"不合雅颂",大发脾气,并借此发挥了一通他的音乐美学理论,以至子路吓得七日不敢吃饭,瘦得只剩一把骨头。

第三,孔丘美化古代的雅乐,反对新兴的俗乐,因此是一个保守派。但他不仅保守,还要革新。革新与保守是矛盾的,怎样处理这个矛盾呢?就在处理这一矛盾的当中,促使他的哲学和美学思想都出现了一些辩证的因素,从而他不仅述,而且作;不仅继承了古代奴隶主的一些衣钵,而且有了新的发展。这一发展,表现在哲学思想上,是对于仁义思想的强调,表现在美学上,则是对于礼乐思想的强调。而这二者之间又是有关系的,因此,为了更好地理解孔丘的礼乐思想,我们有必要先谈一下他的仁义思想。

《易·说卦》说:

> 昔者圣人之作易也,将以顺性命之理。是以立天之道曰阴与阳,立地之道曰柔与刚,立人之道曰仁与义。

这是把仁与义看成是和阴与阳、柔与刚一样,是对立而又统一的一对概念。仁是对人而言的,要"爱人",要"己所不欲,勿施于人",要"己欲达而达人,己欲立而立人"。义是对己而言的,《中庸》说:"义者,宜也。"是说自己处理事情,要得其宜。《论语·里仁篇》说:"君子之于天下也,无适也,无莫也,义之与比。"刘宝楠《正义》解说:"义之与比,是言好恶得其正也。"《里仁篇》又说:"君子喻于义,小人喻于利。"《正义》又解说:"能礼义故能喻于义,不能礼义故喻于利。"这是把礼与义并提,认为凡是合于礼的,就是好恶得其正,就是正当的行为,因此自己应当勇敢地去做。正是在这个意义上,孔丘有"见义不为,无勇也"(《为政篇》)的讲法,孟轲也有"舍生而取义者也"(《告子上》)的讲法。循此推演,《礼记·经解》说:"除去天地之害,谓之义";《荀子·强国篇》说:"夫义者,所以限禁人之为恶与奸者也。"凡此,都是儒家思想中的积极因素。儒家是保守的,是要恢复和巩固古代奴隶制的,为什么会产生这种积极的思想因素呢?我们说,这一方面是由于形势所逼。当时"礼废乐崩",奴隶制正在开始解体,为了保存它,就必须有所革新,必须注进新的血液。孔丘和他的追随者们,正是看到了这一点,所以提出仁义的思想,要当时的奴隶主能够"其养民也惠,其使民也义"(《公冶长篇》),能够"修己以安百姓"(《宪问篇》)。另方面,则是当时急剧的社会矛盾和变革,使孔丘悟出了一个哲学道理:要保存现有的秩序,必须不安于现有的秩序。《易·系辞下》说:

> 子曰:"危者安其位者也,亡者保其存者也,乱者有其治者也。是故君子安而不忘危,存而不忘亡,治而不忘乱,是以身安而国家可保也。"

那就是说,为了安而不至于转危,在安的时候就不要忘记危,就应当防止向危的转化。怎样防止呢?那就要行仁政和德政,以仁义为心了。就是在这个意义上,孔丘发现了奴隶社会所忽视的"人",提出了仁义的思想。他以这一思想,作为他政治伦理哲学的基础。

"仁近于乐,义近于礼",孔丘的仁义思想直接影响到他的礼乐思想。他的"正乐",不仅要恢复古代的雅乐,反对新兴的俗乐,而且要把仁义的新内容注进到他的礼乐思想中去,从而使他的礼乐思想成为他整个政治伦理哲学的一个组成部分,即所谓"礼乐刑政"的思想。《汉书·艺文志》说:

> 仁之与义,敬之与和,相反而皆相成也。

"敬"是礼,"和"是乐,因此礼与乐的关系,有如仁与义的关系。礼别贵贱,维护现存的秩序;而"歌乐者,仁之和也"(《孔子家语·儒行解》)。那就是说,音乐可以调和人们的关系,使这一关系不至于太紧张。《学而篇》说:

> 礼之用,和为贵。先王之道,斯为美。小大由之,有所不

行,知和而和,不以礼节之,亦不可行也。

这段话,很好地说明了礼和乐的关系。礼要乐来调和,乐要礼来节制。正因为这样,所以孔丘的美学思想——礼乐思想,是从政治伦理的需要出发来谈的。也正因为这样,所以他"正乐"的时候,谈的是乐,但立足点却在礼的上面。而这礼,又是充实进了仁义的内容的。《颜渊篇》说:

> 颜渊问仁。子曰:"克己复礼为仁,一日克己复礼,天下归仁焉。为仁由己,而由人乎哉?"颜渊曰:"请问其目。"子曰:"非礼勿视,非礼勿听,非礼勿言,非礼勿动。"

这段话,各人理解不同,但把它看成是孔丘思想的中心,则差不多很少例外。分歧是在于对"克己复礼"的解释。"克己"的"克",有人释为"胜",有人释为"任",但无论是"胜"或"任",我们认为它都包含得有"人"的自觉性的意思在里面。因为能够自觉地意识到自己是"人",所以我们才一方面要加重自己的责任感,另方面则应当把旁人也看成是"人",所谓"己所不欲,勿施于人",正是这个意思。从这一点来说,孔丘给当时奴隶主的暴行,提出了一定的制约的要求,是很明显的。至于"复礼"的"复",很多人都解释为"恢复",这也未尝不可以。但我们认为"复"的最恰当的解释,似乎应当是"反"的意思。《论语正义》说:"反犹归也。"那就是说,克己而能归于礼,按照礼办事,那就是仁了。这句话并不是孔丘的发明,《左传》昭公二十年:"仲尼曰:'古也有志,克己复礼,仁也。'"志是记载,因此,孔丘不过引了古书的成语,用来说明他关于仁的概念。要具体地实行仁,按照礼办事,就得"非礼勿视,非礼勿听,非礼勿言,非礼勿动"。这样,礼就不是抽象的,而成为具体的行为规范了。

孔丘的"正乐",就是要使乐服从礼的规范:

> 孔子曰:"益者三乐,损者三乐。乐节礼乐,乐道人之善,

乐得贤友,益矣。乐骄乐,乐佚游,乐宴乐,损矣。"(《季氏篇》)

在这里,孔丘区分了"礼乐"与"宴乐"。前者服从礼的规范,因此益;后者不服从礼的规范,因此损。那么,乐要怎样才能服从礼的规范,成为"乐节礼乐"的"乐"呢? 当时诗、乐不分,孔丘谈诗的话,可以同样适用于乐。他关于诗,提出了下列的一个规范:

诗三百,一言以蔽之曰:"思无邪。"(《为政篇》)

"思无邪",应当说,就是"非礼无思"。孔丘不仅要求我们的视、听、言、动,一举一行,都要合乎礼,而且也要求我们的思想意识,也要合乎礼。他"正乐",就是要使诗和乐"立于礼"、"约之以礼",然后达到"无邪"的程度。邪与正是对立的,合乎礼的就正,不合乎礼的就邪。至于是否合乎客观的事实,他是不管的。因为从客观的事实出发,那是一个是非的问题,而不是正邪的问题。孔丘只重正邪,不重是非,影响所及,使二千多年来在儒家思想统治下的中国文化,只有正与邪、正统与异端之争,而没有是与非、正确与错误之争,从而使中国文化长期不辨是非、不论黑白,在音乐美学思想中长期只重雅乐、不重新乐,从而也就长期停滞不前,这一点,孔丘是不能辞其咎的。但是,虽然这样,孔丘还只是在理论上提出"思无邪"的要求,在具体的做法上,他还没有走到汉儒以后的那样极端。他的删诗,就是一个明显的例子。现存《诗经》中许多并不符合"思无邪"的标准的东西,他都保存了下来。《野有死麕》,难道还不"淫"吗?《大雅·瞻卬》,难道还不是"戾"而且"怒"吗? 可是孔丘都没有把它们删掉。鲁迅说:

怨而不戾,怨而不怒,哀而不伤,乐而不淫,虽诗歌,亦教训也。然此特后儒之言,实则激楚之言,奔放之词,《风》《雅》中亦常有。(鲁迅:《汉文学史纲要》第 13 页,人民文学出版社)

鲁迅的话,我们认为是很正确的。对于古人应当全面评价,不能只攻其一点,而不计其余。

第四,也是最后,我们还想谈一点,那就是孔丘"正乐",除了"礼乐刑政"这一政治上的目的之外,还有更重要的道德教育上的目的,也就是"诗书礼乐"一方面的内容。他以"诗书礼乐"教,想通过诗书和礼乐来达到他培育理想的人格的目的。正因为这样,所以他谈礼乐,就不限于礼乐本身,而是含有更多的意义,赋予更高的要求:

礼云礼云,玉帛云乎哉? 乐云乐云,钟鼓云乎哉? (《阳货篇》)

人而不仁,如礼何? 人而不仁,如乐何? (《八佾篇》)

那也就是说,礼和乐都不过是手段,它们的目的,是在于培育出能够行仁政和德政的"仁人"来。《述而篇》说:"志于道,据于德,依于仁,游于艺。"这"艺",可以说包含得诗与乐在内,因此诗与乐应当是以"道"、"德"和"仁"作为前提的。《八佾篇》有一段记载:

子夏问曰:"巧笑倩兮,美目盼兮,素以为绚兮,何谓也?"子曰:"绘事后素。"曰:"礼后乎?"子曰:"起予者商也,始可与言《诗》已矣。"

这里的几句诗,意思很清楚,只是形容一个女子长得好看,经过打扮之后格外好看,但孔丘却用"绘事后素"来回答。郑玄注说:"凡绘画,先布众色,然后以素分布其间,以成其文。喻美女虽有倩盼美质,亦须礼以成之。"正因为这样,所以子夏理解为"礼后乎?"意思是说,一个人必须有很好的道德品质,才谈得上美,谈得上行礼作乐。孔丘谈诗,很少从诗的本身来谈,差不多都是从道德教育上来谈的。如《学而篇》:

子贡曰:"贫而无谄,富而无骄,何如?"子曰:"可也,未若贫而乐,富而好礼者也。"子贡曰:"《诗》云:'如切如磋,如琢如磨',其斯之谓与?"子曰:"赐也,始可与言《诗》已矣,告诸往而知来者。"

这也是用诗来说明道德教育上的问题。《宪问篇》：

> 子路问成人。子曰："若臧武仲之知，公绰之不欲，卞庄子
> 之勇，冉求之艺，文之以礼乐，亦可以为成人矣。"

这段话，与前面"绘事后素"一段话的意思，基本上相同，都强调用礼乐来教育人，使之成为"成人"，也就是完美的人。《说苑·辨物篇》谈到颜渊问仲尼："成人之行何若?"解答说："成人之行……既知天道，行躬以仁义，饬躬以礼乐，夫仁义礼乐，成人之行也。穷神知化，德之盛也。是成人为成德之人。"这就很清楚了，孔丘"正乐"，就是要以仁义礼乐来培养"成人"的。《先进篇》说：

> 子曰："先进于礼乐，野人也；后进于礼乐，君子也。如用
> 之，吾从先进。"

《论语正义》说："野人者，凡民未有爵禄之称也。""君子者，卿大夫之称也。""夫子弟子，多是未学，故亟亟以礼乐教之。所云兴于诗，立于礼，成于乐，即是从先进。"这一方面说明了孔丘以礼乐为教，另方面则说明了孔丘不管野人、君子，只要谁先进于礼乐，他就从谁。这在当时世卿世禄的时代，不能不说有其一定的进步意义。

那么，怎样以礼乐为教呢?《尚书·尧典》说：

> 帝曰："夔! 命汝典乐，教胄子直而温，宽而栗，刚而无虐，
> 简而无傲。"

直与温、宽与栗、刚与无虐、简与无傲，都可说是两个对立的方面。夔用音乐教胄子，要求同时注意到这两个方面，而不是只注意一个方面。这可说是儒家"乐教"的传统观点。《左传》襄公二十九年，季札观于周乐，所称颂也正是符合这种观点的音乐：

> 至矣哉! 直而不倨，曲而不屈；迩而不逼，远而不携；迁而
> 不淫，复而不厌，哀而不愁，乐而不荒；用而不匮，广而不宣；施

而不费,取而不贪;处而不底,行而不流。五声和,八风平,节有度,守有序,盛德之所同也。

孔丘"正乐",就是要用"五声和,八风平,节有度,守有序"的音乐,来教育人。所谓"乐而不淫,哀而不伤"(《八佾篇》)、"和而不流"(《中庸》)、"怨而不怒"(朱熹)等说法,以及汉儒所说的"温柔敦厚"的"诗教"等,都是从此演变出来的。在这些说法中,孔丘所强调的音乐美学理想是"和"。"乐"与"和",在儒家的美学思想中,差不多具有同样的意义。《仲尼燕居》说:"礼法天地之别,乐法天地之和。"《乐记》说:"礼者天地之别也,乐者天地之和也。"都说明了这个问题。

"和"与"同"是相对的。"同"是泯去差别,"和"则是在差别中求平衡,在矛盾中求统一。孔丘"正乐",用礼乐来教育人,就是要在礼乐的相反相成的调节中,来达到"和",达到"允执其中"(《尧曰篇》),从而造就出"中庸之德"(《雍也篇》)和"礼乐皆备"(《乐记》)的人才。

音乐教育的这种"和"的作用,我们还可以从下面的两段话中看出来:

> 声亦如味……君子听之,以平其心,心平德和。(《左传》昭公二十年)

> 既和且平,依我磬声。(《诗·商颂·那》)

因此,孔丘对于乐的要求,往往就是对于人的要求。而要达到这样的要求,必须礼与乐相配合,以礼来节乐,以乐来化礼。《礼记·仲尼燕居》说:

> 子张问政。子曰:"师乎!前!吾语女乎。君子明于礼乐,举而错之而已。"子张复问。子曰:"师!尔以为必铺几筵,升降酌献酬酢,然后谓之礼乎?尔以为必行缀兆,兴羽籥,作钟鼓,然后谓之乐乎?言而履之,礼也;行而乐之,乐也。君子

力此二者,以南面而立,夫是以天下太平也。"

这样,孔丘"正乐",推行"乐教",最后的目的,并不在于礼乐的本身,而在于通过礼乐,来培养和教育能够推行仁政和德政的理想的统治者,从而达到"天下太平"。在这种情况下,普天之下,都在一片和乐的声音当中,"克己复礼",归于仁,归于治。所谓:

移风易俗,莫善于乐。安上治民,莫善于礼。(《孝经》)

这就是为什么孔丘要把"正乐"看成他晚年最重要的一项任务了。然而,当时列国并争,讲的是"耕战",是"法术",他们根本反对礼乐,自然更不重视了。秦汉以后,封建专制的君主,包括秦始皇这样的暴君在内,方才想到礼乐,重视礼乐,但他们不过是把它当成他们宝座上的一点妆饰,用来威吓和麻痹人民罢了。因此,礼乐在封建社会当中所起的不是进步作用,而是反动作用,也就不言而喻了。

(选自《文艺理论研究》,1980 年第 1 期)

蒋孔阳(1923—1999),四川万县人(现属重庆),我国当代著名美学家。曾任复旦大学教授、博士生导师,上海市美学学会会长、中华美学学会副会长等职。长期专攻美学、文艺理论,对美学基本原理和西方美学的研究尤为精深。著有《美学新论》、《德国古典美学》、《美和美的创造》、《黑格尔美学论稿》、《先秦音乐美学思想论稿》、《形象与典型》等,主编《20 世纪西方美学名著选》、《西方美学通史》等。

孔子的美学思想就是礼乐思想,主要表现为"正乐"思想。孔子"正乐"的目的有两个:用礼来统帅乐;用礼乐来反对其他非礼之乐。孔子正乐的手段是通过"仁",以"礼"作为政治标准,从而扭转礼崩乐坏的政治局面。

孔子审美教育思想初探

韩钟文

孔子(公元前551～公元前479年)是我国春秋末期的思想家、政治家与教育家。他的审美教育思想体现于政治活动和教育实践之中,是他的思想体系的一个重要组成部分;对我国古代封建社会审美文化的创造影响极大,在审美教育思想史中占有重要地位。

一

审美教育主要是通过审美活动来直观美、认识和肯定美的价值,使受教育者改变自己的审美意识、进而影响社会审美文化的传播与创造。审美教育就是"寓教于乐",它以美的形象感染人的性情、陶冶人的灵魂、启迪人的理智,潜移默化地影响人的整个精神面貌。生于动乱的春秋时代的孔子,他在自己的政治实践与教育实践中,深深懂得审美教育这种特殊的教育功能,为了实现自己"为东周""易天下"的政治理想,他强调通过诗教、乐教、礼教、自然美熏陶等进行审美教育的意义,并在实践中加以贯彻。孔子是抱着为统治阶级培养"美""善"兼备的人才而从事审美教育活动的,他的审美教育思想与他的政治、哲学、伦理、美学、教育等思想是一致的。我国古代审美教育并不是从孔子时代开始的。在原始社会时期,我国就已有审美教育的思想萌芽。但是,从理论上较自觉地探索和总结审美教育规律的,孔子是最早的一个。因此,从文化史的演变过程来考察孔子的审美教育思想,是一项有意义的工作。

孔子的审美教育思想不是凭空产生的,他是在研究和整理春秋以前的审美文化以及根据自己的教育实践经验而总结出来的。他十分重视夏、商、周时期,特别是西周时期中的审美教育思想的"萌芽",他继承了这些"思想萌芽"并使之扩大和系统化。

据文献记载:夏殷已设有学校,"夏曰校","殷曰序"(《孟子》)。教学的科目,是祭祀、军事、乐舞与文字知识等。其中虽蕴含着审美教育的因素,但毕竟受夏、殷时期的崇拜天神与祖宗神的宗教信仰所制约。审美文化还是宗教文化的附丽品。以饕餮为代表的青铜纹饰就是在这种审美教育思想影响下而创造的审美文化。在西周时代"学在官府"。《周礼·地官司徒·保氏》说:"保氏掌谏王恶,而养国子以道,乃教之以六艺。"为了培养统治人才,西周统治者十分重视教育,亦设立官学以教子弟。教学的科目是礼、乐、射、御(驭)、书、数"六艺"。蔡元培认为:"吾国古代教育,用礼、乐、射、御、书、数之六艺。乐为纯粹美育;书以记述,亦尚美观;射御在技术之熟练,而亦态度之娴雅;礼之本义在守规则,而其作用又在远鄙俗;盖自数之外,无不含有美育成分。"(高叔平编《蔡元培教育文选》第 195 页)其实,"数"亦含有美育成分,所谓"八音和谐"的音乐美就与数有关。西周时期的审美教育比夏、殷时期有了进一步的发展。就周人的审美文化的创造来看,重心开始由尊神转向重"民"与"人"了。西周的礼器、乐器和殉葬的明器,宗教观念有所淡薄,宗法、审美、道德观念更加鲜明,权力象征的意义尤其突出。诗、乐不仅颂神,而且颂人了。"宗庙之音曰《颂》,朝廷之音曰《雅》"(郑樵语),由宗庙而进入宫廷,与"学在官府"的教育制度是一致的。

孔子是私学的创始人。他一方面继承了西周"六艺"中有价值的东西，另一方面创设了新的"六艺"。他重视西周"六艺"。《论语·述而》记："子曰：志于道，据于德，依于仁，游于艺。"这里的"艺"就是西周"六艺"。《礼记·学记》说："不兴其艺，不能乐学。故君子之于学也，藏焉、修焉、息焉、游焉。夫然故安其学而亲其师，乐其友而信其道，是以虽离师辅而不反（返）也。"这段话道出了孔子重视"六艺"的要领。西周"六艺"本来蕴含着审美教育的成分，但是，与孔子所创设的教学科目"六艺"——诗、书、礼、乐、易、春秋相比较，毕竟有深浅高低之分。据《史记·孔子世家》所载："孔子以诗、书、礼、乐教子弟盖三千焉，身通'六艺'者七十有二人。"《论语》也说："子以四教，文行忠信。""六艺"是孔子施教时的六种科目，而文、行、忠、信则是这些科目的具体内容。孔子施教的科目与内容，是偏于精神文化方面的，都包含着审美教育的特征，与西周"六艺"相比较，可以看出它们有显著的不同：

〔一〕"射""御"两科没有设立，"祭"和"戎"的特征削弱了，政治的、伦理的、审美的特征增强了。童书业先生说："'儒'本为掌教育之'王官'，孔子则以私人为'儒'之意义始变。又古代之'士'本为武士，孔子虽未尽废射御等之武事教育，然主要以'文、行、忠、信'等为教，此创随社会制度之转化，武士亦逐渐转化为文士矣"（童书业《春秋左传研究》第 220 页）。

〔二〕增添了"诗"、"易"、"春秋"，使"数"贯通于"易"之中，偏重于伦理文化与审美文化的传播与创造。"诗"、"书"、"乐"的审美教育功能十分明显，蔡元培先生已言之。《易》中也蕴含着深刻而丰富的美学思想。美学理论家宗白华说："《易经》是儒家经典，包含了宝贵的美学思想。如《易经》有六个字：'刚健、笃实、辉光'，就代表了我们民族一种很健全的美学思想。《易经》的许多卦，也富有美学的启发，对于后来艺术思想的发展很有影响。"（宗白华《中国美学史中重要问题的初步探索》,载《文艺论丛》1979 年第 6 期(总)第 45 页)《春秋》是从政治伦理与审美的角度来褒贬历史人物的,亦包含审美教育的因素。

〔三〕西周的"六艺"与"学在官府"的教育制度是联系在一起的,主要是为奴隶主贵族服务的。孔子的"六艺"是与他开创的私学联系在一起的,虽然从总的目标看亦是为统治阶级培养统治人才,但已初步打破了奴隶主贵族垄断教育的界限。侯外庐、杜国庠指出:"我们认为,孔子在春秋末期,作为由儒术开创了儒学的第一人,就思想史的意义来看,无疑是从'官学'桎梏解放的空前伟大的先进者;就思想财产的收获来看,他的批判的活动的确也在一定程度上增加了学术的新内容。"(侯外庐、赵纪彬、杜国庠主编《中国思想通史》第一卷 141 页)从审美教育思想史的角度看,孔子"增加"的"学术的新内容",就是将审美教育与德育、智育等结合起来,为统治阶级培养"志士""仁人",为实现自己所追求的"仁""德"之治及"圣世"的政治理想服务。

孔子"六艺"包含着他的审美教育思想,但亦不局限于审美教育方面,伦理教育、智育等亦在其中。作为一位"思以其道易天下"的人,孔子是把教育作为途径与手段的。他的"有教无类"、"诲人不倦"的精神与强调受教育者要"兴于诗,立于礼,成于乐"的精神是一致的。司马迁在《史记·滑稽列传》说:"孔子曰:'六艺于治一也。礼以节人,乐以发和,书以道事,诗以达意,易以神化,春秋以道义。"《淮南子·泰族》亦说:"六艺异科而皆同道。温惠柔良者,诗之风也;淳庞敦厚者,书之教也;清明条达者,易之义也;恭俭尊让者,礼之为也;宽裕简易者,乐之化也;刺讥辩义者,春秋之靡也。"总之,重视审美教育与德育、智育的关系,强调教育与政治的关系,以审美教育来感染人的性情,以道德教育来净化人的灵魂,以智育来启迪人的思维,"兴于诗,立于礼,成于乐"(《论语》),这就是"六艺于治一也""六艺异科而皆同道"的实质。我们评论孔子的审美教育思想，既要看到他为我国古代审美教育史所增添的"学术的新内容"，承认其进步的一面，又要指出他审美教育的阶级实质，即为统治阶级培养人才的。

<h2 style="text-align:center">二</h2>

从现存的古代典籍看，孔子的审美教育范围十分广阔。家庭、学校和社会，凡是人们生活的一切领域，他都认为是实施审美教育的场所；社会美、自然美、艺术美、人的精神美与行为美，他都视为审美的对象。在孔子的审美教育思想体系中，最突出的两点是：一是重视审美教育与社会改革（"易天下"）的关系，一是重视艺术教育的社会功能。

孔子说："小子何莫学夫诗？诗可以兴，可以观，可以群，可以怨，迩之事父，远之事君，多识于鸟兽草木之名。"（《论语·阳货》）这是他著名的诗教纲领。春秋初期，引诗与赋诗，在政治、外交活动中已广泛运用。《左传》中记此类事例极多。孔子热心于政治改革，奔走诸侯国之间，耳闻目睹，深切体会到它们的实际效果。"诗三百"的社会功利价值引起他的充分重视。这从《论语》中孔子关于"专对"与"达政"的言论中，可以清楚看出。孔子的艺术教育思想的产生，与他重视艺术的社会功利价值的认识是密切相关的。所谓"迩之事父，远之事君"，正是肯定"诗"的社会功利价值。"事父"、"事君"与他的政治伦理观念是一致的，"兴于诗"的最终目的与此有关。此其一。其二，《诗经》里涉及的动植物名称，据清代学者顾栋高统计，达三百多种，仅马的异名就有二十七种（《毛诗类释》）这些都是古代劳动人民在生产实践中认识自然的经验结晶。孔子"诗教"纲领中的"多识于鸟兽草木之名"的看法，强调了艺术的认识价值,阐明了艺术教育与认识自然的智育的关系,其意义是不可忽视的。其三,孔子诗教的思想与春秋初期的"献诗陈志"、"赋诗言志"的行动,既有相承的一面,又有创新的一面。他突破了"蔽于用而不知文"的引诗、赋诗制的局限性,在肯定诗的社会功利价值与认识价值的同时,还充分强调了诗的审美价值。所谓"兴、观、群、怨","兴"是基础和枢纽,而"兴"必与"情"相联系,只有引起人的审美情感的诗,才能激发人的"神思",使受教育者在共鸣中产生"观、群、怨"的感触。王夫之在《诗绎》一文中论述了孔子关于"兴、观、群、怨"的诗歌美学的辩证关系,说:"于所兴而可观,其兴也深;于所观而可兴,其观也审;以其群者而怨,怨愈不忘;以其怨者而群,群乃益挚,出于四情之外,以生起四情。"又说:"作者用一致之思,读者各以其情而自得。"(见《清诗话》上册《姜斋诗话》)王夫之的阐述是深得孔子论诗教的精神实质的。从这三方面看,孔子诗教的要义,是强调诗的审美享受、伦理教化和认识作用的三种价值的统一性,以情激理,以理制情,寓教于乐,在审美享受中潜移默化地影响人的灵魂,达到"乐而不淫,哀而不伤"的中和美的境界,就是他的审美教育的核心观点。这种观点对后世影响极大。杜甫在《秋日夔府咏怀》中说:"陶冶赖诗篇。"黄宗羲在《诗历题辞》中说"夫诗之道甚广,一人之性情,天下之治乱,皆所藏纳。"这些诗歌美学观点,与孔子的诗教纲领中的观点是一脉相承的。

孔子的诗理理论是为统治阶级培养人才服务的,他推崇雅颂等古典诗歌,但作为"圣之时者",他的美学思想,既有守旧保守的一面,又有革新进步的一面。有的学者根据孔子"郑声淫""放郑声"等言论,得出孔子鄙视劳动人民诗歌的结论。我们认为这是以偏概全。其实,孔子对《国风》的重视并不亚于雅颂。他说:"人而不为《周南》、《召南》,其犹正墙面而立也。"(《论语·阳货》)二南是《国风》中的一部分,是江汉间劳动者、平民的"心之歌"。什么叫

"正墙面而立"呢？朱熹《诗集注》中释为"言即其至近之地,而一物无所见,一步不可行"。"人而不为《周南》、《召南》",会造成这样严重的后果,可见孔子并没有轻视劳动者的诗歌。联系孔子"道之以德","修己以安百姓","使民以时","尊五美、屏四恶,斯可以从政矣"等言论,所谓"兴于诗",即以诗来教育人的另一方面的含义不是可以从中看出吗？孔子重视《周风》,从政治实践的角度看,与古代"观民风"制度的影响亦相联系。《礼记·王制》说:"岁二月(天子)东巡守,至于岱宗……觐诸侯,……命大师陈诗以观民风。"班固《汉书·艺文志》载:"古有采诗之官,王者所以观风俗,知得失,自考正也。"孔子的"诗教"以培养治国为邦的"君子"为最终目的,自然不可避免地要继承"诗"可以"观民风"的思想,所谓诗"可以观"的见解,是对这种"观民风"的理论概括。孔子是站在统治阶级(君子)的立场上重视《国风》的,其目的是为了他培养的学生能更好地"从政"。从教育的角度看,孔子诗教的目的并不限于"知民情,察得失"的"观"的范围。他更重视诗教的陶冶灵魂、培养人格高尚的、能达到精神"尽善尽美"的境界的"仁人"的作用。在他看来,学诗可以促使受教育者自我完善。"不学诗,无以言","诗三百,一言以蔽之,思无邪"。"子所雅言;诗、书、执礼,皆雅言也"(均见《论语》)等等,都是突出了"诗"的移情养性的作用。"思无邪"的思想是孔子"中和之美"的美学思想的具体体现。孔子认为"文质彬彬"是"君子"的品质,而这"无邪"与"文质彬彬"是相联系的,含有"诚正"的意义,这又是孔子尊重封建伦理道德思想在诗教方面的表现。程颐说:"思无邪,诚也。"朱熹说:"凡诗之言,善者可以感人之善心,恶者可以惩创人之逸志,其用归于使人得其性情之正而已。"(转引自黄海章著《中国文学批评简史》第8页)宋代理学家之所以抓住"中和、诚正"这种思想来阐述孔子诗教理论,决不是偶然的。

历代学者大都承认孔子对《诗经》做了一番正乐的工作,并将《诗经》整理为教材。如清代崔述在《洙泗考信录》中说:孔子将《诗经》"厘正次第之,以教门人"。联系《史记·孔子世家》中"孔子以诗书礼乐教"等言,说明在中国古代审美教育史上,自觉地、系统地、以《诗经》作教材教育"门人",的确是从孔子开始,这是孔子创新的做法。

孔子重视乐教。乐教是通过音乐、舞蹈、歌唱等艺术手段来进行审美教育。孔子所说的"乐",有广义与狭义之分。广义的"乐"是一个综合性的范畴,它包括音乐、歌唱、舞蹈、建筑、绘画、雕塑、仪仗等等。如孔子推崇的《韶》《武》诸"乐",就是包括音乐、舞蹈、歌唱等在内的综合性的"乐"。狭义的"乐"则是指音乐。如《论语·泰伯》"子曰:师挚始关雎之乱,洋洋乎盈耳哉"的"乐"就是指"音乐"。所以我们应该将他的"乐教"的思想看作是对艺术教育的理论概括。

孔子的乐教与诗教是紧密联系着的。孔子以《诗经》作为教材,所包含的意义不仅是"诗教",应该亦包括"乐教"在内。《诗经》中的作品基本上是乐歌,它们是可以由乐器伴奏演唱的。孔子精通乐理,对《诗经》系统的古典音乐十分熟悉,"吾自卫返鲁,然后乐正,《雅》《颂》各得其所"(《论语·子罕》)。在"中庸"的哲学思想指导下,孔子的乐教思想是以追求"中和之美"为最高境界的。他赞美《关雎》"乐而不淫,哀而不伤",力求以"乐"通"政"。孔子主张以具有"中和之美"的特征的"乐"来教人治国的观点,是有历史渊源的。从《左传·襄公二十九年》记吴国季札在鲁国观周乐的言论中,可以看出孔子的"乐"的美学观是季札"和"的观点的进一步发展。这种见解,后来逐渐发展为儒家乐教的一个核心思想。《礼记·乐记》说:"凡音者,生人心者也;情动于中,故形于声;声成文,是故治世之音安以乐,其政和;乱世之音怨以怒,其政乖;亡国之音哀以思,其民困。声音之道,与政通矣。""是故审声以知音,审音以知乐,审乐以知政,而治道备矣。"孔子论"乐"正是将"乐"与"政"联系起来的。颜渊问"为邦",孔子就回答说"行夏之时,乘殷之辂,服周之冕,乐则《韶舞》。放郑声,远佞人"(《卫灵公》)。他把"乐"的社会功利价值放在首要地位。

孔子艺术教育的目的有二:一是"成人",二是"为邦"。《论语·宪问》说:"子路问成人。子曰:'若臧武仲之知,公绰之不欲,卞庄子之勇,冉求之艺,文之以礼乐,亦可以成人矣。'"突出了"乐"促使人的精神、性格变化、达到政治伦理教化目的的重要性。所谓"动之以情、晓之以理"的教育方法,即是孔子"文之以礼乐"的意思。《论语·阳货》记:"子之武城,闻弦歌之声。夫子莞尔而笑曰:'割鸡焉用牛刀?'子游对曰:'昔者偃也闻诸夫子曰:"君子学道则爱人,小人学道则易使也。"'子曰:'二三子,偃之言是也。'前言戏之耳。"治理一个小小的武城,要借助于"乐",何况治理整个国家。孔子所说的"成于乐"的精神实质与这种"乐治"的思想是紧密相关的。他说"移风易俗,非乐莫善"(见《孝经》),所强调的亦是"乐"的特殊的教育功能。审美教育→"成人"→"爱人"→治国为邦,孔子的乐教思想包括了这四个环节。

孔子不仅重视"乐"的社会功利价值,而且也重视"乐"的审美价值。这是他进行"乐教"的理论依据之一。他衡量"乐"的标准是"尽善尽美"(《论语·八佾》)。按朱熹"《韶》,舜乐;《武》,武王乐。美者,声容之盛;善,美之实也"的解释,孔子的"美善统一"是指乐的内容与形式的统一。按孔安国"《韶》,舜乐名,谓以圣德受禅,故尽善。《武》,武王乐,以征伐取天下,故未尽善"的解释,则孔子的"美善统一"是侧重于乐与政治的关系。从培养人的角度看,孔子的"尽善尽美"的乐教观,亦可以理解为:在审美教育的过程中,通过审美的境界而达到道德的境界,使受教育者在美的熏陶之下,率性而行,趋向善与真。高尔基认为"美学是未来的伦理学"(转引自《美学译文》[1]第2页,中国社会科学出版社1980年版)。从中国古代审美教育史看,孔子在先秦时代已将美学纳入伦理学之中,他在自己的教育实践中,特别重视美与善,感性与理性的和谐发展的人格美和行为的培养,这是难能可贵的。

还有,从审美教育的角度看,孔子的"乐"既是手段,又是目的。因为他把"乐"看作是君子仁人必备的艺术素养,要求他们不仅通过"乐"达到精神美或人格美的境界,而且还要具备欣赏"乐"和创造"乐"的才华。孔子自己是力求做到这点的。据《论语》、《礼记·乐记》、《史记》等古籍记载,孔子精通乐理,能演奏、歌唱和创作乐曲。他酷爱音乐,"在齐闻《韶》,三月不知肉味",在陈蔡逃难时,虽挨饥受寒,师生仍"讲诵弦歌不衰"。他曾随师襄学琴,并创作过琴曲《陬操》,他整理过《雅》《颂》等古典乐章。他对音乐有很高的欣赏能力,"子语鲁大师乐曰:'乐其可知也;始作,翕如也;从之,纯如也;皦如也,绎如也,以成"(《论语·八佾》)。孔子以"乐"来涵养自己的性情,目的亦是为了实现"尽善尽美"的"仁"的品性。所以,孔子的乐教,是手段与目的相统一的。

孔子的礼教,有广义、狭义之分,广义的是指政治制度;狭义的是指道德规范与道德修养。从政治的角度看,"礼教"是封建政治的核心,孔子所说的"道之以德"的"德治"思想,指的就是"礼教"。在孔子看来"仁"是礼的内容,"人而不仁如礼何,人而不仁如乐何"(《季氏》)"礼云礼云,玉帛云乎哉? 乐云乐云,钟鼓云乎哉"(《阳货》)这是说,如果离开"仁"的原则,礼乐不过是一个空洞的形式,对于教育人与治理社会没有好处。孔子说过"民之于仁也,甚于水火。水火吾见蹈而死者矣,未见蹈仁而死也"(《卫灵公》)。孔子以"仁"来充实"礼"的内容,是他的政治理想与审美理想在"礼教"中的体现。从教育的角度看,他的"礼教"主要是指德化或德育。"颜渊问仁。子曰:克己复礼为仁。一日克己复礼,天下归仁焉"(《颜渊》)。"克己"是约束自己,即自我教育与自我修养。"复礼",是把不合礼的言行纳入"礼"的规范。"君子成人之美,不成人之恶"。

"见善如不及,见不善如探汤"(《论语·季氏》)。孔子将德育与审美教育紧密结合起来,重视人的精神美培育与社会秩序美的创造。"礼之用,和为贵。先王之道斯为美"(《论语·学而》)。孔子把"中和之美"的思想贯彻于道德实践和政治实践之中,这与他"为东周"与否定"苛政猛于虎"的政治现实的精神是一致的。我们探索孔子的审美教育思想,要认识孔子这种社会美的思想的意义。我们应该将孔子以后的儒家所神化了的"礼教"与孔子当时创立的礼教理论区别开来,本着历史唯物主义的态度,来考察孔子的礼教在当时的历史条件下所起的作用。所谓"立于礼",主要是指上述两方面而言,而"礼教"的核心思想与"仁为美"有关。

除诗教、乐教、礼教外,孔子还重视环境对受教育者的影响。这里包括有美的社会环境和自然环境,"里仁为美。择不处仁,焉得知"?(《里仁》)择居要择美的社会环境。"智者乐水,仁者乐山"(《雍也》)。"饭疏食饮水,曲肱而枕之,乐亦在其中矣"(《述而》)。就是指美的自然环境。孔子为什么会同意曾皙的"浴乎沂,风乎舞雩,咏而归"的生活方式?(见《论语·先进》)与他追求自然美的思想亦是相通的。所谓"君子比德"的伦理美学观,指的是自然美可以涵养人的性情与以自然美来暗示"仁者"的美德。孔子在人与环境的关系问题上,突出了人的自觉性与能动性,这是一种积极的进取精神,在这种精神的鼓舞下,他才具有"发愤忘食,乐而忘忧,不知老之将至"的乐观态度。孔子的审美教育思想包含了这种积极的、进取的、乐观的因素在内。

三

孔子的审美教育思想能贯彻到自己的教育实践中去,并收到一定的教学效果,与他重视启法式、因材施教、循序渐进、巩固性等教学原则是密切相关的。

孔子在审美教育的实践中,首先强调的是受教育者的主动性与自觉性。他懂得"性相近,习相远","人能弘道,非道弘人"(《论语》)的道理,所以,他不采取强迫受教育者被动学习的方法。《论语·季氏》载:"陈亢问于伯鱼曰:'子亦有异闻乎'?对曰:'未也'。尝独立,鲤趋而过庭。曰:'学诗乎'?对曰:'未也'。'不学诗,无以言'。他日,又独立,鲤趋而过庭。曰:'学礼乎'?对曰:'未也'。'不学礼,无以立'。鲤退而学礼。闻斯二者。陈亢退而喜曰:'问一得三,闻诗,闻礼,又闻君子之远其子也'"。可见孔子对于自己的儿子并没有特殊的照顾,只是重视他学习的自觉性而已。

在实施审美教育的过程中,孔子十分重视"举一反三"的启发式教学法的意义,认为教学是相长的。《论语·八佾》记载:"子夏问曰:'"巧笑倩兮,美目盼兮,素以为绚兮"。何谓也?'子曰:'绘事后素'。曰'礼后乎'?子曰:'起予者商也,始可与言《诗》已矣。'"孔子与学生讨论诗,不仅以形象的比喻启发学生,而且亦主动接受学生"举一反三"后得出的结论的启发,这与他"毋意,毋必,毋固,毋我"(《子罕》)的教学思想是一致的。

孔子是主张"温故而知新"的,他反对"中道而废"的畏难而退的学习态度。他把学习作为一种精神享受与精神生活。"学而时习之,不亦悦乎。""譬如为山,未成一篑,止,吾止也;譬如平地,虽覆一篑,进,吾进也。"(均见《论语》)在审美教育的过程中,孔子贯彻了这些教学原则。《论语·学而》记:"子贡曰:'诗云:"如切如磋,如琢如磨",其斯之谓也。'子曰:'赐也,始可与言《诗》已矣,告诸往而知来者。'"孔子与他的学生就是采取这种互相"琢磨"的方法,共同研讨过去的审美文化,总结其规律,借以推求和创造新的审美文化的。尤其可贵的是,孔子与他的学生谈诗谈乐谈礼,总是根据学生的不同的个性特征来进行的。这从《论语》中他同伯鱼、子贡、子夏、子路、颜渊等人的对话中可以清楚看出。孔子是深得教学艺术三昧的教育实践家，他实施审美教育时，真正做到了善导、善谋、善喻、善启、善疑、善防，他的教学诸原则一旦成为教学的方法，就可以为实现审美教育思想的总目标起着"架桥""摆渡"的作用。作为一个能驾驭教学规律的教育大师，孔子的审美教育思想的实施与他的教学艺术的运用是分不开的。孔子的学生颜渊说："夫子循循然善诱人，博我以文，约我以礼，欲罢不能。既竭吾才，如有所立卓尔。虽欲从之，未由也已。"（《论语·子罕》）这种良好的教学效果的产生，是孔子善于艺术地教学的结果。审美教育、德育与智育单靠"晓之以理"是不够的，必须与"动之以情"相配合，只有这样，才能使受教育者"欲罢不能"，在美的熏陶中潜移默化地使自己的精神境界趋向高尚。总之，孔子的审美教育思想这份遗产是值得我们珍视的。列宁认为：社会主义文化"应当是人类在资本主义社会、地主社会和官僚社会压迫下创造出来的全部知识合乎规律的发展"（见《列宁选集》第四卷第 348 页）。我们应该批判地继承孔子的审美教育思想体系中有价值的东西，作为现在从事审美教育的借鉴。

（选自《上饶师专学报》，1982 年 2 期）

韩钟文（1947—　），曲阜师范大学教授，主要研究方向为传统文化与儒家哲学美学、教育哲学，著有《美善境界的寻求：儒家教育哲学思想研究》、《朱熹教育思想研究》等。

　　孔子最早从理论上自觉地探索和总结审美教育规律。他重视审美教育同德育、智育的关系，强调教育与政治的关系。孔子的诗教强调诗的审美享受、伦理教化和认识作用三种价值的统一。社会功利价值是孔子乐教的首位价值，"成人"是乐教的目的。孔子的礼教主要是指德化和德育。此外，孔子的审美教育思想还遵循注重启发、因材施教、循序渐进等教学原则。

王夫之的美学体系

叶　朗

中国古典美学发展到明末清初,进入了自己的总结时期。作为这一时期的标志,是王夫之的美学体系和叶燮的美学体系。

王夫之不仅是一位哲学大师,也是一位美学大师。他有很深的诗学修养。他自己说:"十六而学韵语,阅古今人所作诗不下十万。"(《姜斋诗话》卷二《夕堂永日绪论序》)他建立了一个以诗歌审美意象为中心的美学体系。这是一个博大精深的唯物主义美学体系,是中国古典美学的一种总结的形态。

王夫之的美学和同时代叶燮的美学有很多相似的地方。这两位大思想家在理论上的成就,把中国古典美学的发展推上了一个灿烂的高峰。人们常说李白和杜甫是中国诗歌史上的双子星座,我们也可以说,王夫之和叶燮是中国美学史上的双子星座。

一、情　景　说

王夫之的美学体系是以诗歌审美意象为中心的。我们对王夫之美学体系的考察,也从他关于诗歌审美意象的论述开始。

我们在本书第十五章曾介绍了王廷相的美学思想。王廷相说:"夫诗贵意象透莹,不贵事实黏著,古谓水中之月,镜中之影,难以实求是也。""言征实则寡余味也,情直致而难动物也,故示以意象,使人思而咀之,感而契之,邈哉深矣,此诗之大致也。"(王廷相:《与郭价夫学士论诗书》)王廷相强调,诗不是实事的记录,也不是情意的直露,而是"示以意象"。"意象"乃是诗的本体。王夫之继承了王廷相的这一思想,并把它充分地展开了。

首先,王夫之明确地把"诗"和"志"、"意"加以区别。"诗言志",但"志"不等于"诗"。因为诗的本体是审美意象,而"志"、"意"并不等于审美意象。"志"、"意"与审美意象是两个东西。一首诗好不好,不在于"意"如何,而在于审美意象如何。这在美学上是一个十分重要的区别。但是人们往往把这两个东西混为一谈,由此产生了种种弊病。王夫之把这种混乱彻底澄清了。他说:

> 诗之深远广大,与夫舍旧趋新也,俱不在意。唐人以意为古诗,宋人以意为律诗绝句,而诗遂亡。如以意,则直须赞《易》陈《书》,无待诗也。"关关雎鸠,在河之洲,窈窕淑女,君子好逑。"岂有入微翻新、人所不到之意哉?(《明诗评选》卷八高启《凉州词》评语)

为什么诗之深远广大、舍旧趋新"俱不在意"? 就因为诗的本体是审美意象,而不是"意"。如果诗的本体是"意",那不如赞《易》陈《书》,根本用不着诗了。"关关雎鸠"之所以好,是因为这首诗的审美意象好,并不是这首诗有什么"入微翻新,人所不到之意"。王夫之一再讲这个道理:

> "诗言志,歌永言。"非志即为诗,言即为歌也。或可以兴,或不可以兴,其枢机在此。(《唐诗评选》卷一孟浩然《鹦鹉洲送王九之江左》评语)

> 但以声光动人魂魄,若论其命意亦何迥别,始知以意为佳诗者犹赵括之恃兵法,成擒必矣。(《古诗评选》卷四张协《杂诗》评语)

> 亦但此耳,乃生色动人,虽浅者不敢目之以浮华。故知以

意为主之说,真腐儒也。诗言志,岂志即诗乎?(《古诗评选》
卷四郭璞《游仙诗》评语)

在这里,王夫之否定了"以意为主"的说法。但是大家都知道,王夫之在《姜斋诗话》中说过:"无论诗歌与长行文字,俱以意为主。"(《姜斋诗话》卷二)很多人还把这句话当作王夫之美学的主要命题。但是王夫之在这里却说"以意为主"是腐儒之说。这岂不自相矛盾?其实并不矛盾。《姜斋诗话》中说"以意为主",是从审美意象的内在结构中情意和景物的关系而说的。这里否定"以意为主",是为了强调"意"不等于诗,"意"佳不等于诗佳。

"意"不等于诗,因为诗的本体不是"意",一首诗之所以给人美感,也不是依靠"意"。王夫之在《古诗评选》的一则评语中说:

风雅之道,言在而使人自动,则无不动者。恃我动人,亦孰令动之哉!(《古诗评选》卷四左思《咏史》评语)

所谓"言在而使人自动",就是出之以意象,自然动人兴观群怨。所谓"恃我动人",就是把自己有限的、确定的"意"强加于读者。王夫之认为那是不可能使人感动的。

王夫之的这些论述,把王廷相的"情直致而难动物"的命题充分地展开了。

这是一方面。

另方面,王夫之又明确地把"诗"和"史"加以区别。他在《古诗评选》中说:

诗有叙事叙语者,较史尤不易。史才固以檃括生色,而从实著笔自易,诗则即事生情,即语绘状,一用史法,则相感不在永言和声之中,诗道废矣。此"上山采蘼芜"一诗所以妙夺天工也。杜子美放之作《石壕吏》,亦将酷肖,而每于刻画处,犹以逼写见真,终觉于史有余,于诗不足。论者乃以"诗史"誉杜,见驼则恨马背之不肿,是则名为可怜悯者。(《古诗评选》

卷四《古诗》评语）

这段话意思是说，"诗"虽然也可叙事叙语，但并不等于"史"。写诗要"即事生情，即语绘状"，也就是要创造"意象"，而写史则是"从实著笔"，所以二者有本质的不同。这种不同，就在于一个是审美的（意象），一个则不是审美的（实录）。在这里，王夫之和杨慎一样，也反对"诗史"之说①。他认为杜甫的一些诗，"于史有余，于诗不足"，并不值得赞美。

这个思想，王夫之在其他地方也曾反复加以论述。王夫之的这些论述，把王廷相的"言征实则寡余味"的命题充分地展开了。

王廷相提出"言征实则寡余味"和"情真致而难动物"的命题，最后归结到一点：诗的本体是"意象"。但是他对诗歌"意象"的基本结构并没有进行分析。王夫之则总结了宋、元、明美学家的成果，对诗歌"意象"的基本结构作了具体的分析。这就是他的有名的情景说。

"诗"不等于"志"（"意"），"诗"也不同于"史"。"诗"是审美意象。但是，"意象"又是什么？ 王夫之认为，诗歌意象就是"情"与"景"的内在统一。"情""景"的统一乃是诗歌意象的基本结构。

王夫之反复指出，"情"和"景"是审美意象不可分离的因素。他称赞谢灵运的诗"言情则往来缥缈有无之中，得灵蘖而执之有象，取景则于击目经心丝分缕合之际，貌固有而言之不欺。而且情不虚情，情皆可景，景非虚景，景总含情"（《古诗评选》卷五谢灵运《登上戍鼓山诗》评语）。在他看来，诗歌的审美意象不等于孤立的"景"。"景"不能脱离"情"。脱离了"情"，"景"就成了"虚景"，就不

---

①　杨慎认为"六经各有体"，所以"诗"不可以兼"史"。王夫之也有类似的议论。参看《姜斋诗话》卷一、《明诗评选》卷五徐渭《严先生祠》评语、《古诗评选》卷五庾信《咏怀》评语。

能构成审美意象。反过来,审美意象也不等于孤立的"情"。"情"不能脱离"景"。脱离了"景","情"就成了"虚情",也不能构成审美意象。只有"情""景"的统一,所谓"情不虚情,情皆可景,景非虚景,景总含情",才能构成审美意象。

但是,"情"、"景"不可分离,并不是像宋元以来有的诗论家说的那样,写诗必须一联情,一联景。王夫之反复强调,"情"与"景"的统一是内在的统一,而不是外在的拼合,不是机械的相加。他说:

> 近体中二联,一情一景,一法也。"云霞出海曙,梅柳渡江春。淑气催黄鸟,晴光转绿苹","云飞北阙轻阴散,雨歇南山积翠来。御柳已争梅信发,林花不待晓风开",皆景也,何者为情?若四句俱情,而无景语者,尤不可胜数,其得谓之非法乎?夫景以情合,情以景生,初不相离,唯意所适。截分两橛,则情不足兴,而景非其景。且如"九月寒砧催木叶"①,二句之中,情景作对;"片石孤云窥色相"四句②,情景双收:更从何处分析?陋人标陋格,乃谓"吴楚东南坼"四句③,上景下情,为律诗宪典,不顾杜陵九原大笑。愚不可瘳,亦孰与疗之?(《姜斋诗话》卷二)

> 景中生情,情中含景,故曰,景者情之景,情者景之情也。高达夫则不然,如山家村筵席,一荤一素。(《唐诗评选》卷四岑参《首春渭西郊行呈蓝田张二主簿》评语)

---

① "九月寒砧催木叶,十年征戍忆辽阳。"(沈佺期:《独不见》)
② "片石孤云窥色相,清池皓月照禅心。指挥如意天花落,坐卧闲房春意深。"(李颀:《题璇公由池》)
③ "吴楚东南坼,乾坤日夜浮。亲朋无一字,老病有孤舟。"(杜甫:《登岳阳楼》)

所谓"景生情,情生景",所谓"景以情合,情以景生",所谓"景中生情,情中含景",意思都是说,"情"和"景"是内在的统一,而不是外在的拼合。

在这里,当然就会产生一个问题:"情""景"的这种内在的统一,究竟怎样才能实现呢?王夫之认为是在直接审美感兴中实现的。在直接审美感兴中,"情"与"景"自然相契合而升华,从而构成审美意象。他有两段话把这个意思说得很清楚:

> 语有全不及情,而情自无限者,心目为政,不恃外物故也。"天际识归舟,云间辨江树",隐然一含情凝眺之人呼之欲出,从此写景,乃为活景。故人胸中无丘壑,眼底无性情,虽读尽天下书,不能道一句。司马长卿谓读千首赋便能作赋,自是英雄欺人。(《古诗评选》卷五谢朓《之宣城群出新林浦向板桥》评语)

> 游览诗固有适然未有情者,俗笔必强入以情,无病呻吟,徒令江山短气。写景至外,但令与心目不相睽离,则无穷之情,正从此而生。一虚一实、一景一情之说生,而诗遂为胔为楛为行尸。噫!可畏也哉!(《古诗评选》卷五孝武帝《济曲阿后湖》评语)

有的诗虽然一句情语也没有,但却能生出无限之情。什么缘故呢?就是因为它是从直接审美感兴中产生的。所谓"心目为政,不恃外物",所谓"与心目不相睽离",就是指直接审美感兴。"情""景"的内在统一,依靠直接审美感兴,而不是依靠直接审美感兴之外的东西。如果没有直接审美感兴,就没有"情""景"的契合,也就不能构成审美意象,尽管读尽天下书,仍然作不成诗。

这样,王夫之就从对于审美意象基本结构的分析,过渡到对于审美感兴的分析,也就是从他的情景说,过渡到他的现量说。

二、现　量　说

王夫之在《姜斋诗话》中说:

> 身之所历,目之所见,是铁门限。即极写大景,如"阴晴众
> 壑殊"、"乾坤日夜浮",亦必不逾此限。非按舆地图便可云"平
> 野入青徐"也,抑登楼所得见者耳。隔垣听演杂剧,可闻其歌,
> 不见其舞;更远则但闻鼓声,而可云所演何出乎? 前有齐、梁,
> 后有晚唐及宋人,皆欺心以炫巧。(《姜斋诗话》卷二)

这是一段有名的话。这段话的中心意思,就是强调诗的审美意象
必须从直接审美观照中产生。王夫之认为这是诗歌创作的根本规
律,谁也不能违背。他还有两段话,也是说的这个意思:

> 只于心目相取处得景得句,乃为朝气,乃为神笔。景尽意
> 止,意尽言息,必不强括狂搜,舍有而寻无。在章成章,在句成
> 句。文章之道,音乐之理,尽于斯矣。(《唐诗评选》卷三张子
> 容《泛永嘉江日暮回舟》评语)

> "僧推月下门",只是妄想揣摩,如说他人梦,纵令形容酷
> 似,何尝毫发关心? 知然者,以其沈吟"推""敲"二字,就他作
> 想也。若即景会心,则或推或敲,必居其一,因景因情,自然灵
> 妙,何劳拟议哉?"长河落日圆",初无定景;"隔水问樵夫",初
> 非想得:则禅家所谓"现量"也。(《姜斋诗话》卷二)

所谓"只于心目相取处得景得句,乃为朝气,乃为神笔",所谓"即景
会心"、"因情因景,自然灵妙",意思都是说,审美意象必须从直接
审美观照中产生。王夫之认为这是审美意象的最基本的性质,他
用"现量"这个概念来加以概括。

　　"现量"本来是古代印度因明学中的术语①,佛教法相宗用来说明"心"与"境"的关系。王夫之则把"现量"这个概念引进美学领域,用来说明审美意象的基本性质,即审美意象必须从直接审美观照中产生。"现量"就是"寓目吟成"(《古诗评选》卷一斛律金《敕勒歌》评语);"现量"就是"只于心目相取处得景得句";"现量"就是"因情因景,自然灵妙"。而像"僧推月下门"、"蝉噪林逾静,鸟鸣山更幽"一类诗句,则是强括狂搜,舍有寻无。这样的诗,就不是"现量",而是属于"非"、"比"二量。

　　但是,王夫之在美学中引进"现量"这个概念,不仅为了说明审美意象的基本性质,即审美意象必须从直接审美观照中产生,更重要的是要说明审美观照的性质。也就是说,王夫之引进"现量"这个概念,是为了说明,诗人对客观景物的观照怎样才是审美的观照? 王夫之美学的深刻性正是表现在这里。

　　我们先看王夫之对"现量"的解释:

　　　　"现量","现"者有"现在"义,有"现成"义,有"显现真实"义。"现在",不缘过去作影;"现成",一触即觉,不假思量计较;"显现真实",乃彼之体性本自如此,显现无疑,不参虚妄。"比量","比"者以种种事比度种种理:以相似比同,如以牛比兔,同是兽类;或以不相似比异,如以牛有角比兔无角,遂得确信。此量于理无谬,而本等实相原不待比,此纯以意计分别而生。"非量",情有理无之妄想,执为我所,坚自印持,遂觉有此一量,若可凭可证。(《相宗络索·三量》)

————————

　　①　古印度的因明学是关于推理、论证的学说。在因明学中,"量"指知识。"量"分"现量"和"比量"。人们通过感觉器官直接接触客观事物,把握事物的"自相"(个别),这就是"现量"。"现量"是纯感性知识。"比量"则以事物的"共相"为对象,由记忆、联想、比较、推度等思维活动所获得的知识。

按这个解释，"现量"有三层涵义。一是"现在"义。就是说，"现量"是当前的直接感知而获得的知识，不是过去的印象。一是"现成"义，所谓"一触即觉，不假思量计较"，就是说，"现量"是瞬间的直觉而获得的知识，不需要比较、推理等抽象思维活动的参与。一是"显现真实"义。就是说，"现量"是真实的知识，是显现客观对象本来的"体性"、"实相"的知识，是把客观对象作为一个生动的、完整的存在来加以把握的知识，不是虚妄的知识，也不是仅仅显示对象某一特征的抽象的知识。"现量"的这三层涵义，不仅和"非量"相区别，而且和"比量"相区别。

"现量"的这三种涵义，显然是对于审美观照的一种分析。在王夫之看来，审美观照必须具有"现在"、"现成"、"显现真实"这三种性质：审美观照是感觉器官接触客观景物时的直接感兴，排除过去的印象；审美观照是瞬间的直觉，排除抽象概念的比较、推理；审美观照中所显现的是事物的完整的"实相"（"自相"），不是脱离事物"实相"的虚妄的东西，也不是事物的"共相"（事物的某一特征、某一规定性）。王夫之的这种分析，包含了十分深刻的思想，为后人进一步研究审美观照留下了宝贵的思想资料。

王夫之的现量说并不否认客观景物本身具有美。正相反，现量说是以承认自然美的存在作为自己的理论前提的。客观景物存在着固有的美，然后才有可能实现审美观照，并在审美观照中产生审美意象。他在《诗广传》中有一段话：

> 天不靳以其风日而为人和，物不靳以其情态而为人赏，无能取者不知有尔。"王在灵囿，麀鹿攸伏；王在灵沼，于牣鱼跃。"王适然而游，鹿适然而伏，鱼适然而跃，相取相得，未有违也。是以乐者，两间之固有也，然后人可取而得也。（《诗广传》卷四《大雅》一七）

"靳"是吝惜的意思。天地间的景物并不吝惜以自己的美的情态供人欣赏。这种美的情态是天地间的景物所固有的。有了这种自然的美，然后才能有审美的观照。《诗广传》另一段话也是说的这个意思：

> 天地之际，新故之迹，荣落之观，流止之几，欣厌之色，形于吾身以外者化也，生于吾身以内者心也；相值而相取，一俯一仰之际，几与为通，而浡然兴矣。（《诗广传》卷二《豳风》三）

"人心"与"天化"相值而相取，这才产生审美感兴。有了审美观照、审美感兴，才能产生审美意象。他在《古诗评选》中说：

> 两间之固有者，自然之华，因流动生变而成其绮丽。心目之所及，文情赴之，貌其本荣，如所存而显之，即以华奕照耀，动人无际矣。古人以此被之吟咏，而神采即绝。（《古诗评选》卷五谢庄《北宅秘园》评语）

这是一段很精彩的话。它包含了两层意思：第一，美是自然界本身固有的，它的本质就是气的流动变化；第二，诗人对自然美进行直接的审美观照（"心目之所及"），通过"情""景"契合而产生的审美意象，把自然美作为一个完整的存在而真实地表现出来（"貌其本荣，如所存而显之"），就是艺术的美，就能"华奕照耀，动人无际"。审美意象决不是先验的，决不是纯粹主观的产物。审美意象在本质上乃是对于自然美的真实的反映。而这种真实的反映，是通过审美感兴即瞬间直觉实现的。

　　王夫之明确指出审美观照的直觉性，同时又强调审美观照是对于客观存在的自然美的真实反映，这样，他就把审美感兴、审美直觉和唯物主义反映论统一了起来。这是王夫之美学思想中最深刻的内容，也是王夫之在美学史上的重大贡献。王夫之的现量说并不脱离唯物主义反映论，而是以唯物主义反映论为基础的。王夫之的全部美学始终没有离开他的唯物主义的哲学基础。所以我们说，王夫之的美学体系乃是一个唯物主义的美学体系。

审美观照的实现,一方面以自然美的存在为根据,另方面也要求审美主体具备一定的条件。这个条件,就是审美的心胸。这是中国古典美学的一个传统思想。我们讲宋代郭熙的美学时曾着重讲到这一思想。王夫之也继承了这一传统的思想。强调主体的审美心胸是实现审美观照的必要条件。他在《古诗评选》中有一则评语:

> "日落云傍开,风来望叶回",亦固然之景,道出得未曾有,所谓眼前光景者此耳。所以"眼"者,亦问其何如眼。若俗子肉眼大不出寻丈,粗俗如牛,目所取之景亦何堪向人道出。(《古诗评选》陈后主《临高台》评语)

所谓"俗子肉眼大不出寻丈,粗俗如牛",就是郭熙说的骄侈俗鄙、意烦体悴、志意抑郁沉滞。这不是审美的心胸。审美的心胸,不仅不是利欲的心胸,也不是偏狭、死寂的心胸,而是纯洁、宽快、悦适的心胸(郭熙所谓"胸中宽快,意思悦适"),是充满勃勃生机的心胸。没有这种审美的心胸,就不能发现审美的自然,也就不能实现审美的观照。王夫之在《姜斋诗话》中又有一段话:

> "池塘生春草","蝴碟飞南园","明月照积雪",皆心中目中与相融浃,一出语时,即得珠圆玉润,要亦各视其所怀来而与景相迎者也。"日暮天无云,春风散(应作'扇')微和",想见陶令当时胸次,岂夹杂铅汞人能作此语?(《姜斋诗话》卷二)

这段话的意思也是说,只有审美的心胸,才能发现审美的自然,并与审美的自然互相融浃,产生珠圆玉润的审美意象。审美的心胸乃是实现审美观照所不可缺少的主观条件。

三、论诗歌意象的特点

王夫之在现量说和情景说的基础上,对诗歌审美意象的特点作了多方面的深入的分析。

（一）　关于诗歌意象的整体性

一首诗的审美意象是一个血脉流通的活生生的整体。朱熹已经看到了这一点。但是，把审美意象贯通成为一个整体的"血脉"是什么？朱熹并没有说明。王夫之比朱熹进了一步。他依据他的现量说，对贯通审美意象的"血脉"作了说明。他说：

> 景语之合，以词相合者下，以意相次者较胜，即目即事，本自为类，正不必蝉连，而吟咏之下，自知一时一事有于此者，斯天然之妙也。"风急（当作暖）鸟声碎，日高花影重"，词相比而事不相属，斯以为恶诗矣。"花迎剑佩星初落，柳拂旌旗露未干"，询为合符，而犹以有意连合，见针线迹。如此云："明镫曜闺中，清风凄已寒"，上下两景，几于不续，而自然一时之中寓目同感，在天合气，在地合理，在人合情，不用意而物无不亲。鸣呼，至矣！（《古诗评选》卷四刘桢《赠王官中郎将》评语）

贯通审美意象的"血脉"，不是"词"的连接，也不是"意"的连接。这两种都属于逻辑的连接。贯通审美意象的"血脉"，是"即目即事，本自为类"，是"自然一时之中寓目同感"，也就是在直接审美感兴中的自然的连接。王夫之称之为"神理凑合"或"以神理相取"，又称之为"取势"。"势"，就是审美感兴的"逻辑"，也就是审美意象的内在的血脉。王夫之认为，"风暖鸟声碎，日高花影重"，这是词的连接；"花迎剑佩星初落，柳拂旌旗露未干"，这是意的连接；而"明镫曜闺中，清风凄已寒"，则词、意俱不相蝉连，但在审美感兴之中，自然地互相连接，合情合理合气，这样的审美意象，才真正得到天然之妙。王夫之称之为"全匹成熟锦"，或"一片白地光明锦"。对于这样的诗，从词、意的逻辑联系是不能把握它的整体意象的，只有反复涵咏，才能把握它的内在血脉（即审美感兴的"逻辑"）。王夫之在《唐诗评选》中有两段评语就是说这个道理：

看明远乐府,别是一味。急切觅佳处,早已失之。吟咏往来,觉蓬勃如春烟弥漫,如秋水溢目盈心,斯得之矣。(《古诗评选》卷一鲍照《拟行路难》评语)

此种诗直不可以思路求佳。二十字如一片云,因日成影,光不在内,亦不在外,既无轮廓,亦无丝理,可以生无穷之情,而情了无寄。(《古诗评选》卷三王俭《春诗》①评语)

《姜斋诗话》中也有一段话:

"采采芣苢"②,意在言先,亦在言后,从容涵泳,自然生其气象。(《姜斋诗话》卷一)

这些话都是说,读诗者要把握诗的整体意象,不应通过逻辑分析,而应通过从容的、反复的涵咏。王夫之曾经肯定程颢说诗的方法:"程子与学者说《诗经》,止添数字,就本文吟咏再三,而精义自见。"(《姜斋诗话》卷一)也是这个意思。王夫之的这种见解与朱熹是一致的。我们在第十四章说过,朱熹认为欣赏诗歌应该长时间地涵咏,而"不必多引外来道理言语"。因为诗歌意象内部有血脉流通,必须长时间地涵咏才能把握。如果多引外来道理言语,就会卡断诗歌的血脉,"壅滞却诗人活底意思"。王夫之对朱熹所说的"血脉流通"作了说明,从而把朱熹的思想从理论上推进了一步。王夫之指出,一首诗的意象,不是依靠词的连接而成为整体,也不是依靠意的连接而成为整体,而是在直接审美感兴中自然连接成为整体。这种直接审美感兴中的连接,就是诗歌意象的内在血脉。因此,读

---

① 王俭《春诗》:"兰生已匝苑,萍开欲半池。轻风摇杂花,细雨乱丛枝。"

② 《诗·周南·芣苢》:"采采芣苢,薄言采之。采采芣苢,薄言有之。采采芣苢,薄言掇之。采采芣苢,薄言捋之。采采芣苢,薄言袺之。采采芣苢,薄言襭之。"

诗者为了把握诗歌意象的整体性,就不能依靠引用外来道理言语,不能依靠逻辑的分析,也不能依靠词句的分析,而必须通过反复涵咏,设身处地,把自己置于诗人当时的境会,使自己充分体验诗人审美感兴的"逻辑"(诗歌意象的血脉)。王夫之认为这才是"以诗解诗",而不是"以学究之陋解诗"(同上)。他在评袁宏《游仙》诗时把这个道理说得很清楚:

> 无端无委,如全匹成熟锦,首末一色,唯此故令读者可以其所感之端委为端委,而兴观群怨生焉。(《古诗评选》卷五袁宏《游仙》评语)

"全匹成熟锦,首末一色",是说诗歌意象的整体性。"无端无委",是说诗歌意象的整体性不是依靠"词"和"意"的连接,而是在直接审美感兴中的自然的连接。在诗人的审美感兴中,诗歌意象是有端有委的。读诗者之所以要反复涵咏,正是为了以诗人审美感受中的端委为端委,从而把握贯通诗歌意象的内在的血脉。这是产生兴观群怨的前提。《姜斋诗话》中有一段话也是说的这个道理:

> "欲投人处宿,隔水问樵夫。"则山之辽廓荒远可知,与上六句初无异致,且得宾主分明,非独头意识悬相描摹也。"亲朋无一字,老病有孤舟。"自然是登岳阳楼诗。尝设身作杜陵凭轩远望观,则心目中二语居然出现,此亦情中景也。(《姜斋诗话》卷二)

"独头意识悬相描摹",就是非、比二量而不是现量,不是直接的真实的感受。王夫之认为,像"欲投人处宿,隔水问樵夫"(王维)、"亲朋无一字,老病有孤舟"(杜甫)这样的诗,就不是"独头意识悬相描摹",而是从直接审美感兴中产生的。对于这样的诗,必须反复涵咏,设身处地作审美体验,诗的意象就会活泼泼地涌现出来。

(二) 关于诗歌意象的真实性

王夫之强调审美意象必须在直接审美感兴中产生,强调审美意象的基本性质是"现量",因此他十分重视审美意象的真实性。他说的"心目之所及,文情赴之,貌其本荣,如所存而显之",以及"取景则于击目经心丝分缕合之际,貌固有而言之不欺"等等,都是说的审美意象的真实性。这种真实性,是由"现量"所决定的。"现量"的一层涵义就是"显现真实"。

从王夫之的论述来看,"现量"的"显现真实",又有两层涵义。这两层涵义,也就是审美意象真实性的两层涵义。

"显现真实"的一层涵义,是说直接审美感兴中所产生的审美意象,不仅限于显示客观事物的外表情状("物态"),而且要显示事物的内在规律("物理")。《姜斋诗话》中有一段话,把这个意思说得最清楚:

> 苏子瞻谓"桑之未落,其叶沃若",体物之工,非"沃若"不足以言桑,非桑不足以当"沃若",固也。然得物态,未得物理。"桃之夭夭,其叶蓁蓁","灼灼其华","有蕡其实",乃穷物理。夭夭者,桃之稚者也。桃至拱把以上,则液流蠹结,花不荣,叶不盛,实不蕃。小树弱枝,婀娜妍茂,为有加耳。(《姜斋诗话》卷一)

但是,诗歌审美意象所显示的"理",并不是儒家经典上的教条("经生之理"),也不是逻辑概念的理("名言之理"),而是在直接审美感兴中把握的理。"桃之夭夭,其叶蓁蓁","灼灼其华","有蕡其实",就是在直接审美感兴中把握的物理。鲍照有《登黄鹤矶》一诗:"木落江渡寒,雁还风送秋。临江断商弦,瞰川悲棹讴。适郢无东辕,还夏有西浮。三崖隐丹磴,九派引沧流。泪竹感湘别,弄珠怀汉游。岂伊药饵泰,得夺旅人忧。"王夫之评道:

> 木落固江渡风寒,江渡之寒乃若不因木叶。试当寒月临江渡,则诚然乃尔! 故经生之理不关诗理,犹浪子之情无当诗情。(《古诗评选》卷五鲍照《登黄鹤矶》评语)

这就是说,鲍照这首诗的审美意象,是不能用逻辑概念来分析的,但是它仍然是合"理"的。这种"理"不是逻辑思维的"理",而是处在当时境会中通过直接审美感兴所把握的"理"。王夫之评杜甫《祠南夕望》一诗说:

> "牵江色",一"色"字幻妙。然于理则幻,寓目则诚。苟无其诚,然幻不足立也。(《唐诗评选》卷三杜甫《祠南夕望》评语)

"于理则幻,寓目则诚",就是说,这首诗的意象显示一种幻妙的"理",这种"理",是以真实的直接的感受为基础的。也就是说,这是一种直接审美感兴所把握的"理"。

严羽说过:"诗有别材,非关书也;诗有别趣,非关理也。然非多读书,多穷理,则不能极其至。所谓不涉理路、不落言筌者,上也。"(《沧浪诗话·诗辨》)严羽竭力要把形象思维和逻辑思维区分开来。他强调"兴趣"(审美意象所包含的审美情趣),强调"妙悟"(审美感兴),强调"不涉理路"。但同时他又说"唐人尚意兴而理在其中"。他似乎朦胧地意识到审美意象、审美感兴与"理"是可以统一的。究竟如何统一,他并没有作出论述。所以"兴趣"、"妙悟"与"理"在他那里并没有真正得到统一。王夫之解决了严羽所没有解决的问题。他在《姜斋诗话》中说:

> 谢灵运一意回旋往复,以尽思理,吟之使人卞躁之意消。《小宛》抑不仅此,情相若,理尤居胜也。王敬美① 谓"诗有妙悟,非关理也",非理抑将何悟?(《姜斋诗话》卷一)

这段话就是强调诗不能脱离"理","妙悟"不能脱离"理"。那么"妙悟"与"理"怎么统一?要解决这个严羽所未能解决的问题,关键就

---

① 王世贞(元美)在《艺苑卮言》卷一曾引录严羽关于"妙悟"的言论,王夫之此处误记为王世懋(敬美)语。

在于要认识到，诗歌审美意象所显示的"理"，并非逻辑思维的"理"，而是在直接审美感兴中所把握的"理"。王夫之在评论司马彪《杂诗》时把这一点说得最清楚。司马彪《杂诗》是这样的："百草应节生，含气有深浅。秋蓬独何辜，飘飘随风转。长飚一飞薄，吹我之四远。搔首望故株，邈然无由返。"王夫之分析道：

> 王敬美谓"诗有妙悟，非关理也"，非谓无理有诗，正不得以名言之理相求耳。且如飞蓬何首可搔，而不妨云"搔首"，以理求之，讵不蹭蹬？（《古诗评选》卷四司马彪《杂诗》评语）

诗歌审美意象是要显示"理"的，但不是逻辑思维的"理"，而是在直接审美感兴中所把握的"理"。这样就把"兴趣"、"妙悟"和"理"统一起来了。这在美学史上是一个飞跃。同时代的叶燮，在这个问题上达到了和王夫之同样的认识水平。所以王夫之的这个思想，带有时代的特点。

"显现真实"的另一层涵义，是说直接审美感兴所产生的审美意象，应该显示客观事物作为一个完整存在的本来面目，而不应该用主体的思想、情感、语言的框框去破坏客观事物的完整性。王夫之所谓"貌其本荣，如所存而显之"，所谓"貌固有而言之不欺"，主要就是强调这层涵义。

任何客观事物，作为一个完整的存在，本身都具有多方面的规定性，它和人的生活也有着多种联系。"现量"的一个特点就是能够保持客观事物的这种完整性。"比量"则不然。例如拿牛和兔相比，发现它们同是兽类，或者发现它们一个有角一个无角，这样一来，牛和兔就只剩下兽类这一种规定性，或有角、无角这一种规定性，其他规定性就被抽掉了。这是用人的概念、语言把一个完整的存在加以分割（所谓"纯以意计分别而生"），从而破坏了事物本来的"体性"、"实相"，也就谈不上"如所存而显之"了。

审美意象是"情"与"景"在直接审美感兴中相契合而升华的产

物。王夫之说过："情景虽有在心在物之分,而景生情,情生景,哀乐之触,荣悴之迎,互藏其宅。"(《姜斋诗话》卷一)"情"必然通过"景"来表现,所谓"悲喜亦于物显,始贵乎诗"(《唐诗评选》卷三杜甫《喜达行在所三首》)。这是一方面。另方面,王夫之又特别强调,"天情物理,可哀而可乐"(《姜斋诗话》卷一),客观景物具有多方面的规定性。当你悲伤的时候,迎接你的客观景物有可悲伤的,也有可愉悦的;当你愉悦的时候,迎接你的客观景物有可愉悦的,也有可悲伤的。你不能用自己特定的情意去局限、分割、破坏客观景物作为多方面规定性的统一的完整存在,用王夫之的话来说,就是所谓"不敛天物之荣凋以益己之悲愉"(《诗广传》卷三《小雅》八),也就是要保持客观景物的完整性。以《诗·小雅·采薇》中"昔我往矣,杨柳依依;今我来思,雨雪霏霏"这几句诗为例。往戍时悲哀的情意,通过"杨柳依依"(乐景)来表现,更增强了悲哀的情意。诗人并没有因为自己的情意是悲哀的,就改乐景为哀景。同样,归来时愉悦的情意,通过"雨雪霏霏"(哀景)来表现,更增强了愉悦的情意。诗人也并没有因为自己的情意是愉悦的,就改哀景为乐景。再以《诗·大雅》中"倬彼云汉"(天上的银河)这句诗为例。在称颂周文王功德的《棫朴》第四章中,这句诗增添了周文王的光辉,而在忧念旱灾的《云汉》首章中,这句诗则说明了旱情的严重。"倬彼云汉"这一景象和这两首诗的情意都很融浃,诗人并没有用自己特定的情意去分割、破坏这一客观景物的完整性。这就叫"不敛天物之荣凋,以益己之悲愉"。这也就是"现量"的"显现真实"的涵义。

根据这个观点,王夫之对陶诗中"良苗亦怀新"一语提出批评:

> 陶此题凡二作,其一有云:"平畴交远风,良苗亦怀新",为古今所共欣赏。"平畴交远风",信佳句矣,"良苗亦怀新",乃生入语。杜陵得此,遂以无私之德,横被花鸟,不竞之心,武断流水。不知两间景物关至极者如其涯量亦何限,而以己所偏

得,非分相推,良苗有知,宁不笑人之曲诹哉! 通人于诗,不言
理而理自至,无所枉而已矣。(《古诗评选》卷四陶潜《癸卯岁
始春怀古田舍》评语)

王夫之的这个批评,乍看起来很奇怪。陶诗中的"良苗亦怀新",杜
诗中的"花柳更无私"、"水流心不竞",不是古今所共欣赏的名句
吗? 但是王夫之认为,在这些诗句中,诗人用一己"偏得"之意,去
缩减、分割、破坏了客观景物的完整的存在。这样的诗,不是从直
接审美感兴中产生的,不符合"如所存而显之"的要求,因此不具有
真实性。

王夫之关于审美意象的真实性的这一思想,同他的现量说紧
密相连,很值得我们研究。

(三)　关于诗歌意象的多义性

和上述关于诗歌审美意象的真实性的思想相联系,王夫之提
出了关于诗歌审美意象的多义性的思想。这一思想,集中表现于
他的"诗无达志"的命题。他在《唐诗评选》中有一段话:

只平叙去,可以广通诸情。故曰:诗无达志。(《唐诗评
选》卷四杨巨源《长安春游》评语)

"诗无达志",就是说,诗的涵意具有宽泛性和某种不确定性,或者
说,诗歌的审美意象具有多义性。这是一个极为重要的命题。

由于"诗无达志",由于诗歌的审美意象具有多义性,因此,对
于欣赏者来说,诗歌的审美意象就具有美感的丰富性。王夫之在
《姜斋诗话》中说:

"诗可以兴,可以观,可以群,可以怨。"尽矣。辨汉、魏、
唐、宋之雅俗得失以此,读《三百篇》者必此也。"可以"云者,
随所以而皆可也。……作者用一致之思,读者各以其情而自
得。故《关雎》,兴也;康王晏朝,而即为冰鉴。"讦谟定命,远
猷辰告",观也;谢安欣赏,而增其退心。人情之游也无涯,而

各以其情遇,斯所贵于有诗。(《姜斋诗话》卷一)

这段话讲了诗歌欣赏中美感的差异性。这种差异的发生,固然是由于欣赏者的具体条件所造成的,但其根据则在于诗歌审美意象具有多义性的特点。由于诗歌审美意象具有这种特点,所以可以兴、可以观、可以群、可以怨。"作者用一致之思,读者各以其情而自得。"就是说,不同的欣赏者,由于性格不同,生活经验和思想情趣不同,因此对于同一首诗,欣赏的侧重点可以不同,引起的想象、联想和共鸣可以不同,在思想上获得的感受和启示也可以不同。这与其说是艺术欣赏中美感的差异性,更不如说是艺术欣赏中美感的丰富性。王夫之认为诗歌在人类社会生活中之所以有特殊的价值,就是在于诗歌审美意象具有这种多义性的特点,亦即在于诗歌欣赏中的这种美感的丰富性。诗歌诉诸人的并不是单一的确定的逻辑认识。要用概念(即朱熹所谓"外来道理语言")来把握和穷尽诗的意象是很困难的。所以他反对艺术欣赏或艺术批评中的简单化和庸俗化的做法。他说:"陶冶性情,别有风旨,不可以典册、简牍、训诂之学与焉。"(《姜斋诗话》卷一)又说:"经生家析《鹿鸣》、《嘉鱼》为群,《柏舟》、《小弁》为怨,小人一往之喜怒耳,何足以言诗?"(《姜斋诗话》卷二)因为这些作法把审美意象的活生生的整体肢解了,破坏了审美意象的多义性,艺术也就失其所以为艺术的根据了。

王夫之认为,诗歌审美意象所以具有多义性,就因为诗歌的审美意象是从直接审美感兴中产生的。他在评论杜甫《野望》①一诗时说:

> 如此作自是野望绝佳写景诗。只咏得现量分明,则以之

---

① 杜甫《野望》:"清秋望不极,迢递起层阴。远水兼天净,孤城隐雾深。叶稀风更落,山迥日初沉。独鹤归何晚,昏鸦已满林。"

怡神,以之寄怨,无所不可,方是摄兴观群怨于一炉,锤为风雅之合调。(《唐诗评选》卷三杜甫《野望》评语)

"只咏得现量分明",这样产生的审美意象,就具有多义性,既可以怡神,也可以寄怨,无所不可。晋简文帝司马昱有首《春江曲》:"客行只念路,相争渡京口,谁知堤上人,拭泪空摇手。"王夫之评道:

> 偶尔得此,亏他好手写出。情真事真,斯可博譬广引。古今名利场中一往迷情,俱以此当清夜钟声也。(《古诗评选》卷三简文帝《春江曲》评语)

这段评语的意思也是说,从直接审美感兴中产生的审美意象,才可以博譬广引,给予人们丰富的美感和启发。如简文帝这首小诗,写的本是渡口的真实感受,但是却可以作为名利场中迷恋忘返的人们的清夜钟声。

为什么"现量"就具有多义性? 这是由"现量"的性质决定的。前面说过,"现量"的一个特点是能够保持客观景物的完整性,"如所存而显之"。在"现量"中,诗人并不用自己特定的情意去分割、缩减、破坏客观景物的完整的存在,这是一方面;另一方面,"现量"是"一触即觉,不假思量计较",也就是说,审美意象是诗人直接接触客观景物的瞬间的感兴的产物,不需要有抽象概念的比较、推理。因此,审美意象蕴涵的情意就不是有限的、确定的,而是宽泛的,带有某种不确定性。王夫之在评论一些诗歌的时候常常赞扬这些诗"不作意"(《古诗评选》卷五萧琛《别诗》评语),"宽于用意"(《唐诗评选》卷四杜甫《九日蓝田宴崔氏注》评语)、"寄意在有无之间"(《古诗评选》卷五江淹《效阮公诗》评语),就是强调诗歌涵意的这种宽泛性、不确定性。他认为,正因为诗歌涵意具有这种宽泛性、不确定性,所以才"可以广通诸情",动人兴观群怨。他在一篇文章中曾记了自己的一段经历:

> 尝记庚午除夜,兄(王介之)侍先姚拜影堂后,独行步廊

下，悲吟"长安一片月"之诗，宛转欷歔，流涕被面。夫之幼而
愚，不知所谓。及后思之，孺慕之情，同于思妇，当其必发，有
不自知者存也。(《姜斋文集》卷二《石崖先生传略》)

李白《子夜吴歌》本来是写妇女对于征戍的丈夫的怀念，王夫之的
哥哥却借这首诗来抒发自己对先辈的哀思。为什么能够这样？王
夫之开始不理解，后来懂得了。"孺慕之情，同于思妇，当其必发，
有不自知者存也。"李白诗写的是思妇之情，但是审美意象蕴涵的
这种情意带有宽泛性，所以可以通于孺慕之情。王夫之在《明诗评
选》中有两则评语也是说的这个道理：

> 谓之有托佳，谓之无托尤佳。无托者，正可令人有托也。
> (《明诗评选》卷八袁宏道《柳枝》评语)

> 绝不欲关人意，而千古有心人意自不容不动。所以贵有
> 诗者此而已矣。(《明诗评选》卷四石宝《秋夜》评语)

所谓"无托"，所谓"绝不欲关人意"，不应理解为诗的意象根本不蕴
涵情意，而应理解为诗的涵意的宽泛性、不确定性。这种涵意的宽
泛性、不确定性，是为"现量"的性质决定的。

王夫之强调审美意象的多义性，强调诗歌涵意的宽泛性、不确
定性，所以他主张把诗与议论严格区分开来，反对以议论入诗。他
说：

> 议论入诗，自成背戾。盖诗立风旨以生议论，故说诗者于
> 兴观群怨而皆可。若先为之论，则言未穷而意已先竭。在我
> 已竭，而欲以生人之心，必不任矣。(《古诗评选》卷四张载《招
> 隐》评语)

> 唐宋人于理求奇，有议论而无歌咏，则胡不废诗而著论辩
> 也。(《古诗评选》卷五江淹《清思诗》评语)

从这两段话看，王夫之反对议论入诗，就因为诗歌蕴涵的情意具有
宽泛性、不确定性，欣赏者"于兴群怨而皆可"，而议论所包含的思

想则是确定的、有限的,"言未穷而意已先竭",很难引发读者无限的情思。所以,他认为,如果要发议论,那就与诗的特性相违背,不如"废诗而著论辩"了。

王夫之强调审美意象的多义性,强调诗歌涵意的宽泛性、不确定性,所以他又强调"诗"与"乐"的联系,强调乐府诗应以"声情"取胜,强调咏史诗应"于唱叹写神理"(《唐诗评选》卷二李白《苏武》评语)。王夫之强调这些,主要不在于强调诗歌应具有音韵美,而在于强调诗歌涵意应具有宽泛性。

(四)　关于诗歌意象的独创性

前面说过,王夫之强调诗歌审美意象的基本性质是"现量",它必须从直接审美感兴中产生。由于诗人每一次审美感兴都是具体的、独特的、不可重复的,因此由审美感兴产生的审美意象就必然是新鲜的、独创的,是不能用固定的、僵死的"法"和"格"来限制的,也是不可摹仿的。王夫之说:

> 当其天籁之发,因于俄顷,则攀援之径绝而独至之用弘矣。若复参伍他端,则当事必息,分疆情景,则真感无存,情懈感亡,无言诗矣。(《古诗评选》卷四潘岳《哀诗》评语)

诗人由直接的审美感受而引发瞬间的灵感("天籁之发,因于俄顷"),从而产生审美意象。这样的意象必然是新鲜的、独创的,所谓"攀援之径绝而独至之用弘矣"。如果攀援他人,死守成法,则当事必息,真感无存,不可能有真正的审美感兴,也就不可能产生审美意象,"情懈感亡,无言诗矣"。

就这样,王夫之依据他的现量说,对于艺术的独创性进行了论证。应该说,这个论证是相当深刻的。

正是根据对于诗歌审美意象的独创性的这种认识,王夫之尖锐地批评了在诗歌创作中立门庭、讲死法的风气。他说:"才立一门庭,则但有其局格,更无性情,更无兴会,更无思致;自缚缚人,谁为之解者?"(《姜斋诗话》卷二)他说;"凡言法者,皆非法也。"(同上)他又说:"死法之立,总缘识量狭小。如演杂剧,在方丈台上,故有花样步位,稍移一步则错乱。若驰骋康庄,取涂千里,而用此步法,虽至愚者不为也。"(同上)

也正是根据对于诗歌审美意象的独创性的这种认识,王夫之又尖锐地批评了诗歌创作中公式化的倾向。他在《唐诗评选》中曾对杜牧《闻庆州赵纵使君与党项战中箭身死》一诗作了评论。他说,一般人写这种题目,总是搬用"丹心碧血"、"日月山河"、"衰草夕阳"等老一套的词句。离了这些老套,他们就感到没有地方下笔。就像"优人作老态,但赖白髯",搞得千篇一律,毫无生气。实际上,"此等题于'丹心碧血'、'日月山河'、'衰草夕阳'外,自有无限"(《唐诗评选》卷二杜牧《闻庆州赵纵使君与党项战中箭身死》评语)。审美意象的这种无限多样性,这种超出陈旧公式的独创性,就是由"现量"的性质所决定的,也就是由审美感兴的独特性和不可重复性所决定的。

以上就是王夫之对于诗歌审美意象的特点的分析。我们可以看到,王夫之对于诗歌审美意象特点的这些分析,都是从他对审美观照(审美感兴)的分析直接引出来的,也就是从他的现量说直接引出来的。正是现量说,使得他对于诗歌意象特点的分析,达到了前人所不曾达到的深度。

四、论诗的意境

王夫之不仅讨论了一般审美意象的特点,而且也讨论了诗的意境的特点。虽然他没有直接用"意境"这个词,但实际上他在很多地方都谈到了意境。如:

  知"池塘生春草"、"蝴蝶飞南园"之妙,则如"杨柳依依"、

"零雨其濛"之圣于诗；司空表圣所谓"规以象外，得之圜中"者
也。(《姜斋诗话》卷一)

"规以象外，得之圜中"(按司空图原话是"超以象外，得其环中")，
就是虚实结合的意境。他在《古诗评选》中对谢灵运《登池上楼》的
评论可以看作是这段话的意思的进一步展开：

> "池塘生春草"，且从上下前后左右看取，风日云物，气序
> 怀抱，无不显著。较"蝴蝶飞南园"之仅为透脱语，尤广远而微
> 至。(《古诗评选》卷五谢灵运《登池上楼》评语)

"从上下左右看取"，这就是"超以象外"。"风日云物，气序怀抱，无
不显著"，这就是"得其环中"。而整首诗也就呈现出一种"广远而
微至"的意境。

他在《古诗评选》中对谢灵运《田南树园激流植援》一诗的评
语，在《明诗评选》中对胡翰《拟古》一诗的评语，也是推崇这种虚实
结合的意境：

> 亦理亦情亦趣，透迤而下，多取象外，不失圜中。(《古诗
> 评选》卷五谢灵运《田南树园激流植援》评语)

> 空中结构。言有象外，有圜中。当其赋"惊风动万里"四
> 句时，何象外之非圜中，何圜中之非象外也。(《明诗评选》卷
> 四胡翰《拟古》评语)

王夫之推崇意境，还表现于他对于"影"、"声"的强调。他赞扬
刘庭芝《公子行》一诗"脉行肉里，神寄影中，巧参化工，非复有笔墨
之气"(《唐诗评选》卷一)。他赞扬赵南星《独漉篇》一诗"脱形写
影"(《明诗评选》卷一)。他还赞扬阮籍《咏怀》一诗"字后言前，眉
端吻外，有无尽藏之怀，令人循声测影而得之"(《古诗评选·卷
四》)。写形是"取象"，"脱形写影"，就是取之象外，也就是"取境"。
"脱形写影"，"神寄影中"，"令人循声测影而得之"，这样的审美意
象就是"意境"。何逊《苑中见美人》："罗袖风中卷，玉钗林下耀，团

扇承落花,复持掩余笑。"王夫之对这首诗评了八个字:"借影脱胎,借写活色。"(《古诗评选·卷三》)这首诗没有直接写美人,没有写她的形,而是脱形写影(或如徐渭所说"舍形而悦影"),借影脱胎,写出了美人的活色。王夫之常常从这个角度谈意境的创造。他指出,有一种"善于取影"的构思:

> 唐人《少年行》云:"白马金鞍从武皇,旌旗十万猎长杨。楼头少妇鸣筝坐,遥见飞尘入建章。"想知少妇遥望之情,以自矜得意,此善于取影者也。"春日迟迟,卉木萋萋;仓庚喈喈,采蘩祁祁。执讯获丑,薄言还归。赫赫南仲,猃狁于夷。"其妙正在此。训诂家不能领悟,谓妇方采蘩而见归师,旨趣索然矣。建旌旗,举矛戟,车马喧阗,凯乐竞奏之下,仓庚何能不惊飞,而尚闻其喈喈?六师在道,虽曰勿扰,采蘩之妇亦何事暴面于三军之侧邪?征人归矣,度其妇方采蘩,而闻归师之凯旋。故迟迟之日,萋萋之草,鸟鸣之和,皆为助喜。而南仲之功,震于闺阁,室家之欣幸,遥想其然,而征人之意得可知矣。乃以此而称南仲,又影中取影,曲尽人情之极至者也。(《姜斋诗话》卷一)

王夫之举出的这两首诗的构思很相仿佛。第一首,"楼头少妇鸣筝坐,遥见飞尘入建章",这是少年战士想象中的情景。第二首,"春日迟迟"时采蘩妇女听到凯旋消息,为征人的赫赫战功而欢欣鼓舞,是征人想象中的情景。想象是"虚",而在这两首诗中化"虚"为"实",出采蘩妇女为自己的战功感到骄傲的心情。这就叫"影中取影"。训诂家把这首诗解释为实写采蘩妇女遇见归师的情景,就索然无味了,而且也不合情理("仓庚何能不惊飞?""采蘩之妇亦何事暴面于三军之侧邪?")。善于"取影",创造出虚实结合的审美意象,就能"曲尽人情之极至"。而这就是"意境"。"取影"的构思,就是意境的构思。

"意境"和"意象"并不是同一的概念。"意境"的内涵比"意象"丰富,"意象"的外延大于"意境"。因此,并不是一切审美意象都是意境,只有取之象外,才能创造意境。王夫之《唐诗评选》有一段话说明了这个区别:

> 工部之工,在即物深致,无细不章。右丞之妙,在广摄四旁,圜中自显。如终南之阔大,则以"欲投人处宿,隔水问樵夫"显之;猎骑之轻速,则以"忽过"、"还归"、"回看"、"暮云"显之。皆所谓离钩三寸,鲅鲅金鳞,少陵未尝问津及此也。然五言之变,至此已极。右丞妙手,能使在远者近,抟虚作实,则心自旁灵,形自当位。苟非其人,荒远幻诞,将有如一一鹤声飞上天,而自诧为灵通者,风雅扫地矣。是取径盛唐者节宣之度,不可不知也。(《唐诗评选》卷三王维《观猎》评语)

王夫之在这里把杜甫和王维作了对比。他认为,杜甫诗的特点是"即物深致,无细不章",这是"工";而王维诗的特点是"广摄四旁,圜中自显",这是"妙"。"即物深致,无细不章",这是"取象",创造的是一般的审美意象;"广摄四旁,圜中自显",这是"取境",也就是取之象外,创造的就是意境。王维的诗不局限于具体的物象,而是"广摄四旁",伸向无尽的空间,又能"使在远者近,抟虚作实"(如终南之阔大,则以"欲投人处宿,隔水问樵夫"显之)。这样的审美意象,就不是某一具体物象的刻画,而能显示整个宇宙的生气,所谓"离钩三寸,鲅鲅金鳞"。这样的审美意象,就从有限而趋向无限,所谓"长可千年,大可万里,一如明月之在天而不可改"(《古诗评选》卷四陆机《赠弟士龙》评语)!王夫之认为,杜甫往往"只用一钝斧子死斫见血"(《明诗评选》卷四《饯孔周席上话文衡山王履吉金元宾》评语),"世之为写情事语者苦于不肖,唯杜苦于逼肖"(《唐诗评选》卷一杜甫《哀王孙》评语),所以杜诗有意象,却很少有意境,所谓"少陵未尝问津及此也"。当然,王夫之也指出,如果脱离实际的审美感兴而追求这样的意境，只有虚而没有实，就有可能走到"荒远幻诞"、空有虚声的歧途上去。

王夫之一再强调，这种"离钩三寸，鲅鲅金鳞"、虚实结合、不即不离的意境，必须在直接审美感兴中得到。他说，

> 以神理相取，在远近之间，才着手便煞，一放手又飘忽去。如"物在人亡无见期"①。捉煞了也。如宋人咏河鈍云："春洲生荻牙，春岸飞杨花。"（梅尧臣：《范饶州坐中客语食河豚鱼》）饶他有理，终是于河鈍没交涉。"青青河畔草"与"绵绵思远道"，何以相因依，相含吐？神理凑合时，自然恰得。（《姜斋诗话》卷二）

"以神理相取，在远近之间"，这是对意境的很好的描绘。意境不能捉煞，也不能飘忽上天。"物在人亡无见期"一诗，有近无远，有实无虚，是捉煞了。"春洲生荻牙，春岸飞杨花"一诗，有远无近，有虚无实，是飘忽走了。这样的诗都没有意境。"青青河畔草，绵绵思远道"则是"超以象外，得其环中"，有虚有实，不即不离，这才是诗的意境。王夫之认为，这种意境是在直接审美感兴中自然得到的。

（选自《北京大学学报》，1985 年 2 期）

叶朗（1938—　），浙江衢州人。任北京大学哲学系教授，博士生导师，北京大学艺术学系系主任，中华美学学会第四届、第五届副会长兼高校美学研究会主任，政协九届常委。主要研究方向为中国哲学与中国美学。主要著作有《中国小说

---

① 李颀《题卢五旧居》："物在人亡无见期，闲庭系马不胜悲。窗前绿竹生空地，门外青山如旧时。怅望秋天鸣坠叶，巉岏枯柳宿寒鸦。忆君泪落东流水，岁岁花开知为谁。"

美学》、《中国美学史大纲》、《现代美学体系》(主编)、《胸中之
竹——走向现代之中国美学》等。

　　《王夫之的美学体系》是以诗歌意象为中心的,诗歌意象
是情与景的内在统一,情景统一是诗歌意象的基本结构。诗
歌审美意象产生于直接的审美观照中,审美观照必须具有"现
在"、"现成"、"显现真实"三种性质。诗歌意象呈现出整体性、
真实性、多义性、独创性等特点。王夫之还谈论到诗歌意境的
问题。

中国古典美学的奠基石

——论《乐记》的美学思想

周来祥

《乐记》是我国古典美学的奠基石,在我古典美学史和古典文艺理论史上占着重要的位置,对它的理论思想应作深入的研究,对它的价值和影响应予以充分的评价。

《乐记》原二十三篇,现存于《礼记》中的有乐本、乐论、乐施、乐言、乐礼、乐情、乐化、乐象、宾牟贾、师乙、魏文侯等十一篇(这十一篇的次第,与刘向《别录》《史记·乐书》都略有差异),这些主要是阐述音乐和文艺的美学原理的。其余十二篇仅存目录,孔颖达《礼记·乐记》疏云:"案《别录》十二篇余次,奏乐第十二,乐器第十三,乐作第十四,意始第十五,乐穆第十六,说律第十七,季札第十八,乐道第十九,乐义第二十,昭本第二十一,招颂第二十二,窦公第二十三是也",这十二篇大多是谈音乐舞蹈的表演技艺和用乐舞的制度、仪式的,大概汉儒重理论而轻技艺,所以被删落了。

关于《乐记》的作者和成书年代。学术界历来是有争议的,主要有这样几种意见:

郭沫若同志的看法是一种比较有代表性的意见。他在1943年写的《公孙尼子与其音乐理论》一文中(见《青铜时代》),认为乐记作者是公孙尼子,他怀疑就是七十子中的公孙龙(据《史记·仲尼弟子列传》），龙是尼之误。公孙尼可能是孔子的直传弟子，少孔子五十三岁。其活动年代，当比子思稍早。"虽不必怎样后于子贡子夏，但其先于孟子荀子，是毫无问题的。"捷克斯洛伐克的伍康妮和董健从此说，伍康妮在《春秋战国时代儒、墨、道三家在音乐思想上的斗争》一书中，根据郭老的意见，认为公孙尼子为公元前五、四世纪之间的人物。董健在《乐记是我国最早的美学专著》一文中，依班固《汉书·艺文志》公孙尼是"七十子之弟子"的说法，推断他为：公元前五世纪中期到公元前四世纪初期这一时代的人（约公元前450年—公元前389年），即战国初期人。钱穆的《先秦诸子系年》虽然肯定《乐记》为公孙尼子所为，但又认为公孙尼是荀子的门徒，时间推迟到战国末年。郭沫若同志在上文《追记》中曾予以辩证。

丘琼荪在《历代乐志律志校释》序中，对郭老的意见提出质疑。他认为《乐记》是"汉武帝时杂家公孙尼所作"，"此人的思想，与尸佼、荀况、吕不韦诸人相接近，因而掇拾儒家经典及以上诸家之说而为乐记"。这是第二种意见。

第三种意见是宋代人黄震提出的，他认为《乐记》是河间献王刘德所作（见《黄氏日记》）。近人也有从此说的，如中央音乐学院理论组的《乐记批注》的附录《关于〈乐记〉的作者与成书年代问题》中说："我们认为《乐记》成书于汉武帝时代，作者是刘德及其手下的一批儒生"，是他们"采取先秦儒家诸家有关音乐的言论编纂而成的"。

在以上三种说法中，我基本上同意郭老的主张，这一方面根据前人的记载，一方面也根据《乐记》理论思想的历史特点。

班固在《汉书·艺文志》序中说："武帝时，河间献王好儒，与毛生等共采《周官》及诸子言乐事者，以作《氏记》……其内史丞王定传之，以授常山王禹。禹，成帝时为谒者，数言其义，献二十四卷《记》。刘向校书，得《乐记》二十三篇，与禹不同。"有何不同，虽未言明,但从文字和语气看,似非指刘德《乐记》的两种不同的传本,而是说有两种不同的《乐记》。献王的《乐记》二十四篇,而刘向所得的《乐记》只二十三篇,与今传公孙尼子《乐记》的篇数相合。这里实际上已否定了刘德作《礼记》的说法。

关于公孙尼子作《乐记》的记载,最早见于《隋书·音乐志》。它引了梁武帝的《思弘古乐诏》和沈约的奏答,沈约说《礼记》中的《乐记》"取公孙尼子"。唐人张守节的《史记正义》也说:"乐记者公孙尼子次撰也。"此外如虞世南的《北堂书钞》、马总的《意林》、徐坚的《初学记》、李善的《文选注》,都引过《公孙尼子》一书的话(《乐记》是其中一篇),与今传《乐记》中的文字相同,说不定唐时《公孙尼子》尚存于世。

关于《乐记》的成书年代,最有力的根据还在其内容的历史特点。第一,其论人性的观点,与孔子"性相近,习相远"的说法很相近,而与后来孟子之性善、荀子之性恶相去甚远。第二,其元气说、阴阳说更近于《周易》以来春秋间的音乐思想,与郑史伯、晏子、医和相去不远而又有所发展,而与后来《吕氏春秋》的"本于太一"说大相径庭。第三,"用于宗庙社稷,事乎山川鬼神","圣人作乐以应天"的思想,与其说是汉代董仲舒天人感应的思想,不如说是更古老的原始宗教巫术盛行时音乐思想的残留,更为确切,大概同《尚书·尧典》中"神人以和"的说法相近。第四,礼、乐、刑、政四者并用的思想,是对孔子礼乐观的重大发展,与战国中期宋、尹学派的政治主张大体一致,成为由孔子的礼乐治国到荀子的以法治改造礼治思想发展的一个中间环节,这种政治主张正是春秋战国间阶级斗争的历史产物。第五,《乐记》中没有后来荀子《乐论》中非墨的内容,由此观之,它可能略早于墨子,起码是成书于墨子的非乐之说在社会上尚无显著影响的时候。否则,它不可能对墨子沉默不言。第六,《乐记》之乐为和的思想,更接近于春秋间和孔子的音乐思想,而与战国末期的荀子有明显的不同。荀子的《乐论》虽然也讲音乐对内的团结(揖让)作用,但已重视对外的"征诛"作用,并特别强调音乐为统一天下服务的思想,而这是战国初年的《乐记》没有的时代特色。这也说明《乐记》是早于荀子的《乐论》的。第七,其唯物主义和素朴的辩证法的思想和思维发展的历史特点,正与《孙子兵法》、《孙膑兵法》相类似,其产生的时代应相去不远,而不可能诞生在谶纬神学和形而上学盛行的汉代。以上七点都说明《乐记》的思想更接近孔子和春秋间的思想,它不同于尸佼、荀况、吕不韦,而是由孔子到荀子发展过程中间产生的一种历史现象,因而成书年代定于春秋末战国初是比较适当的。当然经过秦火和楚汉相争,《乐记》可能有所散佚,汉儒又重新作过编纂是很可能的(编纂的痕迹非常明显,如有些篇的中心思想不明确、结构不完整、段落之间缺乏有机联系和文字语意的重复等),但主要文字和内容还应是采自公孙尼子的。

公孙尼子是孔子的弟子,从主要倾向看《乐记》也是儒家文艺理论和美学思想的集中代表。以上三种意见,除丘琼荪同志认为是杂家思想之外,其他人都一致肯定是儒家思想,既是丘琼荪同志也认为是"掇拾儒家经典"而成。但公孙尼子并非在孔子后面踏步,而是承孔子而前进。它总结了《周易》、《尚书》以来春秋间的音乐思想,顺应时代的要求,兼采了法家的主张,发展了儒家的思想,铸成我国第一部较为成体系的文艺理论和美学著作,它可以说是我国古典文艺理论和古典美学的奠基之作。

音乐的时代孕育了音乐的美学

先秦的美学主要是音乐美学,当时诗、文、画论还只有一些零星的(尽管可能是重要的)观点,只有以《乐记》为代表的乐论在我国古代美学史上形成了第一个较为完整的体系。

音乐(包括诗、舞)是先秦时期脱离了实用的、依附状态的比较纯粹的艺术形式。诸子的散文主要是哲学、政治、历史的学术著作,不是独立的文学体裁。先秦的绘画和雕刻虽有相当的发展,如晚周夔凤搏斗的帛画、战国前后的漆画、《天问》中记载的楚国宗庙祠堂中的壁画、湖北隋县曾侯乙墓出土的青铜鹿角立鹤和卧鹿木雕等都已达到较高的艺术水平。但总的看来,它们还处于依附或象征的地位,或作为建筑、工艺制作的附属品,或作为善恶、吉凶的象征物(鹤、鹿等雕像主要是作为长寿、祥瑞、太平的象征而存在,工艺器皿上的雕刻、绘画,有时也兼有象征的含义),一般说来还不是作为供人观照的单纯的欣赏对象。音乐虽然和礼有密切关系,但它已被视为引起人们快乐的主要对象。因而音乐的美学也成为那时比较典型的、纯粹的美学理论,或者说是我国古典美学在先秦时期的一个具体的历史形态。

为什么我国古代首先创造了音乐美学,而欧洲特别是古希腊最早出现的却是《诗学》(实是戏剧美学)呢?这可能因为先秦时期是我国音乐艺术繁荣的时期,同古希腊之悲剧和雕塑的繁荣不同。从美学的观点看来,先秦时代也可以称之为是一个音乐的时代。这种音乐的繁荣由下列几个方面作为标志:第一,从乐器和乐律看,大概周代见于文字记载的乐器已近七十种,《诗经》中就出现过二十九种,春秋战国间已达八十余种之多,按乐器的质料分为"金、石、土、革、丝、木、匏、竹"等八类,即所谓"八音"。板乐、管乐之外,出现了弦乐器,原来以定音、节奏为主的钟,已向演奏旋律、曲调发展。七声音阶的运用,十二平均律音律体系的形成,三分损益的乐律计算法和旋宫转调(调性和调式的转调)法的创造,标志着我国乐律发展的高度水平。不久前在湖北隋县出土的战国初期曾侯乙墓中的礼乐器物,生动地显示了战国早期我国音乐艺术的高度发展。仅以其有代表性的全套编钟看,即达六十四件,全用青铜铸成。最大的甬钟,通高153.4厘米,重203.6公斤。最小的钮钟,通高只有20.4厘米,重2.4公斤,全部重达2500公斤,悬挂在铜木结构的钟架上,屹立于地下达二千年之久,出土后仍能发出优美的音乐。它音域宽广,变化音比较完备,古今乐曲都能演奏。据测定:其总音域跨五个八度,比现代乐器中音域最宽的钢琴少一个高八度和低八度。它已有七个音阶、十二个半音,可以旋宫转调。六十四件编钟分为九组,其共同的音阶结构和目前国际上通用的C大调七声音阶同一音列。更引人注意的是不同的编钟在基本七音之外,又分别具有或同或异的变化音,合起来又十二律齐备,可以在三个八度的中心音域范围内,构成完整的半音阶,这在世界音乐史上也是了不起的创造。欧洲出现十二平均律只是近几百年的事,我们却运用于二千多年之前。五声、七声是音阶,十二律是乐律(音阶的标准),这两样齐备,而且与现代音乐之音阶、乐律基本一致,可以想见先秦时代音乐的高度繁荣和成熟状态。第二,从乐曲发展的水平看,虽然古曲早已失传,我们已听不到一支先秦的乐曲,但根据《诗经》和《楚辞》篇章结构的变化仍可推断出一些音乐曲式的情况。据杨荫浏先生在《中国音乐史纲》中的统计,《诗经》中已有十种不同曲式的变化。曲调反复是最常见的,如国风中《周南·桃夭》就是一个曲调重复三次,《大雅·大明》是两个曲调交互轮换,《郑风·丰》则是两个曲调各自重复共组一歌。当然也不是简单的重复,而是在反复中略有变化,或前有付歌,或后有尾声,或中间有变奏,整齐变化的规律已被掌握和运用。从屈原的作品看,至少已有四种不同的曲式,并包含着乱、少歌、倡等多种曲式因素的运用。孔子有一段话,描绘了春秋以前曲式结构的一般情况,他说:"乐其可知也。始作,翕如也,从之,纯如也,皦如也,绎如也,以成。"(《论语·八佾》)有开端、发展、高潮、终结,结构已很完整。曲式中各部分,已有显著不同的变化,有的稳定和谐,有的明快热烈,有的平静有序,反映了曲式的丰富和高度发展。第三,从音乐的演唱水平和普及情况看,这时已有歌手和演奏家称闻于世。卫国的师涓,晋国的师旷,郑国的师文,鲁国的师襄等都是著名的乐师,除宫廷外,民间的伯牙也以善琴传闻于世,他的老师成连也是一位名家。"昔者王豹处于淇而河西善讴;绵驹处于高唐而齐右善歌",(《孟子·告子》)卫国的王豹,齐国的绵驹不只是名振一时的歌手,而且带动和提高了当地演唱的水平。孔子能弹琴鼓瑟唱歌,对音乐有很高的修养和鉴赏能力,是人所共知的。庄子这位音乐的否定论者,在妻亡后,也曾"鼓盆而歌"(《庄子·至乐》)。韩国的韩娥以卖唱为生。秦国的秦青以教唱为业(见《列子·汤问》)。伍子胥曾"鼓腹吹篪,乞食于吴市"(《史记·范雎传》)。荆轲刺秦王,临别燕太子丹时,曾唱过"风萧萧兮易水寒,壮士一去兮不复还"那首名曲。苏秦曾对齐宣王说:齐国的临淄,"其民无不吹竽,鼓瑟,击筑,弹琴"(《战国策·齐一》)。可见音乐已深入人们的日常生活,能歌善弹是相当普遍的情况。在氏族奴隶主贵族中,音乐更是他们须臾不可离的享乐品和等级特权的标志[按照周代以来的礼乐制度,对各个等级的用乐都有严格的规定,如乐队(包括舞队)的人数、乐器的种类以及它们排列的次序方位,王、侯、卿、大夫、士都是不同的,作为等级的特权不能僭越]。礼乐紧密相联,各种祭祀、礼仪,诸如祭神、求雨、驱疫、燕礼、射仪、王师大献、各国使节往来,无不伴以乐舞。正因为音乐的高度繁荣及其在社会上产生的广泛深入的影响,才引起了各个阶级、阶层及其思想家(特别是儒家)的注意和重视,从而加以总结、提倡和利用。先秦的著作中没有不谈到音乐的,而儒、墨、道、法围绕音乐问题也曾展开过一场大论战,都充分说明了这一点。《乐记》之前,关于音乐的思想资料见于文字记载的要以《尚书·尧典》为最早,晚周以来的史伯、季札、晏婴、医和、州鸠、子产、师旷、观射父、平公等都发表过关于音乐的言论。孔子主张以礼乐治国，对音乐作了更多的研究和论述。《乐记》正是吸收了《尧典》以来的音乐美学观点，特别是直接继承和发展了孔子的音乐美学思想，对先秦高度繁荣的音乐文化作了概括性的理论总结，而提出的一个最早的较为完整的美学体系。这个体系包括哪些重要的理论内容，揭示了哪些基本的美学原理呢？我认为主要有以下几点：

乐者……其本在人心之感于物也

《乐记》的音乐观、文艺观和美学观是素朴的唯物主义和素朴的辩证法的，这首先表现在它对音乐和现实生活关系的论述上。《乐本篇》如它的篇名所标示的那样，集中地论述了音乐美学的这一根本问题，其中最重要的有这样几段话：

"凡音之起，由人心生也。人心之动，物使之然也。感于物而动，故形于声。声相应，故生变，变成方，谓之音。比音而乐之，及干戚羽旄，谓之乐。乐者，音之所由生也；其本在人心之感于物也。是故其哀心感者，其声噍以杀；其乐心感者，其声啴以缓；其喜心感者，其声发以散；其怒心感者，其声粗以厉；其敬心感者，其声直以廉；其爱心感者，其声和以柔；六者非性也，感于物而后动。"

"凡音者，生人心者也。情动于中，故形于声；声成文，谓之音。是故治世之音安，以乐其政和；乱世之音怨，以怒其政乖；亡国之音哀，以思其民困。声音之道，与政通矣。"

"是故审声以知音，审音以知乐，审乐以知政，而政道备矣。"

这三段话首先阐明音乐是表现"人心"的，是一种偏重于表现的艺术。而在"人心"中,音乐不是表现它心智的方面,而是抒发其感情的方面,[《乐言篇》:"夫民有血气心知之性",明确地把人心分为情(血气)和智(心知)两个方面。]哀、乐、喜、怒、敬、爱等情感形态,不完全是物的客观内容的反映,而是"乐其政和"、"怒其政乖"、"思其民困"的主客观关系的表现。它包括"政和"、"政乖"、"民困"的客观现实因素,也蕴含着"乐"、"怨"、"思"等主观成分。这一论断从根本上概括了音乐艺术的基本特点(这里还论述了情与声、音、乐的关系,这到后面再讲)。其二,《乐记》虽然强调了音乐表情的美学本质,强调了以心感物的主观情感的能动作用,但最终还是肯定了客观现实的至上权。"六者非性也,感于物而后动","非性也"即不是天赋的原来就有的意思,喜、怒、哀、乐、敬、爱不是凭空而来的,而是受到客观"物"的影响才产生的。从反映论的根本原理说,情感以及思想、意志等主观意识,其最终根源还在客观世界之中。客观存在决定主观意识,而不是相反。"感于物而后动",坚持了素朴的唯物主义观点,同殷周以来唯心论的天命观划清了界限。其三,《乐记》所说的"物",不仅是指具体的物,而且还接近于"物质"这样一个抽象概括的哲学范畴。在谈到人类社会生活时,特别突出了"政",认为政治上的"安"或"乱",制约着人们的情感,影响着音乐的"乐"或"怨"。这既强调了音乐和政治的联系,(虽然这种强调有些过于偏狭)又把政治包括在"物"的范畴之中,这是一个重要的论点。其四,正因为政治制约着音乐,音乐反映着政治的状态,所以便可以"审乐以知政",从"音安"、"音怨"、"音哀"的不同表现,而窥知"治世"、"乱世"或国亡"民困"的社会政治状态,《乐记》指出音乐的情感作用,同时肯定它的认识意义,不只是从它再现客观对象的内容上(如对《武》乐歌颂武王伐纣历史事件的分析),而且从哀、乐、怒、怨等情感的变化而洞察社会治乱上,看到了这一点,也是儒家乐论的一个特点。

　　《乐记》素朴的唯物主义和素朴的辩证法的文艺观和美学观，是对晚周以来音乐美学观点的重大发展。春秋时期已把元气说和阴阳说运用于解释音乐。哲学上的元气说是唯物的，它认为世界是由"气"构成的，那么，绘画和音乐自然也是由"气"产生的，所谓"天有六气，降生五味，发为五色，征为五声"（《左传》昭公元年）。而"六气曰：阴、阳、风、雨、晦、明"（同上）。用这种阴阳对立的思想观察音乐，就把十二律说成是由阴阳构成的，阳为律，阴为吕，六律和六吕合为十二平均律。音乐既然由阴阳相济而生，自然也就有调和阴阳的作用，产生使"气无滞阴，亦无散阳，阴阳序次"（《国语·周语》）的功效。这较之《尚书·洪范》中提出的金、木、水、火、土五行的元素说，无异是前进了一步。但作为一个哲学范畴，还很不精确。《乐记》一方面还保留着元气说，但又提出了"物"的概念，以和"人心"相对待，比元气说更进一步了。这样音乐就不是由难以琢磨的"六气"产生，而是由"人心之感于物"、"情动于中，故形于声"的结果。"物"、"政"、"情"虽还是抽象的，不是阶级的对立统一，却较元气说更接近真理。同时，元气说把自然界看作是由气构成的，也把音乐、情感等主观意识形态的东西说成是由气所生的。"民有好恶喜怒哀乐，生于六气。"（《左传》昭公二十五年）划不清物质和精神、主观和客观、审美对象和审美意识的界限，看不到二者的本质区别。《乐记》以"物"和"心"、"政"和"情"相对待，既指出主观和客观、物质和意识的区别，又阐明了音乐和现实生活素朴的唯物辩证的关系。它"审乐以知政"的观点，比宣和阴阳二气的说法更现实化、更政治化了。宣气说有更多的自然成分，知政说则更强调了社会作用，这是音乐由与生产斗争相结合，逐步发展到更多的和社会政治斗争相结合在理论上的表现。

　　孔子提出了"兴"、"观"、"群"、"怨"的诗学原则，但没有从认识论的角度分析诗与现实的关系，《乐记》则承继了孔子唯物的音乐、诗歌的观点,吸取和运用春秋间辩证的阴阳学说,从认识论的角度对音乐和现实的关系作了较为全面系统的论述,建立了儒家的素朴的唯物辩证的文艺观和美学观。这种素朴的唯物主义和素朴的辩证观点,不只是表现在对音乐和现实关系的阐述上,而且是贯串于整个体系之中的,这在以后的论述中就会看到这一点。

先秦美学和哲学的发展是一个否定之否定的过程,走着一个"之"字的路。《易经》和《尚书》中的《洪范》、《尧典》提出了较为原始的唯物辩证的美学和哲学观点。之后,老子走向辩证的客观唯心主义,孟子走向主观唯心主义,宋、尹学派和墨家坚持了唯物主义路线,到荀子才又达到唯物论和辩证法在更高水平上的结合。而在此之前的战国初期,《乐记》则在文艺理论和美学领域实现了这种综合,稍后的《孙子兵法》和《孙膑兵法》则在军事学的领域达到了这种综合,开了荀子的先河,在这个意义上说,《乐记》在中国美学史、文艺理论史乃至哲学史上都具有重要的地位。

礼节民心,乐和民声

《乐记》论述了礼乐相互区别和交互为用的观点,阐明了音乐和礼仪、道德、政治的复杂关系,极大地甚至是过分地强调了音乐的社会作用。

最早的礼原指祭神的仪式,《说文·示部》:丰,履也,所以事神致福也。从示从丰。又《丰部》:"丰,行礼之器也。从豆象形。"所谓象形指似二玉在器之形,古代以玉祀神,故王国维在《释礼》中说:"盛玉以奉神人之器谓之丰若丰。推之,而奉神人之醴体,亦谓之礼。又推之,而奉神人之事,通谓之礼。"后来更逐渐扩大为一切礼仪,包括冠、昏、丧、祭、燕、飨等典礼和各国间交际的礼节仪式、从祀神到各种礼仪大都伴有相应的乐舞,所以礼和乐早就结下了不解之缘。周代以来更逐步摆脱宗教神权的迷信色彩,着眼于从节制人性加强政治统治的角度谈礼,人开始被尊重起来,周礼的基本内容是体现"君君臣臣父父子子"的家长制氏族贵族等级制和以血缘关系为纽带的宗法制的,到《乐记》,礼乐这对范畴的内容更为丰富和深刻了。

首先,《乐记》认为礼乐这对范畴是互相区别的,各有自己质的规定性,从哲学上看:

"乐者为同,礼者为异。"(《乐论篇》)

"乐者,天地之和也;礼者,天地之序也。和,故百物皆化;序,故群物皆别。"(《乐论篇》)

"天高地下,万物散殊,而礼制行矣;流而不息,合同而化,而乐行焉。"(《乐礼篇》)

"乐统同,礼辨异,礼乐之说,管乎人情。"(《乐情篇》)

礼、乐概括了客观事物的普遍规律,礼指"天地"、"万物"、"人情"的区别、差异,乐指"天地"、"万物"、"人情"的合同、和谐、转化和发展。换句话说,礼侧重于矛盾的差别和对立,乐侧重于矛盾的和谐与统一。在这个意义上,礼、乐是一对极广泛而深刻的哲学范畴。

从政治和伦理上看:

"礼义立,则贵贱等矣;乐文同,则上下和矣。"(《乐论篇》)

"天尊地卑,君臣定矣;卑高已陈,贵贱位矣;动静有常,小大殊矣;方以类聚,物以群分,则性命不同矣;……如此,则礼者,天地之别也。"

"乐在宗庙之中,君臣上下同听之,则莫不和敬;在族长乡里之中,长幼同听之,则莫不和顺;在闺门之内,父子兄弟同听之,则莫不和亲。故乐者,审一以定和……所以合和父子君臣,附亲万民也,是先王立乐之方也。"(《乐化篇》)

可是,礼是规定君臣、上下、贵贱的等级区别和父子、兄弟、长幼之宗族序列的,乐是"附亲"、"合和"君臣、上下、父子、长幼之间的关系的。或者说,礼是规定贵族等级制度和宗法制度中的等级划分及长幼区别的,乐则是促进各个等级和宗族内长幼之间的协调和谐的。

从礼乐的不同作用和效果看:

> "乐由中出,礼自外作。乐由中出故静,礼自外作故文。……乐至则无怨,礼至则不争。"(《乐论篇》)

> "故乐也者,动于内者也;礼也者,动于外者也。乐极和,礼极顺,内和而外顺,则民瞻其眼色而勿与争也,望其容貌而民不生易慢焉。故德辉动于内而民莫不承听,理发诸外而民莫不乘顺。"(《乐化篇》)

这就是说,乐偏重于治心,它以情感人,以德化人,潜移默化地使人"承听"和顺,心悦诚服地安于被统治的地位。礼则侧重于给人们的行为作出外在的规范。从理智上、制度上强制人们去遵守,令人驯顺地按照统治者的礼仪和道德法规去行动。也可以说,礼乐是民族贵族统治者驾驭人民的两手,一从内,一从外;一从感情,一从理智;一用制度规范的强制手段,一用潜移默化的感化力量,目的是使人们内则无怨外则不争地服从于统治者的意志,使社会呈现一种所谓内和而外顺的礼乐之治的升平景象。这种理想化的升平景象,实质上是正在瓦解的氏族贵族统治的早期奴隶制的幻想式的再现。因为是早期的奴隶制,所以强调等级划分的"礼",又因为是早期奴隶制,基本上还保留着原始氏族公社的组织和以血缘关系为基础的宗法制度(等级划分正是这种宗法制度的扩大和延伸)及民主习俗,所以又强调君臣上下长幼尊卑之间的"和"。可见,礼与乐的结合正是早期氏族贵族统治的典型形态,是巩固这种奴隶制的。

礼和乐是相互区别的,各有自己的本质、特点和作用,同时《乐记》又认为二者是互相联系,不可分割、不可偏废的。过于侧重于乐则使人们放纵不羁,过于偏重于礼则使人们离而不亲(《乐论篇》:"乐胜则流,礼胜则离")。乐搞得超过极限,就会走向反面,招致忧乱;礼搞得过分,没有节制,也会产生邪恶(《乐礼篇》:"乐极则忧,礼粗则偏。"王船山:《礼乐章句》:"粗,美而不知节也。偏,不正,邪恶也。"),所以礼乐不可分离,必须相辅相成,交互为用,共为儒家修身齐家治国平天下的重要手段。《乐记》说:"礼节民心,乐和民声,政以行之,刑以防之,礼乐刑政,四达而不悖,则王道备矣。"又说:"礼以导其志,乐以和其声,政以一其行,刑以防其奸。礼乐刑政,其极一也,所以同民心而出治道也。"(《乐本篇》)礼、乐、刑、政四者并用,礼治和法治、王道和霸道兼而施之,这对孔子礼乐治国的思想是个重要的发展。"郁郁乎文哉,吾从周。"孔子赞美周代的文化,但并不是完全照搬周代的礼乐。在复古的形式下,他给礼乐注入了新的内容,这就是"仁"。"仁者,爱人。"不管这人是特指贵族还是泛指全民,主要的是他用人和殷周以来的神权相对立,虽然孔子没有完全摆脱天命观的羁绊,但他爱人、尊重人、重视人事,使礼乐冲出神权政治的藩篱,有其符合历史潮流的进步的一面。孔子维护和企图恢复氏族公社末期以血缘关系为基础的等级制度和宗法制度,是保守的,甚至是反动的。但从抛弃神道观,重视人道的思想看,又无疑是进步的。这与《左传》中所表现的"国将兴,听于民;将亡,听于神"的时代精神是一脉相通的,是新兴工商奴隶主进步思想的反映。到战国初期,《乐记》进一步提出了礼法并施的主张,与战国中期宋尹学派的政治思想是一致的,符合新兴阶级的政治需要,也为荀子以法治改造礼治的思想铺设了津梁。当然,它还未达到荀子的高度,四者之中仍以礼乐为重,刑政为轻。"乐至则无怨,礼至则无争,揖让而治天下者,礼乐之谓也。"(《乐论篇》)礼乐治国还是《乐记》的最高理想。

礼乐所以成为安民治世之大略,是建立在这样一种人性论的基础上的。它不是后来孟子的性善论,也非荀子的性恶论,而和孔子"性相近,习相远"的说法很接近。《乐本篇》说得很清楚:

"人生而静,天之性也;感于物而动,性之欲也。物至知知,然后好恶形焉。好恶无节于内,知诱于外,不能反躬,天理灭矣。夫物之感人无穷,而人之好恶无节,则是物至而人化物也。"

"人化物也者,灭天理而穷人欲者也。于是有悖逆诈伪之心,有淫泆作乱之事。是故强者胁弱,众者暴寡,知者诈愚,勇者苦怯,疾病不养,老幼孤独不得其所,此大乱之道也。是故先王之制礼乐,人为之节。"

这就是说,人天赋的本性原是净的,像一张白纸,虽不能说善,但也绝非恶。后天受到客观事物的影响,才产生一定的情感意欲。但这种情感只有当理智分辨了事物的是非后,才能辨别善恶形成好恶的态度。若好恶之情不加节制,任其恶性发展,就会丧失理性,放纵情欲,走向邪恶,所以好恶之情不节,乃大乱之祸根。它并不完全否定人的欲望和本能,而只是要求加以节制和引导。由此出发,《乐记》认为制礼作乐就是为了节制人性、引导民心,铲除祸根,以出治道的。这一方面论述了音乐起源的原因,一方面阐明了音乐的社会功能。当然"礼节民心,乐和民声"的观点也是抽象的,但比之性善、性恶说来,似乎有更多的唯物成分。因为无论性善或性恶,都承认天赋的善恶本性。孟子认为人生来都具善心,只要统治者发善心,行仁政,"与民同乐",就可以实现王道乐土。荀子认为人生来就是恶的,必须用人为的礼乐使之改恶向善,才能建立安定统一的社会秩序。而《乐记》却不言人性之善恶,似乎主张人性是中性的,只有受到环境外物的影响,在理性的基础上才产生一定的善恶观念。它只是说,这种好恶必须用礼乐加以节制和引导,不能走极端,这样就可以止动乱而出治世,显然,这是一种后天论,否定了先天的善恶观。

情见而义立,乐终而德尊

从表面上看,《乐记》并没有专篇集中论述过音乐的本质、特征及其特殊规律,因而也有人认为《乐记》主要是谈音乐与伦理、政治等关系的。实际上《乐记》在探讨情与物、乐与礼的关系时,已在比较中基本上阐明了音乐的本质和特征。若观之全篇,更可以看出《乐记》对音乐的独特规律也有一些深刻的认识。

《乐记》首先严格区分了"声"、"音"、"乐"这三个不同的概念:

"感于物(指心感于物)而动,故形于声。声相应,故生变,变成方,谓之音。比音而乐之,及干戚羽旄,谓之乐。"(《乐本篇》)

在这里"声"相当于我们现在所说的乐音(非自然之音),是音乐表现感情借以物化的艺术语言。"音"相当于我们现在所说的音乐,它是"声"按照情感的要求,同时又依照音乐形式美的规律创作而成的["声相应,故生变,变成方,谓之音",不同声的相异相和而生变化,变化而有一定规律(方)这就是音]。"乐"是依照音的曲调用乐器演奏出来,再加上舞蹈和歌诗而成的一种综合性的艺术["比音而乐(演奏)之及干戚羽旄,谓之乐"]。这里只提到舞,《乐象篇》则明确地包括诗歌:"诗,言其志也;歌,咏其声也;舞,动其容也,三者本于心,然后乐气(《集解》作"器"是对的)从之。"这样音、诗、舞三者结合起来表达感情的艺术就是"乐",所以"乐"比我们现在所说的音乐宽泛得多,不应等同起来。但三者之中以音为主,舞蹈、歌诗为从,《乐记》所论也多指音,为了叙述的方便我们也统之为音乐理论和音乐美学。这是一种各种艺术形式尚未完全分化的较为原始的艺术形态,与后来各种艺术独立之后又产生的综合艺术不同,但这里"乐"的概念已比更古老的乐的含义更进步更专一化了。更早更广的用法,在《乐记》中还残存着,即所谓"乐者,乐也",一切能引起人们快乐的都是"乐",包括口之于味,目之于色,耳之于声、游之于猎等触、味、听、视、运动各种感觉器官所产生的快乐,比我们现在"审美"这个概念还广泛,这反映了触、味、色、声没有分化的更原始的状态。这种观点虽然还遗留着,但在《乐记》中已不是"乐"的主要含义了。

"乐者,乐也"虽非常古老,但确也说明了音乐艺术(或者说一切文艺形态)最基本的美学特征之一,是能给人们以审美快感的。《乐记》肯定这种审美快感是合理的必要的,"人情所不能免"的,也是人类不同于其他动物的一种普遍的共同的感觉和要求。"是故知声而不知音者,禽兽是也。"禽兽能感知声音,但却不能感知音乐;音乐对它不是一个对象。人若只知声而不能欣赏音乐,那就和禽兽差不多。这里一方面说明了人的感觉不同于禽兽的感觉,同时指明了音乐产生的审美快感,不是单纯的动物式的生理性的快感,而是一种渗透着社会的、伦理的、理性内容的审美快感。由此更进一步指出音乐艺术不只是表达感情的,也包含着理智、伦理的内容,是情与理的结合,感性与理性的直接统一。

"情动于中,故形于声",音乐是用声音作为手段以表情的艺术。但《乐记》认为情感是受理智支配的。"物之知知,然后好恶形焉",先是真假、善恶的理智分辨,然后才有喜好厌恶的感情发生。理智是情感的基础,情必须和理相结合,在理的规范和指导之下。"乐也者,情之不可变者也,礼也者,理之不可易者也。"儒家讲礼以节乐,亦即讲理以节情。《乐象篇》说:乐要"奋至德之光,动四气之和(可能指阴阳刚柔四气,此处又流露出元气论的影响,不过已由六气减为四气），以著万物之理"。情离不开理，音乐总要包蕴着深刻的理性内容。

"理"既指客观事物的普遍规律，又指政治上的等级名位和伦理上的道德规范。因为在儒家那里，这二者是难分的，他们往往把这种等级制度和封建伦理视为天经地义的普遍规律，在这个意义上，《乐记》强调了真（客观事物的规律）和善（政治伦理规范）的统一。情与理合，自然包括音乐与政治、伦理内容的统一。"乐者，通伦理者也"（《乐本篇》），音乐要"以绳德厚"，使"亲疏贵贱长幼男女之理，皆形见于乐。"（《乐言篇》）《乐记》主张把音乐和儒家的道结合起来，要通过审美快感得到道的教益，反对单纯追求快感，放纵个人的情欲。《乐象篇》说"情见而义立，乐终而德尊，君子以好善，小人以听过"。又说："君子乐得其道，小人乐得其欲，以道制欲，则乐而不乱；以欲忘道，则惑而不乐。是故君子反情以和其志，广乐以成其教，乐行而民乡方（向道），可以观德矣"，情与理、乐与道是密不可分的。一方面乐要表现"亲疏贵贱长幼男女之理"，要"以道制欲"，使人"好善""听过"；一方面理要通过情来显现，道（或德）要通过音乐这种特殊艺术来表现，"情见"才能"义立"，"乐终"才能"德尊"。情与理、乐与道紧密结合、水乳交融，才能发挥音乐（以致各种文艺形式）移风易俗的教化作用。这在阐明二者的辩证关系上有其合理的一面，但一般说，儒家更重视礼，更强调道，往往把文艺作为教化的简单工具，这未免过于偏狭。事实上，文艺特别是音乐这种较为抽象、宽泛的艺术，要它时时体现伦理道德观念，处处作德化的手段是不可能的。文艺的作用是多样的，不限于伦理的政治的意义；文艺的内容是广泛的，不只是某些政治、伦理的观念，是不能用"礼"、"道"的框子框起来的。框的结果，只能出现僵死的宫廷文学和庙堂文学。

《乐记》从音乐与政治、伦理相结合的角度，又把"音"和"乐"作了政治上的分别。合于儒家的礼和道的,谓之"乐",不合乃至违悖者谓之"音"。子夏在回答魏文侯时说:"今君所问者乐也,所好者音也。夫乐者与音,相近而不同。……德音之谓乐。"(《魏文侯篇》)"溺音"、"淫乐"谓之"音",由此更进一步提出音属"众庶"、乐属"君子"的区别,所谓"知音而不知乐者,众庶是也。惟君子为能知乐"。众庶不知儒家的德,所以不能理解"乐"("德音")。惟"君子"有着儒家的道德修养,因而才能观赏"德音"。这表现了《乐记》阶级的、政治的偏见,可以说是"乐"的第三种含义。

音乐是抒发喜怒哀乐等各种情感的,是本于人心偏于表现的艺术,《乐记》指出这一点是比较确切,比较深刻的,揭示了音乐的审美本质。同时,《乐记》又认为音乐要表情,也要再现,其再现的内容,也不止是促使情感产生变化的社会政治状况,而且包括直接再现客观现实生活中的特定对象,直接描绘和反映现实生活中的人物和事件。"乐者,以象成也"(《宾牟贾篇》),或说"以象事行"。"象"就是按照客观事物的神情状貌予以摹仿和再现、"成"就是已经完成的或者说已有的事物。《礼记集解》引郑康成的话说:"成,谓已成之事也。"孙希旦注又说:"愚谓象成,谓象所成之功。"又所谓"功成作乐,治成制礼"。《武》乐就是歌颂周武王伐纣已取得胜利的历史事件的。"象成"说强调再现客观现实生活中已成或已有的事物,没有谈到未成的和可能的事物,它的主要精神是强调按照事物已经形成的本来面貌描绘和再现事物。这种真实的原则,不只适用于客观对象的摹仿,也适用于人的内在感情。《乐记》反对虚情假意,要求音乐必须有深挚真诚的感情,"情深而文明,气盛而化神,和顺积中,而英华发外,唯乐不可以为伪"(《乐象篇》,重点号是引者加的)。音乐、文艺不能做假,必须有真实的感情,这是一条重要的美学规律。这种更偏重于写实的原则在绘画中也有反映,后来《韩非子》中关于画"犬马难"画"鬼魅最易"的观点,就是推崇写实的。秦王兵马俑也是写实的，人物各具特点，塑像的大小也与现实的人马相当。据秦王兵马俑展览馆的一位同志推测，可能是按照秦王卫戍将士的真实形象模拟而成，雕塑也采取了模塑结合的手法。可见这种思想流行之广泛。这可能是对上古神话和殷周象征性艺术（如青铜文化中夔、凤及各种纹饰的象征色彩）的一种否定，一种进步，代表了春秋战国间文化思潮的主流。

《乐记》强调情与理相结合，在偏于表现的艺术中要求有再现的内容，在现实的和可能的原则之间，强调按已成的本来的样子描绘事物。这种感性与理性、情感与理智、表现与再现的结合，是根据"乐者敦和"、"乐统同"的审美本性所提出的具体要求，或者说是和为乐、和为美观念的具体表现。这种古典主义的美学理想是先秦至中唐人们在音乐（以及诗歌、绘画等各种文艺形式中）中所追求的理想的艺术美。自晚唐司空图的《二十四诗品》开始，虽也强调感性与理性、情感与理智、表现与再现的统一，但统一的主导面是表情、写意，推崇的是神似的原则，可能的样子（如写意画的略形、变形，强调神似中见形似）而不重形似的逼真（如倪云林之"逸笔草草，不求形似，但抒我胸中逸气"）。这同强调"象成"，按已有的本来的样子反映事物，在形似中求神似（从哲学中荀子的"形具而神生"，到美学中顾恺之的"以形写神"）的原则大异其趣。可以概略地说，中国古典主义文艺和古典主义美学是以写实和写意的朴素结合为基本特征的，但在各个时期的侧重面不同，中唐以前以偏于写实为主流，晚唐以来则偏重于以写意为主潮。这不否认前后两期中都有写实和写意两种倾向，只是说各期有它的主导面。这就是我国古典主义文艺和古典主义文艺理论及古典主义美学发展的两个主要阶段（当然明中叶以后，随着资本主义的萌芽，文艺上又出现了新的动向，先是具有近代性质的浪漫思潮的兴起，继之是带有批判色彩的现实主义思潮的隆替，这里只是顺便指出这一点,详细的论述不是本文的任务)。《乐记》正是前一阶段文艺思潮的一个最早的较为集中的代表。正因为音乐是感性与理性、情感与理智、表现与再现的素朴的辩证的结合,所以能既给人以审美的愉快享受,又给人以道德情操的陶冶和理性的启示。这种包蕴在审美形式中的认识和伦理的内容,具有道德说教所没有的深刻感人的、潜移默化的特殊功能和力量。"乐也者,圣人之所乐也;而可以善民心,其感人深,其移风易俗易,故先王著其教。"(《乐施篇》)对音乐"寓教于乐"的特点和力量的深刻认识及高度重视,同《乐记》中古典美的理想是一致的,或者说是那理想的艺术美所必然产生的特殊功能和独具的特有力量。

乐者,德之华也。声者,乐之象也

《乐记》对音乐的内容和形式也有重要的论述,首先它对音乐内容和形式的范畴作了明确的规定。《乐记》认为音乐是表现人性或人的感情的,而人性中最根本和最首要的是德,"德者,性之端(首、本)也;乐者,德之华也。"(《乐象篇》)乐是心开出的德的花朵,当然,这个德不是儒家的道德规范。在形式方面,《乐记》特别提出了"声"和"饰",它认为"声"是音乐传达情感的物质材料,声音依相异相和多样统一的规律而运动发展,形成一定的旋律、节奏,谓之"饰","声者,乐之象也。文采节奏,声之饰也"(《乐象篇》)。《乐记》不仅重视"德",而且对形式诸因素如不同声音、旋律、节奏的美学感情,也有敏锐的感受和简要的概括。《师乙篇》说:"故歌者,上(上行音)如抗(昂扬有力),下(下行音)如队(同坠),曲(转折音)如折,止如槁木(枯木),倨中(合乎)矩,句(曲)中钩(圆规),累累乎端如贯珠",这生动地描绘了各种声音、旋律的不同的审美情趣。

在音乐内容形式的关系上,《乐记》更重视内容。它认为内容是首要的,是根本,音乐形式是次要的,是"末节"。"乐之隆,非极音也"(《乐本篇》),又说:"德成而上,艺成而下","乐者,非谓黄钟大吕弦歌干扬也,乐之末节也"(《乐情篇》)。内容是主要的,有了情和德,才能有艺,才能象之于声,奏之于器,应该指出,"末节"之说只有在强调内容的重要性时,才是合理的,若认为形式无足轻重,那便大错而特错了。音乐内容和形式的关系比其他艺术似乎更为密切,相对地说形式更为突出更为重要。可以说音乐的内容是沉淀在音乐的形式中的,音乐的感情是凝结在音乐的节奏、旋律、曲调上的,没有声音、节奏、旋律、曲调,哪里还有什么音乐的内容;一般地说,儒家过分重视德教,对形式、艺术方面有所轻视和忽视,这是儒家乐论的偏颇之处。孔子虽美善兼用,质文并提,但他更重视的是善与质,"行有余力,则以学文",这种影响在《乐记》中也表现出来了。

正因为音乐内容决定音乐形式,所以《乐记》主张必须先有情感,然后才能求声音、旋律和节奏。"君子动其本(指心、情),乐其象(指声音),然后治其饰(指文彩节奏)"(《乐象篇》),诗、乐、舞"三者本于心,然后乐气(应作器)从之"(《乐象篇》)。

既然内容决定形式,情感制约着曲调,那么有什么样的情感便必然产生出什么样的曲调。"其哀心感者,其声噍以杀;其乐心感者,其声啴以缓;其喜心感者,其声发以散;其怒心感者,其声粗以厉;其敬心感者,其声直以廉;其爱心感者,其声和以柔。"(《乐本篇》)悲哀的感情会产生忧戚低沉的曲调,快乐的感情会产生舒畅和缓的曲调,喜悦的感情会产生明朗自由奔放的曲调,愤怒的感情会产生壮猛急越的曲调,崇敬的感情会产生端正庄重的曲调,爱慕的感情会产生平和柔美的曲调。当然这种感情及其制约的曲调风格,同对人的划分一样,也是被概化,造型化了的。艺术的典型性之侧重于类型化(这指典型的一种必然的历史形态,和我们现在所说的类型化和雷同化不同），也正是古典主义美学和文艺理论的一个显著特色。

提倡和乐，反对淫乐；复兴古乐，排斥新乐

《乐记》由礼别乐统同的思想出发，把"和"作为音乐（以至一切文艺）的审美本质，以"和"为美，以"和乐"作为理想的音乐或理想的艺术美的形态，因此，必须倡导和乐，反对淫乐（不和的乐）。这便成了它公开打出的两面时代的美学旗帜。

本来，"和"的观念是一个异常古老的思想，我国原始时代就产生了阳神造天，阴神造地，阴阳相和，化生天地的神话（见《淮南子·精神篇》）。后来《易经》中提出了阴阳对立万物交感的素朴的辩证观点，这还偏重在哲学方面。《尚书·尧典》中已有"律和声"、"八音克谐"、"神人以和"的思想，这可能纪录了我国古代关于音乐的最早的理论资料，那时乐为和的观念已经萌芽了，不过不是人与人之间的和，而是原始宗教盛行时人与神之间的和谐。到西周末年，晏子（约公元前六世纪）把"和"与"同"区别开来，认为"同"若"以水济水"，是抽象的单纯的统一，"和"如"羹"，"水火醯醢盐梅以烹鱼肉"，是事物之多样的统一。晏子认为音乐要避免"同"，"若琴瑟之专壹，谁能听之"。他主张音乐同五味相和以生美味一样，是由多种因素相异相和而构成的，他说："声亦如味，一气，二体，三类，四物，五声，六律，七音，八风，九歌，以相成也。清浊，小大，短长，疾徐，哀乐，刚柔，迟速，高下，出入，周疏，以相济也，君子听之，以平其心，心平德和。故诗曰：'德音不瑕'"（《左传》昭公二十年），郑国的史伯（公元前806—前711年）在此之前就提出了"和实生物，同则不继"的思想，所谓"以它平它谓之和，故能丰长而物生之。若以同裨同，尽乃弃矣。"他认为"声一无听，物一无文"，同一声音的反

复持续不成其为音乐，"和六律以聪耳"，诸多声音相异相和才能构成动听的乐曲（以上见《国语·郑语》），这还偏重于形式因素的和谐，到孔子更进而强调以礼节情，强调情感和理智的平衡和谐，他要求"乐而不淫，哀而不伤"，哀乐在理智的均衡下都不要过分，他特别赞扬颂舜之禅让的《韶》乐，推之为"尽善"、"尽美"的音乐典范。孔子指出雅颂和郑声的区别，在于雅颂是和乐，郑声是"淫"声。《乐记》继孔子之后，明确提出了"和乐"和"淫乐"，到荀子则分为"正声"和"奸声"，《吕氏春秋》又别为"大乐"和"侈乐"，这都是以和与不和作标准而划分的。

　　和乐与淫乐是怎样产生的？它们在美学上有什么特点？《乐象篇》从元气说作了阐释：

　　　　"凡奸声感人，而逆气应之；逆气成象，而淫乐兴焉。正声感人，而顺气应之；顺气成象，而和乐兴焉。"

　　"奸声"、"正声"在这里可视作泛指客观的社会环境，人感于这种不安定不和平的社会环境，必以不平和之气相应，此逆气借声音而表达，便出现淫乐。反之，人感于安定太平的环境，则相应以顺和之气，顺气借声音而表现，便形成为和乐。一般说，提倡和乐、反对淫乐是奴隶社会和封建社会典型的美学观，从审美本性上说，这种美学观有它的合理性。但若和特定历史时期的音乐相结合，便可能暴露其落后性与保守性。例如假若把升平治世之乐说成和乐，而把乱世叛逆反抗之音贬斥为淫乐，那么，倡和乐非淫乐的结果，很可能就是维护和巩固没落的、反动的音乐文化和社会制度，而反对和压制进步的音乐和社会力量，这在当时也更有利于落后的势力，而不利于新兴阶级。

　　假若再把"和乐"与"淫乐"同古乐与新乐联系起来，其复古倒退的色彩就更为明显。《乐记》由和乐、淫乐的概念进一步推演得出了古乐是和乐、是德音，新乐是淫乐、是溺音的结论。"夫古者天地顺而四时当,民有德而五谷昌,疾疢(音趁,病也)不作而无妖祥,此之谓大当(一切顺当,合乎理想),然后圣人作为父子君臣以为纪纲,纪纲既正,天下大定。天下大定,然后正六律,和五声,弦歌诗颂,此之谓德音。"(《魏文侯篇》)反之,当时(春秋战国间)在动乱中产生的所谓"哀而不庄,乐而不安,慢易而犯节,流湎以忘本,广则容奸,狭则思欲,感涤荡(逆乱)之气,而灭平和之德"的新乐,则是淫乐、溺音。这样反对淫乐倡导和乐的结果,便变成复兴古乐而反对新乐,主张复古而反对革新的倒退行为。当然这里也有一个阶级偏见的问题,因为当时的新乐主要指郑卫之音等民间音乐,它们没有"修身齐家,平治天下"的作用,不符合儒家的乐教,所以被斥之为与德音相对立的溺音。但好古而非今也确实存在着。子夏赞扬古乐原因之一,就是它能"道古",而贬抑新乐则因为它"不可以道古",好古的思想是《乐记》中最糟粕的东西,也是受孔子影响最坏的部分。这里也可能反映了历史的进步和人们的惰性、清醒的理智和因循的情感之间的矛盾。《乐记》中素朴的唯物辩证思想,符合历史的要求,是古代思想中最光辉的方面。它理智上主张"事与时并","以时顺修",认为"五帝殊时,不相沿乐;三王异世,不相袭礼",而其感情却仍迷恋于古代周朝的音乐文化,而同新兴的、民间的音乐艺术有些隔膜。这大概是儒家由较保守的孔子向较激进的荀子发展演化过程中的一种典型现象。所以不能据此说《乐记》不是新兴阶级的美学思想,须知即使较激进的荀子也指责新兴的郑卫之音是奸声、淫乐。新兴阶级的思想家有较右的如儒家,也有极左的如法家,两个学派虽有斗争,但也有联系和转化,并非水火不容,从荀子培养出法家的李斯、韩非,即是一明证;同时儒家从孔子到荀子也是一个由保守派到激进派(逐步和法家融合)的发展过程。在这个演变的过程中,总有人或较多的倾向保守,或较多的倾向激进;或这一部分观点比较保守,而另一部分观点则比较激进;

或理智上顺应时代，而情感上还怀恋着过去……。这种纷纭复杂的现象，都是可以理解的，都可以看出它的性质和特点的。《乐记》大体上属于最后一种情况。

东方的《乐记》和西方的《诗学》

《乐记》比《诗学》要早，孔子生活于公元前六世纪（约公元前551—前479年），相当于古希腊毕达哥拉斯学派活动的时代，早柏拉图（公元前427—前347年）五十多年，比他的弟子亚里士多德（公元前384—前322年）早近一百年。公孙尼子假若是孔子的直传弟子，那么要和柏拉图同时而略早。若是再传弟子，也要比亚里士多德早一些。《乐记》之先于《诗学》大概是无疑的。《乐记》在世界文艺理论史和美学史上的历史首创性和重要地位，应予以足够的评价。

把以《乐记》为代表的东方美学和以《诗学》为代表的西方美学作一比较，就会发现它们之间有许多共同的美学原理，而在一般规律中又各有自己的特点。

首先，《乐记》和《诗学》都把素朴的辩证法运用于美学，儒家和亚里士多德都讲"中庸"之道，所谓"中庸"就是在矛盾的对立中强调其相互依存、相互平衡、相互调和、相辅相成的作用。因此他们都提出了美在于对立的统一，在于和谐的思想。和谐首先是内容的和谐，内容的和谐要求着形式的和谐，形式的和谐是内容和谐的表现，二者是紧密相联的。不过《乐记》在讲乐为和的时候，虽然概括了内容和形式的和谐，但它更侧重于讲社会伦理等内容方面的和谐，更强调音乐"合和"君臣父子"附亲"万民的作用。而《诗学》所讲的和谐则主要指形式方面，如说："一个有生命的东西或是任何由各部分组成的整体，如果要显得美，就不仅在各部分的安排上见出一种秩序,而且还须有一定的体积大小,因为美就在于体积大小和秩序。"(《诗学》第七章)形式的和谐虽不能脱离内容,而且是被它所制约的,他提出的整一性,亦即内容和形式杂多因素的统一性。同时他也曾要求有"适当的怜悯与恐惧之情",不过这不是他强调的主要方面。

其次,为了追求和谐的美,《乐记》和《诗学》都强调主观和客观的和谐,再现和表现的统一。但在这种统一中,东方和西方却各有所侧重。我国先秦时代神话传说绘画雕刻及诸子文章,虽有相当的发展,但比起音乐的繁荣和成就来,就逊色的远。《乐记》主要是对先秦时代音乐艺术(包括诗歌和舞蹈)的经验总结和理论概括。音乐在本质上是偏重于主观的,表达内在情感的,《乐记》在阐明音乐"情动于内,故形于声"的美学特点时,强调"象成"再现的内容,体现了再现和表现相结合的古典美学的共同原则。但先秦时代的艺术总还是以表现艺术为主。诗言志、乐传情是以《乐记》为代表的东方美学的主导面。古希腊的音乐也有相当的发展,毕达哥拉斯学派早就论述过音乐,德谟克利特也写过《论音乐》、《节奏与和谐》,可惜全部失传。但音乐如同希腊神话、荷马史诗、特别是三大悲剧家的悲剧与雕塑相比,则不可同日而语。亚里士多德很重视音乐,而他的《诗学》主要却是对悲剧艺术的理论总结。希腊悲剧作为一种歌剧虽有较浓重的表情因素,但它主要的是一种偏重于再现的艺术,因而摹仿客观现实的原则成为《诗学》的主要原则。亚里士多德甚至把音乐这种心灵的艺术,也称之为"最富摹仿性的艺术",包括在他再现的原则之中。

《乐记》和《诗学》都主张描写普遍性、必然性和规律性的东西,但普遍性(主要表现为经验的类型性)有情感的普遍性,也有人物的普遍性;必然性有已存在的必然性(现实的本来的样子),也有可能的必然性(理想的应有的样子)。在这二者之间东西方各有侧重点。《乐记》讲情与理的结合,要"情见而义立",要"以著万物之理",就是要求音乐情感的普遍性和必然性的。但在普遍性中主要要求情感及曲调的类型化,在必然性中更强调按已有的本来的样子再现事物,更强调现实性的原则,"象成"说即是突出的表现。《诗学》所说的普遍性则主要指人物的类型化,如说"诗比历史是更哲学的、更严肃的:因为诗所说的多半带有普遍性,而历史所说的则是个别的事。所谓普遍性是指某一类型的人,按照可然律或必然律,在某种场合会说些什么话,做些什么事"(《诗学》第九章)。对普遍性和必然性事物的摹仿,亚里士多德认为有三种方式,即按照事物的本来的样子去摹仿,照事物为人们所说所想的样子去摹仿(指神话),或是照事物应当有的样子去摹仿"(《诗学》第廿五章)。在这三种方式中,他更强调理想的应该有的样子,因而按现实的本来样子描写的索福克勒斯经常遭到他的谴责,而按应有的样子去摹仿的欧里庇得斯则被推崇为理想的悲剧家。

《乐记》和《诗学》都肯定文艺中真、善、美的统一,都要求文艺认识、思想和娱乐作用的结合。但比较起来,《乐记》更强调善、强调道以节情。强调"乐与政通"、"乐通伦理",更强调乐以和人的社会伦理作用。这种作用甚至被过分地夸大了,认为和乐能治世,淫乐能乱世,以致滑向唯心主义。《诗学》则依据偏重再现的摹仿说,更强调真,强调理智,强调艺术的认识作用。亚里士多德说:"每个人都天然地从摹仿出来的东西得到快感……原因就在于学习能使人得到最大的快感,这不仅对于哲学家是如此,对于一般人也是如此,尽管一般人在这方面的能力是比较薄弱些。因此,人们看到逼肖原物的形象而感到欣喜,就由于在看的时候,他们同时也在学习,在领会事物的意义,例如指着所描写的人说:'那就是某某人'",总之,以认识为中心,而获得快感和教益。

《诗学》产生于古希腊雅典民主政治的时期,《乐记》诞生于我国由早期奴隶制向发达的奴隶制过渡的时代,有大体相同的社会基础。《乐记》和《诗学》所揭示的美学原理,也有其共同性。但由于东、西方历史发展的特殊性和民族文化的显著差异,《乐记》和《诗学》又形成为两个各具特色的美学和文艺理论体系,一个偏重于表现,强调美、善结合,一个偏重于再现,侧重美、真的统一。这种特点及其影响,极为深远,直到今天还可感到它的存在。所以东、西方艺术、美学和文艺理论两大系统的形成,源远流长,非一日之功。

《乐记》的地位和影响

《乐记》在世界美学史和文艺理论史上有其重要的地位,在我国美学史和文艺理论史上其影响更是极为深远。孟子很少谈乐,但议论到乐的时候,如郭老所说,不免有公孙尼子的气味。甚至像荀子这样一位先秦哲学思想的集大成者,其《乐论》也基本承袭了《乐记》的思想。司马迁作《史记》,《乐书》是照搬的《乐记》。汉以来历代的乐书律志也很少有越其范围者,可以说从奴隶社会到封建社会再没有创造出超过《乐记》的第二个音乐美学体系,《乐记》在音乐领域几乎雄霸了两千多年。当然晚唐以来,音乐思潮曾发生过显著变化,但却没有理论系体的再生。

《乐记》的影响不只局限于狭隘的音乐范围内,而且波及到诗词、戏曲和小说等广泛的文艺领域。著名的《毛诗大序》与《乐记》关系十分密切,其"情动于中,而形于言,言之不足,故嗟叹之,嗟叹之不足,故咏歌之,咏歌之不足,不知手之舞之,足之蹈之也"一段名言,显然是来自《乐记》。我国古代的戏曲理论著作如明朱权的《太和正音谱》,何良俊的《曲论》,张琦的《衡曲尘谈·曲谱辨》等都引《乐记》而谈曲,特别像徐大椿的《乐府传声》更据"凡音之起,由人心生也"的话,进一步提出"必唱者先设身处地",体验"摹仿其人（指戏中人物）之性情气象,宛若其人之自述其语",以达"形容逼真"的演剧理论。清代焦循作《剧说》,辑录的第一部书就是《乐记》,并引"及优侏儒"的话以论演员的表演问题。《红楼梦》写贾宝玉看《占花魁》,蒋玉函悠扬动听的唱腔,把"宝玉的神魂都唱的飘荡了",因而想到《乐记》中"情动于中,故形于声"的话,可见《乐记》直到封建末期还活在小说家的心中,显示着它长久的生命力。

　　假若谈到它整个素朴的唯物辩证的美学和文艺理论的基本原理,它那以和为美的理想,那么可以毫不夸张地说:它是我国古典主义美学和文艺理论的奠基石。其影响之大,概及整个文化艺术思想,成为中国古典美学史和文艺理论史的脊骨和主干。

　　（选自《论中国古典美学》,齐鲁书社 1987 年版）

　　周来祥（1929— ）,山东大学文学与新闻传播学院教授、博士生导师、美学研究所所长。主要研究方向:中国古代美学、西方美学、中西比较美学。主要著述有《论美是和谐》、《周来祥美学论文自选集》、《中西比较美学大纲》（合著）等。

　　《乐记》是我国古典美学的奠基石,在古典美学及文艺理论中占有重要的地位。音乐是人的情感的表现,但是音乐具有极强的社会作用。因此,音乐的道德化的内容非常重要。"和"是音乐的最高的审美追求。

儒道的审美境界

——中国古代的形上追求

聂振斌

中华民族从古至今都有宗教,但宗教在中国人的生活中并不起主导作用,绝大多数中国人并不信宗教,不像西方人那样有统一的"国教"。夏代不可考,殷人信鬼,宗教气氛较浓,但宗教的范围只限于政治圈里。那时已有上帝观念,但上帝并不直接和普通小民相接触,中间要经过王室祖先的灵魂(鬼)传达到上帝那里,所以祭天(上帝)与祭祖(鬼)是一致的。到了周代宗教观逐渐淡化,周公制礼作乐,形成"礼治",用世俗的即政治的方法治理国家臣民,而不用宗教方法,因此在周代的政治、道德教育中,宗教起不了什么作用。到了春秋战国时代,除墨家信鬼,楚文化中鬼神观念较浓外,多数学派以及楚文化之外的广大文化圈,原始宗教观念已经被世俗生活消解了。到了东汉之后,新的宗教兴起,道教产生,佛教传入,明清以来又有摩尼教、基督教传入,对中国文化的发展都产生了影响。但在中国,任何一种宗教,都是少数人信仰。中国人的"终极关怀"从来就不是宗教的,而是道德的或人生哲学的,并且是通过艺术或审美来完成的。这就是儒家的"美善相乐",道家的"美道合一";中国的宗教,特别如禅宗,所追求的境界也不在彼岸和来世,而是幸福人生就在当下——即超越现实而又不离开现实。最后,现实的善,人生的真和宗教境界,都在美那里融和为一了。从这点看,"以美育代宗教"虽由近代人提出,但在儒道那里已蕴含了根苗。

一、"美善相乐"

儒家美学经常把美善密切联系在一起,要求艺术既尽美,又尽善,美善统一;要求审美既要满足个体的情感欲求,又要维护社会的秩序统一,个体与社会必须和谐起来。所以"礼乐相济"、"美善相乐",便是儒家审美的中心话题。儒家认为,美与善作为精神境界是处在不同的层次上,美比善高尚或深刻而完备。善是道德的起点,是对人性的普遍要求,善而达到美的程度,乃是一种高尚的道德,这种高尚的道德称之为"美德",美德是带有理想成分的人格精神。荀子说:"不全不粹之不足以为美也"(《劝学》),既"全"又"粹"只能是一种理想。他在论述礼乐的功用时说:"乐行而志清,礼修而行成,耳目聪明,血气和平,天下皆宁,美善相乐。"(《乐论》)在"美善相乐"的境界中,心志与行动,情感与理智,生理与心理,个体与社会都处于一种和谐的状态。"乐"(lè)是一种审美属性,"善"而达到"乐"也就具有美的性质了,所以"美善相乐"不是"美"去俯就"善",而是"善"去攀登"美",唯有如此,也才能共有"乐"起来。孟子曾把人的精神境界区分为善、信、美、大、圣、神六个逐步递升的层次,也是认为"美"高于"善":"可欲之谓善,有诸己之谓信,充实之谓美,充实而有光辉之谓大,大而化之之谓圣,圣而不可知之之谓神。"(《尽心》)也就是说,当人的精神达到"美"的境界时,其内容已包涵着善、信两个方面,但又不止是善、信,因此比起善、信来更加丰富、充实,所居层次自然也在善、信之上。美与善在孔子那里虽然已经有了区分,但是经常还是混沌不分的,而且即使有区分,美也不是独立于善、高于善的精神境界,而是一种外在的感性形式,大约等于今天所说的"形式美",和当时的另一个概念"文"含义相近。它只有以善为内容,并与善有机地统一起来,才能成为作为美学范畴的"美",而这种范畴在孔子那里尚未完全形成,所以他在说明这种高尚境界时,往往用既"尽善"又"尽美"或"文质彬彬"等命题来概括它。但是,他从教育角度出发,却视"乐"高于"礼",把美育(艺术教育)放在道德教育之上。他认为人的启蒙教育和人格的最后完成,都是在美育或艺术教育那里。徐复观说:"礼乐并重,把乐安放在礼的上位,认定乐才是人格完成的境界,这是孔子立教的宗旨。"(《中国艺术精神》,春风文艺出版社1987年版,第4页)孔子不仅在教育上把美育看成是高尚的,而且在整个人生态度上也是以审美境界为人生的理想境界。"知之者不如好之者,好之者不如乐之者。"(《论语·雍也》)把"乐"放在"礼"之上绝非孔子一人,先秦两汉的儒家皆然。例如《乐记》云:"乐由天作,礼以地制。"《白虎通》云:"乐以象天,礼以法地。""功成作乐,治定制礼,乐言作,礼言制,何? 乐者阳也,阳倡始,故言作;礼者阴也,阴制度于阳,故言制。乐象阳,礼法阴也。"不仅如此,二者的来源也是不同的:"乐由中出,礼自外传。"(《乐记》)乐为源,礼是流,乐为创造,礼为模制。二者对人的作用更是大小不一样:一个内化,一个外齐;一个深刻,一个肤浅;一个积极,一个消极。刘向说:"故君子以礼正外,以乐正内。内须臾离乐则邪气生矣,外须臾离礼则慢行起矣。"(《说苑·修文》)用现代的话说,就是:"礼者,以人定之法,节制其身心,消极者也。乐者,以自然之美化感其性灵,积极者也。礼之德方而智,乐之德圆而神。"(《蔡元培哲学论著》,河北人民出版社1985年版,第25页)

总之,在中国传统文化中,作为精神境界,美比善更高尚、更纯粹、更完全;作为人生境界,美比善更充实、更丰富、更光辉灿烂;作为对人生世相的反映,善将世界抽象化、理性化,美将世界美化、理想化,使感性更生动、鲜活,并把理性溶于其中,使感性与理性处于和谐状态。因此要创造美、达到美要比达到善更难,要求更高。

如何才能达到由善到美、美善相乐的境界? 在儒家看来主要是靠教育,即通过礼乐教化来实现。用现代人的话说,就是用德育与美育及其二者的有机结合来完成。这里我们要特别指出,美育与德育有统一性、一致性,但首先是它们的差异性。这种差异性不仅表现在形式上(如人们经常所说的,一个是形象直观,一个是抽象说教),而且又是性质上、结构层次和价值标准上的差异。有差异就有矛盾,甚至形成对立。例如,美育是在有兴味的感性活动中激情导欲,以充分发展个体性为具体目标,德育是在理性说教和规范约束中限制情欲、剪裁个性,以达到培养普遍的社会性。前者的过程使人愉悦,感到"享受",后者的过程需要"克己",是在刻苦,因此前者是内在的、自由的、积极的,后者是外在的、消极的……很多人在论述美、善关系时,常常越过二者的矛盾与对立而大谈其一致与统一,因此在实践上也不可能充分发挥美育与德育各自的功能,进而达到把内在的感性与外在的规范、高尚的审美理想与一般的道德原则有机地结合起来。因为离开不同的事物的矛盾性、对立性而去讲其一致与统一,只能是"同一"或"混同",除了混淆视听外,是毫无意义的。美与善的不同表现在它们有不同的起点,处于不同的层次上,善比美的起点低,美善合一的境界要比"善"要高尚得多,因此要解决美善的矛盾,消除美善的对立,就要提高善使其达到美,而不是降低美去迁就善。所谓提高"善",就是把外在的、带有强制性的"善"变成个体的内在要求,行善并非是因为对自己有利,而是为了"善"本身,为了"善"而爱"善"。这样"善"就超越了功利目的性,行善者无所为而为,而又处处合规律合目的,这就是孔子所说的"从心所欲不逾矩"的自由境界,也是荀子所说的"美善相乐"的高尚境界。在这种自由而高尚的境界中,个体与社会的矛盾、自由与必然的对立消解了,美善合一了。提高善的另一面的含义,就是给概念的说教的规范的"善"赋予具体的生动的美感形式,使善成为可以激发情趣的观赏对象。这样,它的外在形式,也同美没有区分了。在这里,感性与理性中和了,善脱却它原来的抽象形式,而作为一种成分或因素溶于美感形式之中,成为生命的有机体,也就是席勒所说的"活的形象"。不难说明,从善而达到美,就创作而言,难度更大了;就教育而言,更深刻了,更加自由、自觉了。

二、美道合一

在中国古代,美不仅是儒家所追求的最高境界,也是道家所追求的最高境界。道家崇尚自然无为,愤世疾俗,认为儒家所提倡的仁义道德,正是现实社会不仁不义不道德的表现,因此要超越现实社会追求与自然化一的审美境界。道家经常把美与真联系在一起,在真的基础上求美。但道家的"真"在大多数情况下,不是认识论的真实、真理,"真"也不是人力创造出来,更不是用"美言"说出来的,而是自然所固有的。因此,中国道家的"真"乃是本体论的人性之天真、本真,所以中国道家的真美相联与西方美学的真美相联,是很不相同的,不可简单类比。道家反对用礼仪规范束缚人性,反对用仁义礼乐雕斫人性,而主张保持人性的自然本真。为此,老子要求"见素抱朴,少私寡欲"(《老子·十九章》,下引《老子》只注章数),庄子认为"朴素而天下莫能与之争美"(《庄子·天道》)。老庄直接谈论美和艺术(如诗乐)不多,谈论艺术教育、审美教育可以说没有,因为道家从根本上反对设教。但这些并不妨碍他们进行形上追求,而且他们所追求的形上境界与儒家一样具有审美的性质——自由而愉悦。这个境界就是"道"。道与美是合一的。

道与美是如何成为合一的呢？首先从老子说起。

第一，老子的"道"是什么？它有些什么表征？人们有一种普遍的说法："道"是老子哲学的最高范畴，也是其美学的最高范畴，二者是合一的。道虽然有高度的抽象性与概括力，但又离不开形象和情境，因此，道家的"道"才能与审美境界自然地融合为一。西方哲学范畴如"理念"、"实体"，都是纯粹逻辑推导和思维抽象的结果，与美的境界（而非美学范畴）很远，如要使"理念"成为审美境界，必须加上"感性显现"（黑格尔），这却要经过一系列的"中介"才能达到，并不存在天然联系。而中国道家的"道"与美却是一种天然浑成。当然，这也不是说美等于"道"，二者无分别；而只能说，"道"涵盖着美，美更具体、生动、形象地体现"道"。从老子对"道"的有关描绘看，"道"既有可观感的具体实象，又是虚无飘渺可感而不可言说的境界，因此，"道"是实与虚、有限与无限、情与理密不可分、有机结合的一种精神状态或曰境，而这正是构成审美境界或艺术意境的根本条件与特征。

第二，个体的"我"必须超越官能欲望，才能具有审美态度，也才能得道。正是如此，老子对于人的官能欲望采取一种极端的否定态度。他说："五色令人目盲，五音令人耳聋，五味令人口爽，驰骋畋猎令人心发狂，难得之货令人行妨。是以圣人为腹不为目，故去彼取此。"（十二章）不少人根据老子这样一些极端的言论而认为他根本否定艺术和审美活动。这种看法似有简单化之嫌。老子这些过激之论有鲜明而强烈的具体针对性：老子所处的时代，"礼崩乐坏"，艺术审美已不被当作神圣的教化仪式，而成为统治者奢侈淫佚的享乐工具，以满足其贪得无厌的欲望。为此他们不惜挥霍民脂民膏，甚至通过战争进行掠夺搜刮。正是针对这一现实，老子才提出那样看似极端之论，以严厉批判他们为一己之私利而贪婪地聚敛财富、富贵不仁的丑恶行径。所以老子并不是反对一般的艺术审美活动,他只反对把艺术审美停留在感官享乐的低级趣味上面,而不知有更高的精神追求。在老子看来,过分地去追求官能享乐,不仅暴殄天物、为害社会,对自己的耳目身心也有伤害。"圣人为腹不为目"正是出于保身全性的目的而言,不能理解为人只填饱肚子就可以了,不需要耳目之乐。不然的话,老子所说的另一段话:"甘其食,美其服,安其居,乐其俗"(八十章)就是不可理解的了。老子和墨子一样谴责"当今之主"和"王公大人"把艺术审美活动变成纵欲和官能享乐的"玩物",因而墨子对艺术审美活动要求"禁而止之"。墨子只认识到这里。老子只是说,纵欲、享乐会伤身的,并不主张取消整个艺术审美活动,并且提出要向更高的、超感官的境界寻求人生的乐趣,即高尚、纯粹的精神之乐,亦即得道之乐,"大音希声,大象无形"(四十一章),指的正是这样一种境界。

　　第三,老子的美道合一,也是对社会现实的否定、超越的一种结果。老子与孔子不同,他认为在乱世讲仁义,行礼乐,会延缓腐朽、残暴世道的灭亡。老子说:"大道废,有仁义;智慧出,有大伪。六亲不和,有孝慈;国家昏乱,有忠臣。"(十八章)又说:"故失道而后德,失德而后仁,失仁而后义,失义而后礼。"(三十八章)因而老子反对儒家礼乐教化思想,根本反对设教,主张"行无言之教"。这种认识的理论基础是道的自然无为本性。自然无为,是与人为制造,相对而言,这又表现出老子有否定人类文化和社会进步的保守倾向。但它对于纠正不重视自然规律、夸大人为的作用是有积极意义的。宇宙自然的变化发展,人的自然生命的生、长、老、死,确实表现为一种无为而无不为的特点。所以对老子的这一带有保守倾向和片面性的思想观点,既不应笼统地完全肯定,也不应笼统地完全否定,而是要采取具体分析的态度。老子从无为无不为的思想出发,要求社会要退到"邻国相望,鸡犬之声相闻,民至老死不相往来。"(八十章)的时代,人则要"复归于婴儿"(二十八章),去掉由于社会文化使人有巧智大伪的习性,以恢复人的天真本性。老子过多地看到社会文化对人性的消极影响,因而通过否定现实的"善",复归古朴的"真",以进入美的境界,也是他的"道"的境界。

老子上述观点,庄子全部接受下来,并且作了充分的具体的发挥,使老子的"道"与审美的自由境界更加有机地联系在一起。

首先,老子的"道",具有更多的宇宙论的色彩,这种自然宇宙之道,如何又是人生之自由境界,从老子的论述中得不到充分的说明,也没有提供更多可以体验的东西。而庄子则对"道"这个无始无终自本自根的宇宙本体,如何成为人生的自由境界,有极其具体生动的描绘和深刻的体验。尤其是《逍遥游》、《齐物论》,可以说是把老子的"道"人生境界化的突出表现。《逍遥游》是什么?用一句话说,是对绝对无限的"道"的描写、洞观与体验。按《文选》潘安仁《秋兴赋》注引司马彪云:"言逍遥无为者能游大道也。"此乃画龙点睛之笔。《齐物论》则极力打破人类自我中心的成见,以一种平等的态度看待万事万物的差别,从而也才达到"天地与我并生,而万物与我为一"的浑化境界。《齐物论》的最后一段描写庄生梦蝶的著名故事,正是庄周所追求的那种物我不分、醒梦不辨的绝对自由境界。这种境界乃是将抽象、绝对的"道"加以情景化、人生化,也是对"道"的直观体验的具体表现。

其次,个体的我如何才能得"道",才能获得自由,老子认为要"少私寡欲",不要追求耳目口身等官能之乐。庄子则提出"吾丧我",即摒弃偏执的我见,达到忘我;达到忘我的境界时便可作到"形固可使如槁木,而心固可使如死灰"。他所说的"至人"正是这样一种人:"至人神矣!大泽焚而不能热,河汉沍而不能寒,疾雷破山而不能伤,飘风振海而不能惊。若然者,乘云气,骑日月,而游乎四海之外。死生无变于己,而况利害之端乎!"(《齐物论》)一个人能达到忘我的境界,也就是忘掉利害生死之计较,那么他便获得了自由,如同乘云气、骑日月遨游四海之外,获得无限快乐。庄子在《逍遥游》中提出:"至人无己,神人无功,圣人无名。"这几种人都是得道之人,忘我,不计利害,不计功名。他们无所依待,固而才能作到"乘天地之正,而御六气之辩,以遨无穷者"。又说:"藐姑射之山,有神人居焉,肌肤若冰雪,(绰)约若处子。不食五谷,吸风饮露。乘云气,御飞龙,而游乎四海之外。"(《逍遥游》)这些都是描绘得道体道的绝对无限境界和自由愉悦精神。这种精神境界的获得都是来自主体"吾"的超轶无待的态度,用庄子的话说,就是"心斋"与"坐忘",用现代的语言就是"审美态度",也就是主体要抛弃一切有限的形式和偏执的观念,而心纯志一去遨游大道。

复次,老子的道的境界,是对儒家礼乐教化和人为之治批判、否定的产物,也是对尔虞我诈的纷乱现实的批判超越的结果。因此在老子的道的境界中,人是具有"婴孩"、"赤子"的自然本性之人,人、事、物也都是自然无为、自生自灭,最后根源于道。"道大,天大,地大,人亦大。域中有四大,而人居其一焉。人法地,地法天,天法道,道法自然。"(二十五章)可以说,老子的"域中"(宇宙)包含着人生境界,但这种人生境界向道的境界进境的过程中,除了"复归于婴孩"和自然无为的规律、秩序外,并无更多的内容。而且老子有意无意地否定了人类文化的积极意义。庄子在老子道论的基础上,使人生境界的内容丰富了,而且把道的境界加以审美化。他对现实的批判比老子更激愤,更加尖锐,更加深刻。他对人世间的黑暗、统治者的残暴和世道的不公,发出了一系列震撼人心的谴责与抗争,警告说:"山木自寇也,膏火自煎也。桂可食,故伐之漆可用,故割之。人皆知有用之用,而莫知无用之用也"(《人间世》)。所谓"无用之用"有两层含义:一是在现实关系中,特别是政治关系中,对别人有用,对自己可能无用,甚至有害,而对别人无用,对自己可能大有益处,例如不被统治者所重用,就不会对统治者构成威胁,因而他也不会去加害你,而很多为统治者所用之人,最终为统治者所害原因也正在于此。二是"用"分功利之用和非功利之用(精神之用),"无用之用"正是指超越物质的功利的精神之用、审美之用。"无用之用"观点的提出,对于老子所首创的道家思想发展具有非常重要的意义,它扭转了老子那种社会文化观的倒退倾向,使道家的政治文化向审美文化提升,也就是使道家文化从功利层面向精神层面和审美境界提升;同时庄子又把老子较为抽象的宇宙论转变为生动丰富可供感悟、可供体验的人生哲学或曰人生境界——人生理想与审美自由合一。这两个升华对中华民族人生观、审美观以及艺术传统的形成与发展,起了巨大而深远的影响。

通过以上的分析,我们可以看到,儒道两家看法相反,其实相成。他们最后都在美的理想境界融和为一了。只不过他们的认识路线和所采取的方法不同罢了。儒道二者提出的不同看法所针对的却是同一个历史事实,那就是人类进入了阶级社会之后,远古时代那种建立在氏族血缘亲情关系之上的等级制度遭到冲击和破坏,阶级对立的出现,剥削与压迫的残酷,各个政治集团之间尔虞我诈,互相倾轧,权势者不讲仁慈,不讲信义,滥用文化智慧,从而使儒家感觉到恢复礼乐制度,提高德性,使人心向善求美的重要。而道家则觉得,社会堕落,人心坏了,是贪得无厌、残暴无耻的当政者造成的,礼乐教化一套方法改变不了他们的本质,反而会掩饰他们的罪恶,帮助他们欺骗社会大众。儒家也对现实不满,并且采取某种批判态度,只是没有老庄的彻底、深刻。他们并不想彻底抛开现实,而是希望通过一定的措施,恢复原来的好东西(文化)。具体说就是通过礼乐教化,使人去恶从善,使人性提高,人格完美,而社会也上下尊卑有序和谐,从而也就进入"美善相乐"的自由境界。这是一种实实在在、循序渐进的方法。而道家不赞成这种方法,认为这种方法不仅不能起积极作用,反而会使人变得更虚伪,更狡诈,不仅不能提高人性和社会文明,且要促成人性与社会的堕落。在道家看来,正确途径是彻底否定这个昏乱的现实,废弃一切人为之法,而遵循自然之道,无为而无不为。在这之后,老子的眼光停留在"小国寡民"那里,虽然他的道论很宏大,但他的人生哲学却很狭隘,而且又表现为文化上的倒退主义。庄子扭转了老子道论这种走向,使老子较为空洞、抽象的道论变成生动丰富自由愉悦的人生境界;也使老子那种"见素抱朴"的自然本性变为精神性的,具有高尚的文化色彩,抽象的道变成审美的自由境界。正是在庄子那里儒道才有可能从对立互补而合一。因为庄子发现了一个"无用之用"的世界,这个世界与"孔颜之乐"、"美善相乐"的世界一样,都具有超现实、超功利的性质,因而他们终于在审美自由境界那里"同一"了。

艺术-审美在中国传统文化中占有极其重要的地位。它能助益政治教化,训练安分守己的习惯,陶冶情操,养成高尚的人格精神。它是教育上的极好"教材"。但艺术-审美的性能不仅仅在教育,它更是人们精神生活的食粮。艺术-审美活动使人们体验到和享受到自由愉悦的人生理想生活,它是人类争脱现实束缚的自由天地。儒家所谓"用之则行,舍之则藏","藏"到哪里去? 道家要做一个"无用之用"的人,"无用之用"在哪? 说穿了,都是要到超越利害关系、超越现实的艺术-审美境界中去"藏",去"无用之用"。中国历史上一些失意的士大夫,很少皈依宗教,而是隐居山林田园,痴迷于艺术-审美活动之中,正是这个道理。即使有的人皈依了宗教,也是中国的宗教,而不同于印度的佛教和西方的基督教。这种精神,这种发展趋向,在中国学术文化的奠基时代——先秦时代已经牢固地确定下来。儒与道所追求的精神境界在方法、途径上有所区别,但殊途同归,都在审美自由愉悦中合而为一了。因此有人称中国文化为"乐感文化",这个概括是深得中国文化的精义的。

（选自《哲学研究》，1998 年第 9 期）

聂振斌(1937—)，中国社会科学院哲学所研究员，主要研究方向是美学与中国美学史。已经发表的著作有《蔡元培及其美学思想》、《王国维美学思想述评》、《中国近代美学思想史》、《中国美育思想述要》。

儒家美学将美善统一，要求审美既要满足个体的情感欲求，又要维护社会的秩序统一。美与善处在不同的层次上，美比善高尚或深刻而完备。美的境界是由善到美，美善相乐的境界主要靠礼乐教化来实现。道家将美与真联系在一起，在真的基础上求美，审美的境界是道与美合一、自由而愉悦的境界，这种境界的获得主要来自主体超然无待的态度。儒道两家的审美境界以及针对的问题是相同的，只是认识的路线和采取的方式不同。

朱熹美学思想探析

张立文

对于美的探讨，中国古代哲学家、思想家作了种种思考，历来不乏大家。归结起来，无非是把精神、客观理想、人的意识、心理作为美的本质；或者从物质的自然形式、属性中去寻找美的本质和规律；或者把人的意识与物质自然形式、属性相结合，作为美的本质；或者从人类实践活动中寻求美的本质和根源。凡此种种，都在某些方面、一定程度上揭示了美的社会性能，肯定了美存在于客观事物本身等合理的因素，但其不足也是很明显的。究竟什么是美以及美的本质和根源，美的对象和素质，朱熹都有涉及，并能综合地创造。

一、"美"与"善"

美是与真、善相联系的。真是指自然界在运动中所表现的自身的规律性，美以真为前提，但美不是真。人只有在实践中获得对于自然界规律性的认识，便是真。离开了自然界自身规律性的真，美就丧失了它的基础和条件，当人运用规律改造世界的能动的实践活动得到实现，它的感性具体的存在形式得到肯定之时，才唤起人的美感，便具有了美的意义。否则，当自然界规律支配、束缚着人的时候，真作为自然界的规律性也就无所谓美可言。

美与善的联系，更具有现实感。善表现为个体主体的需要、目

的、利益对整体社会的需要、目的、利益的关系,个体的需要只有与
整体社会需要的结合中得到实现。人在社会实践过程中凡符合于
人的需要、目的、利益的就是善的,否则就是恶的。真、善、美相互
区别、相互联系,中国古人已有所认识。孟子首先把个体人格的美
和道德上的善联系起来。认为人的道德伦理精神也具有审美性
质。朱熹在把道德精神具有审美属性而引起审美愉快方面,较孟
子而有过之。他的"一出于道"的思想,实以美出于善,善成为美的
前提。圣与人一样,道德精神不仅具有审美属性,而且引起审美的
愉快。朱熹引程颐的话说:"理义之悦我心,犹刍豢之悦我口,此语
亲切有味。"(《孟子·告子上注》)此"味",含有审美情趣的意思。朱
熹美学思想的基本特征之一,是把美这个范畴与作为道德伦理精
神的善联系起来,以善为美的内容。

　　朱熹所谓美,一是指审美对象的外在表现形式;二是指精神心
态的内在状态。他这样规定:"美者,声容之盛。善者,美之实也。"
(《论语·八佾注》)声音的和谐,容貌的俊丽,是由视觉和听觉这种审
美感官与审美对象互相作用而产生的美感或愉快。精神美是以善
这种伦理道德内容为充实的。美就是外在形式和内在状态的统一。

　　朱熹对美又作了具体的规定:

　　首先,朱熹认为所当然之美,其本质和根源是所以然之理
(道),"不厌而文且理焉,锦之美在中也。"(《中庸章句》)淡而不厌,
简而有文,温而有理,都是君子之道。平淡而不厌恶,简朴而有文
采,温润而有纹理,锦衣之美就蕴含在其中了。在这里,朱熹并没
有把色之美停留在给人以感觉的审美愉快上,而是把它与道
("理")联结一起,只有这种美的理("道")才是真正的、永恒的美,
它是具体美的根据。不知道所以然之理,便不知道所当然之理,一
切具体的美依赖美的理而存在。

　　其次,自然之美。把自然作为人所欣赏的美的对象。朱熹在

解释孔子"知者乐水，仁者乐山"时，以为孔子从个体人格修养上来说明"智者"和"仁者"在"资质"上的特点。既从"资质"上区别"智者"和"仁者"，就寓有人们对自然山水喜好的差异。朱熹释"乐"为"喜好"，"智者"之所以喜好水，是由于水具有"动"的特性，比喻智者通达事理，似水的川流不息，畅通无滞。揭示了水的川流不息与智者的通达事理的资质相互对称关系。仁者之所以喜好山，是由于山具有"静"的特性，犹如仁者宽厚稳重、贫贱威武不迁的资质，两者构成了对应关系。这样，便在"智者"、"仁者"与自然山水之间找到了某种样态上、特性上的沟通或联结点。"智者"、"仁者"的"乐"，并非一种事功上的满足和喜好，而是人对自然山水美的喜好和感受，这种喜好和感受，是一种内在的精神上的感应。

再次，善之美。善与美既有区别，又有联系。朱熹把个体所获得精神性和感性的愉快的美与伦理道德的善作为不同的范畴，表现了不同的社会功能和作用。然而，朱熹又把两者统一起来，"力行其善，至于充满而积实，则美在其中而无待于外矣"（《孟子·尽心下注》）。个体通过自我的努力，去力行本身所已有的善性，使善性充满和积实于人的形体之中。这样人便具有高尚精神品质和道德情操，人的自然形体由此而增光生辉。这种精神品质与道德情操之美，虽内在于形体之中，毋需依赖于外在的表露，但亦可以通过外发，而与事业或德业结合起来，"和顺积中，而英华发外；美在其中，而畅于四肢。发于事业，则德业至盛而不可加矣。"（同上）和顺的美积淀于形体之中，扩而充之，便可畅流于四肢和外在世界。这样善之美并非不可感知，而是精神美、感性美融合在一起。

朱熹对美的规定，是对以往美学思想的扬弃，也是对两宋时美学思想的总汇。他对精神美，曾依道德标准，分为六个层次："善"、"信"、"美"、"大"、"圣"、"神"。朱熹阐述了孟子所划分的人的精神六境界。所谓善，是指某个人值得喜爱而不可恶。善作为六层次精神境界的基础与起点，与孔子所说的"尽善尽美"似乎不尽相同。孔子所言美是对舜乐和武乐这种艺术形式表现的肯定。善是对作品内容或思想感情的肯定，在审美范围内，成为尽善与未尽善，存在着善的内容和美的形式问题。在朱熹看来，善与美有着内在的一致性，美不再是单纯的外在形式，而是在感性形式中得到完满实现的内在之善。

"信"是道德精神的第二层次。是"有诸己"的意思，即诚善存在于他本身。譬如厌恶不好的臭味，喜爱好的颜色。厌恶和喜好是审美对象作用于人们的感官而产生的审美判断。好的颜色引起人的精神和感性愉快，恶臭引起人的精神和感性的厌恶。该恶而恶臭，该好而好色，实在存在于他自己。

"美"是在善、信之上的第三层次。朱熹认为，如果说"善"与"信"是"就心上说，心里都理会得"，那么，"美"是"就行上说，事事都行得尽"（《朱子语类》卷六一）。美是引起精神和感性愉快的外在形式，然而"行上说"与"心上说"是相互统一的，并不是把外在的形式注入其中，而是人本身就具有的；假如本身不具备，就是有待于外，而非无待了。只要把善与信扩充于个体的全人格之中，美在全人格中充分地现实着实有之善，美与善相融合。从这个意义上说，"无待于外底，他善都是里面流出来"（同上）。美就是从里面流出来的外在形式。

美之上还有三个层次，以美为基准。首先是"大"，朱熹不同意张载把"充实而有光辉之谓大"，释为"充内形外之谓美，塞乎天地之间，则有光辉之意"认为"充实，谓积累。光辉，谓发见于外"（同上）。积累于全人格之中，而发见于外，是一种光辉而壮观的大美，而非一般的美。

"圣"是道德精神的第五层次，是"大而化之"的意思。朱熹认为，所谓化，是指"化其大之之迹"；所谓大，并非集大成，而是"大而能化"。如果说第四层次的"大",还具有外在形式的话,那么,"圣"便泯然化去了"大"的这种外在的形迹,即使是不思虑、不勤勉,亦能符合"中道",而不违戾什么,达到了一种自然的非人力巧智所能为的境界。外在美的形迹已融化在内在善之中。

"神"是最后亦是最高的层次,是"圣而不可知之"的意思。朱熹认为,圣人至妙,一般人不可测度。这种神妙莫测的"神"的境界,并非一般人所能够达到的。它虽属审美范围,而又是对审美的超越。

朱熹对孟子人分六等的阐发,包含着对美的细密的观察以及资质的区分。就人格美而言,在美与善的演变中不断融合,这种融合不仅同个体的事业、德业的成就相联系,而且把人格美的确立作为个体的自觉寻求,这是与人之所以为人的自我觉醒相伴随的。同时"善"、"信"、"美"、"大"、"圣"、"神"六个层次,不仅与艺术美的创造相联系,而且作为美的价值评价的标准。在鉴赏艺术作品时,不光看一件艺术品所表现的形式的美,而要捕捉外在形式美所体现的那种不可言说,只可意会的神韵、意境。这种神韵和意境给人无穷的回味,它不仅给人以精神美和感性美的愉快,而且产生情感上的感通与共鸣,这就是中国艺术美创作中所追求的"神"。这种"神",可以是"大"、"圣"、"神"。"大"是壮美、崇高之美;"圣"是完美、最高的美;"神"是出神入化之美。朱熹强调外在形式的美与艺术创作者的道德情操、精神资质融合为一,突出了道德精神在艺术美中的价值和作用,这是中国文化所具有的特点,它体现在文化领域的各个方面。

二、"文"与"道"

美善合一的贯彻与展开,便是文道合一。善作为伦理道德内容,便与自然之道与社会之道(包括伦理道德规范)相符合,这就是

"道";美是作为善这种内容的形式,它与道的外在形式"文",具有相似的意义。善的内容与美的形式的统一,便要求道的内容与文的形式相统一。

文道统一,是朱熹美学理论的要旨,亦是他与中唐以来古文家的根本分歧所在。朱熹认为,古文家各派其理论失足的要害,就在于把内在的道与外在的文分离,即"文是文,道是道",分文与道为二。朱熹批评韩愈等古文家有两个弊病:其一,韩愈所说的道,由其没有探讨如何才能实行,不具有服行的效果,而仅是空言而已。这样,虽然韩愈倡导恢复儒家仁义道德,但这个道是空虚的。

其二,割裂道与文为两物,把本来是文轻道重,文缓道急,道本文末,道主文宾的关系,倒悬逆置过来了。韩、柳的古文运动,出发点和着眼点是文。因此复兴儒道就要靠文,而去做贯道之文。这在朱熹看来,古文家是把"文"当作本,"道"当作末了。他批评韩愈"只是火急去弄文章,而于经纶实务不曾究心,所以作用不得",虽然说"文以明道"、"文以贯道",实际上文仍是文,道仍是道,文道分二。

宋代复古革新至欧阳修有综合之势,欧阳修认为,"充于中"的道德仁义之"道"与"发于外"的文华辞丽之"文",应是"道胜文至"。文之所以辉煌光彩,是因为心中充满着纯粹的"道"。欧阳修还说过"吾之为文,必与道俱"的话。"文与道俱",即既讲文与道相对待,又讲文不离道。

尽管宋代的古文运动与唐代韩、柳有异,韩、柳等提倡"文以明道"与欧阳修等主张"文与道俱",基本立场则是一致的,一是以文贯道,颠倒本末;一以文与道俱,不分本末主宾。两者之失,都是文自文,道自道。朱熹说:"三代圣贤文章,皆从此心写出,文便是道。今东坡之言曰:'吾所谓文,必与道俱。'则是文自文而道自道,待作文时,施去讨个道来入放里面,此是它大病处。只是它每常文字华妙,包笼将去,到此不觉漏逗。说出他本根病所以然处,缘他都是因作文,却渐渐说上道理来;不是先理会得道理了,方作文,所以大本都差。"(《朱子语类》卷一三九)

　　无论是韩、柳、还是欧、苏,朱熹都把他们视为古文家,而不看作道学家。然而在道学家内部,文与道的关系,意见亦异。被朱熹的《伊洛渊源录》列为卷首的周敦颐,提出"文以载道"的主张。"文"指文字,文字必须修饰,犹如车有轮辕等装饰之美。以文与车相喻,文便含有美饰车马,雕琢刻缕之类与生活美有关的感性文饰和文采,亦蕴含着美的创造的成就或物质精神之美的成就等内涵。朱熹注释说:"文所载道,犹车所以载物。故为车者,必饰其轮辕;为文者,必善其词说,皆欲人之爱而用之,然我饰之而人不用,则犹为虚饰,而无益于实。况不载物之车,不载道之文,虽美其饰,亦何为哉!"(《通书·文辞注》)道为文词之实,文词为道之华。文与车、道与物均不可无,无车,物不能载,无文,道不能载;车为载物之车,文为载道之文。车美其饰而不用,犹为虚饰虚车;文美其饰而人必爱之,就会传之久远。如果有道德而无文章之美,人们不爱好它,即引不起人们精神或感性的愉快,人就不传,更不能久远。依朱熹对"文以载道"的理解,实是道与文合一之意。由于朱熹的这个解释,后来的理学家都以周敦颐的"文以载道"为正统。

　　如果说周敦颐并不否定载道之文需要美其饰,以引起人们喜爱而传之久远的话,那么,程颐便有否定"文"的意思,提出了"作文害道"的主张。因作文会迁移人们志趣,迷恋文辞而不喜求道,犹如玩物丧志。这样,便有把文与道对立起来之势。

　　朱熹有分析地批评了唐代古文家韩、柳及宋初古文革新运动的柳开、欧阳修的"文以明道"、"文以贯道"和"文与道俱"等的观点和失足之处,对道学家周敦颐和程颐的"文以载道"、"作文害道",亦作了修正和阐发,由此,朱熹综罗各家得失利弊而开创出"文道合一"论。他说："然彼知政事礼乐之不可不出于一,而未知道德文章之尤不可使出于二也。"(《朱文公文集·读唐志》)彼是指欧阳修。朱熹认为,欧阳修讲三代而上,治出于一而礼乐达于天下;三代以后,治出于二而礼乐为虚名,这是非常正确的。但是欧阳修只知道政事与礼乐的合一,却不懂得道德与文章的合一,其实文与道尤其不能分二。虽道充实于内,是体,表现于外为文采,两者相互联系,不可分割。因此,朱熹提倡"即文讲道"、"文道一贯"。

朱熹强调文道统一、相即、一贯,这并不妨碍文与道自身的地位、作用的相异。"道者,文之根本;文者,道之枝叶。"(《朱子语类》卷一三九)道与文犹如根本与枝叶,尽管有根本与枝叶之分,但本为一体。

朱熹"文道合一"的名言,便是"文皆是从道中流出","文皆从此心写出"。这里便涉及源与流、真与写这两对概念范畴的关系。在朱熹哲学逻辑结构中,"道"("理"、"太极")是世界万物的根本、根据或本原,世界万事都是这个根本和本原的表现或生出。圣贤以道为心,圣贤之文就是这道心的写照。既然流是源的延伸,写是真的摄影,那么,文也就是发之于语言文字的道,或自然流露出来的道心。流不能离源、写不能离真,离源无流,离真无写,两者相依不离。从这个意义上说,流与源都是水,写照与真实的人或事,都是一个模样,这就是说,"文便是道"。但是本体与本性的表现,本原与本原的派生者,毕竟是不同的,这就是说,两者是相分不杂的。文与道既相依不离,又相分不杂,不离不杂,辩证地解决了以往古文家与从周敦颐以来道学家的种种论调,达到了一个更高的水平。

"文从道中流出"的不离不杂,既是朱熹的审美标准,亦是其美学价值观。他在评品艺术创作和文学创作时,既注重道德思想内容,即道和善;亦不忽视文艺形式的美饰和感性的愉快,即文和美。他在强调道德、思想标准的前提下,实现道德、思想内容与文艺形式的统一,即在善本美末、道体文用的不杂下,要求善与美、道与文的合一。以道和善来说,不载道的文和不载物的车,虽有装饰之美,文辞之丽,朱熹认为,"此犹车不载物,而徒美其饰也"(《通书·文辞注》)。这是道和善的价值观;从文和美来说,"为文者,必善其词说"(同上),只有讲求文学、艺术的形式美,才能使"人之爱而用之",若不美其饰,人不喜爱,即使道德、思想内容至高,也无用而落空。基于这样的认识,尽管他批评韩愈、柳宗元、欧阳修、苏轼等把道与文相颠倒、相割裂,但对于他们的文亦多有所肯定和称赞:"韩文公诗文冠当时,后世未易及""柳子厚文有所模仿者极精"。"欧公文字锋刃利,文字好,议论亦好。""东坡文字明快。老苏文雄浑,尽有好处。"(《朱子语类》卷一三九)虽对他们的文字亦有所批评,但总的态度是"文字到欧、曾、苏,道理理到二程,方是畅"(同上)。文学和道理到了欧阳修、曾巩、三苏(苏洵、苏轼、苏辙)和二程,才理顺通畅,这是文和美的价值观。因此,朱熹认为,道与文、善与美的统一,是最完善完美的价值观。

三、"诗"与"理"

"诗"是与"文"相当的表现形式,它给人以精神性、感性的愉快,"文"和"诗"包含着美在内,没有"文"和"诗",亦就无所谓美。"文"和"诗"可以理解为"文采",也可以理解为诗表达的思想感情所采取的各种艺术方法,如比兴、夸张、象征、隐喻等等。"理"与道"相当,既是世界万物的本体,也是伦理道德的最高原则,它是诗的思想内容。如果说,道学家在文与道关系上主张文以载道的话,那么,在诗与理的关系上,便主张以理为诗。

道学开创者周敦颐、邵雍,一以"载道"说,一以"尽性"说,而确立了文道、诗理的基本关系。二程则倡导"止于礼义","至周而世益文,人之怨乐,必形于言;政之善恶,必见刺美。至夫子之时,所传者多矣。夫子删之,得三百篇,皆止于礼义,可以垂世立教,故曰兴于诗。"(《河南程氏经说·诗解》)"刺"是变的意思,"美"是正的意思。变正便是上教化于下,下风谏于上,与刺美相近。孔子删《诗》的审美标准和政治道德标准,就是"止于礼义"、"垂世立教",这样便删去了怨乐形于言和善恶表现于刺美的诗歌,得三百篇,即为《诗经》。

邵雍、周敦颐、二程都有分离"诗"与"理"之嫌,朱熹精心研讨过《诗经》、《楚辞》,撰写了《诗集传》和《楚辞集注》,继承而又修正了邵、周、二程的思想,提出了"诗理合一"的主张。他认为,作诗必须心虚理明,才能做得出精品来。否则便会好坏颠倒,如二程所说的徒劳精力,贻误穷理,这就是说明理而达到善美的境界,体现这种明理的善美境界的诗,便是精品;反之,就不成诗。明理的思想内容与诗的表现形式相统一。朱熹教人要晓得诗的言外之意,看其精神意思,只看得外面文义的一层,而不认识内在的意思一层,就是大病。他又教人,"须是踏翻了船,通身都在那水中,方看得出"(《朱子语类》卷一一四)。身在船中,与水隔了一层;只有踏翻了船,人都翻在水中,对水有真实的感受,才是学诗的真境界,学"道"("理"),也是如此。学诗即如学道(理),诗道融合如一。

诗道合一,其宗旨是"诗教"。"政虽不足行于一时,而其教实被于万世"(《朱文公文集·诗集传序》),这是诗教的重要性。朱熹根据诗的定义,作了论述:"诗者,人心之感物而形于言之余也。心之所感有邪正,故言之所形有是非。惟圣人在上,则其所感无不正,而其言皆足以为教,其或感之之杂,而所发不能无可择者,则上之人必思所以自反而因有以劝惩之,是亦所以为教也。"(同上)诗是人的思想由于感受外物而激发起灵感而表达为言辞的,这是朱熹对诗的深刻理解。然而,人的感物有邪正善恶,包括审美感受,表达思想感情的诗这种形式也有是非之分。无论是正还是邪,都可以从不同方面和方法,作为教化天下的手段。譬如审察情性言行,通过修身的方法而齐家治国平天下,这些方法道理,《诗》中均有了。这就是说,《诗》是教化人进行伦理道德修养,而达到家齐、国治、天下平的目的的。

朱熹重视诗的道德思想内容,但亦不以理代诗,对于诗的艺术表现形式美,亦并不否定。"李太白诗不专是豪放,亦有雍容和缓底","李太白诗非无法度,乃从容于法度之中,盖圣于诗者也"。"杜诗初年甚精细,晚年横逆不可当。""石曼卿诗极有好处,……曼卿诗极雄豪,而缜密方严、极好。如《筹笔驿诗》:'意中流水远,愁外旧山青。'又'乐意相关禽对语,生香不断树交花'之句极佳。"黄庭坚诗"精绝!知他是用多少工夫。令人卒乍如何及得!可谓巧好无余,自成一家矣。"(以上均见《朱子语类》卷一四〇)朱熹要求道德精神、思想内容与诗的表现形式之美的完善的统一。

诗理合一的贯彻,还体现对诗史的探讨中,朱熹说:"古今之变凡有三变:盖自《书》、《传》所记,虞夏以来,下及魏晋,自为一等;自晋宋间颜、谢以后,下及唐初,自为一等;自沈、宋以后,定着律诗,下及今日,又为一等。然自唐初以前,其为诗者固有高下,而法犹未变。至律诗出,而后诗之与法始皆大变,以至今日,益巧益密,而无复古人之风矣。"(《朱文公文集·答巩仲至》)这"三变"是中国诗歌体载和技巧发展的三个阶段,虞夏至魏晋为古诗阶段;晋宋到唐初,是古诗向律诗转化阶段;第三阶段为律诗。这从总体上说是一种进步,然而,严格的格律,亦束缚人的思想。因而,朱熹认为,说出的诗比作出来的好,从这个意义上说,他重古诗而卑律诗是可以理解的:"格律之精粗,用韵属对比事遣辞之善否,今以魏晋以前诸贤之作考之,盖未有用意于其间者,而况于古诗之流乎?近世作者,乃始留情于此,故诗有工拙之论,而花藻之词胜,言志之功隐矣。"(《朱文公文集·答杨宗卿》)魏晋以前作诗不讲格律,而直抒发心志;近世留情格律,追求辞藻用韵,注重表现形式的对仗善否,而不注意诗表现道德精神、思想内容的功能。朱熹看到这个问题,虽出自道学家的诗理合一说,但不能不说有其深刻的一面。

四、"自然"与"规模"

美与善、文与道、诗与理,都是探讨思想内容与表现形式问题。文和诗怎样令人喜爱,引起共鸣,如心动神移、可喜可悲、或歌或泣等感情的交流,便蕴含着审美感受和审美意识问题。当然文与诗的思想内容,可以激起人的审美意境和审美理想,但是诗歌必须有声律和文辞、文章必须有文字和词藻、音乐离不开乐器和声音等要素,文艺的表现形式、手段与思想内容相结合,才能感动人心。之所以如此,就在于它是审美活动,它能表达一种审美感受,创造一种审美意境。

这种审美感受和审美意境的表达和创造,需要一种艺术风格的美来贯彻,朱熹强调一种质朴自然、平淡有味的风格美,反对华丽纤巧,刻意造作。这种审美意识,可以说是宋代的思潮。程颐曾说诗文应像"天工生出一枝花"的自然美,王安石以"看似寻常最奇崛,成如容易却艰辛"的质朴寻常美来称赞好诗;苏轼以"发纤秾于简古,寄至味于淡泊"而品评诗文。朱熹在艺术风格上,亦提倡平淡自然的美。他说:"今人学文者,何曾作得一篇,枉费许多气力;大意主乎学问以明理,则自然发为好文章。诗亦然。"(《朱子语类》卷一三九)"古人文章,大率只是平说而意自长。后人文章,务意多而酸涩。如《离骚》,初无奇字,只凭地说将去,自是好。后来知鲁直,凭地着力做,却自是不好。"(同上)这种"自然"、"平说"、"平易不费力",含有自然而然的意味。在这里,他既反对文章没有"壮

20世纪儒学研究大系

浪"的美,而流入胭脂腻粉之类,无骨气。亦反对没有韵味,不讲艺术技巧风格美,而陷入平庸肤浅之类。

朱熹曾用一句很形象的话来表达平淡自然而有韵味的艺术风格,"文字自有一个天生成腔子,古人文字自贴这天生成腔子"(同上)。"腔子",他有一个解释:"腔子,犹言匡郭,此是方言,指盈于人身而言。""乃洛中俗语"(《朱子语类》卷五三)。"天"有自然的意思。文字是"天生成腔子了",含有两方面涵义:其一,诗文是自然生出,故质朴、自然、平淡,具有自然美。《语类》记载:"道夫因言欧阳公文平淡。曰:'虽平淡,其中却自美丽,有好处,有不可及处,却不是阘茸无意思。'又曰:'欧文如宾主相见,平心定气,说好话相似。'"(《朱子语类》卷一三九)平淡中见美丽,说话中见韵味,这便是平淡之美。这种审美的意境,是在平淡中超越平淡。诗文便是从"天生成腔子"中自然流出。由于朱熹欣赏这种平淡自然的美,因此,他最推崇的不是李白、杜甫,而是陶渊明。"陶渊明诗,人皆说是平淡。据某看,他自豪放,但豪放得来不觉耳。其露出本相者是《咏荆轲》一篇,平淡底人如何说得这样言语出来。"(《朱子语类》卷一四〇)平淡而豪放,真乃真知灼见。

朱熹并不排斥诗人在激情来潮时抒发情怀,真觉流出。但是,这"真味发溢",并不是自然的味道,而是涵养义理。"管摄此心",犹"平淡自摄","管摄住自身毋堕于物欲之私,而敬存此心",管摄住自身毋被外物所蔽而格物穷理,这样"自摄",人们便可达到理想的道德境界。人的自然情怀、心理情感,都已与伦理道德融合为一,道德的他律转化为道德的自律。这样,所谓"真味发溢",适怀之作,不仅不与道学相违戾,而且恰恰是道的"真味发溢",这与简单的道德说教是迥然不同的。

其二,腔子犹如匡郭,匡郭就意味着有一个框架、规模、范围。"古人文字自贴这天生成腔子",自不需摹拟、模仿;后人诗文"自有个天生成腔子"，便需要摹拟、模仿。"'陆教授谓伯恭有个文字腔子，才作文字时，便将来入个腔子做，文字气脉不长。'先生曰：'他便是眼高，看得破'"(《朱子语类》卷一三九)"入个腔子做"，显然指有一个现存的框架、规模。如何才能做到"入个腔子做"，朱熹提出"识"、"仿"、"守"的主张。"识"是指认清古今诗文体制，雅俗向背，以便取舍。"仿"是指模仿、摹拟前人优秀诗文。这种摹拟、摹仿似不离自然平淡的艺术风格美而言，并不是去追求华丽新巧。"守"是指守古本规模。"余尝以为天下万事皆有一定之法，学之者须循序而渐进。如学诗则且当以此等为法，庶几不失古人本分体制。"(《朱文公文集·跋病翁先生诗》)朱熹并不反对变，但变需在一定的限度之内，这就是"不失正"；若不失正，若依照他那个"天生成腔子"，便能纵横驰骋，妙用无穷。然而，既变又不失正，很不容易做到，往往好新奇，而务为淫巧。

朱熹美善合一、文道合一、诗理合一的审美观，便是从"美"——"善"、"文"——"道"、"诗"——"理"对应的各要素、成份中，寻找如何能达到和谐、均衡，这便是和美。这种把各种对立要素、成份和谐地统一起来的"和"之美，并不是强调此一方面而否定彼一方面，或强调彼一方面去否定此一方面。每一和美的事物中，各种对立的因素都是有机的联系着，相依不杂，相分不离，彼此制约，而构成一个统一的整体。在这个有机统一体中，各种对立要素的地位、作用、功能、发展都符合一定的节度，即没有"过"，也无"不及"。"和便事事都要和，这里也恰好，这处也中节，那处也中节。若一处不和，便不是和矣"(《朱子语类》卷二二)，又说："和则处处皆和，是事事中节，那处不中节，便非和矣。"(同上)"和"从"善"、"道"、"理"来说，处处都符合"善"、"道"、"理"的节度，无过、无不及，而没有"失正"，"圣人品节裁限，使事事合于中正，这个当在这里，那个当在那里，更不得过"(同上)。中而正，不偏不倚；从"天生成腔子"的质朴自然、平淡有味的艺术风格来说,"顺于自然,便是和","发见出来,无非自然"(同上),便是平淡自然之美。

美是外在的给人以精神愉快的感性形式与内在的伦理道德的理性要求的和谐统一。这样,朱熹就把"和"作为审美评价的标准。"和"或称"和气",它是把阴阳、刚柔、清浊、天地等相互对立的因素统一起来,这是对美的均衡和谐规律的掌握。朱熹认识和把握了美的规律中一个极为重要的环节,那就是一切相互对立因素、要素的和谐统一,都是一个凝聚和离散结构,即和谐统一的形成是对立因素的凝聚,和谐统一的破坏是对立因素的离散。朱熹对于对立因素在凝聚和离散中,否定对立因素某一方面、侧面被片面强调、夸大的辩证思想,使中国美学和艺术诗文,能在对各种对立因素的作用中自觉不自觉地调整各种关系,达到情与理的和谐统一,避免了对立因素各自片面的发展以及各种割裂统一的形式。虽然,有时也不免出现对于和谐统一美的破坏,但从总体来看,是一种暂时的现象。对于和谐统一美的追求,是贯穿中国美学自始至终的合乎规律性的特点。

朱熹美学逻辑结构是:从"理"("道"、"善")出发,通过"美"("文"、"诗"),把伦理道德原则、规范或自然界合乎规律的现象和能给个体以精神愉快的感性形式、艺术表现结合起来,达到美与善、文与道、诗与理的和谐统一,这便是"和"的境界。简言之即:"理"("道"、"善")——"美"("文"、"诗")——"和"。

"和",是朱熹美学的完满境界,审美的理想。美与善、文与道、诗与理既有其相对独立性,而要合乎一定适度地统一起来。从宇宙万物("天")与人类社会("人")的和谐统一中认识"和",到人自身的道德知识("知")与道德实践("行")的和谐统一认识"和"的过程,也就是社会的伦理道德的理性要求与诗文给人的感性的愉快和谐统一的过程。在朱熹"和"美的层次中,是对于美与善、文与道、诗与理合一的肯定,以达到感性心理欲求和理性道德规范、审美感受的形式与政治教化的内容、诗文的艺术风格与心性的修养工夫的和谐统一。诗文的价值和社会意义就在于达到这个统一,美就是这个和谐统一的表现。然而,朱熹要求这种和谐统一要恰到好处,要符合一定的节度,而这个节度是"天生成腔子",把这个"腔子"作为理想,又束缚了自身美学思想的发展。

朱熹这种以感性心理与理性道德、审美感受与政治教化、艺术风格与心性修养的"和"为旨趣的美学思想,是人们长期被这些矛盾冲突所挑战、折磨后的思考,也是人们在超越这种矛盾冲突过程中所产生的追求或所作的努力。这种思考、追求和努力,难道在面临现代感性心理与理性道德、审美感受与政治教化、艺术风格与心性修养的矛盾冲突中,不会给人以启迪吗?

(选自《哲学研究》,1988 年第 4 期)

张立文(1935——　),浙江温州人。中国人民大学哲学系教授、中国人民大学孔子研究院院长。主要研究方向是中国哲学史、中国文化。著有《周易思想研究》、《朱熹思想研究》、《宋明理学研究》、《中国哲学范畴发展史(天道篇)》、《传统学引论——中国传统文化的多维反思》、《合和学概论——21 世纪文化战略的构想》(上、下)、《走向心学之路——陆象山思想的足迹》等。

　　朱熹的审美观是从美—善、文—道、诗—理等要素的对立统一中强调美善统一、文道和一、诗理合一。朱熹所说的美也就是外在的给人以精神愉悦的感性形式与内在伦理道德的理性要求的和谐统一。"和"既是朱熹审美评价的标准,也是他的审美理想。朱熹美学的逻辑结构是:从理、道、善出发,通过美(诗、文)把伦理道德原则、规范或自然界合乎规律的现象和能给个体以精神愉快的感性形式、艺术表现形式结合起来,达到美善、文道、诗理的和谐统一。

儒家、道家与日神、酒神

陈 炎

（一）

从思想史的角度上看，如果说，儒家与道家的互补是中国文化得以持续发展的内在机制的话，那么酒神与日神的对立则是西方文化得以不断演进的原始动因。因此，在中西文化相互碰撞、彼此渗透的今天，进行儒家、道家与日神、酒神的比较研究，是一个饶有兴味的话题。在这里，我们不仅可以触及到中西文明之所以不同的许许多多具有原初意义的关键问题，而且能将极为抽象的理论探讨与最为具体的生活现象联系起来。

谈到日神与酒神，很容易使我们想到尼采的《悲剧的诞生》。在这部极有影响的著作中，尼采认为，由于希腊人意识到了个体生命的有限和现实生存的不幸，因而要在艺术中寻求解脱，其精神方式分为两类：一类缘自阿波罗（Apollo）崇拜，即所谓"日神精神"；一类缘自狄俄尼索斯（Dionysus）崇拜，即所谓"酒神精神"。前者是个体化原则的守护神，它以一种梦幻般的手法，制造出一种和谐、美妙的生活幻觉，通过凝视存在的形象以逃避变幻乃至死亡的痛苦；后者则剥去个体的表象而直逼存在的本质，它要在一种醉态的境界中投身于表象背后的意志，并通过现象的毁灭以获得不断的新生。关于尼采的这一思想，笔者在《反理性思潮的反思——现代西方哲学美学述评》(山东大学出版社 1994 年版)一书中曾有专节论述。这里需要指出的是,尼采将"日神精神"与"酒神精神"分别对应于"表象"与"意志"的做法,显然是为了阐发叔本华和自己的"唯意志论哲学"服务的,其意义并不在如实地反映希腊宗教的原初面貌。正因如此,该书刚一问世,便即刻遭到了同行学者的强烈批评,尼采也因此而断送了使自己成为语言学家的学术前程。提出这一问题,并不是要从考据学的角度来指责作为哲学家的尼采对于希腊宗教概念的引申和发挥,而只是想提请读者注意:不能用尼采的界定来理解本文所说的"日神精神"与"酒神精神"。换言之,与《悲剧的诞生》一样,本文也无意对阿波罗与狄俄尼索斯崇拜仪式的原初意义进行一种实证性的考究与求解,而只是一种更加自觉的引申和发挥;与尼采不同的是,笔者在日神和酒神的历史背影之中似乎"发现"了西方文化远远超出艺术冲动之外的另外两种精神动力。

　　我们知道,宗教作为人类精神异化的产物,必然产生于社会生活自身的异化。大体说来,阿波罗和狄俄尼索斯的宗教崇拜都是父系社会后期、氏族制度解体、文明时代诞生这一历史过程的产物。相比较而言,狄俄尼索斯的崇拜可能更早一些,因为它的仪式中明显地表现出对于逝去不久的母系社会的一种追忆和留恋。据考证,参加狄俄尼索斯游行队伍的人都是女性,她们身披兽衣、头戴花冠、吵吵嚷嚷、疯疯癫癫,完全沉浸在一种感性的肉体的陶醉之中。"希腊人以野外纵酒狂欢的方式来尊奉葡萄酒之神狄俄尼索斯,在此期间,女性崇拜者们通宵达旦地一边跳舞一边狂叫。"(《西方传统的根源》,72 页,河南人民出版社,1990 中译本)对于这种宗教仪式,罗素曾经作出了一种令人满意的解释:"正像许多开化得很快的社会一样,希腊人,至少是一部分希腊人,发展了一种对于原始事物的爱慕,以及一种对于比当时道德所裁可的生活方式更为本能、更加强烈的生活方式的热望。对于那些由于强迫因而在行动上比在情感上来得更加文明的男人和女人，理性是可厌的，道德是一种负担与奴役。这就在思想方面、情感方面与行为方面引向一种反动。"(《西方哲学史》，上卷，38 页，商务印书馆，1963年)从某种意义上讲，文明与异化是一对孪生兄妹。社会分工的出现使男子逐渐在主要的生产部门中占据了重要的地位，随之而来的是私有财产、阶级和一夫一妻婚姻制度的建立，人类开始迈进了文明的门槛。然而，历史总是在"二律背反"中前进的，"文明每前进一步，不平等也同时前进一步。随着文明产生的社会为自己建立的一切机构，都转变为它们原来的目的的反面。"(《反杜林论》，见《马克思恩格斯选集》，第 3 卷，179 页，人民出版社，1972 年)本来，原始的人们是自由自在、无拘无束的，他们充沛的精力和原始的欲望随时都能够像山泉一样尽情地流淌。但是，在进入文明社会以后，人们便不得不用后天的道德准则来规范自己的行为，压抑自己的情欲，从而把那种最初支配人们感性行为的原始驱动力压抑到意识的底层，以至于形成了那种暂且屈服于理性而又时时准备犯上作乱的潜在的心理能量。因此，在这种情况下，据说是由色雷斯人传至希腊的酒神仪式之所以能在广大平民中得到广泛的流传，便不是一件难以理解的事情了。换言之，当感情和欲望在现实生活中找不到出路的时候，人们就只能求助于宗教了。

　　然而，酒神崇拜作为异化现实的一种反叛形式，不仅有其合理性，而且有其破坏性。那种粗野的、狂放的、毫无节制的感性行为，在文明的社会里不能不引起人们的担忧。于是，作为酒神精神的对立面，日神崇拜出现了。曾著有《希腊宗教史》一书的尼尔森(M. P. Nilsson)指出："是阿波罗不仅通过斗争和抑制，而且通过许可与调节而压倒了当时流行的酒神崇拜，使这种经过调节后的迷狂丧失了其刚刚萌发出来的危险性。有大量的事实证明，是阿波罗的风尚完成了征服民众的历史任务。"(转引自《尼采论悲剧》,英文版,178—179页,剑桥大学,1981年)与狂放不羁的狄俄尼索斯不同,端庄宁静的阿波罗浑身闪烁着智慧的光芒。在著名的得尔福神示所里(Delphic oracle),有权威的男女祭司可以在一种精神迷狂的状态中获得阿波罗那神圣的预言。可见,在希腊人眼里,阿波罗是智慧和理性的化身。阿波罗不仅是希腊的日神,而且是希腊的音乐之神,他用七弦琴代替了葡萄酒,用精神的沉醉代替了肉体的沉醉,从而为遭受异化痛苦的希腊人找到了一种新的解脱方式。如果用"精神分析学"的术语来表述这一问题的话,那么狄俄尼索斯式的解脱可说是一种直接的"宣泄",而阿波罗式的解脱则要算是一种变相的"升华"。

在日神崇拜试图战胜酒神崇拜的过程中,有一个神秘的中间人物很值得我们注意,这就是传说中的音乐家奥菲斯(Orphic)。奥菲斯是狄俄尼索斯宗教的改革者,他相信灵魂的轮回,相信音乐和一种神秘的知识可以实现人们对彼岸世界的追求。由于他反对纵欲行为,结果被狂热的酒神侍女们(Maenads)撕成碎片。在埃斯库罗斯的戏剧中(Bassarrids),奥菲斯是作为日神教的殉道者而牺牲的,而他的思想和行为,也的确符合我们所理解的日神精神。

总之,在我们看来,日神和酒神精神是从同一现实生活中分裂出来的两种彼此对立的宗教情绪。前者是精神的沉醉,表现为一种禁欲的对精神世界、宇宙本原的不顾一切的追求;后者是肉体的沉醉,表现为一种纵欲的对感性生活、肉体存在的忘乎所以的肯定。叶秀山在《希腊奥林帕斯山上诸神之古典精神》一文中也认为:"如果说,阿波罗神是光明、智慧、理智的象征,狄俄尼索斯神则代表了玄暗、野性和放纵。"(《外国美学》,第12辑,310页,商务印书馆,1995年)因而,与尼采的理解不同,前者并不限于"表象"层面的直觉与静观,后者也没有"意志"自觉的本体论色彩。

　　与日神和酒神精神在希腊早期社会中的产生相类似,中国古代社会中的儒家和道家思想也是作为异化现实的反动而出现的。然而由于"古典的古代"与"亚细亚的古代"在进入文明社会的具体步骤上有着重大的差异,因而也就决定了中国与西方早期精神产品的不同性质。在西方的古典时代,由于私有制的利刃较为彻底地斩断人与自然、人与社会的原始纽带,致使遭受异化痛苦的人们不得不在感性的肉体存在或神秘的彼岸世界中去寻找寄托,于是便产生了酒神与日神精神。所以,这两种精神在西方的出现是必然的,因为希腊人别无出路。但是,在早熟的中国古代社会里,由于社会分工和私有财产发展得不够充分,使得人与自然、人与社会的分裂很不彻底,这就为道家和儒家思想的出现提供了现实的可能。

　　同酒神崇拜一样,早期的道家思想与母系文化之间也有着影影绰绰的联系,不仅如此,同酒神崇拜一样,道家作为现实生活的反动,也是以个体的感性生存为目的的。然而,老、庄之学却不像狄俄尼索斯崇拜那样,把人与自然对立起来,在人对自然的破坏之中去证实人的感性存在(如生吞活剥野兽之类)。道家讲究"齐物",主张"天地与我并生,而万物与我为一"(《庄子·齐物论》),把人看成是自然界的一个组成部分,在自然的怀抱中去寻求一种精神的安慰,以达到"庄周梦蝴蝶"——物我两忘的境界。

　　同日神崇拜一样,早期的儒家思想也有着维护社会秩序、捍卫既有文明的功能。不仅如此,同日神崇拜一样,儒家也注重理性的探索、精神的追求,有着超越感性个体的倾向。然而,孔、孟之道却不像阿波罗崇拜仪式那样,在精神的沉醉之中把人的感性存在与宇宙的理性本原联系起来。儒家讲究"爱人",主张"入则孝,出则悌,谨而信,泛爱众,而亲仁"(《论语·学而》),把人看成是社会的一部分,在以亲子血缘为基础的人际关系之中来确立人的价值和地位,以实现"一日克己复礼,天下归仁焉"(《论语·颜渊》)的政治理想为其最高的生活追求。

由于上述人与自然、人与社会的不同关系,致使儒家、道家思想与日神、酒神崇拜所体现和影响的中国与西方的"民族心理结构"出现了巨大的差异。不难看出,日神与酒神的对立,显示早期的希腊人在理性和感性的冲动上发展得比较彻底;而儒家与道家的互补,则表现古代的中国人在理性和感性的分裂上表现不够充分。这一差别,不仅植根于中国与西方早期文明时代不同的社会土壤,而且作为两种相对稳定的"民族心理结构",对于以后的"民族文化结构"和"民族社会结构"都产生了极为深远的影响。

(二)

由于感性与理性冲动发展得比较充分,使得西方世界狭义的"民族文化结构"以相互对立的两极最为发达:在感性方面,是体育;在理性方面,是科学。

从表面上看,东、西方都有着类似的体育活动,然而细加分析,就不难发现其中所存在着的深刻差异。在西方人看来,体育不单纯是为了锻炼身体,也不仅仅是为国争光,而是对于人的感性能力的开掘与探究,是一种肉体的沉醉。因此,凡是能够表现人的感性能力的各个方面,无论危险多大和代价多少,西方人都可以设立比赛项目。为此,他们不仅可以攀登绝壁、可以潜入海底、可以进行别出心裁的悬崖跳水和危险异常的汽车大赛,而且可以进行并不美妙的"健美比赛"和有害无益的"赛吃运动"……这一切,在我们看来都是那样的荒唐可笑,甚至被斥之为一种"吃饱了撑的"无聊之举。然而,西方人却进行得那样一本正经,甚至严肃得有些神圣。这简直是一种宗教,是由酒神精神所演变而来的奥林匹克精神。事实上，从公元前 8 世纪开始的奥林匹克运动会原本就是宗教活动的一个组成部分，时至今日，这其中的宗教意味还可以从点燃并传递"圣火"这一仪式中体现出来。这种精神不仅使得体育事业在整个西方文化中占有着庄严而神圣的地位，而且使得西方人的体育活动中至今仍保留着某种酒神式的迷狂。在残忍的西班牙斗牛和屡禁不止的英国球迷闹事活动中，我们难道看不出狄俄尼索斯崇拜仪式的影子吗？

这种影子不仅在体育活动中可以看到，而且在某些娱乐活动中也不难被发现。大而言之，有所谓全民参加的"狂欢节"；小而言之，有所谓个人举办的"假面舞会"。对于前者，辞书中这样写到："按照传统，狂欢节不仅是节日，而且是打乱日常生活秩序的节日。把城市的钥匙交给愚人会议，习演妇女执政典礼同时还举行欢腾喧闹的化装游行和盛大的假面舞会，以及举行难免有失体统的讽刺剧演出和演讲会，报刊上也发表此类文章。现代狂欢节庆祝活动中仍有此类放荡行为。"（《简明不列颠百科全书》，中译本，第 4 卷，854 页，中国大百科全书出版社，1985 年）对于后者，也同样有书为证："'假面闹剧'则是 13 世纪到 16 世纪之间一种流行的（并且常常是放荡的）娱乐活动，16 世纪被意大利的狂欢节化装舞会吸收。"（《简明不列颠百科全书》，第 4 卷，304 页）在这里，"打乱日常生活秩序"、"习演妇女执政典礼"、"难免有失体统的"、"并且常常是放荡的"等种种特征，无疑都残存着酒神崇拜的历史遗迹。说到底，这类活动可被视为狄俄尼索斯仪式的现代范本：人们在文明的社会中分割出特定的时间与特定的空间，使那些压抑已久的感性欲望和肉体冲动得以充分的宣泄，以便于重新恢复身心的平衡。从这一意义上讲，体育和节日，在西方社会中均起到一种"安全阀"的作用，通过它们，可以释放出某种有害于社会秩序的感性冲动。

在西方，不仅充满感性冲动的体育活动与宗教有关，而且体现理性追求的科学活动也与宗教相联。只是这里所说的宗教已不再是酒气熏天的狄俄尼索斯，而是端庄宁静的阿波罗了。

从某种意义上讲，数学是全部自然科学的基础，而证明式的演绎推论基础上的数学，则是由毕达哥拉斯等人创立的。我们知道，几何学上的"勾股定理"一直被人们称之为"毕达哥拉斯定理"。普罗克洛在《欧几里德〈几何原理〉注释》中甚至认为，就连"数学"这个词也是由毕达哥拉斯学派最先使用的。然而在历史上，所谓"毕达哥拉斯学派"不仅是一个学术团体，而且是一个宗教团体。加入这一组织的信徒，不仅要掌握有关数学、天文学、音乐等方面的知识，而且要恪守诸如"不准吃鱼"、"不准吃豆子"之类的禁忌。那么，建立这个宗教神秘组织的毕达哥拉斯本人又何以偏偏对数学研究具有如此浓厚的兴趣呢？这显然是一个很有意思的问题。我们知道，在现实世界上，没有任何一条直线和一个圆形是完全符合几何学上的概念的，无论我们如何小心翼翼地摆弄我们手中的直尺和圆规，总是会留下一些不规则的破绽。因此，要对客观事物的数量关系进行证明式的演绎与推论，即建立一种严格意义上的数学，就必须将对象提升到一种形而上的高度。那么，是什么力量推动着公元前6世纪的毕达哥拉斯等人对于那些枯燥乏味的点、面、线、体进行研究呢？回答只能有一个：日神精神。一个显然荒谬而又意味深长的传说告诉我们：毕达哥拉斯是阿波罗神的儿子。除此之外，许多古代典籍都有着毕达哥拉斯被人们直接称颂为阿波罗的记载。杨布利柯在《毕达哥拉斯传》中这样描写这位数学学科的创建者在当时人们心中的地位："有些人称他为皮提亚的阿波罗，有些人称他为许佩玻瑞的阿波罗，有些人称他为医药之神阿波罗，有些人认为他是居于月亮中的一个精灵，有些人甚至说他是另一个人形的奥林匹亚神。他向同时代人显灵，给世俗带来有益的新生活。由于他的降临，把幸福的火花和哲学带给人类，作为神的礼物,那是过去不曾有过的,也不能有更大的善了。因此,到今天还流传着,用最庄严的方式公开赞扬这个长头发的萨摩斯人。"(转引自《希腊哲学史》,第1卷,251页,人民出版社,1988年)

　　在毕达哥拉斯接受阿波罗精神影响的过程中,奥菲斯教派或许起到了某种中介的作用。因为早在毕达哥拉斯学派开始流行之前,奥菲斯的学说已经在南意大利地区相当盛行了。因此,有学者认为,"奥菲斯教的灵魂回转世和净化说以及它的宗教伦理思想,直接影响了毕达哥拉斯和恩培多克勒的学说,对于赫拉克利特和爱利亚学派的思想也有影响。"(《希腊哲学史》,第1卷,71页)康福德在《从宗教到哲学》一书中指出,毕达哥拉斯是奥菲斯宗教内部的一个改革者,他用数学代替音乐而使数学成为探索彼岸世界的途径和精神沉醉的手段。事实上,在毕达哥拉斯的数学研究中,音乐也确实占有着相当重要的地位。希吕托在他的《驳众异端》中指出:"他对数作了深刻的研究,断言宇宙进行歌唱,并且是被和谐地构成的,他又是第一个将七星的运动归为旋律的人。"(转引自《希腊哲学史》,第1卷,349页)这样一来,我们便不难理解,毕达哥拉斯为什么要用圆规和直尺来代替阿波罗和奥菲斯的七弦琴了。也就是说,在毕达哥拉斯那里,无论是天体的运行轨道,还是音乐的节奏旋律,都体现了某种神秘而和谐的数量关系,于是,从事数学研究,也便具有了形而上学的意义。正像黑格尔指出的那样,"因此我们在将宇宙解释为数的尝试里,发现了到形而上学的第一步。……所以正是毕达哥拉斯哲学的原则,在感官事物与超感官事物之间,仿佛构成一座桥梁。"(《小逻辑》,230页,商务印书馆,1980年)

　　毕达哥拉斯有句名言:"数学的本原就是万物的本原。"(《西方哲学原著选读》,上卷,18页,商务印书馆,1981年)说到底,数学研究在他那里并不是、或主要不是解决衣、食、住、行的手段,而是探

20世纪儒学研究大系

索"宇宙的本原"这一超感官对象的有效途径。据说,为了庆祝"勾股定理"的发现,毕达哥拉斯教派曾举行过一次"百牛大祭"。然而我们却很难设想,在生产力水平还相当低下的古代社会里,这一定理的发现能够在一代人的手中创造出一百头牛的价值。可见,对现实生活最有功利价值的科学,起初并不产生于功利欲求本身;毕达哥拉斯主义者之所以要进行"百牛大祭",只是由于他们坚信,通过"勾股定理"的发现,自己已经与神明更接近了一步。

　　对于毕达哥拉斯学派的上述分析,使我们不得不重新思考科学的起源及其与宗教的关系。"是什么原因促使人们去追求科学呢?多数人会以为是出于对铁路、飞机一类东西的需要导致了对科学的追求。实际却并非如此。当前所谓进步的中国人为了铁路、飞机去追求科学,他们永远也无法懂得科学的真谛。在欧洲历史上,那些真正献身科学、为科学进步而努力的人们,那些使修筑铁路、制造飞机成为可能的人们,他们最初就根本没有想过铁路和飞机。他们献身科学并为科学进步做出贡献,是因为他们的心灵渴望探求这广袤宇宙那可怕的神秘。"(辜鸿铭:《中国人的精神》,41—42页,海南出版社,1996年)事实上,正是为了探索"这广袤宇宙那可怕的神秘",才使得欧洲历史上的毕达哥拉斯们几乎将自己的全部身心奉献给这一在其产生之时并无实际效用的事业;事实上,也正是由于这种超越现实功利的科学追求,才使得西方人一开始就十分重视纯理论的研究,善于使用演绎的方法,追求范畴的严密和体系的完整,而非简单地进行经验归纳,零打碎敲。这样一来,宗教与科学的结合便同时提供了动机的超越性和方法的逻辑性两方面的条件,而这两个条件的出现,也正是西方科学得以长足发展的必要前提。

　　由于有了超越性的动机,使得西方人在长期的历史发展中很自然地将对宗教的殉道精神逐渐转化为对科学的献身精神,从而造就了无数阿基米德、哥白尼、布鲁诺式的科学家。而他们所留下的故事，不仅使人震撼，而且令人深思。——当罗马大军攻陷叙利亚城的时候，阿基米德正在沙地上演算着几何题。面对着敌人明晃晃的兵器，这位日神般的数学家镇定自若地提出了人生的最后一次请求：稍等一下，让我先解完这道题……为了确立"日心说"这一冒天下之大不韪的科学理论，哥白尼几乎耗尽了自己后半生的精力，在其生命的弥留之际终于使《天体运行论》一书公之于世……而为了坚持这一科学结论，布鲁诺曾不断遭受处分、监禁、开除教籍，直至被绑在火刑柱上烧死……这样的例子实在是太多了，以至于安徒生在其童话《光荣的荆棘路》中断言："除非这个世界本身遭到毁灭，这个行列是永远没有穷尽的！"（《安徒生童话全集》之七，78页，上海人民出版社，1978年）那么，究竟是什么力量支配着这个行列的人们将自己的感性生命置之度外，义无反顾地为科学而献身呢？文化的发展真可谓是一种极其复杂的现象，过去，我们只知道宗教是科学的大敌，却从来没有想到，从某种意义上讲，宗教同时又可以是科学的前身和动力。烧死布鲁诺的，固然是一群可恶的宗教徒；然而支配着布鲁诺去进行科学研究的，却同样是一种由忘我的宗教热情转化而来的无私的科学精神。唯其如此，布鲁诺才能够视感性生命于不顾，而在科学的探索中达到一种超越自我的境界。

如果说，超越性的动机促使着科学家们进行着忘我的工作，那么，逻辑性的方法，则保证了这一工作系统严格地进行下去。自从赫拉克利特、毕达哥拉斯等人用数学和逻辑取代了阿波罗那美妙的旋律之后，西方人便逐渐形成了所谓的"逻各斯中心主义"。据今道友信分析："逻各斯在希腊文中主要有以下七种意思：一、理性；二、语言；三、逻辑；四、命题；五、推理；六、理法；七、真理。……因此，哲学家的思维也就成了'逻各斯'环绕那各个相位的内在运动。也就是说,哲学家的理性,通过语言,按照逻辑来进行推理,阐明宇宙的理法;在确立命题时获得真理。"(《东西方哲学美学比较》,106页,中国人民大学出版社,1991年)不难看出,这种由哲学家所常用的追问世界本质的思维方法,也正是后来的科学家建立其科学体系的基本方法。事实上,在科学研究中所不可或缺的"逻辑"(logic)一词就是希腊语"逻各斯"(λσγos)经由拉丁文的 logica 演变而来的。这种在形而上学中逐渐培养起来的逻辑方法,虽然较为忽视经验材料的感性积累,但却提高了全民族的思辨能力。而一旦这种能力与近代的经验归纳法结合在一起,便会建构起宏伟壮观的科学体系。正像丹皮尔所指出的那样:"经院哲学的代表人采取了解释者的态度;创造性的实验研究是与他们的观念不相合的。可是他们理性的唯知主义,不但保持了而且加强了逻辑分析的精神,他们关于神与世界是人可了解的假设,也使西欧聪明才智之士产生了一种即使是不自觉的也是十分可贵的信心,即相信自然界是有规律的和一致的;没有这种信心,就不会有人去进行科学研究了。文艺复兴时代的人,一旦摆脱了经院哲学权威的桎梏,就吸取了经院哲学的方法给与他们的教训。他们本着自然是一致的和可以了解的信念,开始进行观察,用归纳的方法形成假设以便解释他们的观察结果,然后又用逻辑的推理演绎出结论,再用实验去加以检验。"(《科学史及其与哲学和宗教的关系》,上卷,153页,商务印书馆,1975年)可见,正是由于有了经院哲学所孕育出来的理性思辨的前提背景,才使得西方科学能够在近代以来得以形成逻辑与实证的相互补充、演绎与归纳的良性互动。

当然了,正像狄俄尼索斯崇拜对西方体育文化的影响一样,由阿波罗精神所传导下来的宗教哲学对西方科学事业所产生的这一系列渗透,不仅是我们未曾重视的,而且是那些宗教哲学的创立者们所始料不及的。说到底,这一切都是西方人感性和理性精神的分裂与冲动所带来的文化成果，与其特殊的"民族心理结构"有着密切的关系。

相反，由于感性与理性分裂得不够彻底，使得中国传统的"民族文化结构"与西方世界刚好形成了鲜明的对比。在我们这里，体育和科学都不发达，突出的却是感性与理性相结合的艺术与工艺。

如果说，西方体育事业的发达是与狄俄尼索斯式的肉体沉醉有着内在联系的话，那么中国体育精神的薄弱则不得不归咎于老庄清静无为、与世无争的人生态度。我们知道，与酒神崇拜一样，道家虽然也主张摆脱文明的束缚，恢复原始的人性，有着返朴归真的特点，然而它顶多"绝圣弃智"（《老子》十九章）、贬低理性的作用，却丝毫没有反理性的、本能的冲动；它顶多"彷徨乎尘垢之外，逍遥乎无为之业"（《庄子·大宗师》），而不会有什么犯上作乱、纵欲妄为的行为。所以，从直接的社会效果来讲，道家思想的破坏性要比酒神精神小得多。然而不幸的是，任何事物都有其深刻的两面性。与酒神精神相比，道家在限制纵欲主义的同时，也就限制了正常欲望的满足；在限制反理性之冲动的同时，也就限制了必要的感性冲动。老子认为，"祸莫大于不知足，咎莫大于欲得，故知足之足，常足矣。"（《庄子》四十六章）因而主张"不尚贤，使民不争"（《老子》三章）。"知其荣，守其辱，为天下谷。为天下谷，常德乃足。"（《老子》二十八章）主体的感性冲动衰弱到了这种地步，以至于竟坚持："我有三宝，持而保之：一曰慈，二曰俭，三曰不敢为天下先。"（《老子》六十七章）这种拒绝冒险、回避竞争的态度显然与竞技性很强的体育精神是相互排斥的。当然，我们并不否认，老、庄思想中也有许多关于修身养性、益寿延年的内容，这些内容通过以后的道教，对于以吐纳导引为特征的气功与武术等中国式的健身方式都曾产生过重要的影响。例如，"致虚静，守静笃。万物并作，吾以观复。夫物芸芸，各归其根。归根曰静，是曰复命。"（《老子》十六章)便可被视为气功中"意守丹田"的思想根源。又如,"古之真人,其寝不梦,其觉无忧,其食不甘,其息深深。真人息之以踵,众人吸之以喉。"(《庄子·大宗师》)则可被视为健身中"吐纳导引"的早期实践。但是,这种强身健体之术与严格意义上的体育是有重要区别的。从积极的方面看,这种活动不以健康以外的竞争为目的,不去追求某种超乎常态的体能和叹为观止的对抗,因而便不会导致身体机能的片面发展,也不会带来某些不必要的危险和牺牲。然而,从消极的方面看,这种活动既不构成人对自然的挑战,也不构成人与人的抗衡,因而既弱化了竞争的机制,也弱化了冒险的热情。现在大家都在探讨中国足球上不去的原因,然而在我看来,这一原因不能仅从体能、经验和制度层面去寻找,还应在更深的民族心理层面上去探求:看看我们的内心深处是否缺少着一种使足球成其为足球的狄俄尼索斯式的感性冲动。

扩而言之,道家精神对于感性冲动的限制,之于我们民族的消极影响就绝不限于体育本身了。翻开我们民族的辞典,到处可以看到知足常乐、能忍自安、无为人先、不耻人后、吃亏是福、难得糊涂、激流勇退、逆来顺受等格言名句。这种蔑视竞争意识、压抑冒险热情的文化氛围,不仅使民族的体育事业难以腾飞,而且给整个民族的发展带来了深深的惰性。长期以来,正是这种无形的惰性缠绕着东方巨人的身躯,使我们缺乏西方民族那种能动地变革现实生活的感性冲动,缺乏那种将自我放在自然的对立面上、以人的血肉之躯与物质世界相抗衡的勇气,缺乏求新的渴望与冒险的热情,而总是陶醉在所谓"宁静以致远"、"以不变应万变"的格言之中。

因此,尽管道家思想中确实有一些反对趋炎附势、强调人格独立的内容,并因此而长期受到中国知识分子的欣赏与推崇,但从总体上说,我们不得不承认,道家思想是一种弱者的哲学。因为道家将自我从社会的约束中挣脱出来,是以将自我重新投入自然的怀抱为前提的,所以它一向思索的都是"以弱胜强"、"以柔克刚"、"以不变应万变"的问题,而从来不曾考虑如何以强胜强、以刚胜刚、以十万变应万变,即如何弘扬主体的力量以压倒和战胜客体的问题。作为"天人合一"这一哲学命题的思想材料,道家强调人对自然的顺应而非改造的思想,对于纠正片面征服自然的西方传统观念自有其一定的合理之处,而且这种合理之处在我们目前的研究和讨论之中已被反复地强调了。现在需要指出的是,我们切不要忘记,在这种合理的思想之中,也同样潜伏着极大的片面和弱点。

如果说,与酒神精神相比,道家的弱点在于缺少感性冲动,那么,与日神精神相比,儒家的弱点则在于缺少理性冲动。我们知道,同日神崇拜一样,儒家也不满足于肉体的沉醉,而去追求一种更高的精神寄托,然而这种寄托却无需到抽象的思辨领域或神秘的符号世界中去寻求。儒家不作抽象的形而上的玄思,对于生活现象以外的东西,儒家善于采取一种与其说是聪明毋宁说是机智的态度——存而不论。所谓"未知生,焉知死"、"未能事人,焉能事鬼"(《论语·先进》)的名言,充分显示了中华民族对于现实生活的执著追求;而那种"知其不可而为之"(《论语·宪问》)的近乎悲剧精神的入世态度,也充分体现了"实践理性精神"的可贵之处。然而遗憾的是,强调理性和实践的结合,这不仅是儒家思想的一大优点,而且是其最大的弱点。正是由于儒家用狭隘的急功近利的态度去看待理性与实践之间的关系,因而在客观上限制了中国人理性思辨的能力,束缚了中国古代形而上学和逻辑学的发展,从而最终导致了科学的落后。现在有一种流行的说法,认为中国科学的落伍只是近代以后的事,在此之前,我们的科学较之其他民族则是遥遥领先的。然而,这种流行的说法是很值得怀疑的。在古代的西方人眼里,东方的汉、唐帝国是繁荣和强盛的,但是这种繁荣和强盛主要是由于军事和文化,而并非由于科学。从严格的理论意义上讲,中国古代发达的根本不是科学,而只是工艺。如果仔细分析就会发现,我们传统意义上的"自然科学"大都带有工艺的色彩,而我们传统意义上的"社会科学"又常常带有谋略的痕迹。由于它们所使用的思维结构大多不是"因果关系"而是"阴阳关系",因而与西方意义上的"科学"有着很大的差距。极端的保守主义者辜鸿铭在中西文化的比较研究中曾有过很多为中国传统护短的言论,例如论证缠足、纳妾如何合理之类,然而在这一问题上却是相当清醒的,他指出:"必须承认,就中国人的智力发展而言,在一定程度上被人为地限制了。众所周知,在有些领域中国人只取得很少甚至根本没有什么进步。这不仅有自然方面的,也有纯抽象科学方面的,诸如数学、逻辑学、形而上学。实际上欧洲语言中'科学'与'逻辑'二字,是无法在中文中找到完全对等的词加以表达的。"(《中国人的精神》,36—37页)的确如此,仔细看看:指南针不是电磁学,造纸术不是物理学,传统的火药不是依据化学方程式配制出来的,而活字印刷也用不着电子科学的参与……如此说来,我们长期以来引以为自豪的"四大发明"并非理论科学,而是工艺技术!中国人可以通过反复测算而为圆周率的 π 值找到一个相当精确的数据,但却不可能建立起一种欧几里德式的几何学体系;中国人可以通过反复实践而建造起天坛祈年殿式的精美建筑,但却不可能建构起一个牛顿式的力学体系……中国人丝毫也不比他人愚笨,然而理性的翅膀一旦绑上实用的铅砣,就难以高飞远举了。历史竟然如此荒唐,使得每每沉湎于抽象玄思的西方人发展了科学,而念念不忘经世致用的中国却只成就了工艺。在迎接全球性科技挑战的今天,冷静地回顾和总结一下这段历史不是没有意义的。关于这一观点,笔者曾在 1986 年第 6 期的《文史哲》上撰文论及,近读 1996 年 8 月 19 日的《报刊文摘》转摘著名科学家吴大猷发表在

1996 年 8 月 10 日《团结报》上的文字,也有相似的看法。"吴大猷说,中国历代的科技发明,如蚕丝、铜器的制造,都早于西方,历史学家一定可以列出很多发明事实,证明中国的科技发展在过去是优于西方的。但是大家陶醉于这些成就的当时,却忽略了这些领先都只是技术而已,中国长久以来就缺乏科学思想的扎根与探求……。由于对科学与技术的分际不清,以致科学思想的扎根工作长期被忽略了,这才是中国长久以来科学发展不及西方的原因。"我完全赞同吴先生将理论科学与工艺技术加以区分的做法,只是认为"中国长久以来科学发展不及西方的原因"还需进一步深究其意。

　　从另一个角度来看,一个民族的科学事业是否发达,不仅与这个民族的思维习惯有着直接的联系,而且与这个民族对待科学的态度有着密切的关联。在具有毕达哥拉斯传统的西方人眼里,科学研究本身就可以成为一种生命的存在形式,是一种超越自我、求得永恒的寄托。而在孔夫子的后代们看来,真正伟大的事业只有一个,那就是"修身、齐家、治国、平天下",做一个有道德、有修养的人。这种只面向社会而不去面向自然的理性追求,必然导致整个民族对于科学事业的忽视。在中国古代,工匠和医生的地位是很低的,属于"下九流"。直到今天,一名研究员的实际生活水平和社会待遇也未必比得上一位处级行政干部。古人云:"万般皆下品,唯有读书高。"然而读书并不是为了穷尽自然的奥秘,而是为了做官当老爷。直到今天,对于那些经过专业训练的大学生、研究生来讲,毕业后从政求仕仍不失为一种最为明智的选择。在这种文化传统的影响下,要使我们民族的科学事业赶上或超过世界先进水平,的确不是一件容易的事情。

　　通过以上分析,我们似乎揭示了这样一种难堪的事实,即由于感性和理性发展得不够充分,使得中国传统的"民族文化结构"既缺乏真正意义上的体育事业又缺乏严格意义上的科学成就,但这并不是要以一种民族虚无主义的态度来全盘否定我们的传统文化。事实上,文化的奥妙就在于,一个民族的优点常常正是它的弱点,一个民族的短处又往往恰是它的长处。与日神、酒神相比,儒家、道家使感性与理性未能彻底分化这一事实,导致了我们民族在体育和科学事业上的落后,然而与此同时,却又使我们传统的艺术和工艺取得了辉煌灿烂的成就。毛泽东曾经说过,除了"四大发明"之外,还有一部《红楼梦》可以成为我们民族的骄傲。这句话着实道出了我们民族的特点。"四大发明"是工艺,《红楼梦》是艺术,而中国的工艺和艺术向来是举世闻名的。与体育和科学不同,无论是艺术还是工艺,都不要求感性和理性的彻底分裂,而要将二者有机地结合起来,这一点恰恰与我们传统的民族心理相吻合,因而便成为中国文化优于西方文化的长处所在。

与西方体育事业的性质不同,中国人的体育活动不讲究对抗而讲究欣赏,因而在很大程度上被艺术化了。譬如,武术中的花拳绣腿,当然也包含了健身和格斗的实用目的,然而其中的审美价值却是不容忽视的,它与西方人的拳击完全不是一个概念,这正如《水浒传》中高俅所踢之球不同于西方的足球一样。有人把类似蹴鞠一类的游戏称之为现代足球的前身,以此来证明中国是足球的故乡,这真是把两种完全不同类型的文化混为一谈了。直到今天,我们在国际体育竞赛中的强项大都带有艺术的成分,如体操、跳水、技巧之类。这类活动都不是单纯的感性迷狂、肉体沉醉,而是感性中有理性,肉体中有精神,因而很符合中国人的心理习惯和精神气质。最为艺术化的体育活动要算是杂技了,在这种介于体育与艺术之间的活动中,东方人往往能表现出其独特的天赋。不仅体育活动有着艺术化的倾向,其他活动也是如此,我们常把战争和外交活动称之为军事艺术、外交艺术,这其中的意味便很令人深思。

　　与这种"泛艺术"的倾向刚好相反,西方人却有着"泛科学"的习惯。我们知道,西方人也有自己的诗歌、小说和绘画,也曾留下内容丰富、篇幅浩迭的《西方艺术史》。然而在我看来,正像中国人的养生之道缺乏严格意义上的体育精神一样,西方人的绘画、雕塑也并没有抓住艺术之所以为艺术的关键所在。著名艺术评论家勃纳德·贝伦森在比较西方与东方艺术时曾经指出:"我们欧洲人的艺术有着一个致命的、向着科学发展的趋向。"(转引自《中国人的精神》,39页)这句话确实击中了西方艺术的要害。以"摹仿说"为理论依据,古代的西方人以对现实生活的反映与认识为艺术活动的最终目的,因而从解剖学角度来研究雕塑,从透视学角度来研究绘画,从几何学的角度来研究园林,从历史学角度来研究小说……结果是研究来研究去,惟独是忘却了艺术自身的美学目的。这种情况一直延续到近代。我们都知道,巴尔扎克是西方19世纪最为伟大的现实主义文学家了,他的《人间喜剧》包括了96部长篇小说和中、短篇小说,分为"风俗研究"、"哲学研究"和"分析研究",可谓"研究"得到家了。对此,恩格斯曾有过高度评价:"他在《人间喜剧》中为我们提供了一部法国'社会'特别是巴黎'上流社会'的卓越的历史,他用编年史的方式几乎逐年地把上升的资产阶级在1816年至1848年这一时期对贵族社会日甚一日的冲击描写出来……。在这幅中心图画的四周,他汇集了法国社会的全部历史,我从这里,甚至在经济细节方面(如革命以后动产和不动产的重新分配)所学到的东西,也要比从当时所有职业的历史学家、经济学家和统计学家那里学到的全部东西还要多。"(《致玛·哈克奈斯》,见《马克思恩格斯论文学与艺术》,189—190页,人民文学出版社,1982年)无论这部"历史"如何卓越,无论这其中所体现的"知识"如何丰富,然而历史只不过是历史,知识只不过是知识,"文学"毕竟不是"经济学"或"统计学",它所包含的历史和知识与其所应该具备的美学价值完全是两个范畴的东西。

在这种将文学变成"百科全书"的科学化倾向的同时,西方人的理性冲动还有着用艺术进行"形而上思考"的宗教化、哲学化的倾向。如果我们对但丁的《神曲》、歌德的《浮士德》,甚至莎士比亚的《哈姆雷特》这些被西方人所称道的文学名著加以分析的话,我们就会发现,它们与其说是艺术上的成功,不如说是哲理上的胜利。不要以为这是个别的、暂时的问题,随着时间的发展,这种现象竟变得日益严重起来。难怪黑格尔曾发出艺术最终将让位于哲学的慨叹,现代博物馆里那琳琅满目的"观念艺术"已足以证明了这位哲学巨匠的预见能力。

如果说科学精神、哲学精神这两种缘自阿波罗崇拜的理性因素支配并扭曲着传统的西方艺术的话,那么到了现当代以后,一种缘自狄俄尼索斯崇拜的感性迷狂又趁火打劫地闯入了西方艺术的殿堂。打开电视,我们随时都可以看到那些所谓"大投入"、"大制作"的好莱坞式的"巨片"。那种以性爱、警匪为内容,以追车、枪战为模式的用金钱堆积起来的作品,不惜调动高科技手段,并通过大量的惊险动作和破坏性镜头来刺激人们的感官、满足人们的欲望。难怪马尔库塞在去世前的一次谈话中竟指责,现代西方艺术已经变成了一种智力上的自淫。除此之外,还有那些声嘶力竭"摇滚乐"和几近疯狂的"霹雳舞"……

研究者们可以并且常常笼统地讲,西方艺术已经完成了由古代的"再现"向现代的"表现"相过渡的历史性转折。然而细加分析,我们也许会发现,无论是在古代还是现代,西方艺术在感性与理性的统一上总是显得那么的生硬和艰难,这一切甚至在所谓的"现代派"的艺术"精品"中也暴露得一清二楚。面对着毕加索那幅怪模怪样的《格尔尼卡》,翻阅着乔伊斯那本人欲横流的《尤利西斯》,我们不禁要问:深刻而又狂放的西方人,这难道就是你们所要追求的艺术理想吗?

与此相反,中国人似乎天生就是艺术家。这一天赋甚至可以从我们所使用的语言中得以发现。据语言学家的分析,与印欧语系相比,属于汉藏语系的汉语在词汇上具有多意性、模糊性的特点,在语法上具有灵活性、随意性的特点,在语音上具有因声调而带来的音乐性的特点,这一切自然无助于逻辑性的表述和科学性的思维,但恰恰有利于形象性的表述和艺术性的思维。(参阅加尔通、西村文子:《结构、文化和语言——印欧语系语言、汉语、日语比较研究》,《国外社会科学》,1985(8))精通近十种语言的辜鸿铭指出:"汉语是一种心灵的语言、一种诗的语言,它具有诗意和韵味,这便是为什么即使是古代的中国人的一封散文体短信,读起来也像一首诗的缘故。"(《中国人的精神》,106页)海德格尔认为:"语言乃是一圣地,也就是说,它是存在的家园。"(阿尔伯特·霍夫达斯特根据海德格尔论文所编辑的《诗歌·语言·思想》,英文版,132页)因此,一个民族的语言,不仅是一种特殊的表述方式,而且是一种独特的思维、感受乃至存在方式。从这个"存在的家园"出发,中国人自古就以一种诗性的思维和诗性的态度来对待世界。在这个"诗的国度"里,不仅留下了《诗经》、《楚辞》、汉赋、唐诗、宋词、元曲这些极有价值的、至今未被西方人体会和感受到的文化成果,而且那些非诗的文化产品,也往往具有诗的价值和意味。——与巴尔扎克将文学著作写成"编年史"的努力刚好相反,司马迁却使一部真正的史书具有了"史家之绝唱,无韵之《离骚》"的美学价值。这种天然的诗性思维和诗性态度使我们古代的艺术家一开始就不以一种纯然客观的态度去再现和摹仿自然,而懂得如何在"似与不似之间"获得一种"只可意会不可言传"的情感体验。这种体验,不仅能够在绘画、雕塑等具象艺术中得到淋漓尽致的发挥,而且可以在书法这一相对抽象的线条艺术中达到登峰造极的地步。漫步雕林,我们当然也会赞叹古希腊《掷铁饼者》那精确的骨骼和隆起的肌肉,然而如若将其与汉将霍去病墓前那几座稍加斧凿便浑然天成的动物雕塑加以比较的话,我们就会发现,究竟哪个民族更懂得"艺术"。漫步园林,我们自然也会赞美凡尔赛宫前那对称的喷泉、整洁的道路,以及被切割成几何图案的花卉与草坪,然而如若将其与苏州拙政园那山重水复、柳暗花明,直至将天地自然融为一体的园林艺术加以比较的话,我们就会发现,究竟哪个民族更富有"天才"……

这种艺术的民族不仅要使自己的文化产品统统打上艺术的痕迹,从而留下了商代的青铜器、汉代的画像石、唐代的三彩陶、明代的青花瓷这些美不胜收的历史文物,而且要使自己的统治者和管理者首先具有艺术的素养和创作的能力。就在西方的经院哲学家们通过逻辑或数学等手段来揭示宇宙乃至上帝的奥秘时,自隋、唐而开始的科举制度却要将写诗和作文看成是每一个官吏所首先应具备的素质。因此,中国古代的士大夫们可以不懂天文、历算知识,但却必须用琴、棋、书、画来修养身心。儒家以忠孝安邦、以礼乐治国的政策自然要把文章提到"经国之大业,不朽之盛事"(《典论·论文》)的崇高地位,道家那"乘物以游心"(《庄子·人间世》)的逍遥精神更容易让人们以审美的态度来对待全部生活。更为重要的是,儒、道两家不仅各自为艺术的发展提供了精神的营养和创作的动力,而且其相互之间又以"建构"与"解构"的对立统一保证了艺术发展的健康与持续。

由于感性与理性的和谐统一,使得中国艺术很少陷入一种纯粹感性的欲望宣泄,也很少进入一种纯粹理性的思辨误区。这不仅是出于"发乎情,止乎礼义"的政治需要,而且是由于中国人的精神状态很容易将感性与理性的东西亲密无间地融合在一起。因此，无论是一篇短文，还是一首小诗，都可能给人以咀嚼不完、回味无尽的余地。即使是像《红楼梦》那样洞彻古今、勘破生死的作品，也绝不会像《哈姆雷特》那样，摆出一副哲人的面孔，与读者讨论什么"to be or not to be"之类的玄学问题。因此，在阅读中国古代的文学作品时，除了文字上的障碍之外，人们很少会遇到费解或难懂的现象，有的只是能否体验或产生共鸣的问题。因为说到底，"懂"与"不懂"的问题，是一种知识问题、哲理问题，而体验和共鸣的问题，才真正属于艺术和审美的问题。从这一意义上讲，我们不能说中国艺术比西方艺术更为深刻，但可以说比其更加符合美学规律。

感性和理性的结合与统一，不仅保障了中国传统的艺术成就，而且有利于我们古代的工艺实践。说"四大发明"不是科学而是工艺，这丝毫也不意味着对这些成就的轻视或贬低。正如许多科技史家所反复陈述的那样，大约在14世纪前后，中国的"四大发明"经阿拉伯人之手而传入欧洲，对整个西方世界产生了具有历史意义的影响：火药改变了欧洲战场的局面，指南针促进了远洋运输和殖民贸易，而造纸和印刷术则大大提高了知识积累和信息传播的可能性。正像马克思指出的那样，"这些都是资产阶级发展的必要条件"（《马克思恩格斯全集》，第30卷，318页）。事实上，在人类创造物质财富的过程中，科学与工艺自古就有着相互促进、彼此补充的作用，二者缺一不可。

一般说来，抽象的科学理论只有通过具体的工艺技术才可能转化为生产力；而具体的工艺技术也只有依赖于抽象的科学成就才可能获得历史性的飞跃。笔者曾粗略地统计过1901年至1985年间诺贝尔物理学和化学奖的获奖人名单，其中美国75人次、英国43人次、德国37人次、法国13人次、苏联8人次、瑞典8人次、日本4人次、中国2人次。这一数据除了再一次论证了我们关于受日神精神影响的西方人更适于进行科学研究这一观点之外，同时也给我们留下了另外一种思考:作为同受儒家文化影响的东方国家,日本和中国人在这种纯科学的研究中获奖甚少,这一点是可以理解的;然而,何以日本人的经济发展水平能够赶上并超过类似英国这样的科学大国呢? 从"明治维新"直至"二战"以后的历史来看,日本人一方面积极学习西方的科学成就,一方面又努力发展本国的技术优势,利用东方人心灵手巧的特点,将西方人所发现的科学原理通过自己的工艺技术而迅速转化为商品,然后再去重新占领欧美市场。我们知道,专利技术最能够反映一个国家的工艺水平。在这方面,作为东方国家的日本所取得的成就,恰好与其在竞争诺贝尔科学奖中的弱势形成鲜明的对比。据美国专利商标局颁布的 1993 年在美取得专利排行在前十名的企业是: IBM 公司 1085 项,东芝公司 1040 项,佳能公司 1038 项,柯达公司 1007 项,G·E·公司 932 项,三菱电机公司 926 项,日立公司 912 项,摩托罗拉公司 729 项,松下电器公司 713 项,富士胶卷公司 632 项。这其中,日本企业所占有的份额是相当惊人的。由于这种取长补短的发展战略符合了日本民族的文化特征,因而从某种意义上讲,日本在经济上的起飞,也正是一种文化策略上的成功。日本的经验不仅对于我们国家的经济发展有着直接的参考价值,而且对于整个人类的物质文明建设也有着重要的启示作用。如果说,科学理论与工艺技术是驱动人类物质文明建设的两只不可或缺的车轮,那么,加强东西方文化的交流与合作则无疑会使这两只巨轮注满活力。

由此可见,通过以上分析,我们并不是要对中国与西方的"民族文化结构"进行孰优孰劣的简单评价,而是要通过比较来发现其各自的根源和特点。正如日本学者今道友信所指出的那样:"东方与西方的古典文化都必须相互给对方以补充。否则,教育和人类形成的理念就会在各自文化圈一直停留于不完善阶段。"(《东西方

哲学美学比较》,64 页）

（三）

日神、酒神的对立,不仅影响了西方世界的"民族文化结构",而且决定了其特有的"民族社会结构"。由于感性与理性分裂得比较彻底,使得西方民族的社会结构也呈现为相反相成的两极对立。在感性的方面,有个性的自由;在理性方面,有严格的法律。

"狄俄尼索斯崇拜保存并恢复了人类远古时代的最为原始的存在性的'自由'。"(《希腊奥林帕斯山上诸神话之古典精神》,见《外国美学》,第 12 辑,313 页)与这种感性的自由冲动相联系,西方人习惯于以个体为本位,每个人不以血亲和家族为其生活的依据,而是以财产和能力为其存在的保障,夫妻双方往往具有独立的产权,父子之间完全可以构成雇佣关系。这种个体经济的相对独立必然导致个体人格的相对独立,而人格的独立又使得西方社会的人际关系比起东方社会要简单得多。以称呼为例,彼尔就是彼尔,他父亲可以叫他"彼尔",他儿子也可以叫他"彼尔",这里面并没有什么不得体或不礼貌的问题。倘若换到中国等东方国家,这称呼里的禁忌与学问可就大了。同是一个"彼尔",根据年龄、辈分、职位,以及与其亲疏远近的关系,东方人会有几种甚至十几种叫法。这种人际关系的不同,还表现在对于亲属的称谓上。例如,英语中的 uncle 包含了汉语中伯父、叔父、舅父、姑父、姨父等多重义项,除非在特殊的情况下,英国人是没有必要对其中所包含的微弱差别加以区分的。可是在中国人眼里,这其中的微弱差别标志着血缘关系的亲疏远近,因而是不可随意混淆的。

西方人的个性独立,不仅表现在与家族血缘的关系上,而且表现在与社会团体的关系上。这在陌生人之间的自我介绍,以及通信地址的书写方式等不甚起眼的生活细节中也可以看出。"东方的自我介绍方法就是使自己埋没于全体之中,逐渐让自己从其中浮现出来。西方的方法,则是首先把不可动摇的自我突出出来,然后将更大的社会背景展示出来。这两种思考方法的对立作为日常用语,也进一步体现于显示出向心的运动的日本或中国的姓名住址的写法和显示出离心运动的西方姓名住址的写法之中。并且可以从中推导出更有深意的事实来。"(《东西方哲学美学比较》,86—87页)就西方而言,这里所能推导出来的"更有深意的事实"似乎包含了两个方面。从消极的意义上讲,物重人轻、人情淡漠必然成为一种不可避免的社会现实;从积极的意义上讲,个性自由、人格平等毕竟成为一种可望实现的生活理想。为了克服前者并成全后者,西方人便使用了宗教和法律两种社会制约机制,对于孤立无援的个体灵魂加以拯救,对于我行我素的个体行为加以限制。

作为西方世界早期的宗教活动,无论是狄俄尼索斯崇拜还是阿波罗崇拜,其内在的企图,都是在一种迷狂的境界中将孤立无援的个体与社会群体或宇宙本原联系起来,以为遭受异化痛苦的希腊人寻求一种精神的寄托。有充分的材料证明,在早期希腊社会里,随着分工的形成、阶级的出现,异化的社会现实也开始将"生之巨轮"变成了人类痛苦的枷锁。因此,深受异化痛苦的人们便必须在继续忍受这一痛苦或以自杀来逃避痛苦这两条道路上做一次重大的选择,而宗教正是这一选择的产物。伯奈特在《早期希腊哲学》中指出:"我们在这个世界上都是异乡人,身体就是灵魂的坟墓,然而我们决不可以自杀以求逃避;因为我们是上帝的所有物,上帝是我们的牧人,没有他的命令我们就没有权力逃避。"(转引自罗素《西方哲学史》,上卷,59页)可见,上帝使每一个孤独的个体可以得到彼此的沟通,上帝使每一个有限的存在获得无限的意义,一句话,上帝是每一个遭受异化痛苦的西方人得以在痛苦中继续活下去的借口。于是,从毕达哥拉斯那神秘的"数",到柏拉图那超验的"理念";从普罗提诺那光辉的"太一",到《圣经》中那人格的"上帝"……西方人一直企图在彼岸世界中寻找一种精神的家园和生命的归宿。于是,从肉体沉醉的酒神崇拜,到精神迷狂的日神崇拜,从希腊城邦的奥菲斯宗教,到罗马帝国的基督教……西方人一直企图在非理性的状态下获得一种终极的关怀和价值的归属。因此,尽管希腊文化与希伯莱文化之间确实存在着一定的差异,然而这一差异却不像一些论者所描绘的那样是现世与来世、科学与宗教的不同。换言之,即使没有希伯莱文化的影响,作为古希腊后裔的西方人也必然会为自己创造出一套宗教体系。因为说到底,西方人的自由是以孤独为代价的,而宗教则正是补偿这一孤独的最好形式。所以,与尼采的看法不同,我认为不能把基督教文化与早期的希腊文化完全割裂开来,不能将基督教精神的崛起看成是希腊精神的毁灭,而应在历史发展的过程中透过外在形式的阶段性发现其内在精神的连续性,从而寻找到基督教精神与早期酒神精神和日神精神之间的微妙联系,并在"古典的古代"之文明背景下对这种必然的联系做出科学的解释。

　　如果说,对于每一个孤立的个体而言,西方人的精神寄托只能求助于宗教的话,那么对其外在行为的约束则只能求助于法律了。基督教的"原罪说"表明,西方人相信每个人包括执法者本人都可能有一种恶的犯罪动机,这种动机一方面可以通过个体信仰的宗教途径来加以消解,一方面又必须通过相互制约的法律手段来加以限制。如果说,西方人的个性自由充分体现了酒神式的感性冲动,那么西方社会的法律制度则充分体现了日神式的理性冲动。"理智是清醒的,而所谓'清醒',离不开界限,万物都有'秩序',都有'界限',阿波罗是斯巴达的立法之神。"(《希腊奥林帕斯山上诸神话之古典精神》,312 页,《外国美学》,第 12 辑)霍布斯在《一位哲学家与一位英国普通法学工作者的对话》中留下了这样一段文字："法学家：'您凭什么说，法律的研究比起数学研究要少些合理性？'哲学家：'我并不是这个意思，因为一切研究都是合理的，否则任何事情都会没有价值。我是说数学大师决不像伟大的法律教授们那样时常出错。'法学家：'如果您运用理性于法律研究，或许您会有不同的看法。'"（转引自《比较法律文化》，扉页，三联书店，1990 年）由此可见，在某些西方人眼里，法律应该像数学一样具有理性的严密性，这很容易使我们联想起以上关于数学研究中所追溯到的阿波罗的崇拜仪式和作为西方传统的"逻各斯中心主义"。

西方的法律传统是悠久而成熟的，早在公元前 6 世纪初的"梭伦变法"，就已经显示了理性的法律制度与感性的个体自由之间的对立统一关系。在立法实践方面，梭伦的新宪法不仅使每一个雅典人都可以提出诉讼，而且保障了每一个公民向法院本身提出上诉的权力，以便对执政官的判决给予一定程度的控制。而形成于公元前 5 世纪中叶的《十二铜表法》，并不是由相当于皇帝的执政官下令制定的，而是由平民和贵族各推举出相等的人数，根据其彼此所能接受的条件而制定的。至于在司法实践方面，罗马时代那复杂而严格的诉讼过程，至今仍影响着西方民法法系国家的司法程序。进入资本主义社会以来，法律在西方国家更是具有了至高无上的地位，这不仅表现在法律条文的严密和司法程序的严格上，而且表现为整个法律体系和政治制度的相互制约关系。在西方，人与人之间的矛盾和冲突主要是通过法律手段来加以解决的，国家的安全和政治的稳定也主要是依靠法律来加以保障的。总统犯法也要求助于律师，弄不好就要被弹劾。个性自由的西方社会之所以没有陷入人欲横流的境地，就是因为有着健全的法律制度而构成了其"民族社会结构"中的相反一极。

与西方世界刚好相反，由于感性和理性分裂得不够彻底，使得中国古代既没有充分的个性自由，也没有严格的法律制度。同所谓"民族文化结构"一样，中国传统的社会结构也不以相互对立的两极为重点，而是让中间层次的"伦理"和"政策"去起作用。由于我们的古人在进入阶级社会的过程中相对完好地保存了氏族血缘的宗法关系，使得人与人之间的联系比较密切。与西方不同，中国人一向以群体为本位，个人的价值主要不取决于其自身的能力和财产，而是由其在家族和社会中的地位决定的。这种由"亚细亚的生产方式"所导致的家族血缘秩序的遗存，对中国文化的影响也是双重的。从形而上的意义上讲，中国人为此而免除了对宗教的需要；从形而下的意义上说，中国人为此而减少了对法律的重视。

　　在世界几大文化圈内，中国要算是唯一一个非宗教性质的文明古国了。究其原因，也许应归结为"亚细亚的古代"所保存下来的氏族血缘关系。一般而言，宗教与血缘总是相互排斥的。据《圣经》记载，上帝为了考验亚伯拉罕对自己的忠诚，就让他将其亲生的儿子作为牺牲的贡品。而无论是基督教中的牧师，还是佛教中的和尚，传统意义上的僧侣都是以"出家"为前提的。耶稣说："不要称呼地上的人为父，因为只有一位是你们的父，就是天上的父。"（《马太福音》，第23章，第9节）宗教之如此排斥甚至憎恶血缘情感，其原因是显而易见的。因为人们对于伦理亲情的重视，势必会削弱对上帝或佛陀的信仰；而"家园"的世俗温情，也必然会减少"天国"的神秘诱惑。这一切，从外来的宗教文化在中国这个世俗的社会中所遭受到的阻碍与变形的历史过程中可以看得十分清楚。受儒家文化的影响，中国人对血缘的延续是十分重视的，孟子所谓"不孝有三，无后为大"（《孟子·离娄上》）的名言，就是从否定的意义上谴责那种使祖先的"香火"遭到终断的行为；而传说中的那位北山愚公关于"我死了以后有儿子，儿子死后有孙子，子子孙孙无穷尽也"的寓言，则从肯定的意义上表达了将有限的个体生命

20世纪儒学研究大系

融入到无限的种族延续之中以求得不朽的坚定信念。在这种文化环境下,任何企图让中国人放弃家族血缘的宗教传播都是注定要失败的。于是,本来是主张"四大皆空"的佛教,要在这片世俗的土壤中扎下根来,就不得不掺入了"忠孝"之类的宗法内容;而本来在佛教体系中地位较低的观音菩萨,却反因其具有"送子"之功能而在中国享有了一份与众不同的盛誉⋯⋯这种阻碍和变形,使得任何庄严神秘的宗教信仰在我们这个国度里都会变得伦理化、世俗化,从而失去其原来的意义。

行文至此,很容易使我们联想起人们关于儒教是不是宗教,以及它与西方宗教之关系的讨论。对此,辜鸿铭认为:"就广义而言,我认为儒学、基督教、佛教同为宗教。但诸位也许还记得,我曾说儒学并非欧洲人所谓的宗教。那么二者之间有何区别呢?显然,从起源上看,一个有超自然的因素,另一个则没有。但除此之外,儒学与欧洲人心目中的宗教如基督教、佛教仍有不同。这不同就在于,欧洲人意义上的宗教是教导人们做一个善良的(个)人,儒教,则更进一步,教导人们去做一个善良的公民。基督教的教义这样发问:人的主要目的是什么?而儒教教义却是这般提醒:公民的主要目的是什么?儒教认为没有个人生活,作为个人,他的生活与他人及国家密切相关。关于人生的目的,基督教的答案是'给上帝增光'。儒教则认为人生的主要目的,是做一个孝顺的儿子和善良的公民。"(《中国人的精神》,47页)显然,仅仅从字面上来论证儒教属不属于宗教是没有多大意义的,这里的关键是涉及到了儒家"没有个人生活"这一要害问题。设想一下,如果说西方的宗教信仰恰恰是由于个人生活的孤独而引起的,那么在布满血缘网络从而"没有个人生活"的国人这里,宗教对于他们来说又有什么意义呢?

就信仰方式而言,中国人不需要宗教也能够获得精神的寄托;

就行为方式而言,中国人不需要法律亦可以调节人际关系。从事比较法律研究的埃尔曼指出:"中东与远东国家的传统法律表现了与所确认与保护个人权力的法律制度之间的明显不同。它们否认社会成员拥有'为法律而斗争'的权力。依照儒家思想,普遍的和谐与稳定的理想状态并不能通过法律或权利与义务之间的平衡来获得。'礼'的基本概念构想着一个以义务为中心并仅仅以义务加以调整的社会。理想的政府并非依靠好的法律来统治,而是靠贤人来统治,贤人的使命在于以言传身教教导人民怎样过着德性的生活。在'礼'盛行的社会里,自身利益被置于由内心反省所激发的有效的控制之下。"(《比较法律文化》,87—88页)我们知道,在原始儒学那里,"礼"是与"仁"相对应的一个概念。如果说"仁"是一种发自亲子之爱并扩而大之的人伦情感,那么"礼"则是协调长幼尊卑之间人际关系的行为规范。《礼记·曲礼》云:"礼所以定亲疏,决嫌疑,别异同,明是非也。"《礼记·中庸》说:"亲亲之杀,尊贤之等,礼所生也。"问题在于,在"家"、"国"一体化的宗法制度下,人们很自然地会将父子之间的血缘情感推演为君臣之间的社会关系,将"父父、子子"的家庭伦理扩展为"君君、臣臣"的政治伦理,从而使"礼"具有了调节整个社会关系的重大作用。所谓"父慈、子孝、兄良、弟弟、夫义、妇听、长惠、幼顺、君仁、臣忠,十者谓之人义"(《礼记·礼运》)、所谓"君令、臣共、父慈、子孝、兄爱、弟敬、夫和、妻柔、姑慈、妇听,礼也"(《左传》昭公二十六年)、所谓"礼,经国家,定社稷,序民人,利后嗣者也"(《左传》隐公十一年)之类的言论,充分说明了"礼"在调整人际关系、规范社会行为方面无所不及的包容性。

　　事实上,自从公元前2世纪的法家失势之后,由孔子所开创的儒家的这种"礼教"思想,一直有效地参与了社会的整合机制,并在很大程度上占据了法律的活动空间。关于这一点,我们可以通过秦律与汉律的比较而见出。根据 1975 年湖北云梦县睡虎地出土的秦墓竹简来看，秦朝的法律是相当完备的。这恐怕与早期秦国的统治者先后重用商鞅、李斯，并一贯奉行法家路线有关。但是，或许正是由于这种注重法律的治国方略与"亚细亚的古代"的社会历史背景之间缺乏内在的一致性，所以才导致了秦朝的迅速灭亡。而汉代的统治者，则显然接受了这方面的教训。"自汉武帝即位以后，一方面进行大规模的立法活动，另一方面又大肆提倡儒学；并使儒家的'礼'，渗入到'法'中去，终于形成了礼制为体，法制为用，出礼入刑，礼刑结合的中华法系的一个特点。"（林剑鸣：《法与中国社会》，142 页，吉林文史出版社，1988 年）

对于中华法系的这一个特点，我们可以从几个层面来加以分析。

第一，是"以礼为体，以法为用"。这就是说在维护社会秩序、调节人际关系上，"礼"的作用是"治本"的，因而具有根本性的意义；而"法"的作用是"治标"的，它只是作为礼制的补充手段。这种重礼而轻法的思想与儒家思孟学派对"人性善"的信念有关。我们知道，自孔子之后，儒家的孟、荀二子对人性的善恶有着截然相反的看法。荀子的"性恶论"有点类似于西方的"原罪说"，他相信人皆有贪图享乐、好逸恶劳乃至犯分乱理之欲念，因而他对"礼"的提倡必然导致对"法"的重视，即通过外在的强制力量来约束人们的行为。因此，法家的代表人物韩非子在其门下出现，便不是偶然的了。而孟子的"性善论"，则与"原罪说"刚好相反，他认为人皆有恻隐、羞恶和辞让的善心与本性，因而只要把这种善良的意愿调动出来，就能够实现"老吾老，以及人之老；幼吾幼，以及人之幼"（《孟子·梁惠王上》）乃至"人皆可为尧舜"（《孟子·告子上》）的美好境界。在历史上，正是作为"亚圣"的孟子，以其远胜于荀子的影响使得我们的前辈没有像西方人那样重视法律而轻视伦理。"儒家学说同其他太平盛世的幻想一样,它相信人可以完善,罪恶可以根除,法律因此也可以消除了。如果说求诸'法'而控制动乱,通过有效的制裁而背弃'礼',那么,它充其量不过被视为一种权宜之计。"(《比较法律文化》,88 页)因此,与西方不同,中国人更相信道德教育而非法律制裁的作用。

　　第二,是"出礼入刑,礼刑结合"。在中国古代,与"礼"相提并论的概念往往不是"法",而是"刑"。从先秦时代的"墨"、"劓"、"宫"、"刖"、"杀",到《唐律疏义》中的"笞"、"杖"、"徒"、"流"、"死",小至皮肉之苦,大至祸灭九族,都说明中国古代是一个重刑的国家。但这并不意味着法制的完善,因为这种刑只是对于违背礼教者的一种惩罚,而非保障公民的合法权益。事实上,除了尊礼守法之外,我们的古人既然没有独立的人格,也就没有独立的权力。"翻开中国古代的法典,从有史以来直到清末所有的成文法,几乎全部都是刑法。若以现代法学观点分类,在中国几千年之久的数百种成文法典中,纯粹与刑法无关的民法、经济法等法典简直没有一部。"(《法与中国社会》,206 页)这样一来,"法律"几乎成了"刑罚"的同义词,"打官司"似乎就意味着让县太老爷"打屁股"。直到今天,在许多人眼里,"被告"就意味着"犯罪","对簿公堂"是一种既可怕又可耻的事情。这种法、刑、罚不分的历史传统,使人们只知道畏惧刑罚的权威,而不懂得如何运用法律的武器来捍卫自己的权利。

　　第三,是"刑不上大夫,礼不下庶人"(《礼记·曲礼上》)。既然"礼"本身就是区别尊卑贵贱的行为规范,因而只有上等人才配受到礼遇;既然"刑"只不过是惩罚犯上作乱者的工具,因而也只有用于平民百姓了。东汉的荀悦说:"礼教荣辱以加君子,化其情也;桎梏梗朴以加小人,治其刑也。君子不犯辱,况于刑乎?小人不忌刑,况于辱乎?"(《申鉴》卷一《政体》)这样一来,社会等级意义上的

"大夫"和"庶民",便被人为地等同于道德觉悟意义上的"君子"和"小人",进而便"合乎情理"地受到了法权意义上的不同对待。这种人与人之间在法权意义上的不平等,使真正意义上的法律文化不可能健全起来。我们知道,在罗马法系中,就有一个"人格"的问题,凡是获得独立"人格"的人,在民事法律关系中便被视为有同等法权能力的人。只有在这种先决条件下,严格的法律系统才有可能被建立起来。当然了,在古罗马时代,也并非一切人都具有法律意义上的"人格",譬如奴隶便被排斥在外。然而至少在具有"人格"的人之间,其法权地位是平等的。可是在中国古代,人与人之间的地位却是千差万别的,所谓"天有十日,人有十等。王臣公,公臣大夫,大夫臣士,士臣皂……"(《左传·昭公七年》)这种人与人的区别,不仅具有社会等级的意义,而且具有法权差别的意义。这种差别也许并不是名义上的,但在事实上却的确存在。因此,在中国历史上,"以权代法"、"以功代法"、"以钱代法"、"以出身门第代法"(即所谓"荫庇")的现象不仅是屡禁不止的,而且是习以为常的。虽说是"王子犯法与庶民同罪",可谁又把此话当真呢?

第四,在"国"、"家"一体,"法"、"礼"合一的情况下,自秦以后逐渐形成的中华法系,既没有"君权神授"的特点,也没有"人权平等"的因素,有的只是"权法合一"、"政教合一"的特色。我们知道,在欧洲的历史上,除了英王詹姆士和法王路易十四等少数几个被公认为狂妄自大的暴君外,没有谁像秦始皇以后的历代中国皇帝那样,公然宣布法律的源泉来自世俗的君主或国家元首,而是或将其归结为超验的宇宙主宰,或将其看成是经验的社会契约。然而,在"家天下"的历代中国皇帝看来,正如"家有千口,主事一人"的道理一样简单,作为一国之"家长"的皇帝自然也就是法律的缔造者了。这种"政法不分"、"权即是法"的思想,从根本上动摇了立法的民主和司法的独立。在封建社会里,大至一个国家,小至一州一县,其行政首领或兼任司法长官,或"领导"司法长官,在这种"权大于法"的环境下,很难形成独立的司法系统和有效的制衡机制,从而不可避免地会造成周期性的社会腐败。

总之,由于儒家伦理的高度渗透,使得中国古代的法制建设很不健全,而这种伦理至上的思想观念则又与我们特有的"民族心理结构"有关。细加分析,不难看出,以"礼"为标志的伦理观念,既不是纯粹感性的个人自由,也不是纯粹理性的法律条款,而是一种笼罩着人伦情感(感性)的道德信念(理性)。这种感性与理性的统一,使人们可以不依赖任何外在的神祇与法律来确立自己的生活理想,来规范自己的社会行为,而是根据一种内在的自我约束,在"世事洞明"之中体察人生的意义,在"人情练达"之中实现社会的和谐。因此,对于一个中国人来说,最重要的不是去烧香拜佛,也不是去熟悉法律条款,而是练好如何"做人"的功夫。也就是说,他必须懂得,对待上级、长辈等高于自己的人须得如何应酬,对待下属、晚辈等低于自己的人应该怎样打发,即真正做到"非礼勿视,非礼勿听,非礼勿言,非礼勿动"(《论语·颜渊》);就连喜怒哀乐也不可随心所欲、乱了礼法,而须做到"乐而不淫,哀而不伤"(《论语·八佾》),"怨而不怒"(《论语·阳货》朱注)。这套功夫深奥得很,需要从小学起,不断修炼,直到七老八十,也未必能达到"从心所欲,不逾矩"的境界。

除了"伦理"之外,在中国社会中,"政策"在调整社会实践、规范群体行为方面也起着相当大的作用。与相对固定的法律条款相比,政策则有着更大的灵活性、伸缩性和随意性,它可以因人而异、因事而异,时而"左"、时而"右",时而"放"、时而"收",因而有着一定的感性成分,同样适合感性与理性相统一的"民族心理结构"。

正如我们在"民族文化结构"的讨论中承认我们既缺乏感性冲动的体育事业又缺少理性冲动的科学精神并不意味着对自我文化

传统的彻底否定一样,我们在"民族社会结构"的分析中指出我们既缺乏感性冲动的个性自由又缺少理性冲动的法律观念也不是要采取一种"全盘西化"的立场。因为说到底,文化的问题总是复杂的、辩证的。中国有中国的问题,西方有西方的难处。从表面上看,富于张力结构的西方社会既有充分的个性自由,又有严格的社会法律,似乎是两全其美了。但是,过分的感性自由使西方人缺乏一种社会的责任感和民族的向心力,尤其是在宗教哲学被不断"证伪",从而渐渐失去其内在约束力的历史条件下,对个体行为的约束就只有依靠外在的、强制性的法律了。据统计,美国的法律从业人员有 30 多万人,也就是说,每 270 个受雇佣者中就有一个是法律职业者。且不说这需要多么大的社会开支,也不论即使在这样的情况下美国的犯罪率仍然难以控制,仅是从理论上讲,这种由法官、律师、警察充斥的社会显然不是人类行为自觉的理想体现。尽管西方的法律体系已相当严密,但是包罗万象的法律条款也难以预见和穷尽各种复杂的社会行为,更何况这些行为的动机、环境、条件等千差万别的背景了。正像马克思·韦伯所指出的那样:"所有的政府都面临法律确定性的抽象形式主义与它们力图实现实体目标的愿望之间的难以避免的冲突。"(转引自《比较法律文化》,68页)由此可见,法律也不是万能的。人类社会要实现一种更高境界的和谐,显然不能单单凭借法律的力量,而确实需要有更加自觉的道德约束力。在这一点上,中国文化似乎反倒比西方文化显得高明了。

事实上,我们这个民族之所以能够在经历了无数的战乱、饥饿、天灾、人祸而绵延不绝地生存下来,并相对完好地保存着自己的文化遗产,这本身已经显示了其较之其他古老民族的高明所在。从郁郁而歌、投江自尽的屈原,到笔笔见血、忍辱负重的司马迁;从金戈铁马、精忠报国的岳飞,到留取丹心、名垂青史的文天祥;从拒绝逃亡、血荐轩辕的谭嗣同,到愤然蹈海,以身殉国的陈天华……
这些华夏的子孙们似乎不需要依照法律的规定也会支配自己的社
会行为,似乎不需要上帝的帮助也能超越自己的现实人生;他们也
许不会为某个数学命题或天体理论而从容就义,但却不惜为民族
的存亡或国家的兴衰而视死如归。这一切都说明这个古老的东方
民族所具有的强大的社会责任感和罕见的群体凝聚力。而这一
切,作为历史的经验和生活的动力,在人类未来的社会发展和文化
整合中仍将具有着巨大的实践意义。作为当代西方的著名学者,
汤因比在与池田大作的谈话中指出:"就中国人来说,几千年来,比
世界任何民族都成功地把几亿民众,从政治文化上团结起来。他
们显示出这种在政治、文化上统一的本领,具有无与伦比的成功经
验。这样的统一正是当今世界的绝对要求。"(《展望二十一世纪》,
294 页,国际文化出版公司,1985 年)

　　通过上述分析,我们试图以儒家、道家与酒神、日神为中西文
化比较的切入点,从而找到其各自在"民族心理结构"、"民族文化
结构"、"民族社会结构"三者之间的对应关系。总的来说,日神与
酒神精神的对立,是人与自然、人与社会彻底分裂的产物。这种分
裂的结果导致了精神与物质、理性与感性、灵与肉的对立。其中对
立的双方各以相反相成的否定性辩证法的形式组成了西方世界特
有的文化结构与社会结构。而儒家与道家思想的互补则是人与自
然、人与社会素朴协调的产物。这种协调的结果导致了精神与物
质、理性与感性、灵与肉的统一。其中被统一的双方以相辅相成的
补充性辩证法的形式维系着我们的文明古国所特有的文化结构与
社会结构。否定性辩证法是事物发展的辩证法,补充性辩证法是
事物存在的辩证法。从这里,我们似乎也可以窥见到何以西方文
明不断变化,而中国文明长盛不衰的奥秘。

　　罗素曾经指出:"虽非所有的希腊人,但有一大部分希腊人是

热情的、不幸的、处于与自我交战的状态,一方面被理智所驱遣,另一方面又被热情所驱遣,既有想象天堂的能力,又有创造地狱的那种顽强的自我肯定力。他们有'什么都不过分'的格言,但在事实上,他们什么都过分——在纯粹思想上,在诗歌上,在宗教上,以及在犯罪上。"(《西方哲学史》,46 页)而我们也可以同样指出:虽非所有的中国人,但有一大部分中国人是冷静的、明智的,处于同自然和社会相协调的状态之中。他们既不完全被自己的肉体欲望所驱遣,去干那些丧失理性的蠢事;也不完全被自己的精神欲望所驱遣,从而陷入宗教性的迷狂。与此同时,他们既缺乏变革现实的强烈的感性冲动,又缺乏刨根问底的不懈的理性追求。他们觉得天堂太遥远,地狱又太可怕,只有处理好现实生活中的人际关系,才是最为实惠的事情。他们不仅有"过犹不及"的格言,而且把这句格言融化在血液里,落实到行动中。

在中国与西方社会各自独立发展了几千年以后的今天,分裂过度的西方人很可能会向我们古老的文化中吸收他们所需要的营养,而素朴和谐的中国人也需要在西方文化中汲取我们并不具备的活力。在我看来,未来的 21 世纪的世界文化,既不可能像那些"欧洲中心论者"所期望的那样,是一种西方文化的世界,又不可能像那些"新儒家"所预见的那样,是一种中国文化的天下,而很有可能是东、西文化结合统一的局面。那样的话,人类将变得更加成熟、更加理智,也更加富有情感。

（选自《积淀与突破》,广西师范大学出版社 1997 年版）

陈炎(1957—　)，山东大学教授、博士生导师、文艺美学研究中心副主任。主要从事文艺学专业、美学方向的教学、科研工作,并兼及中国传统文化的理论探讨。著有《反理性思潮的反思——现代西方哲学美学述评》、《多维视野中的儒家文化》、《日神与酒神》等,主编《中国审美文化史》。

　　儒家与道家思想的互补是中国文化得以发展的内在机制,日神与酒神的对立则是西方文化得以不断演进的动因。正是思想的不同构成,使得中西文化表现出本质上的差异;西方感性与理性发展得充分,而中国相反;前者民族文化结构相互对立的两极感性—体育和理性—科学比较发达,而中国则表现为艺术与工艺的完美无缺,从而影响到社会文化结构的组成。

孟子和荀子美学思想之比较

张文勋

　　先秦儒家思想的形成和发展,在我国数千年历史上有着巨大而深远的影响,这种影响直到如今以至后世还将继续下去。先秦儒家思想的形成,固然是孔丘及他的一批门徒弟子共同切磋琢磨的结果,但儒家学说的进一步系统化和理论化,则不能不归功于孔丘的再传弟子孟子(柯)和荀子(卿)。在十年动乱的时期,学术界被搅得是非颠倒、混乱不堪,孟、荀二家被人为地对立起来,孟轲是儒家的代表,成为复辟派,罪不容诛,而荀卿则被戴上法家的桂冠,成为革命派,荣若华衮。这完全是为了服务于某种政治目的而对历史人物的任意歪曲。事实上,孟、荀二人是从不同的角度发展了孔门的儒家思想,外表乍一看来,二人的学说似乎是对立的,其实,在一些根本问题上是一致的。他们的不同的理论,在儒家学说发展的道路上,却正起着互补的作用,使得儒学理论日趋完整和严密,成为华夏文明中居于核心地位的精神支柱。所以,我们在研究儒家思想学说的发展时,孟、荀二人的历史地位和功绩是不能低估的。

　　孟、荀在我国古代美学思想史上,占有重要的地位,他们把先秦儒家的美学思想,从本体论到方法论,作了重大发展。冯友兰先生认为"孟子代表儒家的理想主义的一翼,稍晚的荀子代表儒家的现实主义的一翼。"(《中国哲学史》,83—84页,北京大学出版社,

1985 年)这种看法是比较符合实际的。孟子侧重于从人的主体意识修养(心和性)发展儒家学说,论者称之为唯心主义;而荀子则侧重于从礼法的强制与人的实践行为发展儒家学说,论者称之为唯物主义。从哲学思想的层面上去看,这也未尝不可。在人类哲学文化发展史上,唯心主义有其不可磨灭的功绩,正如孟子的学说在我国传统文化中,对于高扬人们的主体意识和主观精神方面,起了难以估量的作用。冯友兰先生的看法,同样也适用于说明孟、荀美学思想的各自特色。美学思想中的理想主义与现实主义,不是互相排斥的对立物,倒是相辅相成、互融互补的,二者的结合构成具有鲜明特色的儒家美学思想体系。我想,把孟、荀的美学思想作一番比较,对研究儒家美学思想的总体特征是有重要意义的。我们首先要看到孟、荀美学思想的差异,这才可看到他们的美学思想内涵的丰富性和独特性;但我们更要看到他们的异中之同,从而寻找到他们之间互融互补的契合点。这才是我们认识我国古代美学传统的契机。

一、审美主体人格的修养

我这里说的审美主体,是指作者和读者双方而言,就作者来说,他既是美的创造者,又是美的鉴赏者。作为审美主体,无论是作者还是读者,首先涉及的问题就是他们的人格修养问题,也即是主体人格美的修养问题。中国有一句俗话说:"文人无行。"几千年来,文人背上这口黑锅,实在也是冤枉。我想,这种偏见的形成,可能是来自两方面,一是历代封建礼教观念作祟,总是把某些文人追求个性解放、婚姻自主等合理的思想和行为,看作是离经叛道,违背纲常,故诬之为"无行"。但另一方面,文人中确实也有少数品格低下,行为不检的人,败坏了文人的名声。元好问讥笑潘安仁"高情千古《闲居赋》，争信安仁拜路尘"，就是因为潘岳一面大谈清高，一面却趋炎附势，阿谀逢迎。其实，儒家历来十分重视主体人格、德行情操的修养，虽然他们所理解的"人格"的封建道德内容中有应扬弃的糟粕，但要求每个人，尤其是文人，要有高尚的人格，要有纯净的道德修养，用我们今天的话来说，就是要有好思想，好品格。正如毛泽东所说的：要做一个高尚的人，纯粹的人，做一个有益于人民的人。这难道不对吗？就拿儒家的"君子"来说吧，"三人行，必有我师焉！择其善者而从之"，"己所不欲，勿施于人"，"岁寒而后知松柏之后凋也"，这些做人的品格和外世的行为准则，难道不也是我们所需要的人格精神吗？

在重视人格修养这个根本问题上，孟、荀是一致的，他们都主张审美主体首先应具有高尚的人格，才可能在健康的审美活动中实现教育人、感化人、塑造人的目的。但是，如何进行人格修养？在什么基础上，用什么方法去完成人格修养？在以下这些问题上，孟荀却产生了分歧。

第一个问题：人格修养的基础是什么？也就是说人格的基础是人的先天本性还是后天的社会实践？这首先涉及孟、荀的性本善和性本恶的理论之争。孟子认为人的本性是善的，一切不善的思想行为都是后天社会生活影响形成的，因此，一切仁义道德的教育都是为了唤醒人的善心，即所谓的"良知"和"良能"，是先验的天性。他说："人之所不学而能者，其良能也；所不虑而知者，其良知也。"（《尽心》上）这良知良能，就是天生的善的本性。人性究竟有没有善与不善之分呢？孟子曾和告子反复争论过：

> 告子曰："性犹湍水也，决诸东方则东流，决诸西方则西流。人性之无分于善不善也，犹水之无分于东西也。"孟子曰："水信无分于东西，无分于上下乎？人性之善也，犹水之就下也。人无有不善，水无有不下。今夫水，搏而跃之，可使过颡；

> 激而行之，可使在山。是岂水之性哉？其势则然也。人之可
> 使为不善，其性亦犹是也。"（《告子》上）

这就是说，善是人的天生本性，不善（恶）则是后天习染而成，因此，
一切后天的教育，都是为了使人复归本性、发现良知。孟子为了证
明人的本性是善的，他列举了大量事例：

> 人皆有不忍人之心。……所以谓人皆有不忍人之心者，
> 今人乍见孺子将入於井，皆有怵惕恻隐之心——非所以内交
> 于孺子之父母也，非所以要誉于乡党朋友也，非恶其声而然
> 也。由是观之，无恻隐之心，非人也（《公孙丑》上）。

把"不忍之心"作为"性善"的本能表现，推而广之，他把"羞恶之
心"、"辞让之心"、"是非之心"，都说成是本性善的表现。再进一
步，他把仁、义、礼、智都说成是天生的"善"的本性，即所谓"恻隐之
心，仁之端也；羞恶之心，义之端也；辞让之心，礼之端也；是非之
心，智之端也"（同上）。关于这个问题他不止一次地作了说明，譬
如说："恻隐之心，仁也；羞恶之心，义也；恭敬之心，礼也；是非之
心，智也。仁、义、礼、智非由外铄我也，我固有之也，弗思耳矣。故
曰：求则得之，舍则失之。"（《告子》上）孟子把"人性善"看作是衡量
人和非人的准绳，如果没有"恻隐之心"、"羞恶之心"、"辞让之心"、
"是非之心"，就被认为是"非人也"。他说过："人之异于禽兽者几
希"，也许以上所说的就属于"几希"的范围了。显然仁、义、礼、智
都属于社会伦理规范，是儒家的道德观念，是社会实践的产物，但
孟子却要把它说成是人性的"善"的表现，是先天的本性。因此在
他看来，人格修养的终极，就是要恢复人的良知、良能，把仁、义、
礼、智变成发自内心的一种自觉人格。我国古代文艺美学中提倡
"童心"、"赤子之心"等等，显然都是来自孟子的性善说。

　　荀子则相反，他认为人的本性是恶的，他有一句名言："人之性
恶，其善者伪也。"（《性恶》）他说的"伪"，是人为的意思。为什么说

"人之性恶"呢？他认为人生下来就"饥而欲饱,寒而欲暖,劳而欲休"、"目好色,耳好声,口好味,心好利,骨体肤理好愉佚"(《性恶》),这一切都是"性恶"的表现,都是"争夺"、"残贼"、"淫乱"产生的根源。荀子的性恶论是建立在生存本能的基础之上,这和西方的"生存竞争"、"物竞天择"的理论,立足点是一致的,只是"生存竞争"并不认为这是"恶",而是合理的天赋本能,应任其自由发展;而荀子则认为必需对这些"恶"的本能加以限制,加以引导,使之变为善。他说:

> 古者圣人以人之性恶,以为偏险而不正,悖乱而不治,故为之立君上之势以临之,明礼义以化之,起法正以治之,重刑罚以禁之,使天下皆出于治,合于善也(《性恶》)。

按荀子看来,人格修养最终趋于善,并不是"善"的本性的复归,而是对"恶"的本性的限制与改造,是一种人为的思想行为规范。一切礼法制度、一切教化都是为遏制恶之源(人欲)而使之趋于善。他在论到"礼"和"乐"时,充分阐述了这一见解:

> 人生而有欲,欲而不得,则不能无求,求而无度量分界,则不能不争。争则乱,乱则穷。先王恶其乱也,故制礼义以分之,以养人之欲,给人之求,使欲必不穷乎物,物必不屈于欲,两者相持而长,是礼之所起也(《礼论》)。

由此类推,则一切文学艺术、礼法制度,都是为了"养人之欲",其功能有二:一是在一定范围内满足人的生理欲求;二是把人的无穷的欲求,限制在一定的范围之内,使之不争、不乱。这就是以礼乐刑政去教育人,使人们的思想言行都合乎规范,这就是荀子特别强调"劝学"的目的,也即是他建立在"性恶"论基础上的教育论和人格修养论。

第二个问题:人格修养的方式。孟荀二人的人格修养方法论,实际上也就是人格美的创造论。究竟主体人格修养的内容是什

么？或者说人格美的内容是什么？在这一点上，孟、荀没有什么根
本分歧，甚至可以说基本上是一致的，他们都要求以儒家的仁义道
德为规范，以礼教、乐教为内容。但由于他们之间有性善、性恶的
分歧，故对主体人格要求侧重面也有所不同，提出的修养方式也有
差别。孟子强调"尽心"，强调"良知"、"良能"的复苏；而荀子则强
调后天礼、乐、刑、政的教育和约束。孟子强调的是主体意识的自
觉，强调内省，提倡"思诚"，即所谓"正心"、"诚意"，也就是曾子说
的"吾日三省吾身"（《论语·学而》）。而荀子强调的则是带有强制
性的教育，他说："学不可以已。青，取之于蓝而青于蓝；冰，水为之
而寒于水。木直中绳，𫐓以为轮，其曲中规，虽有槁曝，不复挺者，
𫐓使之然也。故木受绳则直，金就砺则利。"（《劝学》）这也就是"其
善者，伪也"的意思。对此，我们也可以作进一步的比较研究。

从人性善的观点出发，孟子把仁、义、礼、智都说成是人的善的
本性，把"恻隐之心"、"羞恶之心"、"辞让之心"、"是非之心"都看作
是人的本性所有。是一种先验的本能，所谓"君子所性，仁义礼智
根于心"（《尽心》下），就是这个意思。一个人的人格修养，就是要
唤醒这些"良知"，成为一种自觉的行为规范，而不是外加的、带有
强制性的约束力量。只要把仁、义、礼、智之心"扩而充之"，就"足
以保四海"（《公孙丑》），所以他提出了著名的"浩然之气"说：

> "敢问夫子恶乎长？"曰："我知言，我善养吾浩然之气。"
> "敢问何谓浩然之气？"曰："难言也。其为气也，至大至刚，以
> 直养而无害，则塞于天地之间。其为气也，配义与道；无是，馁
> 也。是集义所生者，非义袭而取之也。行有不慊于心，则馁
> 矣。"（《公孙丑》）

"浩然之气"是主体人格体现出来的一种精神力量，所谓"至大
至刚"、"塞于天地之间"，不就是像文天祥所说的"天地正气"么？
这种人格力量是怎么形成的呢？原来是"配义与道"的结果，也就

是说还是要靠仁义道德的修养,只不过这种修养是自觉的,而不是强迫的,是发自内心的,而不是外部强加的。长期的自我人格修养,存心养性,做到一切言行符合道德规范,没有富贵贫贱之虑,没有生死苦乐之忧,可以杀身成仁,可以舍身取义,这就是一种"浩然之气"的境界。

荀子则从人性恶的理论出发,特别强调后天的教育,仁义礼智并非人的善的本性,而是后天的"师法之化,礼义之道",他说:

> "今人之性恶,必将待师法然后正,得义然后治。今人无师法,则偏险而不正;无礼义,则悖乱而不治。古者,圣王以人之性恶,以为偏险而不正,悖乱而不治,是以为之起礼义、制法度,以矫饰人之情性而正之,以扰化人之情性而导之也,使皆出于治,合于道者也。"(《性恶》)

所谓"矫饰"和"扰化",俱有强制教化之意,教化的目的是在改变"恶"之性,使之"合于道",故曰:"礼义法度者,是生于圣人之伪,非故生于人之性也。"(《性恶》)荀子也讲"治气养心之术",但和孟子的养气不同。孟子提倡的是一种主体内省的方法,即所谓"直养",而不是靠外部的强制灌输;荀子则强调用对立面调节和外部影响的办法去达到教化的目的,譬如说:

> "血气刚强,则柔之以调和,知虑渐深,则一之以易良;勇胆猛戾,则辅之以道顺;齐给便利,则节之以动止;狭隘褊小,则廓之以广大;卑湿重迟贪利,则抗之以高志;庸众驽散。则劫之以师友;怠慢僄弃,则炤之以祸灾;愚款端悫,则合之以礼乐,通之以思索。"(《修身》)

虽然,荀子也有"内省而外物轻"之语,但这种"内省"并不是良心的发现,而是把礼义薰陶成为内在的行为规范。

第三个问题:什么是主体人格美? 孟子和荀子都没有给美的本身下过什么定义,他们所说的美,实际上都是审美主体对事物的一种价值判断。所以他们的美的观念，实际上也是一种哲理和道德的观念。这是他们的共同之点，但是在具体的解释时，他们各自的侧重面又有不同。孟子认为"充实之谓美"，而荀子则认为"不全不粹之不足以为美也"。两种提法的异同究竟如何呢？

让我们先看看孟子的说法：

> 浩生不害问曰："乐正子何人也？"孟子曰："善人也，信人也。""何谓善？何谓信？"曰："可欲之谓善，有诸己之谓信，充实之谓美，充实而有光辉之谓大，大而化之之谓圣，圣而不可知之之谓神。……"（《尽心》）

显然，孟子在这里评品的是乐正子的人格，由此而生发出他关于美的看法。"充实之谓美"的前提是"善"与"信"，是伦理道德的范畴，但"信"还有另一层意思，朱熹《集注》引张子云："诚善于身之谓信"，这是诚心诚意去身体力行的意思。人的善的本性得到充分的表现，仁、义、礼、智得到充分的实行，使得人的精神非常充实，这就是美，也即是人格的美。所谓"大"、"圣"、"神"，都是充实的精神状态的不同层次的美的表现形态。道德修养充实了，就有浩然之气；有浩然之气，使可光辉宏大，精神塞于天地之间，与天地万物同和。这就是孟子所理解的美的最高境界。也可以这样说，"信"是人格美的基础，"充实而光辉"、"大而化之"、"圣而不可知之"是美的高层次表现形态。

我们再来看看荀子的见解：

> "百发失一，不足谓善射；千里跬步不至，不足谓善御；伦类不通，仁义不一，不足谓善学。学也者，固学一之也，一出焉，一入焉，涂巷之人也；其善者少，不善者多，桀纣盗跖也。全之尽之，然后学者也。君子知夫不全不粹之不足以为美也。"（《劝学》）

荀子对于人格修养，特别强调后天的学习，人格的塑造，是学习的结果,这就是"其善者伪也"的具体化。可见,"不全不粹之不足以为美"的美学内涵,就是人格修养的全和粹,也即是道德修养的全和粹。金是足赤,人是完人,纯粹而又纯粹,这才称得上美。

从以上三个方面的分析,我们就可以看出,孟、荀在对人格美的塑造上是殊途而同归的,也就是说尽管他们的学说看起来有尖锐的矛盾,而实质上都主张审美主体必需有高尚的人格修养,以道德为规范,以仁义为依归。由此也可以看出,包括孟、荀在内的儒家美学,是以审美主体的思想品德修养为根本的道德美学,是一种以政教为内容的实用美学。这种美学无疑具有极大的局限性,但有一点是值得肯定的,那就是把审美主体的健康思想、高尚德操、优秀品格放在首要地位,这应是古今不二的原则。固然,道德的标准随时代而变易,但人类共有的一些优秀品格,总会随时代而发展、充实、光大。"充实之谓美"、"不全不粹不足以为美",对我们现代的人,不是也具有昭示的意义么?

二、审美感情的社会属性

前面已经说过,孟、荀谈美,严格说来都属美感的范畴,他们都是用主观的美感经验去判断美与不美,所以,美感的形成是人们社会实践的结果,是具有社会性的。但是美感的社会属性又往往和生活的自然属性有关,孟子和荀子从人性论的观点出发都看到这一点,因此都承认美感的产生最先来自于生理的欲求,是一种自然的本能,对于人类来说具有普遍性。孟子说:

> 口之于味,有同嗜也;易牙先得我口之所嗜者也。如使口之于味也,其性与人殊,若犬马之与我不同类也,则天下何嗜皆从易牙之于味也? 至于味,天下期于易牙,是天下之口相似也。惟耳亦然,至于子都,天下莫不知其姣也。不知子都之姣

者,无目者也。故日,口之于味也,有同嗜焉;耳之于声也,有同听焉;目之于色也,有同美焉(《告子》)。

从美学的观点来看,孟子说的这些味觉、听觉、视觉的感受还是属于生理快感的范畴,可口的食物,悦耳的声音,体态姣好的女子,都给人以直观感觉的快感。然而这些属于感觉对象的客体,经过古代著名烹调家易牙和音乐家师旷的加工,就使得味觉和听觉范畴的感觉可能具有审美的性质。子都之成为美人中的佼佼者,固然是因为她具有姣美的生理条件,但也被人们赋以审美的内容。孟子之所以强调这种初级的美感对人类的普遍性,也和他的性善说有关。"食、色,性也"是儒家共同的观点,他们承认这些生理本能的共同性与合理性,把这种自然属性和仁、义、礼、智相提并论,把它们看作是人类本性所固有,从本质上看,圣人和凡人没有区别,所谓"圣人与我同类"(《告子》)、"尧舜与人同"(《离娄》),这些都是孟子的发明。因此,他在谈了"同嗜"、"同听"、"同美"之后,接着说:"至于心,独无所同然乎? 心之所同然者何也? 谓理也,义也。圣人先得我心之所同然耳。"(《告子》)这就是说人类的本性有共同的灵根,恻隐之心、羞恶之心、礼让之心和贪色爱美之心一样,都是人人有之。这样,他就把人类的审美感情解释为本能的自然属性。事实上,五官感觉所获得的食色的满足,只能说是美感的生理基础,而孟子强调的仁、义、礼、智倒不是什么本性,而是社会伦理道德。应该说,人类的审美感情是在自然属性的基础上逐渐形成具有社会属性的意识形态,所以,审美感情的社会属性才是它的本质特征。孟子的错误,在于他把人的自然属性和社会属性混为一谈,把它们都说成人的先天本性。

荀子与孟子的根本分歧,也是由性善性恶的争论引申出来的,荀子认为人性恶,而一切伦理道德范畴的"善",都是后天社会影响和教育的结果。所以,他一方面承认人的生理情欲的普遍性,但同时他又认为这都属于"恶"的范畴,要通过人为教育达到"善",才是真正的美。也就是说,人的生理情欲所表现出来的一些欲求,包括对美的欲求是一种必然的本性,这就是所谓的"人生而有欲",是"无待而然"的本能要求。他说:

> 夫人之情,目欲綦色,耳欲綦声,口欲綦味,鼻欲綦臭,心欲綦佚。此五綦者,人情之所必不免也(《王霸》)。

> 若夫目好色,耳好声,口好味,心好利,骨体肤理好愉佚,是皆生于人之情性者也,感而自然,不待事而后生之者也(《性恶》)。

这些看法和孟子是一致的,因为这都属于生理本能,或者说是人的五官所具有的不同的功能。"目辨黑白美恶,耳辨音声清浊,口辨酸咸甘苦,鼻辨芬芳腥臊,骨体肤理辨寒暑疾养。"(《荣辱》)这都是"人之所常生而有也,是无待而然者也"。事实上,这都只不过是生理感官所引起的快感与不快感,只不过是美感产生的生理基础,最多也只不过是人类对美的要求的一种生理基础。荀子的理论的优点就在于他承认这种"人之情欲"的合理存在,对于这些本能的要求,不是采取否定而禁止的办法,而是用引导的办法,使之进入"全"和"粹"的审美规范,成为具有社会属性的审美感情。孟子的美学,是要人们恢复人的善的本性,发现人的良知;而荀子则恰恰相反,是要把人的本能欲求,引导向礼乐的审美王国。孟子强调的是美感的自然属性,荀子强调的是社会属性。无疑,荀子的见解更符合于实际。

由于对美感的属性认识的差别,对审美感情的培养与获得,也有不同的认识。孟子提出的"充实之谓美,充实而光辉之谓大"的审美观,关键在"充实"二字,他认为人的善根在于"良知"、"良能",这是先天具有的,在孟子看来,举凡"不忍之心"、"羞恶之心"等等,都属于"良知"、"良能"之列,只是人生到世界上之后,这些美好的本性被蒙蔽了,人的天良泯灭了,所以他主张要从审美主体的"心"去唤起"良知"、"良能",所谓"尽其心者,知其性也。知其性,则知天矣"(《尽心》)。也就是说,人的审美感情的培养是"善"的本性的不断发现,不断扩充,也就是使仁义礼智成为一种精神力量,成为一种发自内心的与本性融为一体的精神力量。人都有仁、义、礼、智的本性,或可称之为根苗,孟子称之为"四端",即所谓"仁义礼智根于心"(《尽心》),他说:

> 凡有四端于我者,知皆扩而充之矣。若火之始然,泉之始达。苟能充之,足以保四海;苟不充之,不足以事父母(《公孙丑》)。

"扩而充之"就是伦理道德在自我精神中的扩充,就是"配义与道"所形成的"浩然之气";这种气是"直养"而得,并非是外部强加的。孟子说的"直养",类似佛家的"自觉",也即是"佛性"的自我觉悟。按孟子的看法,审美感情的培养,就是对"善"的人性的复归,而不是外部强加的某种观念。而荀子则相反,他所强调的"全"和"粹"是后天培养的,人为训练而形成的人格美。人们的审美感情,不是"恶"的本性的显现,而恰恰是对"恶"的本性的抑制,所谓"其善者,伪也",就是人为的结果,也就是后天教育的结果。虽然人有好色、好声、好味、好愉佚的本性,但这是一种生理本能,在荀子看来,这都是"恶"的根苗,也不算是美的欲求。对这些本能的欲求,只有经过教育、引导,使之纳入伦理道德的轨道,使之符合社会规范,才能称得上是善,也才算得是美。因此,任何人都必需通过强制性地学习仁、义、道、德规范,去克制一切不符合仁义道德的思想和行为,就如荀子说的:

> 故诵数以贯之,思索以通之,为其人以处之,除其害者以持养之——使目非是无欲见也,使耳非是无欲闻也,使口非是无欲言也,使心非是无欲虑也。及至其致好之也,目好之五

色,耳好之五声,口好之五味,心利之有天下。是故权利不能
倾也,群众不能移也,天下不能荡也。生乎由是,死乎由是,夫
是之谓德操(《劝学》)。

这和孔子说的"非礼勿视,非礼勿听,非礼勿言"(《论语·颜渊》)的
意思完全一致。只有这样才算得是"全之尽之,然后学者也";只有
这样才谈得上人格的美,才有纯粹的审美感情。所谓"德操"是思
想人格的修养,也是美感的培养,故荀子又说:"君子之学也,以美
其身。"(《劝学》)又说:"无伪则性不能自美。"(《礼论》)

虽然,孟、荀二人对审美感情的本质和形成的看法不同,一个认
为美感的本质是要回复到先天的善的本性,一个认为是对先天的恶
的本性的抑制和改造,但是有一点是相同的,那就是都需要通过学
习,通过仁义道德伦理规范的教育。既然如此,那么人的审美感情
必然是具有社会性的,是社会实践的产物,即使是那些具有自然属
性的生理快感,也只有赋予以社会的内容才能形成真正的美感。由
此也可以看出,孟、荀的学说,外表看是抽象的人性论,但实质上都
强调的是人的社会本性,也就是强调了美和美感的社会属性。

三、审美判断的主客观标准

虽然孟、荀都以道德为评价文学艺术的标准,但由于对美感形
成的认识有差异,故对审美判断标准的认识也有很大差别。概括
地说,孟子强调"尽心",强调主观的作用;而荀子强调"征知",强调
客观实践的知识。表现在文学批评鉴赏、文艺审美的价值判断等
各方面,他们的侧重面也大不相同。

强调主观的作用,甚至把它摆在决定性的地位上,这是儒学思
孟学派的主要特征。据说出自子思的《中庸》,和孟子的《尽心》,对
这问题有明确的论述。他们对人的主观精神的阐释,可概括为心、

性、诚三个字。其实，心和性都属于主体精神的范畴，孟子说过："心之官则思"，如果说心是主观思维活动的功能，那么，性则是人之所以为人的主观精神的本质特征。而心和性都出自于道，即所谓的天道或天命，亦即真理。故说："天命之谓性，率性之谓道，修道之谓教。"（《中庸》）他们所说的心，也不是一般的心，而是道心，即是能穷尽天道和性命的主观精神。所以孟子强调"尽心"，他说："尽其心者，知其性也；知其性则知天矣。存其心，养其性，所以事天也"（《尽心》）。后人所谓的"良知良能"、"天良"、"良心"以至于所谓"赤子之心"等等，都是从思孟学派的心性之学演绎出来的。而要达到"尽其心"的地步，又必须依靠主观精神的"至诚"。什么是"至诚"呢？按朱熹的解释："诚者，真实无妄之谓。人事之当然也，圣人之德，浑然天理，真实无妄，不待思勉而从容中道，则亦天之道也。"说得明白些，就是没有任"人欲之私"的纯净的主观精神，这就是孟子说的天生的仁义礼智之性。故《中庸》中说："诚者，天之道也；诚之者，人之道也。"可见，通过"人之道"也可以通向"天之道"，关键在于主观的自我修养，这叫做"自诚"，由"自诚"达到"至诚"，这就是主观认识的最高境界：

> 唯天下至诚，为能尽其性；能尽其性，则能尽人之性；能尽人之性，则能尽物之性；能尽物之性，则可以赞天地之化育；可以赞天地之化育，则可以与天地参矣（《中庸》）。

据此，孟子作出结论说："万物皆备于我矣。反身而诚，乐莫大焉。"（《尽心》）照他的逻辑则美在于吾心，审美判断也是吾心的至诚之物，一切决定于主观精神，他所谓的"求则得之，舍则失之，……求在我者也"（同上）

而荀子呢？他虽然也强调人的主观的"心"的作用，如说："人何以知道？曰：心。心何以知？曰：虚壹而静。"（《解蔽》）但是，他理解的心的作用和孟子不同，心只不过是认识客观事物的一种思维能力,是大脑发达到一定程度的认识功能,荀子称之为"天君"(大脑神经中枢),心之所以能认识客观事物,是由五官的感觉功能形成的,即"形具而神生",这种五官功能,荀子称之为"天官"。故说:"耳目口鼻形能各有接而不相能,夫是之谓天官。"(《天论》)他认为一切认识都来源于"天官"对客观事物的感知,来源于社会实践,来源于后天的教育,而不是什么先验的本能。他说:

> 圣人清其大君,正其天官,备其天养,顺其天政,养其天情,以全其天功。如是,则知其所为,知其所不为矣,则天地官而万物役矣(《天论》)。

所以,人的认识感情,包括审美感情等等,都来自于客观实践所获得的知识。"征知,则缘耳而知声可也,缘目而知形可也,然而征知必将待天官之当簿其类然后可也。"(《正名》)用现在的话来表述,即认识(知)是五官对客观事物的反映。显然,孟子强调的是天赋的"心"的作用,而荀子则强调客观事物是"心"的认知对象和基础;孟子强调的是天性,荀子强调的是人的社会实践。

由于孟、荀在主客观关系问题上所强调的侧面不同,所以在具体的文艺批评中,即在审美判断中,也表现出很大的差异。孟子的"知言养气"与"以意逆志"说,是根据他的尽心知性、反身而诚的理论提出来的,他突出了文艺批评鉴赏中的主观性。他自诩说:"我知言,我善养吾浩然之气。"(《公孙丑》)知言的前提是养浩然之气,即批评鉴赏者的道德修养,也即是前面我们说的主体人格修养,有了这种高尚的人格修养,才能有"知言"的能力。什么是知言?他说:"诐辞知其所蔽,淫辞知其所陷,邪辞知其所离,遁辞知其所穷。"(同上)一般说来,通过语言文辞,可以看出人的思想品德,通过文艺作品可以判断作者的思想感情,这是对的。不仅听其言、观其行可以判断人的缺点错误,甚至察颜观色也可判断人的内心世界,因为"仁义礼智根于心,其生色也,卒然见于面,……"(《尽心》)

所以说：

> 存乎人者，莫良于眸子。眸子不能掩其恶，胸中正，则眸
> 子瞭焉；胸中不正，则眸子眊焉。听其言也，观其眸子，人焉瘦
> 哉？

一切审美判断总不外乎靠主客观两个条件，就客观条件而言，要看
审美对象所具有的美的本质自有其客观标准，就主观条件而言，是
要看审美主体的修养和鉴赏能力。而孟子则片面强调主观的一
面，在具体操作过程中，就难免带有主观随意性而导致错误。这在
他的"以意逆志"的批评方法中表现得最为明显。孟子论诗强调
"以意逆志"，有许多精辟的见解，为了全面了解孟子的理论含义，
不妨来看看他的原文：

> 咸丘蒙曰："舜之不臣尧，则吾既得闻命矣。诗云'普天之
> 下，莫非王土；率土之滨，莫非王臣'。而舜既为天子矣，敢问
> 瞽瞍之非臣，如何？"曰："是诗也，非是之谓也；劳于王事而不
> 得养父母也。曰：'此莫非王事，我独贤劳也。'故说诗者，不以
> 文害辞，不以辞害志。以意逆志，是为得之。如以辞而已矣，
> 《云汉》之诗曰：'周馀黎民，靡有孑遗。'信斯言也，是周无遗民
> 也。……"（《万章》）

这里的说诗，实际上就是诗歌的鉴赏和批评，是诗的审美判断。显
然，咸丘蒙不懂得诗歌的艺术特征和夸张手法，所以才拘泥于诗的
表面字义，而不从诗的思想意义上去领会。孟子针对他的问题提
出"不以文害辞，不以辞害志"的看法，这是十分中肯的。对文学作
品，不能只看文字表面的意思，而是要看它的深层的内容实质，领
会其内在的思想感情，这就是孟子说的"以意逆志"。历代注释家
对这句话的理解也有分歧，有的认为意是作品的意，通过对作品的
意的分析，进一步深入追溯作者之志（作品中的基本思想）。但是，
更多的人则认为是"以己之意，逆诗人之志"（赵歧《孟子注疏》。朱

熹等亦取此说)。朱自清先生亦取此说。哪种解释更符合孟子原意,尚难断定,但是孟子强调按主观意志去分析判断,这是可以肯定的。审美判断都不可能离开审美主体的主观思想认识,这固然无可非议,但如果没有客观标准,只凭主观的判断,那就有很大的任意性,这样,孟子虽然指出了别人对诗的理解错误,但也难说他就真正"知言"。例如,他对《诗经》中的《小弁》的解释就有很大的任意性,这明明是一首发泄不满情绪、充满怨愤的诗,涉及女子对父母的不满,高子就认为是"小人之诗",这固然是以封建道德去衡量所作出的理解,但是,孟子则认为这种怨是出自"亲亲",是"仁"的表现,这也是出自宣传儒家伦理道德的任意解释。这就是按孟子之意去逆《小弁》作者之志,无疑是主观的随意判断,所以得出的结论也不见得正确。

而荀子呢?他虽然也是以儒家的仁义道德为审美判断的依据,但他并不强调主观的随意解释,而是力图树立一种客观的衡量标准。刘勰在《文心雕龙》中标举明道、征圣、宗经,这并非是他的创造,荀子早就明确提出了这些观点。他首先强调:"凡言不合先王,不顺礼义,谓之奸言。"(《劝学》)要求一切言论的是非正误,都以"先王"之言作为衡量的标准。他说:"圣人也者,道之管也。天下之道管是矣,百王之道一是矣,故《诗》、《书》、《礼》、《乐》之归是矣。"(《儒效》)又说:"故凡言议期命,是非以圣王为师。"(《正论》)所有这些言论,都是强调以道为最高准则,以圣人为师,以经为榜样。那么,判断一切言辞事物之正误,也都有个标准,这就是"以正道而辨奸",他说:

> 辨说也者,心之象道也。心也者,道之工宰也。道也者,治之经理也。心合于道,说合于心,辞合于说,正名而期,质请而喻,辨异而不过,推类而不悖,听则合文,辨则尽故。以正道而辨奸,犹引绳以持曲直;是故邪说不能乱,百家无所窜(《正

名》)。

"工宰"应作"主宰",心居主宰的地位,也就是"心之官则思"的功能,这点和孟子没有分歧,心是"道之主宰",就是对道的认识和运用的主体,但是,道并不是天生就存于心,而是后天教育的结果,这就是和孟子人性善说的根本差别。心可以认识道,把握道,所以说"心之象道"、"心合于道"、"心"怎么能认识"道"呢?荀子说:"人何以知道?曰:心。心何以知?曰:虚壹而静。"(《解蔽》)这就强调了心认识道的主动作用,而他所谓的"道"就不是孟子说的存乎本性的天生的仁、义、礼、智,而是后天学习所得的道德修养。这样,人的修养学习就有个客观依据,有客观标准,在荀子看来这个标准就是圣贤之道,是人们在社会实践中总结出来的道理,所以他十分明确地说:"道者,非天之道,非地之道,人之所以道也,君子之所道也。"(《儒效》)

　　荀子的明道、宗经思想,在审美判断中也就处处以圣贤之道为准则,处处强调"言必当理,事必当务"(《儒效》),这固然是比较实际,但又缺乏主观的创造性,从审美的角度看,如果只讲"文而致实,博而党正"、"正名而期,质请而喻,辨异而不过,推类而不悖"(《正名》)。就没有"以意逆志"过程中的艺术想象和创造的空间。从这个意义上说,孟子的理论反而较符合艺术审美的特征,而荀子的理论更切合于理论文字的要求。

　　以上我们从三个方面比较了孟子和荀子的美学思想的异同,实际上,是对儒家美学思想的一分为二的分析。就孟、荀而言是两种不同的美学观,但就儒学而言,则是一个问题的两个方面,就实质而言,他们都是儒家学说的宣传者,只不过所强调的侧面不同,因而,他们之间既有分歧,又可互补。对于我国古代美学来说,许多文学家、艺术家,既重明道宗经,重仁义道德的实用主义与理性主义,同时又重文艺审美中的真善美的结合,强调情性真纯、正心诚意和赤子之心。所以对孟、荀的比较研究,有助于我们对儒家美学思想的全面理解,也有助于我们从中吸取有用的成分。

(选自《社会科学战线》1995 年第 5 期)

张文勋(1926—　　),云南大学中文系教授,主要研究古代文论与文艺美学,著有《中国古代文学理论论稿》、《儒道佛美学思想探索》、《华夏文化与审美意识》、《刘勰的文学史论》、《〈文心雕龙〉探秘》等。

孟子、荀子分别从不同角度发展了儒家的思想,孟子代表了儒家理想主义的倾向,荀子代表了儒家现实主义的倾向。就审美主体的人格修养而论,孟子以性善论为出发点,强调人格修养的终极就是要恢复人的良知、良能,把仁义礼智信变成发自内心的一种自觉人格;荀子以性恶论为基点,强调外在教化对人的作用,两人的共同点在于都是以审美主体的思想品德修养为根本的道德美学。就审美情感的社会属性而言,在审美情感的性质和形成上两人有分歧,但都强调仁义道德伦理规范对审美情感的约束。在审美判断上,孟子强调主观的审美判断标准,而荀子则强调客观的标准。

论先秦美学中的"比德"说

钟子翱

先秦时代,特别是春秋战国,是我国历史上一个非常重要的时代。这对我国政治思想史、哲学史和文学史来说是如此,对美学思想史来说也是这样。中国美学思想,虽然源远流长,但是到了春秋战国时期,才算初具体系,形成第一个高峰,进入一个新的历史阶段。"比德"说的出现,便是鲜明而重要的标志之一。

"比德"说,是春秋战国时期出现的关于自然美的美学理论观点。其基本涵义是:自然美之所以为美,在于作为审美客体的自然物象可以与人"比德",即从其中可以意会到审美主体的某些品德美。"比德"说的提出,不独在当时具有划时代的意义,对后来的美学思想和艺术创作的发展产生巨大的影响,就是在今天,对我们研究和理解自然美的本质、自然美的社会性及审美主客体的关系等重要美学问题,也是很有启发意义的。运用马克思主义的观点,深入研究先秦美学中的"比德"说,取其精华,弃其糟粕,应该说是中国古代美学研究中一个深有意义的课题。

（一）

自然之美在于"比德",这是先秦时代一个十分普遍的美学观点。当时的人们对自然美的欣赏,多是将自然界的审美对象作为人的品德美或精神美的一种象征,自然物的各种形式属性,如色彩、线条、形状、比例的均衡、对称与蓬勃生气等等,在审美意识中并不占主要地位。换句话说,就是人们更多地注意到自然物的象征意义,而比较忽视其自然属性。这是中国古代美学不同于西欧古代美学之处,是中国古代美学的显著特点之一。正因为这样,所以现存先秦美学资料中记载的一些自然美欣赏实例,绝大多数是"比德"性的。

我们知道,《诗经》里已有大量的自然美的描写,大量的比兴手法,有的虽是以物比形,以物比貌,以物比事,以物比理,但很多是直接或间接地以物比德。刘勰谈比兴时指出:"关雎有别,故后妃方德;尸鸠贞一,故夫人象义。……金锡以喻明德,珪璋以譬秀民,螟蛉以类教诲,……席卷以方固志。"(《文心雕龙·比兴》)刘勰对《诗经》的这些解释,有的虽带有儒家封建思想,不免牵强附会;但他指出《淇奥》、《柏舟》等诗以自然物"比德",则是符合实际的。此外如《鄘风·君子偕老》的"委委佗佗,如山如河",以山无不容、河无不润,比喻亡夫品德之美;《小雅·节彼南山》的"节彼南山,维石岩岩,赫赫师尹,民具尔瞻",以高山峻石比喻师尹的威严;《秦风·小戎》的"言念君子,温其如玉",以玉比喻君子品德等等,也都明显地体现了"比德"的审美观。由此可见,"比德"的审美实践,很早很早就已大量存在了。

在先秦时代,最早对"比德"作理论性阐述的,据现有美学资料来看,应推管仲。《管子·水地》中有这样的论述:"夫水淖弱以清,而好灑人之恶,仁也;视之黑而白,精也;量之不可使概,至满而止,正也;唯无不流,至平而止,义也;人皆赴高,已独赴下,卑也。卑也者,道之室,王者之器也。"又说:"夫玉之所贵者,九德出焉:夫玉温润以泽,仁也;邻以理者,知也;坚而不蹙,义也;廉而不刿,行也;鲜而不垢,洁也;折而不挠,勇也;瑕适皆见,精也;茂华光泽,并通而不相陵,容也;叩之,其音清搏彻远,纯而不杀,辞也。是以人主贵之,藏以为宝,剖以符瑞,九德出焉。"显然,这是以水、玉比德的理论概括。

《管子·小问》中有个故事:"桓公放春三月观于野。桓公曰:'何物可比于君子之德乎?'隰朋对曰:'夫粟内甲以处,中有卷城,外有兵刃,未敢自恃,自命曰粟。此其可比于君子之德乎?'管仲曰:'苗始其少也,眴眴乎何其儒子也;至其壮也,庄庄乎何其士也;至其成也,由由乎兹免,何其君子也!天下得之则安,不得则危,故命之曰禾。此其可比于君子之德矣。'桓公曰:'善!'"在这里,管仲十分明确地指出禾可比于君子之德;虽然他主要是以政教眼光而不是以美学眼光来看自然物象的。

与管仲相似,晏婴也曾从政治的角度以水比德。《晏子春秋·内篇问下》记载:"景公问晏子曰:'廉政而长久,其行何也?'晏子对曰:'其行水也。美哉水乎清清,其浊无不雩途,其清无不洒除,是以长久也。'公曰:'廉政而速亡,其行何也?'对曰:'其行石也。坚哉石乎落落,视之则坚,循之则坚,内外皆坚,无以为久,是以速亡也。'"同时记载:"晏子使晋,晋平公……问焉。曰:'昔吾子先君得众若何?'晏子对曰:'……臣闻君子如美渊泽,容之,众人归之,如鱼有依,极其游泳之乐。若渊泽决竭,其鱼动流。……'"晏子的这两处应对,虽比喻简单;但不也清楚地表明他是以水、石、渊泽比喻国君的品德吗?

老、庄是并不重视自然美的社会性的;但为了说明那虚无缥缈的"道",老子在《道德经》中写道:"上善若水"、"上德若谷"、"古之善为士者,……涣兮,若冰之将释;敦兮,其若朴;旷兮,其若谷;混兮,其若浊……。"这不也是以山、水等自然物与君子比德吗?庄子虽没有直接地作"比德"的论述;但为了宣扬那超尘出世的思想,却也曾记述孔子穷于陈蔡的故事,并称引孔子的"天寒既至,霜雪既降，吾是以知松柏之茂也"等"比德"的谈话。这说明庄子也并非没受当时"比德"说的影响。

"比德"的审美观，在儒家的言论和著作中，体现得更为充分，更为多样，更具理论性。孔子就曾以山比德，以水比德，以玉比德，以松柏比德，以土与芷兰比德。他对前人的"比德"说，既有所继承，也有所发展。由于声名和地位的缘故，其影响也更为巨大而深远。

《论语·子罕》记载："子在川上曰：'逝者如斯夫，不舍昼夜。'"孔子取于水的原因何在呢？孟子解释说："原原混混，不舍昼夜，盈科而后进，放乎四海，有本者如是，是之取尔。"（《孟子·离娄下》）董仲舒解释说："水则源泉混混沄沄，昼夜不竭，既似力者；盈科后进，既似持平者；循微赴下，不遗小间，既似察者；循溪谷不迷，或奏万里而必至，既似知者；彰防山而能清净，既似知命者；不清而入，洁清而出，既似善化者；赴千仞之壑，入而不疑，既似勇者；物皆困于火，而水独胜之，既似武者；咸得之而生，失之而死，既似有德者。孔子在川上曰：'逝者如斯夫，不舍昼夜。'此之谓也"（《春秋繁露·山川颂》）。孟、董二大儒，在这里虽分别有所发挥，未必都是孔子确曾意识到的；但他们对孔子以水比德本意的体会，应该是准确无误的。刘宝楠《论语正义》说：孔子意在"明君子进德修业，孳孳不已，与水相似也。"也认为孔是在以水比德。《荀子·宥坐篇》、《孔子家语·三恕篇》、《大戴礼·劝学篇》和《说苑·杂言篇》，都有孔子以水比德的记载，有的意辞大致相同，足见基本上这是可信的。

《论语·雍也》记载："子曰：'知者乐水，仁者乐山。'"这不仅再一次证明孔子以水比德，而且同时证明孔子也是以山比德的。

知者何以乐于水呢？韩婴解答说："夫水者缘理而行，不遗小间，似有智者；动之而下，似有礼者；蹈深不疑，似有勇者；障防而清，似知命者；历险致远，卒成不毁，似有德者。天地以成，群物以生,国家以平,品物以正:此智者所以乐于水也"(《韩诗外传》卷三)。包咸注"知者乐水",说是"知者乐运其才知以治世,如水流而不知已"。这都是和孔子说的"夫水者,君子比德焉(刘宝楠:《论语正义》引)的观点相符合的。

仁者何以乐于山呢?《尚书·大传》说孔子曾这样回答子张的这一提问:"夫山者,崀然高,……草木生焉,鸟兽蕃焉,财用殖焉;生财用而无私为,四方皆伐焉,每无私予焉;出云雨以通于天地之间,阴阳私合,雨露之泽,万物以成,百姓以飨;此仁者之所以乐于山也。"《韩诗外传》、《说苑·杂言篇》的解释和这大致相同。刘宝楠《论语正义》也说:"言仁者比德于山,故乐山也。"这可谓一语中的!

《论语·子罕》还记载:"子曰:'岁寒然后知松柏之后凋也。'"据《庄子·让王》、《吕氏春秋·孝行览·慎人》和《风俗通·穷通》,孔子这句话是在厄于陈蔡时对子路说的,意在以松柏耐寒比喻他抱仁义之道,临难而不失其德的品格。《荀子·大略篇》写道:"君子立志如穷,虽天子三问正,以是非对。君子隘穷而不失,劳倦而不苟,临患难而不忘细席之言。岁不寒无以知松柏,事不难无以知君子无日不在是。"这可以说是"岁寒然后知松柏之后凋也"的最确切的注释。后来的学者论著,如刘安的《淮南子·俶真训》、司马迁的《史记·伯夷列传》、王符的《潜夫论·交际》,都曾引用和发挥孔子的这一论述,或以岁寒比喻乱世,或以岁寒比喻事难,或以岁寒比喻势衰,无不以松柏比君子坚贞的品德。

《荀子》中关于孔子"比德"说的记载,除上面提到的《宥坐》和《大略》外,还有《法行》和《尧问》。

《法行》这样记载子贡与孔子的问答:"子贡问于孔子曰:'君子所以贵玉而贱珉者,何也? 为夫玉之少而珉之多邪!'孔子曰:'恶!赐! 是何言也! 夫君子岂多而贱之,少而贵之哉! 夫玉者,君子比德焉。温润而泽,仁也;缜栗而理,知也;坚刚而不屈,义也;廉而不列,行也;折而不挠,勇也;瑕适并见,情也;扣之,其声清场而远闻,其止辍然,辞也。故虽有珉之雕雕,不若玉之章章。诗曰:'言念君子,温其如玉。'此之谓也。"这和管仲的玉出"九德"说如出一口,分明是管仲理论的继承;但孔子却明确指出了"夫玉者,君子比德焉"。

《尧问》也记载有子贡与孔子的问答,谈的是以土比德。它告诉我们:"子贡问于孔子曰:'赐为人下而未知也。'孔子曰:'为人下者乎? 其犹土也! 深抇(同"掘")之而得甘泉焉,树之而五谷蕃焉,草木殖焉,禽兽育焉;生则育焉,死则入焉,多其功而不德。为人下者其犹土也!"孔子要他的学生学习土为人下的品格,这实际上就是以土比德,只不过与上面的以山、水比德等表现形式不同而已。

荀子在《宥坐》里,除记载了孔子以水比德外,另记载有孔子厄于陈蔡的故事:"孔子南适楚,厄于陈蔡之间:七日不火食,藜藿不糁,弟子皆有饥色。子路进问之曰:'由闻之,为善者天报之以福,为不善者天报之以祸;今夫子累德、积义、怀美,行之日久矣,奚居之隐也?'孔子曰:'由不识,吾语女。女以知者为必用邪? 王子比干不见剖心乎! 女以忠者为必用邪? 关龙逢不见刑乎! 女以谏者为必用邪? 伍子胥不磔姑苏东门外乎! 夫遇不遇者,时也;贤不肖者,材也;君子博学深谋不遇时者多矣! 由是观之,不遇世者众矣! 何独丘也哉? 且夫芷兰生于深林,非以无人而不芳。……"十分明显,在这里孔子是以芷兰比自己的品德。

荀子对孔子这些审美活动的记叙,实际上是他"比德"的审美观的体现,有的不过是假借孔子之名而已。不仅如此,他还曾创造性地用"比德"的审美观来刻划自然物的艺术形象,借以表现他理想的生活美。例如:他用"圆者中规,方者中矩。大参天地,德厚尧禹,……德厚而不捐,五采备而成文"等赞美的语言来写"云";颂扬"蚕""功被天下,为万世文。礼乐以成,贵贱以分。养老长幼,待之而后存……"(《荀子·赋》)等等,都是借物寓意,都是"礼"的化身,实际上都是以自然物象比喻他理想中的君臣所应具备的品德。

用"比德"的审美观塑造自然物的艺术形象,最早、最典型的要算是屈原的《橘颂》了。屈原在《离骚》中,就如王逸所说:用"善鸟香草,以配忠贞;恶禽臭物,以比谗佞;灵脩美人,以媲于君;宓妃佚女,以譬贤臣;虬龙鸾凤,以讬君子;飘风云霓,以为小人"(《离骚经序》),广泛而突出地以自然物象比喻人的品德;他在《橘颂》中对橘树的描写,简直句句是"比德",字字是他自己美好品德的写照,如"受命不迁,生南国兮。深固难徙,更壹志兮。""苏世独立,横而不流兮。闭心自慎,终不失过兮。秉德无私,参天地兮"等等。如果说先秦诸子的"比德",含有不少政治、道德的意味,还不是或不完全是审美的,那么,屈原的"比德",就地地道道是审美的了。

从以上的资料和实例中,不难看出,在先秦时代,"比德"这种美学观点,确实具有相当的普遍性,儒家、道家等学派的代表,特别是孔子、荀子,都是认为自然物之所以美,主要在于其某些特性和人的美好品质具有类似的特征,人可与之"比德";但他们所比的德的内容却有着很大的差别,乃至有阶级性质的不同。这正如普列汉诺夫所说:"在社会发展的各个不同时代,人从自然界获得各种不同的印象,因为他是用各种不同的观点来观察自然界的"(《没有地址的信》第 32 页)。同时可以看出,先秦的"比德"说,是在大量的审美经验和艺术实践的基础上形成的,是不断发展的。这证明它也是社会实践的产物,历史发展的结果。

(二)

恩格斯告诉我们:"自然界起初是作为一种完全异己的、有无限威力的和不可制服的力量与人们对立的,人们同它的关系完全像动物同它的关系一样,人们就像牲畜一样服从它的权力"(《马恩全集》第 3 卷第 35 页)。在这种情况下,自然界对人来说,当然是无美可言的。高尔基曾正确指出:"在环绕着我们并且仇视着我们的自然界中是没有美的"(《苏联的文学》第 100 页)。只有在通过长期的劳动实践,人开始并逐渐地成为自然界的主宰,自然界变成"人化了的自然","人的无机的身体",也就是人不仅在自己的劳动中改造了自然界,"并且在他所创造的世界中直观自身"(马克思:《1844 年经济学—哲学手稿》第 49、51、79 页)了,自然界才能成为人的审美对象,从而也才有自然美的产生。历史证明:人类对动物界发生美感是在狩猎时代,对植物界发生美感是在人类生活活动发展到农耕时代,后来才逐渐发展到将整个自然界作为审美对象,自然美理论的出现当然是更后的事了。如上所说,我国到了春秋战国时期,不仅整个自然界已成为人们的审美对象,各种形式的自然美已大量地表现于艺术作品中,而且出现了自然美的理论"比德"说。这充分地显示出原始的人与自然的关系,发生了根本的、比较全面的变化;有力地证明了人们的审美感受和审美能力,获得了很大的丰富和提高;鲜明地标志着人们对自然美的自然属性和社会属性的关系,有了崭新的、初步的认识,对人和自然物的审美关系的认识也空前地深化了。这就在通往自然美的本质的征途上迈出了可喜的一大步,从而把中国美学史推进到一个新的历史阶段。如果说,"比德"说的出现具有划时代的意义,那是并没有什么夸张的。列宁曾经指出:"判断历史的功绩,不是根据历史活动家没有提供现代所要求的东西,而是根据他们比他们的前辈提供了新的东西"(《列宁全集》第 2 卷第 150 页)。根据这一观点,应该说:"比德"说的提出者,对中国美学理论宝库做出了一个新的贡献。

　　先秦的"比德"说,在美学理论上的首要意义,或者说最可取之处,在于它显示出自然美的实质,是自然物的某些特征与人的某些品德美相类似,人可以从中"直观自身",因而感觉其美。它是把自然和人的品德联系在一起,着眼于自然与人的关系,而不是脱离人类社会生活来谈自然美。这较古希腊毕达哥拉斯派的"整个天体就是一种和谐和一种数"、"美是和谐与比例"的美学观点;较欧洲中世纪圣·托马斯·阿奎那的"事物之所以美,是由于神住在里面"(北京大学哲学系美学教研室编:《西方美学家论美和美感》第13、66页)的美学观点,实在高明得多。黑格尔说:"自然美只是为其它对象而美,这就是说,为我们,为审美的意识而美。""自然美还由于感发心情和契合心情而得到一种特性"(朱光潜译:《美学》第1卷第156、166页);车尔尼雪夫斯基说:"构成自然界的美的是使我们想起人来(或者,预示人格)的东西,自然界的美的事物,只有作为人的一种暗示才有美的意义"(《生活与美学》第10页)。从"比德"说中,我们是可以发掘出这些含意来的。先秦的"比德"说者,虽然没有对自然美的本质和对自然物的审美规律,作出明确的理论概括;但对我们今天研究和解决这些问题,却是富于启发意义的。

孟子在《尽心》(上)中曾这样说过:"孔子登东山而小鲁,登泰山而小天下,故观于海者难为水,游于圣人之门者难为言。观水有术,必观其澜;日月有明,容光必照焉。流水之为物也,不盈科不行;君子之志于道也,不成章不达。"孟子的原意,虽在说明大明者无不照,志大者宜为君子;但"观水有术,必观其澜",却带有总结自然美审美规律的意味。这在春秋战国时代是仅见的,说明"比德"说在一定的程度上体现了自然美的审美规律。今天看来,它也是符合马克思的"自然的人化"论的精神的,因为"比德"说者,毕竟是十分明确地将自然界看成是人的比德对象,看到它与人的审美关系了。

　　先秦的"比德"说,在美学理论上的另一重要意义,在于它体现了真、善、美的结合趋向。我们知道,美与真、善是密切联系着的,虽然三者互有区别,真和善并不就是美;但美必须以真为基础,以善为前提,虚假和丑恶的东西不可能是美的。任何一个事物,必须既具有真、善的内容而又具有美的特质和美的形式,才真正是美的事物。以自然物来说,其具体存在和从自身的运动、变化、发展中所表现出来的规律性,这是真;它与一定阶级的生活实践、阶级利益的需要和目的相符合,这是善;它以具体、鲜明、丰富多采的美感形态呈现人前,这算是美。但三者单独地都不足以构成自然美,必须在人们的实践活动中,真、善、美和谐地结合起来,才会有自然美的形成。那种认为自然美在于自然本身,就是自然物的自然属性,或认为自然本身不可能有美,自然美只是人的主观感情、意识作用于对象的结果,观点都是错误的。而先秦的"比德"说,在理论上则是体现了真、善、美和谐统一的要求和趋向的。

　　以儒家的以水比德为例:水"混混沄沄"、"盈科后进"、"循微赴下"、"不遗小间"、"循溪谷不迷"、"奏万里而必至"等等,这是它的存在特性和运动规律,属于真;"似德"、"似仁"、"似义"、"似智"、"似勇"、"似正"、"似察"、"似善化"等等,这是它对儒家的实践活动的合目的性,属于善;或"绰约",或"鲜洁",或"洸洸乎不溷尽",或"应佚若声响"等等,则属于美。孔子等人,正是从水的具体、鲜明、丰富多采的美感形态中,不仅认识到了水的各种特性及其运动规律,而且意会到了水与君子品德有类似的特征,即他们所认为的善,才在以水比德中获得了美感,从审美经验中掌握了"必观其澜"的法术。从这里,我们不是可以看出真、善、美的结合趋向了吗?

　　先秦的"比德"说,和先秦的其他基本美学观点一样,表现出了鲜明的理性主义特色。这是历史时代的烙印。由于春秋战国时代,中国社会处于变革、转折关头,生产力的发展促使生产关系的改变,腐朽的奴隶制日益崩溃,封建地主阶级的新政权逐渐兴起,因此斗争激烈,战乱频仍,社会动荡,礼崩乐坏。在这种情况下,代表各个阶级的思想家、理论家著书立说,面临的首要问题和迫切要完成的任务,就是开出医治社会的药方,以便按照本阶级的利益和理想去改造现实。同时,由于周末以来,唯物主义和无神论思想及科学知识的逐渐发展,上帝和鬼神受到了怀疑和诅咒,重"民"的思想空前地不断抬头;而在美学思想领域,人们普遍地将善、美混同,"无害"为美、"中和"为美的观点早占主导地位。当时,有些人不仅已认识到强行镇压无济于事,而且已认识到"礼甚则离"(《礼记·乐记》),即过多地用礼制来规范人们,那就会招致离心离德的结果,因而有意识地强调乐、诗等感染教化作用,注重通过美感来陶冶性情、培养品德和保持团结。因此,作为自然美理论的"比德"说,就必然要结合生活现实中迫切需要解决的问题,渗入政治、哲学、道德思想的影响,注重审美的功利主义,从而具有理性主义的特色。那时,人们哪里能站在"超然"的立场,抱着"无功利观念"的审美态度,作出"纯艺术"的自然美的理论概括,并将虚无的神或主观的情感放在至高无上的地位,像西欧某些美学家所自我标榜的那样呢?

事物总是一分为二的。先秦的"比德"说,作为我国古代的美学思想、美学理论,虽有它的价值、意义和某些合理性,在我国美学史上理所当然地应占一席地位;但由于历史时代和思想家们的阶级的局限,也有它明显的缺点或缺陷。

首先,从表面上看来,先秦的"比德"说者,似乎既看到了自然美的客观性,又看到了自然美的社会性,特别重视人与自然的关系,然而,实际上他们是既不真正了解自然美的客观性,也不真正了解自然美的社会性,更不了解自然界和人的真正关系;他们似乎是认为:自然物是因为与人的社会生活密切相关,符合人们生活斗争的需要和目的,才能给人以美感,成为审美对象,把自然对象在人类社会生活中的作用、价值和意义，看作是形成自然美的必要前提，然而，实际上他们并没有而且也不可能将自然看成是人为的和为人的，根本不了解自然美形成的真正原因；他们似乎认识到了自然物所以美，不在于其本身的自然属性，而在于它具有与人类社会生活中的美相类似的某些特征，作为生活美的一种暗示或象征，比较接近了自然美的本质，然而，实际上他们并不了解自然物所以有美的根本原因和自然美的本质所在，距离自然美的本质的掌握还是十分遥远的。其所以如此，根本的原因，是他们由于时代和阶级的限制，不懂得也不可能懂得"社会生活在本质上是实践的"，因而离开人的社会性，"对事物、现实、感性，只是从客体的或者直观的形式去理解，而不是把它们当作人的感性活动，当作实践去理解"（《马恩选集》第 1 卷第 18、16 页）。既然如此，先秦的"比德"说者，也就不可能从主客体的辩证关系中来探讨自然美的本质，他们的"比德"说，也就不可避免地带有直观的缺陷，而成为致命的弱点了。

马克思正确指出："人（和动物一样）赖无机自然界来生活，……从理论方面来说，植物、动物、石头、空气、光等等，部分地作为自然科学的对象，部分地作为艺术的对象，都是人的意识的一部分，都是人的精神的无机自然界，是人为了能够宴乐和消化而必须事先准备好的精神食粮；同样地，从实践方面来说，这些东西也是人的生活和人的活动的一部分。……自然界是人为了不致死亡而必须与之形影不离的身体。……人是自然界的一部分。"这就是人与自然界的实际关系。同时指出："人自身作为一种自然力与自然物质相对立"（《马恩全集》第 23 卷第 202 页），"正是通过对对象世界的改造，人才实际上确证自己是类的存在物。这种生产是他的能动的、类的生活。通过这种生产，自然界才表现为他的创造物和他的现实性。因此，劳动的对象是人的类的生活的对象化：人不仅像在意识中所发生的那样在精神上把自己化分为二，而且在实践中、在现实中把自己化分为二,并且在他所创造的世界中直观自身"(马克思:《1844年经济学——哲学手稿》第51页)。这样,也就感到了自然的美。而先秦的"比德"说者,只是将自然与人看成是"比德"的双方,仅仅把自然看作是"君子之德"的象征物,因而两者的关系就成为简单的比与被比关系,所谓"比德",实际上也就成为比喻之类,乃至是比附了。由于他们不能用实践的观点来解释自然美,解释自然与人的关系,所以,实际上他们把自然美的产生,看作是贤人君子与自然物"比德"的结果。显然,这都是不正确的。

其次,先秦的"比德"说者,有的是没落的反动阶级的代表,有的是新兴的先进阶级的代表;有的是唯心论者,有的是唯物论者。他们所说的"德"既有很大的区别,"比德"的目的也各不相同。即使如新兴地主阶级的唯物主义的思想家荀子,所说的"德"也仍然是"君子之德","比德"的目的也还是为了统治阶级。所以,"比德"说是既带有狭隘性,又可能具有唯心色彩和反动目的的。如孔子就认为:"天生德于予"、"我欲仁,斯仁至矣"(《论语·述而》);孟子也曾说:"仁、义、礼、智非外铄我也,我固有之也。"(《孟子·告子上》)这样,他们所说的"德"、"仁"、"义"、"智"等等,也就十足是唯心的、先验的货色,因而失去了真实性。荀子虽认为自然中有美,其美在于它和人的美德有类似的特征;同时还认识到"和之璧,井里之厥也,玉人琢之,天子为宝"(《荀子·大略》),初步接触到了劳动创造美的问题;但他不懂得劳动实践的真正意义,所以仍然认为"芷兰生于深林,非以无人而不芳"(《荀子·宥坐》)。这就显示了他美学思想的矛盾。荀子尚且如此,何况他人?

先秦"比德"说的这些缺点,充分说明孔子等人不能在社会实践中将主客观统一起来,并不真正了解自然美的社会性,因而也无法解决自然美的本质问题。

三

尽管先秦的"比德"说存在上述的缺点,它在我国文艺史上还是发生了巨大而深远的影响,而且基本上是积极的。几千年来,在我国诗歌创作和绘画艺术中,比兴成为优良传统,强调引类譬喻、因物喻志、托物寄兴、感物兴怀等等,反对为写景而写景物,那种淫靡的、脱离生活和形式主义的创作和理论,总是成为众矢之的,始终不占主导地位,从而推动我国历代文艺,基本上沿着一条健康的道路向前发展,这和先秦的"比德"说的影响,都是不无关系的。汉王逸高度赞扬屈原在《离骚》中"善鸟香草,以配忠贞,……虬龙鸾凤,以托君子";梁刘勰强调许多优秀诗篇,"图状山川,影写云物,莫不纤综比义"(《文心雕龙·比兴》),借以反对齐梁形式主义诗风;唐陈子昂反对"彩丽竞繁",提倡"兴寄"(《与东方左史虬修竹篇序》),促进唐诗盛兴;白居易主张"讽谕",要求诗人"兴发于此而义归于彼"(《与元九书》),反映生民疾苦;元黄公望总结绘画经验,说"松树不见根,喻君子在野,杂树喻小人峥嵘之意"(《写山水诀》);当代画家蔡若虹同志也说:"人们欣赏自然,赞美自然,往往结合着生活的想象和联想;自然风物的特点,往往被看作人的精神拟态"(引自《人民日报》1960 年 9 月 28 日)……,这都是理论方面的例证。至于创作方面的例证,从屈原的《离骚》、《橘颂》,到陈毅同志的《青松》,更是汗牛充栋。就是今天,不也时常见到"比德"性的诗歌和散文问世吗? 当然,今日作家所比的德与先秦的"君子之德",有阶级实质的不同;但"比德"的规律性和它的生命力,于此也分明可见了。

我们应该深入地研究先秦的"比德"说! 我们必须批判地继承先秦的"比德"说这份美学理论遗产!

（选自《北京师范大学学报》，1982 年第 2 期）

钟子翱（1926—1986），曾任北京师范大学中文系教授，著作有《刘勰论写作之道》（合著）、《文学概论》（执笔）等。

"比德"说是先秦时期关于自然美的美学理论观点，其认为自然美之所以美，在于作为审美客体的自然物象可以与人比德，即从中可以意会到审美主体的某些品德美。先秦时期的比德理论经历了由《诗经》、管仲、《晏子春秋》到儒家的孔、孟、荀等一个漫长的发展过程。"比德"说的理论意义有：首先是它显示出自然美的实质是把自然同人的品德相比附，其次体现了真善美结合的趋向。但是根据马克思的理论，简单地将自然物象同人相比附并没有从本质上阐明自然美的实质，具有一定的理论缺陷。

儒家之美：伦理人格的感性体现

成复旺

儒学是一种人学，是以宗法社会的伦理道德为人之本的人学。因此，儒家认为：美的根据不在于物，而在于人；在于人，又不在人的形体、相貌，而只在人的精神、人格；在于人格，又不在任何一种人格，而只在他们所提倡的伦理人格。当这种伦理人格具有了一定的感性形式，给人一定的情感体验的时候，就成了美。伦理人格的感性体现，这就是儒家之美。

1."比德"与"悦心"
——美的本质：理义

我们从儒家的审美活动谈起。儒家把自己的审美活动称之为"比德"。

君子以比德

孔子很少直接论述什么是美，但有一些关于自然景物和文艺作品的欣赏，可以看作他的审美。那么他主要欣赏的是什么呢？先看他对自然景物的欣赏：

> 子在川上曰：逝者如斯夫！不舍昼夜。（《论语·子罕》）

子曰：岁寒，然后知松柏之后凋也。（同上）

这其实不是欣赏自然景物本身，而是欣赏这些自然景物所体现出来的某种属于人的精神、品质，亦即人格。他还有两句很出名的话，已经不是谈自己对自然景物的欣赏，而是一般论述自然景物的欣赏了：

知者乐水，仁者乐山。（《论语·雍也》）

孔子没作解释。但显然，智者之所以乐水、仁者之所以乐山，是因为水、山分别与智者和仁者的人格有关。朱熹曾对这两句话作出这样的解释：

知者达于事理而周流无滞，有似于水，故乐水；仁者安于义理而厚重不迁，有似于山，故乐山。（《四书集注》）

这是完全合乎孔子原意的。再看他对文艺作品的欣赏：

子夏问曰："'巧笑倩兮，美目盼兮，素以为绚兮'，何谓也？"子曰："绘事后素。"曰："礼后乎？"子曰："起予者，商也！始可与言诗已矣。"（《论语·八佾》）

有孺子歌曰："沧浪之水清兮，可以濯我缨；沧浪之水浊兮，可以濯我足。"孔子曰："小子听之，清斯濯缨，浊斯濯足。自取之也。"（《孟子·离娄上》）

"巧笑倩兮"等几句显系描绘女子之美，"沧浪之水清兮"云云显系一首儿歌，未必有什么寓意。而孔子从中体会到的，却是某种道德含义。从前者体会到的，是质必先于文、忠信必先于礼仪；从后者体会到的，是人之荣辱多咎由自取。后一个例子，孟子又在孔子的话后面进一步发挥道："夫人必自侮，然后人侮之；家必自毁，而后人毁之；国必自伐，而后人伐之。太甲曰：'天作孽，犹可违；自作孽，不可活。'此之谓也。"这就更把孔子的意思提升为一条普遍性的道德原则了。无论对于自然景物还是文艺作品，孔子都要从中体会出某种道德含义来，这可以说他的审美心理定势。这样的审美,实际上是对一种人格的欣赏。

孔子之后,孟子更充分地讨论了"观水"的问题:

> 孔子登东山而小鲁,登泰山而小天下,故观于海者难为水,游于圣人之门者难为言。观水有术,必观其澜。日月有明,容光必照焉。流水之为物也,不盈科不行。君子之志于道也,不成章不达。(《孟子·尽心上》)

> 徐子曰:仲尼亟称于水,曰水哉!水哉!何取于水也?孟子曰:源泉混混,不舍昼夜,盈科而后进,放乎四海。有本者如是,是之取尔。苟为无本,七八月之间雨集,沟浍皆盈;其涸也,可立而待也。故声闻过情,君子耻之。(《孟子·离娄下》)

这里本孔子"逝者如斯,不舍昼夜"之说继续作了发展。所谓"观水",并不是对水的科学考察,不是要观测水文、水质,而是要从水的形态获得某种人生的心理体验,因而属于审美。所谓"观水有术",就是指对水的审美方式。孟子所说,都是有源的活水。他强调了活水的清明,活水的奔流不息的毅力,以及日积月累、盈科而后进的踏实作风;而所有这些,都是人所应该具有的精神。这样的"观水"之"术",就是把水的某些形态特征同人的某些精神特征联系起来,从而获得一定的人格体验。后来朱熹按照孟子提出的"观水"之"术"写了一首诗:"半亩方塘一鉴开,天光云影共徘徊。问渠那得清如许?为有源头活水来。"人多以为这是一首写景诗,其实诗题叫做《观书有感》,想来大概就是观《孟子》上述言论而有感了。虽是观水,实是观书;虽是咏水,实是咏德。这是朱熹此诗的妙处,亦是儒家审美的妙处。总之,孟子比孔子前进了一步,把儒家的审美方式说得更清楚了。

到荀子,正式提出了"比德"说:

> 子贡问于孔子曰:"君子之所以贵玉而贱珉者,何也?为夫玉之少而珉之多邪?"孔子曰:"恶!赐!是何言也!夫君子

岂多而贱之,少而贵之哉?夫玉者,君子比德焉。温润而泽,
仁也;栗而理,知也;坚刚而不屈,义也;廉而不刿,行也;折而
不挠,勇也;瑕适并见,情也;扣之,其声清扬而远闻,其止辍
然,辞也。故虽有珉之雕雕,不若玉之章章。《诗》曰:'言念君
子,温其如玉。'此之谓也。"(《荀子·法行》)

这里列举了玉的种种形态特征,如"温润而泽"、"栗而理"、"坚刚而
不屈"等,并一一落实为儒家提倡的一种道德,如"仁"、"知"、"义"
之类,以此说明君子之贵玉是用以"比德"。"比德",这就是儒家的
审美,这就是儒家对自己的审美方式的理论概括。玉之所以受到
士大夫的贵重,在中国古代获得了很高的审美价值,主要原因的确
在此。朱熹说:"且如冰与水晶,非不光,比之玉,自是有温润含蓄
气象,无许多光耀也。"(《孟子章句序说》)此即"温润而泽"之意。
虽有光泽,但又"有温润含蓄气象,无许多光耀",正符合仁的品德,
故为君子所喜。荀子提出"比德"说之后,汉代刘向的《说苑》又根
据儒家道德对此作了淋漓尽致的阐发:

> 子贡问曰:"君子见大水必观焉,何也?"
>
> 孔子曰:"夫水者,君子比德焉。遍予而无私,似德;所及
> 者生,似仁;其流卑下句倨,皆循其理,似义;浅者流行,深者不
> 测,似智;其赴百仞之谷不疑,似勇;绵弱而微达,似察;受恶不
> 让,似包蒙;不清以入,鲜洁以出,似善化;至量必平,似正;盈
> 不求概,似度;其万折必东,似意。是以君子见大水观焉尔
> 也。"
>
> "夫智者何以乐水也?"
>
> 曰:"泉源溃溃,不释昼夜,其似力者;循理而行,不遗小
> 间,其似持平者;动而之下,其似有礼者;赴千仞之壑而不疑,
> 其似勇者;障防而清,其似知命者;不清以入,鲜洁以出,其似
> 善化者;众人取平,品类以正,万物得之则生,失之则死,其似

有德者；淑淑渊渊，深不可测，其似圣者。通润天地之间，国家以成。是知之所以乐水也。《诗》云：'思乐泮水，薄采其茆；鲁侯戾止，在泮饮酒。'乐水之谓也。"

"夫仁者何以乐山也？"

曰："夫山，岧岧巍巍，万民之所观仰，草木生焉，众物立焉，飞禽萃焉，走兽休焉，宝藏殖焉，奇夫息焉，有群物而不倦焉，四方并取而不限焉。出云通气于天地之间，国家以成。是仁者所以乐山也。《诗》云：'泰山岩岩，鲁侯所瞻。'乐山之谓也。"

玉有六美，君子贵之：望之温润，近之栗理，声近徐而闻远，折而不挠，阙而不荏，廉而不刿，有瑕必示之于外，是以贵之。望之温润者，君子比德焉；近之栗理者，君子比智焉；声近徐而远闻者，君子比义焉；折而不挠，阙而不荏者，君子比勇焉；廉而不刿者，君子比仁焉；有瑕必见于外者，君子比情焉。

（卷十七《杂言》）

这里几乎包括了前人有关"比德"的全部内容，可以视为儒家"比德"说的总结。但把物的形态与人的品德的关系分得越精细，说得越确凿，就越显得生硬、勉强。

但这种生硬、勉强又不全是刘向的阐发所致，原是"比德"这种审美方式的固有缺欠。"比德"总是有意识地比附、比拟，而有意识地比附、比拟并不是真正的审美。一种事物之所以能够成为审美对象，的确是因为它与人有关，能够唤起某种人生体验。也就是说，美的根据的确在乎人，而不在于物。在这一点上，儒家的思路是完全正确的。但是，物与人的联系原是异常广泛的，绝不仅限于道德，更不仅限于儒家那几条道德；而且这种联系的产生应该是一触即觉，自然而然的。儒家既已对人作了过分狭隘的规定，把宗法社会的伦理道德定为"人之本"；也就对物与人的联系作了过分狭隘的规定，如"遍予而无私，似德"、"所及者生，似仁"之类；这种原非出于自然而然的联系，也就只有靠有意识地比附、比拟来建立了。这是审美为道德作出的牺牲，美学为人学作出的牺牲。儒家总要规定人，当然也要规定人的审美活动。这就使他们的审美活动太有意识、太理性化了，而过分地有意识、过分地理性化是违背审美规律的。

在"比德"这种审美方式中，已经蕴藏了对美的本质的看法。既然审美就是"比德"，那么美之所在也就只能是"德"，亦即"理义"了。

理义之悦心

"子曰：人而不仁如礼何？人而不仁如乐何？"（《论语·八佾》）孔子把"仁"与"乐"的关系等同于"仁"与"礼"的关系。仁与礼的关系，仁是内容、是实质，礼作为礼节、礼仪，是表现形式。这就是说，仁与乐的关系也是如此，仁是乐的内容、实质，乐是仁的表现形式。乐指的就是艺术、审美对象。孔子就是认为：仁是乐的实质、善是美的实质。孔子又说："益者三乐，损者三乐。乐节礼乐，乐道人之善，乐多贤友，益矣。乐骄乐，乐佚游，乐宴乐，损矣。"（《论语·季氏》）"骄乐"、"佚游"、"宴乐"都是生活中实在的快乐，但孔子认为这是"损者三乐"，"损者"当然不是真正的快乐。只有"益者三乐"才是真正的快乐，而真正的快乐是什么呢？是"节礼乐"、"道人之善"、"多贤友"，总之都是道德，都是善。如果说按照一般观点是美使人乐的话，那么孔子则认为只有善才使人乐。这也就是认为道德、善是美的实质。

孟子说：

> 仁之实，事亲是也；义之实，从兄是也；智之实，知斯二者弗去是也；礼之实，节文斯二者是也；乐之实，乐斯二者，乐则生矣。生则恶可已也，恶可已，则不知足之蹈之手之舞之。

(《孟子·离娄上》)

这段话大意近于孔子的"人而不仁如乐何",但论述得更为透辟。仁、义、智、礼、乐一路说下来,但只有仁、义是有实际内容的,智、礼、乐都是依附仁、义而存在的。智、礼我们不管,只说乐。原来"乐"就是以仁、义,即事亲、从兄为乐,而且事亲、从兄还可以把人乐得手舞足蹈而不自知。朱熹《四书集注》解释"乐则生矣"以下诸句曰:"谓和顺从容,无所勉强,事亲、从兄之意油然自生,如草木之有生意也。既有生意,则其畅茂条达,自有不可遏者,所谓'恶可已也'。其又盛,则至于手舞足蹈而不自知矣。"虽然说得活灵活现,不过是"事亲"、"从兄"之意一产生便会乐得手舞足蹈而已。"音乐"之"乐"与"快乐"之"乐"为同一个字,故古人往往以"快乐"之"乐"解"音乐"之"乐"。以为音乐就是以事亲、从兄为快乐,这是再明确不过地以德为乐、以善为美了。孟子也有个"三乐"说,大意亦近于孔子:"君子有三乐,而王天下不与存焉。父母俱存,兄弟无故,一乐也;仰不愧于天,俯不怍于人,二乐也;得天下英才而教育之,三乐也。"(《孟子·尽心上》)此"三乐"与孔子"益者三乐"属同样性质,均为以德为乐、以善为美。在这种混同美善、以善为美的理论的基础上,孟子正式从审美理论的角度提出了"理义之悦我心"的口号:

> 口之于味,有同嗜也,易牙先得我口之所嗜者也。如使口
> 之于味也,其性与人殊,若犬马之与我不同类也,则天下何嗜
> 皆从易牙之味也?至于味,天下期于易牙,是天下之口相似
> 也。唯耳亦然。至于声,天下期于师旷,是天下之耳相似也。
> 惟目亦然。至于子都,天下莫不知其姣也。不知子都之姣者,
> 无目者也。故曰:口之于味也,有同嗜焉;耳之于声也,有同听
> 焉;目之于色也,有同美焉。至于心,独无所同然乎?心之所
> 同然者何也?谓理也,义也。圣人先得我心之所同然耳。故

　　理义之悦我心，犹刍豢之悦我口。(《孟子·告子上》)
这是从人类共性、即人的类特征出发论述人的审美活动的。味、色、声，是中国上古时期概括出来的三种审美对象；口之悦味、目之悦色、耳之悦声，是分别同这三种审美对象相联系的三种审美活动。此说由来已久，屡见于《左传》、《国语》等周代典籍。与此并列而提出"理义之悦我心"，就是从审美理论的角度论述"理义"，就是把"理义"正式列为审美对象，把"理义之悦心"正式列为审美活动。孟子的逻辑是这样的：既然口、目、耳都有各自的审美对象，那么心为什么没有呢？ 也应当有，就是理义；圣人发明的理义与易牙调制的至味、师旷辨出的音律、乃至子都之美具有同样的意义。但是，孟子弄错了。口之于味、目之于色、耳之于声，基本上属于生理现象，属于人的自然现象，固可以用人的类特征来说明；而心之于理义，是具体的社会现象，即社会心理现象，故不能用前者证明后者。援引前者便推出"理义之悦我心，犹刍豢之悦我口"是把儒家的观点强加于人。虽然这在理论上不能成立，但正式提出了"理义"是审美对象，这不能不说是孟子对儒家美学理论的重大发展。

　　但口之悦味、目之悦色、耳之悦声属于情欲追求，是儒家要竭力贬低的；把"理义之悦心"同这些东西并列起来，岂不是玷污了圣人和理义吗？ 岂不是肯定了情欲追求吗？孟子上面的话只是要为理义争得审美意义，还来不及解决此类问题。只有先确立了理义的审美意义，才能进一步争取理义在审美领域的统治地位。继续完成了这个任务的，是荀子。荀子先已宣布了"人情甚不美"(《荀子·性恶》)，而"人之情，口好味而臭味莫美焉，耳好声而声乐莫大焉，目好色而文章致繁，妇女莫众焉"(《荀子·王霸》)，这些情欲追求当然都是恶的。只是荀子在这里有个理论上的大漏洞：他认为追求这些情欲的满足是天子的特权，那不等于说天子是天下之大恶吗？这且不管，反正儒家贬低情欲本来就是为了维护等级特权。

为了维护等级特权,一般人的情欲追求,包括口之悦味、目之悦色、耳之悦声,还是要抑制、甚至干脆取消的。荀子说:

> 心平喻则色不及佣(按:指平常、中等)而可以养目、声不及佣而可以养耳,蔬食菜羹而可以养口,粗布之衣、粗紃之履而可以养体,局室、芦帘、藁蓐、尚机筵而可以养形。故无万物之美而可以养乐,无势利之位而可以养名。(《荀子·正名》)

这就是提倡抑制情欲追求了,味、色、声当然都在抑制之列。"无万物之美而可以养乐",这句话已经明确地把"美"和"乐"分割开来、对立起来,为从包括审美快乐在内的快乐领域排除声、色之美打下了基础。只是,照如此说,天子是最不懂得养乐的了。缘此以进,谈到音乐,荀子说:

> 君子以钟鼓道(按:"道",导也。)志,以琴瑟乐心。动以干戚,饰以羽旄,从以磬管。故其清明象天,其广大象地,其俯仰周旋有似乎四时。故乐行而志清,礼修而行成,耳目聪明,血气和平,移风易俗,天下皆宁,美善相乐。故曰:乐者,乐也。君子乐得其道,小人乐得其欲。以道制欲,则乐而不乱;以欲忘道,则惑而不乐。故乐者,所以道乐也;金石丝竹,所以道德也。乐行而民乡方矣。故乐者,治人之盛者也。(《荀子·乐论》)

这里一开头就提出"君子以钟鼓道(导)志,以琴瑟乐心"。"乐心"与孟子的"悦心"同义。既然是"道志"、"乐心",就不是悦耳、悦目。所以下文对"乐得其道"与"乐得其欲"作了严格的区分:"君子乐得其道,小人乐得其欲。以道制欲,则乐而不乱;以欲忘道,则惑而不乐。""道"即仁义道德是也;"欲"既耳目声色是也。这样便明确否定了耳目声色之"欲",只留下了仁义道德之"道",音乐和美的内容、实质也就只有仁义道德了。故最后云:"金石丝竹,所以道德也。"后来本荀子《乐论》而出的《乐记》又云:"乐者,所以象德也。"

"道"、"德"亦即"理义"。至荀子，审美就是"理义之悦心"，美的内容、实质就是"理义"，这种观点便最后确定下来了。至于上面这段话中的"美善相乐"的提法，只不过是说善的实质也需要一定的形式，如"动以干戚，饰以羽旄，从以磬管"，不能理解为美与善分立而并列。这一点后面还会谈到。

既然认为只有"理义"才是美的实质、才是真正的美，又不能不从俗把声、色之美也称作美，这样，在儒家的语汇中就有了两个"美"，两个含义迥然不同的"美"。如荀子谓：

> 古之学者为己，今之学者为人。君子之学也，以美其身；小人之学也，以为禽犊。(《荀子·劝学》)

> 百发失一，不足谓善射；千里跬步不至，不足谓善御；伦类不通，仁义不一(按："一"指全也，尽也)，不足谓善学。学也者，固学一之也。……全之、尽之，然后学者也。君子知夫不全不粹之不足以为美也。(同上)

这里的两个"美"显然都是指道德修养之善，几乎与美毫不相干。如荀子又谓：

> 今世俗之乱君、乡曲之儇子，莫不美丽、姚冶，奇衣、妇饰，血气、态度拟于女子；妇人莫不愿得以为夫，处女莫不愿得以为士，弃其亲家而欲奔之者，比肩并起。(《荀子·非相》)

> 古者，桀纣长巨姣美，天下之杰也；筋力越劲，百人之敌也。然而身死国亡，为天下大僇，后世言恶则必稽焉。是非容貌之患也，闻见之不众，论议之卑尔。(同上)

这里的两个"美"，则都是指貌美、声色之美。其实在《论语》中就有这样的情况："礼之用，和为贵，先王之道斯为美"(《论语·述而》)，此"美"即善；"不有祝鮀之佞而有宋朝之美，难乎免于今之世矣"(《论语·雍也》)，此"美"乃声色之美。对于这两个"美"，儒家当然是提倡、肯定前者，贬损、否定后者的。在他们心目中，只有前者才是真正的美,后者毋宁说是丑、是恶的。从美学来说,前者既然是善而不是美,就不属于美学概念,只是讲儒家美学不能不提到而已;后者是美,属于美学概念,但又为儒家美学、乃至整个中国传统美学所轻视。这就是"美"之所以不是中国传统美学的重要概念、尤其不是中心概念的原因。

虽然"理义"是美的内容、美的实质,是真正的美,但"理义"的存在和表现也需要一定的形式。所以儒家在强调"理义"的前提下,也并不否定形式。

文质彬彬

《论语·颜渊》有这样一段对话:

> 棘子成曰:"君子,质而已矣,何以文为?"子贡曰:"惜呼!夫子之说君子也。驷不及舌。文犹质也,质犹文也。虎豹之鞟,犹犬羊之鞟。"

子贡的回答,意思是说:文有待于质,质也需要文;如果虎豹失去了有花纹的毛,其光皮就和犬羊的皮一样了;如果君子无文,表面上也就同小人无异了。看来儒家不仅要求君子在精神实质上同小人有别,还要求在外表形式上也同小人区别开来。子贡的话是符合孔子思想的。"子曰:质胜文则野,文胜质则史,文质彬彬,然后君子。"(《论语·雍也》)我们在上一节引述了孔子在各种不同场合的言谈举止,足见他对自己的外表是何等重视、何等讲究,他要时时处处都显出一副彬彬有礼的君子风范。文质关系,其实就是仁、义与礼、乐的关系。虽说"人而不仁如礼何? 人而不仁如乐何?"但礼、乐作为仁、义的形式,不仅可以使不同的等级显示出看得见的差别,而且还可以起到感化人心的教育作用,即如荀子所说:"绅、端、章甫,舞《韶》歌《武》,使人之心庄。"(《荀方·乐论》)虽说"礼云礼云,玉帛云乎哉? 乐云乐云,钟鼓云乎哉?"(《论语·阳货》)也只是说礼、乐非仅玉帛、钟鼓而已,无玉帛、钟鼓终不能成礼乐。所以儒家对礼乐原是非常重视的。而礼、乐就是文。《论语·宪问》载：

> 子路问成人。子曰：若臧武仲之知，公绰之不欲，卞庄子之勇，冉求之艺，文之以礼乐，亦可以为成人矣。

"知"、"不欲"、"勇"等，都是内在的仁、义；但要成人，还需要"文之以礼乐"。

这种观点用之于文艺，就出现了"言之无文，行而不远"和"尽善尽美"的说法。《左传·襄公二十五年》载："仲尼曰：志有之，言以足志，文以足言。不言，谁知其志？言之无文，行而不远。"此言意思甚明，亦人所共知，不需多说。《论语·八佾》载："子谓《韶》，尽美矣，又尽善也。谓《武》，尽美矣，未尽善也。"《韶》为舜乐，《武》为周武王乐。舜绍尧致天下之治，武王伐纣救民于水火，功德略同；但舜以揖让而有天下，武王以征诛而得天下，方式有异。孔子因而对《韶》、《武》作了如上的评价。今人往往说孔子的这种评价是美善并重的。其实远非如此。从这种评价中显然可以看出，孔子评乐的根本标准只有一条，就是善，绝无并列的第二条。《武》之所以也得到肯定，并不是因为"尽美"，还是因为善；"未尽善"也是善，而不是不善。如果不善即使再美也不会得到丝毫的肯定。后儒注曰："美者，声容之盛；善者，美之实也。"（朱熹《四书集注》）实质是不可能与"声容"并重的。只有具备了善之"实"，才谈得到"声容"美不美的问题。这才是孔子以及整个儒家的文艺评论标准。

关于文与质、即美与善的关系，孔子主要是指出当以质、以善为本而文与美亦不可无。孟子则进一步指出：质能生文，善能生美，二者之间存在着前者生成后者的有机联系。他主要论人，论人的内在精神与外在形色的关系。如谓："胸中正，则眸子瞭焉；胸中不正，则眸子眊焉。"（《孟子·离娄上》）这就是说一定的内在精神必然会产生相应的外在表现。本于这种观点，他论述了"义"与"气"、"性"与"体"的关系：

"敢问夫子恶乎长?"曰:"我知言,我善养吾浩然之气。"
"敢问何谓浩然之气?"曰:"难言也。其为气也,至大至刚,以
直养而无害,则塞于天地之间。其为气也,配义与道;无是,馁
也。是集义所生者,非义袭而取之也。(《孟子·公孙丑上》)

　　君子所性,仁义礼智根于心,其生色也睟然,见于面,盎于
背,施于四体,四体不言而喻。(《孟子·尽心上》)

"义"是内在的精神,"气"作为气魄、气势,是有外在表现的。而"集
义"就可以生"气"。"性"是内在的心性,"面"、"背"、"四体"都是外
在的形体。而养仁义礼智之心性就可以使形体"生色也睟然"。
"睟然",朱熹注:"清和润泽之貌。"(《四书集注》)看来,进行仁义礼
智之类的道德修养具有做气功的功效。孟子还有几句很受美学家
们青睐的话:"可欲之谓善,有诸己之谓信,充实之谓美,充实而有
光辉之谓大,大而化之谓圣,圣而不可知之之谓神。"(《孟子·尽心
下》)这是讲道德修养依次达到的各个阶段。作为道德修养的一个
具体阶段而讲的"善"和"美",不同于一般所讲的"善"和"美"。但
把"美"列为高于"善"的阶段,且云"充实之谓美",也表明了道德精
神充实于全身就可以有美的表现的意思。照如此说,"文"与"美"
就成了"质"与"善"的不期而致的副产品。这样一来,"文"与"美"
完全统一于"质"与"善",二者的内在统一性无疑是大大加强了;但
"文"与"美"的独立性也就被完全取消了。

　　儒家虽不废形式,但儒家并不是一般地肯定形式,而只是肯定
与他们的"理义"相适合的形式,或是说他们的"理义"所需要的形
式。孔子"文质彬彬"的"文",其实就是指配合仁、义的礼、乐。至
于孟子所说的"气"和"生色也睟然"的美,原是"理义"之所生,当然
就更是"理义"自身的形式了。这个问题下面还要着重讲到。

　　以上是儒家关于什么是美或美的本质的言论。他们的审美是
"比德",而"比德"实际上不是审美而是审善。他们认为真正的美、

本质的美是"理义"，而"理义"不是美，而是善。这样，儒家以善为美的观点就显得十分突出了。那么"文质彬彬"呢？是否可以认为儒家的美学观点是善加上美的形式呢？不确切。应改为善及其形式。善及其形式，这就是儒家对什么是美的回答。

2."乐而不淫，哀而不伤"
——美的形态：中和

如上所述，儒家意识中的美就是善及其形式。也就是说，儒家之美不仅有其特定的实质，也有由这种实质所决定的特定的形态。这种特定的形态就是中和。

儒家十分重视"正乐"，即对艺术的清理、校正。孔子说："吾自卫反鲁，然后乐正，雅颂各得其所。"(《论语·子罕》)他的这项工作，大概不仅是因为当时周代的诗乐残缺失次，故为之考订；同时也包括清理源流、存正去邪的内容。因为他还有许多这方面的言论。如"颜渊问为邦"，他回答中就有："服周之冕，乐则《韶》舞，放郑声，远佞人。"(《论语·卫灵公》)又如他说："恶紫之夺朱也，恶郑声之乱雅乐也。"(《论语·阳货》)足见他严申雅、郑之别，对所谓郑声是极其反感的，必欲禁绝而后快。至荀子的《乐论》这种"正乐"的思想表达得更充分：

> 人不能不乐，乐则不能无形，形而不为道，则不能无乱。先王恶其乱也，故制雅、颂之声以道之，使其声足以乐而不流，使其文足以辨而不谀，使其曲直、繁省、廉肉、节奏足以感动人之善心，使夫邪污之气无由得接焉。是先王立乐之方也。
>
> 夫民有好恶之情而无喜怒之应，则乱。先王恶其乱也，故修其行、正其乐，而天下顺焉。……姚冶之容，郑卫之音，使人之心淫；绅、端、章甫，舞《韶》歌《武》，使人之心庄。故君子耳

不听淫声,目不视女色,口不发恶言。此三者,君子慎之。

凡奸声感人而逆气应之,逆气成象而乱生焉。正声感人而顺气应之,顺气成象而治生焉。唱和有应,善恶相象,故君子慎其所去就也。

三段话,从先王立乐的原则、君子观乐的标准、国家治乱与音乐的关系等不同角度强调了"正乐"的必要性;而所谓"正乐"就是存"雅、颂之声"而黜"郑、卫之音",或曰存"正声"而黜"淫声"、"奸声"。

那么,儒家之所谓"雅"与"郑"、或"正"与"奸"的区别究竟是什么?

孔子要"放郑声",理由是"郑声淫"(《论语·卫灵公》)。他"自卫反鲁",校正了"诗三百",故"雅颂各得其所",称赞道:"诗三百,一言以蔽之,曰思无邪。"(《论语·为政》)何谓"淫"? 何谓"无邪"? 汉代《乐记》提到郑卫之音时说:"郑音好滥淫志","卫音趋数烦志"。"好滥"即过于追求情感与感官的快适。"趋数"似指乐音富于变化、节奏明快,这当然也是为了情感与感官的快适。《乐记》又阐述"乐淫"说:"世乱则礼废而乐淫,是故其声哀而不庄,乐而不安,慢易以犯节,流湎以忘本,广则容奸,狭则思欲,感涤荡之气而灭平和之德。""哀而不庄"即尽情表达悲哀而有失庄重,"乐而不安"即充分表达欢乐而有失安详,总之是肆情而乖礼,故下文曰"慢易以犯节,流湎以忘本"。这样的音乐,其直接效果是诱人"思欲",而"思欲"的发展就成为"容奸"。这段话的最后一句"感涤荡之气而灭平和之德",是对"淫"的概括。"气"既是声气、也是情气,"感涤荡之气"就是以放纵的乐声畅抒本然的情感;这样当然也就遗忘、丧失了"平和之德"了。追求情感与感官的快适,以放纵的乐声畅抒本然的情感,这就是郑卫之声的特点,也就是所谓"淫"。至于"无邪",元人郝经《论语新解》解释道:"声歌之道,和动为本,过和则流,过动则荡,故需无邪。"情动于中而形于声,故音乐不能没有情感之动;但一任情感之动又会流于放荡无礼,"故需无邪"。这里的"无邪"显然是主要针对"过动则荡"而言。"过动则荡"就是以放纵的乐声畅抒本然的情感，也就是"淫"；所以"邪"与"淫"基本同义，"无邪"即不淫。简言之，"淫"即"过动"，包括情感之动和声乐之动，"无邪"即动而中节，动而适度。孔子赞美《关雎》又云："《关雎》乐而不淫，哀而不伤。"（《论语·八佾》）"乐"与"哀"是动，"不淫"、"不伤"就是动而不过、动而适度。所以这句话集中而又明确地表达了孔子对美的形态的观点。

不淫、不邪，"乐而不淫，哀而不伤"，动而不过、动而适度，这就是中和。中和是孔子及整个儒家在为人处世方面的总原则。在儒学体系中，"仁"是总体的道德内容，"礼"是总体的道德规范，二者构成了儒学的总纲；"忠"、"信"、"孝"、"悌"之类是"仁"与"礼"体现在各种不同的人际关系中的要目，而"中和"则是"仁"与"礼"体现在一般为人处世方面的总原则。《论语》中有：

尧曰："咨！尔舜！天之历数在尔躬，允执其中。四海困穷，天禄永终。"（《尧曰》）

子曰："中庸之为德也，其至矣乎！民鲜久矣。"（《雍也》）

有子曰："礼之用，和为贵。先王之道斯为美，小大由之。"（《学而》）

治理天下，要"允执其中"。个人道德，以"中庸"为至。礼的贯彻，以"和"为贵。孔子还说过，从政必须尊"五美"；而"五美"之中，就有"欲而不贪，泰而不骄，威而不猛"（《论语·尧曰》）。子贡问"师与商也孰贤？"孔子说："师也过，商也有所不及。"子贡又问"然则师愈与？"孔子回答："过犹不及。"（《论语·先进》）这都是提倡折衷适度、无过无不及之意。孔子论艺术虽未直接讲过中和，但"乐而不淫，哀而不伤"显然是这个中和原则在艺术方面的贯彻。

荀子论乐，在中和的原则下又提出了"庄"。前面所引"先王立乐之方"中的"使其声足以乐而不流，使其文足以辨而不谄"还是倡导中和之意:"流"即流荡,亦即"淫";"谒"即"邪"。而论"君子耳不听淫声"所云"姚冶之容,郑卫之音,使人之心淫;绅、端、章甫,舞《韶》歌《武》,使人之心庄",就是以"庄"与"淫"对举了,"庄"已获得了同中和相近的地位。再如:

> 夫声乐之入人也深,其化人也速,故先王谨为之文。乐中平则民和而不流,乐肃庄则民齐而不乱。民和齐则兵劲城固,敌国不敢婴也。如是,则百姓莫不安其处,乐其乡,以至足其上矣。……乐姚冶以险,则民流僈鄙贱矣。流僈则乱,鄙贱则争。乱争则兵弱城犯,敌国危之。如是,则百姓不安其处,不乐其乡,不足其上矣。(《荀子·乐论》)

> 听其雅、颂之声,而志意得广焉;执其干戚,习其俯仰屈伸,而容貌得庄焉;行其缀兆,要其节奏,而行列得正焉,进退得齐焉。故乐者,出所以征诛,则莫不听从;入所以揖让,则莫不从服。故乐也,天下之大齐也,中和之纪也,人情之所必不免也。是先王立乐之术也。(同上)

这里还是对比地论述正声与奸声。奸声"姚冶以险,则民流僈鄙贱",仍是郑、卫之音;而正声却具有了两个特征,"中和"之外,还有"肃庄"。提出"肃庄",这与荀子的音乐思想更富于政治实用主义色彩有关。所谓"乐肃庄则民齐而不乱","兵劲城固,敌国不敢婴","出所以征诛","入所以揖让",就极为显然。但"肃庄"与"中和"本有内在联系,甚至可以说"肃庄"是"中和"的固有义。提出"肃庄"是为了突出音乐使"民齐而不乱"的功能,"齐"也就是"和","齐"就需要"和"。此其一。"肃庄"作为"姚冶"的对立面,自然是排斥感情的畅抒和感官的快适的,因而"肃庄"之乐自然是"中和"的。此其二。更何况儒家始终礼乐并举,儒家之所谓乐主要是指郊庙、朝廷的典礼之乐,这种乐本来就是"肃庄"的。此其三。所以于"中和"之外又提出"肃庄"的荀子,仍把音乐的根本特征归结为

"中和"："乐也，天下之大齐也，中和之纪也"。

　　至《乐记》，儒家的"中和"概念得到了进一步的补充，我们对"中和"的理解也就更清楚了。作为荀子《乐论》的继承者，《乐记》重申了荀子提出的"庄"的观点。如："《诗》曰'肃雍和鸣，先祖是听。'夫肃肃，敬也；雍雍，和也。夫敬以和，何事不行！""肃肃，敬也"就是"肃庄"。但《乐记》又云：

　　广其节奏，省其文采，以绳德厚也。

　　清庙之瑟，朱弦而疏越，一唱而三叹，有遗音者也。

　　大乐必易，大礼必简。

"广其节奏"就是放慢节奏，使节奏纡徐舒缓。"省其文采"就是减少修饰、变化，使旋律平直简淡。"疏越"也就是节奏舒缓、旋律简淡之意。"大乐必易"的"易"就是简易平淡。总之是尽量削弱音乐的形式美，尽量削弱音乐的悦耳、动情的效果。这些话把儒家的"中和"概念在形式美方面的含义清楚地表达出来了。在此之前，我们虽然可以从儒家有关"中和"的其他言论中准确无误地推断出"中和"在形式美方面的特征，却还举不出令那些尊崇"中和"的人无可辩驳的证据。现在有了。音乐也是发展的。大致而言，愈古便愈简朴，愈新则愈巧丽。《乐记》云："今夫新乐，进俯退俯，奸声以淫，溺而不止；及优侏儒，犹杂子女，不知父子。乐终，不可以语，不可以道古。"这种指责，正说明新乐的形式美、娱乐性和生动性大大增强了。同样，说"郑音好滥淫志"，"卫乐趋数烦志"也正反映了郑、卫之音是后起的新乐。而儒家所提倡的节奏舒缓、旋律简淡的"中和"之乐比之郑、卫之音是枯乏无味的。难怪魏文侯"端冕而听古乐，则唯恐卧；听郑、卫之音，则不知倦"（《乐记》）了。这说明他还没有丧失当时人的正常的听觉。至于孔子"在齐闻《韶》，三月不知肉味"，曰"不图为乐之至于斯也！"（《论语·述而》）如果他没有说假话的话，那也只能证明这位信而好古的老夫子的听觉也同他的

20世纪儒学研究大系

头脑一起古化了。连后来的道学家为"恶郑声之乱雅乐也"这句话作注的时候,也不得不说:"雅音淡,郑声淫,郑与雅并奏,决然是压过雅,故曰乱雅乐。"(朱熹《四书集注》)当然,应当说明的是:如果以看似平淡的形式包蕴隽永的意味,那就成为超越优美动听的更高的艺术层次了。所以"朱弦而疏越,一唱而三叹"的话也曾在这种意义上被后人引用。

提倡"广其节奏,省其文采",以舒缓简淡为高,是为了使美的形式适合儒家所规定的美的实质。不要忘记,儒家认为情欲追求是恶。"目欲綦色,耳欲綦声,口欲綦味,鼻欲綦臭,心欲綦佚",这是荀子确定人性恶的证据。而审美享受也属于情欲追求,所谓"目欲綦色,耳欲綦声"就是。既需要艺术这种道德教化的工具,又要限制审美享受这种情欲追求,也就只好"广其节奏,省其文采",尽量削弱艺术的审美属性了。故《乐记》云:"乐之隆,非极音也;食飨之礼,非极味也。清庙之瑟,朱弦而疏越,一唱而三叹,有遗音者矣。大飨之礼,尚玄酒而俎腥鱼;大羹之和,有遗味者矣。是故先王之制礼乐也,非以极口腹耳目之欲也,将以教民平好恶,而反人道之正也。"这里说得很清楚,艺术不是为了享受,而是为了平欲;不是为了审美,而是为了致善。出于这种思想,《乐记》对"音"与"乐"作了明确的区分。当魏文侯述说了他对古乐与郑、卫之音的不同反应,问子夏"古乐之如彼,何也? 新乐之如此,何也"的时候,子夏回答:"君之所问者,乐也;所好者,音也。夫乐之与音,相近而不同。"不同何在? "德音之谓乐","今君之所好者,其溺音与?"《乐记》又云:"凡音者,生于人心也。乐者,通于伦理者也。是故知声而不知音者,禽兽是也。知音而不知乐者,众庶是也。惟君子为能知乐。"显然,从儒家的眼光来看,"音"不是真正的艺术和真正的美,只有"乐"才是。这也就是说,富于形式美的,悦耳动情、给人以审美享受的艺术不是真正的艺术和美,只有"通于伦理"的、缺乏形式美的，不悦耳动情、不能给人以审美享受的艺术才是。我们在前面说过，儒家意识中的美不是善加上美的形式，而是善及其形式。这一点至此得到了充分的证明。

不能没有哀乐之情，但不能有情感的自由，必须节之以礼，削弱强度，使之温和适中；不能没有感性形式，但不能有激动感官的形式，必须约之以德，削弱美感，使之平和简淡。温和适中的情感与平和简淡的形式的统一，这就是儒家规定的美的形态，即所谓"中和"。这种美的形态的典范，是直接与礼配合的令人和敬肃庄的典礼之乐。

中和，是儒家的美的形态，其实首先是儒家的人的形态。"乐而不淫，哀而不伤"虽是论乐，亦何尝不是论人？前面讲到，儒家人格的一个重要特征是谐世。要谐世就必须中和，要中和就是为了谐世。汉儒《毛诗序》云："主文而谲谏，言之者无罪"，"变风发乎情，止乎礼义"，都是儒家倡中和的名言。"谏"是给国君提意见，"变风"是"下以风刺上"。为什么给国君提意见就必须"谲"？为什么下以风刺上就必须"止乎礼义"？原因很简单，就是保全自己以谐世。唐孔颖达注释"主文而谲谏，言之者无罪"说："其作诗也，本心主意，使合于宫商相应之文，播之于乐；而依违谲谏，不直言君之过失。故言之者无罪，人君不怒其作主而罪戮之。"(《毛诗正义》)说得再清楚不过了！《礼记·经解》载，孔子曰："入其国，其教可知也。其为人也，温柔敦厚，诗教也。""温柔敦厚"，既是儒家之人，亦是儒家之诗。显然，"温柔敦厚"就是中和。

在美的形态上，儒家强调"和"，道家也强调"和"，但具体含义有所不同。《庄子·天道》云："静而圣，动而王，无为也而尊，朴素而天下莫能与之争美。夫明白于天地之德者，此之谓大本大宗，与天和者也。所以均调天下，与人和者也。与人和者谓之人乐，与天和者谓之天乐。"道家强调的"和"是"与天和"，而儒家强调的"和"是

"与人和"。虽然《乐记》本于《周易》也说："地气上隮，天气下降，阴阳相摩，天地相荡，鼓之以雷霆，奋之以风雨，动之以四时，暖之以日月，而百物化兴焉。如此，则乐者，天地之和也。"但这不过是拉天以为佐证而已。纵观儒家有关"中和"的言论，大体不出世道人伦之域。他们的兴趣，并不在天地自然之和，而只在于宗法社会之和。因而他们对人的要求，也不是绝情窒欲、人貌而天虚，而只是"乐而不淫，哀而不伤"。有乐有哀，便不是至和。所以，相对于道家而言，儒家的"和"的确是"中和"，而不是大和。

3. "游于艺"与"成于乐"
——美的功能：成德

孔子论艺术，主要兴趣并不在艺术本身，而在于艺术的功能。在他的艺术功能论中，有些并不是把艺术当作审美对象来看待的，因而与审美无关。如他说："诵《诗三百》授之以政，不达；使于四方，不能专对；虽多，亦奚以为？"(《论语·子路》)这等于把诗看成了政治公务员手册。如又说："女为《周南》、《召南》矣乎？人而不为《周南》、《召南》，其犹正墙面而立也。"(《论语·阳货》)"正墙面而立"是指寸步难行，无法进入社会。这又是把诗当成了公共关系学教材。如又说："不学《诗》，无以言。"(《论语·季氏》)这是以诗为日常会话辞典。诸如此类，虽是论艺术的功能，却不涉及审美。艺术作品，尤其是作为语言艺术的文学，既是又不完全是审美对象，而且任何审美对象，当人们不是以审美的态度去对待的时候，也就不成其为审美对象。很明显，孔子是把诗当作实用对象来看待的，他是以实用的态度对待文学的。因而所谈到的功能也只限于文学的实用功能，而不是审美功能。

但孔子的艺术功能论也不全然如此。

如下面这段话：

> 小子何莫学夫诗，诗可以兴，可以观，可以群，可以怨。迩
> 之事父，远之事君，多识于鸟兽草木之名。(《论语·阳货》)

这段话是较全面地论述诗之用。"迩之事父，远之事君"仍属于政治、道德的实用功能，但在这里似是作为间接功能提出的。"多识于鸟兽草木之名"是认识实用功能，但在这里不是作为基本功能，而只是作为绪余提到的。"可以兴，可以观，可以群，可以怨"则是审美功能。"兴"是对人的心灵的感发，感发是一种作用于人的感情、也激起人的感情的活动。"群"是对他人的和睦、亲切之情。"怨"更不用说，也是一种情。所以清人袁枚说"孔子所云'兴、观、群、怨'四字，唯言情者居其三"。(《随园诗话补遗》卷十)至于"观"，大概即观民风、考得失之意。考得失固然是理性的认识活动，而观民风则包涵着感性的观照活动，也与人的感情相联。所以，从总体上看，"兴观群怨"说是从感情、从感性意识的角度论艺术的功能的。上面这段话表达了这样的意思：艺术的功能，首先是、也主要是影响人的感性心理，唤起人的某种感情，然后才能通过人的感情影响人的行为，产生一定的社会作用。审美属于感情活动的领域，是一种感性的心理活动。孔子这样论述艺术的功能，是符合艺术的基本特征和审美活动的特殊规律的，因而真正涉及了美的功能。

又如下面这段话：

> 志于道，据于德，依于仁，游于艺。(《论语·述而》)

这是孔子论为学之法。其中，"道"、"德"、"仁"都是抽象的思想原则，而"艺"却不同。"艺"就是孔子所说的"六艺"：礼、乐、射、御、书、数。"六艺"虽不全是艺术，但包括艺术。朱熹注为："礼，乐之文，射、御、书、数之法。"(《论语集注》)就是把"六艺"分为两类，以射、御、书、数为技术，以礼、乐为艺术的。

　　以上三段话,"兴观群怨"是通过艺术影响人的情感以便更好地事父、事君,"游于艺"是通过心灵与礼乐的自由交往而入于圣贤之域,"成于乐"则是通过艺术化解主客体的对立以达到"从心所欲而不逾矩"。不能说孔子不重视艺术的作用,他对艺术与审美同培养个体人格的关系有很深的理解,因而几乎凡论述道德修养必提及艺术与审美。不能说孔子不懂得审美的规律,以上三段话分别接触到了审美是情感领域的活动,是通过主体与对象的自由交往以达到主客体的融合这些审美的基本规律。但也不能不说孔子对艺术和美的功能抱着极其狭隘的道德功利主义观点,在他看来艺术和美的功能只在于成德,即成就宗法社会的伦理人格。

　　同孔子比较,荀子不很重视个体的伦理人格的培养,而是更加注重国家对个体人的政治思想统治。因此他的艺术功能论属于政治功利主义,更为远离审美的规律,也带有更强的专制主义色彩。他的《乐论》虽然是从乐与情的联系谈起,云"乐者,乐也,人情之所必不免也",但随即便转向了先王制雅、颂之声以统治人心。《乐论》的主题是"乐合同,礼别异,礼乐之统,管乎人心矣"。诸如"夫声乐之入人也深,其化人也速,故先王谨为之文。乐中平则民和而不流,乐肃庄则民齐而不乱。民和齐则兵劲城固,敌国不敢婴也。如是,则百姓莫不安其处,乐其乡,以至足其上矣。""乐在宗庙之中,君臣上下同听之,则莫不合敬;闺门之内,父子兄弟同听之,则莫不合亲;乡里族长之中,长少同听之,则莫不和顺。""乐者,出所以征诛,则莫不听从;入所以揖让,则莫不从顺。"等等,均不出"管乎人心"以维护国家政治统治之义。此类言论,除笼统涉及音乐影响人的感情之外,几乎与审美毫不相干,因而也没有什么美学意义。倒是他从人性恶和先王制礼乐以"管乎人心"、改造人性的观点出发,提出的美即伪的说法,值得一提:

　　　　性者,本始材朴也;伪者,文理隆盛也。无性则伪无所加,

无伪则性不能自美。性伪合，然后成圣人之名，一天下之功于
是就也。（《荀子·礼论》）

既然人性本恶，先王制礼乐以加工改造才使之美，则美就是"伪"。
"伪"与本性相对，是人为的意思，也是修饰的意思，也是虚伪的意
思。这种说法有其合理的一面。艺术是人工制品，美是人的人化
的产物，如何不是人为？ 既属人为，当然就是对原来的自然本性的
加工、美化，如何不是修饰？ 既有修饰，便已非纯粹本来面目，称为
虚伪，虽不好听，亦无大错。问题是，这种人为的加工必须符合自
然本性的需要，顺从自然本性的方向。这样的人为的加工乃是自
然本性自身的发展和提高，是更高意义上的真，也才能成为真正的
美。反之，如果人为的加工脱离了自然本性、违背了自然本性、乃
至扼杀了自然本性，就只能是真正的假，本质上的丑。荀子的这个
说法似与整个儒家观点不合，其实正是儒家思想的必然产物。儒
家是致力于人的社会化、文化化的。如果说人的社会化、文化化就
是人的人化的话，也可以说儒家是致力于人的人化的。而社会化、
文化化既是美的根源，又是丑的根源。无人则无美，无人也无丑。
文化使人成为人，又使人不能成为人。如果不认识这种文化的二
重性，对文化只肯定而不否定，无条件地认为文化就是人化、文化
就是美化，就必然会走到不仅在理论上、而且在实际上以伪为人、
以伪为美的路上去。孔子的"父为子隐，子为父隐"就透露了这样
的消息。荀子不过更彻底一些、走得更远一些而已。

不过，儒家都是政治、道德统一论者。儒家内部虽有偏重政治
与偏重道德之分，却并无本质之异。荀子的《乐论》，亦时而从个人
道德的角度论乐。如云："乐者，乐也。君子乐得其道，小人乐得其
欲。"还说："金石丝竹，所以道（导）德也。"这就与孔子完全一致了。
所以儒家关于美的功能的基本观点，还是成德。

美的本质：理义；美的形态：中和；美的功能：成德。这就是儒

家美学体系的主体结构。如果我们跳出那些具体说法，从一般美学理论的高度思考这个体系，就会发现：儒家始终是围绕社会理性与个体感性的关系来思考审美问题的。他们意识到，美不能脱离个体，不能没有感性，包括内在的感性心理如感情、感觉，和外在的感性形式。但他们要强调的是：美的实质不在这里，美的实质是社会理性；只有社会理性化育出来的感性、积淀而成的感性，才成其为美。这样就产生了一个问题，一个不仅对认识儒家美学、而且对研究一般美学都具有重要意义的问题，即：美是社会理性向个体感性的积淀吗？在美之中社会理性与个体感性的关系究竟如何？

（选自《中国古代的人学与美学》，

中国人民大学出版社 1992 年版）

成复旺（1939— ），中国古代文论和美学研究专家，中国人民大学中文系教授、博士后导师。1964 年开始在中国人民大学从事古代文学理论和中国美学的教学与研究工作，主要著作有《中国文学理论》、《中国古代的人学与美学》、《神与物游——论中国传统审美方式》和《中国艺文理论志》等。

从人学的角度对美学加以研究与阐述的理论起源于人本主义美学思潮。它以"人"为美学研究的出发点和归宿。儒家的人学是以宗法社会的伦理道德为人之本的人学。因此，儒家美的根据在于人，在于人的伦理人格，当这种伦理人格具有了一定的感性形式，能够给人一定的情感体验的时候就构成了美。儒家之美就是伦理人格的感性显现。

孔子与柏拉图美学思想比较研究

彭立勋

孔子(公元前 551—前 479)和柏拉图(platon,公元前 427—前 347)分别为中国美学和西方美学的开山祖。他们的美学思想为中国美学和西方美学的发展奠定了基础,对中国美学和西方美学传统的形成产生了极为深刻而久远的影响。我们要认识中国美学和西方美学思想发展的特点和规律,就必须深入研究孔子和柏拉图的美学思想及其各自的特点。

一

孔子和柏拉图美学思想的基础和出发点是不同的。孔子美学思想的基础是仁学。仁学是孔子的一种道德哲学,是孔子道德伦理思想的核心。孔子解释"仁"的涵义说:"夫仁者,己欲立而立人、己欲达而达人。"(《论语·雍也》)又说:"己所不欲,勿施于人"(《论语·颜渊》)。这说明"仁"的基本内容和基本要求,就是将心比心、推己及人的忠恕之道。孔子的仁学是以"克己复礼"、维护奴隶制的宗法制度为目的的,但也表现了对一般人民的重视和爱惜,反映出顺应春秋末期历史趋势而产生的人的发现、人的觉醒,具有人本主义色彩。孔子是从仁学出发去考察审美和文艺问题的。孔子谈审美和文艺,出发点是仁,归宿也在于仁。他之所以重视审美和文艺,就是因为他认为审美和文艺在人们为达到"仁"的精神境界而进行的道德自我修养中发挥着特殊作用。

柏拉图的美学思想的基础和出发点是理念论。理念论是柏拉图建立的客观唯心主义的哲学体系。所谓"理念"(eidos,即英文idea,又译为"理式"),是指一种不依赖于人的主观意识和客观事物而独立存在的精神实体。柏拉图认为,由各种理念所构成的"理念世界"是本源的、第一性的,而现实世界或具体事物则是理念世界派生的、第二性的。现实世界中的万事万物都是理念世界的摹本,是"摹仿"或"分有"理念世界的结果。颠倒了思维和存在、精神和物质的关系。所谓"理念"和宗教的"神"有着共同的本质,所以列宁指出,柏拉图的理念论和宗教神学有着共同的认识根源。

柏拉图的美学思想不仅以理念论为基础,而且是他的理念论哲学体系中极为重要的组成部分。他讲理念,讲得最多的就是"美的理念"、"善的理念"等等。柏拉图的美论和艺术论都是其理念论的具体展开和应用。如果说孔子的美学思想由于与其仁学相联系,因而具有鲜明的感性实践和道德伦理特色,那么柏拉图的美学思想则由于与其理念论相结合,因而具有浓厚的理性思辨和宗教神秘主义色彩。

在对美的认识和探究上,孔子和柏拉图可以说是采取了完全不同的途径,得出了完全不同的结论。柏拉图是在理念论的基础上,通过思辨哲学的途径来提出和解决美的本源或本质问题的。柏拉图的美论首先把"美本身"和具体的美的事物分别视为不同的存在。所谓"美本身",就是指美的东西的"理念"。在柏拉图看来,感性个别事物的美是相对的、变幻无常的,因而是不真实的,只有美的理念,才是绝对的、永恒不变的,才是"真正的实在"。感性具体事物本身是没有美的,"一个东西之所以是美的,乃是因为美本身出现于它之上或者为它所'分有',……美的东西是由美本身使

它成为美的。"(《古希腊罗马哲学》商务印书馆 1961 年版，第 177
页)由此引出的必然结论是："美本身"或"美的理念"是先于具体的
美的事物、并且决定着具体事物的美的，是美的根源和美的本质。

柏拉图在探讨美的本质时，对"美本身"和美具体事物作了区
别，认为美的本质并不等于美的具体事物，而是形成具体事物美的
"美的理念"，这就将古代希腊对美的本质的探讨从感性形式转向
了理性内容，从感性直观的方法转变到抽象思辨的方法。他要求
对美的本质作深入的哲学思考，极力寻找美之所以为美的普遍性，
这对以后西方的美哲学探讨产生了巨大而深远的影响。但是，柏
拉图把"美的理念"看成脱离具体事物而独立存在的客观存在物，
进而把它说成是使具体事物之所以具有美的性质的根源，这就颠
倒了意识和存在的关系，否定了感性现实世界(包括自然、社会和
艺术)中客观存在的美。

如果说，柏拉图是完全脱离感性现实世界而从神秘的理念世
界去寻求美的本质和根源，那么，孔子则从仁学出发，把美与人的
感性存在和现实生活紧密联系起来。《论语》中谈美，主要集中在
人和艺术两个方面。首先，孔子把美同人的社会实践活动紧密联
系起来，肯定了人的社会政治和伦理道德活动之中的美。如"先王
之道斯为美"(《学而》)、"周公之才美"(《泰伯》)、"里仁为美"(《里
仁》)、"君子成人之美"(《颜渊》)等等。这里所说，均属人的实践活
动和精神品德之美。可以明显地看出，孔子认为美与人生理想和
道德要求是相统一的。从这方面看，"美"就是"善"，而最高的美的
境界也即是仁的境界。由于我国古代美学思想是在以宗法血缘关
系为基础、以伦理道德为纽带的制度下形成的。因此，强调美与善
即道德伦理关系之间血肉相连的思想，一直处于支配地位。在孔
子之前，这类见解已相当普遍。由于孔子对这一传统思想的大力
强调并纳入其仁学体系，因而对后世发生了长远的影响。

　　另一方面,孔子又把美同艺术的特征和感性形式联系起来,充分肯定了包括音乐、诗歌、舞蹈等在内的艺术本身的美。《论语》中有两段孔子赞扬和欣赏《韶》乐与《武》乐之美的记载:"子谓《韶》:'尽美矣,又尽善也。'谓《武》:'尽美矣,未尽善也。'"(《八佾》);"子在齐闻《韶》,三月不知肉味,曰:'不图为乐之至于斯也。'"(《述而》)前一段是讲音乐的形象和形式本身就是美的,后一段是讲音乐形象和形式之美能唤起人的美感,使人获得难以意料的精神享乐和愉悦。除了肯定艺术美是客观存在和美感来源之外,这两段话更重要的意义还在于对美与善的关系作了进一步的分析和阐明。孔子对《韶》乐和《武》乐作出两种不同的评价,认为歌颂尧、舜以圣德受禅的《韶》乐"尽美矣,又尽善也",而歌颂武王以征伐取天下的《武》乐则"尽美矣,未尽善也"。可见,孔子既看到美与善的联系和一致,又注意到美与善的矛盾和区别,并以美与善的完满统一作为艺术追求的理想目标。这是孔子对中国美学思想发展的一个历史性贡献。

　　孔子要求美与善、形式与内容相统一的思想,还表现在他对"文"与"质"关系的看法中。他说:"质胜文则野,文胜质则史。文质彬彬,然后君子。"(《论语·雍也》)这里突出地反映了孔子对于人的审美理想与道德理想相统一的认识。所谓"文",即外在的文彩,孔子认为礼乐是文("文之以礼乐"),表现为人的文化修养、行为方式等,主要与形式的美相关。所谓"质",即内在的质地,孔子认为仁义是质("君子义以为质"),表现为人的思想修养、道德心理等,主要与内容的善相关。按孔子的理解,如果一个人单有内在道德品质而缺乏外在礼乐文饰就显得粗野;单有外在礼乐文饰而缺乏内在道德品质就显得虚浮,只有将仁德与礼乐、内容与形式、善与美恰当配合、和谐统一起来,才符合做人的理想。孔子这一思想在中国美学思想史上影响很大。后世思想家、评论家论艺术的内容和形式的辩证统一关系,多以此为依据。

综上所述,孔子论美,重在美与人的社会伦理实践的联系,强调美与善的相互统一。这不仅与柏拉图否定现实世界美的真实性的观点完全不同,而且也与柏拉图强调理念世界的美即是真的思想大相径庭。柏拉图的"理念",其实是将人的理性能力所能把握的一般共相绝对化为独立存在的最高实体。他认为人的存在的终极目的在于通过回忆获得关于理念世界的知识即"真理",因此,所谓美本身或美的理念不过是人通过回忆所要获得的"真理",美和真是内在的统一的。这和孔子立足于现实世界强调美与善相互统一的思想显然是不一样的。这两种思想倾向都分别对后世西方和中国美学思想发展产生了积极的影响。

二

在对美感的认识上,孔子和柏拉图都注意到审美和文艺心理活动中情感因素的突出地位及其特点,但两人对审美情感的作用及其与理性的关系却有不同的分析和解释。

柏拉图对审美和艺术的情感特点及作用的分析主要是以其建立在理念论基础上的伦理学说为依据的。柏拉图的伦理学说是抬高理性、贬低情欲的。他认为人的灵魂由理性、意志和情感(欲望)三个部分组成,这三部分各有其不同的功能和地位。理性居于统率地位,其功能是发号施令,指挥灵魂的其他部分。意志则为理性而行动,协助理性控制情欲。情欲的唯一功能便是服从。真正的德或最高的德须以理性为基础,而情欲则是人性中的无理性和低劣部分,它应当受到理性的控制。可是,柏拉图在考察和分析审美和文艺心理活动时,却认为审美和艺术的情感作用是排斥理性、不受理性控制的,因而也就不符合他的伦理学说。

柏拉图在谈到美的观照和艺术活动时,都讲到"迷狂"(mania)。所谓"迷狂",主要是指在审美观照和文艺创作中所产生的强烈的情感体验。用柏拉图的话说,就是"灵魂遍体沸腾跳动","惊喜不能自制"。这种迷狂状态是怎样形成的呢?对此,柏拉图有两种解释:一种解释是由于灵魂的回忆,通过个别美的事物观照到理念世界的美,并且追忆到生前观照那美的景象时所引起的高度喜悦,因而感到欣喜若狂,陷入迷狂状态;另一种解释是由于神灵凭附到诗人或艺术家身上,使他们获得创作的灵感,因而失去理智而陷入迷狂。柏拉图描述这种"迷狂"的特殊心理状态说:"诗人是一种轻飘的长着羽翼的神明的东西,不得到灵感,不失去平常理智而陷入迷狂,就没有能力创造,就不能做诗或代神说话。"(《柏拉图文艺对话集》,人民出版社1980年版,第8页)应该说,柏拉图已注意到审美和艺术创造中的一些特殊心理现象,看到审美和艺术活动不同于一般的理智和逻辑思考活动,而具有自身的特点,这是一个重要贡献。但是,他对迷狂所做的解释,不仅具有宗教神秘主义色彩,而且把审美和艺术活动都说成是失去理智、神智不清的精神状态,这就把审美中情感活动和理性对立起来了,从而也就排斥了美感和艺术中的理性因素和作用。这种强调美感和艺术的非理性作用的美学观点,对后来西方非理性主义美学和艺术思潮的形成和发展产生了很大影响。

孔子在谈到诗、乐对人的陶冶作用和对诗、乐进行评价时,也都涉及到美感心理活动的特点问题。《论语》中记载孔子论诗歌对人的作用时说:"小子何莫学夫《诗》?《诗》,可以兴,可以观,可以群,可以怨。迩之事父,远之事君;多识于鸟兽草木之名。"(《阳货》)。这里讲到诗的作用是多方面的,但从美学上看,最值得重视的是"兴、观、群、怨"这一组范畴,因为它深入揭示了诗歌乃至整个艺术对人的情感以及整个心理的影响,表达了孔子对艺术欣赏中美感心理特点的全面认识。所谓"兴",孔安国注为"引譬连类",朱熹注为"感发志意"。这两种解释可以互相补充。不过,所谓"引譬连类",应理解为诗歌唤起欣赏者的联想和想像活动,不是仅指诗的一种创作手法。通过联想、想像领会诗歌的艺术形象,从而在思想感情上受到启发、感动,这就是朱熹所说的"感发志意"。所谓"观",郑玄注为"观风俗之盛衰",朱熹注为"考见得失",两者意思相近,都是讲诗歌可以让人了解、认识社会生活、人情风俗,具有认识作用。所谓"群",孔安国解释为"群居相切磋",朱熹解释为"和而不流",说明诗歌的欣赏可以交流、沟通人们的思想感情,有益于达到群体的协调、和谐。所谓"怨",孔安国的解释是"怨刺上政",虽然这种理解过于狭窄,但说明诗歌欣赏可以让人抒发、泄导不如意的社会情感,则是确定不疑的。孔子提出"兴、观、群、怨"这组范畴,精辟地概括了诗的审美教育作用,代表了当时对文艺审美特征认识的最高水平。从美感心理上看,孔子提出的这组范畴有两点值得特别重视。首先,它强调了在艺术欣赏和审美活动中情感的突出地位和作用。孔子把"兴"摆在"兴、观、群、怨"的首位,这表明他对于艺术审美的情感作用、情感特点是极为重视的。"兴"、"观"、"群"、"怨"四者是相互联系的,但又不是并列的。实际上,"兴"表达了孔子对于艺术审美活动本质特点的把握,所以,"观"、"群"、"怨"也都离不开"兴"。后世许多思想家在论述这组范畴时也特别强调"兴",这是符合孔子本意的。其次,它看到了艺术欣赏和审美活动中情感活动和认识活动的内在联系和统一。王夫之在解释"兴"、"观"、"群"、"怨"四者的互相关联时说:"于所兴而可观,其兴也深;于所观而可兴,其观也审。以其群者而怨,怨愈不忘;以其怨者群,群乃益挚。"(《薑斋诗话笺注》,人民文学出版社1981年版,第4页)这表明,孔子虽然非常重视和强调审美心理的情感作用和特点,却又并不把它与认识活动和理性作用割裂开来或对立起来,而是把艺术欣赏和审美活动中的情感和认识、感性和理性统一起来全面考察美感心理特点。

孔子对艺术和审美中情与理的关系能达到这样认识不是偶然的,因为在他看来,艺术所要表现的情感并不是任何一种情感,而是从"仁"发生而符合于"礼"的社会性情感,所以它是受到理性的制约和节制的。和柏拉图一味贬低和抑制情欲的观点不同,孔子肯定了满足个体心理欲求的合理性,同时,它又要求把这种心理欲求的满足导向符合社会的伦理道德规范。所以,他既高度重视文艺审美的情感感染和愉悦作用,又使之与社会伦理的理性要求相统一,从而在情与理两个对立因素的和谐统一中达到"中和之美"。他要求诗对情感的表现要做到"乐而不淫,哀而不伤",就是中和之美的具体运用。这种既重视审美和艺术的情感特点而又不排斥理性作用的情理统一观,是孔子所开创的中国美学的一贯传统,对后来中国美学思想和艺术的发展产生了极为深远的影响。

三

无论是孔子还是柏拉图,他们对文艺的本质和社会作用的论述,都在其美学思想中居于重要地位。但恰恰在这个问题上,他们两人美学思想的差别也表现得最为明显。

柏拉图对文艺本质的基本看法,是把艺术看成一种摹仿。他在《国家》篇里,便是从"研究摹仿的本质"来阐明艺术的本质。"摹仿说"是希腊早已有之的传统看法,表现出朴素唯物主义的艺术观。但是,柏拉图却把"摹仿说"和他的"理念论"结合在一起,使其成为以理念论为基础的客观唯心主义艺术理论的一个组成部分。在柏拉图看来,艺术是由摹仿现实世界而来的,而现实世界又是摹仿理念世界而来的。现实世界本身并不是真实体,它只是理念世

界的"摹本"或"影子",因此,摹仿现实世界的艺术也就是"摹本的
摹本"、"影子的影子","和真理隔着三层"。柏拉图由此断定:"一
切诗人都只是摹仿者,无论是摹仿德行,或是摹仿他们所写的一切
题材,都只得到影象,并不曾抓住真理。"(《柏拉图文艺对话集》,人
民出版社1980年版,第76页,第84页)

　　柏拉图从摹仿说论文艺的本质,着重在考察和研究文艺与客
体世界的认识关系。他认为艺术只能摹仿现实世界的外形,不能
摹仿现实世界的本质,只能是在感性形式下对物质世界的摹仿,不
可能向人们提供有关理念世界的真知识,因此,也就达不到真理。
这些看法取消了艺术真实地反映现实、揭示现实本质的可能性,完
全否定了艺术的认识价值和作用。

　　从摹仿说出发,柏拉图还得出另一个结论,即:诗歌和一切艺
术对人性产生坏的心理作用。《国家》篇卷十说:"摹仿诗人既然要
讨好群众,显然就不会费心思摹仿人性中理性的部分,他的艺术也
就不满足这个理性的部分了;他会看重容易激动情感的和容易变
动的性格,因为它最便于摹仿。"(《柏拉图文艺对话集》,人民出版
社1980年版,第76页,第84页)在柏拉图看来,摹仿诗人和画家
都是逢迎人心中的无理性部分,一味满足人们的情感欲望,使情欲
失去理智的控制,所以只能发展人性中的低劣部分。例如悲剧餍
足人的感伤癖和哀怜癖,使人从同情旁人的痛苦和悲伤中得到快
感;喜剧投合人类"本性中诙谐的欲念",使人对本以为羞耻而不肯
说的话和不肯做的事,不仅不嫌它粗鄙,反而感到愉快。这些看
法,实际上完全否定了艺术表现情感和陶冶情感的审美教育作用。

　　值得注意的是,正是柏拉图攻击和否定得最厉害的文艺的表
现情感和陶冶情感的作用,在孔子的美学思想中却得到了最充分
的肯定。与此相联系,孔子对文艺本质的看法,也不是像柏拉图那
样,着重考察文艺与客体世界的认识(摹仿)关系,探求文艺是否能

给人以真理的认识,而是着重考察文艺与主体世界的情感关系,探求文艺在将个人心理欲求导向社会伦理规范以塑造完美人格中起到什么影响作用。孔子评价诗、乐,从内容上看主要是考察它们所表达和抒发的思想情感如何,如前面提到的他对于《韶》乐的肯定和赞赏,就是着眼其思想情感表达的"善"。孔子论诗、乐的作用,也主要是分析它们对欣赏者思想情感的感染和陶冶功能。如前面提到的诗的"兴"的作用。"兴"对于创作主体来说是表达和抒发情感;对于接受主体来说是感动和陶冶情感,即朱熹所说"感发志意"。可以说,"兴"这一范畴,最充分地表明了孔子对文艺本质和作用的基本看法。在孔子之前,据《尚书》记载,已有"诗言志"之说。这是先秦时期最早提出的关于诗的本质特点的见解。据闻一多先生的考释,"诗言志"之"志",是包括抒发感情的含义的。孔子的"诗,可以兴",是直接继承和发展了"诗言志"之说。后来,《诗大序》又提出:"诗者,志之所之也,在心为志,发言为诗。情动于中形于言。"(《中国美学史资料选编》,中华书局1980年版,第130页)这里明确将情志并举,进一步强调了诗歌表达内在情感的本质特点。可以说,着重从文艺与创作主体和欣赏主体的情感关系来考察、论述文艺的本质和作用,是中国美学思想史上一个最为显著的特点。

　　孔子对文艺的陶冶性情的审美教育作用的肯定和重视,还表现在他的"兴于《诗》,立于礼,成于乐"(《论语·泰伯》)的论述中。在这里,孔子把诗、礼、乐并列为造就一个仁人君子完美人格的必不可少的重要手段。所谓"兴于《诗》",包含的解释是:"兴,起也,言修身先当学诗。"就是说一个人思想意识的修养,要从学《诗》开始。为什么呢?朱熹解释说:"兴起其好善恶恶之心而不能自已者,必于此得之。"显然,诗的独特功用在于通过打动人的情感,以感化和陶冶人的心灵,培养其社会道德情操,所以成为君子修身必须从事的首要项目。所谓"成于乐"，孔安国注："乐所以成性"，刘宝楠《论语正义》解释说："乐以治性，故能成性，成性亦修身也。"这些注解是符合孔子本意的。孔子认为乐能感动人的心灵，改变人的性情，使人潜移默化地受到"仁"的熏陶，从而使君子修身得以完成。这里，孔子提出了一个完整的艺术教育的思想，即通过感发于《诗》，立足于礼，完成于乐，使诗、礼、乐融合为一，在情感的感染与愉悦中，使人成为一个道德修养和性格上完美的人。在中国美学史上，如此自觉地提倡和重视艺术审美教育，孔子可算是第一人。

孔子美学思想和柏拉图美学思想的区别和各自特点的形成，是同他们各自生活的社会历史条件、思想文化状况乃至哲学思维方式的不同特点相联系的。虽然孔子和柏拉图都是生活在奴隶社会，但中国春秋时期的奴隶社会和古希腊民主制时代的奴隶社会具有各自不同的具体历史特点。正如构成中国奴隶制重要特点的井田制、分封制、世袭制以及反映这种制度的"礼"，不曾出现于希腊奴隶制社会一样，希腊奴隶制城邦经济的繁荣，商业贸易和商品经济的发展，工商奴隶主在同贵族奴隶主斗争中建立的民主政治以及对于自然科学的重视等，在中国奴隶制社会中也无法看到。希腊奴隶制与中国奴隶制在社会经济发展上的不同特点，必然在思想文化上反映出来，从而形成各自思想文化的特色。侯外庐先生在《中国思想通史》中用"智者"和"贤人"来概括中西思想史起点的差异。他说："中西两相对勘，希腊古代思想史起点上是追求知识、解答宇宙根源问题的'智者之象'……而中国古代思想史在起点上，是关心治道，解明伦理的'贤人作风'"。（侯外庐：《中国思想通史》第一卷，第131—132页）这一看法是极有见地的。它不但准确地概括了中西思想文化在其起点上的不同特点，也为我们分析中西美学思想的差异提供了一把钥匙。从希腊和中国奴隶制时代思想文化的整体比较来看，和古希腊奴隶制民主政治和商业发展相伴随的,是抽象的哲学思维的发达和自然科学的发展,是文化思想上的着重于对外部世界的自然规律的探求。而和这些情形成鲜明对照的,是中国早期奴隶社会氏族血缘关系的影响,中国早期哲学思想和人事、社会、伦理的密切联系以及注重整体直观和价值判断的中国传统的思维方式。因此,从一定意义上看,孔子和柏拉图美学思想上的区别是突出反映了中国古代思想文化与西方古代思想文化的不同特色。

(选自《广东社会科学》,1997 年 2 期)

彭立勋(1937—),中国社会科学院教授、博士生导师,著作有《美感心理研究》、《审美经验论》、《美学的现代思考》等。

　　孔子与柏拉图美学思想的基础和出发点不同:孔子美学思想的基础是仁学,"仁"是孔子美学思想的出发点和归宿;柏拉图美学思想的出发点和归宿则是理念论。在对美感的认识上,柏拉图强调其非理性特点,而孔子则把感性和理性统一起来。在文艺的本质和社会作用方面,孔子着重考察文艺与主体世界的情感关系,探求文艺在将个人心理欲求导向社会伦理规范、塑造完美人格中所起的重要作用;柏拉图则把文艺看作是对世界的模仿,并对人性产生坏的作用。

从道统转向政统的意识形态理论

——荀子美学再检讨

张节末

荀子美学的理论基点是性恶论与治情论,在儒家传统中,前者蕴涵着对人性的悲观看法,后者则代表了积极进取的乐观精神。作为一个倚重群体性的现实主义者,他主张道德教化具有普遍意义,提倡治情、移风易俗和归于政教一统。他的理论中,礼与乐并举,但是两者功能不同,重理性的礼教形成理性群体,有偏向"同"的危险,重感性的乐教形成感性群体,以"和"补礼教之偏,礼乐会通以教化天下。他提出著名的"美善相乐"命题,理论上较好地把道德与审美、艺术综合了起来。其中心就是将理性群体与感性群体统一到教化这一目标上来。他高唱"移风易俗"的口号,将审美和艺术定位于意识形态层面。这使他在某种程度上成为儒家的意识形态权威,成为为封建政治所御用的儒家治情理论和倾向文化专制主义的鼻祖。

一、性　恶

《荀子》一书专门辟有一章,名为《性恶》。该篇特为批驳孟子性善论而写,以为孟子不明人性的真相。在孟子看来,人性本善,所以生来就好学、向善，如果变化成恶，只是后天丧失了本初之善而已。因为人具有良知良能的理性天赋，所以人的良好发展是有其自然之基的。而依荀子的理解："性者，天之就也，不可学，不可事。"（《性恶》）荀子的"性"，是指人的天性或自然本性，不是通过学习而来，也没有经过后天的培养和整饬。那种性，生来就追求利惠，于是导致争权夺利而不行辞让；生来就有憎恶之情，所以引发残贼之行而不讲忠信；生来就喜好声色，结果产生淫乱而不依教化。这种本恶的性情，更靠近欲："今人之性，饥而欲饱，寒而欲暖，劳而欲休，此人之情性也。"（《性恶》）"夫人之情，目欲綦色，耳欲綦声，口欲綦味，鼻欲綦臭，心欲綦佚。此五綦者，人情之所必不免也。"（《王霸》）这种为五官四肢所发出的性、情、欲，大体就是孟子欲将之区别于人性的人之动物性。孟子主张"寡欲"，而荀子则不以为然，他以为情欲因其自然本性是无法使其"寡"的，然而可以有限度地"节""养"它，也可以进而人为地"矫""治"它。正是这些与感官相联系着的人的自然本性，被定性为价值之恶。荀子借舜之口叹道："人情甚不美"。（《性恶》）如若顺从情性，就是兄弟也会相争。在荀子看来，恶的情性是人良好发展的障碍，是社会秩序的对立面，是人类文明的毁坏者。"人之生固小人"（《荣辱》），总而言之，自然的人不是一块非善非恶的白板，人类的本性是不可绕过的万恶之源。

　　孟荀的性善和性恶，既是指向人的本能的价值评判，又像是对某种事实（自然现象）的描述，事实界和价值界不免有所混淆，然而同是讲"感而自然"，孟子强调的是人之大体（表现为良心的善），属于道德律的领域，荀子所见则是人之小体（表现为食色的恶），属于自然律的领域。这里的区别似乎在于，孟子的天赋良心由心理情感直接向着道德义理延伸而去，荀子的性恶在后天的"伪"未参与进来以前，它只是一个生理的事实，仅仅是一种本能，荀子并没有赋予它以意志品质。因此，似乎只能这样说："食色诸性是人的一种自然本能。孟子的性之善是人格化的，而荀子的性之恶是非人格化的。更为严重的对峙是：孟子所谓的人性因其善的品格而有普遍的即公的一面，人类之性有一个共同的基点，可以由之导向良好的发展；荀子眼里的人性则仅仅是一己之私而已。他以为，无论是圣人还是小人，他们的本性同为恶，这是一致的，然而每个人的本性又因利益互相冲突而发生争夺，这是无法一致的，因此，人的先天之性不可能统一到一个共同的基点上来，良好发展根本无从谈起。就此而论，孟子的理论是理想主义的、乐观的，荀子的理论则是现实主义的、悲观的。

　　把荀子的性恶论与西方基督教的原罪说作一比较，是很有意义的。如前所述，荀子的性恶，是说人本性是恶的，尽管后天可以改造它，但毕竟是本性，有其自然之基。"好利而欲得"（《性恶》），并非出于人有意志的选择，而是生来如此，自然而然，不产生负罪感。这颇不同于西方基督教的原罪观念。基督教的世界创于一位具有人格的上帝之手，人类最初的一对男女为上帝按自己的形象所造。亚当和夏娃受到蛇的诱惑，偷吃禁果，犯了罪。他们之所以犯罪，完全是出于自己亲自的选择，不是自发的。由于自觉到那是自己选择了犯罪，于是就产生负罪感。那是一幅宗教神话的人性论景观。荀子性恶论与基督教原罪论形同而实异，荀子主天命自然观，基督教主超自然的宗教观：前者之性质为理性，后者之性质为信仰；前者为不可选择、不可改变之自然即必然性，有着命定的外观，后者同为命定，然此命定却是出于全能的上帝之安排和人类祖先自身的错误抉择，因而人类可以祈祷上帝来拯救他们，祈祷行为本身也是出于人的自主选择。就对人性的悲观而论，基督教的上帝和亚当夏娃都具有人格，他们的人性世界是因了这些人格的自由选择，由自由选择而生的悲观似乎可以由自由选择来扭转，这是西方人的一线希望;而荀子的悲观却是铁定的,因为性恶由自然规律的逻辑所决定,而非出于人的意志,悲天悯人无济于事。一个价值评判竟然以自然律的理性形式出现,把人性论弄到这种地步,实在是中国人的悲哀。而这种人性论的烙印又深深地打在了中国历代封建帝王和意识形态专家的头脑中,无数被教育者的头脑中,后来又演进到了"存天理而灭人欲"的境地。

二、化性起伪

我们已经看到了,先天的问题很不好解决,荀子虽有果断的结论,却不免把问题看得简单了,而且所作价值评判的根据是不可靠的,这是荀子人性论中较弱却又作为逻辑起点的一个方面。另一方面,如果性本恶,先天本无善端,而又没有上帝可以倚托,无法借助宗教的信仰和力量以获救助,那么似乎就只有一条可走之路:经由人自身后天的努力来转化人性。在这方面,荀子以其"积善成德"(《劝学》)的教化理论而显得比较强大,极其明智而过于理性化。正是荀子给中国人谋划了一条艰苦的改造人性的道路。"人之性恶……其善者伪也。""不可学,不可事而在人者,谓之性;可学而能,可事而成之在人者,谓之伪。是性伪之分也。"(《性恶》)性恶是天命,是自然的必然性,然而先天之性却可以为后天之伪所制裁和战胜。众所周知,荀子主张"明于天人之分"(《天论》),从此观点进一步作引申,则有"性伪之分",性得自天,伪来自人。对于前者,他以为"人定胜天",人可以"制天命而用之"(《天论》),对于后者,他认定可以"化性而起伪"(《性恶》),以礼乐再塑人格从而重整秩序。荀子对此道充满了信心。与孔子和孟子主仁不同,在人性论上荀子思想的重心重又落到礼而稍稍偏离了仁。《荀子》书专辟有《礼论》篇,其余诸篇也屡屡强调礼。礼虽属人道,却为外在于人性的道德规范体系,具有法或准法的性质,而又要用它规范、改造人性,执行起来就必然带着或多或少的强制。

孟子强烈反对"戕贼杞柳而后以为桮棬"(《告子上》),荀子则反其意而唱:"枸木必将待檃栝烝矫然后直。"(《性恶》)他以为,人的性情偏险悖乱,于是先王就制定礼义和法度,对性情进行"矫饰"和"扰化",就像把弯曲的木头架在工具上,放进蒸汽中强之使直一样。这个"伪",表现为外部对内部的强制,人力对天命的挑战,理性对感性的范导。他以为"今人之性,固无礼义,故强学而求有之",因此这个过程必然"反于性而悖于情"(《性恶》),这是并非心甘情愿的洗心革面,是痛苦的脱胎换骨,它要求没有信仰、没有善端的被教化者培养起如下的意志品格:刻意,勉强,习惯成自然。这些品格的核心即是理性自觉。如他论"辞让"品格的习得,曰"顺情性则不辞让矣,辞让则悖于情性矣"(《性恶》),辞让是通过反复学习、操练而内化了的恭顺的意志品格,为后天所习得者,是伪,是公意。在习得的过程中,人的自觉的意志力非常重要,"志忍私然后能公,行忍情性然后能修"(《儒效》),"忍"就是意志力对自然之"私"的克服。辞让品格一经形成,那个自发的不知辞让的本然的私情就成为遥远的过去,两者不相接也根本不相容。

荀子的"化性起伪"说与孟子的复性说致思方向正好相反。孟子以为人格培养是人性之善端从内向外的涵养和扩展过程,本然之我与理想之我之间形成一个连续的过程,并不中断,也不否定,善端作为价值之源和尺度,是人性的内在根据,因而一旦把"放心"收了回来,就必然反身而诚,复归本我。荀子的"化性起伪"说,主张以经过长期而反复的后天学习、灌输和培养而成的理想的我取代先天就恶的本然的我。在这里,理想的我和本然的我之间形成了一个人格的断裂,前者总是否定、超越后者。这种过程,与基督教的原罪说有些类似。基督教主张人因对原罪的认识而选择皈依上帝,获得拯救,重塑一个具有宗教信仰的自我,荀子则主张人因对自身性恶的认识而下决心刻苦地进行改造,通过"积善而不息"(《性恶》)的长期过程,重塑一个具有理性自觉的自我,这叫"长迁而不返其初"(《不苟》)。人格离开最初的那个本然之我越来越远,也就越好,越成功。

"化性起伪"是整个社会通过教化对个体的训练和规范,这是就单个人而言,不过荀子并不满足于此,他更要求通过"化性起伪"使个体的人向理性群体归化,以统一天下。荀子拒斥百家争鸣,说"天下无二道,圣人无两心"(《解蔽》),说"道足以壹人"(《王霸》)。礼、义、法这些规范和制度本来就是理性的产物,理性是普遍的,正因为普遍它才有效。以理性来对治感性,用普遍来对治特殊,结果是使感性化为理性,把特殊化为普遍,从而失去感性和个性,形成理性群体。

三、养情与治情

由"人之性恶"的人性论命题之确认,进而提出"化性起伪"的转化人性的命题以对治之,荀子的理论思路非常清晰,不过他的整套理论却并非十分单纯。他对情和欲的具体看法很重要,这是我们转向他的美学理论以前必须要讨论的。

孟子倡寡欲论。他说:"养心莫善于寡欲。其为人也寡欲,虽有不存焉者寡矣;其为人也多欲,虽有存焉者寡矣。"(《尽心下》)孟子其实是把人的动物性与善性区分开了,他的养心就是培养善性,而以为人多情欲则必然相应地对培养善性要关心得少了。荀子批评孟子,他说:"欲不可去,性之具也"(《正名》),如果以为人本有五种情欲却又不欲望很多,那就好比人生来就喜富贵而不要财货,生来就好美色却讨厌西施。荀子虽主性恶论,但他以为寡欲是行不通的："凡语治而待去欲者，无以道欲而困于有欲者也。凡语治而待寡欲者，无以节欲而困于多欲者也。"（《正名》）欲是这样，情也是如此。人的自然之情不可无，因为那是"天情"："形具而神生，好恶、喜怒、哀乐臧焉，夫是之谓天情。"与"天情"相应的是"天官"："耳、目、鼻、口、形，能各有接而不相能也，夫是之谓天官。"（《天论》）只有圣人能"清其天君（心），正其天官，备其天养，顺其天政。养其天情"，因而天功（自然所赋予的一切）也就得以（全）圆满。他以为古人都是以人之情欲多为然的，"故赏以富厚，而罚以杀损也，是百王之所同也"（《正论》），而陈仲、史䲡独标一格的"忍情性"并"不足以合大众，明大分"（《非十二子》），恰恰是不利于王政的。结论是：人产生情欲十分正常，不可去除，但是情欲须要由国家统一来"养"。这一结论的前半与他的性恶之价值判断有内在的矛盾，后半则体现了他的理论指向。

荀子还批评它嚣、魏牟的纵欲论："纵情性，安恣睢，禽兽行，不足以合文通治。"（《非十二子》）质言之，荀子的"养"情主张并非自然情感论，它只是说：情之养是紧接着情欲的天赋而来，"养"本身却属人为。"养"固然是给予，但那是在秩序中给予。因而，就有进一步的"治"，"治"是"养"的延伸和强化，纯是人为："天有其时，地有其财，人有其治，夫是之谓能参。"（《天论》）荀子出色地论证了礼的起源：

> 礼起于何也？曰：人生而有欲。欲而不得，则不能无求；求而无度量分界，则不能不争；争则乱，乱则穷。先王恶其乱也，故制礼义以分之，以养人之欲，给人之求。使欲必不穷乎物，物必不屈于欲。两者相持而长，是礼之所起也。故礼者，养也。（《礼论》）

"礼者，养也"，是他《礼论》一篇的中心。荀子是一个理性主义和现实主义者，非常重视社会秩序的保持。他所提出的以礼义规范来调节情欲,是为了在秩序中满足人的自然欲望,以免因争夺而导致混乱和匮乏。礼可以"断长续短,损有余,益不足,达爱敬之文,而滋成行义之美"(《礼论》)。既不寡欲也不纵欲,取舍于两者之间。恶的本性并没有这个本领,那是理性独具的能力,而理性应该选择礼乐来执行这个任务。

经过对性情的"化性起伪"的"养"和"治"的过程,人们统一于礼义而不是情性,才平好恶而返人道之正,生活于封建秩序之下而无怨、不争,达到"群居和一"(《荣辱》)的封建大一统。"养"和"治",并非个人行为而是政府行为,并非养生而是养民,其理想境界是"性伪合而天下治"(《礼论》)。这就是荀子教化性和群体性的养情、治情理论。孟子的情感理论有一个内在矛盾,即它的基因是内在的(善端),然而它的成长又是外向的、自由的(水、气向天地万物的扩充),内在的善端结果是成长了。而荀子的情感理论却有另一个方向相反的矛盾,即它因断定性恶而力主治情的外因论,然而最终却又是收缩而制压内因。这个理论是规约性的,重后天的,它的重心在于使人的情感向既定社会秩序归化和领受封建人文的谐调,其副作用则是对人的个体性和原创精神极为轻视和贬抑。尽管荀子从理论上坦然肯定了情欲是自然天赋,既不主寡欲也不主纵欲,颇不惧怕情欲,然而只要主张性伪之分,人的情欲就不可能得到正面的肯定而不受到制压。因此,礼教必损情,教化必然妨碍人性和人格的自由、丰满和多样化。

四、音乐与和谐

人性固然本恶,人情固然必不免,音乐却也是"人情所必不免"而不能无的东西。必须指出的是,荀子的音乐美学和移风易俗理论并非源于对礼的认识,而是源于对情感和音乐及其关系的认识。

强大而出色的音乐美学,有力地支持了荀子的养情理论,构成他"化性起伪"说最菁华部分,在中国美学史上具有里程碑式的意义。

《荀子》一书中《礼论》与《乐论》两篇先后相续,似乎表明了其中善与美的"兄弟"关系。在儒家的思想史上,正是荀子明确以礼乐对举区别二者的特质,导出礼教与乐教的并济和分流。他说:"乐也者,和之不可变者也;礼也者,理之不可易者也。乐合同,礼别异。礼乐之统,管乎人心矣。穷本极变,乐之情也;著诚去伪,礼之经也。"(《乐论》)

乐的内涵为和,礼的内涵是理,前者的功能是合同,后者的功能为别异。对音乐的和谐性质与合同功能,荀子的前人已经有所认识,合同就是以和谐而合群。荀子的理论贡献在于指出礼与乐在教化中不同的功能。音乐,在荀子是一个与礼并重的文化体。由礼乐的区分,人们对音乐的和谐本质看得更清楚了:"夫乐(音乐)者,乐(快乐)也,人情之所必不免也,故人不能无乐。乐则必发于声音,形于动静。而人之道,声音动静,性术之变尽是矣。故人不能不乐,乐则不能无形,形而不为道(导),则不能无乱。"(《乐论》)音乐给予人快乐,人不能"有好恶之情而无喜怒之应"(《乐论》),因而音乐是人的情感所必需的东西,不同的音乐与不同的情感有着对应的内在的联系。

从性质上看,音乐的本质是和谐。音乐代表了天下之大同、中和之纲纪,和谐就是天地人三者共同的秩序和理想。荀子以为,人思想情感的一切变化本然地包含于音乐的声音动静之中,而音乐又以其"曲直、繁省、廉肉、节奏"等要素感动人的善心,以抵御邪气入侵。从它的审美功能上看,因为它直接作用于人的情感,其"入人也深,其化人也速"。音乐与情感的这种非常紧密的关系,使它在根本上区别于礼。礼的本质是理,需要理性来指引,其间少不了刻意和勉强；而音乐作用于情感只是和谐，其过程是感性的，根本无须刻意和勉强，音乐于不知不觉之中将秩序赋予人，那是潜移默化。先秦儒家中，只有荀子成功地从古代教化传统和音乐理论遗产中提炼出音乐美学，成为中国美学史上声有哀乐论的杰出代表。

> 君子以钟鼓道志，以琴瑟乐心。动以干戚，饰以羽旄，从以磬管。故其清明象天，其广大象地，其俯仰周旋有似于四时。故乐行而志清，礼修而行成，耳目聪明，血气和平，移风易俗，天下皆宁，美善相乐。(《乐论》)

这是荀子关于音乐的一个非常重要的美学概括，表达了他的美学理想。荀子继承古人关于音乐、自然和道德统一的见解，以为音乐可以"象"天地四时（自然），可以道（导）志乐心，使善在美的情感愉悦中不知不觉地结合起来。这里，诗乐舞（艺术）也是统一了的，三者会通而产生美感。和谐，是中国思想的一根重要支柱，荀子的音乐美学较好地把握了它。"钟鼓道志"、"乐行志清"、"移风易俗"和"美善相乐"诸语都成为中国文化的名言，其中，美善相乐命题作为中国美学史的重要范畴，移风易俗口号更是他溶入了美学的教化思想。

从针对着情感的礼教与乐教的两手，可以看出荀子是一个杰出的儒家思想家。假如他手中只举着礼教一面大旗，那么他的思想就显得太单薄，而且他的运思路线难免不滑向法家，而一旦举起了乐教这另一面大旗，他的人性论和美学就获得了深度和厚度。尤其应该指出的是，性伪之分所造成的人格断裂从礼教一方面看是无法避免，而从乐教这一方面看却似乎可能得到某种程度的弥合了。

五、移风易俗

移风易俗,是中国文化的一种特殊现象。对风俗的重视源于中国政治教化的悠久传统,先秦各国的政治家大都有这个理论自觉,主张恢复古礼的儒家亦是。欲以礼教体现社会的群体凝聚力,强调移风易俗有其必然性。"移风易俗"一词仅出现于《乐论》篇,可见音乐与风俗变迁关系之紧密。

风俗,是一个文化范畴,它有一个基本的性质,即人口和地域的形态具有群体性。作为文化它是统一的。它不考虑单个人的自由发展,而是要将个体化入群体之中,打上民族(氏族)或国家的印记。这样的单个人即使以个体的面貌出现于不同文化,如作为使者,他也是自己所属文化的一般代表。它对异族文化比较保守,往往是以自己的习俗去抵御或者吸纳、消化其他群体。因此文化上根基强固、积累深厚的民族国家有时能以移风易俗的方式解决战争所不能解决的问题。风俗所代表的是群体人格,表现出来的情感也是群体性的或民族性的。

荀子的移风易俗主张正是如此,他说:"性也者,吾所不能为也,然而可化也;情(此情字当为积,即积习)也者,非吾所有也,然而可为也。注错(措置)习俗,所以化性也;并一而不二,所以成积也。习俗移志,安久移质。并一而不二,则通于神明,参于天地矣。"(《儒效》)

我们可以看到,移风易俗的要害是文化一体化,其性质是教化论的。这一主张与他的"化性起伪"的主张相为表里,是他性恶人性论的逻辑延伸。它的实施主要通过礼教和乐教,以"乐行志清"、"美善相乐"、"与天地参"的群体人格境界为目标。

从美学上看,移风易俗所形成的是一种感性群体,美善达到会通,又有社会的和谐,民族的凝聚力,一切似乎都是在自然而然之中,与他讲遵礼的刻意(忍)和强制(伪)是大异其趣的,在后一种情景之下,只可能形成理性群体。教化有两手,一手是硬的,通过礼有时甚至是法,另一手是软的,通过音乐、诗歌、舞蹈,前者形成理性群体,自觉的,后者形成感性群体,像是自然的。我们可以看到,荀子的美学没有改变上述人格断裂的基本缺陷,但却使得裂缝有了某种程度的弥合。荀子体系对感性群体和理性群体的兼容,表现出他理论视野的宽阔,同时也反映了他的内在矛盾。荀子为中国古代的教化美学作了理论的奠基。

思想史家往往把荀子定位于儒家和法家之间的某个中间地带,现在我们还看到他又努力与法家保持一定的距离。固然,荀子移风易俗的主张与法家的暴力政策有着本质的不同,他的注意力主要集中在作为意识形态的礼乐而不是政治法律体制上。他说:"取天下者,非负其土地而从之之谓也,道足以壹人而已矣。"(《王霸》)企图通过移风易俗来化去人的个体性和文化原创力,凝聚成群体,最终统一意识形态,其过程是缓慢的、潜移默化的,自有它巨大的历史动力、社会需要以及以高级文化(礼乐)来改变低级文化(风俗)的高明之处(像是自然)。

荀子敏锐地看到了风俗的群体文化品格,他在百家争鸣时代行将结束时重新提出并再三强调移风易俗这个文化口号,反映了中国统一和封建集权的现实需要,相应地,文化上的专制主义也是与这一口号的重提互相呼应着的。而且,移风易俗口号由一位并非政治家的儒家思想家提出来,有着颇为特殊的历史意义。荀子的治情理论最终成为中国古代史官文化的一种新典型,成为历代封建社会官方的情感政策之基石。它标志着儒家思想体系正在向政治中心和官方意识形态逼近。

可以说,荀子是当之无愧的封建文化早期的意识形态专家,是儒家从道统转向政统的急先锋。

（选自《文史哲》,1998 年第 4 期）

张节末(1956—　),浙江大学中文系教授、博士生导师,主要研究方向为中国美学史、中国文学批评史、比较美学。著有《禅宗美学》、《稽康美学》、《狂与逸》等。

荀子是原始儒家中重要的美学家。荀子理论中的性恶与治情、礼与乐诸矛盾是其区分感性群体与理性群体的依据。他对移风易俗的强调,则又体现了其美学的意识形态性,从而奠定了古代教化美学的理论基础。因此荀子的美学理论具有封建文化早期性质的意识形态性,标志着儒家美学从道统向政统的转变。

王弼玄学与中国美学

仪平策

　　"中古"美学作为中国美学"大转折的关键"（宗白华语），其逻辑起点正成为人们关注的热点。国内对此大体有两种意见，一说是东汉王充，一说是建安曹丕。笔者却稍有异议。从方法论上说，确定某个环节是不是逻辑起点，主要看它是否包孕了有别于前代并规定着其后美学发展趋向的理论胚胎和价值雏型。鉴乎此，笔者以为中古美学发生新变的根源在思想形式上，当是所谓魏晋玄学。正是它创建了一整套不同于汉代（包括王充，详后）的新的思维形式和价值体系，并因此成为中古美学（包括素重"玄默"的曹丕美学）奏出新响的内在动因。在这个意义上，引发和促动了中古美学步入一个新的历史阶段的逻辑中介应是玄学思潮。众所周知，王弼是玄学思潮的首要人物。他所建构的玄学体系，不仅对中国哲学，而且对中古并通过中古对整个后期美学，都发生了极其深远的影响。因此，确定玄学理性为中古美学的逻辑起点，就不能不以王弼为代表。这就是本文试图探讨王弼玄学与中国美学之历史关系的基本动机。

（一）

　　以王弼为代表的玄学理性对中古乃至中国美学发展的影响，

最深层、最根本的莫过于思维结构、思维方式的转变。思维方式作为主体在意识中把握世界的根本方式，不仅是哲学的魂灵，也是美学的基脉；思维方式的不同，从根柢上规定着哲学与美学体系的差异。王弼玄学对中国哲学和美学的重要意义，也首要的表现在这里。

王弼玄学为了调和汉魏之际名教（社会、伦理）与自然（个体、人性）的尖锐的时代性矛盾，在理论构架上就一方面讲"老不及圣"，将孔子置于老（庄）之上，将儒家置于道家之上，以名教秩序的整饬作为其现实目的；另一方面又以老（庄）释孔，采取了先注《老》、后注《易》的研究程序，并力图使《易》统一在《老》上。这样一来，道家精神实质上又成了其理论的主干（王氏虽没注《庄》，但许多地方都是以《庄》解《老》释《易》的，如"得意忘象"说即是），名教与自然的矛盾调和也是以"自然"为基点的。所以，王弼玄学虽然以"有"（现实、感性）为归宿，但其立足点又必然是以道家为本体的"贵无"论，是在"本无"、"统无"、"崇无"中达到"御有"、"存有"、"生有"的。无与有，自然与名教，义理与事象的关系就成了一种本末体用的关系。在王弼这里，儒、道哲学实现了一种整合，这种整合使其玄学既不同于原始道家，更不同于原始儒家，而是获得了一种崭新的结构和意义。它首先在思维方式这一哲学与美学的根基上导致了一种历史性的转变。

何谓"无"？这一概念的具体内涵姑置毋论，不过若简要说来，"无"亦即"玄"，而"玄者，冥也，默然无有也"（王弼语，见《老子注》上篇一章。以下凡引此书，只记章次）。在本体论上，它指的是万事万物借以存在和运动的内在根据和普遍法则；在认识论上，它指的是一种超感性、超事象、超分殊的绝对抽象和一般，一种形而上的"至理"、"至道"或"理之极"、"道之极"。在目的论和价值观上，则指的是一种超越一切现实的有限性、偶然性和变动性，无偏无

执、无识无为、绝对静寂、无限自由的主体精神境界。王弼玄学的
"贵无"论,就在思维上表现了这样一种新结构、新形式:在思维对
象上,它不再注重感性、具体、生动、直观的物质事象(即"有"),而
是将视线投在了无形无迹、超言绝象、虚静寂然的精神抽象(即
"无")上;在思维重心和焦点上,则表现为由表层向深层的跃动,由
现象向本体的跃动,由形而下世界(天地、社会、象数)向形而上世
界(精神、心性、义理)的跃动,即颜延之所说的"得之于心"而"略其
象数"(《庭诰》,见《太平御览》卷六百八十);在思维方法和目标上,
则不再拘泥于、固着于现实感性的实体存在来说明道理,比附意
义,而是直接把无形无名、绝对抽象的精神、义理、心性等从具体繁
杂的物质事象的涵盖和牢笼中提取出来,擢升为寂然不动、统摄万
有的世界本体,并在思维中直接达到"穷易简之理,尽乾坤之奥"
(《毛诗》孔疏卷十九引王弼语)的境界。简言之,王弼的"贵无"论
使哲学思维形式超越了感性、具体、有限、相对、偶然等现象界,在
一种无隔无碍的自由状态中直接跃升到理性、抽象、无限、绝对、必
然的本体界。这是他思维创造的根本点。

　　然而同时,这个虚静贞一、超言绝象的"无"却并不像柏拉图的
"理念"一样,是居于遥遥彼岸的、完全脱离了感性现实("有")并与
之相对的抽象实体,而是就在天地万物之中,并通过天地万物来显
示和彰明自身的本体性格,"夫无不可以无明,必因于有,故常于有
物之极,而必明其所由之宗也"(韩康伯《易系辞注》引王弼《大衍
义》)。也就是说,"无"并不把"有"分离和排斥在自身之外并与之
相对应,因为"无"并不能用"无"来显明自己,而必须通过"济成"万
物来显示和证明自己。所以,值得注意的是,王弼并没有由"本无"
而否定了"有",而是在某种程度上肯定了、保存了"有"(这正体现
了中西方形而上学的根本区别)。但是,"有"在这里也仍没获得客
观实体的意义,它只是一种媒介,一种手段,"有之所以为利,皆赖

无以为用也"（上篇十一章），它的功能、价值、意义并不在它自身，而在"无"这个本体上。所以"有之所始，以无为本。将欲全有，必返于无"（下篇四十章）。各种感性具体的东西，一切繁复变动的现象（作为"有"），本身是有限、个别、偶然、片面的，不可能以自身为本；"有形"、"有声"则"有分"，"有分"就是一种囿限，就不能包统万物。"故有声者，非大音也"，"象而形者，非大象也"（下篇四十一章），因而要保全、肯定"有"，就必须返归到"无"这个本体上来。"无"不仅不与"有"相分离和对立，而且它统万化于一体，集众有于一身，具有内在无限的可能性、外延性，是形形色色、各种各样的素质、材性、功能、状态、形相等在扬弃了其原本的感性有限性的基础上所达到的一种绝对和合与统一。它"不寒不温不凉，故能包统万物"（上篇三十五章）。这也就是王弼为调和自然与名教的时代性冲突而提出的"统无御有"、"崇本举末"、"体用如一"的哲学"药方"。

　　重要的不在于这一哲学"药方"的实效性，而在于它所体现的思维结构形式。一方面它继承了本体与现象、感性和理性浑然不离、互济互生的中国思维传统，另一方面又在这个前提下，将理性的层面、本体的层面提升为思维的焦点，哲学的核心，因而又是古代思维形式的一大飞跃，一大发展。从理论渊源上说，王氏的"本无"说来源于老子"有生于无"的思想，但与老子又大不相同。老子的"无"（或曰"道"）是宇宙生成的实体性根源，而王弼的"无"则主要是万事万物存在的本体根据，无和有并非在时间上分先后，在空间上分彼此的顺序并列关系，而是一种一体化的体用、本末关系，因而它们也都不是像在老子那里的占有时间或空间的实体存在，而只是一对同体整一的关系范畴。所以王弼说老子虽"恒言无"，却终"未免于有"，即不能从根本上扬弃万事万物及其繁复变动的具体性和实体性，仍带有感性思维、具体思维的特征。孔子的哲学重人伦、重现实、重事功,在思维形式上属于典型的"未免于有",更不待言。两汉时期,儒学独尊,其主导性的思维倾向可想而知。儒主董仲舒的"天人感应"说就处处充满了以象附义、以物比德的思维特征。这种思维特征导致了两汉谶纬神学的泛滥。汉代值得一提的是扬雄和王充。扬雄作《太玄》,指出"天以不见为玄,地以不形为玄,人以心腹为玄"(《玄告》),表现出某种重义理轻象数的思维意向。但《太玄》成书时却备遭非难,其命运如班固所说"《玄》终不显";而且此书还包含着以玄数比附天时、历法及阴阳五行之数的内容,陆绩《述玄》就说:"夫《玄》之大义,撰蓍之谓"(《太玄》范望注本卷首),这虽未免以偏概全,但也不无道理,因为《太玄》确实有重象数撰蓍的浓厚色彩。这反映了汉代"未免于有"的思维主流的顽固性。王充则在哲学上提出了"自然无为"说,以与汉代神学目的论相对抗。然而,他的"自然无为"说是以"气一元论"为基石的,认为"谓天自然无为者何?气也,天地,含气之自然也"(分别见《论衡》《自然篇》和《谈天篇》)。"气"作为感性的物质性范畴,必然规定着他的"自然"也是感性物质的,这与王弼所说的作为精神抽象的"自然"可谓大相径庭。所以王充的思想是素朴的唯物主义,在思维方式上也仍然是经验直观的感性思维、具体思维。要之,魏晋之前的哲学思维形式总体上可以《周易》的"立象以尽意"为代表。此说拘泥于"有"的领域,立足于从感性具体的象数中阐发道理,比附意义。王弼玄学则以"得意在忘象"说打破了这一思维结构。"象"是可感可验的,是"实";"意"是超感超验的,是"虚"。所以王弼的重在"得意",也就是重在"本无"、"体道",就是"以虚为主"(下篇三十八章),就是"不可为象"(见《易注·乾象》)。尽管王弼并没有丢弃象,脱离象,依然认为"意以象尽"(《周易略例》),把"象"看成通向"意"、满足"意"的必要媒介,但"象"却没有实在性、必然性,它是以"无"为本体,是"象生于意"(同上),而非意生于象。因此,

"立象"论是以象为主,"忘象"论则是以意为本。汤用彤先生曾把言(象)意之辩看成玄学的方法论。从"立象以尽意"到"得意在忘象",确实体现了古代思维方法、思维水平的一种转变和飞跃。

古代思维方式所迈出的这一大步,意义是深远的。在哲学上,它直接促使了作为精神本体论的佛学在东晋以后的广泛勃兴,继而间接导致了宋明理学的产生。在美学上,它则引导古代审美意识跨入了一个新的历史阶段。先秦两汉时期,美学虽已经偏重主体和人生,偏重主体的言志表情,但却又笼罩在浓厚的认知论、象形论、写实论的理论氛围中。从早期的"铸鼎象物"说,经孔子的诗"可以观"说,荀子论乐的"逆顺成象"说,《乐记》的"象成"理论,韩非的画鬼魅易画犬马难的思想,一直到汉代董仲舒的以象比德说,张衡论画的"虚伪"好作,"实事难形"说,扬雄的"言必有验","无验而言之谓妄"说,许慎的"书者,如也"和"依类象形之谓文"说,蔡邕的"为书之体,须入其形"说,等等,便构成了这一主知、尚实、重象的美学主流。王充的美学思想的核心是"疾虚妄"说,提倡"崇实"、"贵是"、"真美",反对"奇怪之语"、"虚妄之文"。这固然有反对谶纬神学的现实意义,但在美学的基本思维形式上却仍是上述重象尚实的直观美学传统的承续。

把王充说成是中古文学和美学的逻辑起点之所以不妥,就是因为魏晋以降的美学在思维方式以及由此所规定的一系列观念、学说上,已与王充所代表的两汉传统大相异趣。而王弼玄学在"本无"论中对无与有、虚与实、意与象、形与神等关系结构的重新阐发,本身就是对一种新的美学观念的建树,因为这些关系范畴不仅是中国哲学的,也是中国美学所特有的,因而也就逻辑地导致了中古以后美学的更新和转变。在绘画美学上,顾恺之提出的"写神"说就是一例。"写神"说超越了两汉注重形似貌真的美学倾向,强调"传神之趣"、"传神写照",以及创立"白描"画法等,便是这一主

"神"美学的体现。自他之后,南齐谢赫以"气韵生动"为第一,以"但取精灵"、"取之象外"为一品,而视"应物象形"为下次;宗炳则进一步提出"畅神"说,讲究"含道映物"、"澄怀味象"等等,都体现了王弼玄学的思维结构形式。在书法美学上,卫夫人、王羲之都提出"意在笔先"说,南齐王僧虔则提出"书之妙道,神彩为上,形质次之"说等等,在文学美学上,陆机以"精骛"、"心游"为始,以情、物"互进"为致,讲究"课虚无而责有";范晔要求文学"以意为主",认为"文患其事尽于形";刘勰提出"意象"范畴,讲究"神用象通,情变所孕";钟嵘提出"滋味"(即意味)说,萧子显认为"属文之道,事出神思,感召物象,变化不穷"等等。可见,自王弼以后的文学艺术都表现出对"立象"说,形似论的疏淡和对"得意"说、神似论的追求,从而奠定了中国写意美学的深厚基础。唐宋以降,这一写意倾向更为发达,此不赘述。而这一切,莫不融贯着王弼玄学在思维结构形式上对中国美学的深远影响。

(二)

王弼玄学在思维结构形式上的更新和重建,也成为古代审美理想形态发生变易的一种历史契机。在以和为美的古代美学体系中,审美理想形态大体表现为两种,一曰壮美,一曰优美。在中国,壮美和优美较明确的分界是在中唐时期。其后的美和艺术充满了阴柔之趣,其前的美和艺术则勃溢着阳刚之气。但这一分界也是从总体上看的,实际上在中唐以前,壮美也有一个量变过程,这就是由偏于感性形态的壮美向理性、精神形态的壮美演化。感性壮美偏于外在的客体对象,理性壮美则偏于内在的主体精神。后者作为美的理想向人的内在世界的归聚,也同时开了后期优美形态的先河,成为由壮美向优美过渡的中介环节;而这一中介环节的形成,在思想的形式上正得力于王弼玄学的人格(理性)本体论。

魏晋以前的美学是在讲究刚柔并济的基础上更强调刚,更强调壮美的。但从总体上看,这一壮美理想更充满了浓厚的感性色彩和对象特征。主体对于崇高的道德境界和人格精神的追求(这是中国美学一以贯之的特点),不是在自身的内在世界中静穆地完成的,而是在外向地追逐客体、法则天地的过程中实现的。孔子赞美尧君那样"成功"型的"巍巍"人格,但这一壮美人格却是在"唯天为大,唯尧则之"(《论语·泰伯》)的模式中"成功"的。孟子追求主体"至大至刚"的"浩然之气",而这"浩然之气"也是理性(道义)的感性化形态;老子将"道"与"天、地、王"并列为"四域之大",其形态也是偏于感性直观的;庄子则认为"天地者,古之所大也,而黄帝、尧、舜之所共美也"(《天道》);"天地有大美而不言"(《知北游》),这与孔子的壮美模式是相通的,其形态都是感性具体的对象性范畴;换言之,他们讲的"大美"虽喻指一种人格或精神,但这种人格或精神却是以感性的客观对象来作喻体的,是展现和凝结在某种广邈巨大的感性形式之中的。董仲舒以"天"为"百神之大君";王充盛赞一种"奇伟"、"弘丽"之文(《论衡·超奇篇》)等,其壮美形态也大致如此。总之,先秦两汉的壮美理想是人格摹法于对象,精神展现为物质,理性比拟为感性,因而是外在于主体的,是主体在追逐、占有客体中所实现的一种外化境界。因此我们说这是一种"形"的壮美,一种对象性的感性壮美。

然而自王弼始,这种古典的壮美理想便发生了变化。王弼认为,真正的"大美"不是感性的,有形的,"义苟在健,何必马乎!"(《周易略例》)"象而形者非大象也,音而声者非大音也"(《老子指略》),感性具体的东西总是有限的,"有所分"的,即使像天地这样的"大",比起作为"天地之心"的"无"来,也是相对的"小",因为"可道之盛未足以官天地,有形之极未足以府万物"(同上)。所以,"大之极"者,就不是"形",而是"用形者",即以形为用的"无","健也者,用形者也",这个"无"能统御万物,化生万有,"统之者岂非至健哉!"(《周易注·乾象》)值得一提的是,王弼所推崇为"大之极"的"无",有时也训为"道":"夫大之极也,其唯道乎!"(下篇三十八章)但王氏的"道"与老子的"道"在内涵上还是有区别的。老子的"道"是一种"未免于有"的"道",而王氏的"道"则是绝对的"无"。它是"天、地、王"等感性之"有"的本体,甚至包括老子的"道",也只"是道称中之大也,不若无称之大也","道、天、地、王皆在乎无称之内"(上篇二十五章)。"无"总名为"域",而道、天、地、王只是"域中有四大者"(同上)。所以王弼的"无",比老子的"道"更大,前者包含着后者,因而是无限之大,是"大之极",是"至健"、"大美"者。

王弼以"无"为"大之极"的形而上思辨,实际上是为他的人生美学、价值美学,即为他的人格(理性)本体论服务的。所以,与"无"相对应的,则是"以无为君"(上篇二十八章)、"与道同体"(上篇二十三章)、"则天成化,道同自然"(《论语释疑》)的理想美人格——圣人。在他那里,圣人不是外在于"无"的,也不是作为感性人格通过则天法道的外向努力去追求同本体合一的,他的本质就是"与道同体"就是"知常",就是"明",即一种化普遍必然于己身的察微洞幽的无限智慧、理性和精神。因此,他掌握的不是对象的感性具体性,而是规定并超越着感性具体性的最高本体,是"明物之所由者",因而物"虽显",但他"必自幽以叙其本"(《老子指略》)。在这个意义上,他几乎是一个先验的"得一以成"的"能尽理极"者。因之,他可以"取天地之外,以明形骸之内"(《老子指略》),"察己以知之,不求于外"(下篇五十四章),在"反诸其身"、"求之于己"的内向审度和悟觉中"反情于物",无所囿限地拥有和享受对象,同客体世界达成一种无矛盾、无冲突的绝对和合状态。换言之,这样的圣人,就消除了外向追求这一环节所带来的种种限制、矛盾和苦恼,在自己的内在精神中就可实现同本体的统一。因为在王氏看来，外在的感性现实是有限和片面的，"叹之者不能尽乎斯美，咏之者不能畅乎斯弘"（《老子指略》），一味地求之于外，为之于事，极之于形，就是弃本逐末，"虽极其大，必有不周；虽盛其美，必有患忧"（下篇三十八章）。所以，真正的大美人格应是"推身统物"、"崇本统末"的智慧型、理性型圣人。这种圣人在"寂然大静"、"虚无柔弱"的状态中具有一种"不知其所由"的无限之"力"（上篇三十四章）；这种内在的无限力量使他在动荡变乱的感性现实中"锐挫而无损"、"独立"而"不改"，永葆自己完满自由的本体性格。王氏所谓"善力举秋毫，善听闻雷霆"（《老子指略》），其道理正在乎此。所以，王弼玄学处处充满了对这种智慧型、理性型人格的热情呼唤和礼赞："神而明之，……尤至难者也"（《论语释疑》）；"夫察见至微者，明之极也；探射隐伏者，虚之极也"；"能尽极明、匪唯圣乎！能尽极虑，匪唯智乎！"（《老子指略》）

在今天看来，王弼的大美（即壮美）理想是带有某种消极成份的。它不是在积极地参与和创造现实的能动活动中来塑就主体的"至健"形象，而是在超越（实则逃避）现实的静态自守和观照中来追求自身的大美人格。从历史的进程说，它也意味着一种实践冲动的弱化和生命理性的膨胀。但是，从中国古代审美理想的发展看，王弼所崇尚的大美人格也标志着壮美形态从外在的"形"向内在的"神"，从感性对象向理性人格的一种历史性转折。所谓"魏晋风度"，也正是这种内在壮美理想的社会性体现。在这里，不是那种外在的功业、地位、节操、德性、荣华等等，而是主体内在智慧、神情的旷放洞达、博深玄远，成了人格美的最高风范。所以，嵇康、阮籍的"宅心玄远"，"得意而忽忘形骸"（《晋书·阮籍传》）。成了时人所标榜的楷模；而"常自神王"（而不是"常自霸王"）亦为后人所极力体奉。中古时期所流行的"瘦骨清相"，也正是不重外形而重精神之玄远,"令人懔懔若对神明"(张怀瓘语,见《历代名画记》)。这一内在壮美理想的反映。东晋卫夫人的"骨力"说与其"通灵"、"明理"说的统一,刘勰的"风骨"说与"丰藻"、"繁采"等感性之美的对立,谢灵运讲究"唯佛(精神本体)究尽实相之崇高",一直到宋明理学将非外向"闻见之知"的"大心"、"道心"、"大理"等奉为至高无上的人性本体等等,都无一不显现着王弼重内轻外、重神轻形之壮美理想的深刻影响。

也正因为人格思想在由内而外的归聚中,淡化和消解了主体在外向追逐中同客体世界的矛盾冲突,所以王弼的内在壮美理想就必然地由"任自然之气"而导向"致至柔之和"(上篇十章),从而成为中古以后优美形态不断浮升的滥觞。自他之后,诗开始讲究以"绮靡"为主(陆机),书亦重"妍妙"而轻"古质"(虞和),画亦提倡山水之"秀丽"(王维)等,便是优美理想趋于上升的体现。中唐以后,冲淡、绮丽、婉约、闲静等阴柔之趣成为主导,更为世人所知,不必细论。在这个意义上可以说,王弼的内在壮美理想是前期壮美向后期优美转化过渡的一个值得重视的中介环节。

(三)

中国美学偏于表情,强调情感在审美和艺术中的核心地位,这一点已为学界基本认可。但中国美学的重视情感,与近代浪漫主义在同理智的对立中呼唤情感是根本不同的,它重情而不悖理,是将表情看作人格陶冶和修持的重要途径。所以这种情感是一种人格化、理性化的情感。更值得注意的还在于,情理结合作为中国表情美学的古典范式,它的结构形态是一贯的,而其内在意蕴却随着"理"的内涵的经常更新而处于不断变动的势态中。魏晋以前,道家美学讲究"性静情动",情动则"谓之为,谓之伪,谓之失"(《庄子·

庚桑楚》)因而主张"无我"、"无情",以返归虚静之性。性与道、无、自然亦即理相通,所以道家是讲究以情归性,以理化情。儒家美学讲究"礼乐相济",因而一方面是明显重"情",一方面又给"情"以理(伦理、义理)的限制,是主张"发乎情,止乎礼义"(《诗大序》)。所以它将表情规定为"言志",而"志"则偏于"政教"和"人生义理"(据朱自清《诗言志辨》),讲究的是以情从理,以理节情。在这里,情作为感性的情欲就被道家虚无化、被儒家有限化了。

以整合儒道为己任的王弼玄学,在情理关系上则建立起一种新范式。一方面,它重"情",认为"天地万物之情,见于所恒也"(《周易·恒卦注》),承认"情"的存在是无条件的、永恒的,因而就以"圣人有情"说取代了道家的"圣人无情"说,认为圣人和常人一样,"五情同,故不能无哀乐以应物"(《三国志·钟会传》引何劭《王弼传》)。所以王氏放弃了过去曾轻狎孔子"未能以情从理"的看法,领悟到圣人有哀有乐"可以无大过","而今乃至自然之不可革"(《三国志·钟会传》引何劭《王弼传》)。另一方面,它又以"性其情"的理论取代了儒家"以理节情"的观念,将"情"从有限的伦理世界引向了无限的心性境界。他说:"不性其情,何能久行其正。"(《周易》乾卦注)"性其情",也就是以性统情,以性用情,而"性"在王弼那里则通于"无"、"道"等"理之极",属于本体性范畴。所以情理关系就成了本末体用的一体化关系,而不再彼此对立。这样,"情"通过"近性",就在"理"的本体上超越了自身的感性有限而导向内在的无限,"故欲之所本,适道而后济"(上篇一章);对于理想人格说,也就是"圣人之情,应物而无累于物"(《三国志·钟会传》引何劭《王弼传》)。既"不能去自然之性",又在应物之情中"明足以寻极幽微"(同上),即在"体无"中"御有",在"崇本"中"举末",在无限的本体之理(而非有限的名教之理)中自由领略感物之情的不尽意味(即所谓"无味之味")。

　　王弼所建立的这一情理关系的新范式在中国美学史上,意义是重大的。"理"对于"情"不再是外在强制的东西,而成了其内在自由的本体;"情"也不再被动地囿限于"理",而是在理之本体上获得了咀嚼不尽的无限性品格。所以,自此以降,"情"在美学中就由赤裸裸的感性范畴逐步发展为具有无限意味的精神范畴、审美范畴,即所谓"情味"、"情趣"、"情韵"等等。嵇康认为在"至人"面前,"郑声"不再是"惑志"的淫声,而是成为"音声之至妙"(《声无哀乐论》),陆机讲"诗缘情而绮靡"(《文赋》),李善注"绮靡"曰"精妙之言",都意味着将情的表现开始同某种深妙的意味联系起来。宗炳将"以情近性"发展为"以情贯神",从而提出了"精神我"这一概念(《神不灭论》),亦是在"情"中追求精神的无限性。范晔反对"情急于藻",主张"事外远致"、"情性旨趣"(《宋书·范晔传》),刘勰认为"繁采寡情,味之必厌"(《文心雕龙·情采》),讲究"情味"、"余情"、"余味"、"滋味"等等,钟嵘则以诗为"吟咏情性"者而明确提出了"滋味"说,这也都表现出了同一的趋向,即把中国的表情美学引向对于某种无限的、耐人咀嚼的情味理趣的追求。中唐,特别是司空图以后,"韵外之致"、"味外之旨"便成为后期美学中回荡不已的至音绝响,这固然同佛学的引入(如宗炳的"以情贯神"说),特别是禅宗的影响有关,但溯其源,则不能不归之于王弼所建构的情理关系新范式,即以无为本的"性其情"说。

　　王弼玄学对中国美学的影响是多方面的,以上三点只是就其要者而言。本文之旨只是抛砖引玉,以期引起美学界对王弼玄学的足够重视,使中国美学的研究得到更深入的发展。

(选自《学术月刊》,1992 年第 3 期)

仪平策(1956—　),现为山东大学文学院副教授,主要从事文艺学专业美学方向的教学与科研工作。已出版《美学与两性文化》、《中国审美文化史》(秦汉魏晋南北朝卷)等著作。

以王弼为代表的玄学理性对中国美学的影响莫过于促成思维结构、思维方式的转变。一方面他继承了本体与现象、感性和理性浑然不离、互济互生的中国思维传统，另一方面又在此前提下将理性层面本体提升为思维的焦点，因而是古代思维方式的巨大转变。引导古代审美意识跨入了新的历史阶段，奠定了中国写意美学的基础。以此为契机，新的审美理想形态应运而生，王弼玄学的人格(理性)本体论促成了中唐以前的壮美由偏于感性形态的壮美向偏于理性、精神形态的壮美转化，从而成为由壮美向优美过渡的中介环节。

朱子美学及其艺术哲学

潘立勇

一、应当重视对朱子美学思想的研究

我之所以提出这个问题,主要是基于以下三点的考虑:

第一,鉴于朱熹及其美学思想在中国传统文化和古典美学中的实际影响和地位的重要。可以说,朱熹在中国传统文化中的影响和地位除孔子以外,是前无古人、后无来者的。在国外的影响,用日本学者渡边秀方的话说:"他也是孔子以后第一人。"(参渡边秀方著《中国哲学史概论》,商务印书馆1933年版)在美学方面,且不说朱熹理论的思辨性和系统性对宋代文学批评和美学理论在思维水平上促进启发,他对于确立"气象"这个美学范畴,对于推动时代崇尚以人的主体精神浑成于艺术的整体风貌、自然风格为主要特征的"气象浑成"的审美理想所起的开风气之先的作用,以及他的美学构架的浓厚的伦理气息对后代产生的深远的文化影响;仅从他对严羽和王夫之这两位中国古典美学大家的直接影响之深,就不难想见朱熹在中国古典美学中的地位与影响。《中国诗史》的作者陆侃如、冯沅君说过:"我们认为在中国古代哲学家中,只有三个人是真能懂得文学的,一是孔丘,一是朱熹,一是王夫之,他们说话不多,句句中肯。"朱熹是以哲学家的见地来谈文学和美学,因此,比一般美学家和文论家看得更加宏深高远,在方法论上比后者也更胜一筹。他具有诗人的气质和情趣,有相当的文学修养和实践的功夫,因而比一般的哲学家又更知艺术之三昧。如果说,孔丘、朱熹、王夫之三人在中国思想文化史及古典美学史上都具有"集大成"的地位,那么,朱熹则上承孔子,下启王夫之,正是承上启下的关键人物。他的美学思想融哲学、伦理、心理、教育、文艺思想为一有机渗透的整体,相当典型地显示了中国传统文化意识和审美意识的一个缩影。要认识中国传统文化,不得不认识朱熹;要认识中国传统的文学观和美学观,也就决不能忽视对朱熹的文学观、美学观的深入研究。

第二,鉴于国内外朱熹美学思想系统研究的空白。国内包括港台学者对朱熹的哲学、伦理、政治、经济、法律、历史、教育思想等方面的研究已经相当丰富、深刻,硕果累累;国外如日本、西德、美国等汉学家对朱子学的研究也卓有成就,海内外还多次开过国际性的朱熹讨论会。在这些对朱子学的广泛研究中,唯独对朱子美学思想的系统研究尚无人涉足。对朱熹文论的探讨,也主要局限于他的文道说、《诗》学、《楚辞》学、创作论中的"比兴"说,以及鉴赏论中的"滋味"说等,缺乏全面、系统的探讨。至于他的画论、书论、乐论、山水美论、审美教育论等等,作为完整的美学思想的探讨,尚无人问津。在中国古典美学史的研究中,对孔子、王夫之的研究是令人瞩目的,相比之下,朱熹则显得十分冷落。台湾学者钱穆五大卷的《朱子新学案》,列有朱子的"诗学"、"文学"、"游艺之学",其中"游艺之学"又包含"论乐理乐律"、"论琴"、"辨诗乐先后"、"论书法"、"论古金石文字"、"留心绘事"、"游兴"、"卜筑之趣"、"考古今画风"等条目,这其实已包括美学一般所能涉及到的大部分领域。然而既名之曰"学案",就意味着主要还是材料的爬梳罗列和考证;虽其中不乏深刻的见解,但毕竟重"案"而不重"论",它为我们的研究提供了一份翔实可靠的基本材料,但其自身还不能算是系统的理论探讨,何况钱氏属于旧学,没有从美学理论的角度着眼。另外,台湾学人张建的《朱熹的文学批评研究》恐怕是至今仅见的朱子文学批评研究专著,本书虽有开拓之功,然而主要还是材料的罗列,对朱子艺术哲学思想缺乏深入系统的把握。这种对朱子美学思想系统研究的空白同其实际地位和影响的重要十分不相称。

第三,鉴于人们对朱熹及其文学思想存在着相当大的误解和偏见,上述朱熹研究中存在的问题,也与这种误解和偏见有关。这种误解和偏见,或许一方面缘于朱熹理学影响的遮蔽而造成了朱熹研究中的视线死角;另一方面是由于对朱熹思想内在深刻的矛盾性和复杂性的认识不足。从古到今,无论是崇朱者或是抑朱者,似乎大都以为:朱熹作为理学大师,不会也不应该寄情于文艺,于是也不可能具有正确深刻的文学、美学见解。

例如,对于朱熹曾化多年力,乃至临终前尚在修改《楚辞集注》一事,竟遭到崇朱者的怀疑和非议。如同时代的诗人杨万里在《戏跋朱元晦楚辞解》中讥称"无端又被湘累唤",这"无端"意为朱熹此举与其生平专攻儒经之志相违。明代以后,竟还有人怀疑朱熹注过《楚辞》,如乾隆时夏大霖著《屈骚心印参评》引毛以阳评曰:"朱子生平精力,毕萃于'四子'之书。'五经'自《易》《诗》外,且未能辑注成书,则其未暇注《楚辞》也明矣!"(着重号为引者所加,下同)这种"明矣"实际上正是一种误解。

建国以来国内学术界则多把朱熹的文论作为道学家文论的代表而加以否定。迄今为止的中国文学史,从来没有让朱熹的创作占一席地位,几种中国文学批评史,虽然大致肯定朱熹在理学家中算是最懂文学的人,但对他的文论的基本评价则多持否定态度。最典型的如郭绍虞先生的《中国文学批评史》,既称"他在南宋道学家中可谓能文之士",又言其文论"始终是道学家中最极端的主张"。综合对朱熹文论的批评,主要集中于三个方面:一、视文章为小伎,吟诗作文有害,从而否定文学的作用;二、提出"文道合一"说,认为文从道出,道外无文,从而否定文学的独立地位;三、主张有德者必有言,以穷理代替作文,从而否定文学的特征。其实,这种看法具有很大的片面性,它建立在这样的推理上:理学家以理灭情,必然否定文艺;朱熹是理学集大成者,因此他必然是否定文艺的代表,这种观念定势阻碍着人们对朱熹的思想实际作具体的分析。

我无意在这里对上述见解逐一辨证,对此已有另文撰述。我在这里可以扼要指出的是:一、朱熹并没有毫无前提地主张"作文有害"(在这一点上他比二程和其他理学家开明),相反,他还曾强调"艺是合有之物"(《朱文公文集》卷31)"日用不可阙者"(《论语集注》卷4),因此在一定程度上肯定了文学艺术的作用;二、"道外无文"、"文从道出"说固然有强化文学艺术的伦理功能的企图,但也包含着从逻辑本体论上探寻文学艺术的形上本体的思辨追求,而且正是在"文道合一"这一基点上肯定了文学艺术的"合有"地位;三、朱熹确实重申过"有德者必有言"(《朱子语类》卷24)的传统见解,但他同时也曾指出"有德者未必能以言称"(《朱文公文集》卷41),因此对于艺术家主体的修养,除要求"精思以开其胸臆"外,还强调"远游以广其见闻"(《朱文公文集》卷76),并明确指出文学艺术不等同于道德学术文章之处在于它是"感物道情"。所以,说他否定文学艺术的特征同样站不住脚。诚然,朱熹有时表现出如人们否定的那一面,但他还有值得肯定的另外一面;他的思想的深刻性和复杂性都跟他的矛盾性相关,而人们对他的误解也大抵缘于对这种矛盾性和复杂性乃至深刻性的认识不足。这就需要我们通过实事求是的探讨研究来重新认识。

总之,朱子美学思想的历史重要性,对朱子美学系统研究的空白性,以及人们对朱子及其艺术哲学思想的误解性,都表明我们有重视研究朱子美学思想的必要。在朱子美学体系中占主体地位的是其艺术哲学，因而本文先着重对其艺术哲学的总体构架、特色及其影响作个粗线条的勾勒。

二、朱子艺术哲学的总体构架

朱子的艺术哲学建立在他的哲学本体论基础之上，这个哲学本体论就是他的客观唯心主义的理气观。朱熹把自然、社会和人生中的一切现象、一切问题，归结到最抽象的高度，归结为"理"和"气"。"理"是他的哲学体系的最高范畴，也是他的哲学的出发点和终极点；"气"是"理"派生万物的中间环节，"气"的运转变化构成了千差万别、丰富多彩的万物世界。在他看来，天地之间，有理有气，理是一切存在的"所以然"的性质和原型，气则是一切实存的材料和形态。用他自己的话说："理也者，形而上之道也，生物之本也；气也者，形而下之器也，生物之具也。"（《朱文公文集》卷 58）这就是"理本气具"说。就本原而言，"万理"只是"一理"，"理一分殊"，犹如"月印万川"，由此派生出由气构成的万物；理是一原，气是万态，理是第一性的，气是第二性的，是为"理在气先"。就实存在而言，则万物实由气构成，是"气犹相近而理不绝同也"（《朱文公文集》卷 46）。一物有一物之理，而物之材料皆为气，理离开气构不成物，是为"理在气中"。理气关系，是"不离不杂"，也即台湾学者钱穆所说"两在合一"（钱穆《朱子新学案》册一）。所谓"不离"，就是"理在气中"，道不离器，物外无道；所谓"不杂"，是指理气之间毕竟有形上形下之分，而且"理在气先"。

朱熹的哲学本体论中，包含着两个深刻的内在矛盾，一是理本体论同气实体论的矛盾，或者说是其理气观中理气关系的矛盾；二是理本体论同心本体论的矛盾。朱子美学及其艺术哲学中的种种矛盾现象都是由这两种矛盾决定的。朱学后来在两个方面被突破,即一是从心性矛盾突破,导致主体"心学",直接启发明清浪漫思潮;二是从理气矛盾突破,导向唯物"气学",完成了王夫之体系,也都潜因于朱学体系中的两个内在基本矛盾。

在"理本气具"的哲学本体论基础上,朱熹构架了严整的艺术哲学体系,主要由这几部分组成:①"文从道出"——艺术本体论;②"感物道情"——艺术发生论;③"托物兴睥"——艺术特征论;④"气象浑成"——艺术理想论;⑤"涵泳自得"——艺术鉴赏论;⑥"远游精思"——主体修养论。

朱子艺术哲学的全部思想都是由一个中心命题发出的,这就是"文皆从道中流出"(《朱子语类》卷 139)。这就是朱子艺术哲学的本体论,这个命题不但决定了朱熹对艺术本原的根本看法,而且也规范着他对艺术的地位和作用、艺术的特征和理想、以及艺术家的修养的基本见解。"文皆从道中流出"告诉我们,艺术的终极根源是"道",艺术本质上是"道"的"流行发见",艺术美的最深层的意蕴也就是"道",以致他用"气象近道"来形容艺术理想境界的极致。在他看来,艺术的形式美也是从理中流出,为理所决定的,如云"文字自有一个天生成腔子"(《朱子语类》卷 139),所谓"天生成腔子"就是由理决定的形式美模式。值得注意的是朱熹的"道"既是伦理之道,又是宇宙之道,因此"文从道出"说既包含强调艺术的道德功用的伦理企图(类似"文以载道"),又包含着探究艺术的逻辑本原的思辨追求(超越"文以载道")。另外,他所谓"流出"意指本体的显现,而不是具体的发生,表述艺术的具体发生论的命题是"感物道情"。

朱熹认为艺术创作的具体发生,一则缘于客观外物的触动("感物"),一则缘于主观情感表达的欲望("道情"),前者又往往是后者的原因。"人生而静,天之性也;感于物而动,性之欲也。夫既有欲矣,则不能无思;夫既有思矣,则不能无言;既有言矣,则言之不能尽,而发于咨嗟咏叹之余者,必有自然之音响节奏,而不能已焉;此诗之所以作也。"因此"诗者,人心之感物而形于言辞之余也。"(《诗集传》序卷4)所感之物,既指自然之物,也指社会事物,尤指不平常的社会事件和遭遇;所道之情,既有忘情自然之趣,尤有对社会不平之感愤。前者如云"不堪景物撩人句,倒尽诗意未许悭"(《楚辞集注》卷3);后者如云屈原作《九章》是"随事感触,辄形于声"(《楚辞集注》卷4);作《天问》则是"以渫愤懑"(《楚辞后语目录序》),因而"盖屈子者,穷而呼天,疾痛而呼父母之词也"(《楚辞集注》卷1)。

朱熹也已经认识到,艺术创作的"感物道情"的发生,不是赤裸裸地发抒或抽象地议论,而是要"取物为比","托物兴辞",借助生动具体的物象来表达抽象微妙的情感。这表现在诗歌中主要就是"比兴"手法,"比是以一物比一物而所指事常在言外,兴是借彼一物以引起此事,而其事常在下句"(《朱文公文集》卷40)。他曾举《诗经·大雅·棫朴》句为例:"'卓彼云汉',则'为章于天'矣,'周王寿考',则'何不作人'乎。此等言语自有个血脉流通处……周王既是寿考,岂不作成人材,此事已自分明,更著个'卓彼云汉,为章于天',唤起来,便愈见活泼泼地。"(《朱文公文集》卷40)可见朱熹对艺术的形象性特征已有了相当深入的揭示。

在朱熹看来,"托物兴辞"还只揭示了文学艺术区别于其他意识形态的主要特征,"气象浑成"才是艺术的成功表现,即艺术美的理想境界。"气象"原是道学家们用来形容人物精神品格风貌的范畴,后用来指艺术作品的审美意象和规模气度等各种因素综合所呈现的整体美学风貌,"浑成"则是这种整体美学风貌的自然和谐的理想境界。据我的探索,朱子艺术哲学中"气象浑成"的审美理想,主要包含七个方面的内涵,即①自然之趣;②平淡之味;

③含蓄之意;④拙实之格;⑤雄浑之力;⑥从容之法;⑦通贯之脉。要之,趣味平淡而意蕴深沉,格力雄浑而法度从容,格调拙实而表现自然,全篇又有血脉通贯,这就是朱熹心目中的艺术理想境界。

在艺术鉴赏论方面,朱熹也有独到的见解。他首先要求"玩味本文",就是把审美视点集中于艺术本体,"但涵泳久之,自然见得条畅浃洽,不必多引外来道理言语,却壅滞诗人话底意思"(《朱子语类》卷81)。其次,他主张"熟读涵泳",在反复诵读中深入体验艺术的情感内容,乃至达到"通身下水"的程度。最后,他强调艺术鉴赏应"通悟""自得",所谓"通悟"是指"看诗不要死杀看了……如此便诗眼不活"(《朱子语类》卷81),而应该把作品看作有机的活的整体,"将意思想象去看"(《朱子语类》卷80),所谓"自得"一是指自得作品之真意,而不是"承虚接响"(《朱子语类》卷104),人云亦云;二是指"自得言外之意"(《朱子语类》卷114),发掘作品的言外之深意;三是指"自然得之",而不是强索力取,牵强附会。这在当时应该说已是相当难能可贵的艺术鉴赏论。

集中地表达朱熹关于艺术创作主体修养论的,是这样一个命题:"远游以广其见闻,精思以开其胸臆",据钱穆《朱子新学案》考:"此乃朱子终生最后一篇文字也。"(钱穆《朱子新学案》册五)可见这是朱熹终其一生的经验之谈。这个命题提出了艺术创造主体修养的两面工夫:一方面是外在的生活阅历,一方面是内在的精神涵养;前者重在"格物"、"游历",后者重在"致知"、"内省"。朱熹的人生修养论是内省外观、居敬践实,兼而赅之,他的艺术创造主体修养论也作如是观。唐人张璪有"外师造化,中得心源"(《历代名画记》卷10,上海人民美术出版社)说,朱熹则把这种说法哲理化;朱熹的友人陆游曾提出"汝果欲学诗、工夫在诗外"(《剑南诗稿》卷78),朱熹则把"诗外"的两面工夫精致化。

三、朱子艺术哲学的总体特色

前面我已经对朱熹的艺术哲学总体构架作了粗线条的勾勒。

我们不妨把朱熹的艺术哲学比作中国古典美学和传统文化中的一座古塔。也许是由于这座古塔置身于朱熹庞大的理学建筑群中,理学的名声掩抑着它;也许是由于这座塔本身的建筑具有矛盾的多面性,人们往往只瞧见一面而看不清全貌;也许是由于这座塔因沾着理学圣人之光而受过封建正统文人的朝拜或权势者的拱奉,于是引起了后人的反感;也许是由于这座塔本身就包含着腐朽的东西,或者因年代久长而散发出令人讨厌的气息……总之,它被掩抑着,被误解着,被反感着,被回避着。

然而,当我们沿着朱熹的内在思路,匆匆考察了这座久被冷落的艺术哲学古塔,从哲学的塔基一直登上审美理想的塔尖,我们不得不对其结构的精致和内容的深刻发出感慨,也不得不对其长期地被冷落和误解表示遗憾。我们还发现,这座塔的模式,在后来中国文学和美学思想的建筑中产生着深远的影响。

现在,让我们走出这座古塔站在一个较高的位置,对它作一个整体的把握。从整体上说,朱熹艺术哲学具有哪些主要特色呢?

首先,是它的系统性。在好多人看来,中国的古典美学和文艺理论,在表述形态上的重要特点是缺乏理论的系统性,而表现为点悟式品评式的经验性描述。这个特点,如果指那些由长于创作而短于思辨的艺术家本身的经验之谈表现出来的理论形态,尚是正确的话,那么,对于指朱熹这样富有思辨精神的哲学家表现出来的艺术和美学的理论形态,就不合实际。朱熹艺术哲学的出色之处,正是它的理论的系统性。朱熹把艺术和艺术美的存在看作如图1结构层次。

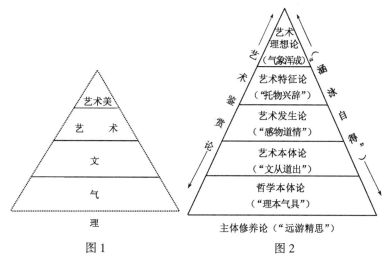

图1   图2

虚线表示逻辑本原,实线表示实际存在。在这个结构中,理派生出气,气表现为文,艺术是文的一种,艺术美是艺术的成功表现,而这一切又都有着理的逻辑本原,最高的艺术美归根也是理的体现。因此,艺术创造的主体修养包括对气的观察和对理的体认两面工夫。与此对应,他的艺术哲学表现为如图2结构系统:

这样,在哲学本体论的基础上,由对艺术本质的探讨到对艺术发生与特征的揭示,再到对艺术审美理想的规范,层层上升,构架起一个塔形;对创作修养的探讨则又回溯到塔基,艺术鉴赏则表现为由特征切入向两头动态深化的过程。这种体系的严整程度在中国古典美学中是少见的。理论形态的系统性,是朱熹作为哲学大师的杰出思辨能力在其艺术哲学中的体现。

其次,是它的矛盾性。朱熹的艺术哲学结构是严整的,但在其严整结构中处处显示着矛盾,这些矛盾又处处为朱熹的体系试图统一。朱熹艺术哲学的深刻性、神秘性、辩证性、保守性和启发性都跟这种矛盾性相关,对于朱熹的片面见解也来自对这种矛盾及其复杂性的认识不足。存在于朱熹艺术哲学中的主要矛盾有：理和气的矛盾，性和情的矛盾，"文道合一"和文由气构的矛盾，"文从道出"和感物道情的矛盾，"远游"的向物工夫和"精思"的向心工夫的矛盾；要之，可归结为唯心的形上追求和唯物的形下实践的矛盾。另外，还存在着哲学和艺术理论中的某些观点与其本人生活和创作实际的矛盾。

朱熹艺术哲学的深刻处正在于他处处揭示这些矛盾，并力求在终极的根源上为它们作出形而上学的解释，这种思辨是深刻的，但时时显出神秘主义色彩。在他既追求艺术的逻辑来源，又考察艺术的实际存在，不因对前者的执着而减少对后者的尊重这一点上，他的思想是辩证的；而在他处处为这些矛盾圆说，努力使之弥合于自己的体系，并且试图以他主张的伦理本体涵盖一切这一点上，他的思想是保守的。朱熹艺术哲学的启发性也正在于处处显示了这些矛盾，这就为后来者突破他的体系埋下了缺口。比如由"性"和"情"的矛盾，从反面启发"主情"说的兴起。理论本身的矛盾性，在很大程度上，是朱熹作为理学家和普通人两重人格、两种欲求在其艺术哲学中的体现。

第三，是它的伦理性。中国古典哲学以人生哲学为核心，中国古典美学，尤其是儒家美学以人格理想为其追求的境界，强调"美"和"善"的统一，伦理价值和审美价值的统一。朱熹艺术哲学突出地表现了这一民族审美意识的特色。其一，表现在他追寻艺术本原时，把伦理之道和宇宙原理混用，甚至试图以前者同一后者，表现出把艺术本身看作道德体现的倾向（不过在这一点上，他还是矛盾的）；其二，表现在他规范审美理想时，以人格理想作为艺术审美理想的内涵，"气象浑成"作为一种理想的审美境界，正是理想的人格境界的体现；其三，表现在他谈艺术创造主体修养时，强调人格的修养，强调人品和文品的统一；最后，表现在他认为艺术的最终功能在于以美的形式引导人进入善的境界,在于培养理想人格;因此,他的艺术哲学有着美育化倾向,具有执着的实用目的,体现着浓厚的实践理性。试再引他自己的一段话证明这种特色:

> 盖尚闻之,先生君子观于浮图者,仰首注视而高谈,不若俯首历阶而渐进。盖观于外者,虽足以识其崇高钜丽之为美,孰若入于其中者,能使真为我有,而有可以深察其层累结架之所由哉?(《朱文公集》卷38)

他这里碰巧是在谈登塔的感受时表现了他的美学宗旨。"外观巨美",不如"内入真有"这可谓是他的美学目的论。由此可知,他构建艺术哲学这座塔,其目的也不在于仅仅让人们流连于艺术的观赏,而在于让人们循此而进入理想的人格境界。这种艺术观的伦理化倾向是朱熹作为传统文化集大成者的意识趋向在其艺术哲学中的体现。

四、朱子艺术哲学的总体影响

对于朱熹艺术哲学的主要影响,我们可以从三方面来看:其一是对他的艺术和美学观点的直接继承和发挥,我称之为"顺承影响",其二是对他的哲学和美学和美学体系的突破,我称之"逆反影响",其三是他的艺术和美学思想成为一种深层的传统文化意识年久代远地产生作用,我称之为"文化影响"。

朱熹艺术哲学的"顺承影响",仅从严羽和王夫之身上择其大要,便不难窥一斑而推知全豹。严羽与朱熹同时代而稍后,这两位宋人的形象在人们心目中悬若冰炭,其实,正是朱熹给了严羽极大影响。其影响最重要的有三个方面:首先是朱熹诗论的重点和审美理想。《沧浪诗话·诗辨》所云"体制""格力""气象""兴趣""音节",正是朱熹诗论的重点;严羽所表述的审美理想也与朱熹一致。

比如严羽言"兴趣"要求"吟咏情性",感物起"兴",并达到"羚羊挂角,无迹可求"的境界;言"气象"推崇"气象混沌,难以句摘","似粗而非粗","似拙而非拙","浑然天成",这正是朱熹"感物道情"和"气象浑成"的意思。其次是朱熹"熟读精思"的文学方法论。朱熹的"熟读精思",一指熟读以"穷理",严羽亦云"非多读书,多穷理,则不能极其至";二指熟读以"识得古今体制雅俗向背",识得前人诗之"优劣",严羽亦云"作诗正须辨尽诸家体制,然后不为旁门所惑",并提出"参诗"说;三指熟读以仿古,严羽亦云熟读模仿"做到真古人"。最后是朱熹对具体人物的品评,严羽也与之相近。朱熹推重李杜,严羽同声和之;朱熹对苏黄诗风的非议,可谓开严羽抨"江西诗派"之先声。

至于朱熹对王夫之的影响,就审美意象论,朱熹的"气象浑成"之于王夫之的"二十字如一片云"(《古诗评选》卷3),"无端无委,如全匹成熟锦,首尾一色"(《古诗评选》卷5);就鉴赏论,朱熹的"熟读涵咏","通悟自得"之于王夫之的"此种诗直不可以思路求佳"(《古诗评选》卷3)。"从容涵咏,自然生其气象"(《姜斋诗话》卷1),"读者各以其情自得"(《姜斋诗话》卷1);就创作修养论,朱熹的"远游以广其见闻","不能胸中饱丘壑,谁能笔下吐云烟"(《朱文公集》卷9)之于王夫之的"身之所历,目之所见,是铁限"(《姜斋诗话》卷2);其间脉络,一目了然。

朱熹艺术哲学的"逆反影响",主要见于明清浪漫思潮的兴起。这股以个性解放,"言情"为主要特征的思潮其思想源渊可溯之于王学对朱熹哲学体系"心""理"矛盾的突破而高扬了"心"的主体地位,进而又由后来者突破"性""情"矛盾而肯定了"情"的合理性。"主情"派如李贽、汤显祖、徐渭等莫不把抨击的矛头指向朱熹的"理",这种抨击成了文艺和美学中浪漫思潮兴起的"逆反"原因。

朱熹艺术哲学的"文化影响"是相当深远的,可以说至今天它尚在起着作用。最明显的是其艺术哲学中的伦理化倾向,作为一种"思想先行"的传统意识,在朱熹后历代相沿,这主要又表现为艺术的政治化和人格化。即使批判朱熹激烈、深刻如鲁迅,在这方面也并未与其相左,而且直接间接受其影响。比如鲁迅主张"喷泉里出来的都是水,从血管里出来的都是血"(《鲁迅全集》卷3,第408页),"革命人做出东西来才是革命文学"(《鲁迅全集》卷3,第313页),这俨然就是朱熹的人品与文品统一论。另外如鲁迅对陶渊明的评价,直接受朱熹陶渊明论影响,都是从人品气质着眼。值得指出的是,在中国庸俗社会学的艺术观之所以易走红运,跟这种"文化影响"有着内在的关系,后者为前者的流行提供了合适的文化的土壤和精神的氛围。

五、朱子艺术哲学的总体评价

对于朱熹的艺术哲学,我们应当怎样评价?列宁曾说"判断历史的,不是根据历史活动家有没有提供给现代所需求的东西,而是根据他们比他们的前辈提供了新的东西"(《列宁全集》卷2,人民出版社,1972年版,第150页)。根据这个原则考察,朱熹在中国古典美学史上的突出贡献主要有两点:一是他的艺术哲学的哲理性、思辨性,启发促进了当时整个时代的美学思维。中国古典美学的主体是诗学,这种诗学主要又表现在"诗话"一类的著述里,"诗话"正是在宋代兴起并大量涌现的,而其中最出色的正是受朱熹影响很深的《沧浪诗话》。纵观中国古典美学史,至宋代有个明显特色,那就是美学思辨性的加强,理论著作的丰富,朱熹在其中起了很大作用。二是他对"气象浑成"的推崇,促进了当时重视整体美、人格美的审美理想形成。这两点,在今天看来还有着积极意义,是中国古典美学中的活东西。朱熹艺术哲学的主要局限性,在于他对艺术的伦理功用过分的强调,这在实践上起着束缚、压抑艺术发展的消极作用,有时甚至导致吞并、否定艺术自身。我们应当注意把朱熹本人在当时的实际面貌和朱熹的偶像在后代的消极作用成分区分开来,把朱熹的文学、美学观和其理学观区分开来,把朱熹艺术哲学中的积极成分和消极区分开来,这样,才可能对他的艺术哲学作出较中肯的评价。

总之,我的看法是:朱熹并没有极端地否定艺术的地位、作用和特征,相反,他对艺术的本质、特征和审美理想有着相当深刻而系统的见解,只不过他的思想包含着深刻的矛盾。朱子艺术哲学以其特有的哲理性和系统性,在中国古典美学中别具一格,以其突出的伦理性显示着中国传统文化意识和审美意识的特点,在当时和后代产生着很大的影响。中国古典美学史中应有朱子艺术哲学的一席地位。

(选自《浙江大学学报》,1992 年第 1 期)

潘立勇(1956—),浙江大学中国思想文化研究所教授,主要研究方向为中国哲学、美学。有《朱子理学美学》、《审美人文精神论》等著作。

由于朱子美学的历史重要性、对朱子美学研究的忽视以及对朱子艺术哲学的误解,我们应当重视对朱子艺术哲学的研究。艺术哲学是朱子美学体系中的重要组成部分。朱子艺术哲学建立在"理本气具"的哲学本体论基础之上,由"文从道出"的艺术本体论、"感物道情"的艺术发生论、"托物兴辞"的艺术特征论、"气象浑成"的艺术理想论、"涵泳自得"的艺术鉴赏论以及"远游精思"的主体修养论组成。由此而呈现出理论上的系统性、矛盾性和伦理性等特点。

意统情志的王阳明美学

肖 鹰

一

王阳明处于传统中国社会向近代转换的时期。这个历史时期使他的哲学思考面对维护传统和解放思想的矛盾。这一矛盾在儒学内部集中表现为普遍的道德原则（天理）和个体的情感欲望（人欲）的冲突。王阳明心学的目标是通过良知本心的复明（重建），以达到人与天地一体的存在境界，从而实现群体与个体、普遍与特殊的统一。根据王阳明心学，实现这个统一目标的基本要求，是个体自我一以贯之地坚持以"诚意"为修养进学的核心。"《大学》之要，诚意而已矣"（王守仁，《王阳明全集》，上海古籍出版社，1992年版，第242页）。对"意"的强调，是贯穿王阳明哲学始终的。这构成了王阳明哲学的一个基本特征，同时也构成了王阳明美学的一个基本特征。

"意"（或"诚意"）在王阳明哲学中的核心意义，首先是以他的心学宗旨为基础的。心学宗旨即以仁义、性理为人心内在固有的，求学向善的实质是发扬和恢复人心固有之善和理。"心即理也。学者，学此心也；求者，求此心也。"（同上，第51页）王阳明反对理学，就是认为它把心、理二分，向心外求理，不能真正实现心理一体，把"理"的普遍要求体认为自我本心的内在欲求，即不能真正达到"诚意"。

> 先儒解格物为格天下之物,天下之物如何格得?且谓一草一木亦皆有理,今如何去格?纵格得草木来,如何反来诚得自家意?(王守仁,《王阳明全集》,上海古籍出版社,1992年版,第119页)

其次,在心学体系中,王阳明主张"心统性情"、"体用一源"的心体观念,这个心体观念认为心是一个性理和情感、本体和活动(作用)不可分割的整体。

> 心统性情。性,心体也;情,心用也。程子云:"心,一也。有指体而言者,寂然不动是也;有指用而言者,感而遂通是也。"斯言既无以加矣,执事姑求之体用之说。夫体用一源也,知体之所以为用,则知用之所以为体者矣。(同上,第146页)

基于这个心体观念,并且针对理学把性和情、心和理相分的心体观念,王阳明必然特别强调心的现实的活动,把一个现实活动的心作为他的哲学基点。这个现实活动的"心",即已发之心,就是"意"。王阳明说:

> 身之主宰便是心,心之所发便是意,意之本体便是知,意之所在便是物。如意在于事亲,即事亲便是一物;意在于事君,即事君便是一物;意在于仁民爱物,即仁民爱物便是一物;意在于视听言动,即视听言动便是一物。所以某说无心外之理,无心外之物。(同上,第6页)

由此可见,"意"既是本体之心的经验表现,又是与外界相联系的意识活动的整体。陈来概括说,"所以,凡心有所发,即一切意识活动,都是意"(陈来,《有无之境》,北京:人民出版社,1991年版,第49页)。这是符合王阳明的思想的。

第三,王阳明主张,心学的根本在于"诚意",极而言之,"诚意"是复明和体现良知之心的境界。所谓良知,根据王阳明,是自我生命的本性所在,是存在的根本。它不仅是人人与生俱来的是非善恶的判断力、道德感,而且是包括人在内的天地万物共同具有的生存、生命根源,即是"道"。在不同情况下,王阳明对良知(道)的描述和规定是不同的。但是,在根本上,他的描述和规定不出这两个基本思想:(1)良知的实质是以天地万物为一体,即以人生世界为一个生命整体的统一境界。一切是非观、善恶感,都是以这个统一境界为出发点和归属的。(2)以人生世界的整体性原则为内涵,良知本体的属性、状态,被设定为是不可把握、不可限定,也是不可表达的。因此,王阳明用《周易》"易"的概念来称谓良知。良知即是"易",它存在于"有无之间,见与不见之妙,是不可以言语求知的"。根据这两个基本思想,王阳明主张求道为圣必须解决"诚意"和"执着"的矛盾。要复明良知本心,一方面,必须达到真心实意的道德觉悟,一切是非、善恶都来自于自我最内在的体认,即"诚意";另一方面,又不能把良知视为一物,即当作一现成的、确定不变的概念或教条,着意地或先入为主地去追求,即"执着"。诚意而不执着,是求得良知之心和达到理想人生境界(圣人之境)的关键。王阳明用禅宗教义来表述这个原则,即"无所住而生其心"(慧能,《坛经》,北京:中华书局,1983年版)。对于王阳明,这里的"心"字当作"意"字解,即现实活动之心。所谓诚意,就是把自我心意活动提升到自然而然地体认和表现自我与天地万物为一体的生命本性。

　　通过对"良知"与"诚意"两个传统道德观念的重新解释,王阳明做了两个方向相反的观念转化工作。一方面,他把普遍化的封建道德原则"理"(仁)非概念化,转化为自我直接体认的天地万物一体的整体性的生命境界,即把抽象的普遍的概念,转化为具体的个体化的境界。另一方面,他把自我个体的生命活动和情感欲念提升为宇宙生命本体和整体的具体化和表现,使个体的存在超越自身的有限性而进入天地的无限境界。这两个相反的转化统一于具有整体意义的生命境界的创造。以这个生命境界的创造为内涵，王阳明把"诚意"作为心学（儒学）修养的核心，就具有打破传统儒学、特别是理学对人生普遍原则和精神的概念化和教义化追求的意义。相反，王阳明是把概念化和教义化的儒学原则和精神，还原为社会个体对自我生命的内在整体性的体认，并通过这个体认把自我存在与世界整体的生命运动沟通，从而实现自我从有限到无限的超越。准确讲，王阳明的"诚意"论追求的是在生命的整体性原则下，普遍与特殊、感性与理性的统一，即个体与整体的生命整合。这个基本追求，既把儒家思想的理性教育路线转向感性体认，同时也正是通过感性体认把日常生活的感性经验转向理性超越。感性体认的中心地位和中介作用，使王阳明哲学内在地具有美学精神，而"诚意"成为一种人生审美化的理想追求，或境界。

王阳明把良知复明，即实现诚意的生命境界，称为"乐"。"乐"作为个体生命的最高实现，是感性与理性、自我与世界的同一。作为理想的存在境界，"乐"是以天地精神为核心的生命意识的呈现，它的对象是大象无形的天地境界或宇宙生命：在这个境界中，乐的真义就是人我内外、天地万物一气流通，"出入无时，莫知其乡"，无限生意中的"与物无对"：

> 良知是造化的精灵。这些精灵，生天生地，成鬼成帝，皆从此出，真是与物无对。人若复得他完完全全，无少亏欠，自不觉手舞足蹈，不知天地间更有何乐可代。（王守仁，《王阳明全集》，上海古籍出版社，1992 年版，第 104 页）

这个"与物无对"的境界，乃是王阳明审美精神的最高追求和最终体现。在这个既是整体性的，又是创造产生性的乐的境界中，既不是抽象普遍的"理"，也不是具体个别的"情"得到确认或扩张，而是包含、融合了理和情的天地生意被体认，被展现。把个体自我的心意提升、汇入于无限的天地生意，是实现"乐"的关键，这也是王阳明诚意论的实质。正因为如此,"意"成为王阳明哲学、美学的一个核心概念。应当指出的是,王阳明并不否定理和情,而是主张把心意的提升、超越的过程,实现为对概念化的理和具体的情的化合、提炼过程。他对中国哲学的"气"(气化)的思想的阐发,就是对这个化合、提炼过程的表述。因此,应当说,以意统情理是王阳明美学的一个基本原则。在中国美学史上,"理"的内涵一般用"志"(或"道")来表述,也就可以说,王阳明美学是以意统情志的美学。

二

　　那么,王阳明对"意"的强调,在中国美学史的发展中处于什么地位,又具有什么意义呢? 这就需要作一个历史考察。

　　在儒家美学传统中,普遍性(天理)和个性(人欲)的冲突,表现为志(言志)和情(缘情)的冲突。在辞源学意义上,"志"和"情"两者的含义,本来是相通的,都表示感物而动的哀乐情感,即如唐代孔颖达注"诗言志"所指出的,"在己为情,情动为志,情、志一也"(孔颖达《春秋左传正义》,《十三经注疏》,北京:中华书局,1980 年版)。但是,在社会发展中,"志"逐渐被赋予政治伦理的普遍意义,而"情"就相对地被赋予个体情感的特殊意义,这两个概念就被对立起来。因此,在儒家美学中,"志"就不是一般的"哀乐之心感,歌咏之声发"(《汉书·艺文志》,上海古籍出版社,1992 年版),而是以儒家政治和教化精神为内涵的思想、志向和抱负。"志""情"概念的对立,表明了普遍原则和个体意识的对立,儒家美学倡导艺术教育("乐教"),其目的就是要通过艺术的感化力量,使个体意识自觉自愿地归入普遍原则,即《乐记》所谓"致乐以治心","反其情以和其志"。而《尚书》"诗言志"被确立为儒家美学的基本主张,则表现了作为普遍原则的"志"对个体情感意识的"情"的主导地位或制约作用。

进入汉代以后,发生了两个变化:第一,汉代学者把"志"释为"意",并常"志""意"联用。如《史记·五帝本纪》将《尧典》"诗言志"写作"诗言意"。第二,在"诗言志"之外,又提出"吟咏情性"的说法。这两个现象,表现了"志"的普遍意义和主导地位的削弱,"情"的个体内容和经验内容的加强和突出。《汉书·艺文志》关于"诗衰赋兴"的记载揭示了这一变化:

> 《传》曰:"不歌而诵谓之赋,登高能赋可以为大夫。"言感物造端,材知深美,可与图事,故可以为列大夫也。古者诸侯、卿大夫交接邻国,以微言相感,当揖让之时,必称《诗》以谕其志,盖以别贤不肖而观盛衰焉。故孔子曰"不学《诗》,无以言"也。春秋之后,周道浸坏,聘问歌咏不行于列国,学《诗》之士逸在布衣,而贤人失志之赋作矣。(《汉书·艺文志》,上海古籍出版社,1992年版)

所谓"失志之赋",《艺文志》认为"皆感于哀乐,缘事而发"。《毛诗序》提出诗"吟咏情性"的说法,正可以作为对这个变化的理论概括。再进一步,魏晋以来,随着社会生活中个体因素的加强,文艺创作对个体性情的关注也相应加强,反映在理论中,则是在《毛诗序》"吟咏情性"之后,又有陆机《文赋》"诗缘情而绮靡"和钟嵘《诗品》"摇荡性情,形诸舞咏"的说法。这就意味着,在理论和现实两方面都要求突破以"诗言志"为核心的艺术原则。在这个意义上,又应当从另一个角度来理解孔颖达在解释"诗言志"中所提出的"情志一也"的观点。他所谓"在己为情,情动为志",可说是以情释志,以情代志,也就是说,这一解释把具有政治教化意义的"志",情感化、个体化了。这层意义,孔颖达在另一个地方表现得更明确:

> 诗者,人志意之所之适也。虽有所适,犹未发口,蕴藏在心,谓之为志,发见于言,乃名为诗。言作诗者所以舒心志愤

滤而卒成于歌咏。(《毛诗正义》,《十三经注疏》,中华书局,1980 年版)

就此而言,孔颖达对"诗言志"的解释,具有双重意义,即一方面揭示了先秦汉以"志"统"情"的美学原则,另一方面又预示或开启了美学原则从"志"(经过"意")向"情"的重心转移。

但是,这次美学重心转移经历了一个自魏晋至唐宋的漫长的蕴蓄过程。这正如叶朗所指出:"实际上,中晚唐前后的美学依然是魏晋南北朝美学的继续和发展。"(叶朗,《中国美学史大纲》,上海人民出版社,1985 年版,第 9 页)本质性的变化产生于明后期。此时,社会经济领域出现了资本主义萌芽,而在思想领域出现了以李贽哲学为标志的思想解放的潮流。"这种思想解放潮流(包括在这一潮流中涌现出来的美学理论和美学范畴),有力地冲击着教条主义美学和复古主义美学,拓展了人们的理论视野。再加上明末农民大起义、明朝灭亡、清朝入关等一系列社会变动,造成了一种'天崩地坼'的时代气氛,极大地刺激了思想界,促使理论思维重新活跃起来。"(同上)美学的本质性变化,即由"意"向"情"的重心转移,正是作为这个思想解放潮流的一个基本组成部分而展开的。李贽的"童心说"、汤显祖的"唯情说"和公安派的"性灵说",都围绕着一个"情"字展开。过去,"情"要在"志"在"理"的名义下才能得到承认;现在,"情"却是站在"志"或"理"的对立面,以其作为个体自我的真实存在和表现而被肯定和张扬。李贽说:"盖声色之来,发乎情性,由乎自然,是可以牵合矫强而致乎? 故自然发乎情性,则自然止乎礼义,非情性之外复有礼义可止也。"(北京大学中国哲学史教研室,《中国哲学史教学资料选》下册,北京:中华书局,1981年版)"童心说"的实质就是摆脱世俗传统的束缚,以真心实感为人生为文章。"夫童心者,真心也。"这种标举真心,推崇实感,主张自由抒发性情的美学观念,所激发的是一股现实主义和人文主义的思潮。现实主义和人文主义,正是这次思想解放潮流的实质所在。这必然冲击和突破孔子以来的"文质彬彬""温柔敦厚"的美学原则。正因为如此,这次思想解放产生了美学的本质变化。变化的重要结果,则是以写真人真情为宗旨的小说和小说美学的兴起。

王阳明处于这次美学变革的前夜。在这个特殊的历史位置上,情和志的矛盾自然非常集中地反映在他的美学思想中。情和志的矛盾,在王阳明美学中的具体表现是,一方面,王阳明同时肯定志和情,既认为歌诗都以立志为本,又认为七情是人心应有的;另一方面,王阳明又反对在情、志上的"执着",认为"心体上着不得一念留滞",不仅歹念着不得,好念也着不得。正是这个矛盾立场,决定了"意"成为王阳明美学的中心。在王阳明美学中,"意"不排斥"情"和"志","意"的中心作用是保持"情"和"志"的生机和张力,防止其"有所执着"或"偏依"。准确讲,在王阳明美学中,"意"就是"无所住而生其心"。概括地讲,王阳明在情志意三者之间,坚持了两个原则:第一,相对传统精神和新兴精神在各自立场上所坚持的"情""志(理)"对立,王阳明坚持情志一体,即所谓"心统性情";第二,相对于传统精神以"志"为中心,新兴精神以"情"为中心,王阳明以"意"为中心。王阳明主张"心统性情",实际上,是把性、情统一于"意"或"诚意"。因此,可以说,王阳明美学融会了志(性理)和情(欲念)为汇同天地一体的"意"。

三

对意的强调,使王阳明美学突破传统儒家美学的阈限,而与道家美学汇通。在道家美学中,"意"这一观念的内涵的形成和地位的突出,来自于魏晋玄学的兴起。玄学兴起于"言意之辨"。王弼以《庄子》"言者所以在意,得意而忘言"释《易传·系辞上》"言不尽

意""圣人立象以尽意",主张"意以象尽,象以言著。故言者所以明
象,得象而忘言;象者所以存意,得意而忘象","得意在忘象,得象
在忘言。故立象以尽意,而象可忘也;重画以尽情,而画可忘也"
(北京大学中国哲学史教研室,《中国哲学史教学资料选》下册,北
京:中华书局,1981 年版)。此即"言意之辨",因此大畅玄风。以
"言意之辨"为主导,玄学不仅会通儒道,重新规定了"意"、"象"、
"言"三者之间的关系,发现并强调了三者之间的根本的非对称(吻
合)性,提出了解释经典要"忘言得意""以意会之",从而修正了汉
代经学拘于文字的解经方法;而且,玄学发现并突出了"意"的超越
性,也就是说,玄学会通儒道,在人生论与本体论相统一的意义上,
重新规定了"意"。因此,"意"既突破了以政治、教化为内涵的
"志",也突破了感于哀乐的"情",而成为既超越二者,又统一二者
的本原性的内容——道,或道的体认。相对于"志"联系于政治伦
理,"情"联系个人性情,"意"则联系于天地万物,在根本上即是
"自然"或"自然之意"。玄学倡导忘言忘象,其宗旨就在于会得此
"意"。这个"自然之意",相对于"志"与"情"的"有",则是"无"。就
此而言,得意就是体认"无"。所以玄学有"圣人体无"之说。汤用
彤说:

　　忘象忘言不但为解释经籍之要法,亦且深契合于玄学之
宗旨。玄贵虚无,虚者无象,无者无名。超言绝象,道之体也。
因此本体论所谓体用之辨亦即方法上所称言意之别。二义在
言谈运用虽有殊,但其所据原则实为同贯。(汤用彤,《魏晋玄
学论稿》,北京:人民出版社,1957 年版,第 31 页)

　　体无,得意,所以实现的是一个"重神理,遗形骸"的超脱境界,
亦即"无"的境界。冯友兰指出,玄学家所谓"体无"并不是指对本
体的把握,而是指一种精神境界,也就是"以无为心"的境界;并特
别指出,郭象的意义就在于破除了本体的"无",但肯定了境界的

"无"(冯友兰,《中国哲学史新编》第 4 册,北京:人民出版社,1986
年版,第 162 页)。冯先生此论是对玄学精义的揭示。这一境界的
创化,不仅直接启发了"意象"和"意境"诸美学观念的形成,而且对
魏晋和后世的艺术创作产生了深远的影响。孙过庭《书谱》所谓
"岂知情动形言,取会风骚之意;阳舒阴惨,本乎天地之心"(北京大
学中国哲学史教研室,《中国哲学史教学资料选》,上册,中华书局,
1981 年版),这不仅是此间书法的理想,亦是当时中国艺术的普遍
理想。所以,诚如汤先生所指出的,玄学在学理上和人生艺术上,
都为中国文化提供了一个"新的眼光"。

　　就"志""意""情"三者的关系而言,玄学的意义在于:以"意"消
解了"志",又以"意"充扩了"情"。所谓以"意"消解"志",即以"与
自然为一"的无限精神消解被汉儒经学化的有限的政治教化理想;
所谓以"意"充扩"情",即把个体的哀乐性情,融汇入对自然无限生
机的体认之中。玄学的"圣人有情/无情"之辨,即是解决"意"对
"情"的充扩问题。何晏主张"圣人无情",认为圣人与天地合德,与
治道同体,则纯理任性而无情。王弼反对圣人无情的观点,主张
"圣人有情"。他认为:

　　　　圣人茂于人者神明也,同于人者五情也。神明茂,故能体
　　冲和以通无;五情同,故不能无哀乐以应物。然则圣人之情,
　　应物而无累于物者也。(《魏书·王弼传注引》,《三国志》,上海
　　古籍出版社,1986 年版)

不是圣人无情,而是情的有限性被神明(理)的无限性超越了,所
以,有情而不为情所累。汤先生认为这是"以理化情"(汤用彤,《魏
晋玄学论稿》,人民出版社,1957 年版,第 79 页)。就我们现在的
论题而言,"以理化情",就是"化情为意"——把有限个体的情感化
为无限的自然意识。宗白华指出,"晋人向外发现了自然,向内发
现了自己的深情。山水虚灵化了,也情致化了"(宗白华,《宗白华

全集》第2卷,合肥:安徽教育出版社,1995年版,第274页),可从这里得到解释。"意"统一了"志"和"情"。陆机《文赋》所谓"伫中区以玄览,颐情志于典坟",刘勰《文心雕龙》所谓"人禀七情,应物斯感;感物吟志,莫非自然",就是在"意"对"志"和"情"的统一含义中,把"志"和"情"等同并用。

王阳明美学对意的强调,无疑是对玄学思想的再次发挥。这次发挥,正如我们在前面的讨论所指出,是对中国美学关于"无"的思想的再次肯定和发挥。但是,王阳明并不是沿着道家美学的自然主义路线发展的。王阳明在情和志的现实冲突中,从道家的"意"的思想中寻求到在向自然超越的路线上超越两者对立的可能,同时,他的现实关怀、治世精神(不仅是入世),使他必然要反拨道家的自然主义路线。在王阳明美学中,"意"的超然绝尘的情调溶入了痛切追深的现实关怀。结果,王阳明在"意"的思想中向道家美学的汇通,成为把人间性的良知观念注入道家化的"意"(天地意识)中。正是在这个意义上,王阳明美学才成为中国美学史上的一个重要环节:它在传统美学精神的系统中,成为对具有根本变革意义的明末美学精神的先导。在王阳明美学中,意是超越和调和情、志的。但在传统美学思想与明清美学思想之间,王阳明关于"意"的思想,起了由志到情的转化作用。一方面,它直接冲击了代表僵化的传统精神的理学美学,另一方面,它先期肯定并提供形而上学根据给具有人文主义精神和现实主义精神的"情"的观念。

王阳明对明清美学变革的先导作用,最集中地表现在这次变革的思想领袖李贽的美学思想中。李贽美学的核心观念,即"童心"观念,无疑是受王阳明"良知"观念启发而来的。王阳明认为"良知只是一个,随他发现流行处当下具足,更无去求,不须假借"(王守仁,《王阳明全集》,上海古籍出版社,1992年版,第85页),

李贽也认为"夫童心者,绝假纯真,最初一念之本心也"(北京大学中国哲学史教研室,《中国哲学史教学资料选》,下册,北京:中华书局,1981 年版)。进一步讲,作为良知说的核心内容的"知行合一"和"体认本心"(明白自家心体)观念,无疑启发和支持了以真实(真人、真心)为理想的新美学精神。但是,"童心说"所开拓的美学思想是以个体自然的情(真感情,真性情)为中心的,它突破了王阳明美学以意为中心的体系。就此而言,以"意"为中心的王阳明美学的地位是处于以志为中心的传统美学和以情为中心的明清新兴美学之间的——是两者之间的一个重要的过渡。但是,在中国美学史分为传统美学与明清新兴美学两个具有本质差异的大阶段的意义上(叶朗,《中国美学史大纲》,上海人民出版社,1985 年版,第8-9 页),就其哲学基础和思想宗旨而言,王阳明美学仍然是属于前一阶段的。王阳明的承先启后作用具有双重意义:反对理学所代表的"文以载道"的传统美学精神以开启"独抒性灵"的新兴美学精神,同时,反对新兴美学精神对情感欲念的偏执而努力复兴情志(理)统一的传统美学精神。

(选自《文史哲》,2000 年第 6 期)

肖鹰(1962—　),清华大学艺术教育中心教授,主要研究领域为美学与当代文化。著有《形象与生存》、《真实与无限》、《体验与历史》等。

志、意、情是中国传统美学中关于审美——艺术内涵的三个基本概念,在不同时期分别成为审美意识的核心。王阳明美学处于由传统美学向近代美学转变的前夜,因此具有对传统美学的深化和对现代美学的预见。在知行合一、体用不二的哲学基础上,王阳明致力于以意为中心统一情、志。意义在于:一方面,直接冲击了代表僵化的以"志"为本的理学美学;其次,它先期肯定并提供形而上学根据给具有近代人文主义精神和现实主义精神的"情"的观念。

试论孔子审美思维方式的特征

张利群　黄小明

　　中国传统审美思维方式的确立早在先秦百家争鸣中就显现端倪,诸子的论辩中无疑大量涉及到思维方式的问题,也就不可避免地涉及到审美思维方式的问题。孔子虽然没有直接参与有关思维方式的讨论,但他在论述文艺和审美时体现出一定的审美思维方式的特点,对后世审美思维方式的建立和发展有所启迪。同时,从孔子大量文艺和审美的实践看,孔子的审美思维方式是客观存在的,而且也发挥了重要作用。他的诗论、乐论、舞论、画论就是在其审美思维的作用下形成的。因此,孔子的审美思维方式是其美学观、艺术观中不可缺少的组成部分,而且对中国传统审美思维方式有重要作用和影响,应该引起我们研究的足够重视。

一、孔子审美思维方式的性质

　　先秦的孔子和庄子都是当时伟大哲人,他们的思辩能力和思维方式能力都是举世公认的。而《论语》与《庄子》则各自体现出不同的风格特色:《论语》精炼、朴实、深刻,是语录体散文;《庄子》恢宏、恣肆、华丽,是寓言体散文。他们虽同善辩、富于哲理;但在表达形式上则相距千里,这足以见出两者在思维方式上的不同。孔子偏于理性思维,庄子偏于感性思维。当然,仅仅从两者对比中来认识孔子思维方式的特征和性质是不够的,我们还必须从孔子的文艺观和审美观出发,具体探讨孔子审美思维方式的性质。

孔子的审美思维方式偏重于理性,但不完全是理性思维,也就是说不完全是抽象思维或逻辑思维性质;而是理性思维与感性思维的结合。当然在这个结合中他偏重于理性思维,偏重于在认识、理解、推理、判断中去把握审美对象,去展开思维活动。不可否认,任何审美思维都应该是形象思维,就如同任何艺术思维都是形象思维一样。但在形象思维中还包含有理性因素和感性因素,或偏重于理性、或偏重于感性,就会形成审美思维的特性。我们认为,孔子的审美思维从本质上说也是形象思维,但它是理性因素很强的形象思维,因而带有抽象思维、逻辑思维的色彩。因此,可以认定,孔子的审美思维方式是吻合艺术思维规律和审美思维规律的;同时又是具有孔子审美思维方式特性的。因此我们不能将孔子审美思维方式简单化、单一化,而应该从以下二方面来认识这种思维的性质。

第一,整体系统思维。孔子的审美思维中具有整体系统思维的特性,这种整体系统思维就是将审美对象的各有关因素视为一个相关相联的系统和整体。审美思维必须以审美对象为核心,联系与之相关的其他因素,尤其是在审美对象与其他因素的关系中去进行思维,而不是孤立的、单独的、封闭的只对审美对象而产生思维。具体而言,就是孔子将审美现象和艺术现象放在整个人类社会现象中来体认的,他认为文艺和审美都是人类社会的一种意识活动、精神活动,因而在审美活动中,就必须将审美对象纳入到人类社会的轨道中去思维。这样就将文艺和社会生活的关系、文艺和政治、伦理道德等意识形态的关系揭示出来,在它们之间相互关系中来进行审美思维。因此,依孔子看来,文艺就不单纯是文艺,它是社会生活的产物,是与政治、伦理道德相关相联的。如他对音乐的认识,就认为音乐应该是"礼乐",而不应仅仅是音乐。因此欣赏音乐时就不仅仅是欣赏音乐的声音、旋律、节奏、拍调,而且更应欣赏音乐的"礼"、"仁"、"善"、"德"等政治、伦理道德的内容和内涵。欣赏诗歌也就不仅仅是诗歌的语言、修饰方法,而更应该欣赏诗歌的"思无邪"内容和内涵。欣赏舞蹈也不仅仅是舞蹈的动作、姿态,而更应该欣赏舞蹈中所包含、象征的"礼"的等级标志。因而孔子才会对那些违反周礼,恣意扩大舞蹈阵容、规模的"礼崩乐坏"现象表示谴责:"八佾舞于庭,是可忍也,孰不可忍也!"(《八佾》)可见,孔子对审美对象的欣赏和认识是与其政治认识、伦理道德认识同步的,也就是说是将文艺、审美与社会生活、意识形态紧紧联系起来思考的,因而孔子的审美思维就表现出系统性、整体性特征。他在审美活动中,是将审美对象放在人类社会的大系统中来体认的。审美对象在人类社会这个大系统中,与其相关的其他因素发生关系,相互影响,相互作用,既受制于社会、政治、伦理道德影响,又作用于社会、政治、伦理道德,从而表现出文艺和审美的性质、特征、功用、价值、地位,也使审美思维能在一个更大范围内进行思维,拓宽了思维的广度。如孔子在讨论文质关系时指出:"文犹质也,质犹文也。虎豹之鞟,犹犬羊之鞟。"(《颜渊》)朱熹注曰:"言文质等耳,不可相无,若必尽去其文,而独存其质,则君子小人,无以辨矣。"(朱熹《四书集注》,岳麓书社,1985年版)这说明对象的文质是不可分割的,应该做到"文质彬彬",将文质统一在一起,使对象成为一个整体形象,而不是分散的各因素。因此在审美思维中,既要考虑到对象的"质",亦要考虑到对象的"文";既要看到对象的正面,亦要看到对象的反面、侧面。这样才能将对象视为一个立体的、完整的、多面多层的整体,也才能针对这个整体形象而展开思维,从而避免思维的片面性、局部性、机械性,而体现出整体系统思维的性质。当然整体系统思维也不意味着面面俱到,不分主次、轻重、详略,而是以点带面,有所侧重。一般而言,事物的性质由主要矛盾和矛盾的主要方面决定,抓住主要矛盾,其余矛盾就可迎刃而解。因此对象中带本质性的、根源性的矛盾往往可以体现出对象的整体性质,抓住主要矛盾来思维也就体现出整体系统思维。孔子在评论诗歌时指出:"《诗》三百,一言以蔽之,曰:'思无邪。'"(《为政》)依孔子看来,《诗经》的本质所在就是"思无邪",抓住了这个本质也就能够从整体上把握《诗经》,也就体现出在读诗、学诗、解诗、用诗中的整体思维特性了。

其二,模糊思维。孔子的审美思维虽侧重于理性思维,对审美对象进行判断、推理、辨识,有一定的准确性和明确性;但由于审美思维具有联想、推想、想象、比兴的特征,因而又有一定的模糊性、不确定性。尤其是当思维具有前面所言的系统性、整体性的因素时,往往就较侧重于宏观的、混沌的思维,而忽略了对微观的、细节的、个别的思维。这种模糊思维具体表现在:首先使用的审美概念具有某些模糊性,很难确定、肯定。例如孔子所言的"美"到底指形式美呢还是内容美,到底是善呢还是美,往往难以划清善与美的概念区别。因为孔子太强调善与美的联系了。其余的概念,诸如"德"、"仁"、"礼"等也是从宏观上、整体上把握,具有某些模糊性。思维必须依赖于概念进行思维,概念的模糊性也就决定了思维的模糊性。其次,模糊思维还表现在审美体验、感受的表达上。孔子往往以"乐",即愉悦快乐来表达审美体验和感受,这种情感反应是较笼统的,因为"乐"还包括审美愉悦之外的其他情感反应。同时,"乐"还无法准确、清楚地表达是审美愉悦中哪一种状态、程度、层次。因此,这种审美体验、感受是模糊的,或者说是难以言传的,只是凭心灵感应、精神契合来体会。孔子所云:"知者乐水,仁者乐山"(《雍也》),只表现出这是审美之"乐",但无法准确说明是一种什么样的审美之"乐"。最后模糊思维还表现在审美评判上。审美评论和判断是思维的结果,说明思维是具有一定过程的。但孔子往往只有结果而无过程,或者说只有观点、论据,而无论证。他往往只作出是非、好坏、善恶、美丑的判断,而不作任何论证。当然,这其中的论证过程——思维过程是有的,孔子将其简略了,但也说明了这种思维过程的模糊性。同时,思维结论也因过程的模糊性而具有不确定性。例如孔子评判《韶》乐时曰:"子在齐闻《韶》,三月不知肉味,曰:'不图为乐之至于斯也。'"(《述而》)也就是说,闻《韶》乐回味无穷,以"味"来比喻审美感受,确实既生动、可感,但也具有模糊性、不确定性,从而说明孔子审美思维的模糊性特性。审美思维具有模糊性是一个客观事实,同时也具有合理性,因为审美思维必须联想、想象、比兴,使审美具有魅力、韵致、滋味,使审美结果更含蓄、蕴藉。因此模糊性具有审美色彩,是一种模糊美。

孔子的审美思维方式的性质可从以上的整体系统思维与模糊思维去认识,从而说明这种思维方式强调理性思维与感性思维的统一、形象思维与抽象思维的统一、审美性与认知性的统一,这表现出孔子审美思维方式的独特性,表现出孔子艺术观、审美观的独特性。

二、孔子审美思维方式的特征

孔子审美思维方式的性质决定了其特征,归而言之,有四个特征:

其一,趋同性。孔子审美思维方式的最为显著的特征是强调趋同性。趋同性是指在思维中有一种追求统一、重视和谐、强调稳定的趋向。这种思维的趋同性与当时盛行的"合"的观念吻合。孔子提倡"和为贵"、"中和之美"强调和谐美。这与"天人合一"、"以合神人"的观念是一致的。这种体现出"合"的特征的思维方式是原始社会以来群居生活与集体协作性生产方式的反映,亦是当时"礼崩乐坏"下的社会意识与人的愿望的表现。孔子强调的和谐美和趋同性的特点所在,就是超越了对人与自然关系、人与神关系的趋同性追求,而提出人与社会关系、人与人关系的趋同性追求。因此孔子的审美思维中带有浓厚的主体性、主观性色彩,带有人的思维的主动性、积极性、带有人的理想、愿望和追求。当然,这种思维方式的趋同性也强化了人的群体性、社会性、规范性,将个体思维限制于社会意识形态的框架中,带有一定的思维局限性,对个体的求异性和个性追求有所抑制。但对当时社会的安定、思想的稳定、文化的统一是起了一定积极作用的。

其二,稳固性。孔子审美思维方式具有稳固的特征,强调符合规范、温和稳重、不走极端、不思超越,从而形成孔子的稳态化的思维方式。这首先表现在它具有保守性上,强调向后看,以复古作为思维定向。孔子要"克己复礼",要遵循周制周礼,反对当时的任何改革将改革者视为乱臣逆子,表现出政治上的保守性和复古性。这种思想观念影响到思维方式中就是遵循旧有的思维方式,缺少创新和改革精神。其次表现在依赖经验性上。孔子审美思维方式注重过去的经验类比,以经验作为思维的参照系,作为思维的镜子,因此使思维停留在经验上,局限于经验中,难以突破旧有经验的框架,因而使思维方式具有稳固性。最后表现在它具有正统性上。孔子以周制周礼为正统正宗,而排斥一切非正统的异端。维护正统当然就难以创新、超越,使思维方式带有稳固性。事实上,孔子维护正统也是维护自己,因为他将自己视为周文化的当然继承者。《八佾》指出:"子曰:'周监于二代,郁郁乎文哉!吾从周。'"因此,孔子的思想就是周代思想的继续,就是正统思想。孔子继承周代思想使之一脉相传,没有其思维方式的稳固性是难以做到的。当然,任何稳固性都是相对的,针对法家的力主变革的思维、道家希冀超越的思维、墨家主张否定一切的思维来说,孔子的思维是稳固的,但正如前面涉及到的,孔子的思维也在稳固中有所变革、创新和超越的。

其三,辩证性。孔子的思维方式具有某些朴素辩证法色彩。朴素辩证法强调思维时必须灵活、运动、变化、发展,反对绝对化、极端化、片面化、机械化倾向。孔子的审美思维方式中辩证性表现在:首先是行"中庸之道",也就是不左不右,不偏不倚,折中而行。孔子提出"过犹不及"的观点。《先进》曰:"子贡问:'师与商也孰贤?'子曰:'师也过,商也不及。'曰:'然则师愈与?'子曰:'过犹不及。'"朱熹注曰:"道以中庸为至,贤智之过,虽若胜于愚不肖之不及,然其失中则一也。"(朱熹《四书集注》,岳麓书社,1985 年版)对于"过"与"不及",孔子认为应该去其"过"而补其"不足",以此而达"中庸"。因此,孔子大呼:"中庸之为德也,其至矣乎! 民鲜久矣"(《雍也》);"不得中行而与之,必也狂狷乎! 狂者进取,狷者有所不为也。"(《子路》),表明了他的"中庸之道"。以"中庸"评论文艺作品,孔子就指出:"《关雎》乐而不淫,哀而不伤"(《八佾》),强调温文尔雅、中和之美的艺术。这种思维的"中庸"性就体现出一定的辩证法因素,反对"过"与"不及"的片面性和极端性,而主张折中而行,使"过"与"不及"趋于合适、适中。其次是对立统一的观点的运用。孔子的辩证法思想主张事物既有对立的一面,又有统一的一面。作为强调和谐美的孔子来说就侧重于统一性。如他在处理文艺与伦理的关系时,将"礼"与"乐"视为一个统一体,两者既有区别,又有联系。孔子强调"礼乐"说明他更注重的是统一性,这样有利于谐调事物之间的关系,加强彼此间联系。这种对立统一观对思维方式来说,就使其具有一定的辩证性。最后孔子思维方式的辩证性还表现在能从多方面来看待和处理问题,评价作品时既看到优点,亦看到缺点,并不将优点或缺点绝对化,抓住一点不及其余。孔子在评论《武》乐时就指出:"尽美矣,未尽善也。"(《八佾》)并不以"不尽善"来否定"尽美",指出其优缺点所在,也就是辩证地评价作品,从而表现出孔子的思维方式的辩证性。

其四,主体性。孔子的审美思维方式在主客体关系的处理中强调了主体性。思维主体始终处于主要位置上,表现出思维中人的主动性和积极性。这首先表现在思维主体的自觉性上。作为思维主体的人始终都意识到自身的主体位置,意识到所谓思维就是主体的思维、人的思维,从而在思维对象面前确立了主体性,起到了确定思维性质、特征、方向、效果的作用。其次是将思维对象纳入到主体的思维框架中去进行思维。思维主体具有自身的思维模式和思维定势,在思维过程中往往是在这些框架、模式、定势中去把握认识对象的,使对象也具有某些主体的色彩。如孔子的"知者乐水,仁者乐山"(《雍也》),就是"知者"、"仁者"将山水纳入到自身的"知"、"仁"思维结构中去体认的,因而使山水也带有了"知"、"仁"色彩。后来孟子提出"万物皆备于我"(《孟子·尽心章句上》)的观点就是对孔子的思维主体性的继承和发展。这与西方哲学家笛卡尔提出的"我思故我在"(笛卡尔《十六——十八世纪西欧各国哲学》)是异曲同工的,表明中西哲学家的某种殊途同归的认同。最后思维的主体性还表现在对思维主体的自身建设和要求上。思维主体的确立是基于主体文化心理结构的建设上的,有了健全完美的主体文化心理结构也就有了思维的主体性。因此孔子十分强调"内省"、"自律",强调主体文化心理结构的建设和完善。他提出:"见不贤而内自省也"(《里仁》);"内省不疚"(《颜渊》);"子绝四:毋意、毋必、毋固、毋我"(《子罕》),都是对自我身心修养的要求,从而有益于主体文化心理结构的建设,也就增强了思维主体的自觉性、主动性和积极性。孔子对思维主体性的强化,虽有某些封闭性、内聚性的特征,但在总体上说是有利于审美思维的活动的,也是具有一定积极性的。

三、孔子审美思维方式的影响和作用

孔子作为一代宗师,其思想为后世所效法,成为统治封建社会二千多年的正统思想,其影响和作用自不待说。其审美思维方式不仅由于上升为统治思想后而发生影响作用,而且由于这种审美思维方式的自身影响作用,深深地积淀在中华民族的文化心理结构中,成为中国传统审美思维方式中的主导倾向,对中国古代美学史、文学史发展起了很大作用。这种作用可从三方面认识。

其一,形成中华民族审美思维定势。一个民族都有自身的审美习惯、审美传统,它主要取决于这个民族的审美思维定势。我们中华民族也有自身的审美习惯、传统和特征,它是千百年来历史沉淀物的堆积而积淀在我们民族文化心理结构中的,而这些沉淀物的最基层就是孔子的审美思维方式的积淀。孔子审美思维方式的影响和作用虽然有统治者的倡导和灌输的因素,更重要的就是潜移默化的、天长日久的积淀。从这个意义上说,孔子审美思维方式之所以能成为审美定势,成为中华民族的传统、成为国人的认同,就在一定程度上吻合了审美思维活动的规律,吻合了中华民族的思维习惯,因而成为人们的自觉追求。如对自然美的欣赏,尽管有"仁者见仁,知者见知"的不同认识,但遵循孔子的"比德"说,诚如荀子归纳的:"夫玉者,君子比德焉"(《荀子·法行》,引自《中国美学史资料选编》上册,第49页,中华书局1985年版),则是人们的共识。孔子认为:"岁寒,然后知松柏之后凋也。"(《子罕》)后世以松柏作为自然美以及艺术美对象,都是从松柏所象征、比兴的人格、精神、品质上去理解和发挥的，从而使松柏成为中华民族的传统审美对象，也使这种审美思维方式成为定势致使人们在审美思维中自觉和不自觉地运用这种"比德"式的思维方式来进行审美。当然，这种定势也就是框架、模式，有一定的稳固性、保守性、封闭性，运用不当就会成为束缚思想的框框条条，这是需要我们在发挥其积极作用时应该认清的。

其二，奠定了现实主义文艺发展基础。中国的现实主义文学自《诗经》始就已形成规模，而现实主义的理论和思想则是由孔子奠定其基础的。孔子的文艺观和审美观可以说就是现实主义的文艺观、审美观，这与他的审美思维方式的影响和作用有关。孔子的审美思维方式虽然属形象思维范围，但是理性思维与感性思维的统一，而且强调理性思维，强调审美认识、理解、推理的作用，强调对象的哲理性。虽然在思维中常带有联想、想象、比兴等方法的运用，但毕竟是围绕对象来展开这些方法的，况且理解、推理、认识的因素更多。显然，这种思维方式导致写实的结果而非浪漫的结果。而且孔子一贯提倡"信"，主张"辞达而已矣"（《卫灵公》），也就使审美思维方式具有朴实、简洁、畅达的特点，因而趋向现实主义。当然，孔子并没有直接提出现实主义的思想和理论，但他的文艺观、审美观是趋于现实主义，为现实主义奠定基础则是毫无疑义的。孔子之后现实主义文学的发展都是标举孔子文艺观、审美观，现实主义作家大都是儒家，现实主义的审美思维方式也继承发展了孔子的审美思维方式。诸如司马迁、杜甫、白居易这些现实主义作家，受孔子审美思维方式影响是显而易见的。

其三，促进了艺术辩证法的发展。中国古代文艺思想中艺术辩证法是一个重要内容，它不仅是一个创作技巧技法的问题，也是一个思维方式的问题。先秦自孔子始，就热衷于讨论礼与乐、善与美、文与质的关系，后来的文论家继承这一传统后又扩大了讨论的范围,涉及到文艺和审美的方方面面,大到文艺审美本质问题,诸如文与道、情与理、形与神的关系,小到文艺审美的技巧技法问题:诸如疏与密、刚与柔、清与浊、朴与华的关系,这些对立而又统一的关系中就包含着艺术辩证法,都是运用辩证思维处理的结果。从一定程度上说,中国文艺理论和美学理论就是处理和调节这些关系,而处理和调节的原则就是艺术辩证法。因此我们在中国古代文论史和美学史中大量发现艺术辩证法的存在,大量发现辩证思维的影响作用,形成文艺理论、美学理论的基本思维方式。这一特征无疑与孔子的审美思维方式息息相关。孔子的审美思维方式不乏辩证思维因素,它强调对立统一、一分为二、变化发展、相关相联、中和调剂等观点对艺术辩证法有很大启发和作用,有利于文艺稳定、和谐的发展,有利于文艺理论、美学理论的建设。

除此之外,孔子的审美思维方式还会影响到政治、伦理、道德、宗教、文化等方面,从而以一种审美的眼光来透视各种观念,形成审美化的政治观、伦理观、道德观、人生观、文化观等。可以说,审美思维方式一旦与思维方式融合交织,就会影响到每个领域。因此,我们应该充分估计这种影响的程度,才能准确评价它的功用、地位和价值。同时,我们也还要充分认识到孔子审美思维方式作为传统的思维方式,有积极作用也有消极作用,有正面也有负面。尤其当它成为一种固定的模式、范式时,就会对思维有所规范、束缚,就会呈现出某种保守性、封闭性、陈旧性。即使是某些精华和积极因素,由于历史、时代、阶级的局限性,也会包含有消极因素。如强调思维的系统性时就忽略了思维对象的独立性;强调思维整体性时就易趋于面面俱到的空泛;强调思维的模糊性时就导致晦涩、暧昧;强调思维的辩证性时就滑向模棱两可的折衷主义;强调思维的趋同性时就排斥差异性,造成"大一统"现象;强调思维的稳固性时就否定了超越性。因此,在其积极作用的同时也就会有某些负作用,这是我们在评价孔子的审美思维方式和在继承发展传统审美思维方式中应该注意的。我们的评论思维也应该如是说,具有孔子审美思维方式和传统审美思维方式的辩证性、灵活性,才能使我们不仅能正确评价古代文化遗产,而且能古为今用,有益于我们今天的审美思维方式的建设和发展。

(选自《学术论坛》,1994 年第 3 期)

张利群(1952—　　),广西师范大学中文系教授,主要有《庄子美学》、《词学渊粹》、《批评重构》、《辨味批评论》、《中国诗性文论与批评》等。

黄小明(1954—　　),广西师范大学公共艺术教学部主任。

孔子的审美思维本质上是理性因素很强的形象思维,表现为整体系统思维和模糊思维两个方面。这一性质决定了孔子的审美思维方式呈现如下四个特征:趋同性、稳固性、辩证性、主体性。孔子的审美思维方式奠定了中国传统思维方式的主要倾向。

孔子美学观浅探

韩林德

在中国美学史上，孔子是个承前启后的重要人物。

本来，在夏商时代，由于天命鬼神观的支配，艺术审美同宗教信仰交融一体，处在混沌不分的状态中。待历史进入春秋战国，伴随着怀疑论和无神论思潮的兴起，艺术审美摆脱宗教神学的束缚，开始走上同现实人生相通的道路。在艺术审美的这一划时代变化中，孔子的仁学理论起了奠定基础的关键作用。但是，孔子的仁学理论本身毕竟是个充满矛盾的思想复合体，由此造成了他的美学思想独具的错综复杂性特点。

本文不揣浅陋，仅围绕孔子对原始宗教艺术的仁学理性阐发和他对艺术美、人物形象美的理性追求，对他美学思想的这一错综复杂性作一初步探讨，以就教于专家学者。

一、美（艺术美、人物形象美）是形式和内容的统一
——"尽美尽善"与"文质彬彬"

孔子是有美学理想的。他的美学理想，具体于艺术，便是推崇"尽美尽善"的《韶》乐；具体于人事，便是赞赏"文质彬彬"的君子。

（1）美的艺术是"尽美"的形式与"尽善"的内容的统一

艺术中内容和形式的统一，是美学的一个重要问题。正确解

决这个问题,直接关系到艺术社会作用的发挥。两千年前的孔子,在探讨艺术社会作用的同时,还从艺术批评的角度,表述了对形式与内容二者关系的看法。这些看法,比较集中地表现在对《韶》乐与《武》乐的评论中。

> 子谓《韶》,"尽美矣,又尽善也。"谓《武》,"尽美矣,未尽善也。"(《八佾》)

这《武》乐的具体内容,《论语》未有记载,但后人是有叙述的。请看《乐记》的介绍:

> 夫乐者,象成者也。緫干而山立,武王之事也;发扬蹈厉,太公之志也;《武》乱皆坐,周召之治也。且夫《武》,始而北出,再成而灭商,三成而南,四成而南国是疆,五成而分周公左召公右,六成复缀,以崇天子。

意思是说:《武》乐是模拟武王伐纣大功告成的。持盾壁立如山,象武王兴师伐罪;发扬武威、蹈厉进击,那是姜尚的主意;《武》舞末章,全体坐下,表示大功告成,周公召公共同辅政,偃武修文。《武》舞结构层次是:第一成,从原位北进,象武王出兵伐殷,会师孟津;第二成,挥师出击,打败商纣;第三成,领兵南进;第四成,率部南下,降服商方诸国;第五成,队分两行,表示周公统治左边国土,召公统治右边国土;第六成,舞者回到原地,表示天下诸侯齐集京师,山呼周天子万岁。

诚如此述,这近乎歌颂武王克商伐纣胜利成功的歌舞剧了。这出歌舞剧内容模拟武王伐纣,太公奋发武威,周、召分土而治的历史事实。舞蹈动作有持盾山立,发扬蹈厉,《武》乱皆坐。舞诗有《周颂》中《武》、《赍》、《桓》及《酌》等诗篇[1]。不难看出,这乐舞场

---

[1] 此根据《左传·宣公十二年》楚庄王语及《毛诗》序。王国维还认定《宿夜》(即《昊天有成命》)及《般》亦是《武》乐的舞诗,见《观堂集林·卷二》。

面雄伟,气势磅礴,艺术形象相当壮观。因此,孔子称道它"尽美矣"——形式美极啦!但是,乐《武》赞颂"人民战争"的显明政治倾向性,讴歌杀伐征讨的浓重"火药味儿"却有违孔子"礼治天下"的政治伦理标准,因此孔子的评语是"未尽善也"——内容还不够完善啊!

与《武》乐相映对照而受到孔子倾心推崇的《韶》乐又是什么样的作品呢?

《韶》乐的内容,《论语》同样没有描述,但据《吕氏春秋·古乐篇》说,它是"明帝(舜)德"的。所谓"帝(舜)德"者即《论语》所谓舜"有天下也而不与(举)焉"(《泰伯》),也就是说,舜的天下,不是依靠暴力夺取得来的。由此可见,《韶》乐是以赞颂虞舜接受帝尧"禅让"践登帝位为内容的。如此乐舞当然迎合孔子"礼治天下"的政治主张,因此孔子夸奖之曰"尽善也"——内容好极啦! 有意思的是,《韶》乐的艺术形式相当成功地体现了这种"禅让"的政治内容,在表现手法上还可能别具一格。据后人猜测性的描述,"韶"乐大抵如此:

> 孔子曰:"《箫韶》者舞[①] 之遗音也,温润以和,似南风之至。其为音如寒暑、风雨之动物,如物之动人;雷动兽禽,风雨动鱼龙。"(《孔子集语》)

意思是说:《韶》是舜的乐舞,音乐旋律温润和谐,就像南风徐徐吹来。它的音乐像四季的风雨触动万物,万物感动人心;像雷鸣电闪惊动飞禽走兽,风吹雨打惊动鱼龙水族。可见,《韶》的音乐形象温润中和,与内容相表里,达到了二者和谐统一的理想境界。因此,孔子称道:"尽美矣"——艺术形式美极啦!

[①] 乃"舜"形近而讹。《太平御览·卷八十一》,"乐动声仪"条"舞"即作"舜"。

《韶》乐的内容和形式,按照孔子的政治标准和艺术标准,已经是"珠联璧合",登峰造极。孔子欣赏它、迷恋它,以致出现神往不已的情境:

> 子在齐闻《韶》,三月不知肉味,曰:"不图为乐之至于斯也。"(《述而》)

听到演奏《韶》乐,孔子心动神摇,如醉如痴,全身心沉浸在强烈的美感享受之中,以致很长时间尝不出大肉的滋味来了!

《韶》乐的音乐旋律这样美,展现的礼让内容又这样迎合氏族贵族的口胃,因此孔子将它定为理想的艺术标本:

> 颜渊问为邦。子曰:"行夏之时,乘殷之辂,服周之冕,乐则《韶》舞,放郑声,远佞人。"(《卫灵公》)

安邦治国,提倡以《韶》乐为标准的艺术,构成了孔子整个思想体系的一个显明特征。

(2)美的人:"文质彬彬"的君子

孔子的审美理想具体于人事,便是标榜"君子",这些人是他认为可以依靠的社会力量。因此,孔子对君子有其严格的审美要求:

> 子曰:"如有周公之才之美,使骄且吝,其余不足观也已。"(《泰伯》)

这里的"骄",是指抛却仁义、犯上作乱;"吝",是指遇事不相扶相助,将宗族利益置之脑后。孔子一向奉周公如神物,然而孔子却认为:即使有周公那样出类拔萃的才能,如其"使骄且吝",违背宗法奴隶制的道德观,那么,此人也是毫不足取的。由此可见,孔子取人是将道德品质置于才干、貌相等等人格美之上的。

那么,为着"复礼",是否仅仅注意道德品质就够了呢?孔门对此的回答又是否定的。

> 棘之成曰:"君子质而已矣,何以文为?"子贡曰:惜乎,夫子之说君子也!驷不及舌!文犹质也,质犹文也。虎豹之鞟

犹犬羊之鞟。"(《颜渊》)

所谓"质",实也(皇侃疏),指的是道德品质,亦即仁义之道。"文",乃花纹本字(见甲骨、金文)。原始人常身刺花纹,有文身之俗,此中既包蕴有审美意识的萌芽,但主要却是原始巫术礼仪的图腾标志。因此先秦时,"文"既含有"美"的意思(见《礼记·乐记》"以进为文"、"以反为文"郑注),又含有礼乐修养的意思。这里的"文",即是指礼乐修养的外在形式美而言。在棘之成看来,君子只要"质"就行了,要那些"文"干什么呢?子贡认为,棘的说法是令人遗憾的一种误解。"文"如同"质","质"如同"文",二者同样十分重要。如果去掉毛,虎豹的皮同犬羊的皮就难于区别了。看来棘这种重质轻文的观点,在当时还颇有代表性,因此,孔子不得不亲自出马,就文、质关系,发表一次专题讲话,澄清思想界的"混乱"。

　　　子曰:"质胜文则野,文胜质则史①。文质彬彬,然后君子。"(《雍也》)

孔子的意思是:"光有仁义之道的"质",缺乏礼乐修养的"文",就显得土头土脑,这样的人是不配称"君子"的;反过来,仅有礼乐修养的"文",没有仁义之道的"质"就显得华而不实,这样的人也是不配称"君子"的。只有"文""质"兼备,才德并茂,这样的人才称得上是真正的"君子"。

　　由此可见,在孔子的审美理想中,对人也是注意形式与内容二者的统一的。

　　(3)孔子上述思想的影响

　　孔子在对艺术和生活现象进行审美判断时,就内容形式二者关系所持"尽美尽善"及"文质彬彬"的观点,渗透着强烈的氏族贵

────────────

　　①　在先秦,史、诗、志三者相通。此处之"史"即指诗,引申为诗那种浮华不实。

族的审美趣味。

第一，形式美与内容善并重，尤重内善；审美判断与道德判断紧相连，置道德判断于首位，是孔子美学思想的一个显著特点。

在孔子的审美理想中，有两对美的概念。其一，见之于艺术评论，即"美"与"善"。"美"是对美的形式的最高评价；"善"是对符合一定道德观念的内容的最高评价。在孔子看来，评论艺术，不仅要掌握艺术标准，注意艺术形象美不美，并且还要掌握政治道德标准，看其内容善不善。他指责郑声"淫"，批评《武》乐"未尽善"，赞扬《韶》乐"尽善也"，以及论定"《诗》三百，一言以蔽之，曰：'思无邪。'"正是他从政治道德标准着眼，去实际考察艺术作品的明证。

其二，见之于人事评价，即"文"与"质"。"文"是对礼乐修养的外表美的最高评价，"质"是对仁义道德的内心善的最高评价。在孔子看来，取人，不仅要注意他的礼乐修养，而且还要十分注意他的伦理道德倾向。他说："君子去仁，恶乎成名？"（《里仁》）君子丧失仁的道德素质，哪里还符合君子的声名呢？又说："君子务本，本立而道生；孝悌也者，其为仁之本与。"（《学而》）君子要致力于根本，根本建立了，治国做人的原则也就有了。孝悌可是仁（人）的根本啊！所以孔子提倡"文质彬彬"，强调德才兼备，注重外表"美"与内心"善"的和谐统一。

但是，一定的道德观念毕竟是与一定阶级的政治利益、经济利益密切相连的。恩格斯说："一切以往的道德论，归根结底，都是当时的社会经济状况的产物。"（恩格斯《反杜林论》，《马克思恩格斯选集》第3卷，第134页）春秋末年的社会经济结构中，井田制正在衰颓解体，氏族公社正在被迅速发展兴起的个体私有制经济替代。氏族贵族的道德观与新兴奴隶主的道德观的对立，就是这种不同经济成份实际存在的客观反映。如问，这两种道德观中，"哪一种是有真理性的呢？如果就绝对的终极性来说，哪一种也不是"（同上书,第133页),但是,联系具体历史环境予以考察,那么,代表着当时社会进程方向的那个阶级的道德,即新兴奴隶主的道德,毕竟具有进步性。而孔子所坚持的道德观毕竟是附着在没落的氏族贵族阶级身上的衰朽的陈旧的东西了。正因为如此,孔子运用这种旧道德标准对现实生活进行道德判断得出的实际结论,我们是必须予以认真的分析的。事实上,当我们将孔子的美学思想与他的"正乐""复礼"活动联系起来进行考察时,渗入他美学思想中的氏族贵族的阶级偏见也就暴露无遗了。

首先,"尽美尽善"的美学观曾是孔子"正乐"的思想武器。

随着"礼坏乐崩"的日甚一日,孔子时代的乐坛已经有雅乐与"土乐"(如郑声)的区分,雅乐中又有"君子之音"与"小人之音"的细别了。"土乐"反映了"民"(奴隶和部分自由民)的思想感情和要求,"小人之音"表达了"小人"(新兴奴隶主)的审美理想和政治愿望。它们在民间以及社会中下层广泛流传,其势方兴未艾,甚至在当权的氏族贵族中,也争得了相当的地盘。例如"晋平公悦新声"(《国语·晋语》),堂堂诸侯欣赏起"土乐"来了;魏文侯"端冕而听古乐则惟恐卧,听郑卫之音则不知倦"(《礼记·乐记》),贵为一国之君也流连忘返于"郑声"了。再如,子路弹琴,操"小人之音"(《孔子家语·辩乐》),连孔门的圈子也吹进了"小人之音"的春风。可见"土乐"与"小人之音"的兴起,已经直接危及"雅乐"在艺术领域的统治地位。孔子惊呼的"礼坏乐崩"的"乐崩",指的正是"雅乐"这种一尊地位的丧失。他憎恶"郑声之乱雅乐"(《阳货》),他要"拨乎其乱反乎其正",将"土乐"与"小人之音"一棍子打下去,重新把雅乐扶上乐坛宝座去。

子曰:"吾自卫返鲁,然后乐正,雅颂各得其所。"(《子罕》)这里的"乐正"二字,《史记·孔子世家》和《汉书·礼乐志》都认定为孔子整理乐章。后儒相沿成习,大抵均持此说。应该说,这种说法是大可商榷的。其实,"乐正"乃是孔子持"尽美尽善"的美学标准进行"正乐"所得到的实际结果。孔子"正乐"大致干了这么几件事:其一,打击郑声。《论语·卫灵公》:"颜渊问为邦。子曰:'……放郑声……郑声淫。'"淫者,邪也,善之反也。也就是说,郑声所表达的思想内容与旧氏族贵族的情感旨趣大相径庭,与儒家道德规范格格不入。因此,"土乐"成了征讨打击的主要对象。其二,贬低《武》乐以及《武》乐一类进步音乐。如前所说,《武》乐以周武王伐纣为题材,讴歌革命的暴力征伐,赞颂黑暗暴虐势力的灭亡,因此遭到孔子贬低冷遇。又如:

> 子路鼓琴,孔子闻之,谓冉有曰:"甚矣,由之不才也!夫先王之制音也,奏中声以为节,流入于南,不归于北。夫南者生育之乡,北者杀伐之域①。故君子之音,温柔居中,以养生育之气。……小人之音则不然,亢丽微末,以象杀伐之气。……今由也匹夫之徒,曾无意于先王之制而习亡国之声,岂能保其六七尺之体哉!"(《孔子家语·辩乐》)

这条后人的记载说:有一天子路弹琴,孔子闻声对冉有说:"仲由真太不成材了!先王制作乐曲,讲究用中正平和的声音来节制欲念,风格近于南方,与北方迥然不同。南方是万物生长的地方,北方是征讨杀伐的战场。所以君子的音乐,温柔中和,可以用这种音乐来修身养性。……那些小人的音乐就不是这样,声音高亢挺拔,渲染征讨杀伐的气氛。……现在仲由如同那些小人一样,对先王的音乐毫无兴趣,而专去弹奏那些亡国的'小人之音'。这样做,哪能保证他将来脑袋不掉呢?"很显然,这里所谓"流入于南"、"温柔居中"的"君子之音",指"似南风之至"、"湿润以和"的《箫韶》,亦即《韶》

---

① 原作"城",参照《说苑·修文篇》,"城"应作"域",乃形近而误。

乐(见前引《孔子集语》);而"亢丽微末,以象杀伐之气"的"小人之音",则是指《武》乐一类歌颂正义战争的进步音乐了。子路弹了一曲这类作品,随即遭到孔子严厉申诉,可见孔子对《武》乐一类进步音乐不以为然到了何等程度。其三,吹捧符合"礼治天下"、"礼让为国"道德伦理标准的《韶》乐,极力将它抬到邦国"样板乐"的独尊地位上去。《论语·卫灵公》:"颜渊问为邦,子曰:……乐则《韶》舞。"如果说前面其一、其二是破,那么这里的其三就是立了,一破一立,"战果"辉煌:郑声"放"了,《武》乐贬了,乐坛打扫得干干净净了,雅颂也就"得其所"了。这就是孔子所谓的"乐正"之"正"的具体内容,就是孔子"尽美尽善"的美学观在"乐崩"与"乐正"的矛盾斗争中所起扼杀民间艺术成长、阻碍进步艺术发展、扩大落后艺术影响的实际作用。

其次,"文质彬彬"的审美观充当了孔子"复礼"的思想工具。

春秋时代,社会上僭礼篡位、弑君、杀父等违背周礼的行为层出不穷,"八佾舞于庭"者有之,大夫"旅于泰山者"有之,"臣弑其君者"有之,"子弑其父者"有之。一句话,周礼崩圮,天下大乱,宗法奴隶制度岌岌乎危殆!

孔子作为氏族贵族阶级思想家,对"礼坏"将引起的后果深表关切。在他看来,"坏国、丧家、亡人,必先去其礼"(《礼记·礼运》)。"礼"就是宗法奴隶制"国"、"家"、"人"的命根子,"礼坏"意味着氏族贵族世袭来的权力、财产、名分的彻底丧失。氏族贵族当然不愿意看到他们末日世界的到来,于是,孔子站在时代潮流的对立面,想挽狂澜于既倒。而"文质彬彬"的美学思想在这场"坏礼"与"复礼"的矛盾中,成了孔子培养信徒、网罗人材的思想武器。在孔子看来,符合这一美学标准的君子不仅要有礼乐的素养,而且还要虔诚信奉儒家仁义之道,在激烈的政治斗争中,"可以托六尺之孤,可以寄百里之命,临大节而不可夺也"(《泰伯》)。为保卫氏族贵族的政治利益,能辅幼君,(君子是忠君的),摄国政(君子恪守礼制,不逾矩的),在生死的严峻关头"复礼"志向至死不动摇。鲁国的孟僖子就是这类"文质彬彬"的政治标本。此君临死还念念不忘于"周礼",说什么"礼,人之干也,无礼,无以立"。行将气断了,仍要为"复礼"出一把力——将其儿子托付给孔子,"使事之,而学礼焉,以定其位"(《左传·昭公七年》)。孔子"文质彬彬"审美观的保守性,由此也就可见其一斑了!

第二,孔子美学思想渗透着强烈的氏族贵族的阶级偏见,作为思想体系,曾经起过维护奴隶主贵族私利、阻碍进步艺术成长的消极作用。但这并不意味着他的美学思想中就不包含某些人类对客观世界正确的、科学的认识论因素,就不包含某些对艺术美、现实美正确观察的成分。思想体系的保守性并不意味着在认识论范围内对审美规律没有作出有益的探索。

在人类审美活动中,不能激起人们审美感受的艺术和生活现象,是不成其为美的;而那些能够使人产生审美感受的艺术以及生活现象,他们在形式和内容方面往往是二者和谐统一的。从这个角度讲,孔子关于美的艺术"尽美尽善"——完美的艺术形式与完善的思想内容的和谐统一、美的人"文质彬彬"——外表美与内在善、才能与德操二者兼备的思想,无疑反映了人们对现实进行审美把握时某些正确的合理的因素。这些思想材料为历史上创造新的美学思想体系的思想家提供了可作滋补的养料,其美学价值显然是无可置疑的。后世,如屈原"内美"与"修能(态)"并重的思想(《离骚》),王充"夫人有文,质乃成"的论点(《论衡·书解篇》),刘勰"文附质"、"质待文"的文艺观(《文心雕龙·情采篇》),以及艺术批评史上强调政治标准与艺术标准和谐统一的文评传统等等,无不受到孔子美学思想程度不等的影响。事实上,今天,我们要发展无产阶级新文化,要建立马克思主义的美学思想体系,依然有一个对孔子等在历史上产生过重大影响的思想家的美学思想进行批判继承的问题。而这件工作,今天还只是开了个头。

二、开审美的一代风尚——原始宗教艺术的仁学理性化

在中国美学史上,春秋战国是承前启后、继往开来的历史转折点。

如果说,审美意识在氏族社会图腾文化的原始艺术中刚刚破土露芽,而至早期奴隶制巫史文化的礼乐活动中逐见开花挂果,那么,需要指出,此时人们审美意识的幼芽花果是明显地与狂热的宗教情感、虔诚的迷信观念交融一体、联系一块的。

然而,到了春秋战国,时代精神别开生面了,"人道迩,天道远"的思想潮汹涌澎湃起来,理性的春风吹进了人们精神生活的天地,意识形态诸领域开始摆脱宗教神学的旧传统束缚,转向注重人道、关心人事的正常道路了。于是,人们的审美观念也焕然一新而与现实人生密切相关了。

在意识形态的这一发展变化过程中,孔子以心理学——伦理学通贯的理性精神为核心、中庸之道的人生观为基础的仁学体系,起了奠定中国美学思想基本特征的关键作用。正是孔子把古代原始文化的"礼乐"纳入理性的轨道,用"仁"来进行新的解释,从而将人的感情从天界(神——异己的超自然力量)地府(鬼——死去的氏族祖先)引向现实人生,从彼岸世界导向世俗社会,从宗教的迷狂引向以亲子血缘为基础的宗法伦常中。如同受儒学影响很深的中国古代哲学少见西方那种冷漠的抽象的思辨和狂热的宗教神秘而带有浓重的伦理学色彩一样,受孔门美学思想影响很深的中国古典艺术也少见西方那种思辨性的理性愉悦和宗教性的迷狂陶醉

而带有强烈的世俗人情味。因此,要探索中国古代美学思想的基本特征,就必然涉及孔子对礼乐的新的仁学理性的阐发。

对礼乐与仁的依存关系,孔子是这样阐述的:

子曰:"礼云礼云,玉帛乎云哉!乐云乐云,钟鼓乎云哉!"(《阳货》)

子曰:"人而不仁,如礼何? 人而不仁,如乐乎?"(《八佾》)

意思说,如果没有仁的内容,举礼作乐只是摆样子! 换句话讲,只有在礼及乐的形式里注进仁的内容,礼乐才能在现实生活中发挥政教的作用。孔子在与宰我论辩"三年之丧,期已久矣"时,将仁与礼融会贯通的这种关系作了明白的说明:

宰我问:"三年之丧,期已久矣。君子三年不为礼,礼必坏;三年不为乐,乐必崩。旧谷既没,新谷既升,钻燧改火,期已久矣。"子曰:"食夫稻,衣夫锦,于女安乎?"曰:"安。""女安,则为之! 夫君子之居丧,食旨不甘,闻乐不乐,居处不安,故不为也。今女安,则为之!"宰我出。子曰:"予之不仁也! 子生三年,然后免于父母之怀。夫三年之丧,天下之通丧也,予也有三年之爱于其父母乎!"(《阳货》)

本来丧礼这种导源于氏族社会"祖宗崇拜"的原始宗教仪式,历经沧海桑田之变,早已成了其义湮然不闻的一套僵死程式。现在经过孔子的一番"点化",听者茅塞顿开,原来它是抒发亲子之爱的那种世俗普通的伦常心理活动。礼,不再是向彼岸世界的超自然力战战兢兢顶礼膜拜的外在强制规范,它是人情之流,是向现实人生的生身父母抒发爱的情感的内在欲求。"仁者爱人",在宗族之内,依尊卑、贵贱、长幼、亲疏的差别表示程度不等的这种爱的感情,使之符合"君君、臣臣、父父、子子"之义,也就是合乎其礼。并且,礼由处理人神这种虚幻关系的宗教仪式转完成为调节氏族内部人与人的关系的伦常活动之后,形式也为之改观:

> 林放问为礼。子曰:"大哉问! 礼,与其奢也,宁可俭;丧,与其易也,宁戚!"(《八佾》)

> 子游问孝。子曰:"今之孝者,是谓能养。至于犬马,皆能有养;不敬,何以别乎?!"(《为政》)

举礼再也毋需刻意追求繁缛铺张的形式,徒有其名的表面文章也在抛弃之列,重要的是对尊者长者爱的感情的真切、真实和真挚!

与礼充实了仁的内容一样,导源于远古原始歌舞的乐,经过孔子的阐发,也被注进了心理学——伦理学的理性精神,进入了人生的园地。

> 孔子曰:"……钟鼓之声,怒而击之则武,忧而击之则悲,喜而击之则乐。其志变,其声亦变,其志诚通乎金石,而况人乎!"(《说苑·修文》)

> 孔子曰:"志之所至,诗亦至焉;诗之所至,礼亦至焉;礼之所至,乐亦至焉。"(《礼记·孔子闲居》)

> 歌乐者,仁之和也。(《孔子家语·儒行解》)

由这些后世传述的材料中,可以窥见孔子艺术思想的一斑;乐再也不是宗教巫术礼仪中那种玄秘莫测的举动,乐是人世生活的一个组成部分:①通乎人情:志至,乐至;志变。②关乎伦常:诗至,乐至,礼亦至。正因为"乐"有这种特点,因而在日常生活中可以用它来交流思想,表达情感。

> 孺悲欲见孔子,孔子辞以疾。将命者出,取瑟而歌,使之闻之。(《阳货》)

同此人不屑一见,于是取出瑟借乐声来表达内心那种鄙夷讨厌的心情。当然,"乐"也可以用之抒发政治愿望。《淮南子·主术训》说:"孔子学鼓琴于师襄,而谕文王之志,见微以知明矣。"这里所讲的"谕文王之志",就是孔子通过琴声来表达朝思暮想于"从周"的心志。由此可见,与原始歌舞的"乐"相比,孔子时代的"乐",其作用和地位发生了显著变化。

显而易见，处在春秋末期这样一个去古未远的时代，在促使人的情感从宗教神学的束缚下解脱出来这一点上，孔子是发挥了积极作用的。当人的情感从宗教神学的禁锢中解脱出来之后，将人的感情导向以氏族血缘为基础的社会关系之中，使这种感情抒发、消融、满足在伦理感受之中，在这一点上孔子也是出了大力的。精神领域的这个变化，无疑对中国艺术的发展产生了极大影响。美学史上，中国古典艺术特别强调情感心志的抒发、内在生命的表现；艺术形象注重形神兼备、以形写神，虚实结合、化实为虚；艺术效果注重情理结合、以理节情；艺术批评注重美善统一、审美与伦理的联系，等等，这些无不可以追溯到孔子理性精神为核心的仁学体系的微妙影响。

值得注意的是，孔子的仁学体系又是建立在"中庸之道"的基础之上。按照后儒炮制的"道统"说，儒家有一个"道"，由尧传至舜，再传至孔子，又传至后世。这个超越时空、恒久不变的"道"就是"尧曰：允执其中"（《尧曰》），其精义据说是"执其两端，用其中于民"（《中庸》），亦即抓住事物的"两端"而取其"中"态，以调和、摆平事物"两端"之间的矛盾，取得保持统一体平衡和稳定的效果。孔子赞叹这种"中庸之道"是人类至高极难的美德，他说："中庸之为德也，其至矣夫？民鲜久矣！"（《雍也》）将这种"中庸之道"运用于人生，便是处人处世"过犹不及"（《先进》）；运用于艺术，就是抒情言志"温柔居中"、"奏中声以为节"（《孔子家语·辨乐》）。孔子是主张艺术传情的，但是这种感情的表达不能太强烈，也不可太过分，既要有节制，又要有适度。太强烈，就流于"邪"了；太过分，就陷于"淫"了，这都不合乎"中庸之道"。只有"温柔居中"、"奏中声以为节"，才是"中庸之道"的恰切体现。《论语》中，孔子称颂《诗》三百，一言以蔽之，曰'思无邪'"（《为政》）、赞美"《关雎》，乐而不淫，哀而不伤"(《八佾》)、贬损《武》乐"未尽善"(《八佾》)、攻击"郑声淫"(《卫灵公》)等等,无一不是运用"中庸之道"的尺度于审美判断的结果。

孔子提倡的艺术既然是"温柔居中"、"奏中声以为节"的,于是在这类艺术品薰陶感染、潜移默化下的庶民百姓的精神面貌、感情世界一个个打上了儒学的印记:

> 孔子曰:"入其国,其教可知也:其为人也,温柔敦厚,《诗》教也……广博易良,乐教也。"(《礼记·经解》)

在中国古典艺术中,少有情感直露、怒目金刚、"犯上作乱"者,偶有一二,也即被统治者扣上"淫"、"邪"、"狂"、"偏"的帽子,视作洪水猛兽,目为大逆不道,而将其一棍子打入十八层地狱去。而这些,如若追本穷源,寻根究底,那么,刨根一定会刨到孔子"中庸之道"的祖坟那里。

总之,孔子在中国美学史上占有无可置疑的地位。他所强调的审美与情感相通、情感与伦理相关的观点,亦即审美的心理学——伦理学原则,开中国古典美学的一代新风,在使中国古典艺术摆脱宗教神学的束缚,避免枯燥乏味的思辩说教上,在一定时期内,曾经起过促进艺术内容健康发展的积极作用。但是,他所强调的审美心理学——伦理学原则毕竟有着强烈的政治倾向性和狭隘的阶级功利性,它是以"复礼"为目的,以维护宗法制为旨归的。因此,又有明显的保守性,相当程度上又严重束缚了中国古典艺术的发展和进步。

然而,按照历史唯物主义的观点,评论一个思想家的是非功过,必须顾及时代和环境,看他比前辈思想家多提供了什么。从这个角度讲,孔子美学思想虽有种种不足,但毕竟有其可取的因素和合理的成分,不失为一份珍贵遗产,值得我们予以批判继承。

（选自《兰州大学学报》，1982年第4期）

韩林德（1939—　），中国社会科学院研究员。主要学术专长是中国美学史，现从事中国美学史研究。主要代表作有：《石涛与〈画语录〉研究》、《境生象外》、《中国古代哲学精华》（合著）等。

在中国美学史上，孔子是一个承前启后的重要人物。他的美学理想具体于艺术是"尽善尽美"的境界，具体于人则推崇文质彬彬的君子，这一思想渗透着强烈的氏族贵族的审美趣味。孔子的美学思想将原始文化的礼乐纳入理性的轨道，将人的感情从天界引向现实，从宗教的迷狂引向以亲子血缘为基础的宗法伦常中，开中国古典美学之新风。

孔子的艺术哲学

〔日〕今道友信

对　　比

如果对欧洲的美术馆进行访问,在那里所展出的,一般都是形象鲜明、色彩斑斓的图画,使我们感到那或多或少是受了西方艺术传统的观念——模拟态(mimesis)的影响,即或多或少是受了意味着模仿的再现的影响。然而如果我们前去展出所谓现代艺术作品的西方美术陈列室,那我们所见到的,往往是一些非对象的、富于色彩的、从形态上说好像是还没有完成的抽象的作品。这种作品是代表现代艺术的特色的,根据马赛大学的甘特纳尔(Joseph Gantner)氏的说法,那是今天的非限定形式(non finito)的作品。

这种作品和模拟即再现的观念无关,是把主观上见不到的东西作为被发现的形态,是所谓表现(expression),是基于现代艺术理念所进行的造形活动。这些非对象的形象,只有以我们的主观动力性对它进行调和,它才能视觉化。即使所描绘的就是客观上的世界,如果描绘的不是客观世界的状态而是客观世界和主观的接触,是强调某一特定现象和这一接触的有关事物,是以这一有关事物为重点或是进行变形(de′formation)即进行意图上的变形使之突出,其它不必要的则有意识地删去,这在形态上就会成为未完结的姿态,用我们今天的术语来说,就是非限定形式。非限定形式是对人的内在动力性的重视和尊重,它会促使人们关心和注意甘特纳尔氏所说的形象化,在现代的艺术学上,对这个形象化的概念进行研究是一个最为重要的问题。

所谓"艺术",它的概念在历史上也有变迁,素描即未完结式形象化的作品,是进入20世纪以后才做为一种新的图画类型受到相应的评价的。这种具有未完结形态和色彩单一的图画,来源于素描的体裁化,它显示了欧洲现代艺术的独特的倾向,从艺术理念说它是一种最现代的"表现"(关于表现理论,可参阅今道友信著《美的相位和艺术》,东京大学出版会,1968,在第六章《表现及其论理的基础》中论述了这个问题),已经获得了划时代的成果。要正确地理解这种图画的美,必须提出一种没有提出过的解释,"表现"已经成为进行艺术创造的理念,对鉴赏的方法进行"解释"是很必要的。这种解释,在现代的欧洲以至全世界的艺术哲学上,都已成为一个指导性的课题。

东方亚洲图画中的杰作,大都以单一的墨色进行描绘,这是众所周知的,但自明代以后,有些画幅也加用一些朱色和绿色,成为"七色跃然纸上"的作品了。如把作为主流的图画——色彩单一的墨画和感觉上的五色缤纷的现实比较起来,从色彩上说那是不完全的,所以是非限定形式的作品。墨画是不是真是非限定的形式(未完结),这我们留待以后再行探讨,暂不作出答复。总之,东方亚洲在古代时候已经有许多色彩单一的画幅,已经成为一种独特的类型,许多被称为名画的作品主题都画得很小或是只画出其中的一部分,纸或布上甚至大部分都是完全的空白,和万象杂陈的现实世界比较起来好像没有画完,使人感到是一种未完结的形式。这就会提出这样的问题,这是不是非限定的形式,关于这个问题我们现在先不作出答复。总起来说,东方亚洲在古典时期已经有了这样的描绘的方法,它具有不属于模拟的性质,它完全不是描绘的再现,而且出现了许多杰出的作品。

色彩单一和部分主义即描绘现实世界中的一部分,是东方古典美术作品的两个特色。这两种倾向都是进行素描,都是拒绝模仿的再现。单从外观看,亚洲古典作品和欧洲现代的美术好像是等质的,其间也确有许多相似的地方,但这种相似只是表面的现象,促使欧洲人进行这种创造的,是个人的主观性的过剩,是对只是摄影般地进行机械的再现的反抗,是来自反抗这种描绘方法的自己的主张,这些促进的原因在古代的亚洲当然是不存在的。

我们当然不会这样认为,东方古典艺术作品所以具有色彩单一和形象单纯的特色,是起因于某种缺欠。即我们不会这样认为,东方古典图画所以具有朴素的色彩,是由于那时东方的艺术家不具有进行完全的再现的能力。在这里成为问题的,不是太古时期的原始素朴性,是在历史上的艺术活动中结晶出来的洗炼了的单纯性。那些古典作品是作为历史上的典范艺术而受到高度的评价的,对于它的单一的色彩和部分主义精神,我们不能不从哲学上寻求其背景。

对于这样的艺术作品,我们应该赋予什么样的评价? 在对古代的东方进行哲学上的检查的时候,我们不能把日本、朝鲜以及后来在东方占有重要位置的佛教文化列入在考察范围以内。为什么? 在印度古代文化中佛教虽然占有重要地位,但进入汉字文化圈并具有一定的文化价值是中世纪以后的事,日本和朝鲜自己的古典文化也是中世纪以后才形成起来的,因此我们必须把检查范围严格地控制在中国的古典文化上。中国古典哲学和希腊古典哲学大体上是处于相同的时代,都是以极高的水平发展下来的。对于这种发展和二者间的不可思议的并行现象,我曾在另文中进行论述①。为了进行参考,现在再把它提出来讨论。

正名——定义的确立

　　孔子(公元前 552/551～前 479)是中国最早的哲学家,从他著写的《论语》中可以知道他的思想,至少在公元前 2 世纪《论语》已经编辑成今天的样子,我们可以从那本书读到他的简短的格言和与门弟子间的讨论及对话。《论语》有这样一段记载:"陈亢问于伯鱼曰:'子亦有异闻乎?'对曰:'未也。尝独立,鲤趋而过庭。曰,学诗乎? 对曰,未也。不学诗无以言。鲤退而学诗。他日,又独立,鲤趋而过庭。曰,学礼乎? 对曰,未也。不学礼无以立。鲤退而学礼。'闻斯二者,陈亢退而喜曰:'问一得三,闻诗闻礼,又闻君子之远其子也。'"(《论语》卷第八《季氏第十六》)孔子的门弟子陈亢向伯鱼(字鲤)问道:"'你是夫子的儿子,你从夫子那里学的和我们有没有不同的地方?'伯鱼回答说:'没有。但有过这样的事情:一天父亲站在庭院里,我从他的身旁疾趋而过。父亲唤住我说,你学诗了吗? 我说没有。父亲跟我说,不学诗就不能说出重要的话。于是我就开始学诗。一天父亲又独自站在庭院里,我在从他的身旁急忙走过的时候,父亲又把我唤住说,你学礼了吗? 我说没有。父亲说不学礼在实际行动中就不知道怎样做。于是我又开始学礼。'离开那里后陈亢高兴地说:'我只问一件事:孔子有没有向自己的儿子进行家传的教育,结果却得到三个收获:一、要发表具有超越性的重要的言论必须学诗;二、在实际行动中要想在超越的途径上立身必须学礼;三、君子把自己的儿子和一般的门弟子同样地看

_____

　　①　关于这个问题,作者曾写过一些论文。

待,不进行秘密的传授。'"

引起我们的注意的,是孔子在这里提出来的两个重要问题。一是"不学诗无以言",即不学诗在讲话中就不能发表重要的见解;一是"不学礼无以立",即礼是使行动达到洗炼化的艺术,是使举止动作显得文质彬彬的艺术,不学礼在实际行动中就不能做到好处。孔子提出的这两个问题是很重要的,在提出这两个问题时,孔子所想的是什么?

孔子最注意的,是政治的伦理学,他要通过发展那种道德哲学即政治的伦理学来实现人类的幸福的生活。《论语》卷七《子路第十三》有这样的话:"子路曰:'卫君待子而为政,子将奚先?'子曰:'必也正名乎。'子路曰:'有是哉,子之迂也。奚其正。'子曰:'野哉由也。君子于其所不知,盖阙如也。名不正则言不顺,言不顺则事不成,事不成则礼乐不兴,礼乐不兴则刑罚不中,刑罚不中则民无所措手足。故君子名之必可言也,言之必可行也。君子于其言,无所苟而已矣。'"(《论语》卷第七《子路第十三》)

这里所说的"正名",指的是对工作下一个明确的定义①,关于这个"正名",日本大部分学者都秉承朱子的学说,认为是确定君臣的名分,这是一个明白的错误。由于孔子提出了正名的问题,其后的诸子百家有许多著名论理学家都以此做为立说的基础,如果注意到这一事实,"定名"意为"下正确的定义"是很清楚的。现在我们把这一段文字译成为现代日本口语。

---

① 定义这个词,日本《国语大辞典》解释为"正确限定概念的内容和用语的用意",《广辞苑》解释为"限定概念内容的本质上的属性";中国《现代汉语词典》解释为"对于一种事物的本质特征或一个概念的内涵或外延的确切说明"。定义英文为 definition,fallacy of definition(定义的虚伪)就是论理上的虚伪之一,即因没有确定正确的定义而发生虚伪。——译注

　　"子路说：'卫国君王如果请夫子去主持政务，夫子将先做些什么？'孔子说：'首先是下一个正确的定义（正名）。'子路说：'为什么要这样做呢？那别人会说您走弯路，说您迂腐了。在这紧急的时候，为什么要先下定义呢？那是以后的事。'孔子说：'由啊，你太不懂事了，君子对自己所不懂的事情，是不胡言乱讲的。如果不正名即不明白确定事物的定义，所讲的话就不能合情顺理；讲的话不合情顺理就不能做好集体的工作；做不好集体的工作，宗教上的典礼音乐就不能很好地举行，宗教的章法就会紊乱；宗教是确定善恶的标准，宗教的章法紊乱，惩罚作恶的刑罚就不明确了；刑罚不明确人民就会不安，就会不知所措。所以君子首先要正名即确定明确的定义，然后再以定义明确的语言讲出来，最后是努力实践自己讲出的诺言。君子对自己讲的话是不会不负责任的。'"①

　　哲学家对于语言是必须负很大的责任的。概念的定义是语言的开始，也必然是思索的开始。孔子的哲学自然是以政治为目标的，但首先是在于语言本身。正确地确定语言的概念（term）即定义，是思索上的论理的基础，也是它的根据。然而哲学家如果对做为主题的事象不能找到任何定义，那就必须沉默了。所以孔子告诫他的弟子说："君子于其所不知，盖阙如也。"即"对于某一事象如果还没有完全搞清楚，那就应保持沉默。"

　　作为事象起源的存在，是不能有定义的，即人不能以概念上的语言对存在进行充分的说明。孔子曾经考虑过关于事象起源的问题，他说过这样的话："子曰：'予欲无言。'子贡曰：'子如不言，则小子何述焉？'子曰：'天何言哉，四时兴焉，百物生焉，天何言哉。'"（《论语》卷第九《阳货第十七》）"孔子说：'我打算什么也不说了。'

---

　　①　两千年来，我国历代学者对《论语》中一些语句的解释，各有各说，不尽相同。本文中《论语》的白话译文都是根据日文译出的。——译注

子贡说：'如果夫子什么也不说,那我们还遵循什么呢?'孔子说：
'天说什么呢,可是四季却因天不停地轮转,万物也生长起来。天
是基础,但他说了什么呢?"孔子这句话的意思是：天所孕育的万物
即各种各样的事象,是能够说话的,然而天本身并不述说自己,所
以不能听到它的语言。

孔子在讲话上是十分慎重的,就语言表现而言说他是论理实
证主义者以至分析论理学者也并不过分。一天,孔子的门弟子向
他询问典礼的本质："季路问事鬼神。子曰：'未能事人,焉能事
鬼。'敢问死。曰：'未知生,焉知死。'"(《论语》卷第六《先进第十
一》)季路询问侍奉鬼神的事。孔子说："我连人都不能侍奉,怎么
能侍奉鬼神。"又问关于死的问题。孔子说："我不知道人的生,怎
么能知道人的死。"孔子的门弟子子贡对孔子作过如下的论述："夫
子之文章可得而闻也,夫子之言性与天道不可得而闻也。"(《论语》
卷第三《公冶长第五》)说孔子的文化和艺术是可以说出可以听到
的,孔子的关于人的现实存在(existence)和天道(providence)是不
能说出也不能听到的。

孔子确是很少谈及鬼神的。"樊迟问知。子曰：'务民之义,
敬鬼神而远之,可谓知矣。'"(《论语》卷第三《雍也第六》)樊迟向
孔子询问正确的见解。孔子说："走正确的道路,对于鬼神一方面
要尊敬一方面要和它保持一定的距离,那就是正确的见解。"

然而孔子在临终以前在回顾自己一生的时候却谈到了鬼神。
"子曰：吾十有五而志于学,三十而立,四十而不惑,五十而知天命,
六十而耳顺,七十而从心所欲不逾矩。"(《论语》卷第一《为政第
二》)文章中的"五十而知天命"是说五十岁的时候知道了天道。那
天道意味着什么呢? 孔子最后是以一种什么方法和神接触了,但
他没有明确说出这一到达神的上升的过程,所以孔子形而上学思
索的方法,对我们来说是一个谜。这里有依存于概念上的定义的

语言,有关于万物(可以有定义的)的起源(不可以有定义的)的思索,这二者间的距离是一个无法解决的难题,孔子的难以解决的问题,是在作为起源的存在和概念上的论理学之间有无法逾越的矛盾。

只要拘泥于定义即拘泥于"正名"①,人就不能就存在发表意见,也就不能以概念上的定义对重要的问题发表意见。如果不能对重要的问题发表意见,就不能对它进行思考,从而至少是不能对它进行学术上的讨论。因此对我们来说,是不是应该把自己的哲学限定在能建立基础的领域即现象世界的领域里,把追问根据和起源的形而上学置诸一旁呢?

基于诗艺术的定义的超越

一天,孔子向弟子们说:"小子何莫学夫诗。诗可以兴,可以观,可以群,可以怨。迩之事父,远之事君,多识于鸟兽草木之名。"(《论语》卷第九《阳货第十七》)孔子说:"你们为什么不学诗呢? 诗可以垂直地面向超越者,可以直观事物,因为是直观超越者可以把家族团结起来营社会生活,还可以倾诉悲怨的情绪。往近处说它指出了侍奉一家之长——父亲的方法,往远处说它指出了侍奉君

---

①　朱子是 14 世纪时中国最有名的注释家,他认为孔子所说的"正名",主要是指正君臣的名分,即严格确定皇帝、王公、大臣、庶民之间的关系,严格确定父子间的关系。孔子殁后荀子写有《正名篇》,其后辈出的诸子百家许多人都以正名为标榜,由此可以看出朱子的这个解释是错误的。为了在哲学上究明孔子的定义,中国的古代哲学一直把它当做主题,许多论理学者和形而上学者都论及了这个问题。如果依据朱子的这个解释,虽可明确中国哲学的一些问题,但很多地方就都要曲解了。我在进行研讨时所以不采用儒家的见解就是这个原因。

主的道理。诗还可以用来做为象征,所以有助于了解自然界中存在者的名字,有助于了解它们的本质。"这些话,说明孔子已经预感到诗的形象和象征性的语言的升腾的力量,预感到这种语言的飞翔的能力,已经感到只有使用这种语言才能使人的精神超越现象事物的限界,才能超越概念上的思考方法的平庸水准,知道了只有这种语言才能使人的精神和立足于概念的世界的彼岸相接触。

在学习诗的艺术上,孔子推荐的教材是名为《诗经》的诗集,其中共有三百一十首古诗,孔子对这部诗集所作的评价是:"诗三百,一言以蔽之,曰思无邪。"(《论语》卷第一《为政第二》)这里所说的"思无邪",就是思索的垂直上升,根据定义把思考的方向确定了以后,就必须以诗把这种垂直的意向(intendieren)继续下来。然而怎样才能使人学到诗的艺术呢?应该怎样学习呢?是不是学习《诗经》的写作方法使学习的人成为诗人呢?不是的。研究诗的艺术,是要超越概念的领域,是要向那种存在进行精神上的飞跃,是这种工作的练习。一首诗是一个独立的世界,是一个小的宇宙,自开始到终了都包括在它的本身里,对诗的内在的基本的了解是了解世界的缩影,就是说,了解本身具有开始和目的的诗的作品,就是了解和认识神(作为根据的)的世界的雏形。

"子贡曰:'贫而无谄,富而无骄,何如?'子曰:'可也,未若贫而乐富而好礼者也。'子贡曰:'诗云:如切如磋如琢如磨,其斯之谓欤。'子曰:'赐也,始可与言诗已矣。告诸往而知来者。'"(《论语》卷第一《学而第一》)子贡说:"贫穷的时候不谄媚他人,富贵的时候不骄傲,这样做可以吧。"孔子说:"那样做是可以的,但是不如贫而乐道富而讲究礼节。"子贡说:"《诗经》(《卫风·琪奥》)说要'如切如磋如琢如磨',要做得更好,是不是就是这个意思?"孔子说:"子贡啊,可以和你谈诗的问题了,把过去的事情(往)说给你,你能够用来解释你所不知道的事情(来)①。

　　孔子见子贡能把诗向自己不知道的根据上还原,所以赞扬了他。对孔子来说,诗艺术的研究就是把人的精神引向并还原于根据,也就是解释(interpretation)。从向根据还原看这种解释是意义的发现,练习这种解释可以学会象征性语言的艺术,可以使人的思索自行上升并影响别人。其结果,形而上学的思索就把不能下定义的存在给形成为语言了,孔子说过这样的话:"你如不学习诗的艺术就不能把重要的意见讲出来",这正是孔子这句话的真正的意义。

　　对诗作品进行解释,并不是改写般的水平的译解,也不是剖解意义的水平的联想,更不是再说一遍。从意义上说,是从形象的象征的语言向被象征的诗的精神上的垂直上升,换句话说,就是精神向更高的阶段还原。诗的艺术可以使人的精神醒觉、兴腾,"子曰:兴于诗……"(《论语》卷第四《泰伯第八》)的意思是什么,综上可知,是"人的精神因诗的艺术垂直地兴腾起来,突破定义的上限"。对诗的艺术进行研究可以学得象征性的表现方法,思索可以通过它超越概念上的限界,还可以通过它把不能有定义的理念当做自己的主题,即人的思索可以因诗的艺术超越定义的限界。对孔子来说,诗艺术是走向存在的精神上的超越的第一阶段,它可以突破论理学的限界把精神引向更高的地方。

基于礼的意识的超越

　　伯鱼是孔子的独生子,他要从他父亲那里学习的,不光是诗的

_____

　　①　从原文看,这句话大概不能不翻译为:"人如果知道过去就会知道未来"。但这里所说的"过去",指的是已经知道或已经意识到的事情,"未来"则意味还不知道的事情,这从上下文可以看出来。

艺术,还有礼。礼也是一种艺术,指的是举止动作要端庄敬肃,孔子向伯鱼说:"如果不学习礼,在实践活动中你就不能立身。"

中国话的"礼",往往被欧洲学者给译为"人伦"或"礼貌"(ètiquette),但在中国的语言中,和"人伦性"与"礼貌"相对应的有更正确的词,"礼"字和这种意义并无直接的关系。"礼"字的意义应据这个汉字的构造进行解释,这我们在第一章中已经暗示过这样的意见了。汉字是象形文字和表意文字,要理解这个"礼"字,不能根据它的简体字,应根据它的繁体字:"禮"。如文字所示,"禮"字是由三部分组成的。左边的偏旁"礻"为"示"字,这指的是在作为祭坛的"丅"(桌子)上放上动物的尸体,两旁的落血的形象也表示是以动物作为祭品。"禮"的右边的偏旁是"豊"字,"豊"为表示丰满或美好的状态,这是没有问题的,但从根源看,"豊"字系由两部分组成。上面的"曲"字来源于"㞢",如字面所表示的,是把收获了的稻穗或麦穗放在容器中的形状;下面的"豆"字是"台",是高脚盘子的意思,即意味着是献给神的容器。向神恭敬地呈献祭品是一种崇高、优雅的动作,如把这种典礼的精神应用在实际生活中的全部活动上并且作为行动的标准,那人的行动就会崇高而且文质彬彬了。可见"礼"这个字所说的,是"一种优雅和模范行动的体系",用另外的话说,是"举止文雅的艺术"。

林语堂氏对这个"礼"字曾经作过如下的论述:"《礼记》中曾经几次提到了礼字的概念。礼在政治上是关键性的因素,是原则的基础,是必要和不可缺少的。礼决不单是一种用在宗教仪式上的形式,是表现人类社会秩序和形成这种秩序的哲学。礼包括在中国古代社会的社会、道德和宗教中,通过宗教仪式,通过社会生活中的交际往来渐次确定下来,并有了一定的规则。归根结底是通过历史确定了下来,后来由孔子在概念上把它固定下来了。孔子所做的实际的工作,是把宗教仪式中的细节应用到生活实际里,是使宗教上的精神状态在生活中实践化。我曾经几次要把这个‘礼’字给译为‘宗教’，但终于没有那样做。在孔子的教义中，礼的中心概念包括下述各种意义：宗教和社会上的普遍原则、启蒙性质的封建秩序体系和孔子的学说，礼是这个体系的社会、道德和宗教上的命令。”①林语堂氏认为礼是由这些意义构成的，是必须进行说明的②。冯友兰氏在他的英文著作《中国哲学史》上，把“礼”给译成了 ritus，即仪式的细节，因为他所强调的只是仪式方面。（Fung Yu－Lang：The History of Chinese Philosophy，Princeton：Univercity Press，1942，pp.160—165）

读了这些准备性的说明，可知礼的概念是一种以典礼为顶点的社会秩序中的精神构造，所以不能认为它只是用来表示人的举止动作的形态或待人的态度。

现在让我们看看孔子关于礼都说了些什么。《礼记》第二十七篇有这样的话：“哀公问于孔子曰：‘大礼何如？君子之言礼何其尊也。’孔子曰：‘丘也小人也，不足以知礼。’君曰：‘否，吾子言之也。’孔子曰：‘丘闻之，民之所由生，礼为大。非礼无以节事天地之神也，非礼无以辨君臣上下长幼之位也，非礼无以别男女父子兄弟之亲昏姻疏数之交也。君子以此之为尊敬，然后以其所能教百姓，不废其会节……。’”（《礼记》第二十七篇《哀公问》）鲁哀公向孔子问道：“什么是大礼？为什么有知识的人都把礼说得那样重要呢？”孔子回答说：“我是一个平凡的人，没有向您陈述这种崇高的礼的资格。”哀公不以为然地说：“不是那样的，你是常常就礼的问题发表

---

① 这段译文因为无从查找原文，是根据日文译出的。——译注

② 这段引文原为林语堂氏以英文著写的著作：Lin Yu－Tang：The Wisdom of Confucius，New York，1938。笔者所根据的是德文译本：Konfuzius，Frankfurta·M·，1957，S·140ff，是由 Georg Goutenhoves 翻译成德文的。

言论的。"孔子这才回答说："据我所知道的,在人类生活中礼是最
重要的。没有礼就不能按照法则祭奠宇宙中的神灵;没有礼就不
能区别君王臣下、官员百姓和老人少年间的身分;没有礼还不能确
定男女、父子和兄弟之间的关系,也不能调整社会上亲族间以及婚
姻等的关系。所以有知识的人都尊崇这个礼,把它作为行动的准
则,以此教育黎民百姓,并定出共同生活中的制度,不把关系搞
乱。……"

如果仔细地阅读这段文字,阅读孔子这一经过认真考虑的谈
话,所谓礼,好像只是一种习惯法的体系或一个端正举止行动的说
明,但我们必须注意的,是回答中最初的部分即经过认真考虑后作
出回答的部分。"大礼是什么",孔子并没有回答这个问题,只是说
"要理解礼是什么自己是很不相称的"。这说明礼的本质不容易理
解,说明礼不单纯是日常生活中的举止行动,是更为重要更为神秘
的事情。礼究竟是什么? 从孔子在文章中所说的话"如果没有礼,
就不能确定社会上的一切关系"看,礼是一种基本的精神状态,它
所展示的形态就是社会上的形形色色、各种各样的关系。

由是,即使一切的行动都很正确,如果不合乎礼,那离完全性
就还有距离。孔子在《论语》中说："知及之,仁能守之,庄以莅之,
动之不以礼,未善也。"(《论语》卷第八《卫灵公第十五》)孔子说即
使知识很丰富,也能够用仁德守卫它,而且行动也正确,但在待人
接物时如果没有礼节,那也不是完全的善。

既然礼是基本的精神状态,那礼是不是只是内在的事象,只是
一种道德心(conscience)呢? 孔子说："恭而无礼则劳,慎而无礼则
葸,勇而无礼则乱,直而无礼则绞。"(《论语》卷第四《泰伯第八》)说
对人很恭敬但是没有礼节,那将是徒劳的恭敬;做事很慎重但是没
有礼节,那遇事就会退缩;为人很勇敢但是没有礼节,那将会粗暴;
性情很直率但是没有礼节,那就会拘束了。读完这段文字,那就决

不能再把礼解释为内在的事象了，因为恭敬、勇敢和直率等都已是内在的事象，孔子在这里所要求的，是要进一步超越这些，是要以礼使这些道德心表现得更好。从这种关系看，我们是不是可以用"形式"这个词来解释礼呢？理查德·维尔赫姆（Richard Wilhelm）就是这样进行翻译的①。

　　所谓礼，也许可以把它解释成外在的形式，至少根据上面的引文是这样。然而既然已经把礼的意义确定为基本的精神状态，怎么能再说它是表示外在的形式呢？我不能采取这种解释。根据孔子自己所讲的话，他所说的礼也绝对不是表示外在的形式。孔子说："礼云礼云，玉帛云乎哉？乐云乐云，钟鼓云乎哉？"（《论语》卷第九《阳货第十七》）孔子说："说礼说礼，说的是玉帛吗？说乐说乐，说的是钟鼓吗？"就是说在举行典礼仪式和演奏音乐的时候，精神比形式和道具都更重要。《论语》上还有一段记载："林放问礼之本。子曰：'大哉问。礼，与其奢也，宁俭；丧，与其易也，宁戚。'"（《论语》卷第二《八佾第三》）林放向孔子询问礼的根本。孔子说："这是一个大问题。礼，与其是奢侈，不如节俭、朴素；举办丧事，与其大肆铺张，不如精神上沉痛地哀悼。"这可以看出孔子是怎样地重视礼的内在性，为了保持礼的内在性，甚至可以牺牲外在的形式。

　　根据我们所引用的一系列文字的叙述，可以认为关于礼的概念孔子是这样规定的：所谓礼，是典礼的精神，是个人或人与人之间的基本的精神状态，不是内在的道德心或外在的形式。这正是

---

　　①　原书为 Richard Wilhelm, Wbertragungen der Gespräche des Konfuzius und des Li Gi, des Buches der Sitte. 书中，译者试图以几个不同的词翻译，"礼"字，结果礼成了一词多义了。但把礼给译为 Form（形式）是有些过于片面的，大概是译者没有充分理解礼的精神。

形态世界中的美和道德心世界中的善的统一的理念,这就使礼在行为的领域中成为崇高的理念,成为美和善的统一体,成为实践活动中的行为和行动的准则了。正是由于这种原因,我给礼下的定义是:礼是举止文雅的艺术,以典礼为顶点。

《礼记》第九篇《礼运》所叙述的,是孔子和子游(字言偃)的问答。因为孔子哀叹鲁国的礼太紊乱了,旁边的子游向他发问,孔子进行了回答。这段文字是叙述礼和天道的关系,读来使人觉得好像是混入了老子的思想,据说这段文字是出自汉初的学者,不是孔子的手笔,这恐怕是事实。但如和《论语》对照,其中一些地方也可以认为是孔子的思想,现在摘录其中的一部分:"言偃复问曰:'如此乎?礼之急也。'孔子曰:'夫礼,先王以承天之道,以治人之情,故失之者死,得之者生。'"(《礼记》第九篇《礼运》)子游又问道:"礼是那样急切地需要吗?"孔子说:"礼是根本的问题。通过它,古代圣人才把天的法则运用到人的生活中,才确定了人的行为中的各种关系,所以掌握了礼的人就生存,失掉了礼的人就死亡。"其他地方也有类似的论点,如,"礼之于人也,犹酒之于酒也"(《礼记》第九篇《礼运》),说礼对于人和曲对于酒一样;如"故礼义也者人之大端也,……所以达天道人情之大窦也"(《礼记》第九篇《礼运》)。说礼是人类活动中的重要的法则,……只有依靠它才能既合乎天的法则又能疏通人与人之间的感情。

礼是举止优雅的艺术,这是我给下的定义。对孔子来说,礼是使人的生活和神相适应的艺术;在由各种动作组成的人的活动中,它是善和美的统一体,是必须做到的,典礼就是这种艺术的典范。

典礼艺术

现在再回到孔子说给他的独生子的话,以进行进一步的探讨。

"如果不学礼,在实际生活中你就不能立身。"这句话的意义是什么? 孔子这个关于礼的告诫是和诗艺术相关联的,孔子在让伯鱼学礼的时候,时间是在让他学诗以后,学礼即学习举止文雅的艺术是以学好诗的艺术为前提的。换句话说,在修养上学习的顺序应该是先诗后礼,礼是更高的阶段。这个顺序对我们的思索是一个很重要的向导,我们要根据这个顺序来研究诗和礼的关系。

诗的艺术实在或者说学诗的效果,是通过解释可以实现精神上的垂直的上升,是对日常常识的水平扩展的反抗。对我们来说人的精神并不是水平存在的存在者,是在做为一切存在者的根源——存在的领域里起萌动的作用。做为形而上学的课题——存在,只有以象征性的语言才能把它讲出来,除去诗以外是不能形成为这种语言也是不能想的。因为只有通过学习诗人的精神才能认识和讲出那种不能有定义的存在,在讲述重要的问题时只能是使用形象的语言:诗。

然而这种象征性的表现只是一种单纯的暗示,做为存在者(on)的我们对于作为根据的存在(作为 einai 的 ousia)只能是进行暗示。这一事实意味着我们距离存在十分遥远,意味着我们只能是在遥远的地方向存在(esse ipsum)眺望。我们距离存在究竟有多远呢?

我们的精神会因学习诗的艺术而垂直地上升,能了解隐藏在文字后面的所象征的意义,这时精神将会到达一个较日常世界更高的领域,这是确实的。但这时精神仍然是停留在这个世界上,因为精神是停留在诗作品的内在解释里,而诗作品本身是这个世界的作品和属于这个世界的。同时,精神虽能因诗的语言而了解暗示的意义,但这种了解常停留在意识内部,即使意识确较限定了的概念广阔,但人的意识也是有限度的而且是内在的。因此我们不能不这样说,在因诗艺术而上升了的精神和彼岸的存在之间,在这个世界和那个世界之间,在内在和超越之间,是有其难以逾越的距离的。

由此可见,学习了诗艺术以后的精神的状态,只是有了对超越的希望,有了对更高的东西、崇高的东西、绝对的东西、存在、神也就是孔子所说的"天"的憧憬,也就是这些。为了能看见这个希望和憧憬,我们曾经反复考虑,想以象征性的语言把存在讲出来,然而现在还不能消除这个距离,这个距离是难以医治的痼疾。既然如此,那我们必须认真地考虑这样的问题:我们应先做些什么? 我们能不能使内在的超越成为可能? 我们能不能超越? 我们能不能比诗的象征更接近超越? 我们能不能以语言艺术以外的艺术使我们更接近超越。

孔子对树立正确概念曾经赋予多高的评价,我们已经论述过了。以此为基础孔子还说过这样的话:"故君子名之必可言也,言之必可行也,君子于其言,无所苟而已矣。"(《论语》卷第七《子路第十三》)就是说必须言行一致。子贡向孔子询问君子的问题,孔子作了这样的回答:"子贡问君子,子曰:'先行其言而后从之。'"(《论语》卷第一《为政第二》)子贡问君子即哲学家的本质,孔子说,要先实践他的诺言然后再确定自己的看法。孔子还说:"古者言之不出,耻恭之不逮也。"(《论语》卷第二《里仁第四》)这句话的意思是:古时候的人所以不轻易说话,是怕自己的实践赶不上自己的言语。又说:"君子欲纳于言而敏于行。"(《论语》卷第二《里仁第四》)说君子都愿意这样做:言语少行动多。

孔子认为行动比说话更重要,认为言语只是获得知识的手段和媒介,行动才是人的全部。对孔子来说,言语只是行动的前一个阶段,行动却是具有决定性意义的总体。行动是现实生活中前进的能力(faculty),精神是通过行动和现实接触的,一个人即使说得很动听,甚至也是那样想的,如果不那样做,那不但是不充分的,他还是一个伪善者。因此，即使我们的精神通过学习诗已经走向存在，而且对存在还有所领悟，但如不在行动的形态上努力使之实现，那就没有什么意义。由是，在诗艺术学习中学得了象征性的方法以后，精神不但要对存在、起源、神等进行沉思默考，还要借助肉体把思考的结果在行动上实现，精神不但要把存在的现实象征化，而且要在行动上使之尽可能地接近存在的现实。

这种行动的艺术就是礼，即典礼中的文雅、崇高的举止动作。我们通过典礼的艺术可以超越诗艺术中的内在性，因为典礼在本质上是人演神的剧，人在剧中必须把自己的意识投入到那种行动中，这就使意识中内在的东西进入了世界现实并且表现出来。典礼是以诗的思想剧的形式把神即最根本的存在表现出来的最高的形态，因为只有这种形态才能表达象征的意义。礼的艺术即以典礼为顶点的举止优美、严肃的艺术，可以使精神克服诗的内在性，它不但能刺激精神上升，还能使精神在现实中垂直地上升，不停地上升，"立于礼"的意义也就在这里。

礼即举止文雅、严肃的艺术，它不仅是单纯地用在典礼上的艺术，还包括社会生活中的各种各样的活动。用在什么时候呢？用在以典礼的精神即以对神的信仰为原则的时候。举止文雅，总的来说是典礼的类似(analogy)。为什么？因为礼从根本上就是一种文雅的艺术，它的最终目的是最崇高的神，它的全部过程都是崇高、严肃的。和存在是所有存在者的根据一样，以典礼为顶点的礼的艺术是原则的艺术。

"不学礼无以立"即"不学礼就不能超越意识，就不能在实践中立身。"孔子说给伯鱼这句话的真正的意义是：只有依靠礼即以典礼为最高形式的艺术，才能超越诗艺术的内在的限界即"这个世界"，只有这样，人才能以礼艺术克服和超越自己的内在意识，礼艺术的现实态是人的精神从意识向现实的超越。

音乐·沉醉·死

我们在这里不能不提出这样的问题,因礼艺术而完成的超越究竟是什么样的超越? 这种超越确实超越了诗艺术不能超越的意识的界限,也超越了概念上的界限,从这种意义说,和诗艺术与学术比较起来,它是更高的超越。但这种超越究竟是不是真实、纯粹的超越还不能明确,因为典礼在本质上只是一种社会中的现象。这会使我们产生这样的疑问,在现实中是不是能以典礼超越这个世界,只有真实的超越必须是完全超越这个世界时这个问题才能提出来。

在进行典礼的过程中,即使精神想的是神,那它也不能不和肉体一起停留在事务性的工作里,因为典礼不允许精神忘掉时间和空间,进行典礼时时间和空间都是绝对必要的。比如,在举行仪式时必须在神的前面行跪拜礼,这须消耗一定的时间,还须有进行跪拜的场所,这和演剧也需要时间和场所一样,只有演剧时的心情才是典礼的本质。典礼中如果时间很紧凑空间也狭小,那精神就不会自由,因为时间性和空间性在那个世界中都是最基本的东西,人的精神不能超越那个世界。那么,要使精神超越那个世界,我们应该怎样做呢?

我们要继续前进,我们要求更高的超越,关于这个问题孔子没有向伯鱼说过暗示性的话,什么也没说过。是不是我们再不能听到孔子关于这类问题的言论了呢? 伯鱼是孔子的独生子,虽然孔子只是教导他学习诗和礼的艺术,但这并不等于孔子认为这是最重要艺术的全部。在谈礼的同时,孔子还谈到了音乐,也只有音乐,才是孔子论文体系中的唯一的艺术。对孔子关于音乐的思想进行论述,不能丢掉《礼记》,其中有许多关于这个问题的叙述。我们先谈谈这个问题，为什么孔子只让他的独生子学习诗和礼，却不鼓励他学习音乐即他予以最高评价的艺术呢？这个问题须从各方面进行回答，总的来说是孔子把音乐给包括在礼的艺术中了，因为对孔子来说如果音乐有意义，那是典礼中的音乐。《礼记》中关于音乐的论述，多载在第十九篇，其内容和柏拉图的音乐哲学大体上相同，为了节省篇幅我们不一一引录了。

《论语》卷四上有这样一段记载："子在齐闻韶，三月不知肉味。曰：'不图为乐之至于斯也。'"（《论语》卷第四《述而第七》）孔子在齐国听到韶的音乐，很是感动，三个月中连肉的味道都不知道了。孔子说，想不到音乐艺术竟有这样大的感人的力量。

孔子的这段记载意味着什么？韶的音乐是最古老的音乐之一，是周朝时的典礼音乐，孔子认为韶乐是最杰出的音乐，他从这种音乐中见到了美和善的同一性。"三月不知肉味"意味着什么？味觉在生活中是一种最强和最不容易失掉的感觉；三个月是象征性的语言，形容时间长；肉是美味的食品代表难忘的东西。三个月连味觉都忘掉了，是说他的精神已从形体的世界即肉体世界中解放了出来，是说他的精神已因韶乐的杰出艺术而到达了概念上的纯粹的超越：沉醉。

由于艺术杰出，才"不图为乐之至于斯也"，才把孔子引到一个意想不到的优美的幻境。这句话意味着人的精神的解放，意味着精神离开大地到了更为高妙的地方。在诗的艺术中，精神超越了平凡的日常性，超越了实用性和定义的概念的限界。在礼的艺术中，由于精神和肉体一起打破了内在的意识进入了行动的世界，所以超越了意识的限界，同时由于从祭神的事务性工作中把自己解放了出来，又使精神漂浮在彼岸性和此岸性之间的领域里。受到了音乐艺术的感染，精神就基本上获得了自由，实现了纯粹的超越，完成了从大地的解放。这种精神上的自由——沉醉，才是孔子关于艺术的目的。

　　精神为什么会沉醉？音乐为什么会使人的精神沉醉？《论语》中有关于演奏音乐的论述。"子语鲁太师乐，曰：'乐其可知也。始作，翕如也，从之，纯如也，皦如也，绎如也，以成。'"（《论语》卷第二《八佾第三》）孔子把音乐的问题说给了鲁国的司乐官，说："音乐是知识的对象即精神上的营养。开始时是调好调子开始鸣奏，其后就发出和谐、节奏分明的声音，这样接连不断地演奏下去，直到完了，要做到和谐、纯正、清楚、连续。"在这四个因素中，前两个是旋律后两个是节奏，这可以看出孔子是把旋律和节奏当做最基本的因素的。在音乐上，时间能改变节奏的分节，空间能改变旋律的形态，就是说，音乐可因时间和空间而获得改变了的形态。这样，音乐就包括了属于这个世界的基本范畴（Category）的时间和空间，从这种意义说，这个世界就包括在音乐里。

　　音乐就是这样以包括世界而显示了自己的。喜爱音乐和聆听音乐的精神并不是由世界引导的，是由包括世界的包括者——音乐引导的。这样，聆听音乐的精神就不再是停留在这个世界中，而是和包括者一起都徘徊在世界的外面。孔子的这种学说是：只有音乐才能使人的精神超越这个世界，只有音乐才能使人沉醉，也只有沉醉，才能使人的精神在这渺茫的世界获得完全的自由。就是说，只有通过音乐人才能获得十分渴望的自由和超越。孔子说："兴于诗，立于礼，成于乐。"（《论语》卷第四《泰伯第八》）在诗中觉醒、兴腾，离开定义的限界，在典礼（演剧）中存在于世界，然后再因音乐超越这个世界，完成到达顶峰的工作。所谓音乐的现实态，就是精神上升的完成，也就是沉醉。

　　孔子认为人可以因艺术而完成自我形成，在他的思想体系中达到自我形成有三个阶段：即人的精神首先是根据诗艺术觉悟到存在，然后是因礼艺术向存在靠近，最后是以音乐的现实态——沉醉达到自我形成的目的。自我形成是修炼自己，是使精神向着自由上升，它的最高形态是从这个世界获得解放和自由，是沉醉式的超越。

孔子没有关于死的言论。如果死和单纯的死亡或死灭有一些区别，如果我们所说的死和动物也会发生的死亡哪怕有些微的不同，那死是意味着精神的永生，是和精神上的最终目的相同的沉醉，是人的精神从人世中的最后解放，是自由的完成。如果确是把死做为走向完全自由和完全沉醉的唯一的机会，那孔子的艺术哲学将更为拔群出众将更为意义重大。孔子的艺术三阶段论的学说是以音乐中的沉醉为最高点的，那将是以走向死的积极的演习来考虑艺术，那艺术就不再是一种单纯的享受，不再是那样，是走向不可避免的死的实际演习了。写到这里，我们已经进入庄子学说的领域了。庄子是形而上学者，是较孔子更富于思索更善于思索的人物。

对孔子美学的批判的考察

在对庄子的美学进行探讨以前，我们先对孔子的美学提出一些批判性的看法。

孔子学说的弱点，是没有把对超越进行解释的可能性归诸于诗的艺术。他认为诗只能进行作品的内在的解释，认为精神只能根据这种解释以表象的水平在诗作的寓意中进行活动。这也确是一种精神的上升，但那只不过是解释的本质上的特色之一罢了。如果这样对诗的艺术进行解释，那将会出现许多问题，所谓解释除去理解以外就什么也不是了，所谓诗艺术学习的现实态将只是单纯的。如果只是单纯的理解，那就会把诗的历史一次性给复归到反复出现的贫乏的境地里；如果只是单纯的理解，那诗的光辉和魅

20世纪儒学研究大系

力就不存在了,那诗作的美还在哪里呢? 那在诗作的美中还有感觉上的表象和音响吗?

对艺术进行解释,决不是注释家的语句解析或语句分析,解释是意义的发现。诗作品的意义不单纯是改写成散文后的那种意义,不是那样,它的意义还在于构成形象的刺激性的魅力,还在于锵锵作响的语言的音乐上的魅力,还在于委诸想象力的在自由空间中任意遨游的能动的魅力。所以诗作品的意义,是在于象征和被象征事物的潜在的美。

对诗作进行真正的解释,必须是对这种潜在的美的发现性的再发挥。了解了被象征事物的意义,再使它和象征的事物在情感上交互作用,那就能进行寓于作品中的内在意义的再发挥,精神在那里就会超越诗作的原来的限界。精神和历史上一次性的作品融合起来,就能以自己独特的能动性再度创造作品的形态,因为在筑造它以前精神已经做为解释的结果而站在被解释的作品以外了。凡是这样的作品,精神每次都要超越。

超越作品的精神,是在内在再发挥的形态上自我展开的,但这种形态也只有在再发挥的精神中才能见到,就是说,超越诗作的精神只能是存在于精神的本身里。因为精神是存在于自己本身里,至少它也是在诗作的外面,所以会获得一种沉醉即向外界的遨游。但这决不是真正的沉醉,因为这时已形成为再发挥的形态,这种形态在本质上即使和精神一致,那也是另外的东西。这种被限定了的沉醉,是对诗作进行超越性解释的再发挥的结果之一,因此我们可以明白无误地说,诗艺术研究的现实态也可以是沉醉。这样,从现象学和形而上学的角度看,孔子的艺术阶段论就不能不受根本性的批判了。

然而我们却不能过低评价孔子艺术三阶段论的美学上的意义,因为所有的艺术,它的根据、纯粹性以及其他方面是不是在一个水准上，是一个必须探讨的问题。要想究明艺术阶段论的问题，必须从根本上检查孔子的思想根源，必须从根本上检查孔子树立这种论点的哲学上的思想。

孔子是从享受的角度即再发挥的侧面评论艺术，他主要是在可以使自己精神上升的理想的艺术作品中使自己休息。这样的作品是这些作品：做为诗是有三百一十首诗的《诗经》，做为礼是举止行动的典范的《周礼》，做为乐是善美兼备的名为韶的音乐，其他的就不必要了。更进一步说，孔子不是诗人，不是画家，也不是作曲家，他是一个敏锐的文艺批评家和音乐批评家。在《礼记·檀弓》的上篇和《韩诗外传》都有这类问题的记载，《论语》卷九《阳货第十七》还记有这样的语句："孔子取瑟而歌"，这说明孔子曾经一边奏瑟一边唱歌，说明孔子会奏瑟会唱歌而且是喜爱音乐的。然而我们也不能不这样说，他只是一个再发挥的演奏者，我们并没有贬低演奏者的意思，一点也没有，但在论述孔子的时候我们却不能不看到这样的事实：孔子不是剧作家，是演奏家。

这种再发挥是他艺术经验的根本的性质，对大多数人来说，这种艺术经验大概都不会超出再发挥的领域，因此就孔子而言艺术创造完全是一个不同性质的问题。如果把艺术享受解释成基本上是再发挥即再创造，孔子只不过是从享受的角度过问了艺术，只不过是再发挥，那他又怎能随心所欲地就艺术创造畅谈艺术和艺术经验的本质呢？因此我们不能不承认孔子的艺术论是有其根本的缺欠的。

尽管如此，我们并不认为这种缺欠是孔子独有的，成问题的倒是客观思考方法所必然具有的不充分性。客观思考方法的哲学理念是什么，是以无矛盾的定义和自然科学的说明方法来对待现象，它的基础是对象化，是以做为前提的主观和客观的对立，此外就什么也没有了。在这个对象化中，对象化的自我常存有不能对象化的残余,只有这难以除尽的残余才是做为主体的主观性的自我,也只有那里才存有创造的根源。正是由于这种原因,做为核心的主观上的起因(Moment),是不能用这种方法进行考察的。

举例来说,亚里士多德在他著写的《诗学》里曾经谈到形成的原理,是通过对艺术现象的客观分析进行阐述的。然而形成并不是创造,所以在《诗学》中我们不能见到人的暴风雨般的创造上的能动性,这也说明亚里士多德距概念的思维方法是十分遥远的。与此相反,柏拉图试图以基于理性(logos)与传承(mythos)的辩证的一致来大大超越客观的水准,在他的著作中我们却能见到有助于关于艺术创造的论述。

在康德的《判断力批判》上,也有关于美的享受的详细论述,但在我看来,康德对天才创造所作的阐述只不过是反复重复它的同义语:天才的属性,那对谁来说大概都是容易做到的事情,只是说说天才的本质罢了。与此相反,谢林不主张康德那种概念思维的方法,主张以主观和客观的绝对同一性做为思考能动性的基础,主张艺术是对个性的根本矛盾的解释。这样,谢林就以不同于悟性考察的思索恰当地阐明了天才的创造。

在论述艺术时我们曾经提到对象化思维的"必然的不充分性",从上述例子也可以看出这种不充分性来。孔子关于艺术经验的主张,与其是概念上的学术的经验,更是和存在本身接近,但因受他自己的概念上的思维方法的限制,所以对具有更高经验的艺术的问题没有能彻底解决,这就是他没有能就艺术创造提出任何见解的论理上的根据。

如我所说的,在艺术中孔子是把礼放在确立社会秩序的位置上的。众所周知,这个礼是孔子倡导的五常之一,在伦理学上是一个人与人之间的中心的课题,五常是仁、义、礼、智、信。这就必然会产生这样的疑问,孔子的艺术论究竟是道德的美学化还是艺术的道德化。

　　艺术和道德的终级目的即使可以一致,那在这个世界上也决不是相同的,道德的美学化会损失道德心的严肃性,艺术的道德化会损失艺术的魅力。孔子从来没有混淆过这个问题,因为对他来说,和其他艺术进行比较的礼,是它的最高形态——典礼,而和礼进行比较的其他艺术,都是使精神上升的艺术,它的顶点是沉醉。由此可见,孔子的主张是所有艺术都是走向沉醉的途程,沉醉和彼岸有关也是典礼的组成部分,所以典礼和艺术有极其重要的关系。

　　因此在孔子的学说中,在作为典礼的精神化的激动里,美学化和道德化被辩证地抛弃了。这根据孔子下述的话也可以得到证明:"子曰:'志于道,据于德,依于仁,游于艺。'"(《论语》卷第四《述而第七》)孔子说:"要以正确的道路为目标,要依靠德,要依靠德中最重要的仁,要憩息在音乐之中。"这里是把德放在仁的前面,可以认为就是礼。

　　把礼列入到艺术中,是意味着把礼当做一种艺术,意味着典礼的经常化,是精神走向音乐中的沉醉的准备。如果在理论上有承认综合艺术这种概念的可能性,那只有典礼才是最大也是发自内心深处的综合艺术之一,大概也只有这种作品才是综合艺术。不论是在美学或艺术学的领域还是在艺术史的领域里,直到今天对典礼进行的研究还很少,把典礼作为综合艺术以至整体艺术并进行本质上的分析的,只有孔子。他同时还暗示了艺术从世界的解放的道路,这是不能不着重提出来的。

　　在孔子的艺术阶段论上,并没有关于造形艺术的言论,但这并不意味孔子没有谈过造形艺术的话。《论语》中有这样一句暗示性的语句:"子曰:'绘事后素。'"(《论语》卷第一《八佾第三》)孔子说:"在绘画的时候背景应该是全白。"他这句话是对《诗经》中某一诗作品所作的解释,因此不能认为是对绘画作出的规定,而且这句话各学者间还有不同的解释,但这也可以使我们看出,关于就绘画提出实在论(realism)的问题,人们对孔子并没有寄予很大的期待。孔子所喜爱的图画是主题单一的作品,最好不画背景,他认为绘画也应该具有象征性的性格,因为所有的艺术都是为了使人的精神获得超越,都是使面向超越的精神走向自由、解放、沉醉。

然而绘画中一些描绘的事象即超越者,在这感觉的世界中是见不到的,是根本见不到的,如果不能不把这些事象描绘出来,那就只能借助于象征性的手法了。色彩单一、部分主义和象征性的描绘,是东方亚洲艺术的基本的理念,它的起源在孔子的思想体系中是可以见到的。

孔子艺术理论中的这种哲学上的解释,可以从美术史上得到证实。1949 年在中国长沙近郊发掘出一座战国时代的古墓,那是公元前 5 世纪至前 3 世纪间的坟墓。从那里发掘出一张画在绢上的古代的图画,上面有一个贵妇人、一只凤凰和一条恐龙,面积为 29.2×20.8 平方公分。关野雄氏(《世界美术大系》第八卷《中国美术》,讲谈社,1963,第 203 页,图为第 116 页)和勒伯尔·海克氏(Lubor Hajek)[①]。都说图上只有这些,并没有其他图形,并认为是从一张大的画面上剪切下来的。如果是那样,画家在进行描绘时大概是以三个不同的对象做为象征了。

在我看来,那个侧着脸的女性是个预言家(巫女),她那严肃、紧张、庄重的表情说明这张图画内容是宗教性的。向上飞腾的巨龙是人的超越精神的具象化,这在《易经》中也能见到诸如此类的例子,它大概是根据女预言家的指示正向上飞腾。从天上飞下来的凤凰可能是神或神的爱的象征。这三个图形虽是三个不同的对

---

① Lubor Hajek; Chinesische kunst, Prag, 1954。s. 72ff. 在以德语著写的关于中国美术的著作中,我认为本书是水平最高的书物之一

象,但本质上都是由内在的气氛构成的,三者的主题都占有明确的位置。这张图画所展现的,不是现实的再现,不是眼前的客观现象,是基于宗教心情的画家的内心世界。

这张图画是孔子艺术理念的具象化,基本主题是和天、神联系在一起的沉醉的精神,就孔子来说只有那里才有艺术的意义。图画上画有三个具体的图形,但没有背景,图形以外全是空白,这正是孔子的主张,孔子认为在图面上画背景完全是多余的。在画这张画的时候,所依据的不是模拟即再现的理念,是表现的理念,在孔子理想的艺术理念中表现是素描。绘画上的这种基本原则在中国流传了下来,可以这样说,唐朝时期绘画时要进行象征性的描绘的论点,其起源是可以回溯到孔子的思想的。

孔子的艺术思想是什么?用一句话说是向彼岸世界的精神的上升。精神的这种能动的垂直性把艺术和技术给完全区别开了。因为哪种艺术都能使人的精神上升并走向遥远的方面,都能使人的精神超越身边的日常性。艺术作品本身又是永恒事物(eternity)的象征,所以古典时期东方艺术的艺术理念不是意味着模拟的客观世界的再现。艺术是实现自由的园地,艺术经验或多或少是人的精神向神的靠近,为什么,因为人的精神只有向天即绝对者靠近并结合起来,才能获得完全的自由。艺术经验是向神的靠近是向天的靠近,所以艺术是内在的事象,因此孔子说:"人而不仁,如礼何?人而不仁,如乐何?"(《论语》卷第二《八佾第三》)

就孔子来说,真正的艺术是内在的光辉,尽管孔子没有使用过表现(写意)这个术语,但做为艺术理念的表现(写意)的思考,在公元前6世纪时在孔子的思想体系中已经成为事实了。

我们探讨了孔子的艺术理论,还探讨了问题的性质,连在东方美术史上的意义都进行了考察。必须承认孔子学说的局限性;对孔子学说进行恶意的贬低并不是一件困难的事情,下述的问题他就没有解决：和死有关的艺术的意义、艺术和思考的对于人的形成、受魅力的吸引（fascination）和神游式的超越（extasis）之间的存在论上的差异、各种艺术的并列和级层（Hierarchie）、艺术对人的可能性等①，这些哲学上的问题只有在《庄子》中求得决定性的解决了。

（张玉元　译　梅　生　校）

（选自《东方的美学》，三联书店 1991 年版）

今道友信（1922—　　），日本美学家，日本东京大学文学部教授，英和大学院长，哲学国际中心所长。著有《东方的美学》、《东西方哲学美学比较》、《美的相位与艺术》、《东西洋哲学与文化》、《存在主义美学》等。

孔子的美学从"正名"开始，逐渐走向人的精神世界的超越。人的思索可以因为诗的艺术超越艺术的界限，因此，诗艺术是走向存在的精神上的超越的第一阶段。这还只是希望。第二阶段就是对礼的超越，只有依靠礼即以典礼为最高形式的艺术，克服和超越自己的内在意识；礼艺术的现实态是人的精神从意识向现实的超越。因此，孔子的艺术思想是向彼岸世界的精神的上升。

---

① 对这些问题我曾经进行系统的考察并辑成为一部文集，题为《同一性自我传达的艺术和死》，刊于 1963 年的《哲学年报》，后经进行修改后又做为我著写的《同一性的自我塑性》的序言了（东京大学出版会，1971）。希再参阅我的德语著作 Betrachtungen Über das Eine, Tokio, 1968 版中的第十六章 "Der logische Grund der Schönheit"，这篇文章还载在我最近编写的 Studia comparata de aesthetica, Tokio, 1976 版中的第五章里。

《文心雕龙》文学原理论的若干问题

——关于刘勰的美学思想

〔日〕林田慎之助

一

公元 5 世纪末,梁代刘勰撰成《文心雕龙》①,这是中国文学中唯一可称为自成体系的批评理论专著,《序志》篇中述其创作动机甚详。刘勰为了回顾和批判过去的批评史,自然想要从头确立批评基准,并使之体系化。

"详观近代之论文者多矣。至于魏文述典,陈思序书,应场文论,陆机文赋,仲洽流别,宏范翰林,各照隅隙,鲜观衢路。或臧否当时之才,或铨品前修之文,或泛举雅俗之旨,或撮题

---

① 近年来中国对于《文心雕龙》的研究忽然出现了繁荣的局面,陆续发表了许多有关其世界观、风骨论、形象思维论、批评论等等的论文,开展了活跃的讨论。同时,香港大学中国文学会也出版了饶宗颐氏主编的《文心雕龙专号》。最近在中国出版的郭晋稀氏《文心雕龙译注十八篇》(建文书局)亦是以此项研究为背景的成果之一。

日本方面目加田诚氏、户田浩晓氏以《文心雕龙》全译为目标,发表了详细的译注,对今后的研究者将是大有裨益的。但是有关《文心雕龙》的研究论文很少,值得注意的更是寥若晨星,如高桥和已氏的《刘勰文心雕龙文学论的基本概念的研究》(《中国文学》第三册)。

篇章之意。魏典密而不周,陈书辩而无当,应论华而疏略,陆赋巧而碎乱,流别精而少巧,翰林浅而寡要。"

刘勰列举了自魏文帝《典论论文》至晋李充《翰林论》等魏晋文论的优缺点,最后总结为:"不述先哲之诰,难益后生之虑。"对批评史作这样的回顾与批判,在刘勰以前从来不曾有过,这就意味着中国文学史上最初的专门批评家的诞生和他的自觉,因而是弥足珍贵的。《文心雕龙》的构思,据刘勰说是"本乎道,师乎圣,体乎经,酌乎纬,变乎骚。文之枢纽,亦云极矣",在实践对于批评史的批判性自觉方面,这是他的当然志向。刘勰在《原道》、《徵圣》、《宗经》、《正纬》、《辨骚》五篇中说尽了创作论的要旨,与其他文体论、表现修辞论、形象思维论、文学史论、批评论等有所区别的是:刘勰在上述五篇中提出了所谓文学原理论,显然想以此匡正批评基准的混乱状态。刘勰作为有责任心的批评家的自觉同时又转变为对当代文学的切实而强烈的关心。我们可以看到这样的因果关系:《文心雕龙》由于自成体系,所以各种古典体裁无不具备,但在陈述最主要的批评理论的《原道》、《徵圣》、《宗经》、《正纬》、《辨骚》等五篇中却存在着认识当代文学的基础,这种认识又必然导致思索的归纳,进而设置了文学原理论这一不容回避的课题。

本文拟以刘勰的文学原理论为对象,探索刘勰以何等样的批判眼光看待宋、齐的文学动向,也就是说有必要考察一下他如何通过文学批评对当时文坛的现实情况施加影响。

刘勰在谈到当前的文学课题时使用了"近代辞人"、"新学之锐"、"今之才颖之士"或"后之作者"、逐末之俦"等时间上的限定语,这种批评态度可以说是全盘否定乃至批判性的。从对当时现状的否定、批判性的认识出发,试图改革这种情况,这就是刘勰的文学观,而由古代经典和屈原《楚辞》所完成的古典表现领域给他的思想赋予了具体的内容。《宗经》篇认为各种文体表现的原型都存在于经典的表现之中,但与其说刘勰的意图是反映从儒教理念出发的尚古文学观,倒不如说他想发现切实的文学课题。因为《文心雕龙》最鲜明的特征——也是刘勰批评方法的原理性常态——之一,就是把古典领域中的表现形态和近代的表现形态罗列对比。例如他把"近代辞人"修辞过剩的现象与《诗经》、《春秋》等作品中可以看到的"文质彬彬"表现形式对照之后作了批评。《序志》篇云:

> "去圣久远,文体解散,辞人爱奇,言贵浮诡,饰羽尚画,文绣鞶帨,离本弥甚,将遂① 讹滥。"

而"文体解散"的情况究竟如何,刘勰在《定势》篇中对"爱奇"、"言贵浮诡"、"将遂讹滥"等作了比较具体的说明:

> "自近代辞人,率好诡巧,原其为体,讹势所变,厌黩旧式,故穿凿取新,察其讹意,似难而实无他术也,反正而已。故文反正为乏,辞反正为奇,效奇之法,必颠倒文句,上字而抑下,中辞而出外,回互不常,则新色耳。(中略)旧练之才,则执正以驭奇;新学之锐,则逐奇而失正;势流不反,则文体遂弊。"

刘勰在这里如实地描绘了近代作家的创作过程,还查究了文体崩坏的原因。这样看来,《序志》篇的"爱奇"是指以破格文字排比成章来追求新奇感;"言贵浮诡"意为言语修辞一味浮华,以期获得奇意。刘勰以"将遂讹滥"批判了宋、齐作家务求淫巧、浓装艳抹、不重情意等等缺憾。

刘勰对当时文坛情况的认识在《明诗》、《物色》、《情采》等篇中说得更为清楚,这里有细谈一下的必要。诗文至宋代起了变革,老庄思想开始后退,山水文学逐步抬头,文学史上经常引用《明诗》篇中一段著名的话:

---

① 　日文原作"将过讹滥",中译文据范文澜《文心雕龙注》改。——译者注。

"宋初文咏,体有因革,庄老告退,而山水方滋,俪采百字之偶,争价一句之奇,情必极貌以写物,辞必穷力而追新,此近世之所竞也。"

重点大概在于后半段,在山水文学抬头的同时,创作方法也转变为求字对偶之美,争一字一句之奇,内容虽是讽咏山水但却尽力摹写物状,务求新奇,而问题也就在这里。

宋代山水文学抬头以后,盛行对四季景物进行写生的"形似"描绘,同时从后汉末至魏、晋在自然与人的关系中从来不曾有过的知性的交流变成了严肃的哲学和人生的命题。自然诱发了人的敬虔内省的契机,由自然触发的抒情表现活跃起来,扩大了情感的文学领域。促进这种情况产生的思想是老庄哲学及其自然观,因为它们提供了适应乱世所必需的深沉思想。在这个时期内,在哲学领域中只是经验性地追求自然与人的交流,并用形而上学的逻辑把它装扮起来,另一方面在文学表现的领域里就产生了没有形象的、生硬的抽象语言大肆泛滥的现象,其登峰造极者当推东晋的玄言诗。为了打破这个僵局,必须把以前玄言诗作为中心题材对象的自然景物当作媒体,进一步扩大抒情的领域。结果,在宋、齐文学中,自然大致由于其内在的美与秩序,很少具有能使人内省的特性,而只是成为美的享受和抒情的对象。

《文心雕龙·物色》篇对文学史上的这一动向从正面进行了严肃的批评。

"自近代以来,文贵形似。窥情风景之上,钻貌草木之中。吟咏所发,志惟深远。体物为妙,功在密附。故巧言切状,如印之印泥,不加雕削,而曲写毫芥。故能瞻言而见貌,即字而知时也。"

山水文学发生以后,带来了不可避免的副产品,也就是形似的表现方法和写实精神。"自近代以来,文贵形似。窥情风景之上,钻貌草木之中。吟咏所发,志惟深远"云云即是指此。刘勰在这里谈到的是"形似"描写的典型创作方法论,结果却揭示了山水文学的理想的表现形态。他认为如果排除了创作者内部"吟咏所发,志惟深远"的前提条件,则"体物为妙,功在密附。故巧言切状","曲写毫芥。故能瞻言而见貌,即字而知时"这种"形似"创作论的雏型就不可能成立。也就是说在以山水景物为对象进行创作时,诗人除了观察以外,还必须让自己的"志"深入到对象中去,这样才能模写物状巧妙切实,不加修饰亦淋漓尽致。因此刘勰的《物色》篇对一味追求"情必极貌以写物,辞必穷力而追新"(《明诗》篇)的技巧主义形似文学加以否定。至于重"形似"描写、在表现方法上争奇斗巧的"近代"文学,"不一定比《诗经》、《楚辞》的简单描写进步。重要的是尽管文辞简明,却能确实把握物象真体,而又余情低回"①,在作了这样的批判之后,必然得出《物色》篇的结论。

除《物色》篇外,《情采》篇也抗拒了近代作家追求辞句新奇的技巧主义潮流,并回溯了文学表现的历史,分析了这种潮流的病因:

　　"昔诗人什篇,为情而造文;辞人赋颂,为文而造情。何以明其然? 盖风雅之兴,志思蓄愤,而吟咏情性,以讽其上,此为情而造文也;诸子之徒,心非郁陶,苟驰夸饰,鬻声钓世,此为文而造情也。故为情者要约而写真,为文者淫丽而烦滥。而后之作者,采滥忽真,远弃风雅,近师辞赋,故体情之制日疏,逐文之篇愈盛。"

刘勰于此批判了为作诗文而搔首弄姿、追求无真情实感的虚妄之美的近代技术烦琐主义。《诗经》《风》《雅》的诗人与此迥异,因此作品

---

　　①　青木正儿氏在《中国文学艺术考》(弘文堂)的《中国人的自然观》一文中举《文心雕龙·物色》篇作为对山水景物文学的批评,述其大意,颇得要领,可供参照。

强烈地体现了作者心中郁积的主题。汉代出现的辞赋家的创作态度又与《诗经》的诗人们大相径庭。他们作诗赋是为了获得声名和荣誉，是在为外在的动机进行创作，因此刻意贪求夸张的修辞法和穷极侈丽的文采。"近代"作者和这些形式主义的辞赋家是一脉相承的，同时又等而下之，为文造情，制造一些不含真情的美的假象。

从刘勰对"近代"文学的批判中可以看出他卑视追求新奇和虚假的美、流于唯美的形式主义和技术烦琐主义、招致古典文体崩坏的宋代文坛情况。刘勰意识到自己身为具有时代责任感的批评家，应该从探讨文学原理的各种问题的立场出发，确立起古典文体来。

二

上文已经谈到：刘勰在《序志》篇中以"盖文心之作也，本乎道，师乎圣，体乎经，酌乎纬，变乎骚。文之枢纽，亦云极矣"的话来概括《文心雕龙》起首的《原道》、《徵圣》、《宗经》、《正纬》、《辨骚》五篇的内容，本文将这五篇的宗旨称为文学原理论。

但是后世很多注释家，批评家不知出于什么原因，只把《原道》、《徵圣》、《宗经》三篇联系起来作为文学原论加以评述，而把《正纬》、特别是《辨骚》视为与前三篇迥然异质者而等闲视之。看来他们是立足于儒家的文学观、或是把刘勰的批评纳入了儒家文学观的范畴。郭绍虞氏认为颜之推主张典正，开了唐代诗坛风气，而刘勰提倡原道，开了唐代文坛风气①。郭绍虞氏所云唐代文坛风气，从与颜之推的对应关系上加以推测，可知显然是指韩愈的文

---

①　郭绍虞氏《中国文学批评史》（新文艺出版社）91—92 页上说："刘勰主张原道而开唐代文坛的风气，颜之推主张典正而开唐代诗坛的风气，这都是值得注意的事。"

学复古运动。郭绍虞氏的批评理论来源于在刘勰身上发现了先驱批评家的存在。他把刘勰的《原道》与《宗经》、《徵圣》连锁反应式地串连起来,并机械地认为在韩愈的文学观中,"原道"和载道是等同的,这种方法实在很危险。本文将就这个问题把清纪昀的评注和范文澜氏的注释联系起来进行探讨和评论。

这种论法虽是结果论,这里还是有必要根据《序志》篇,以《原道》等五篇为对象,把刘勰的文学原理论的构想进行图式化的整理。我认为刘勰从培养中国文学的古典文体表现(思想)的立场出发写了《徵圣》、《宗经》二篇,接着又从探索中国文学的修辞学变革原理和抒情的发生形态的立场出发,写了比上述二篇更为异端的《正纬》、《辨骚》;他把这四篇综合起来考察了文的发生原理,然后构思了带有形而上学意味的《原道》,将其冠于四篇之首。

有关刘勰文学原理论的上述假定,可从《文心雕龙·通变》篇中求得依据。《通变》篇着眼于文学表现史中的继承和变革问题,并对其辩证法的发展与结合过程作了总结性的追求,劈头就说:

> "夫设文之体有常,变文之数无方。何以明其然耶?凡诗、赋、书、记,名理相因,此有常之体也。文辞、气力,通变则久,此无方之数也。名理有常,体必资于故实。通变无方,数必酌于新声。"

本段论点由于在行文上采用了对置法,所以显得比较错综复杂,把它整理以后,可以这样说:诗、赋、书、记等文体形式各有与其名称相符的内容(理),故有不易不变的法则,同时文辞表现及其风格不限继承变化之相,所以并没有一定的公式,因此文体必须在古典规范中求其法则,而文辞表现及其风格又必须吸收新时代的格调,如是而已。

《通变》篇中还说:"楚之骚文,矩式周人;汉之赋颂,影写楚世;魏之策制,顾慕汉风;晋之辞章,瞻望魏采。"语言虽极简洁,但刘勰作为确认文学遗产继承和变革因果关系的、自觉对当代文坛情况负有责任的真挚的批评家，未必对宋、齐近代文学所吸收的新时代的格调抱乐观态度。因为当时古代诗观正在逐步复活，这种诗观着眼于极端的教化作用，认为诗者，表现于王道教化行劝善惩恶之效的君子之志者也。例如裴子野的《雕虫论》就是持这种观点的：

> "古总四始六义为诗。既形四方之风，且彰君子之志。劝善惩恶，本于王化。今之作者，思存枝叶，用繁华蕴藻以自通。（中略）是以（宋大明年间）间阎年少、贵游总角，无不摈落六艺，吟咏情性。学者以博依为急务，谓章句为专鲁。淫文破典，斐尔为功，不被管弦，非主礼义。深心主乎花木，远致极乎风云。其兴浮而其志弱，巧而不要，淫而不深。讨其宗途，亦有宋之遗风。"

陆机《文赋》、葛洪《抱朴子》曾谈到随着历史的发展，文学本身也有所提高，例如感情深化了、领域扩大了、表现修辞学亦精炼了等等①，但是全面否认这种文学进化论、回到所谓汉代道义优先主义的文学观去的现象在上述引文中显然存在。刘勰不是裴子野那样素朴的文学复古主义者，他虽对文学遗产的继承和变革有进一步的认识，但在把这个过程视作历史的发展这一点上还是抱怀疑

---

①　陆机在《文赋》中把诗的概念定为"诗缘情而绮靡"。这对于汉代毛诗大序以来所谓"诗言志"的古典诗说可以算是一次本质上的变革，并且显著地扩大了文学创造的感情领域。晋葛洪《抱朴子·钧世》篇云："且夫古者事事醇素，今则莫不雕饰，时移世改，理自然也。"认为与古时相比，表现修辞学的丰富和文章注重雕饰是时世推移的自然结果。又云："且夫尚书者政事之集也，然未若近代之优文、诏策、军书、奏议之清富赡丽也。毛诗者华彩之辞也，然不及上林、羽猎、二京、三都之汪濊博富也。"批判了儒家的复古主义和尚古趣味。可以说陆机、葛洪认识文学创造在随着历史的时间推移而进化，并采取了推进这种进化的文学立场。

态度的,因此在对待《通变》篇的课题上也就势必相当慎重。近代那些气焰嚣张的文人只知模仿宋代文集,忽略了汉以前的作品,以致丧失了古人的气力与风格,刘勰对这种现象表示惋惜,认为只有效法经典,才能改革宋以降文风中技巧新奇、内容浅薄的弊端①。又说:"斟酌乎质文之间,而櫽括乎雅俗之际,可与言通变矣。"(《通变》篇)由此我们可以清楚地了解他的观点了。

刘勰所提出的改善近代文学体质最具体的办法是把近代文人最轻视的汉以前作品当作文体的古典规范。首先,为了重新确认与文体的名称和内容相符的古典法则必须回溯并正确把握各种文体的发生情况。《徵圣》、《宗经》两篇的构想正是这种意图的具体化。

《徵圣》篇把文章的基本表现形式分为四类:

"《春秋》一字以褒贬,丧服(仪礼)举轻以包重。此简言以达旨也。邠诗(《诗经·邠风·七月》)联章以积句,儒行(《礼记》)缛说以繁辞,此博文以该情也。书契断决以象夬,文章昭晰以象离。此明理以立体也。四象(《易经》)精义以曲隐,五例(《春秋》)微辞以婉晦,此隐义以藏用也。"

这里所谈的四种表现形式,第一种是以简洁的言语而达旨者;第二种是与它相反、以繁缛的文辞造情者;第三种是以明晰的论理立体制者;第四种又是与其相反、秘藏效用于隐晦的趣旨中者。这四种原型分别出于圣人编著的《礼记》、《春秋》、《诗经》、《易经》。

《宗经》篇致力于论证中国古来各种文体皆出于经书,如论、说、辞、序出《易经》,诏、策、章、奏出《书经》,赋、颂、歌、赞出《诗

---

① 　《文心雕龙·通变》篇云:"竞今疏古,风味气衰也。今才颖之士,刻意学文,多略汉篇,师范宋集,虽古今备阅,然近附而远疏矣。夫青生于蓝,绛生于茜,虽逾本色,不能复化。桓君山云:予见新进丽文,美而无采。及见刘扬言辞,常辄有得。此其验也。故练青濯绛,必归蓝茜;矫讹翻浅,还宗径诰。"

经》,铭、诔、箴、祝出《礼记》,纪、传、铭、檄出《春秋》等。作家循此源流,即可回溯到古典原型,并能体会到文体格式的六种法则:一、情深而不诡,二、风清而不杂,三、事信而不诞,四、义直而不回,五、体约而不芜,六、文丽而不淫。

六义是《徵圣》、《宗经》两篇的中心论点,由此可见:刘勰因不忍坐视宋、齐近代作家的文体流于诡诞、芜杂和淫猥,想从经书之中探求具有与思想紧密结合的文体及不易的表现方式的古典原型,重新确认其中的文体法则,以此作为变革的方法;《徵圣》、《宗经》两篇,正是他本着使文学复归儒教道德思想的素朴的尚古信仰而创作的。

《徵圣》、《宗经》的研讨对象是经典,而《正纬》、《辨骚》的对象是纬书和《楚辞》。纬书是纬线,用以补充、美化作为经线的经书,并对经书的事义作出神秘的担保,大部分成于汉代。《楚辞》则是"影写楚世"的汉代辞赋家所应当继承的文学遗产和辞赋的滥觞。刘勰认识到近代文学的病根在于汉赋那种为文造情的形式主义,但在文学原理论的构想上举纬书与《楚辞》为例岂不是自相矛盾吗? 刘勰承认文学遗产的继承与变革的因果关系,他在《通变》篇中确认经典内在的古典文体具有能经受历史考验的文学恒常性,同时也看到了文学变革的必然性,即文学的可变性会随着历史的推移在文辞表现及其风格上显露出来,而且会根据自身的特性吸收新时代的格调。刘勰从这个观点出发,就纬书的思想内容纠弹了其伪书的本质,但是在从文学角度进行排斥的同时,又确认纬书是经书在汉代的表现的变型,并且认为"矩式周人"的《楚辞》继承了诗经的精神传统,但在表现形式和风格上也产生了完全适应战国期间时代变化的个性变型。因此,继承了经书的传统遗产又证实了时代变革的纬书与《楚辞》是文学上的不肖子,论述这二者的《正纬》、《辨骚》的重要性与《徵圣》、《宗经》不相上下,刘勰作为先验的文学史家,可以说是用意周密到意识过剩的程度,才把它们作为文学原理的考察对象的。

《正纬》篇作为结论的《赞》云:

> "荣河温洛,是孕图纬。神宝藏用,理隐文贵。世历二汉,朱紫腾沸。芟夷谲诡,糅其雕蔚。"

《隋书·经籍志》云六朝宋大明年间禁图谶,梁天监年间以后又重法取缔纬书①。这种做法完全是当时从政治上进行考虑的措施,刘勰处身于政治漩涡之中,对政治措施自不能无视,他提出纬书真伪纷杂,当芟夷其谲诡即是明证;然而必须看到他同时又钻了当时政治上规章制度的空子,高度评价了纬书的雕蔚(丰富而新奇的修辞),认为应将其糅于文章之中。在这一点上他不顾时代的禁忌,显示了拥护文学的严肃的表现者的独立性。这是他对政治禁忌所作出的最大限度的抗拒,流露了他的一点审美意识。如果我们不从根本上确认刘勰在表现美学方面显示的强烈固执,那么不论作什么样的道义角度的考察,所作的评价都不可能触及本质。

刘勰主张将纬书的雕蔚糅于文章,就具体内容而言,他列举了伏羲、神农、少皞等原始传说,山渎、锺律的要义以及白鱼赤鸟、黄银紫玉等符瑞的神话:

> "若乃羲农轩皞之源,山渎锺律之要,白鱼赤鸟之符,黄银紫玉之瑞,事丰奇伟,辞富膏腴,无益经典,而有助文章。是以后来辞人,采摭英华。"

刘勰既认为散见于纬书中的奇伟丰润的言语修辞、驰驱奔放的空想性与神秘性是文学不可或缺、应大量吸收的养料,自然也就不会忽视与纬书具有同样性质的《楚辞》。在《正纬》篇以后的《辨

---

① 参看《隋书·经籍志》卷一:"至宋大明中,始禁图谶。梁天监已后又重其制。及高祖受禅禁逾切。"(谶纬之部)

骚》篇对《楚辞》作了如下的评价：

> "乃雅颂之博徒，而词赋之英杰也。观其骨鲠所树，肌肤所附，虽取熔经意，亦自铸伟辞。故骚经、九章，朗丽以哀志；九歌、九辩，绮靡以伤情；远游、天问，瑰诡而惠巧；招魂、招隐，耀艳而深华；卜居标放言之致，渔父寄独往之才。故能气往铄古，辞来切今，惊采绝艳，难与并能矣。"

《楚辞》各篇的特色是以新颖的文学表现形式产生了无可比类的巨制，具有富于变化起伏的表现性节奏，而哀伤的主题又藉这种节奏申诉，还带有使人惊奇不置的绚烂绝世的艳丽色彩，刘勰一再强调正是这些特色使《楚辞》成为其他作品莫能望其项背的杰作佳构。

正如《辨骚》篇中所言，表现美学的炼金术始于屈原《楚辞》，而后又风魔了汉代辞赋家和魏晋南朝的文人，然而以对这种炼金术的异常和无限的关心就文学遗产继承过程和文学变革过程所作的叙述不一定就是正确的继承和变革的历史，刘勰的评论中就含有这样的批判。刘勰试图再次回到纬书、《楚辞》重新确认文学表现的变革原理，因此才创作了与《徵圣》、《宗经》对应的《正纬》、《辨骚》。刘勰认为：首先，纬书和《楚辞》是秉承了经书意志的，但是，由于它们开拓了大大超越经书古典范围、产生革新式异端的可能性，因此影响了中国文学的表现修辞学的革新原理和抒情的发生形态。

三

上文集中探讨了《文心雕龙》文学原理论构想的意图，并在使它恢复本来面目之时添加了一些略呈执拗的分析和论证，这样做并不是没有理由的。作为创作论的基石——文学原理论，《序志》篇中列举了《原道》、《徵圣》、《宗经》、《正纬》、《辨骚》五篇，然而从来对《文心雕龙》所作的批评和注释却总是有意识地把这五篇分开①。

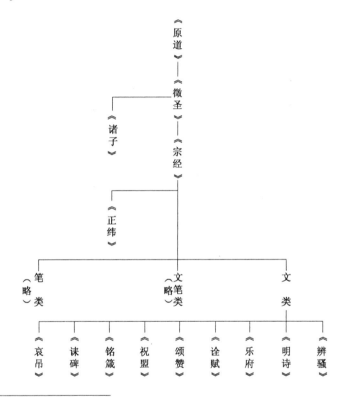

① 最近出版的《文学遗产增刊》第十一辑(中华书局)收有杨明照氏《从文心雕龙〈原道〉、〈序志〉两篇看刘勰的思想》一文。杨氏认为刘勰在《原道》篇末提出"'道沿圣以垂文,圣因文而明道','道'既然是通过圣人才写成文,而圣人又是通过他们的'文'来阐明'道',因而六经就成为旁通而无滞(涯)、日用而不匮的'道之文'。刘勰主张'文'原于'道'的出发点在这里,接二连三地提出'徵圣'、'宗经'的原因也在这里"。由此可知,这篇论文认为刘勰的思想反映了浓厚的儒教思想,所以只把《原道》、《徵圣》、《宗经》三篇作为"文之枢纽",而有意识地把《正纬》、《辨骚》二篇排斥于"文之枢纽"的考察对象之外。
译者按:在原文中找不到注①,审度语气,似可置于此。

上引《文心雕龙》篇目构成图即是一例，原图附于享誉甚高的范文澜氏《文心雕龙注·原道篇校释》之后。

范氏显然无视刘勰在《序志》篇中通过"盖文心之作也，本乎道，师乎圣，体乎经，酌乎纬，变乎骚，文之枢纽，亦云极矣"这段话所表明的意向，而人为地作了改编。范氏把《原道》、《徵圣》、《宗经》列为纵系，把《诸子》、《正纬》作为派生篇目，看来他是把这些篇章视为文学原理论的。《诸子》篇的论调是否与文学原理论相当还有探讨余地，最费解的就是把《辨骚》从文学原理论中剔出，使之与《明诗》、《乐府》等韵文文体论并列。范氏云："彦和所称之道，自指圣贤之大道而言，故篇后承以《徵圣》、《宗经》二篇，义旨甚明，与空言文以载道者殊途。"（《文心雕龙注·原道篇注释》）其实这就是他进行改编的真意，他擅自根据儒教文学观对《文心雕龙》加以评论，才作出了上引的书目图。

原道即载道这种说法明显属于儒家文学论的范畴。与范文澜氏见解相同的论述已见于清纪昀的《文心雕龙》（黄叔琳辑注本）评注文中：

> "文以载道，明其当然；文以原道，明其本然。"

这就是本着载道主义文学论对《原道》篇的理解，纪昀还认为刘勰之所以凌驾六朝文士之上，就是因为他是以汉、魏以来稀有的原道（即载道）论为其文学论的发端的[1]。纪昀和范文澜氏都是把《文心雕龙》和《原道》和韩愈的《原道》等同起来了，这是从他们把原道和载道理解为同义语这一点上可以很清楚地看出来的。他们就是本着这种观点对《文心雕龙·原道》篇作评价的，郭绍虞氏则一脉相承，认为刘勰主张"原道"，开了唐代文坛的风气，这种评论，印

---

[1] 《黄叔琳注文心雕龙》纪昀评曰："自汉以来，论文者罕能及此（《原道》），彦和以此（《原道》）发端所见，在六朝诗人之上。"

象主义色彩太浓,缺乏实证性。因此我认为把韩愈的《原道》和刘勰的《原道》简单地混为一谈,是印象主义的、乃至是贪图方便或有意造作。隋王通在《文中子》中称文学观立足于道,无疑是儒教的观点,而且可以说是韩愈载道文学论的源流。

王通《文中子》卷二《天地》篇云:

"学者博诵云乎哉,必也贯乎道。文者苟作云乎哉,必也济乎义。"

韩愈《答李秀才》①云:

"愈之所志于古者,不惟其辞之好,好其道焉尔。"

他在《原道》②中又把古之"道"勾勒了一个明确的轮廓:

"斯吾所谓道也,非向所谓老与佛之道也。尧以是传之舜,(中略)文、武、周公传之孔子,孔子传之孟轲。"

韩愈门人李汉序退之文集云:"文者贯道之器也。"此语曾被认为得韩愈载道主义文学观之真髓而喧传一时,它与前引王通贯道说的措辞和精神都相类,这恐怕不是偶然巧合。

如果刘勰的《原道》篇并没有如从来的批评家所言展开了文学载道说,那么也就不能视为唐代文学复古运动的先驱评论,这是不言自明的③。下边再回过头来在可能范围内对《原道》篇作些探讨和考察。

---

　　①②　《韩昌黎文集》(冠山堂藏板)第十卷:"曰斯吾之所谓道也,非向所谓老与佛之道也。尧以是传之舜……文、武、周公传之孔子,孔子传之孟轲。"(《原道》)同第十六卷"愈之所志于古者,不惟其辞之好,好其道焉尔"(《答李秀才书》)。

　　③　黄侃《文心雕龙札记》《原道》篇注云刘勰之道袭《韩非子·解老》篇及《庄子·天下》篇之说,通乎万理,乃称玄名。值得注意的是:从这个角度看来,黄侃并不认为刘勰的原道是载道主义的文学论。

四

刘勰在《原道》篇中把天地始生的宇宙发轫期现象描绘成美丽的自然画卷，其立论亦基于此：

> "文之为德也大矣，与天地并生者何哉？夫玄黄色杂，方圆体分。日月叠璧，以垂丽天之象；山川焕绮，以铺理地之形：此盖道之文也。"

众所周知，这种理论受到《易传》的浓厚影响。当时，《易传》与老、庄并称三玄。《易传》是一种形而上学，它穷究作为宇宙生成根本原理的"道"的性格，并讲论、推敲其在人生诸相中的体验。在六朝的宋都开设有儒、玄、文、史四种学问的传习所，三玄的知识是当时知识分子所必具的修养。因此《文心雕龙·原道》篇很可能是在这种影响下才产生的。刘勰根据三玄的形而上学，把宇宙生成的根本原理称之为"道"，把"道"在自然现象上编织成的图案称之为"文"。他的观点可能基于《淮南子·原道训》，因此他的所谓"道"也仍然不过是玄学思维的产物而已。情况究竟是否如此呢？

《梁书·刘勰传》称刘勰自二十三、四岁起，寄身于以编《弘明集》而闻名于世的沙门僧佑处达十年以上，遂博通经论，曾助僧佑校定定林寺经藏。从刘勰的阅历和西晋以来玄学包括维摩经、般若经这一事实进行推测，可知在当时的思想界里，佛教思想已经逐步占了儒、道二教的上风，为了正确理解《原道》篇中"道"的概念，我们有必要考虑这一情况。宫川尚志氏在《六朝宗教史》中说：儒教的孝道经过佛教的反省、转释，增添了新的含义，即为沙门以济度众生是真正的立身行道，这样儒、佛在中国的家族伦理中取得了一致，佛寺产生了成为保存传统儒教文化处所的倾向（参看宫川尚志氏《六朝宗教史》（弘文堂）第五章《中国家族伦理与佛教》第109

页）。

刘勰的传世著作中,有收入《弘明集》、题为《灭惑论》的一文。他在文中针对道士鼓吹的佛教入国破国、入家破家、入身破身的排佛论(三破论),把儒教思想掺入佛教伦理进行反驳。关于"道",刘勰是这样说的:

> "至道宗极理归于一,妙法真境本固无二。至佛也,则空玄无形而万象并应,寂灭无心而玄智弥照。幽数潜会而不见其极。冥功日用而不识其然。但万象既生,假名遂立。梵言曰菩提,汉语曰道。"

刘勰明显地铺叙了儒、佛一致论,结论自然是把它奉为宇宙间惟一最高的原理,并说梵语称之为菩提,汉语称之为道。刘勰认为万象生成在先,但在万象生成之后,其根本的存在却被赋予种种假名如菩提、道等等,这是他的理性认识所能达到的最高概念。照佛理说起来,这种理念只能是"空玄无形而万象并应,寂灭无心而玄智弥照"的佛心的作用。这样看来,刘勰《原道》篇所说的"道"不是存在于万物之中、秩序井然的唯物的客观法则,而是一种人格的理念,并具有存在于万物生成的本源中、难以识悟的精妙的心灵作用①。

宋时曾游庐山、并参加慧远白莲社的宗炳,撰有画论《画山水序》。他也是从释教的立场就山水而论道,而且令人感兴趣的是与

---

① 最近中国在探讨刘勰世界观的问题上,就原道的"道"究竟是唯物主义还是客观唯心主义产生了意见分歧。陆侃如氏在《文心雕龙论道》(《文史哲》1961年第3期)一文中认为基本上是唯物主义;认为是客观唯心主义的有曹道衡氏《刘勰的世界观和文学观初探》(《文学遗产》第359期)、同氏《对刘勰世界观的商榷》(《文学遗产增刊》第十一辑)及郭晋稀氏的《文心雕龙译注十八篇》(建文书局)。笔者同意后一种观点,曾参考了曹、郭两氏的见解。

刘勰《原道》篇的内容颇为相近：

> "夫圣人以神法道而贤者通。山水以形媚道而仁者乐。不亦几乎。"

这里附带说一下：宗炳所谓的"圣人"、"贤者"，就是释家的佛与修道的菩萨，上文说明佛心以道法合一，修道菩萨亲乎道，而画工亦笃志近道①。

更有趣的是宗炳随后又说山水以形媚道和象征道，这与刘勰《原道》篇以自然的美丽的绘画现象为道之文的主旨是一致的。然而这两者的推理方式却各不相同。

《原道》篇的发想是把宇宙（自然）间道与文的关系转换为人类社会（人文）中心与文章的关系，刘勰在谈到"道之文"以后又接着说：

> "故两仪既生矣，惟人参之。性灵所钟，是谓三才。为五行之秀，实天地之心。心生而言立，言立而文明，自然之道也。"

把宇宙（自然界）和人（人文）两种事物联系起来的媒介条件，就是"人为天地灵气所钟"这一"人"的定义。如果按照刘勰的想法使这两个世界里的事物互相调和的话，那么"道"的作用就会藉现象形态构成美的秩序即自然之美，而"心"的作用也会藉言语形态构成美的秩序即文章之美，这两种美联合产生了一个方程式。

接下去，刘勰指出龙凤的藻绘、虎豹的斑纹、云霞的彩色和草木的华丽这些自然美胜过人工技术，然而说既然无识之物尚具郁

---

① 宗炳《画山水序》中所用"圣人"一词虽是儒教用语，其实是指佛，本宗炳《明佛论》"夫佛也者菲他也，盖圣人之道"。中村茂夫氏在《宗炳与王微——刘宋之画论》(《人文论丛京都女子大纪要》第九号)已经指出，同氏又云："通者当谓未成道者为近道所出的努力，在佛教上说来就是修道的菩萨。"

然瑰采，则"有心之器，其无文欤"？他强调"道"是在自然现象上织成的美丽图案，人必须把与之对应的美的秩序通过语言在文章的世界中建立起来。例如孔子为乾坤二卦所作的"文言"等就是用语言织成的美丽辞章（文），发现了天地之心。文字发生以来，经过尧舜时代的文章、文王的卜卦辞、周公诗颂的辑制至于孔子六经这样一个历史过程，文辞变得越来越美，刘勰是这样说的：

> "唐虞文章，则焕乎始盛。元首载歌，既发吟咏之志；益稷陈谟，亦垂敷奏之风。夏后氏兴，业峻鸿绩；九序惟歌，勋德弥缛。逮及商周，文胜其质；雅颂所被，英华日新。文王患忧，繇辞炳曜；符采复隐，精义坚深。重以公旦多材，振其徽烈；制诗缉颂，斧藻群言。至夫子继圣，独秀前哲，熔钧六经，必金声而玉振；雕琢情性，组织辞令。木铎起而千里应，席珍流而万世响，写天地之辉光，晓生民之耳目矣。爰自风姓，暨于孔氏，玄圣创典，素王述训。莫不原道心以敷章，研神理而设教。"

至此，刘勰以道心为美的理念，也可以说能从中发现美的就是"道"。而空玄无形而万象并应、寂灭无心而玄智弥照的佛心作为万物生成之根本的"道"的人格理念，给自然和人文世界带来了美的发现。这与宗炳画论所谓创造美的画工须求与道成为一体的佛的境界之说相通。中国古来一直认为美的理念中包含有真与善的理念，刘勰的"道"也是如此。"原道心以敷章，研神理而设教"就是美的原来的具体化过程。刘勰在文学批评中提倡为情造文的文学创造，批判了流于唯美形式主义的近代文学之为文造情，同时撰《声律》、《丽辞》、《夸饰》诸篇，逐一验证当时的表现修辞学，这两种做法并不矛盾。

综上所述，认为《文心雕龙》非难结构紧密的骈体丽文以及把刘勰之原道视为儒教载道主义之道的想法显然都是错误的，证之《原道》篇则此理自明。

刘勰在《文心雕龙》的构想中，以叙述美之理念的发现的《原道》篇为基础，于《徵圣》、《宗经》两篇中探求中国文学的古典文体（思想）的原型及其不易的法则，并于与之对应的《正纬》、《辨骚》两篇中推究了中国文学抒情的发生形态与表现修辞学，以这样的方式铺叙了文学原理论。至于如何看待《文心雕龙》中修辞美学的问题，必须与文学原理论联系起来加以探讨，日后有机会当另作论述。

（彭恩华　译）

（选自王元化编《日本研究〈文心雕龙〉
论文集》，齐鲁书社1983年版，译自
《日本中国学会报》，1967年第19号）

林田慎之助（1932—　），日本汉学家，九州大学大学院文学博士毕业，后任九州大学教授，现任神户女子大学文学部教授。对于中国文学有独到的研究，著有《中国中世文学评论史》、《诸葛亮》等。

《文心雕龙》历来是古典美学、文艺理论研究的重点内容。刘勰在《文心雕龙》中通过以当时代的文学为研究对象，表达出对宋代文坛流于形式和技巧的美而招致古典问题崩坏的倾向的鄙视。在起首五篇的内容中希冀建立起儒家的文学主张。

荀子审美教育思想述评

韩钟文

荀子是战国时代杰出的思想家与教育家,是先秦时代审美教育思想的集大成者;他重视审美教育在培养、造就人与移风易俗,改变社会制度等方面的作用,批判地继承和发展了儒、道、墨诸家的审美教育思想,为中华民族封建社会的审美文化的建设奠定了理论基础。本文旨在联系古代文化的演化历史,探讨荀子审美教育思想的特征及其价值。

一

作为儒学大师,荀子审美教育思想在本质上与孔子是一致的,他力求从人与自然的关系,人与人的社会关系出发,探索审美文化在教育人与建立社会秩序方面的规律,发展了孔子的诗教、乐教与礼教的学说。

汪中说:"荀卿之学,出于孔氏,而尤有功于诸经。"(汪中《荀卿子通论》)荀子推崇孔子整理、改造过的邹鲁文化诸代表作品——《诗》、《书》、《礼》、《乐》、《易》、《春秋》,将它们纳入审美教育的教材。处于列国争雄,天下趋向统一的政局下,他希望用儒家学派的思想体系一天下人的思想,所以,审美教育的实施,其主导思想就是"儒学"。

荀子说:"圣人也者,道之管也。天下之道管是矣。百王之道一是矣。故《诗》、《书》、《礼》、《乐》之〔道〕归是矣,《诗》言其志也,《书》言其事也,《礼》言其行也,《乐》言是其和也,《春秋》言其微也。"(《儒教》)儒家"六经"都含有审美教育的因素,在荀子看来,诗教、乐教、礼教等最终的目的是"明道",即认识"天道"、"人道"与"王道"的规律,以求"制天命"、"治人"与"平天下"之功。在《劝学》篇中,他以"极"与"毕"来赞美儒家"六经",强调了"六经"在审美教育方面的价值。同时,他还以儒家的"六经"为标准,联系当时的政治实践与教育实践,撰写了关于审美教育的专题论文《乐论》《礼论》(亦包括德育思想)批评墨子"蔽于用不知文",庄子"蔽于天不知人",甚至批评孟子"不察人之性伪之分",比较系统地展开了自己的审美教育思想体系。尤其值得我们重视的,他还采用民间诗歌的形式,创作了《成相篇》,用美的形式来寄寓自己的哲学思想与政治理想,从伦理美学的角度对受教育实施教育。

"诗可以兴,可以观,可以群,可以怨。"是孔子诗教的美学原则。荀子继承孔子的理论时,突出了诗"言志"与"明道"的意义。他说:"《诗》言是其志也。"(《儒效》)"故《风》之所以不逐者,取是以节之也;《小雅》之所以为《小雅》者,取是以文之也;《大雅》之所以为《大雅》者,取是而光之也;《颂》之所以为至者,取是而通之也。天下道毕是矣。"(《儒效》)此段论述的中心思想就是阐明诗与道、志的关系。"是"指"道","道"贯穿于诗之中,才具有"节之"、"文之"、"光之"、"通之"的结果。这里的"志"指人的意志情感,诗主要是表现的艺术,借诗来抒情达志,寄寓自己求"道"的愿望与爱"道"的感情,是实现"明道"的目的的重要途径。荀子运用"志"这个范畴,偏重于"志"的理性特征,他强调的是以理制情,以礼制欲。所以,"志"这个范畴尽管包含了"情"在内,但其"情"不是放纵的"情",而是在理性制约下的"情"。

　　"诗者,中声之所止也。"(《劝学》)在荀子看来,实施诗教,必须处理好理性与情欲之间的关系,以理制情,以礼节欲,"中声"即止,避免"过"与"淫"。他为什么要强调"道"对《风》《雅》《颂》的"节之"、"丈之"、"光之"、"通之"等作用呢? 这与他信奉孔子的"中庸"和"中和"的哲学思想、美学思想有关,亦与他自己的治国思想有关,因为纵欲则乱,过犹不及。"先王恶其乱,故制《雅》《颂》之声以导之。"(《乐论》)通过审美教育的方法"导之",才能避免"淫"、"乱"的弊病,达到"中和之美"的境界。

　　荀子说:"天下不治,请陈佹诗。"(《赋》)梁启雄解释说:"杨树达曰:'佹'假为'恑',《说文》:恑、变也。变诗,犹'变风','变雅'。"(梁启雄《荀子简释》《赋》篇注。)王先谦说:"荀卿请陈佹异激切之诗,言天下不治之意也。"(王先谦《荀子集解》)先秦儒家哲学中有深刻的忧患意识与进取精神。荀子主张"陈佹异激切之诗",与这种积极有为的实践理性有关。《荀子》一书,引用了大量的诗歌与民歌,他企图通过"诗"来干预国家政事,暗示、象征人生哲理和社会哲理。例如他在《富国》篇中引用《大雅·棫朴》、《小雅·抑》、《周颂·执竞》、《小雅·节南山》与《曹风·尸鸠》等诗的章句,就充分发挥了"诗"的审美价值,认识价值与社会功利价值,通过诗来阐发自己"富国""裕民","美天下之大本"等思想。荀子为了更有效地实施审美教育,还创作了著名的《成相篇》。据杜国庠研究:"《成相篇》是二千一百余年前留传下来的一篇模仿民间劳动歌而写成的作品。"荀子创作此诗,并不是偶然的,这与战国后期的"诗歌革新运动"有关。他以"民歌的自由活泼的形式",抒写了自己的思想纲领,表达了自己积极入世的进取精神。"(杜国庠《杜国庠文集·论荀子的〈成相篇〉》)《成相篇》是荀子有目的创作的审美教育的通俗教材,它为后世儒家的"诗教"教材的编写,确立了一个范本。

　　荀子重视诗教,但他更重视乐教与礼教。从他的《乐论》《礼论》以及涉及礼乐的言论看,他所谓的"礼""乐",是一对对立统一,相反相成的范畴。他提出了一套"礼以节外,乐以和内"、"美善相乐"的伦理美学观。"且乐也者,和之不可变者也;礼也者,理之不可易者也。乐合同,礼别异;礼乐之统,管乎人心矣。穷本极变,乐之情也;著诚去伪,礼之经也。(《乐论》)美善相通、审美教育与伦理教育互相渗透,是先秦儒家教育思想的重要特征,荀子从乐礼的辩证关系,看到了"合同"与"别异"对人心的诱导、制约的作用,从而发展了孔子的乐教与礼教的思想。

荀子是从广义的角度运用"礼"这个范畴的。据郭沫若研究,荀子所谓的"礼",是人类创造的文化的代名词。"配备五色而成文采,调节八音而成乐章,雕镂刺绣,一切文化活动和其成品都是人为秩序的礼。"(郭沫若《荀子的批判》,见《郭沫若全集》历史编2,第226页)因此,我们不能将荀子的"礼教"仅仅归于政治伦理教育的范围,其中审美教育的因素是十分明显的。荀子说:"学恶乎始,恶乎终?曰:其数则始乎诵经,终于读礼,其义则始乎士,终乎为圣人,其积力久则入,学至乎没而后止也,故学有数有终,其义则不可须臾舍也,为之人也,舍之禽兽也。"(《劝学》)人与"禽兽"的分界线在于是否学"礼"。

"礼者养也"(《礼论》)。但礼的"养人"偏重于晓之以理,必须配合动之以情的乐教,才能共奏其效。荀子说:"夫乐者,乐也;人情之所必不免也,故人不能无乐,乐则必发于声音,形于动静,而人之道,声音动静,性术之变尽是矣,故人不能不乐;乐则不能无形;形而不为道,则不能无乱。先王恶其乱,故制《雅》《颂》之声以道之,使其声足以乐而不流,使其文足以辩而不谖,使其曲直繁省廉肉节奏足以感动人之善心,使夫邪汙之气无由得接焉,是先王立乐之方也,而墨子非之。"(《乐论》)荀子继续了孔子"尽善尽美"的中和之美的乐教观,批判了墨子"非乐"的狭隘功利观点,一方面承认

"乐"是人类的生理本能，是人的内心感情的自然流露，肯定了审美享受的合法性；另一方面又强调"乐与政通"，主张"以理制情"，"以礼节乐"，否定纵情享乐，淫乐乱政的越度行为。他的目的是通过审美教育使受教育者在"乐"的潜移默化中由审美境界升华到道德境界，防止淫乱的发生，这就是"乐者，审一以定和者也"（《乐论》）"乐言是其和也"（《儒效》）"乐之中确也"（《劝学》）的实质。

　　为了更有效地实施审美教育，荀子还研究了"乐教"的特殊规律。他说："夫声乐之入人也深，其化人也速，故先王谨为之文，乐中正则民和而不流，乐肃庄则民齐而不乱。民和齐则兵劲城国，敌国不敢婴也。如是，则百姓莫不安其处，乐其乡，以至足其上矣。然后名声于是白，光辉于是大，四海之明莫不愿以为师。是王者之始也。"（《乐论》）又说："声乐之象：鼓大丽，钟统实，磬廉制，竽笙箫和，筦籥发猛，埙篪翁博，瑟易良，琴妇好，歌清尽，舞意天道兼，鼓其乐之君邪！故鼓似天，钟似地，声似水，竽笙箫筦籥似星辰日月，鞀柷拊鞷椌楬似万物。"（同上）据此，荀子实施审美教育所强调的是"乐"的艺术感染力与象征价值。乐通过自己特殊的艺术语言——节奏、旋律、和声、动作来表现人类的感情，象征人的品格与道德观念。"乐"能直接诉诸于人的感官、激发人的情思、引起人的强烈共鸣，故有"入人也深，化人也速"的特征。"乐"不是对自然音向与动作形态的简单摹拟，它往往以人类的情感为中介，通过比拟或象征的手法赋予表现对象的深刻的社会意义，所谓"鼓似天，钟似地，声似水，竽笙箫筦似星辰日月"等，就是以"乐"象征"礼"。这也就是"乐与政通"的原则。正因为荀子是这样认识"乐"的特殊规律的，所以，他能从礼乐的辩证关系来论证伦理美学。礼别异，乐和同，礼求中，乐求和，礼司平衡，乐可协调，礼主静，乐主动，礼偏于晓之以理，乐偏于动之以情，礼以节外，乐以和内，只有发挥礼乐之间的对立统一，相反相成的作用，才能谐调"人道"与"天道"，使之处于有秩序的最佳状态（"天下皆宁,美善相乐"）这也是"先王贵礼乐而贱邪音"的根本原因。

荀子所论的诗、乐、礼,主要是属于艺术美领域的审美文化,但由于他对"礼"这个范畴的运用立足于广义的角度,所以,"礼"中也包括了社会美和人的美。荀子实施审美教育,特别重视艺术美与社会美的价值,然而,像孔子一样,他并不忽视自然美的陶冶性情、铸造人格的作用。他继承了孔子"君子比德"的自然美观,认为自然形象之所以具有审美价值就在于它能暗示、象征人的美与社会生活的美。这从他在《宥坐》篇中关于"孔子观水"与《法行》篇中关于孔子"论以玉比德"的分析中得到证明。在荀子看来,"水"与"玉"为什么具有审美价值呢？主要是由于它们的形象特征可以暗示、象征君子的"仁、义、知、行、勇、情、辞"等方面的美德,折射出君子的人格美。人们在观水赏玉的过程中,可以联想到君子的人格美,从中吸取铸造自己精神价值的因素。

在实施审美教育的实践过程中,荀子还自觉地运用"君子比德"的自然美原理,创作了著名的文学作品《赋》,塑造了"云""蚕"等艺术形象,借以暗示和象征抽象的礼、知等哲学观念。"广大精神,请归之云",通过自然美或艺术家笔下的自然形象来陶冶人的灵魂,使人成为审美的与理性的人,不仅是荀子审美教育的内容之一,而且为以后的审美教育、艺术创作开拓了新路,中国古代的山水诗与山水画基本上是沿着荀子开辟的道路行进的。

二

荀子不是单凭自己的教育实践经验来实施审美教育的,他的审美教育的思想有深刻的哲学、社会学与心理学的基础,有明确的目的或宗旨。

"明于天人之分"的自然哲学观、察于性伪之分的性恶论,"明分使群"的社会观,"虚壹而静"的认识论,就是他的审美教育思想的理论基础,而"美人"、"美俗"、"美政"与"美天下之大本"就是他进行审美教育的宗旨。

审美教育思想,是荀子整个思想体系的一个有机组成部分,他首先是围绕着"人道"与"天道"的关系来展开论述的。在他看来,"明于天人之分",着眼点是强调人在宇宙中的地位与作用,"天能生物,不能辨物、地能载人,不能治人。"(《礼论》)"天有其时、地有其材,人有其治"(《天论》)人能通过创造活动"制天命而用之"。所以,不是人为美而存在,而是美为人而存在,只有人类才能创造审美文化。荀子认为,一旦实现了他所理想的"王道",人的创造精神与创造能力就会达到极高的水平,"天之所覆,地之所载,莫不尽其美致其用,上以饰贤良下以养百姓而安乐之。"(《王制》)

荀子的"天人相分"的思想与"贵人"的思想是紧密相关的,他主张"人贵于物",说:"水火有气而无生,草木有生而无知,禽兽有知而无义,人有气有生有知,亦且有义,故为天下贵也。"(《王制》)"贵",可训为价值。《说文》:贵,"物不贱也,从贝臾声"。《玉篇》"多价也"。"人贵于物",就是人类的价值超过自然物。荀子讲"贵人"主要是从"人"与"天"、"物"以至于"神"的关系而言的。正因为他一方面强调"天人相分",另一方面又突出"贵人"的思想,所以他的审美教育的主要宗旨就是"美人",使人成为审美的人,是"贵人"的一项重要内容。殷周时代突出的是"美天"与"美神",审美文化成为宗教的附丽品,荀子批判了这种美学思想。美是自由与价值的象征,审美文化凝结的是人类的创造精神,而审美教育的目的是培养"制天命而用之"的人,从"美天"、"美神"发展到"美人",荀子的审美教育思想的诞生,是先秦审美教育思想史上的一个新的飞跃。

"美人"是荀子审美教育思想的核心观点,为了实现"美人"的目的,他从真、善、美三方面的联系中,考察了审美文化在"美人"方面的教育功能。首先,他认为:审美文化具有调养人类感官、平衡心理、造就审美的人的功能,他说:"雕琢刻镂黼黻文章,所以养目也;钟鼓管磬琴瑟竽笙,所以养耳也。"(《礼论》)"绅端章甫,舞《韶》歌《武》,使人之心庄。""且乐也者,和之不可变者也";"乐"合其度,则"乐而不流","辩而不谒",心理得到平衡发展,人就可以处于"中和之美"的境界。其次,他认为审美文化具有陶铸人的灵魂,羽翼道德教化、使人趋向善的作用。荀子提出"美养德"与"美善相乐"的命题,并说:"故乐行而志清,礼修而行成,耳目聪明,血气和平,移风易俗,天下皆宁,美善相乐。"(《乐论》)"金石丝竹,所以道(导)德也。"(《乐论》)"礼者,断长续短,损有余,益不足,达爱敬之文,而滋成行义之美者也。"(《礼论》)没有善与爱,就没有美,善与爱是美的坚实基础,所以,荀子"美养德"的目的就是铸造"人格美"。其三,他认为审美文化具有启蒙益智的作用,有助于培养与发展人的理性。在《解蔽》一文中,荀子提出"身尽其故则美"的命题。"尽"是"极致"、透彻。"故"是"事理"、必然性。梁启雄说:"《正名》'民易一以道而不与共故辩则尽故',《性恶》'圣人积思虑习伪故以生礼义'。《臣道》'因其忧而辨其故',和此句的'故'字都是指事理。"(梁启雄《荀子简释》)透彻地掌握自然与社会的变化规律,从必然性上升到自由,是人成为"美者"的途径,这也是成为"制天命而用之"的人形成的必由之路。"身尽其故",可以使人从"流僈鄙贱"为物欲所蒙蔽的境地中解放出来,从而成为具有理性头脑的智者圣者。

作为新兴地主阶级的思想家,荀子不是抽象地谈人的,在他看来,人有等级之分,人与人的关系应该合礼的法度。"美人"主要是"美天下之大本"——"君主(子)",审美教育最重要的任务是培养和造就审美的、理智的、能够驾驭自然与社会的统治者。

荀子说:"人之所以为人者何以也? 曰:以其有辨也。饥而欲食,寒而欲暖,劳而欲息,好利而恶害,是人之所生而有也,是无待而然者也,是禹桀之所同也。然则人之所以为人者,非特以二足而无毛也,以其有辨也。……夫禽兽有父子而无父子之亲,有牝牡而无男女之别。故人道莫不有辨。辨莫大于分,分莫大于礼,礼莫大于圣王。"(《非相》)从人与动物(禽兽)的对比情况看,荀子突出了人的理性特征,肯定了人类是异于动物的。但从人与人的社会关系看,荀子又以"礼"为标准,强调了"分"的意义,将人划分为不同等级,这与他企图建立"上下有差"的社会秩序的政治思想有关。他又说:"人","力不若牛,走不若马,而牛马为用。何也? 曰:人能群,彼不能群也。人何以能群? 曰:分。分何以能行,曰:义。故以分则和,和则一,一则多力,多力则强,强则胜物。"(《王制》)而"君者,善群也。"(同上)所以审美教育的最高宗旨就是造就"善群"的"君主"。

荀子把"君主"称作"天下之大本"。他说:"人之生,不能无群,群而无分则争,争则乱;乱则穷矣。故无分者,人之大害也;有分者,天下之大利也;而人君者,所以管分之枢要也。故美之,是美天之本也。"(《富国》)战国时代是天下趋向统一的时代,封建社会的生产方式的发展,需要建立一个新的统一的中央集权制的国家。孟子在荀子之前,提出"不嗜杀人者能一之"(《梁惠王》)的理论,荀子分析了当时的政治形势,亦提出"天下归之之谓王"(《王霸》)。"今周室既灭,而天子已绝,乱莫大于无天子。"(《吕氏春秋·谨听篇》)处于这种政治形势之下,荀子提出"美天下之大本"的思想,是有一定的战略意义的,他企图为新兴地主阶级造就理想的领袖。

"故天子大路越席,所以养体也;侧载睪芷,所以养鼻也;前有错衡,所以养目也;和鸾之声,步中《武》《象》,趋中《韶》《护》,所以养耳也;龙旗九游,所以养信也,寝兕、持虎、丝末、弥龙,所以养威也。"(《礼论》)在荀子看来,凡举建筑、工艺、艺术、仪仗等审美文化,都可以调动来养"天子",达到"美天下之大本"的目的。然后天子制礼作乐,教化天下,实现"王道"的政治理想。为什么荀子如此重视"美天下之大本"呢?因为这可以为全面实施审美教育树立一个楷模,使天下之人皆仰而效之。"君者仪也,民者景也,仪正而景正。君者槃也,民者水也;槃园则水园。""君者,民之原也;原清则流清,原浊则流浊。"(《君道》)所以,要"美人"必须先"美君"。

和自己的学生韩非、李斯不同,荀子肯定以君主(天子)为首的中央集权制,但他并不将君主绝对化。他在自己的政治实践中深深体会到,并不是所有的君主都是美的、善的。他联系当时的政治现实,以儒家的政治观为标准,对历代君主作了具体分析,认为只有尽善尽美的君才是"圣人"与"天子"。他说:"君子知夫不全不粹之不足以为美也。""天见其明,地见其光,君子贵其全也。"(《劝学》)受"全粹之学"——人类文化的精华所薰陶,才能养成具有"全粹"特征的"美者"。全是完整,即孔子所说的"尽善尽美","粹"是纯粹,即孔子说的"文质彬彬"。荀子认为"圣人备道,全美者也,是县(衡)天下之权称也。"(《正论》)"功壹天下,名配尧禹,物(犹)有可知如是其美焉者乎。"(《王霸》)这种具备"全粹"的美德并能统一天下的人,就是荀子审美教育所要培养的最理想的统治者。孔子以"仁者"为美,孟子以"充实"为美,荀子以"全粹"为美,先秦儒家的审美理想是一脉相承的,他们的"美人"观,与儒家学派以造就圣贤为教育宗旨的思想是分不开的,这种教育思想一直影响着二千多年来的封建社会中的教育。古代西方以天国的基督为完美的人,古代中华民族则以现实的统治者为完美的人,东西方文化差异在这方面表现得特别突出,这种差异与中国儒家的审美教育的思想是有一定关系的。

　　荀子提出"美天下之大本"的命题，主张以"天子"为审美教育的主要对象。但他并不排斥一般人通过教育而变为圣贤的可能性。孟子提出"人人皆可以为尧舜"的命题，认为受教育者通过"自反"、"求放心"、"复性"的途径，可以变为君子圣人。荀子亦提出"涂之人可以为禹"的命题，认为圣人可以"积"成。他说："专心一志，思索孰察，加日县久，积善而不息，则通于神明，参于天地矣。故圣人者，人之所积而致也。"（《性恶》）强调人只有处于一定的文化环境之中，在师友的教育与感染下，才能积"伪"而成"美"。

　　荀子写了《性恶论》，他从人性恶的角度论证了"积伪"为美的原由。他说："性者，本始材朴也；伪者，文理隆盛也。无性则伪之无所加，无伪则性不能自美；性伪合，然后成圣人之名，一天下之功于是就也。"（《礼论》）他否定孟子的"性善论"，认为美善的品性不是先天禀赋的，而是后天"积伪"的结果。什么叫"伪"，杨树达解释说："伪，为也，凡非天性而人作为之皆谓之伪，故伪字人傍为，亦会意字也。"（杨树达《读荀子小笺》）荀子言"伪"，是与"性"相对比而说的。"生之所以然者谓之性。"（《正名》）"凡性者，天之就也，不可学，不可事。"（《性恶》）"人性恶，其善者伪也。"（同上）"性"指自然、本能。所以，凡举人类创造的物质文化与精神文化，荀子都统称为"伪"。什么叫"积"？积就积累、积淀、准备。就人的审美感觉的形成来说，有一个准备的阶段，一方面是历史和审美文化的积淀，另一方面是个人审美经验的积累。历史地形成的审美文化积淀在有血肉之躯的人类个体之中，构成个体的精神价值的深层结构，而处于审美文化环境薰陶下的人，通过审美教育达到铸造人格美的目的，这就是荀子"化性起伪"、"积伪为美"论的要义。

　　由于荀子的"积伪"为美的思想着眼于美善的统一，所以，他的"美人"观是偏重于人格美的（内美）。他说："古者桀纣长巨姣美，天下之傑也；筋力越劲，百人之敌也；然而身死国亡，为天下大僇，后世言恶,则必稽焉,是非容貌之患也,闻见之不众,议论之卑尔。"(《非相》)像桀纣之类的暴君,后世人指责他们的原因,并不在于他们的外貌不美,而在于他们灵魂丑恶与行为的残暴。荀子否定这样的"君主"。

"伪积",是荀子实施审美教育的重要方法,但他往往将此法与其他教育方法结合起来。在荀子看来:一,积伪有一个量变到质变的过程。"积土成山,风雨兴焉;积水成渊,蛟龙生焉;积善成德,而神明自得,圣心备焉。"(《劝学》)二,"积伪"必须意志专一,要与养心之术结合起来。"锲而不舍,金石可镂,……故君子结于一也。"(《劝学》)"凡治气养心之术,莫径由礼,莫要得师,莫神一好。"(《修身》)三,"积伪"必须善于选择与改造社会环境。"居楚而楚,居越而越,居夏而夏,是非天性也,积靡使然也,故人知谨注错,慎习俗,大积靡,则可为君子矣。"(《儒效》)四,尤其重要的是,"积伪"还要善于利用人类创造的文化的中介作用。"假舆马者,非利足也,而致千里;假舟楫者,非能水也,而绝江河。君子生非异也,善假于物也。"(《劝学》),审美教育的核心任务是造就人,但要达到这个目的,必须"善假"于人类自身创造的审美文化。"故听其《雅》《颂》之声,而志意得广焉;执其干戚,习其俯仰屈伸,而容貌得庄焉。"(《乐论》)只有充分发挥审美文化的特殊功能,才能实现"美天下之大本"的目的。

人是处于一定的社会关系或社会环境之中的,荀子认识到人与人之间,人与社会环境之间的交互影响,所以,他在强调"美人"的前提下,进而提出"美政"与"美俗"的命题。他说:"儒者在本朝则美政,在下位则美俗。"(《儒效》)所谓"美政",就是使社会制度按"礼"的原则有秩序地、和谐地发展。所谓"美俗",就是使社会风俗习惯符合审美的要求。孔子曾经提出"里仁为美"的命题,屈原在《离骚》中提出了"美政"的思想(屈原《离骚》有"既莫足与为美政兮,吾将从彭咸之所居"的思想)在政治动乱,风俗败恶的时代中,荀子像孔子、屈原一样,憧憬着"美政"与"美俗"的理想的实现。

荀子说:"君子以钟鼓道志,以琴瑟乐心。动以干戚,饰以羽旄,从以磬管。故其清明象天,其广大象地,其俯仰周旋有似于四时。故乐行而志清,礼修而行成,耳目聪明,血气和平,移风易俗,天下皆宁,美善相乐。"(《乐论》)从荀子论"美政"的言论看,"美政"的实质就是改造社会环境或政治制度,使动乱的天下、腐败的政治制度转变为"天下皆宁、美善相乐"的局面。这是先秦儒家学派共同遵奉的政治理想。荀子在《王制》、《富国》、《王霸》、《君道》、《臣道》、《礼论》、《乐论》等论文中,从不同角度阐述了这一政治理想。他用"王道"这个范畴概括了"美政"的内涵。"王道"的实现,才会出现"天之所覆,地之所载,莫不尽其美致其用"的情形。所谓"王道",在我们今天看来,就是以"礼"为中心的等级分明的、富强统一的封建制度。我们研究荀子的"美政"思想,要清醒地看到他的时代特征与阶级实质。

荀子说:"乐者,圣人之所乐也,而可以善民心,其感人深,其移风易俗易,故先王导之以礼乐而民和睦。"(《乐论》)"美政"与"美俗"是紧密相联的。"政令不烦而俗美。"(《君道》)"政令行、风俗美。"(《王霸》)政治的改革必然影响到社会风俗。社会风俗的美好可以为"美人"创造一个良好的环境。什么样的风俗才是"美"的呢? 荀子晚年考察秦国后论证了这个问题。"山林川谷美","其百姓朴,其声乐不流汗","其服不挑"(《强国》),"风俗之美,男女自不取于涂,而百姓羞拾遗"(《正论》)。风俗美是社会安宁的标志。

"美人""美政"与"美俗",是荀子"王道"的政治理想在审美教育领域中的体现。只有审美的、理性的人,才能自觉地创造美好的社会环境。"故其法治,其佐贤,其民愿,其俗美,而四者齐,夫是之谓上一。"(《王霸》)"上一"就是天下一统的封建君主制。通过荀子

"美政""美俗"思想的分析,我们可以看到,他的审美教育思想是深深地烙上当时的时代烙印和阶级烙印的。

(选自《上饶师专学报》,1983 年第 4 期)

　　荀子的审美教育思想发展了孔子的诗教、乐教与礼教,从人与人、人与自然的关系出发,探求审美文化在教育人与建立社会秩序方面的规律。"明于天人之分"的自然哲学观、"察于性伪之分"的性恶论、"明分使群"的社会观、"虚一而静"的认识论是其审美教育思想的理论基础,"美人"、"美政"与"美天下之大本"是其审美教育的宗旨。"积伪"是其审美教育实施的主要方法。

开展中国古代审美心理学研究的构想

皮朝纲　李天道

一

作为美学的一个重要组成部分,审美心理学主要研究人们在美的欣赏与美的创造中的心理运动规律。这种审美心理运动规律的中心内容是审美经验,同时也包括审美个体的审美心理结构、审美能力,以及在审美体验的基础上形成的审美个性与共性、审美趣味、审美观念、审美理想等方面的内容。

中国古代虽然没有美学这门学科,但是,在几千年的历史发展过程中。却形成了一整套博大精深的古典美学思想体系。在这一体系中,中国古代文艺美学占有非常突出的地位,而中国古代文艺美学的核心则是中国古代审美心理学。

从当前国内对中国古典美学思想研究的现状来看,要使研究进一步拓展,一是要把它放在大的文化哲学背景之上加以深化,二是应从审美心理学的角度去深入。

探究中国古典美学的奥秘,必须研究中国古代艺术,而中国传统艺术的根却深深地扎在中国古代文化哲学的土壤之中。宗白华先生说:"中国画所表现的境界特征,可以说是根基于中国民族的基本哲学,即《易经》的宇宙观:阴阳二气化生万物,万物皆禀天地之气以生,一切物体可以说是一种'气积'。(庄子:天,积气也)这生生不已的阴阳二气织成一种有节奏的生命。中国画的主题'气韵生动',就是'生命的节奏'或'有节奏的生命'。伏羲画八卦,即是以最简单的线条结构表示宇宙万相的变化节奏。"(《艺境》第118页)中国古典美学独特而又古老的民族特色的形成离不开中国古代文化哲学思想,中国人"游心太玄","俯仰自得",尊重节奏与旋律,注重心灵体验等审美意识就受其"一阴一阳之谓道"的宇宙意识的制约和支配。在中国人看来,人、自然、社会生活、礼乐制度都是"道"的生成和物态化形式,艺术更是"道"的具象化结果。隽永而神奇的艺术赋予"道"以审美意象和生命,"道"则给予艺术以审美意蕴和灵魂。故审美主体只有凭借"生命本身"去体悟"道"的生命节奏,始能获得审美的自由与超越。正因为中国古典美学与中国文化哲学思想不可分割地交融在一起,所以,要使研究更加深化,则必须立足中国古典美学,并努力同文化哲学各个方面建立横向联系,结合传统意识的各种具体形态发生初始阶段的内外因作用、起源机制,对中国古典美学中关于审美经验的现象描述进行动态的、实践性的综合考察。打破过去研究的框架,扩大研究领域,改变旧观念,调整研究方法。

同时,中国古典美学除少数美学著作和文艺批评的美学论述带有内在体系,具有分析性和系统性外,多数属于审美经验形态,是文艺审美创作构思心理现象的总结,并且常常是一种直观描述。其中有许多内容涉及到审美心理活动的规律,是审美心理学应该研究的问题。因此,要使中国古典美学研究进一步深入,还必须引进现代审美心理学对深层心理研究的方法和理论框架,对中国古典美学中的审美心理学思想进行发掘和整理,以开拓新的研究领域,进入新的研究层次和境界。

总之,中国古代审美心理学思想,作为中国古典美学和传统文化的重要组成部分,有着丰富瑰丽的蕴藏。以马克思主义实践观

作为指导思想和主要依据,用现代审美心理学理论作为新的坐标
参照系和透视点,系统地分析,审视中国古代审美心理学思想,挖
掘、整理这一既属于中国文化,也属于世界文化的精神财富,揭示
中国传统审美心理的奥秘,这对于更好地研究和把握整个中国古
典美学思想体系,建立具有民族特色的马克思主义美学体系与文
艺学体系,都是有益的和必要的。

二

　　中国古代审美心理学思想具有自己鲜明的民族特色,其主要
特征有如下几点:

　　(一)贵悟不贵解。在审美思维方式上,中国古代审美心理学
思想主张审美主体需要进入"悟"的心理状态去体验美和创造美,
讲"目击道存"、"心知了达"与"妙悟天开",要求审美主体在心与物
会、神与象交、情与景合的浑然统一之中,去体悟宇宙万相的生命
意蕴。

　　"贵悟不贵解"(王飞鹍《诗品续解序》)的审美思维方式首先强
调心领神会。"心"指澄静空明之心境,"神"则为腾踔万物之神思。
审美主体应屏绝理性的束缚,以自己超旷空灵的艺术之心进入到
审美对象之中,去体悟有关人与自然、社会及宇宙的哲理。中国古
代哲人认为"天地有大美而不言"(《庄子·知北游》),这种宇宙之美
"有情有信","可得而不可见","可传而不可受",它是宇宙自然的
生命节奏和旋律的表现,故不许道破、不落言诠、不涉理路、不立文
字。审美主体只有用心灵俯仰的眼睛去追寻与感悟,于空虚明净
的心态中让自己的"神"与作为审美对象的万物自然之"神"汇合感
应,从而始能心悟到宇宙间的这种无言无象的"大美",直达生命的
本源。正如明代诗论家安磐所指出的:"思入乎渺忽,神恍乎有无,

情极乎真到,才尽乎形声,工夺乎造化,诗之妙也。"(《颐山诗话》)以己心去会物之神,神理凑合,应会感神,始能体验到宇宙之真美。

其次,贵悟不贵解的审美思维方式注重于整体把握。要求取其大旨,讲"可解,不可解,不必解,若水月镜花,忽泥其迹"(谢榛:《四溟诗话》卷一)。审美主体在审美体验中应追求主客体关系的融合,于"物我交融"、"物我一体"与"天人浑一"之中整体全面地把握物象,笼而统之地感受宇宙本原,以获得心解妙悟。

中国古代审美心理学思想强调"中和之美","夫和实生物,同则不继"(《国语·郑语》引史伯语)。自然万物都是由不同事物和合而成,是不同质组合而成的有机统一体。因而,主体在审美观照中,要注意事物内在的规律性和一致性,对阴晴晦明、风霜雨雪、旷野深壑、高江急峡、月落鸟啼、水流花开等种种自然现象,都不采取细致分析的态度,而是以心灵去冥合自然,畅我神思,在由形而体、析虚成实之中,吐纳万物,蹈光蹑影,通天尽人。由此,片羽鳞光则可唤起无限的心理完形,一片虚白就是一个亘古缄默的世界,"乾坤万里眼,时序百年心。"(杜甫:《春日江村五首》)并且,在中国人的审美意识中,人与自然无生物与有生物都是宇宙间息息相关、相交相融的实体。因此,审美主体不应被动地去追踪殊多的"一",而失落于纷纭繁复的"万"中,而应能动地把握特定的"一",以统驭纷繁复杂的"万",以一驭万。"天地一指也,万物一马也。"(《庄子·齐物论》)"一笔画"可以"收尽鸿蒙之外"(石涛:《苦瓜和尚画语录》),"盈尺写寰中之境,使人怀物外之思。"(无名氏:《画山水歌》)微尘大千,咫尺万里,审美主体只有通过"澄怀味象",以慧眼灵心去超越时空、超越物象,直接沉潜到宇宙的底蕴,从而始能容纳万物,辨识万物,综合万物,进而从整体上把握到那种"元气未分"、浑融合一、杂多和谐的美之精髓。

再次,审美主体要真正使自己参悟到宇宙生命的奥秘,渗透进自然万物的深层结构,在审美观照之中,锲入审美客体的核心,深切地体验到审美客体之神,还必须经过反复的玩味过程。中国古代审美心理学思想十分强调审美主体对审美对象的观察和体验,要求精心把玩,反复体味,以穿透客体的表层,悟解到审美对象所孕含的精微意蕴,使审美体验逐步深化。"咀嚼既久,乃得其意"(范晞文:《对床夜语》),"涵咏浸渍,则意味日出"(沈德潜:《唐诗别裁·凡例》)。深层的美,总是通过有限的个别形式以展现其本质必然的无限丰富深广的内涵,因而具有多义性和不可穷尽性,表现为"景外之景""象外之象"、"韵外之致"和"味外之旨"。审美主体只有经过精加玩味,反复咀嚼,从而才能"悟入",以体验到其中最内在、最深刻的微旨,揭示其审美意蕴。

综上所述,不难看出,中国古代审美心理学思想对于"贵悟不贵解"审美思维方式的探讨和强调,已经具有方法论的意义。中国古代哲人认为宇宙万物的生命本体是"道",而"道"即先天地而生的混沌的气体。它是空虚的、有机的灵物,连绵不绝,充塞宇宙,取之不尽,用之不竭,是生化天地万物的无形无象的大母。它混混沌沌,恍恍惚惚,无上无下,无头无尾,视之不见,听之不闻,搏之不得。她是宇宙旋律及其生命节奏的秘密,故灌注万物而不滞于物,成就万物而不集于物。人们必须凭借直觉去体验、感悟,通过"心斋"与"坐忘","无听之以耳,而听之以心,无听之以心,而听之以气"(《庄子·人间世》),排除外界的各种干扰,让自己的心灵保持一种空明澄澈的境界,以整个身心沉浸到宇宙万相的深层结构之中,从而始可能超越包罗万象、复杂丰富的外界自然物象,超越感观,体悟到那种深邃幽远的"道",即宇宙之美。可以说,正是这种对"道"的审美体验,才使中国古代审美心理学思想把审美重点指向人的心灵世界,"求返于自己深心的心灵节奏,以体合宇宙内部的生命节奏"(宗白华:《艺境》第118页)。并由此而形成中国古代审美心理学思想的独特的审美思维方式和传统特色。

（二）物我两忘。在审美心态上，中国古代审美心理学思想主张审美主体应进入"忘"的心灵状态，忘欲、忘知、忘己忘物，使其虚静之心，洞然无物，空明如水，从而始能于视而不见、听而不闻之中获得审美的自由和高蹈。

在人与自然、心与物的关系上，中国人往往将自己看成是自然万物的一部分，视天地自然则如一大生命，一流动欢畅快活之大全体。影响及中国古代审美心理学思想，则形成其物我不分、主客一体、物我两忘的普遍、自然的审美心理特征。在中国人看来，宇宙自然不是人以外的外在世界，而是人在其中的有机统一世界。人与自然万物之间的关系是亲和、和谐的，都是以大化流行、生生不已的"一"为本体。"知虚空即气，则有无、隐显、神化、性命，通一无二"（张载：《正蒙》）。气是自然万物的生命力，也是人的生命源泉。人心中藏气，故能思维，人与自然都是"气"所化育生成，都具有生命灵气。因此，在审美观照中，主体可以化宇宙为生命，并融生命于宇宙万物之中，"听之以气"，以获得宇宙生命的本源，忘我忘物，"游乎天地之一气"，而与万物合一。张彦远指出："凝神遐想，妙悟自然，物我两忘，离形去智，身固使如槁木，心固可使如死灰，不亦臻于妙理哉？"（《历代名画记》）宋人罗大经描述曾无疑画草虫："方其落笔之际，不知我之为草虫耶？草虫之为我也。"（《鹤林玉露·画马》）艺术创作活动主体在审美构思中让自己的心灵完全沉潜到审美对象的底层意蕴之中，使自己的心灵律动与宇宙自然的生命节奏和谐统一，达到身心都遗，物我俱忘，从而始能妙悟宇宙的真谛。

从发生学的观点来看，中国古代审美心理学思想这种和"天地精神往来而不傲睨于万物"（《庄子·天下》）的审美特征与中国人的自然观分不开。中国人的自然观强调自然界的整体性及事物之间的内在关系，人与自然是相亲相融的。人或者顺应自然，或者征服自然,但目的只有一个,即达到与自然的和谐统一。中国古代哲学也有强调"天人相分"的观点。如荀子说:"明于天人之分,则可谓至人矣。"(《荀子·天论》)但是,占主导地位的仍然是"天人合一"的思想,即肯定人与自然的统一关系,认为人是自然的组成部分。在审美观照中,主体只有顺应自然,消融于自然,"上与造物者游而下与外死生无终始者为友"(《庄子·天下》),始能够达到"天与人不相胜"的真人境界。

要进入"上下与天地同流","浑然与万物同体"的审美境界,中国古代审美心理学还要求审美主体必须保持内心的和谐平静。去物去我,疏瀹五脏,澡雪精神,"洗涤得尽肠胃间夙生牵血脂膏,然后此语方有所措。如其未然,窃恐秽浊为主,芳润入不得也"(朱熹:《晦庵先生朱文公文集》卷68),使"胸次洒脱,中无障碍。如冰壶澄澈,水镜渊停"(吴宽:《书画鉴影》),呈现于主体心灵的只是一片空灵澄澈的世界,由此始能与自然造化息息相通,并化身于宇宙的生命韵律之中,与自然万物的生命契合。故中国古代审美心理学强调"静思"、"空静"、"澄怀",主张主体忘欲、忘知、忘世遗意。审美主体保持心灵虚静,就会表现出神明般的直觉感受力,在审美观照中,将自己的生命元气灌注于天地万物,使自己的精神与天地精神相合。由物我冥合到物我两忘,实现与宇宙永恒生命本体的根本同一,从而才能无所不在,无所不入,无所不纳,洞鉴宇宙的真谛。

这种在审美体验中所达到的浑然与万物同体的境界是审美感受的最高层次。西方现代哲人柏格森称此为"知的同情"(Intellectual Sympathy),是"吾人赖之以神游于物之内面而亲与其独特无比不可言状之本质融合为一者也"(《形而上学序论》,商务印书馆版第8页)。美国心理学家马斯洛则称此境界为"高峰体验"(Peak experience),认为是生活中最神奇的体验,只有在出奇的关键时刻或伟大的创造时刻才可能产生。在高峰体验中,主体可以体验到自足的给人以直接价值的世界,达到心醉神迷的境界。一旦进入这一心境,主体就会失去自我意识而与宇宙合而为一(参见《存在心理学探索》,云南人民出版社1987年版)。

从上面的论述中可以看出,中国古代审美心理学思想对于"物我两忘"这种极富民族特征的审美心态的描述和强调,已经表现为对审美本体论的探索和认识。作为一种高级的精神活动,审美体验是主体和审美对象之间发生关系,相互交流、相互渗透和相互影响的过程,也即物我交融、物我一体和物我两忘的过程。因此,中国古代审美心理学思想中"物我两忘"的特征实际上是审美本体论的反映。

(三)美善相乐。在审美原则上,中国古代审美心理学思想极为重视完善的心灵和伟大人格的培育和塑造,主张"化"的审美教育作用。认为"声乐之入人也深,其化人也速"(《荀子·乐论》);审美能"厚人伦,美教化,移风俗(《毛诗序》);可以使人温柔敦厚而不愚,疏通知远而不诬,广博易良而不奢,絜静精微而不贼,恭俭庄敬而不烦(见《礼记·经解》);能够陶冶人的情操,纯洁人的情感,感化人的性灵,净化人的灵魂。因而历来就强调"美善相乐"(《荀子·乐论》),要求审美教育和道德教育相辅相成,相愉相悦。

这一审美原则在中国古代文艺美学思想中表现得尤为突出。中国古代文艺美学家认为文艺创作的动因是精诚中感,英华挺发,"言志""缘情"的,创作是主体情感的抒发和心灵的外化。但这种"志"和"情"则必须符合伦理道德的规范,要以美好的品德去充实人的内心世界,陶冶人的道德情操,提高人的精神境界,使人实现身心的愉悦和心灵的满足与外化。《礼记·乐记》云:"乐者,天地之和也;和,故百物皆化。"只有达到"守中"、"求和",符合礼的规范,才能实现审美教育的"化"的作用。理是情的基础,情必依乎理。

情与理的统一,就是艺术与伦理道德的统一,美与善的统一。总之,文艺创作应讲社会效益,"移风易俗"(《荀子·乐论》),为社会,为育人而作。使"尽善尽美",以感化人的心性,砥砺其品行,培养其高尚的品格情操。

从文艺鉴赏来看,中国古代审美心理学思想认为审美鉴赏是知音见异,为艺术精神的内化。优秀的艺术作品都是创作主体对社会人生的审美理想的物态化、富有深刻的哲理意蕴。因而,读者在审美鉴赏中,"优游涵泳"(陆九渊:《象山先生全集》卷35),透过其感性形式美,则能体验到其内含的高尚道德情操美,以养其胸次,并蕴成真气,由此而获得心灵、人格的熏陶和培育。

总而言之,在中国古代审美心理学思想中,道德境界与审美境界是合二为一的,德育与美育相互辅佐,并行不悖。文艺创作应"寓教于乐",寄伦理教育于审美教育之中,使鉴赏者既能从中获得道德伦理的教化,又能得到心灵的净化。故孔子说:"兴于诗,立于礼,成于乐。"(《论语·泰伯》)又说:"志于道,据于德,依于仁,游于艺。"(《论语·述而》)强调艺术鉴赏和审美活动对审美个体心理的感化和影响,以增强其认识能力和道德理性能力,完美其人格,使其成为高尚的人。

中国古代审美心理学思想中这种把伦理道德教育看得高于一切的审美原则,是和儒家思想分不开的。在中国古代,孔子所标举的"论诗达于政"(《论语·子路》),重视文艺作品伦理政教思想的审美原则,一直为历代文艺美学家所沿用,并形成为政教中心说。同时,中国古代文艺美学也极为注重文艺作品的审美结构。由《周易》肇端,经过后代发展的重视以小喻大、片言以明百意的含蓄美和强调摹物写状、曲尽物象的形式美的审美原则对中国古代审美心理学思想具有深远影响,并形成为审美中心说。

从整个中国古代审美心理学思想的发展来看,政教中心说与审美中心说是并行发展,此起彼伏的,以共同塑造着中国人的审美趣味和审美理想。并且,在中国古典美学思想中,无论是儒家,还是道家、释家,都注重心灵的塑造和情感的陶冶。儒家主张入世,兼善天下,重视人格美。其爱人、克己、重义,先天下之忧而忧、后天下之乐而乐的主张是中国人在道德修养和思想境界方面所崇尚的审美理想。释道两家主张出世,独善其身,追求心灵美。其纯朴、自然、自由,无所为而无所不为,无目的而又合目的的倡导则是中国人在心性修养和精神境界方面所推崇的审美理想。两者交融,则形成中国人以心与物、情与景、感性与理性、再现与表现的和谐统一为美的传统审美观念和美善相乐的审美特征。

　　中国古代审美心理学思想这种重完美的心灵和伟大人格的培育与塑造的特征,事实上是审美认识论的具体化。艺术审美认识活动是把不确定的理念溶解于想象之中,给人以情感的满足和理性的领悟。因而,审美认识能够超越有限的具象,去体悟无限广阔深远的情感和思想,能够透过多样性的个别偶然现象,以感悟宇宙自然的规律。《诗大序》说:“发乎情,止乎礼义。”叶燮说:“情必依乎理。”(《原诗·内篇下》)英国美学家斯泰司也说:“美是理智内容与知觉领域二者的融合。”(《近代美学史述评》50页)正是这种情与理、美与善统一的审美特征,从而决定了审美认识的直接性与间接性、有限性和必然性的统一,并使它在对宇宙自然规律的揭示上具有不确定性和多义性的特点。

　　(四)艺品出于人品。在审美心理结构的形成上,中国古代审美心理学思想强调“识”的审美实践活动,认为“学诗以识为主,入门须正,立志须高”(严羽:《沧浪诗话·诗辨》),讲“先器识而后文艺”(《旧唐书·王勃传》引裴行俭语)。主体的胸襟、品德、志向、学识是完善审美心理结构的主要因素,器识是深化和优化审美心理结构的根本。

从文艺审美创作来看,言为心声,文艺作品是创作主体感知审美对象所引起的心理效应的独特的艺术折射,是主体心灵的外化和物象化,因此必定体现出创作主体的人品、气质和性格等个性特征。"文如其人",优秀的文艺作品都是创作主体思想感情、品德操行等精神世界的直接、鲜明和充分的表露,有着深深的艺术个性的烙印。

同时,中国古代审美心理学思想认为,在个体审美心理结构中,人品是最重要的心理因素,它直接影响文艺作品的思想内容和审美境界。高尚的品德、宏阔的胸襟、深远的见识是进行文艺审美创作活动的根本。"诗品出于人品"(刘熙载:《艺概·诗概》),主体的人品价值决定着文艺作品的品格和审美价值。文艺作品的韵味与风味是创作主体人品的外现,透过作品的语言文辞,风格体貌,可以看出创作主体的气格人格。

优秀的作品总是创作主体独特个性的外现,主体的审美心理结构是审美创作活动的基础,所以中国古代审美心理学思想极为重视创作主体审美心理结构的建构,强调才力和学识。方东树说:"诗人必兼才、学、识三者。"(《昭昧詹言》卷16)叶燮则认为文艺创作主体应才、胆、识、力交相为济,而以识为先(《原诗·内篇上》)。所谓才力与学识是主体智力结构、伦理结构和审美结构的综合。这之中既有先天的因素,又有后天的作用。"文章由学,能在天资。才自内发,学以外成。"(刘勰:《文心雕龙·事类》)先天遗传为主体审美心理结构的形成准备了必要的生理和心理条件,但审美心理结构的最终形成和发展则还必须通过后天的"养气"、"积学"、"研阅"等大量的审美实践活动。离开"识"的审美实践活动,审美心理结构永远不可能完全形成。故中国古代审美心理学思想在审美心理结构的要素中特别强调"识"。"识"对主体的才力具有思想的主导作用,决定着主体的"人品",也决定着作品的"艺品"。

　　从文艺鉴赏来看,鉴赏者的审美心理结构也离不开"识"。中国古代审美心理学思想历来就重视鉴赏者的参与创造。艺品,即作品的审美价值的最终实现还得通过读者的鉴赏,只有通过读者的品评,才能确立作品的艺品。"作者用一致之思,读者各以其情而自得"(王夫之:《姜斋诗话》卷1),"但文字之佳胜、正贵读者之自得"(章学诚:《文史通义》内篇二《文理》)。作为个体,鉴赏者的审美兴趣和鉴赏能力是不同的,从而形成审美鉴赏的差异。"诗必有具眼,亦必有具耳"(李东阳:《怀麓堂诗话》)。只有高明的鉴赏者始能深入到艺术作品之中,领略其独特的审美意蕴,获得艺术的真谛。"凡操千曲而后晓声,观千剑而后识器。"(《文心雕龙·知音》)因此,鉴赏者必须注重生活知识的积累,读万卷书,行万里路,通过大量的"识"的审美实践活动,以形成其完美的审美心理结构和见异的审美能力。这样,在鉴赏中,才能沟通和连接创作与欣赏这同一活动过程的两个不同环节,以相应的生活、阅历、情感达到与创作主体的认同,使个体的鉴赏经验、鉴赏能力、鉴赏情趣与创作经验、创作能力、创作情趣互相制约、互为诱导,鉴赏者的审美心理结构与艺术审美境界同构对应,从而促使艺术创作最终完成。

　　从上面的论述中,不难看出,"艺品出于人品"的特征属于中国古代审美心理学思想中的主体建构论,它从文艺创作、作品、鉴赏等三个方面强调了审美心理结构在审美活动中的重要作用。无论是审美创作主体,还是审美鉴赏主体,都必须具备完善的审美心理结构。而审美心理结构的形成和优化又离不开"识"的审美实践活动。

三

　　中国古代审美心理学思想有一个产生、发展和完善的历史过程,它的整个体系,以及每一个审美范畴和审美命题,在不同的历史时期,都具有不同的历史内涵。因此,研究中国古代审美心理学思想,应注意审视和分析各个历史发展阶段和整个思想发展史中,美学家与文艺批评家各提出了哪些重要的审美范畴和审美命题,对前人提出的具体范畴作了哪些新的解释,有哪些新的贡献等。

根据中国古代审美心理学思想的发展进程,其历史发展线索大体可以分为四个阶段:

第一个阶段是先秦至两汉,为中国古代审美心理学思想的孕育萌芽期。在这一阶段中,儒道两家都各有建树。儒家以政教伦理学思想同审美心理学思想相结合,提出了比较系统的审美认识论。孔子的"兴观群怨"说、"尽善尽美"说和"仁者乐山,智者乐水",孟子从有关审美主体人格美角度提出的"养气"说,以及荀子的"美善相乐"说等范畴和命题对中华民族追求美好品德的审美理想和审美情趣具有深远的影响,并奠定了中国古代审美心理学思想重视文艺审美教化作用的审美原则。道家则以哲学思想与审美心理学思想相结合,提出一系列有关审美思维方式和审美本体论方面的范畴和命题,为中国古代审美心理学思想奠定了理论基础。如老庄认为作为宇宙本原的"道"是最高、绝对的美,"虚无"是美的最高境界,以及据此而生发出来的"天地有大美而不言"、"得意忘言"、"涤除玄鉴"、"心斋"、"坐忘"、"物化"等等范畴和命题,对中国古代审美心理学思想都具有很大的贡献。这些范畴和命题经过后代美学家的继承和进一步完善,即成为中国古代审美心理学思想的核心。此外,《乐记》提出的"物感"说,《毛诗序》提出的"吟咏情性",司马迁的"发愤著书",桓谭的"伏习象神",《淮南子》的"师旷之耳"等审美范畴和审美命题,在中国古代审美心理学思想发展史上也具有极为重要的意义。

第二阶段为魏晋六朝,是中国古代审美心理学思想的自觉形成期。这段时期,由于政局动乱,儒学衰微,玄学、道教、释教勃兴,审美心理学思想转向研究文艺创作中的审美构思现象,提出了许多重要的审美范畴和审美命题。例如曹丕提出的"文气"说,陆机的"缘情"说,葛洪的"音为知者珍",顾恺之的"传神写照"、"迁想妙得",刘勰提出的"才力"说,"积学以储宝"、"研阅以穷照"、"应物斯感"、"神与物游",以及"风骨"、"情采"、"隐秀",钟嵘提出的"滋味"说、"寓目即书"说,等等。包括并涉及到文艺创作活动中,从主体的审美心理结构、创作审美心理过程、作品审美心理特征、鉴赏审美心理效应等各个方面的内容和问题,比较全面地建立了中国古代审美心理学思想的范畴体系。

中国古代审美心理学思想发展的第三阶段是唐宋金元,为成熟定型期。在这段时期,由于儒家思想的复兴和道教、释教的兴盛,三教合流,特别是禅宗思想的发展,推动了文艺创作的发展。在此基础上,美学家和文艺批评家们对前代提出的范畴和命题作了进一步的解释和完善,并依据新的审美实践经验,提出了"兴象"、"意象"、"韵味"、"兴趣"、"妙悟"、"熟参"等新的审美范畴和命题,对审美活动的心理运动规律作出了更加抽象、深刻的理论概括,使中国古代审美心理学思想更加深化并趋于成熟。

明清时期为中国古代审美心理学思想发展的第四阶段,也是中国古代审美心理学思想的演变总结期。中国古代审美心理学思想发展到清代,政教中心说与审美中心说逐步合流,美学家和文艺批评家们对文艺创作中的审美经验和心理活动规律作了更加深入的考察,对历史上提出的许多重要的审美范畴和命题进行了系统、全面的整理、总结。这段时期,涌现出一批美学家和文艺批评家。如小说美学的李贽、叶昼、金圣叹、脂砚斋,戏曲美学的李渔、焦循,诗歌美学的王夫之、王士祯、袁枚、叶燮,散文美学的戴震、章学诚,以及集中国古典美学之大成者刘熙载等。并且在审美心理学思想方面提出了一系列新的审美范畴和命题。如"诗品出于人品"、"才、胆、识、力"、"情景相生",以及格调说、性灵说、神韵说、肌理说、意境说等。但是,深入其理论的骨髓,可以看出,其实际是前代理论的演变和完善。

四

中国古代审美心理学思想不仅集中表现在一些文艺美学专著之中,而且还大量地散见于文论、诗话、词话、赋话、乐论、画论、书论,以及序跋、书信、评点、批注之中。同时,受传统思维方式的影响,中国古代审美心理学思想又主要体现在若干审美范畴和命题之内。其中一些固有的范畴和命题贯穿于整个中国古代审美心理学思想发展史,在中国古代审美心理学思想形成之初就已经出现,后来的大多数美学家和文艺批评家都一直沿用着这些范畴和命题,通过对它们的解释和理解,注入新的内涵以表达自己的观点。因此,一部中国古代审美心理学思想史就是一系列审美范畴和审美命题的发生、发展和演变的历史。

这些审美范畴和审美命题对中国古代文艺创作和文艺鉴赏中的审美现象、审美经验的各个方面进行了总结和描述,具有鲜明的民族特色,并构成一个相当完整、系统的中国古代审美心理学思想体系。从其内容和逻辑层次来看,其主要审美范畴和命题大体上可分为五个部分:

第一部分为审美心理结构,包括"文气"、"才力"、"个性"、"养气"、"积学"、"研阅"等范畴及相关的命题。审美体验是一种心灵感悟,一种高级的心理活动。"游心内运,放言落纸。"(萧子显:《南齐书·文学传论》)是审美主体和审美对象之间相互交融渗透的过程。在这一过程中,主体的审美心理结构起着十分重要的作用,是审美体验发生的首要条件。中国古代审美心理学思想历来就重视主体的审美心理结构,强调主体的气禀、才力、个性、学识、阅历等审美心理结构的构成要素在审美活动中的主导性意义,指出"文以气为主"、"诗有别材"。并且从多个方面对主体审美心理结构的形成进行了许多有益的探索,认为审美心理结构的形成除了先天所禀赋的"肇自血气"的才力,与"不能以移子弟"的气质、个性外,还可以通过"养气"、"积学"、"研阅"等间接和直接的审美实践活动,以广其见闻,益其知识,化其品性,积累丰富的审美经验,从而强化其审美心理结构,增强其审美能力。只有使两个方面完美结合,才能建构起完善的审美心理结构。

第二部分是审美心理需要,包括"感物心动"、"发愤著书"等命题及相关的范畴。审美心理需要是主体进入审美活动的内在驱动力。中国古代审美心理学思想认为审美需要是主体对满足审美情感的渴望和追求。审美活动是人的心理需要,"由人心生",而这种需要的产生又必须有一定的外物的激发。"人心之动,物使之然也。感于物而动,故形于声。"(《乐记·乐本》)审美需要的产生离不开内、外环境的相互激荡与气的作用。"通天下一气耳",气动物,物感人,物色相召,人谁能安? 没有一定的环境与对象的激发,就不可能引起人心感荡,也就不可能产生审美心理需要。

同时,主体的一种忧闷愤郁情感需要渲泄和排遣也是产生审美心理需要的原因。"心之忧矣,我歌且谣。"(《诗经·魏风·园有桃》)潜藏在主体心灵深处的生命意识和渴求自由与满足的天性使其产生"愤"。"愤"的具体内涵是"意有所郁结",是压抑的心理状态。有了"愤",且需要"发",故而有了"述往事,思来者"(司马迁:《史记·太史公自序》)的审美创作活动。

在中国古代审美心理学思想中,无论是"感物心动",还是"发愤著书",都是一种心灵需要,是审美主体要把作为人的本质力量之一的审美能力和审美经验加以抒发和实现,以获得心灵的慰藉和解脱的需要。

第三部分为审美创作心理过程,包括"澄心静怀"、"寓目辄书"、"心游玄想"、"兴到神会"、"物我一体"等五个环节以及相关的范畴。中国古代审美心理学思想认为创作主体要进入审美活动,必须超脱于日常生活的干扰,摆脱利害计较等对物的欲求,"胸涤尘埃,气消烟火"(布颜图:《画学心法问答》),"吾心莹然开朗如满月"(沈宗骞:《芥舟学画编》卷1),使主体进入一种忘利欲和无意识的静态心境。由此始能进行"收视反听,耽思傍讯"(陆机:《文赋》)的心灵体验活动,以反观自身,获得宇宙自然的生命秘密。在审美观照的方式上,中国古代审美心理学思想则主张外师造化,寓目辄书,即景入咏。强调直接的感受,由眼前审美对象触发情感,心为物动,从而进行心物、情景的交流。"思与境偕","神与物游",不脱离眼前的具体感性形态,以获得审美体验。同时,中国古代审美心理学思想还主张"心游玄想"。这种审美体验的特征是无中追有、静中追动,即要求审美主体超越对象和自身,以自我的生命飞动跃入生机流荡的宇宙生命节奏之中,去"俯仰自得,游心太玄"(嵇康:《赠秀才参军》),以迎接兴会的到来。"兴到神会"则是中国古代审美心理学思想对文艺创作审美构思中灵感现象的描述。是心与物交、情与景合的瞬间心理感受,它"来不可遏,去不可止"(《文赋》),忽隐忽现,忽存忽亡,稍纵即逝,为审美体验的一种最高层次。"物我一体"又称"化境",是审美创作主体灵心独运,思入杳冥,从而达到无我无物的最高审美境界。

从审美创作的心理过程来看,五个环节层层相扣,相互渗透融汇,从而完成艺术审美创作的升华。审美主体虚以待物、静以体道是审美创作构思的特定心境和审美态度;触物起兴、以动追动,与游心内运、以静制动则属于中国传统的两种审美构思方式。但是,无论是静穆的观照,还是生命的飞跃,最终所追求并达到的最高审美境界都是气合神交、精合感应与物我两忘。这一审美创作心理过程,可以图示如下:

$$澄心静怀 \left\langle \begin{array}{c} 寓目辄书 \\ \downarrow \\ 心游玄想 \end{array} \right\rangle 兴到神会 \rightarrow 物我一体$$

审美主体守其神,专其一,合造化之功的物态化成果即为艺术作品的审美意象和意境。

　　第四部分是审美作品心理分析,包括"风骨"、"兴象"、"形神"、"意境"、"情景交融"、"愈小而大"、"不即不离"、"妙在含糊"等范畴与命题。文艺作品是创作主体审美体验的物态化形式。主体在审美创作构思中的种种心理活动最终都凝聚在作品之中,构成其审美意象和审美意蕴,并使作品表现出丰富多彩的审美特征和风貌。中国古代美学家和文艺批评家提出了许多审美范畴和命题来描述,总结这些审美特征,通过对这些范畴和命题的心理分析,可以窥测到审美创作和鉴赏的心理活动规律,揭示作品深层的审美内涵。

　　中国古代审美心理学思想认为审美创作和主体的气禀分不开,"气有刚柔",因而影响及文艺作品,使其表现出阳刚与阴柔、"风骨"与"兴象"两大类审美特色。"形神"与"意境"是主体与客体、心与物、神与形、意与境的相交相融,完美统一。"情景交融"、"愈小而大"、"不即不离"、"妙在含糊"则为审美创作主体一情独往,万象洞开,物与我交,情与景合的独特的传统审美体验方式所形成的审美特征与风格特色的高度概括。

　　第五部分是审美鉴赏心理法则,包括知音圆该、涤虑洗心、取其奇趣、披文入情、含英咀华、探微索隐、情迁感会等属于审美鉴赏心理条件、审美鉴赏心理动力、审美鉴赏心理过程三个方面的一系列审美范畴与命题。创作主体的才能、禀性和爱好各有差异,地位和经历也各不相同,因而,读者在进入审美鉴赏活动之先,必须了解作品及其所包孕的审美动机和审美情绪。求得与创作主体同步,实施对作品的主体化还原和再现,做到"知音园该"。同时,鉴赏主体还必须"涤虑洗心",使自己进入一种特定的审美心态,从而始能"听之以气",在虚静的心境中把握到作品的审美特征,深刻地体验到物化于作品中的创作主体的气志,觅得其诗趣、奇趣,获得审美快感。在审美鉴赏的一般过程及其特点上,中国古代审美心理学思想强调以感性体悟的"玩味"为中心,由追溯创作主体的审美情感和品尝体味作品的审美意象,以达到"情迁感会",得到审美的自由和心灵的慰藉。

从上面的论述中,可以看出,中国古代审美心理学思想的各部分范畴与命题都是以"气"作为内在逻辑结构的。诸如:文气(元气)、才力(才气)、个性(气质)、养气、物感(气动)、发愤(怨气)、澄心静怀(调气)、物我一体(合气)、风骨(阳刚之气)、兴象(阴柔之气)、形神(意气、神气)、意境(生气、气韵)、知音园该(体气)、涤虑洗心(调气)、取其奇趣(奇气)、探微索隐(听之以气)、情迁感会(合气),等等。创作主体的审美心理结构是由"气"所形成;"气"又是审美需要产生的动力。审美过程中,必须具备充沛而饱满的创作神气。虚静的审美心境与充实的灵气,在审美创作与鉴赏过程中,都具有不可忽视的重要作用。主体的生命元气与万物自然的生气合一并物化于作品中,则形成其生机流荡的气韵。

(选自《四川师范大学学报》(社科版),1989年第5期)

皮朝纲(1934—　),四川师范大学教授,长于中国古典美学和禅宗美学的研究,明确提出中国传统美学是一种人生美学,禅宗美学在本质上追求生命自由的生命美学。著有《禅宗美学史稿》、《中国古代审美心理学论纲》、《中国美学沉思录》等。

李天道(**1951**—),四川师范大学教授。主要从事中国美学、中国古代文学、中国古代文学理论的研究。主要著作有《中国古代审美心理学论纲》、《中国古代文学理论概要》(合著)等。

本文认为中国古代有丰富的审美心理学思想,是中国古典美学与文化的重要组成部分,经过历史的积累发展,形成了具有一定深度的理论体系,并具有明显的民族特色:在审美思维方式上"贵悟不贵解",在审美心态上强调"物我两忘"的境界,在审美原则上突出完美的心灵和伟大的人格的塑造,在审美心理结构上强调"识"的审美实践活动。

论著目录索引

著　作

周作人　中国新文学的源流　儿童书局 1932 年

陈钟凡　中国文学批评史　中华书局 1934 年

朱东润　中国文学批评史大纲　开明书店 1947 年

　　　　中国文学批评史论集　开明书店 1947 年

郭绍虞　中国文学批评史　商务印书馆 1947 年

　　　　中国古典文学理论批评史　人民文学出版社 1959 年

　　　　照隅室古典文学论集　上海古籍出版社 1983 年

钱　穆　中国文化史导论　正中书局 1948 年

　　　　中国思想史　新亚书局 1962 年

　　　　朱子学提纲　三民书局 1971 年

　　　　中国文学讲演集　巴蜀书社 1987 年

　　　　中国哲学思想论集（宋明）　水牛图书出版事业公司
　　　　1991 年

朱自清　诗言志辨　开明书店 1949 年

　　　　朱自清古典文学论集　上海古籍出版社 1980 年

闻一多　神话与诗　古籍书店 1956 年

文艺报编辑部编　美学问题讨论集　作家出版社 1957 年

刘大杰　中国文学批评史　中华书局 1964 年

施昌东　先秦诸子美学思想述评　中华书局 1979 年

汉代美学思想述评　中华书局 1981 年

易中天　《文心雕龙》美学思想论稿　上海文艺出版社 1980 年

王运熙　中国文学批评通史(上中下)　上海古籍出版社 1981 年

刘若愚　中国文学理论　台湾联经出版公司 1981 年

李泽厚　美的历程　文物出版社 1981 年

　　　　中国古代思想史论　人民出版社 1985 年

　　　　李泽厚哲学美学文选　湖南人民出版社 1985 年

　　　　华夏美学　时极文化出版企业公司 1989 年

　　　　论中国古典美学　齐鲁书社 1987 年

　　　　再论美是和谐　广西师范大学出版社 1996 年

宗白华　美学散步　上海人民出版社 1981 年

　　　　艺境　北京大学出版社 1987 年

　　　　中国美学史论集　安徽教育出版社 2000 年

北京大学哲学系编　中国美学史资料汇编　北京大学出版社
　　　　1981 年

胡经之　中国古典美学资料汇编　北京大学出版社 1981 年

蒋孔阳　中国古代美学艺术论文集　上海古籍出版社 1981 年

　　　　先秦音乐美学思想　人民文学出版社 1986 年

北京大学哲学系美学教研室编　美学与美学史论集　新疆人民出
　　　　版社 1982 年

徐复观　中国文学论集　台湾学生书局 1982 年

　　　　中国艺术精神　台湾学生书局 1984 年

刘文潭　中西美学艺术评论　中央文物出版社 1983 年

杜道明　通向和谐之路:中国的和谐文化与和谐美学　国防大学
　　　　出版社 1983 年

复旦学报社科版编辑部编　中国古代美学史研究　复旦大学出版
　　　　社 1983 年

钱锺书　谈艺录　中华书局 1983 年

明文书局编辑部编　中国美学史资料汇编　明文书局 1983 年

朱光潜　美学和中国美术史　知识出版社 1984 年

　　　　诗论　三联书店 1984 年

林同华　中国美学史论集　江苏人民出版社 1984 年

叶　朗　中国美学史大纲　上海人民出版社 1985 年

　　　　中国美学史　台湾文津出版社 1996 年

栾　勋编著　中国古代美学概观　漓江出版社 1984 年

罗根泽　中国文学批评史　上海古籍出版社 1984 年

李泽厚、刘纲纪主编　中国美学史　中国社会科学出版社 1984 年

周来祥　美学问题论稿　陕西人民出版社 1984 年

北京大学哲学系美学教研室编　中国美学史资料选编　中华书局
　　　　1985 年

曹顺庆　中西比较美学文学论文集　四川文艺出版社 1985 年

皮朝纲　中国古代文艺美学概要　四川社会科学院出版社 1986
　　　　年

　　　　禅宗美学史稿　电子科技大学出版社 1994 年

刘纲纪　美学与哲学　湖北人民出版社 1986 年

　　　　传统文化、哲学与美学　广西师范大学出版社 1987 年

湖北省美学会编　中西美学与艺术比较　湖北人民出版社 1986
　　　　年

赵沛霖　兴的起源　中国社会科学出版社 1987 年

敏　泽　中国美学思想史　齐鲁书社 1987 年

曾祖阴　中国古代文艺美学范畴　文津出版社 1987 年

郑钦镛、李翔德　中国美学史话　河北人民出版社 1987 年

成复旺等　中国文学理论史　北京出版社 1987 年

〔日〕笠原仲二著、杨若薇译　古代中国人的美意识　北京：三联书

　　　　　店 1988 年

张文勋　儒道佛美学思想探析　中国社会科学出版社 1988 年

　　　　华夏文明与审美意识　云南人民出版社 1992 年

胡经之主编　中国古典美学丛编　中华书局 1988 年

张　健　朱熹的文学批评　台湾商务印书馆 1988 年

胡　适　胡适古典文学研究论集(上、下)　上海古籍出版社 1988
　　　　年

张少康　古典美学文艺论稿　中国社会科学出版社 1988 年

刘　墨　中国美学与中国画论　人民美术出版社 1988 年

马　采　中国美学思想漫话　上海人民美术出版社 1988 年

袁济喜　和:中国古代审美理想　中国人民大学出版社 1989 年

　　　　六朝美学　北京大学出版社 1989 年

成复旺　神与物游:论中国传统审美方式　中国人民大学出版社
　　　　1989 年

　　　　中国古代的人学与美学　中国人民大学出版社 1992 年

汤一介　中国传统文化中的儒道释　中国和平出版社 1989 年

朱建民　张载思想研究　文津出版社(台北)1989 年

汉宝德、王安祈　中国美学论集　(台)南天书局 1989 年

王钟陵　中国前期文化心理研究　重庆出版社 1991 年

王振复　周易的美学智慧　湖南出版社 1991 年

王英志　古典美学传统与诗论　南京出版社 1991 年

〔日〕今道友信著、蒋寅译　东方的美学　北京:三联书店 1991 年

赵士林　心学与美学　中国社会科学出版社 1992 年

童庆炳　中国古代心理诗学与美学　中华书局 1992 年

陶东风　中国古代心理美学六论　百花文艺出版社 1992 年

周来祥、陈　炎　中西比较美学大纲　安徽文艺出版社 1992 年

周来祥主编　中国美学主潮　山东大学出版社 1992 年

吴文璋　荀子的音乐哲学　台北文津出版社1994年

魏士衡　中国自然美思想探源　中国城市出版社1994年

张国庆　中国古代美学要题新论　中国社会科学出版社1994年

韩林德　境生象外:华夏审美与艺术特征考察　北京:三联书店
　　　　1995年

张　涵、史鸿文　中国美学史　西苑出版社1995年

成复旺主编　中国美学范畴辞典　中国人民大学出版社1995年

刘靖之主编　中国音乐美学研讨会论文集　民族音乐研究(第五
　　　　辑)　香港大学亚洲研究中心1995年

蔡仲德　中国音乐美学史　人民音乐出版社1995年
　　　　中国音乐美学史论　人民音乐出版社1998年

殷　杰　中华美学发展论略　华中师范大学出版社1995年

祁志祥　中国美学的文化精神　上海文艺出版社1996年

张　皓　中国美学范畴与传统文化　湖北教育出版社1996年

王向峰　中国美学论稿　中国社会科学出版社1996年

张海明　玄妙之境:魏晋玄学美学思潮　东北师范大学出版社
　　　　1997年

孙星群　音乐美学之始祖:乐记与诗学　人民出版社1997年

杨乃乔　悖立与整和——东方儒道诗学与西方诗学的本体论、语
　　　　言论比较　文化艺术出版社1998年

陈望衡　中国古典美学史　湖南教育出版社1998年

朱希祥　中西美学比较　中国纺织大学出版社1998年

潘运告　冲决名教的羁络:阳明心学与明清文艺思想　湖南教育
　　　　出版社1999年

邓晓芒　黄与蓝的交响——中西美学比较　人民文学出版社
　　　　1999年

曹利华　中国传统美学体系探源　北京图书馆出版社1999年

于　民　中国古典美学举要　安徽教育出版社 2000 年

鲁文忠　中国美学之旅　长江文艺出版社 2000 年

张　法　中国美学史　上海人民出版社 2000 年

林同华主编　中华美学大词典　安徽教育出版社 2000 年

潘知常　中西比较美学论稿　百花洲文艺出版社 2000 年

高华平　魏晋玄学人格美研究　巴蜀书社 2000 年

李　戎　始于玄冥,返于大通:玄学与中国美学　花城出版社 2000 年

王宣文　美苑咀华:中国古典美学范畴集萃　北京师范大学出版社 2000 年

论　文

廖　平　论《诗序》《中国学报》1913 年第 4 期

傅斯年　宋朱熹的《诗集传》和《诗序辩》《新潮》第 1 卷第 4 期,1919 年

雪　林　文以载道的问题　《现代评论》第 8 卷第 206、207、208 期,1928 年

胡　适　元稹白居易之文学主张　《新月》第 1 卷第 2 期,1928 年

郭绍虞　儒道二家论神与文学批评之关系　《燕京学报》1928 年第 4 期

中国文学批评史上的"神""气"说　《小说月报》19 卷 1 期,1928 年

先秦儒家之文学观　《睿湖学刊》1929 年第 1 期

文气的辨析　《小说月报》第 20 卷第 1 期,1929 年

中国文学批评史上的文与道问题　《武汉大学文哲季刊》第 1 卷第 1 期,1930 年

顾颉刚　《毛诗序》之背景与旨趣　《国立中山大学语言历史学研

第 1 期

李纯一　孔子的音乐思想　《音乐研究》第 5 期,1958 年

余爱金　从《论语》观孔子论文　《华国》第 3 期,1960 年 6 月

马　采　孔子的美学思想　《羊城晚报》1962 年 4 月 5 日

冯友兰　关于孔子讨论的批评与自我批评　《哲学研究》1963 年
第 6 期

吴文治　"以意逆志"辨　《光明日报》1963 年 11 月 9 日

唐　兰　"以意逆志"辨　《光明日报》1963 年 11 月 16 日

徐复观　孔子"为人生而艺术"的艺术精神　《民主评论》15 卷 1、2
期,1964 年

汤一介　论"治统"与"道统"　《北京大学学报》1964 年第 2 期

潘光晟　孔门的乐教　《孔孟月刊》第 5 卷第 2 期,1966 年

黄继持　朱子文学思想述评　《华国》1967 年第 5 期

廖蔚卿　六朝的文气论　《思与言》第 5 卷第 4 期,1967 年

黄继持　"文与道""性与情"——理学家之文艺思想试论　《崇基
学报》第 8 卷第 1 期,1968 年

柳　絮　孔子的乐教思想　《中央日报》1968 年 11 月 12 日

夏宗禹　孔子的音乐观　《新建设》1968 年第 6 期

杜松柏　文气综论　《文史季刊》第 2 卷第 1 期,1971 年

陈长胜　齐梁以前儒学思想对文学理论的影响　《联合书院学报》
1972 年第 10 期

江　天　评孔老二的反动礼乐观　《光明日报》1974 年 3 月 31 日
批判孔老二的反动音乐思想　《文汇报》1974 年 4 月 16
日

张式铭　论孔子、儒学及其对古代作家作品的影响　《湘潭大学学
报》1979 年第 1—2 期

朱大刚　试论孔子文学思想的意义　《上海师大学报》1979 年第 1

期

陈祥耀　孔子的历史作用及其对后代文学的影响　《福建师大学报》1979 年第 3 期

方东美　中国艺术的理想　《中国文化论文集》,(台北)幼狮文化事业公司 1980 年

蒋孔阳　评孔丘的正乐思想　《文艺理论研究》1980 年第 1 期

李泽厚　孔子的美与美育思想　《教育研究》1980 年第 3 期

刘文刚　试论孔子的文学教化观与现实主义关系　《辽宁师院学报》1980 年第 4 期

张　亨　论语论诗　《文学评论》1980 年第 5 期

孙尧年　《乐记》作者问题考辨　《文史》第 10 辑,1980 年

吴文智　论王夫之的诗歌理论　《文学遗产》1980 年第 2 期

陈昌渠　王夫之兴观群怨说浅释　《古代文学理论研究丛刊》第 2 辑,1980 年

〔美〕杜维明　从意到言　《中华文史论丛》1981 年第 1 辑

钱锺书　诗可以怨　《文学评论》1981 年第 1 期

蒋　凡　思无邪与郑声淫考辨——孔子美学思想探索点滴　《古典文学论丛》第 3 辑,1982 年

谌兆麟　孔丘与音乐　《美育》1982 年第 5 期

中国美学史编写组　孔子的美学思想　《美学》第 4 期,1982 年

〔日〕今道友信　孔子的艺术哲学　《美学译文》第 2 集,中国社会科学出版社 1982 年

研究东方美学的现代意义　《美学译文》第 2 集,中国社会科学出版社 1982 年

蒋孔阳　中国古代美学思想与西方美学思想的一些比较　《学术月刊》1982 年第 2 期

《中国美学史》编写组　孔子的美学思想　《美学》第 4 期,上海文

20世纪儒学研究大系

艺出版社 1982 年

《中国美学史》编写组　孟子的美学思想　《美学》第 4 期,上海文艺出版社 1982 年

张连捷　孔子美育思想初探　《山西师大学报》1983 年第 2 期

宋天贵　简论孔子的美学思想　《文科教学》1983 年第 2 期

陈曼平、张　克　论扬雄的美学观　《延边大学学报》1983 年第 1 期

聂振斌　扬雄文质副称说的美学意义　《西北师院学报》1983 年第 2 期

赵霈霖　从五美看孔子美学思想的特点　《青海师院学报》1983 年第 1 期

石　夷　从望秩于山川到悦山悦水:山水自然美的观念　《复旦学报》1983 年第 4 期

方　珊　魏晋南北朝对自然美的认识　《江淮论坛》1983 年第 3 期

程　鹏　试论我国古代人学思想与审美思潮的关系　《北方论丛》1983 年第 5 期

郑　谦　从周易看我国传统美学的萌芽　《云南社会科学》1983 年第 6 期

刘道广　孔子的绘事后素和质素说浅析　《学术月刊》1983 年第 12 期

韩林德　试论司马迁的审美观　《思想战线》1983 年第 6 期

郜润科　谈王夫之的意境说——王夫之美学思想初探　《山西师院学报》1983 年第 2 期

阮国华　我国先秦时期真善美理论的发展形态　《黄石师院学报》1983 年第 2 期

郭明辉　中和之美是辩证的审美观点　《牡丹江师院学报》1983

年第 2 期

钟子翱　论先秦美学中的比德说　《中国古代美学史研究》,复旦大学出版社 1983 年

韩林德　孔子美学观初探　《中国古代美学史研究》,复旦大学出版社 1983 年

试论孟子的美学思想　《中国古代美学史研究》,复旦大学出版社 1983 年

韩兆琦　司马迁的审美观　《中国古代美学史研究》,复旦大学出版社 1983 年

施东昌　评董仲舒的唯心主义美学观　《中国古代美学史研究》,复旦大学出版社 1983 年

韩林德　阴阳五行与中与美学观　《美育》1984 年第 2 期

孔子:中国古典美学的奠基者　《美育》1984 年第 4 期

袁振保　周易中的几个美学概念　《安庆师院学报》1984 年第 2 期

程亚林　王夫之美学思想简论　《船山学刊》1984 年第 1 期

韩祝鹏　先秦美学原则初探　《江淮论坛》1984 年第 5 期

管窥孔子的尽善尽美说　《安庆师院学报》1984 年第 4 期

袁振保　周易关于美的一般观念　《山西师院学报》1984 年第 3 期

汤一介　论中国传统哲学中的真善美　《中国社会科学》1984 年第 4 期

李珺平　先秦时期的中和之美　《汉中师院学报》1984 年第 1 期

孙九权　谈周易的美学展示　《哈尔滨师专学报》1984 年第 2 期

胡子运、赵伯英　心哉美矣——《文心雕龙》美学思想的一个重要命题　《苏州大学学报》1984 年第 3 期

蒋孔阳　评《礼记·乐记》的音乐美学思想　《中国社会科学》1984年第3期

肖　驰　王夫之的诗歌创作论　《中国社会科学》1984年第3期

程亚林　王夫之美学思想初探　《船山学刊》1984年第2期

肖　黎　谈司马迁的美学思想　《松辽学刊》1984年第2期

张文勋　从《乐记》看儒家的中和之美　《文学评论丛刊》1984年第1期

陈云鹏　我国先秦美学与古希腊美学比较　《集美师专学报》1984年第4期

甘万萍、裘　晖　孔子美育思想试析　《昆明师专学报》1984年第3期

皮朝纲　中国古典美学关于审美体验的探讨　《四川师院学报》1984年第4期

于　民　孟子关于美和美感的认识　《孟子研究论文集》,山东大学出版社1984年

韩钟文　《乐记》审美教育思想研究　《上饶师专学报》1985年第1期

马龙潜、栾贻信　孔子和亚里士多德共同的美的理想　《江汉论坛》1985年第6期

袁振保　周易美学思想的历史影响　《杭州师院学报》1985年第4期

刘　畅　试论庄子哲学与船山美学思想的关系　《学术月刊》1985年第10期

张建勇　具象的抽象与纯思的抽象:中西古代美学思维性格比较　《文艺研究》1985年第1期

赵惠平　先秦美学启迪　《广西师大学报》1985年第1期

叶　朗　王夫之的美学体系　《北京大学学报》1985年第2期

刘纲纪　中西美学比较方法的几个问题　《文艺研究》1985 年第 1 期

修海林　先秦诸音乐美学思想概述　《中国音乐》1985 年第 3 期

马秋帆　再论孔子的审美教育思想　《沈阳师范学院社会科学学报》1985 年第 3 期

马德邻　朱熹黑格尔诗论之比较　《上海师范大学学报》1985 年第 2 期

王兴华　试论王夫之诗论中的美学思想　《山东师大学报》1985 年第 1 期

黄广华　绘事后素辩解　《山东师大学报》1985 年第 1 期

鲁　林　王夫之神范畴析略　《人文杂志》1985 年第 1 期

陈望衡　中西自然美观比较研究　《湖南师大学报》1985 年第 6 期

周月亮　龚自珍的美学目的论　《哲学研究》1986 年第 1 期

王兴华　人的自觉与魏晋南北朝的美学思想　《南开学报》1986 年第 1 期

潘知常　试论中国古典美学的思维机制　《江汉论坛》1986 年第 6 期

敏　泽　《吕氏春秋》的美学思想　《文史知识》1986 年第 6 期

归　青　孔子:中国古典主义美学奠基人　《上海教育学院学报》1986 年第 2 期

孙国时　论先秦的比德美学思想　《中州学刊》1986 年第 4 期

庞耀辉　以和为美的传统审美模式论　《人文杂志》1986 年第 6 期

樊美筠　乾卦的美学遐想　《河北大学学报》1986 年第 4 期

张国庆　论中和之美的哲学基础　《中国哲学史研究》1986 年第 4 期

侯铁军　和谐美；先秦与古希腊美学的统一性　《江西社会科学》
　　　　1986 年第 5 期

罗龙炎　论先秦美学的比德说　《九江师专学报》1986 年第 3 期

叶幼明　试论司马迁的美学思想　《求索》1986 年第 1 期

谢仲明　儒家美学的基本原理　《福建论坛》1986 年第 1 期

金学智　周易中美的观念初探　《苏州教育学院学报》1986 年第 2
　　　　期

王才勇　试论中国先秦美学思想的三中全会逻辑　《青海社会科
　　　　学》1986 年第 4 期

晁　樾　试论孔子的美学思想　《南京教育学院学报》1986 年第 1
　　　　期

陆家桂　比德审美观及其发展　《泰安师专学报》1986 年第 1 期

石　夷　周易美学思想的历史地位　《复旦学报》1986 年第 2 期

刘伟林　先秦美学的方法论意义　《学术研究》1987 年第 1 期

袁济喜　古典美学中的两种"和"　《社会科学辑刊》1987 年第 2
　　　　期

汤一介　论儒家的境界观　《北京社会科学》1987 年第 4 期

张节末　孔子与庄子审美追求比较　《文史哲》1987 年第 5 期

胡雪冈　荀子美学思想管窥　《学术月刊》1987 年第 11 期

吴林舒　王安石的美学思想与实践　《江西社会科学》1987 年第 1
　　　　期

朱志荣　中国古典美学的和谐观　《文艺理论研究》1987 年第 1
　　　　期

杜道明　略论孔子之"兴"　《孔子研究》1987 年第 3 期

陈元晖　孔子的美育思想　《孔子研究》1987 年第 1 期

徐林祥　论周易哲学对刘熙载美学思想的影响　《西北师院学报》
　　　　1987 年第 3 期

胡　健　比德说与移情说　《固原师专学报》1987 年第 4 期

蓝华增　王夫之黑格尔抒情诗美学比较论　《云南社会科学》1987
年第 5 期

杨国良　《乐记》品评兼及中国美学思想批评　《福建论坛》1987
年第 4 期

张文勋　儒道佛美学思想比较　《思想战线》1987 年第 3 期

廖振华　论王夫之的美学思想　《衡阳师专学报》1987 年第 2 期

李　蹊　文质中和美德说：先秦文论探微　《社会科学辑刊》1987
年第 2 期

王兴华　中国美学中的形神理论　《南开学报》1987 年第 1 期

张立文　朱熹美学思想探析　《哲学研究》1988 年第 4 期

黄寿祺、张善文　周易对立、变化、创新思想中的美学意义　《福建
师范大学学报》1988 年第 3 期

张伯良　由比德到畅神　《南京师范大学学报》1988 年第 4 期

孙海涛　先秦和谐美探要　《中国社会科学院研究生院学报》1988
年第 6 期

柳　岸　董仲舒音乐美学思想初探　《湖南师范大学学报》1988
年第 2 期

陈　理　王弼美学思想初探　《学术界》1988 年第 2 期

张国庆　论中和之美　《文艺研究》1988 年第 3 期

李兆森　孔子的音乐美学思想　《孔子研究》1988 年第 2 期

蒲鹏英　先秦儒道美学思想比较　《内江师专学报》1988 年第 1
期

周克庸　孔子的社会化模式及美学思想　《理论教育》1988 年第 7
期

张啸虎　司马迁的美学思想及文艺批评　《中州学刊》1988 年第 5
期

谢　谦　论朱熹的"思无邪"说　《四川师范大学学报》1988年第1期

阳晓儒　《乐记》人性论新探　《学术论坛》1988年第2期

石应宽　中国先秦时期音乐美学思想探识　《今日文坛》1988年第2期

郭　秦　儒家美学改革文学　《唐都学刊》1988年第2期

郭明辉　中和与和谐:中西早期美学思想比较札记　《承德师专学报》1988年第2期

黄寿祺、张善文　周易对立变化创新思想中的美育意义　《福建师大学报》1988年第3期

古　凤　《诗经》的潜美学思想　《人文杂志》1988年第5期

伍铁林　儒道美学思想探异　《淮海论坛》1988年第3期

王向峰　周易美学的始发意义　《辽宁大学学报》1989年第1期

刘伟林　先秦儒家的艺术心理学　《华南师大学报》1988年第4期

杨安崙、程　俊　孔孟美学思想述略　《湖北大学学报》1989年第2期

丁　钢　儒与道:两种美育理论的评判　《教育评论》1989年第1期

姚文放　儒家美学与基督教美学之比较　《江汉论坛》1989年第6期

胡　健　先秦儒家美学思想论要　《淮阴师专学报》1989年第4期

王长华　孔子美学思想片论　《齐鲁学刊》1989年第5期

胡　健　儒家美学思想论要　《孔子研究》1989年第3期

毛殊凡　从乐论看荀子美学及其与老庄美学之比较　《学术论坛》总第71期,1989年第2期

潘立勇　朱熹美育思想初探　《孔子研究》1989 年第 1 期

易先林　孔子与庄子的自然美观　《中国文学研究》1989 年第 1
期

翟廷瑨　孟子的审美思想　《文史哲》1989 年第 5 期

王长华、张文书　荀子美学思想述评　《河北学刊》1989 年第 6 期

马国柱　孔老美论比较研究　《社会科学辑刊》1989 年第 3 期

毛毓松　关于孔子"诗可以兴"的理解　《孔子研究》1989 年第 3
期

王兴华　周易与中国古典美学　《南开学报》1989 年第 1 期

仪平策　宋明之际的理学与美学　《理论学刊》1989 年第 5 期

苏志宏　礼记中的传统美育理论　《四川教育学院学报》1989 年
第 4 期

高瑞雪　王充美学范畴择议　《辽宁大学学报》1989 年第 5 期

李戏鱼　礼乐之伦理性与政治性　《郑州大学学报》1989 年第 2
期

孙海涛　古典和谐美探源　《山东社会科学》1989 年第 2 期

冯达文　儒学与道学的思维方式、思维结构和价值追求的比较
《广东社会科学》1990 年第 2 期

张旭曙　从道德走向审美:朱熹美学的逻辑归宿　《吉林大学社会
科学学报》1990 年第 6 期

刘清平　戴震人格美思想初探　《武汉大学学报》1990 年第 6 期

苏志宏　礼记中的传统美育理论　《四川教育学院学报》1989 年
第 4 期

王长华　孟子美学思想三题:美　审美　诗　《河北学刊》1990 年
第 4 期

李　蹊　孔子:中国山水审美意识的始祖　《吕梁学刊》1990 年第
2 期

20世纪儒学研究大系

卓支中　荀子的文艺美学思想管窥　《暨南学报》1990 年第 2 期

聂振斌　"美善相乐"与"礼乐相济"论述　《学术月刊》1990 年第 6 期

杨安崙、程　俊　周易的总体特点及其美学思想略说　《长沙水电师范学院学报》1990 年第 1 期

〔日〕儿玉宪明著、曲翰章译　孔子音乐论管窥　《孔子研究》1990 年第 4 期

张节末　孔子诗论"兴观群怨"说新解　《孔子研究》1990 年第 1 期

宋质奎、黄世贤　论朱熹的美学思想　《争鸣》1991 年第 1 期

汤一介　论儒家哲学的超越性和内在性　《季羡林教授八十华诞纪念文集》，江西人民出版社 1991 年

张连第　孔子美学思想探析　《孔子研究》1991 年第 1 期

童汝劳　大者,壮也:先秦美学中的崇高　《人文杂志》1991 年第 2 期

李　蹊　中国山水审美意识的祖师　《孔子研究》1991 年第 2 期

周春宇　儒道审美思想的比较　《学习与探索》1991 年第 3 期

刘清平　析戴震考据学中的文艺美学思想　《学术月刊》1990 年第 11 期

朱堂锦　孔子注重群体意识的审美观　《民族艺术研究》1990 年第 6 期

袁振保　周易与中国美学　《西北师大学报》1991 年第 5 期

蔡松茂　孔子的文质观　《孔子研究》1991 年第 1 期

郭　杰　先秦美学思想与屈原的审美意识　《延边大学学报》1991 年第 3 期

郜爱红　先秦儒家伦理美学思想初探索　《学术论丛》1991 年第 3 期

安　港　中国传统美学的核心范畴:道　《北京大学研究生学刊》
1990 年第 1 期

朱志荣　儒道禅美育思想片论　《安徽教育学院学报》1990 年第 1
期

杨安崙、程　俊　周易的总体特点及其美学思想略说　《长沙水电
师院学报》1990 年第 1 期

刘顺利　《乐记》论中和之美　《万县师专学报》1991 年第 3 期

列　裼　儒家传统美学观与文艺评论中的比附风　《传统文化》
1991 年第 2 期

张大新　尽善尽美,文质彬彬:儒家艺术观之再认识　《信阳师院
学报》1991 年第 4 期

戴前伦　孔子与亚里士多德文艺美学观的相似点比较　《乐山师
专学报》1991 年第 4 期

杨　岚　诗性智慧的结晶——从周易看中国古典美学　《周易研
究》1992 年第 3 期

朱　岚、王维平　象:周易美学思想的建构原则　《华中师大学报》
1992 年第 2 期

王维平、朱　岚　阴阳:周易美学思想之总纲　《周易研究》1992
年第 2 期

何齐宗　先秦儒家美育思想述评　《高等师范教育研究》1992 年
第 1 期

潘立勇　朱熹气象浑成的审美理想　《福建论坛》1992 年第 4 期

吴廷玉　易象的表达方式及美学意义　《人文杂志》1992 年第 6
期

　　　　易象与意象:超象表达形式及其美学意义　《学术月刊》
1992 年第 10 期

吴功正　儒家美学结构体:实践理性的美学系统质　《阴山学刊》

1992 年第 4 期

杜道明　孔子审美思想新探　《齐鲁学刊》1992 年第 3 期

陈望衡　周易对中国意象理论建构的重要贡献　《学术月刊》1993
　　　　年第 3 期

　　　　周易与中国美学精神　《浙江大学学报》1993 年第 1 期

张玉能　周易与中国传统美学　《中国文化报》1993 年 4 月 25 日

潘友强　儒、道、骚、禅的人格模式与美感经验之比较　《宁德师专
　　　　学报》1993 年第 1 期

关廷玉　兴于诗, 立于礼, 成于乐:论孔子的审美建构　《锦州师院
　　　　学报》1993 年第 3 期

陈九彬　对于"发乎情, 止乎礼仪"的美学思考　《中南民族学院学
　　　　报》1993 年第 5 期

潘立勇　朱子美学及其艺术哲学　《浙江大学学报》1992 年第 6
　　　　期

张政文　诗乐与人和:中国古代音乐美学思想研究　《北方论丛》
　　　　1993 年第 3 期

樊美筠　作为审美范畴的仁　《哲学动态》1993 年第 1 期

陈祥明　对孔子美学的现代阐释——今道友信美学思想述评
　　　　《上海社会科学院学术季刊》1992 年第 2 期

封孝伦　先秦儒道思想影响中国美学的中介　《贵州大学学报》
　　　　1992 年第 2 期

朱良志　《周易》阳刚的美学精神及其对中国美学的影响　《文艺
　　　　研究》1992 年第 4 期

王长华　荀子美学思想再探讨　《河北师院学报》1993 年第 1 期

陈望道　中国美学理论的觉醒　《天津社会科学》1993 年第 5 期

方　勇　儒道美学中的善与真:中国古典美学特点之我见　《河北
　　　　大学学报》1993 年第 3 期

蒙培元　心灵与境界　《中国社会科学院研究生院学报》1993 年第 1 期

柳正昌　王夫之的美学思想对建构现代中国美学的意义　《郑州大学学报》1993 年第 4 期

杨　岚　从周易美学看中国古典美学的精神　《周易研究》1992 年第 3 期

赵庆麟　易经美意识探隐　《上海社科院学术季刊》1992 年第 3 期

黄广华　孔子审美感受的三种境界:兴于诗,立于礼,成于乐　《齐鲁学刊》1993 年第 6 期

阳晓儒　现量说:中国古典美学的总结　《学术论坛》1992 年第 1 期

黄小明　乐情说:中国古代抒情理论发端:乐记音乐美学理论研究　《玉林师专学报》1993 年第 12 期

谌兆麟　美学上的比德说及其对文艺发展的影响　《益阳师专学报》1993 年第 3 期

柳正昌　王夫之的美学思想对建构现代中国美学的意义　《郑州大学学报》1993 年第 4 期

刘城淮　先质后文,文质彬彬:先秦诸子美学思想的一个重要特征　《长沙水电师院学报》1993 年第 2 期

萧蓮父　船山人格美浅释　《学术论丛》1993 年第 3 期

王　煜　周易贲卦对中国古典美学的影响　《浙江学刊》1992 年第 2 期

黄　良　美育思想的比较:孔子与柏拉图　《重庆师院学报》1992 年第 4 期

张国庆　中和之美的几种常见的表现形式　《文艺研究》1992 年第 4 期

顾景星　漫议儒道的人论与乐论　《南开学报》1993 年第 2 期

赵庆麟　试论孔子审美的价值取向　《复旦学报》1994 年第 4 期

杜道明　儒道禅美学思想异同论　《中国文化研究》1994 秋之卷

赵庆麟　易传:中国传统美学的基石　《学术季刊》1994 年第 2 期

黎孟德　儒道异趣与中国传统美学　《四川师大学报》第 21 卷 1 期,1994 年第 1 期

张利群、黄小明　试论孔子审美思维方式的特征　《学术论坛》1994 年第 3 期

陈　鹏　孟子的美学启示　《学术月刊》1994 年第 4 期

王维平、朱　岚　道通天地有形外,思入风云变态中:论周易的美学精神　《周易研究》1994 年第 3 期

毛宣国　周易与中国古典美学　《湖北民族学院学报》1993 年第 4 期

潘立勇　论张载的美学思想　《浙江社会科学》1994 年第 1 期

吴功正　颜延之诗美成就论　《齐鲁学刊》1994 年第 1 期

寇养厚　中国古代文论中的以理面情观　《齐鲁学刊》1994 年第 1 期

李天道　中国古代审美知觉论　《青海民族学院学报》1994 年第 2 期

邓牛顿　中华美学形成的逻辑演进　《中国文化研究》1994 年秋之卷

祝菊贤　秦汉时期审美情感及其形式初探　《淮北煤师院学报》1994 年第 4 期

宋建林　中国古代自然审美观　《北京社会科学》1994 年第 4 期

周　山　周易审美价值取向初探　《周易研究》1994 年第 4 期

姚文放　中国戏剧美学与周易　《艺术百家》1994 年第 4 期

徐恩存　孔维克:儒家美学的图像阐释　《青年思想家》1994 年第

1 期

安　民　周易与中国古典美学　《宁夏社会科学》1994 年第 2 期

蒋　凡　周易对古典美学和文论批评的影响　《内蒙古师大学报》1994 年第 1 期

王志明　诗言志,以意逆志说和接受理论　《文艺理论研究》1994 年第 2 期

姚文放　金圣叹的美学思想与儒佛禅道　《文艺理论研究》1994 年第 2 期

黄毓任　孔庄音乐美学思想之比较　《南京师范大学学报》1994 年第 3 期

张　钧　孟子的美学思想　《蒲峪学刊》1995 年第 2 期

许洪征　儒家美学思想的特征和演变　《厦门大学学报》1995 年第 3 期

张文勋　孟子荀子美学思想比较　《社会科学战线》1995 年第 5 期

李天道　和:儒家的审美理想　《固原师专学报》1995 年第 3 期

陈志椿　易传美学二题　《苏州大学学报》1995 年第 3 期

高长江　儒道禅审美观素描　《云南师大学哲学社会科学学报杂志》27 卷 3 期,1995 年第 6 期

韩钟文　儒家大美学观论纲　《孔子研究》1995 年第 2 期

叶　朗　儒家美学对当代的启示　《北京大学学报》1995 年第 1 期

陈梗桥　儒家思想对书法审美的影响　《齐鲁学刊》1995 年第 3 期

殷　杰　中国古代审美体验论　《华中师范大学学报》1995 年第 1 期

余　虹　从乐记之乐的变迁看中国人美意识的发展　《四川师大

学报》1995 年第 1 期

徐　良　和：中国传统美学的文化精神　《齐鲁学刊》1995 年第 2
　　　　期

朱　岚　周易美学的生命本体论　《华中师范大学学报》1995 年
　　　　第 2 期

赵　琦　孔子中庸的审美观　《杭州师院学报》1995 年第 4 期

张　慧　赍饰尚素：论赍的审美内涵　《安徽师范大学学报》1995
　　　　年第 2 期

木　尧、孙正谋　儒道自由观与审美关系论　《唐都学刊》1995 年
　　　　第 3 期

潘立勇　理学与美学的概念　《浙江大学学报》1995 年第 2 期

范明华　荀子性伪论的美学意蕴　《求是学刊》1995 年第 4 期

周乔建　周敦颐的主静说及其审美情趣　《九江师专学报》1995
　　　　年第 2 期

李南蓉　周易的文艺美学价值　《复旦学报》1995 年第 5 期

王明居　易经的隐形美学形态　《文艺研究》1995 年第 6 期

陈水根　论周敦颐美学思想　《江西教育学院学报》1995 年第 5
　　　　期

潘立勇　朱子理学美学社会文化个体人格和哲学体系背景　《中
　　　　国文化研究》1995 年第 3 期

李　浩　山水之变（论先秦至唐代自然美观念的转变）　《西北大
　　　　学学报》1995 年第 4 期

石应宽　周易与中国古代音乐美学思想的启蒙　《毕节师专学报》
　　　　1995 年第 3 期

刘　琪　孔子美学思想初探　《甘肃社会科学》1995 年第 2 期

赵　麟　试论莱辛的"不到顶点"与孔子的"乐而不淫，哀而不伤"
　　　　《高师函授学刊》1995 年第 4 期

〔日〕儿玉宪明著　于　萧译　论孔子的音乐美学思想　《绥化师专学报》1995 年第 4 期

王明居　易传美学阴阳刚柔论　《文艺理论研究》1996 年第 2 期

荆　成　心性和谐之美与天道和谐之美:考察程朱学派美学思想的核心准则　《松辽学刊》1996 年第 2 期

姜　生　再论道教伦理对儒家纲常伦理的弥补功能　《宗教学研究》1996 年第 2 期

熊良智　孔子审美实践的审视　《四川师大学报》第 23 卷 3 期,1996 年第 3 期

殷　杰　德和与道和的中和美学观　《华中师大学报》1996 年第 5 期

刘鄂培　孟子的美学思想及其对中国传统美学思想的影响　《中国哲学史》1996 年第 3 期

刘　竹　试论孟子的阳刚之美　《云南师范大学哲学社会科学学报》第 28 卷 5 期,1996 年第 10 期

荆　成　心性和谐之美与天道和谐之美　《云南学术探索》1996 年第 4 期

潘立勇　理学范畴中的美学内涵及其理论特色　《孔子研究》1996 年第 3 期

李　戎　论玄学对中国美学的影响　《齐鲁学刊》1996 年第 1 期

王明居　易经生命美学密码研究　《江海学刊》1996 年第 1 期

陈　敏　试论孔子的伦理美学思想　《衡阳师专学报》1996 年第 1 期

叶桂桐　和:中国人的最高审美准则　《淄博师专学报》1996 年第 1 期

杨　清　试论孔子的修辞美学思想　《内蒙古大学学报》1996 年第 2 期

沈壮海 关于儒家"艺——德育"统一学说的探讨 《长沙水电师
院社科学报》1996 年第 2 期

陈望衡 知者乐水,仁者乐山:孔子的山水美学观 《风景名胜》
1996 年第 6 期

鄯爱红 先秦儒家的乐教与理想人格培养 《学术论丛》1996 年
第 3 期

於贤德 周易与民族审美文化 《汕头大学学报》1996 年第 1 期

皮朝纲 宋明理学美学断想 《青海师专学报》1996 年第 1 期

陈志椿 "以意逆志"辨 《杭州大学学报》1996 年第 2 期

范和生 王夫之对唐人意境理论的继承和发展 《安徽大学学报》
1996 年第 3 期

何文桢 两位文化巨人,两种学术传统 《河北大学学报》1996 年
第 1 期

潘立勇 理学范畴中的美学内涵及其理论特色 《孔子研究》1996
年第 3 期

潘炳权 浅论我国儒道两家的山水美学观 《风景名胜》1996 年
第 11 期

杨 太 孔子文艺思想综论 《社会科学辑刊》1996 年第 6 期

古 风、贺东平 王夫之意境美学思想新解 《延安大学学报》
1996 年第 4 期

韩学君 论孟子的接受美学思想 《湘潭师范学院学报》1996 年
第 5 期

方 然 从儒道美学观之比较看庄子在中国美学史上的地位
《思想战线》1997 年第 2 期

翁银陶 略论先秦审美心理学思想的发展 《中州学刊》1997 年
第 2 期

彭立勋 孔子与柏拉图美学思想比较 《广东社会科学》1997 年

期

王福雅　《记乐记》《声无哀乐论》音乐美学的比较　《求索》1997年第6期

陈泳超　荀子贵文思想及其美学意义　《江海学刊》1997年第6期

黄小伟　论宋明心学对审美思维的作用　《赣南师院学报》1997年第5期

贺志朴　董仲舒美学思想初探　《河北大学学报》1998年第1期

郭郁烈　儒道禅审美感官论　《西北民族学院学报》1998年第1期

诸葛志　荀子物欲论的美学阐释　《浙江师大学报》1998年第1期

邹其昌　王阳明良知体验审美论　《中南民族学院学报》1998年第2期

覃寿芳　论孔子的自然审美观　《广西师院学报》998年第2期

张节末　从道统转向政统的意识形态理论:荀子美学再检讨　《文史哲》1998年第4期

山东大学中文系　论儒佛道的融合及其对宋代美学的影响　《理论学刊》1998年第4期

马国柱　孔老美论比较研究　《社会科学辑刊》1998年第3期

张节末　道禅对儒家美学的冲击　《哲学研究》1998年第9期

聂振斌　儒道的审美境界:中国古代的形而上追求　《哲学研究》1998年第9期

张旭曙　朱熹的平淡美理想　《安徽师范大学学报》第26卷4期,1998年第4期

舒红霞　论先秦美学人本主义之嬗变　《陕西师范大学学报》1998年第4期

方　然　从儒道美学观之比较看庄子在中国美学史上的地位
《思想战线》1997 年第 2 期

黄南珊　言志、抒情路向的分型确立　《汕头大学学报》第 14 卷 1
期,1998 年

朱孔芬　比德与畅游:从两种传统的自然美学观看其不同的人格
修养取向　《临沂师专学报》1998 年第 2 期

刘学超　儒家艺术精神与中国书法　《齐鲁学刊》1998 年第 3 期

哈斯朝鲁　周易、现代化、美学　《东疆学刊》1998 年第 2 期

郭正元　论《礼记·乐记》建构的儒家文艺观　《国际儒学研究》
1998 年第 5 期

孙以昭　孔子"思无邪"新探索　《安徽大学学报》1998 年第 4 期

李金清　孔子诗论与他的中庸之道　《广西师范大学学报》1998
年第 4 期

方延明　孔子和孔子思想的境界观　《中国文化研究》1998 年第 2
期

李东泽　从恭城孔子庙和程阳风雨桥看儒侗和谐审美观的差异
《社会科学家》1998 年第 4 期

陈立雯　新时期孔子美学思想研究综述　《教育评论》1998 年第 3
期

赵建军　东方坐标:儒道释及其审美意识追求　《临沂师专学报》
1998 年第 1 期

黄南珊　重理时代情理审美关系的畸变:略论宋代理学对文学的
深刻影响　《社会科学辑刊》1998 年第 4 期

和向朝　儒家的政治伦理思想和政治伦理美学　《云南师范大学
学报》1998 年第 4 期

韦　滨　孔子天命观的美学含义　《江汉大学学报》1998 年第 5
期

李庆广　孔子与柏拉图美育思想比较研究　《北京科技大学学报》
　　　　1998 年第 3 期

王木青　论王勃的周易美学思想　《周易研究》1998 年第 4 期

〔韩〕河妵　和:理学美学的内涵及其特点　《首都师范大学学报》
　　　　1999 年第 1 期

禹志云　儒家美学对白族审美心理的塑模　《云南师大学报》1999
　　　　年第 1 期

章立明　从三篇《原道》管窥儒家美学系统的开放性特征　《青海
　　　　师专学报》1999 年第 1 期

杨　磊　论先秦儒道人格意识的美学价值　《社科纵横》1999 年
　　　　第 1 期

杨志勇、易先林　孔子与庄子的自然美观及其影响　《吉首大学学
　　　　报》1999 年第 2 期

钮燕枫　从儒道佛玄看言意之变及其影响　《学术探索》1999 年
　　　　第 3 期

程　勇　朱熹美学思想抉微　《齐鲁学刊》1999 年第 6 期

李兴武　儒道佛与真善美　《社会科学辑刊》1999 年第 5 期

陈广宇　柏拉图与孟子美论之比较　《南京社会科学》1999 年第
　　　　10 期

沈　茜　山水比德:略论先秦儒家自然美学思想　《贵州大学学
　　　　报》1999 年第 3 期

宁　虹　孔子的美学思想　《东方》1999 年第 10 期

姚君喜　董仲舒天人感应说的美学意义:兼与阿恩海姆异质同构
　　　　说的比较　《甘肃社会科学》1999 年第 5 期

韩德民　论荀子的礼乐观　《安徽师范大学学报》1999 年第 1 期

杨志华　理解:重新返回孟子:对知人论世、以意逆志说的阐释
　　　　《云南师大学报》1999 年第 2 期

20世纪儒学研究大系

2000 年第 2 期

彭彦琴　先秦美学的社会化与魏晋美学的个性化　《江西师范大学学报》2000 年第 2 期

邹其昌　王阳明体验艺术论略　《武汉教育学院学报》2000 年第 2 期

周春宇　儒道审美理论的对立、互补与融合　《兰州大学学报》2000 年第 1 期

张宏斌　孔子的好古与复礼　《锦州师院学报》2000 年第 4 期

肖　鹰　心外无物与天地意识：王阳明美学一解　《天津社会科学》2000 年第 6 期

官淑艳　易经美学观简论　《攀枝花大学学报》2000 年第 4 期

杨　太　荀子文艺美学思想综论　《沈阳师院学报》2000 年第 6 期

胡敬君　孔子文艺美学思想发微　《云梦学刊》2000 年第 4 期

张雪敏　乐记之物感说　《天中学刊》2000 年第 4 期

罗　坚　周易与先秦审美意识的交构　《东方丛刊》2000 年第 3 期

翁海村　中庸之道与和谐之美：孔子与柏拉图的美学思想　《福建艺术》2000 年第 5 期

陶水平　试论儒家诗歌学美学化嬗变的历史进程　《东方丛刊》2000 年第 3 期

齐爱军　乐教而非诗教的人生艺术境界观——孔子美学思想再思考　《烟台大学学报》2000 年第 4 期